Maroc

TERRE DE CONTRASTES

Carrefour entre l'Orient et l'Occident, le Maroc fascine, émerveille, enchante, par ses paysages en relief et ses contrastes saisissants. De l'ocre des terres arides aux verts éclatants des oasis, sans oublier les diverses nuances de bleu émanant de l'océan Atlantique et de la Méditerranée, le Maroc offre des panoramas dignes des plus belles cartes postales. La première destination africaine ne compte d'ailleurs plus ses amants, dont beaucoup y retournent chaque année. Ils viennent les yeux grand ouverts, ces amoureux du désert. À la rencontre des Marocains, généreux, et si souriants. Écumer les pistes sableuses du Sahara, côtoyer les étoiles et se lover entre les dunes. Ces randonneurs pour qui l'Atlas est un terrain de jeu en toutes saisons. Ces passionnés d'Atlantique attirés par les vagues de Taghazout et la douceur de l'hiver à Essaouira. Ces férus d'art et d'histoire pour qui Fès, Meknès, Rabat et Chefchaouen sont des joyaux de l'époque, et leurs médinas, de jolis musées à ciel ouvert. D'autres tombent sous les charmes de l'envoûtante Tanger et ses terrasses sur la mer, où se sont souvent installés pour rêver, écrivains, chanteurs et penseurs. Tous ces contrastes se retrouvent dans une cuisine généreuse, épicée et colorée, dont la cuisson au charbon de bois relève toutes ses saveurs. Et aussi dans un artisanat diversifié, hérité d'un savoir-faire ancestral. Le Maroc étonne tant par ses diverses facettes, qu'un seul voyage ne suffirait pas à découvrir toutes ses nuances.

Retrouvez cette offre en page 48

SOMMAIRE

Les montagnes de l'Atlas. © STARCEVIC - ISTOCKPHOTO.COM

© UGURHAN - ISTOCKPHOTO.COM

6 INSPIRER

Toutes les bonnes raisons pour découvrir le Maroc, quand, comment et avec quel budget. En bref, toutes les informations pratiques pour un séjour réussi !

33 DÉCOUVRIR

Le Maroc est un pays fascinant, aux contrastes et aux influences multiples. Découvrez son histoire, son architecture, ses croyances populaires, sa géographie...

107 CÔTE MÉDITERRANÉENNE ET RIF

Entre mer et montagne, la région recèle de jolis villages rappelant parfois l'Andalousie. L'Espagne y est même à deux pas, avec ses enclaves, Ceuta et Melilla.

153 MOYEN ATLAS

Entre ses forêts verdoyantes, ses villes impériales aux médinas pittoresques et son site antique Volubilis, le Moyen Atlas séduira sans aucun doute !

195 CÔTE ATLANTIQUE

La côte regorge de superbes plages en contrebas des falaises abruptes. Entre stations balnéaires et villages de pêcheurs, le séjour sera bien agréable !

© CHERYLRAMALHO - SHUTTERSTOCK.COM

Plage près de Taghazout. © JACQUES VANNI - SHUTTERSTOCK.COM

300 KM
Océan Atlantique
Vila Baleira
Caniço
ESSAOUIRA
★★★★
Caleta Del Sebo
Îles Canaries
Las Palmas de
Grande Canarie
Valverde
Haouza
Boukraa
Tifariti
Océan Atlantique
Bir Moghreïn
Jraifia
DAKHLA
★★★
Bir Anzarane
Jneïn El Kebir
Zouérate
Bir Gandouz
Dougaj
Boulenouar
Choûm
Ouadane

Détroit de Gibraltar
TANGER ★★★
TÉTOUAN ★★★
Mer d'Alboran
Oran
ASILAH ★★★
PARC NATIONAL DE TALASSEMTANE ★★★
CHEFCHAOUEN ★★★★
Maghnia
Saïda
Taourirt
VOLUBILIS ★★★
RABAT ★★★
FÈS ★★★★
MEKNÈS ★★★
Khémisset
CASABLANCA ★★★
IFRANE ★★★
Méchria
Atlas
Aïn Séfra
Midelt
Bouarfa
Ben Guerir
GORGES DU DADÈS ★★★★
MARRAKECH ★★★★
AÏT BEN HADDOU ★★★★
TINGHIR ★★★
MERZOUGA ★★★
Béchar
TIZI N'TEST ★★★
BOUMALNE DU DADÈS ★★★
Taghit
TIFOULTOUTE ★★★
Ouzina
AGADIR ★★★
OUKAÏMEDEN ★★★
Béni Abbès
AGARD-OUDAD ★★★
ERG CHEGAGA ★★★
Zaouiet Sidi Zekri
Oum El Assel
Zag
ALGÉRIE
Adrar
Tindouf
Sali
Aouinet Belagraâ
Chenachen
Chegga
Crampel
Agagaktem
MAURITANIE
MALI
In Dagouber
Maroc
Tamanieret
El Ksaib

QUAND Y ALLER

JANVIER

7° / 18°

MARATHON INTERNATIONAL
(MARRAKECH)
Le rendez-vous de plus de 9 000 athlètes venus courir 42,195 km le long des palmiers, des orangers et des remparts de la ville.

$

FÉVRIER

8° / 20°

FESTIVAL DES AMANDIERS
(TAFRAOUTE)
Les amandes mises à l'honneur à Tafraoute et Taza. Au programme, conteurs, musiciens et danseurs. Et des produits du terroir !

$

MARS

10° / 22°

ON MARCHE – FESTIVAL INTERNATIONAL DE DANSE
(MARRAKECH)
Une belle rencontre chorégraphique contemporaine au cœur des quartiers de Marrakech avec spectacles, projections et débats.

FESTIVAL INTERNATIONAL DES NOMADES
(M'HAMID)
Chants, danses et artisanat, les tribus nomades dévoilent leurs mystères aux portes du désert.

$

JUILLET

20° / 36°

FÊTE DU TRÔNE
Feux d'artifice, chants et danses, l'intronisation du roi est célébrée en grande pompe dans le pays. Une fête civile à vivre.

FESTIVAL DE CASABLANCA
(CASABLANCA)
Défilés, spectacles de rue et concerts de musiques variées, le tout-Casa est en fête ! Le grand rendez-vous musical de l'été.

$$

AOÛT

20° / 36°

MOUSSEM DE MOULAY IDRISS
(MOULAY IDRISS)
Après les moissons vient le plus important moussem du Maroc. De nombreux pèlerins se recueillent sur la tombe du fondateur de Fès.

MOUSSEM CULTUREL D'ASILAH
(ASILAH)
Moment de partage et de rencontres les plus diverses, ce festival est un véritable dialogue entre les cultures. Passionnant !

$$$

SEPTEMBRE

18° / 32°

FESTIVAL DE MUSIQUE SACRÉE DU MONDE
(FÈS)
Artistes chrétiens, musulmans et juifs du monde entier se retrouvent à Fès devant un fervent public. Un véritable message de paix.

$$

Comme les climats sont très variés d'une région à l'autre, hautes et basses saisons diffèrent également. Sur les côtes, la haute saison est l'été, de mi-juin à mi-septembre environ, alors qu'à Marrakech, fournaise l'été, elle se déroule de mi-septembre à mi-juin. Voyager en basse saison offre certains avantages, d'ordre financier, d'organisation et aussi de tranquillité. Evitez la période du Ramadan, durant laquelle le pays est au ralenti, et la plupart des commerces fermés.

AVRIL

12° / 24°

JAZZABLANCA

(CASABLANCA)

Casablanca vibre au rythme du jazz et des musiques du monde. Deux sites, quatre scènes pour le bonheur de nombreux festivaliers.

$

MAI

15° / 28°

FÊTE DES ROSES

(EL-KELÂA M'GOUNA)

© DELBO ANDREA - SHUTTERSTOCK.COM

Les roses écloses, Kalaât M'Gouna est en fête. Les habitants, en costume traditionnel, lancent des pétales de roses sur les badauds !

$

JUIN

17° / 31°

FESTIVAL MARRAKECH DU RIRE

(MARRAKECH)

Jeunes talents et acteurs aguerris francophones se relaient sur la scène durant 5 jours. De quoi faire frémir les zygomatiques !

$ $

OCTOBRE

15° / 27°

FESTIVAL DES DATTES

(ERFOUD)

En cette fin de récolte, les dattes sont les reines à Erfoud ! Dégustations et courses de dromadaires pour 10 jours de folie.

MOUSSEM DES FIANÇAILLES

(IMILCHIL)

Près d'Imilchil, les couples célèbrent ensemble leurs fiançailles. Danses et musiques, la fête bat son plein pendant trois jours !

$ $

NOVEMBRE

10° / 21°

FESTIVAL DU SAFRAN

(TALIOUINE)

© BHOFACK2 - ISTOCKPHOTO.COM

Taliouine libère tous les effluves de son safran durant ce festival. Dégustations, visites et concerts sont au programme.

$

DÉCEMBRE

7° / 18°

FESTIVAL INTERNATIONAL DU FILM DE MARRAKECH

L'événement le plus important consacré au 7e art au Maroc. Les grands noms du cinéma ont foulé le tapis rouge. Immanquable !

$ $

LES BONNES RAISONS D'Y ALLER

© PAVLIHA - ISTOCKPHOTO.COM

DES PAYSAGES FASCINANTS

Entre mer, montagnes et désert, le Maroc captive par ses paysages à couper le souffle !

UNE HOSPITALITÉ LÉGENDAIRE

Une invitation à boire le thé, une autre à déjeuner : l'accueil y est chaleureux !

© MARIHA-KITCHEN - ISTOCKPHOTO.COM

© LAURI PATTERSON - ISTOCKPHOTO.COM

UNE CUISINE BIEN GOÛTEUSE

Du tajine au couscous, sans oublier les pâtisseries : les papilles seront ravies !

© HADYNYAH - ISTOCKPHOTO.COM

UNE RICHESSE CULTURELLE INOUÏE

Carrefour de cultures, le Maroc s'est forgé une identité culturelle au fil des siècles.

© HADYNYAH - ISTOCKPHOTO.COM

UN ARTISANAT D'EXCEPTION

Tapis ou broderie, cuir ou céramique, les techniques se perpétuent depuis des générations.

© SYLVIA_KANIA - ISTOCKPHOTO.COM

DES MARCHÉS BOUILLONNANTS DE VIE

Hauts en couleur, les souks révèlent l'âme du Maroc : incontournable pour les achats !

© 1001NIGHTS - ISTOCKPHOTO.COM

UNE ARCHITECTURE SANS PAREILLE

Des kasbahs aux riads, sans oublier les médinas, le dépaysement sera total !

LES BONNES RAISONS D'Y ALLER

UNE DESTINATION BON MARCHÉ

Hôtels et restos, les offres s'adaptent à toutes les bourses. Pour le bonheur de tous !

© STARCEVIC - ISTOCKPHOTO.COM

© KATJAAA - ISTOCKPHOTO.COM

UN FLORILÈGE DE LOISIRS

Pêche en mer, surf, cours de cuisine, randonnées et même ski, à chacun son activité !

© PAVLIHA - ISTOCKPHOTO.COM

DU SOLEIL ET ENCORE DU SOLEIL

Bien que le climat varie d'une région à l'autre, le soleil ne se cachera pas longtemps !

LES 12 MOTS-CLÉS

#BARAKA

C'est la grâce divine, et généralement la chance dans le monde arabe. Elle s'obtient en invoquant la mémoire d'un saint homme ou mieux encore, en effectuant un pèlerinage sur les lieux de son sanctuaire (koubba ou zaouïa). Pour s'assurer la *baraka*, il faut ramasser de la terre près du mausolée et la conserver précieusement comme une relique !

#KASBAH

Véritable village fortifié appartenant au seigneur, la kasbah servait de refuge aux paysans en cas d'attaque. Elle est construite en pisé, un mélange de terre argileuse et de cailloux, résistant étonnamment au temps. Le Sud marocain recèle les plus belles kasbahs, dont certaines datent du XVIIe siècle. Celle d'Aït Benhaddou en est un bel exemple.

© STARCEVIC - ISTOCKPHOTO.COM

#FONDOUK

Connus aussi sous le terme de caravansérail, les fondouks sont d'anciennes auberges où venaient se reposer les marchands et leurs dromadaires. Ils sont devenus aujourd'hui des lieux de stockage de marchandises. On compte 155 fondouks dans la médina de Fès, dont certains ont été restaurés. Le plus beau est sans aucun doute le fondouk Nejjarine.

#HAMMAM

L'occasion de se relaxer au hammam ne manquera pas au Maroc ! Outre leur fonction de purifier le corps, ces bains de vapeur humide ont aussi un rôle social important. Chacun s'y rend certes pour se laver, mais aussi pour rencontrer ses semblables et bavarder. Généralement, il y a deux hammams publics : l'un pour les femmes, l'autre pour les hommes.

#MEDERSA

Ce sont les écoles coraniques qui étaient autrefois chargées de l'éducation des étudiants en théologie, en histoire ou en sciences. Sous les sultans mérinides, elles se multiplièrent partout au Maroc. La salle de prière est un pur joyau architectural, ornée de zelliges ciselés. Seul monument religieux ouvert aux non-musulmans, profitez-en !

#MEDINA

C'est la vieille ville située à l'intérieur des remparts, très populaire et bouillonnante d'activités. Les médinas de Marrakech et de Fès envoûtent par leur dédale de ruelles, leurs effluves intenses et leur myriade de boutiques artisanales. En se perdant dans leurs venelles tortueuses, c'est plonger dans une ambiance médiévale hors du temps !

© XAVIERARNAU - ISTOCKPHOTO.COM

#MUEZZIN

Membre de la mosquée, le muezzin appelle à la prière du haut de son minaret en modulant des sourates du Coran. Il était autrefois choisi pour sa voix tonitruante qui devait faire écho dans toute la ville. Aujourd'hui, les haut-parleurs ont remplacé son long souffle, ce qui n'altère en rien le dépaysement engendré par les cinq appels par jour.

© UGURHAN - ISTOCKPHOTO.COM

LES 12 MOTS-CLÉS

#PALMIER-DATTIER

Les Berbères eurent l'idée géniale d'introduire cet arbre de Mésopotamie et de le planter là où il y avait des sources en plein désert : l'oasis venait d'être inventée ! Peu exigeant en eau, le palmier-dattier s'est bien adapté, en témoignent les coulées vertes le long des oasis. On y récolte de délicieuses dattes, très appréciées par les locaux.

#RIAD

On désigne souvent par ce terme une maison, mais c'est un abus de langage. Le riad est en fait la cour intérieure d'une maison. Avec sa fontaine centrale et sa végétation luxuriante, cet espace est un délicieux havre de paix et de fraîcheur, inspiré du patio andalou. On y passe d'agréables moments en famille, isolé de l'agitation de la médina.

#TADELAKT

Mélange de chaux, de ciment blanc et de pigments, le tadelakt est un revêtement décoratif, dont la préparation requiert un certain savoir-faire. Il est utilisé traditionnellement pour habiller salles de bain et hammams, car il présente l'avantage d'être étanche. Au toucher, il offre une sensation de douceur, lui qui est poli à l'aide de galets.

#THÉ À LA MENTHE

Tout simplement incontournable ! Et si l'on en boit dans tout le Maroc, c'est dans le Sud que sa consommation est la plus importante. Le thé à la menthe, c'est tout un rituel qui obéit à des règles précises, de sa préparation à sa dégustation. Difficile de décliner l'invitation, attendez au moins le troisième verre pour ne pas vexer vos hôtes.

#ZAOUÏA

C'est le bâtiment qui abrite le tombeau d'un marabout. Les fidèles y viennent pour prier, et pour bénéficier de la *baraka* du regretté saint homme. A partir du XVIIIe s., les zaouïas donnèrent naissance à un véritable culte des marabouts, que ce terme finit par désigner les confréries religieuses en général. Elles sont interdites aux non-musulmans.

VOUS ÊTES D'ICI, SI...

- **Vous saluez en arabe toutes les personnes que vous rencontrez.** Car finalement au bout de quelques jours vous connaissez tout le monde !
- **Vous négociez fermement avec le marchand.** Même si au final vous savez qu'il en sortira gagnant.
- **Vous mangez le tajine avec la main droite...** car il est difficile de faillir à la coutume locale, assis entre vos amis marocains.
- **Vous prenez un thé à la menthe à toute heure de la journée, et ce jusqu'au soir...** Parce qu'on ne refuse pas un verre de thé, de peur de vexer son hôte si chaleureux... même si cela coupe le sommeil, on vous l'accorde !
- **Vous attendez impatiemment le vendredi pour manger un copieux couscous.** Même si vous le trouvez à la carte des restaurants les autres jours, ce plat typique, synonyme de joie, est toujours meilleur à partager en bonne compagnie le vendredi !
- **Vous dites choukran à chaque fois que l'on vous reçoit.** Parce que c'est l'un des seuls mots en arabe que vous arrivez à prononcer !

INTERVIEW

MON MAROC

AVEC ROZENN LE ROUX, AUTEURE DU GUIDE

Qu'est-ce qui vous a menée au Maroc ?

Je connaissais déjà l'Afrique de l'Ouest avant d'avoir cette opportunité de visiter le Maroc, un pays du Maghreb avec sa propre culture. C'était l'occasion ou jamais de découvrir une autre facette du continent africain. J'avais toutefois un peu d'appréhension en tant que femme qui voyage seule, mais j'ai rencontré des personnes souriantes, bienveillantes et chaleureuses à travers mon périple.

Qu'est-ce qui vous a le plus fascinée ?

Les paysages, à couper le souffle ! On passe des côtes escarpées de la Méditerranée aux longues plages de sable fin de l'Atlantique, des montagnes vertigineuses de l'Atlas au désert du Sahara qui s'étend à l'infini. En un seul voyage, on a l'impression de découvrir divers territoires et pourtant, nous sommes bien dans un seul et même pays, le Maroc !

Quel souvenir gardez-vous du Maroc ?

Je garde le souvenir d'un pays enchanteur aux multiples facettes. Outre ses paysages, il ne faut pas oublier sa riche architecture, des riads traditionnels aux kasbahs bien conservées dans le sud du Maroc. Sans parler de sa délicieuse gastronomie, réputée au-delà des frontières. Des petits déjeuners gargantuesques aux succulents tajines, en passant par ses pâtisseries gourmandes, les papilles sont à chaque repas en émoi !

Quel conseil donneriez-vous aux voyageurs ?

Le territoire étant assez vaste, un seul voyage ne vous permettra pas de tout découvrir. Il vaut mieux prévoir plusieurs voyages et se concentrer sur une zone particulière au lieu de perdre du temps sur la route pour tenter de voir le maximum. En vous focalisant sur une région, vous pourrez sortir des sentiers battus et découvrir des villages isolés de toute beauté.

DISTANCES

TEMPS DE TRAJET

	TANGER	MELILLA	OUJDA	RABAT	CASABLANCA
TANGER		402 KM 7h15	719 KM 7h15	250 KM 2h45	338 KM 3h45
MELILLA	402 KM 7h15		152 KM 3h	527 KM 6h	615 KM 7h
OUJDA	719 KM 7h15	152 KM 3h		528 KM 5h15	616 KM 6h
RABAT	250 KM 2h45	527 KM 6h	528 KM 5h15		88 KM 1h
CASABLANCA	338 KM 3h45	615 KM 7h	616 KM 6h	88 KM 1h	
ESSAOUIRA	708 KM 7h45	985 KM 11h	986 KM 10h15	458 KM 5h	373 KM 4h15
MARRAKECH	575 KM 6h	852 KM 9h30	853 KM 8h30	324 KM 3h30	244 KM 2h30
FÈS	399 KM 4h15	330 KM 4h15	331 KM 3h30	208 KM 2h15	294 KM 3h
OUARZAZATE	765 KM 9h30	853 KM 12h	856 KM 11h15	514 KM 6h45	433 KM 6h
AGADIR	799 KM 8h	1076 KM 11h30	1077 KM 10h35	548 KM 5h30	468 KM 4h45
LAÂYOUNE	1415 KM 16h50	1691 KM 20h	1692 KM 19h20	1164 KM 14h10	1085 KM 13h20
DAKHLA	1947 KM 22h30	2224 KM 26h	2225 KM 25h	1696 KM 20h	1616 KM 19h30

Le Maroc, c'est une superficie un peu plus grande que la France, si l'on inclut le Sahara Occidental. Les distances sont longues, les routes généralement en bon état et quelques autoroutes traversent le pays. Toutefois, dans les montagnes, les routes en lacets peuvent s'avérer dangereuses mais dévoilent des paysages à couper le souffle. Le train circule dans le nord du pays, de Marrakech jusqu'à Tanger, en passant par Rabat et Fès.

ESSAOUIRA	MARRAKECH	FÈS	OUARZAZATE	AGADIR	LAÂYOUNE	DAKHLA
708 KM 7h45	**575 KM** 6h	**399 KM** 4h15	**765 KM** 9h30	**799 KM** 8h	**1415 KM** 16h50	**1947 KM** 22h30
985 KM 11h	**852 KM** 9h30	**330 KM** 4h15	**853 KM** 12h	**1076 KM** 11h30	**1691 KM** 20h	**2224 KM** 26h
986 KM 10h15	**853 KM** 8h30	**331 KM** 3h30	**856 KM** 11h15	**1077 KM** 10h35	**1692 KM** 19h20	**2225 KM** 25h
458 KM 5h	**324 KM** 3h30	**208 KM** 2h15	**514 KM** 6h45	**548 KM** 5h30	**1164 KM** 14h10	**1696 KM** 20h
373 KM 4h15	**244 KM** 2h30	**294 KM** 3h	**433 KM** 6h	**468 KM** 4h45	**1085 KM** 13h20	**1616 KM** 19h30
	184 KM 2h45	**664 KM** 7h15	**384 KM** 6h15	**175 KM** 3h	**811 KM** 11h45	**1342 KM** 18h
184 KM 2h45		**530 KM** 5h30	**193 KM** 3h30	**258 KM** 3h	**868 KM** 11h20	**1406 KM** 17h45
664 KM 7h15	**530 KM** 5h30		**722 KM** 9h	**756 KM** 7h30	**1371 KM** 16h20	**1904 KM** 22h
384 KM 6h15	**193 KM** 3h30	**722 KM** 9h		**358 KM** 5h15	**962 KM** 13h10	**1493 KM** 19h15
175 KM 3h	**258 KM** 3h	**756 KM** 7h30	**358 KM** 5h15		**639 KM** 9h	**1169 KM** 15h
811 KM 11h45	**868 KM** 11h20	**1371 KM** 16h20	**962 KM** 13h10	**639 KM** 9h		**1956 KM** 22h30
1342 KM 18h	**1406 KM** 17h45	**1904 KM** 22h	**1493 KM** 19h15	**1169 KM** 15h	**1956 KM** 22h30	

IDÉES DE SÉJOUR

Villes impériales, vestiges antiques, montagnes arides, oasis luxuriantes, gorges spectaculaires et longues plages de sable fin, le Maroc offre une multitude d'itinéraires et de possibilités d'excursions, qu'il faudrait au moins rester un mois voire plus pour découvrir tous ses trésors. Cependant, en une semaine ou plus, vous pourrez opter pour la visite d'une ou plusieurs régions, selon votre point d'arrivée, le temps disponible, vos centres d'intérêt et bien sûr votre budget. D'une manière générale, il vaut mieux privilégier la qualité que la quantité, surtout si vous avez peu de temps sur place. Si vous avez prévu de parcourir de longues distances et que votre budget vous le permet, louez une voiture. Bien que se déplacer en transport en commun soit bon marché et guère compliqué, le séjour sera plus confortable, les distances plus courtes et vous pourrez surtout accéder à des endroits plus originaux et intéressants.

MARRAKECH, OUARZAZATE ET LA VALLÉE DU DADÈS

De la très touristique mais toujours aussi attachante Marrakech ★★★★ jusqu'aux sables du désert en passant par les gorges du Todra (p.447) secrètes et les splendides palmeraies, ce circuit vous offrira quelques-uns des plus beaux paysages du sud Maroc et des étapes parmi les plus incontournables. Idéal si vous ne disposez que de peu de temps !

› Jour 1 - Les immanquables de Marrakech

Visite de Marrakech ★★★★, ses souks mythiques, la vertigineuse place Jemâa el-Fna (p.357), ses palais, etc.

› Jour 2 - En route vers le désert

Route de Ouarzazate, passage du col le plus haut du Maroc, le Tichka avec ses 2 260 m, visite du ksar d'Aït Ben Haddou classé au patrimoine mondial par l'Unesco, nuit à Ouarzazate.

› Jour 3 - Panoramas de rêve

Vallée du Dadès et ses gorges accessibles par une route en lacets.

› Jour 4 - Nature et fraîcheur dans les cascades du Todra

Les gorges du Todra (p.447) sont plus touristiques que les précédentes. Autre option : poursuivre du Dadès jusqu'à Imilchil ★★ (p.421).

Aït Ben Haddou-ancienne ville du Maroc - Ouarzazate.

© UGURHAN

Fès.

› Jour 5 - Sous les étoiles !

Erfoud (p.453), et les dunes de Merzouga ★★★ (p.456). Nuit dans le désert.

› Jour 6 - Les palmeraies du Maroc

Route Alnif (p.460)-Tazzarine (p.460)-N'Kob (p.460) et découverte de la vallée du Drâa avec son cordon presque ininterrompu d'oasis et de palmeraies.

› Jour 7 - Une journée d'excursion

Selon vos goûts, vous privilégierez la visite de la casbah d'Agdz ★ (p.470) ou une randonnée autour de Ouarzazate ★★ (p.430), puis vous prendrez la route du retour vers Marrakech ★★★★.

LE NORD MAROC

Casablanca ★★★ (p.220), Chefchaouen ★★★★ (p.137), Fès ★★★★ (p.157)et Meknès ★★★ (p.183): autant de noms aux doux parfums d'Orient à travers lesquels ce circuit vous guidera, sans rien manquer des plus beaux recoins du nord du Maroc. Une excursion qui va à l'essentiel tout en vous laissant le temps de vous imprégner de la beauté des cités impériales marocaines.

› Jour 1 - Visite éclair de Casablanca

Visite de Casablanca ★★★ (p.220), son centre historique et sa fameuse corniche, avant de gagner Rabat ★★★ (p.206), la capitale administrative.

› Jour 2 - De Larache à Tanger

Visite de Larache ★ (p.199), celle que l'on surnomme « la mélancolique » à la recherche de sa prospérité passée, et d'Asilah ★★★ (p.125), résolument tournée vers le tourisme de Lixus, cité phénicienne fondée il y a plus de 3 000 ans, avant de rejoindre Tanger ★★★ (p.111).

› Jour 3 - La sentinelle de la Méditerranée

Visite de Tanger et du fabuleux Cap Spartel, passage à Tétouan pour sa médina, nuit à Chefchaouen.

› Jour 4 - Un village de charme

Visite de Chefchaouen ★★★★ (p.137), avec ses ruelles blanches et bleues au milieu des montagnes.

› Jour 5 - La traversée du Rif

Route vers Fès ★★★★ (p.157)via le Rif puis visite de cette cité envoûtante.

› Jour 6 - Les cités impériales du Maroc

Fès et sa médina, l'une des plus impressionnantes du pays.

› Jour 7 - Les cités impériales du Maroc (suite)

Découverte des ruines romaines de Volubilis ★★★ (p.191), les mieux préservées du Maroc, avant de rejoindre Meknès ★★★ (p.183).

› Jour 8 - Une journée au vert

Route à travers la forêt de cèdres et la région des lacs autour d'Ifrane ★★★ (p.176) et d'Azrou ★★ (p.179). Retour en soirée sur Fès ou Meknès pour clore le circuit.

DE MARRAKECH À ESSAOUIRA PAR LE HAUT ATLAS

Au départ de Marrakech ★★★★, ce circuit vous fera faire un crochet vers les panoramas du Haut Atlas ★★★★ (p.397) avant de rejoindre la façade atlantique. Selon vos goûts, vous pourrez agrémenter ce circuit de quelques randonnées autour des villages de montagne ou de pauses baignade pour vous remettre de la poussière des routes splendides !

› Jour 1 - Découverte de la perle du sud

Visite de Marrakech ★★★★, ses souks mythiques, la vertigineuse place Jemâa el-Fna (p.357), ses palais, etc.

› Jour 2 - Traversée du Haut Atlas

Empruntez la route passant par le col du Tizi n'Test et arrivez à Taroudant ★★ (p.293), surnommée la petite Marrakech ★★★★ pour son architecture et sa topographie.

› Jour 3 - Piquer vers Agadir

Vallée du Sous en direction d'Agadir ★★★ (p.276), prendre la route vers Tafraoute ★★ (p.313) et ses montagnes de granit rose.

› Jour 4 - Dernière étape vers l'océan

De Tafraoute ★★ (p.313) à Agadir ★★★ (p.276) en passant par Tiznit ★ (p.299). Superbe itinéraire avec, pour point culminant, le col du Kerdous.

› Jour 5 - La côte marocaine

Route d'Essaouira ★★★★ (p.245) où l'on passe la nuit. L'ancienne Mogador et son port de pêche, sa médina et ses restaurants de poissons.

› Jour 6 - Journée plage

Safi ★★ (p.242) et ses contrastes puis étape à El-Jadida ★★ (p.236), ville balnéaire, sans oublier Oualidia ★★ (p.241) et ses parcs à huîtres.

› Jour 7 - Retour à Marrakech

Retour et départ de Marrakech ★★★★ ou d'Essaouira ★★★★ (p.245).

LA GRANDE BOUCLE DU MAROC

Vous avez deux semaines de vacances et vous voulez explorer à fond le Maroc ? Aucun problème, le pays se prête parfaitement aux longs séjours. Vous pourrez ainsi à loisir sortir des sentiers battus et vous attarder dans les coins reculés et authentiques que vous choisirez, selon vos préférences, dans les montagnes ou dans le désert. Et tout cela sans rien manquer des visites essentielles.

› Jour 1 - Démarrage en douceur

Posez-vous à Marrakech ★★★★ et faites vos premiers pas tranquillement en prenant la température de la ville. Les senteurs et l'animation du souk, l'architecture impériale, les charmeurs de serpent… tout concourt à vous dépayser en douceur !

© UCHAR

Essaouira.

Place Jemaa El-Fna.

› Jour 2 - Visite de Marrakech

Attaquez le vif du sujet avec le palais de la Bahia, les jardins de la Ménara et de Majorelle, puis flânez sur la place Jemâa el-Fna. Passez le reste de la journée à explorer les souks, qui couvrent plus de 20 hectares et vous offrent un spectacle permanent. Ne manquez pas le quartier juif de la Médina !

› Jour 3 - À travers le Haut Atlas

Démarrez tôt votre journée pour franchir avant les heures les plus chaudes le col de Tizi n'Tichka, puis visitez le ksar d'Aït Ben Haddou, classé par l'UNESCO. Dans la journée, vous croiserez encore celui de Tinfoultoute avant d'arriver à Ouarzazate. Une journée de route aux paysages splendides !

› Jour 4 - Le long des gorges

Reprenez la route en visitant la vallée du Dadès puis les **gorges du Todra** (p.447). L'oued Dadès alimente une série d'oasis où jardins, roseraies et palmeraies sont autant de joyaux dans ce paysage désertique. On aperçoit les superbes casbahs, grandes bâtisses fortifiées, dont les teintes ocre rouge se fondent dans les falaises et la terre. Le soir, bivouaquez à **Merzouga** ★★★ (p.456) (4x4 recommandé).

› Jour 5 - Randonnée à Merzouga

Offrez-vous un pause dans le désert pour déambuler dans les dunes. Si vous avez un peu de temps et souhaitez prolonger ce circuit, cette région est vraiment idéale pour une randonnée en 4x4, sur 4-5 jours. Laissez-vous envoûter par les plus grandes dunes du Sud marocain, les villages et oasis aux casbahs remarquables, telles celle de Maati et **Rissani** ★★ (p.455).

› Jour 6 - Vers les villes impériales

De nouveau une belle journée de route au cours de laquelle vous traverserez successivement la **vallée du Ziz** ★★ (p.451) et ses magnifiques palmeraies puis **Ifrane** ★★★ (p.176) et sa forêt de cèdres et enfin le haut Atlas. Les amateurs de paysages grandioses seront servis et vous aurez un aperçu très complet des richesses offertes par la nature marocaine.

› Jour 7 - Visite de Fès

Visite de Fès el-Bali ★★★★, la partie principale et la plus ancienne de la médina de **Fès** ★★★★ (p.157). En arpentant les deux ruelles principales, Talaa Seghira (la petite montée) et Talaa Kebira (la grande montée), vous découvrirez les monuments qui font la richesse de la ville. Ne manquez pas le quartier andalou et l'école coranique.

› Jour 8 - Un trésor archéologique

Quittez Fès tôt le matin pour aller visiter le site de **Volubilis** ★★★ (p.191) avant les heures chaudes. Puis redescendez à **Meknès** ★★★ (p.183), la plus méconnue des villes impériales. Visite de la médina, des souks et de la grande mosquée, puis de la ville impériale, du **mausolée de Moulay Ismaïl** (p.185), du **bassin de l'Agdal** (p.183) et des anciennes écuries monumentales.

› Jour 9 - La traversée du Rif

Visitez **Chefchaouen** ★★★★ (p.137) en matinée, certainement l'étape la plus attachante du Rif marocain avec ses rues pavées et ses toits de tuile particulièrement décalés sous ces latitudes. Vous consacrerez l'après-midi à **Tetouan** ★★★ (p.132)avec sa médina aux allures médiévales avant de rêvasser en empruntant la route de la côte jusqu'à **Tanger** ★★★ (p.111).

› Jour 10 - Le nord du Maroc

Visitez la kasbah de **Tanger** ★★★ (p.111) en matinée, puis prenez la route jusqu'à **Rabat** ★★★ (p.206) où vous déjeunerez avant d'aller faire le tour des remparts et explorer la **kasbah des Oudayas** (p.207). En fin de journée, faites la route jusqu'à **Casablanca** ★★★ (p.220).

› Jour 11 - De Casablanca à Essaouira

En une demi-journée vous verrez les principaux attraits de **Casablanca** ★★★ (p.220) : la **mosquée Hassan II** (p.223) et le **quartier des Habous** (p.224), la corniche, l'ancienne médina, le boulevard Houphouet-Boigny et ses arcades abritant des boutiques d'artisanat. En prenant la route d'**Essaouira** ★★★★ (p.245), faites étape à **El Jadida** ★★ (p.236), la « petite Deauville » marocaine ou à **Oualidia** ★★ (p.241), un port de pêche un peu plus authentique. Arrivée en fin de journée à **Essaouira** ★★★★ (p.245).

› Jour 12 - L'éternelle Mogador

La côte sauvage d'**Essaouira** ★★★★ (p.245) est certainement l'un des plus beaux spectacles que vous aurez à voir dans le pays. Prenez le temps d'en profiter pleinement. Là encore, Essaouira est un bon point de départ si voulez rayonner dans la région et effectuer quelques randonnées. Dans Essaouira, ne manquez pas les anciennes batteries portugaises et le tour des remparts.

› Jour 13 - La route Atlantique

On continue avec la partie balnéaire du séjour en se rendant à **Agadir** ★★★ (p.276) via **Taroudant** ★★ (p.293). Vous tomberez vite sous le charme de la « petite Marrakech » dont vous arpenterez les remparts et les jardins. Dans l'après-midi, vous rejoindrez **Agadir** ★★★ (p.276), la plus grande des stations balnéaires du Maroc. Profitez de la plage et de la baignade pour une journée de détente.

› Jour 14 - Retour à Marrakech

Après un dernier bain de mer à **Agadir** ★★★ (p.276), prenez la route jusqu'à Marrakech ★★★★. Vous visiterez des palmeraies le long de la route puis aurez le temps de vous offrir un peu de temps libre à Marrakech pour un peu de shopping ou une simple promenade le long des 18 km de remparts de la ville pour vous imprégner une dernière fois d'images somptueuses.

PRATIQUE

SE REPÉRER / SE DÉPLACER

DE L'AÉROPORT AU CENTRE-VILLE

A Marrakech, pour rejoindre le centre situé à 5 km de l'aéroport, vous aurez le choix entre le bus (ligne n° 19 de la compagnie Alsa) et le taxi qui prennent tous deux une quinzaine de minutes pour vous transporter au centre-ville. Le bus, plus économique que le taxi, dessert plusieurs sites phares du centre, ce qui est très pratique. De jour comme de nuit, les taxis attendent à la sortie de l'aéroport. Pour éviter les arnaques, les tarifs sont affichés en gros plan à l'arrivée.

L'aéroport de Casablanca est situé à 30 km au sud-est de la ville. Pour rejoindre le centre-ville, le plus pratique est de prendre l'un des taxis blancs qui attendent à la sortie du terminal 1. L'autre solution, largement moins chère, est d'emprunter le train, à la gare ferroviaire située sous le hall des arrivées.

A Fès, vous pourrez emprunter la ligne n° 16 de la compagnie Fès City qui dessert la gare ferroviaire ou prendre un taxi pour un transport plus pratique et rapide.

Des aéroports d'Agadir et de Tanger, il vous faudra emprunter le taxi pour rejoindre le centre. Sinon, une solution un peu moins pratique pour Agadir, est de prendre le bus n° 37 jusqu'à Izgane, et d'emprunter l'un des bus pour le centre (n° 6, n° 11 et n° 96).

ARRIVÉE EN TRAIN

Le train est un moyen de transport très sûr et très confortable, mais le réseau ferré ne couvre pas tout le territoire. Cependant, depuis 1984, l'Office National des Chemins de Fer (ONCF - www.oncf.ma) a largement développé son réseau dans le nord du pays. Aujourd'hui, près d'une dizaine de grandes lignes sillonnent le Nord et l'Oriental. Vous pourrez ainsi facilement vous rendre de Fès à Marrakech, Casablanca et Oudja, mais aussi de Casablanca jusqu'à Nador. Inaugurée en 2018, la première ligne à grande vitesse du Maroc relie Casablanca à Tanger en seulement 2h10, en passant par Rabat et Kenitra. Cette ligne est la première trame d'un projet qui devrait doter le pays de 1 500 km de lignes à grande vitesse à l'horizon 2030.

ARRIVÉE EN BATEAU

Il existe cinq compagnies maritimes qui effectuent la liaison entre Algeciras et Tanger Med. Elles opèrent chaque jour près d'une cinquantaine d'allers-retours au total. A vous de comparer les prix pour trouver l'offre la plus intéressante. Selon la compagnie, vous atteindrez Tanger Med en 1h-1h30. Pour ensuite rejoindre le centre à 40 km, il vous faudra emprunter un bus direct, dont les départs sont disponibles toutes les heures. L'autre solution plus intéressante est d'emprunter l'une des 3 compagnies reliant Tarifa à Tanger Ville en moins d'une heure. Pensez à réserver en avance lors des périodes de pointe.

TRANSPORTS EN COMMUN

Les bus sont le meilleur moyen pour voyager à travers le pays lorsqu'on n'est pas motorisé. Mais attention, seules trois compagnies sont recommandables : CTM (www.ctm.ma), Supratours (www.supratours.ma) et Alsa (www.alsa.ma). Ces compagnies de bus officielles sont très sûres, confortables et ponctuelles. Les trajets sont en plus à peine plus chers que les petites compagnies privées, que nous vous déconseillons pour des raisons de sécurité. Vous pourrez aussi prendre les taxis collectifs, qui peuvent être pratiques pour rejoindre une ville ou un village à l'autre. Cependant, les départs s'effectuent seulement lorsque le taxi est plein ! Autre inconvénient : vous risquez de voyager serré à l'arrière. Essayez de négocier une place à l'avant.

AVEC UN CHAUFFEUR

Il existe de nombreux transports touristiques au Maroc, dont vous pourrez louer les services pour vous déplacer sur le territoire. Il ne faut pas les confondre avec les agences de voyages qui, elles, peuvent vendre des circuits « tout compris ». Il faut aussi avoir en tête que le chauffeur n'est pas un guide touristique, et les informations délivrées peuvent s'avérer erronées.

706 kgCO_2e / personne

Aller-retour Paris-Marrakech

➔ Le calcul de cette consommation CO_2 est fait à partir de Paris. L'idée est ici de montrer concrètement l'empreinte carbone de ce trajet, même s'il n'existe pas d'autre alternative que l'avion pour se rendre dans cette destination de manière directe.

EN VOITURE

Louer une voiture changera du tout au tout la physionomie de votre voyage, vous pourrez ainsi quitter les sentiers battus et bénéficier d'une autonomie bien agréable. Cependant, il est assez cher de louer une voiture au Maroc. Il vous en coûtera souvent de 300 à 1 000 DH par jour, selon la voiture louée. Deux types d'agences de location de voiture : les agences internationales, présentes dans toutes les grandes villes (Avis, Hertz, etc.) et les agences locales. Il n'y a pas de règles, les agences locales sont souvent très sérieuses, mais les arnaques existent, bien sûr. Pensez à bien demander les conditions en cas de panne ou d'accident. Les routes sont plutôt bonnes au Maroc, cependant ne vous aventurez pas sur les pistes caillouteuses si votre véhicule n'est pas adapté. La conduite des Marocains peut être parfois assez brusque, soyez vigilant sur les routes et évitez de rouler après la tombée de la nuit, les routes n'étant pas suffisamment éclairées.

ACCESSIBILITÉ

Le Maroc devient peu à peu accessible aux personnes à mobilité réduite, notamment dans les grandes villes. Dans les hôtels de luxe, plusieurs chambres ont été pensées pour les accueillir, et peu à peu les maisons d'hôtes commencent à aménager des chambres pour les recevoir. Il sera par contre plus difficile de se déplacer à travers le pays, mais la société Handi Medic propose le premier réseau de transport adapté aux personnes à mobilité réduite (www.handi-revesmedic.com) au Maroc, leur permettant ainsi de découvrir le pays.

LES PHRASES CLÉS

Bonjour, comment puis-je me rendre à…
مرحبا، كيف يمكنني الذهاب إلى...

Est-ce loin à pied ? Y a-t-il le métro ou un bus… pour y aller ?
هل المكان بعيد سيرا على الأقدام؟ هل توجد محطة مترو أو حافلة للذهاب إلى هناك؟

Pouvez-vous me montrer cet endroit sur la carte s'il vous plait ?
هل يمكنك تحديد هذا المكان على الخريطة من فضلك؟

Où puis-je acheter les tickets de transport ? Est-ce que je peux payer en carte de crédit ?
اين يمكنني شراء تذاكر سفر؟ هل يمكنني الدفع باستخدام بطاقة الائتمان؟

Où est la sortie ? A gauche, à droite ou tout droit ?
اين المخرج؟ - يسارا أو يمينا أو مباشرة أمامي؟

Je suis perdu et je suis en retard, s'il vous plait, aidez-moi ! Merci beaucoup !
!من فضلك أنا تائه وتأخرت عن موعدي، هل يمكنك مساعدتي؟ شكرا جزيلا

PRATIQUE

A VOIR / A FAIRE

HORAIRES

Les musées ouvrent en général de 9h à 12h30 et de 14h à 19h. Mais ces horaires varient d'un lieu à un autre, et il vaut mieux se renseigner au préalable. Certains ferment le dimanche ou le lundi, les autres restant ouverts tous les jours, à l'exception des fêtes religieuses.

LES ÉVÉNEMENTS

Moussems, festivals et autres événements marquent tout au long de l'année un calendrier bien rempli au Maroc. Les amateurs de jazz ne manqueront pas en avril le festival Jazzablanca qui fait vibrer tout Casablanca pendant 9 jours ou encore le Tanjazz en septembre à Tanger, qui dévoile chaque année une programmation de qualité. En juin, la bonne humeur est au rendez-vous au festival du rire de Marrakech, avec des sketchs à se plier en deux. Les amoureux du 7e art se rendront, quant à eux, à Marrakech en décembre au festival international du film où les grands noms du cinéma se retrouvent sur le tapis rouge. Pour une immersion totale dans la culture marocaine, ne manquez pas les moussems et les festivals dédiés aux produits de la région. L'ambiance y bat son plein et c'est l'occasion de découvrir les traditions et la gastronomie locales.

VISITES GUIDÉES

Nombreux sont les guides locaux au Maroc. Certains s'affirment guides, mais ce sont en fait des habitants qui connaissent bien la région. Ils pourront cependant vous accompagner sur des lieux d'intérêt, mais leurs connaissances restent limitées.

LES ATTRAPE-TOURISTES

A Fès, Marrakech ou Ouarzazate, il vaut mieux s'assurer que votre guide dispose de la licence officielle, si vous ne souhaitez pas devenir la poule aux œufs d'or de ses amis marchands. Cependant, comme partout, il existe de bons et de mauvais guides, même avec le titre en poche. Nous vous indiquons des guides de confiance à travers nos pages.

LES PHRASES CLÉS

Bonjour, puis-je avoir deux entrées adultes et un enfant s'il vous plait ?
مرحبا، هل يمكنني الحصول على تذكرتين لبالغين وتذكرتين لطفلين من فضلك؟

Le tarif enfant est jusqu'à quel âge ? Et pour les seniors, est-ce qu'il y a une réduction ?
ما الحد العمري لتذكرة الأطفال؟ هل يوجد خصم للمسنين على المعاش؟

Est-ce qu'il y a des visites guidées en français ou un audioguide ?
هل توجد جولة إرشادية باللغة الفرنسية او دليل صوتي؟

Combien de temps faut-il pour faire la visite ?
كم تبلغ مدة الزيارة؟

J'ai du mal à monter les escaliers, avez-vous un ascenseur ?
لا استطيع صعود السلالم، هل يوجد مصعد من فضلك؟

Excusez-moi, pouvez-vous me dire où sont les toilettes ? Merci beaucoup.
لو سمحت، هل يمكنك إخباري أين توجد دورة المياه؟ شكرا جزيلا.

PRATIQUE
SE RÉGALER

HORAIRES
La plupart des restaurants ouvrent de 12h à 15h et de 19h à 23h-minuit. Certains d'entre eux servent même tout au long de la journée, d'autres seulement le soir. Dans les zones touristiques, les restaurants sont généralement ouverts tous les jours. Ailleurs, ils prennent une journée de repos par semaine, en général le dimanche ou le lundi.

BUDGET / BONS PLANS
En moyenne, comptez entre 10 et 15 € pour un repas complet. Vous trouverez aussi quelques adresses locales, sans prétention, où manger sur le pouce de copieuses spécialités marocaines. Faites toutefois attention à la réputation de l'adresse pour ne pas tomber malade. Dans les grandes villes, quelques restaurants se démarquent du lot par leur gastronomie de haute volée. Les prix s'envolent un peu, entre 40 et 60 € le repas complet, mais la qualité sera au rendez-vous.

EN SUPPLÉMENT
Le service étant généralement souriant et généreux, laissez un petit pourboire d'environ 10 % de la note !

C'EST TRÈS LOCAL
La générosité des Marocains n'est plus à démontrer, et pour vous remercier de votre visite, on vous offrira généralement un thé à la menthe en fin de repas.

A ÉVITER
A l'instar de tous les pays musulmans, il est mal vu de manger avec la main gauche, même avec une cuillère. Les gauchers feront donc attention de bien manger avec la main droite, notamment s'ils sont en compagnie de Marocains.
Evitez également les boissons servies avec des glaçons qui pourraient déranger votre estomac.

ENFANTS
Certains restaurants proposent des menus enfant, incluant un plat de résistance et un dessert. Parfois aussi une boisson.

FUMEURS
Il est interdit de fumer dans les restaurants. Toutefois, vous pourrez consumer votre cigarette en terrasse.

LES ATTRAPE-TOURISTES
Comme partout, les zones touristiques cachent quelques mauvaises surprises. Méfiez-vous des rabatteurs près des restaurants et si possible, renseignez-vous sur l'établissement au préalable.

LES PHRASES CLÉS

Bonjour, je voudrais réserver une table pour deux personnes pour ce midi ou ce soir.
مرحبا، أود حجز طاولة لشخصين اليوم وقت الغذاء او في المساء.

Avez-vous un menu en français ou en anglais ?
هل توجد قائمة طعام باللغة الفرنسية او الإنجليزية؟

Je suis végétarien, y a t-il des plats sans viande ?
أنا نباتي، هل لديكم أي وجبات لا تحتوي على اللحوم؟

Je n'ai vraiment plus faim mais avez-vous une carte des desserts ?
لقد شبعت الآن، ولكن هل يمكنني الاطلاع على قائمة التحلية، تحسبا؟

Puis-je avoir l'addition s'il vous plait ? Je peux payer par carte ou en espèces ?
هل يمكنك إحضار الفاتورة لو سمحت؟ هل يمكنني الدفع بالبطاقة الائتمانية أو تريد الدفع نقدا؟

C'était très bon, nous reviendrons. Merci et à bientôt.
كان الطعام شهيا، سنكرر الزيارة مرة أخرى. شكرا جزيلا، نراك قريبا.

FAIRE UNE PAUSE

HORAIRES

Bars et cafés sont en général ouverts toute la journée, à partir de 8h ou 9h jusqu'à 17h ou 22h. On y vient pour bien démarrer la journée avec un petit déjeuner à base de crêpes feuilletées, d'un thé ou café et d'un jus d'orange. Ils sont aussi très fréquentés au goûter par les familles marocaines. L'ambiance peut donc y être bruyante.

BUDGET / BONS PLANS

Dans le nord du Maroc, certains bars ont conservé la coutume espagnole de la boisson avec tapa. Parfait pour manger sur le pouce !

C'EST TRÈS LOCAL

La grande majorité des bars ne vend pas d'alcool, la boisson phare du pays étant le thé à la menthe !
Cependant, certains disposent de la licence et proposent une carte correcte en bières, vins et parfois cocktails. Renseignez-vous sur place.

FUMEURS

Tout comme les restaurants, il est possible de consumer, avec son café ou son thé à la menthe, sa cigarette en terrasse.

LES PHRASES CLÉS

Bonjour, quelle est la spécialité de la maison ? Nous voulons découvrir.
مرحبا، ما هي الوجبة المميزة هنا؟ نود تجربتها.

Avez-vous de la place en terrasse ?
هل توجد لديك غرفة مطلة على الشرفة؟

Quel est votre nom ? Je m'appelle... Ravi de vous rencontrer !
ما اسمك؟ اسمي... سعدت بلقائك!

A votre santé ! Zut, j'ai renversé mon verre... pouvez-vous m'aider ?
نخبك! اوه لا، لقد انسكب مشروبي... هل يمكنك مساعدتي؟

C'était très bon. Nous allons reprendre la même chose s'il vous plait.
طعمه لذيذ. سناخذ نفس الطلب مرة اخرى لو سمحت.

PRATIQUE

(SE) FAIRE PLAISIR

HORAIRES

Les boutiques ouvrent en général de 9h à 12h30 puis reprennent après le déjeuner, à 16h, voire 17h et ce, jusqu'à une heure après le coucher du soleil, juste avant la dernière prière. Mais, en Afrique, rien n'est sûr et il est possible de trouver en pleine journée, notamment aux heures de la prière, la boutique porte close.

BUDGET / BONS PLANS

Dans les souks, vous pourrez dénicher poteries, bijoux, céramiques et autres objets artisanaux du Maroc. Vous y aurez un large choix, et les produits issus des environs, généralement de qualité. Parfois même, les objets sont fabriqués sur place. Attention toutefois aux arnaques.

C'EST TRÈS LOCAL

Dans les souks et les boutiques, le marchandage est généralement de mise. Les Marocains sont doués en affaires, à vous de faire appel à vos talents de négociateur !

LES ATTRAPE-TOURISTES

Ils sont nombreux au Maroc, malheureusement... Et l'on pourra facilement vous vendre un objet en laiton à la place d'un objet en bronze, de la barbe de maïs à la place du safran ou même de l'huile d'argan frelatée.

Il vous faudra être vigilant sur le lieu où acheter vos produits, quitte à payer un peu plus cher pour être sûr de la qualité et de sa provenance.

LES PHRASES CLÉS

Bonjour, c'est superbe, mais combien ça coûte ?
مرحبا، هذا مذهل، ولكن كم السعر؟

Vous auriez ma taille ? Où se trouvent les cabines d'essayage ?
هل يوجد لديك مقاسي؟ أين غرفة تبديل الملابس؟

Est ce que je pourrai vous le rapporter et l'échanger si ça ne va pas ?
هل يمكنني استبدالها إذا لم تكن مناسبة لمقاسي؟

J'ai trop dépensé aujourd'hui, pouvez-vous me faire une réduction sympa ?
لقد انفقت الكثير من الاموال اليوم، هل يوجد اي خصم؟

Je prendrai celui-ci. Pouvez-vous me faire un paquet cadeau ?
ساشتري هذه القطعة. هل يمكنك تغليفها مثل الهدية من فضلك؟

Vous prenez la carte de crédit ? Où puis-je trouver un distributeur de billets ?
هل تقبل الدفع ببطاقة الائتمان؟ أين يمكنني العثور على ماكينة صراف الي؟

BUDGET / BONS PLANS

Le Maroc offre un florilège d'activités à faire sur place : randonnées, balades à dos de dromadaire, surf, pêche en mer, ski, escalade, cours de cuisine… Chacun y trouvera donc son bonheur, à des tarifs abordables. Pour certaines activités, telle l'escalade, il faudra vérifier la qualité du matériel ou ramener le sien pour plus de précautions. Le long des côtes, de belles plages se dévoilent, parfaites pour le farniente. Attention toutefois aux forts courants de l'Atlantique si vous souhaitez vous baigner. Côté détente, une pause au hammam est incontournable ! A vous de voir si vous souhaitez tenter l'expérience du hammam public, dont le prix d'entrée est dérisoire, ou si vous préférez les hammams des hôtels, aux tarifs bien plus élevés. Nombreux soins du corps à base d'huiles essentielles sont proposés, pour une relaxation totale.

C'EST TRÈS LOCAL

Le hammam est un véritable rituel au Maroc. Les grandes villes et certains villages disposent d'un bain public, séparé pour les hommes et pour les femmes. L'entrée est un peu plus chère pour les femmes, qui restent souvent plus longtemps, pour se purifier et papoter entre elles.

LES PHRASES CLÉS

Bonjour, comment puis-je me rendre à… ? Est-ce loin ?
مرحبا، كيف يمكنني الذهاب إلى...؟ - هل المكان بعيد؟

J'aimerais aller courir. Il y a un coin sympa pour cela dans la ville ?
اود الذهاب للجري. هل يوجد مكان مناسب للجري حول المدينة؟

J'adore cuisiner. Savez-vous où je peux trouver des cours de cuisine ?
انا احب الطهي. هل تعرف اين يمكنني التسجيل في دورة تعليم الطهي؟

Vous pourriez m'indiquer une salle de sport pas très loin ?
هل يمكنك إبلاغي اين توجد اقرب صالة رياضية؟

Quel est le sport national ?
ما هي الرياضة الشعبية هنا؟

Pensez-vous que nous pourrions voir cela ou même participer ?
هل تعتقد إنه يمكننا مشاهدتها في مكان قريب، او حتى تجربة ممارستها؟

PRATIQUE

SORTIR

HORAIRES

Dans les stations balnéaires et les cités impériales, les nuits s'animent le week-end et parfois en semaine, en haute saison. Dans les villages, la vie nocturne est quasi-inexistante.

BUDGET / BONS PLANS

Avec 12 antennes au Maroc, les Instituts français sont une bonne option pour les sorties culturelles (théâtre, concerts, danse…). Certains hôtels haut de gamme disposent d'un bar avec terrasse panoramique ouvert aux clients extérieurs. Vous y prendrez l'apéro ou le digestif dans de jolis cadres.

A PARTIR DE QUEL ÂGE

Les Marocains peuvent consommer de l'alcool à partir de 18 ans, même si dans la religion musulmane l'alcool n'est pas autorisé. Les jeunes peuvent à partir de 18 ans se rendre en boîte légalement.

FUMEURS

Malgré la loi adoptée par le Parlement en 2008, certains établissements se retrouvent enfumés la nuit. Les amendes, allant de 10 à 50 DH, n'ont pas un effet persuasif…

LES PHRASES CLÉS

Bonsoir, comment puis-je me rendre à…
مساء الخير، كيف يمكنني الذهاب إلى...

Est ce que cet endroit est tranquille ? Il n'y a pas de problème de sécurité ?
هل هو مكان هادئ؟ هل توجد مشاكل متعلقة بالأمان؟

J'aimerais voir un spectacle typique ! Qu'est-ce qu'il y a en ce moment ?
أود مشاهدة عرض فني شعبي! ما هو المعروض حاليا؟

Je ne comprends pas… pouvez-vous répéter s'il vous plait ? Merci.
لم أفهم، هل يمكنك إعادة ما قلته من فضلك؟ شكرا جزيلا.

Est-ce que je peux vous offrir un verre ? Quel est le meilleur cocktail de la maison ?
هل أستطيع دعوتك لمشروب؟ ما هو أفضل مكان يقدم كوكتيلات؟

J'ai la gueule de bois, auriez-vous quelque chose pour que j'aille mieux ?
أعاني من آثار ما بعد الشرب، هل يوجد لديك أي شيء يمكنه تخفيف الألم؟

SE LOGER

BUDGET / BONS PLANS

Riad, maison d'hôtes, hôtel, camping, vieille kasbah : le choix d'établissements au Maroc s'avère extrêmement large. Il y en a pour tous les goûts et aussi pour toutes les bourses ! Pour dormir dans un hôtel d'un bon standing, il vous faudra débourser entre 50 et 80 € par nuit. Les maisons d'hôtes, parfois catégorisées comme riads, offrent généralement un très bon rapport qualité-prix. Vous serez en plus accueilli chaleureusement par une famille marocaine, parfois franco-marocaine, et immergé au cœur de la culture. Comptez autour de 50 € la nuitée. Les petits budgets pourront se tourner vers les auberges de jeunesse, nombreuses au Maroc. A moins de 10 € la nuitée, elles proposent des lits en dortoirs, généralement très propres. La cuisine est partagée et l'ambiance très conviviale. Au printemps ou en été, les campings sont aussi une option intéressante. En tente avec emplacement, comptez aux alentours de 10 € la nuitée. Pour ceux qui souhaiteraient voyager dans une démarche écoresponsable, de nombreux écolodges ont fleuri sur tout le territoire. Tout en respectant l'environnement, ils offrent de très bonnes prestations. Les prix sont un peu plus élevés, entre 80 et 100 € la nuitée.

A RÉSERVER

Certains établissements sont très prisés pour leur cadre et leur confort. Il convient de penser à les réserver longtemps à l'avance, notamment en haute saison touristique, où ils se retrouvent très vite complets. Les logements étant nombreux au Maroc, vous trouverez toujours où dormir, mais les conditions de confort et de propreté ne seront pas toujours au rendez-vous.

POUR LES GOURMANDS

En maison d'hôtes, préparez-vous à déguster de copieux repas ! Au petit déjeuner, crêpes, pâtisseries marocaines et confitures artisanales vous attendront sur la table. Quant aux dîners, c'est ici que vous goûterez les meilleures spécialités du Maroc, concoctées par les femmes marocaines.

FUMEURS

Une grande partie des établissements est non-fumeur, mais la plupart disposent d'un joli patio où vous pourrez consumer votre cigarette dans un cadre agréable.

LES ATTRAPE-TOURISTES

A Fès et à Marrakech notamment, plusieurs riads ont ouvert leurs portes sans remplir les conditions légales. Rapprochez-vous de l'association des maisons d'hôtes (www.armhfes.org) pour connaître la liste des maisons d'hôtes certifiées par le ministère marocain du Tourisme.

LES PHRASES CLÉS

Bonjour, avez-vous de la disponibilité pour une chambre double pour ce soir ou demain soir ?
مرحبا، هل توجد لديك غرفة مزدوجة متاحة الليلة أو غدا؟

Avez-vous un code wifi… les enfants ne tiendront pas sans !
هل يوجد لديك رمز شبكة واي فاي... وإلا سيشعر الأطفال بالإحباط الشديد؟

C'est bruyant, est ce que je peux changer de chambre ?
توجد ضوضاء كثيرة، هل أستطيع الانتقال إلى غرفة أخرى؟

Jusqu'à quelle heure est-ce que nous pouvons aller à la salle de sport et à la piscine ?
ما هي مواعيد إغلاق حمام السباحة وصالة الألعاب الرياضية؟

Est-ce que je peux laisser mon bagage et revenir plus tard le récupérer ?
هل أستطيع ترك حقائبي هنا والعودة لاحقا لأخذها؟

Est-ce que vous pouvez nous appeler un taxi ? Merci beaucoup.
هل يمكنك طلب سيارة أجرة لنا؟ شكرا جزيلا

ALLO ?

Pour appeler du Maroc vers la France, composez le 00 33 (ou +33) suivi du votre numéro de votre correspondant sans le 0.
Pour appeler de la France vers le Maroc, composez le 00 212 (ou + 212) puis le numéro de votre correspondant sans le 0.
Si vous souhaitez garder votre forfait français, il faudra avant de partir activer l'option internationale (généralement gratuite) en appelant le service clients de votre opérateur. Qui paie quoi ? La règle est la même chez tous les opérateurs. Lorsque vous utilisez votre téléphone français à l'étranger, vous payez la communication, que vous émettiez l'appel ou que vous le receviez. Dans le cas d'un appel reçu, votre correspondant paie lui aussi, mais seulement le prix d'une communication locale. Tous les appels passés depuis ou vers l'étranger sont hors forfait, y compris ceux vers la boîte vocale.
Enfin, il est possible d'acquérir une carte SIM marocaine pour un téléphone portable au prix de 40 DH en moyenne, il suffit ensuite de recharger votre crédit en vous rendant chez un vendeur agréé. Il existe des forfaits sans engagement auxquels vous pouvez souscrire au moment de l'achat de la carte Sim. Ces formules sont généralement très intéressantes en cas de séjour prolongé au Maroc et vous donnent même droit à une connexion internet pour un prix modique.

SANTÉ

La situation sanitaire du Maroc est bonne. Aucun vaccin n'est obligatoire pour s'y rendre, mais ceux contre l'hépatite A et B, et la typhoïde sont recommandés. Les principales règles d'hygiène concernent l'alimentation. Il est déconseillé de boire l'eau du robinet en dehors des villes.
Pour recevoir des conseils avant votre voyage, n'hésitez pas à consulter votre médecin. Vous pouvez aussi vous adresser à la société de médecine des voyages du centre médical de l'Institut Pasteur au ✆ 01 45 68 80 88 (www.pasteur.fr/fr/sante/centre-medical) ou vous rendre sur le site du ministère des Affaires étrangères à la rubrique « Conseils aux voyageurs » (www.diplomatie.gouv.fr/voyageurs).
En cas de maladie, un réflexe : consulter le consulat de France. Il se chargera de vous aider, de vous accompagner et vous fournira

Marrakech.

la liste des médecins francophones. En cas de problème grave, c'est aussi lui qui prévient la famille et qui décide du rapatriement. Pour connaître les urgences et établissements aux standards internationaux : consulter les sites www.diplomatie.gouv.fr et www.pasteur.fr

Si vous possédez une carte bancaire Visa® et MasterCard®, vous bénéficiez automatiquement d'une assurance médicale et d'une assistance rapatriement sanitaire valables pour tout déplacement à l'étranger de moins de 90 jours (le paiement de votre voyage avec la carte n'est pas nécessaire pour être couvert, la simple détention d'une carte valide vous assure une couverture). Renseignez-vous auprès de votre banque et vérifiez attentivement le montant global de la couverture et des franchises ainsi que les conditions de prise en charge et les clauses d'exclusion. Si vous n'êtes pas couvert par l'une de ces cartes, n'oubliez surtout pas de souscrire une assistance médicale avant de partir.

URGENCES SUR PLACE

Dans les grandes villes, en cas d'urgence médicale nécessitant une hospitalisation, composez le 141, numéro national gratuit. Vous pouvez également contacter les pompiers en appelant le 150, partout au Maroc.

SÉCURITÉ

Le Maroc est une destination très prisée par les touristes en général et les francophones en particulier. Les attentats dans le monde arabe et en France ont certes eu des répercussions sur l'engouement des voyageurs. Mais il serait vraiment dommage qu'un pays disposant d'autant d'atouts puisse voir sa fréquentation touristique remise en cause par un contexte géopolitique défavorable. Les autorités marocaines ont fait beaucoup d'efforts pour sécuriser et encadrer le tourisme dans le pays, avec un souci évident de tirer la qualité vers le haut. Toutefois, pour connaître les dernières informations sur la sécurité sur place, consultez la rubrique « Conseils aux voyageurs » du site du ministère des Affaires étrangères (www.diplomatie.gouv.fr/voyageurs). Cependant, le site dresse une liste exhaustive des dangers potentiels, donnant une image parfois alarmiste de la situation réelle du pays.

Bien qu'il n'y ait pas de gros problèmes de vol au Maroc, il vous faudra être vigilant dans les grandes villes, notamment à Casablanca où les vols de sacs, de bijoux et portables sont assez courants. Il vous faudra aussi être prudent lors de votre balade dans la médina de Fès, bien qu'elle soit dotée de nombreuses caméras de sécurité.

Malgré les propositions récurrentes dans certaines régions du Maroc, notamment à Chefchaouen, les consommateurs de drogues douces s'abstiendront. Comme en France, la détention de ce type de produit est strictement interdite, et dans le cas d'un procès, il peut vous en valoir une peine d'emprisonnement. Sachez que les conditions y sont difficiles et que les formalités de transfert dans votre pays d'origine peuvent être longues.

Une femme peut tout à fait voyager seule au Maroc, mais elle sera constamment observée. Les endroits où il n'y a que des hommes, comme les cafés traditionnels, sont à bannir si vous voulez vous sentir à l'aise. Gardez en tête qu'en dehors des grandes villes il n'est pas coutume qu'une femme vive seule : vous êtes donc une petite chose curieuse. En termes de sécurité, ne vous promenez pas seule après le coucher du soleil et ne vous aventurez pas dans les endroits déserts, même en journée. Un bon moyen de savoir si l'endroit où vous vous trouvez est vraiment sûr est d'observer qui s'y promène : il y a des enfants et des femmes ? Vous êtes en sécurité !

LGBTQ

L'homosexualité est illégale au Maroc et punit de 3 à 6 mois d'emprisonnement ainsi qu'une amende allant de 120 à 1 200 DH. Considérée comme immorale, elle est taboue dans la société marocaine et beaucoup de Marocains sont franchement homophobes. Si vous vous montrez en public, vous risquez de mettre votre vie en danger. On vous regardera aussi de travers dans les hôtels lorsque vous réserverez une chambre avec lit double. Préférez louer une twin pour passer inaperçus.

AMBASSADE ET CONSULATS

L'ambassade de France est située à Rabat, 1 rue Ibn Hajar. Pour les contacter composer le ✆ +212 5 37 68 98 78. Vous pouvez aussi consulter le site internet pour plus d'infos : ma.ambafrance.org. Du côté des consulats français, il en existe six au Maroc, répartis dans les grandes villes suivantes : Rabat, Casablanca, Fès, Agadir, Marrakech et Tanger. Consultez le site internet des consulats français au Maroc (ma.consulfrance.org) pour connaître la localisation, les horaires d'ouverture et les numéros de téléphone.

POSTE

Une lettre pour la France ou un autre pays de l'UE devra être affranchie à 9 DH, même tarif pour les cartes postales. En général, la poste est ouverte du lundi au vendredi, de 8h30 à 16h30, et le samedi matin. Les horaires peuvent varier, notamment dans les grandes villes. Vous pourrez également trouver des timbres pour l'Europe dans les boutiques de souvenir.

MÉDIAS LOCAUX

Plusieurs organes de presse, de radio et de télévision appartiennent au gouvernement marocain. Côté presse, l'agence Maghreb Arabe Presse et le quotidien en langue arabe Al-Anbaa sont dépendants du gouvernement. On peut citer aussi le journal *Assahra Al Maghribia* et les quotidiens en français *Le Matin du Sahara et du Maghreb*, qui eux sont des organes semi-officiels. En presse, dans les grandes villes, on peut trouver plus de 2 000 publications locales et étrangères.

Pour connaître les infos touristiques et culturelles du Maroc, vous ne manquerez pas de consulter VisitMorocco (www.visitmorocco.com), le site de l'office du tourisme marocain ; Tanger Pocket, un magazine gratuit délivré par l'office du tourisme ; Agadir Première (agadir-premiere.ma), un magazine lifestyle délivré dans les hôtels ; Fes-City (www.fescity.com), le portail de la ville de Fès ou encore Made in Marrakech (www.madein-marrakech.com), le site d'infos utiles sur la ville impériale.

LES PHRASES CLÉS

Bonjour, mon téléphone ne fonctionne pas, pouvez-vous m'aider s'il vous plait ?
مرحبا، هاتفي لا يعمل، هل يمكنك مساعدتي من فضلك؟

Je ne me sens pas bien, pouvez-vous m'amener à l'hôpital le plus proche ?
اشعر انني لست بخير، هل يمكنك اصطحابي إلى أقرب مستشفى؟

Est-ce que vous avez un médecin qui parle français ?
هل يوجد طبيب يتحدث الفرنسية؟

Je viens de me faire voler mes papiers, où est le poste de Police le plus proche ?
لقد سرق جواز سفري للتو، اين يوجد أقرب مركز شرطة؟

Est-ce un quartier dangereux ou je peux y aller sans crainte ?
هل هذه المنطقة خطرة او هل استطيع التجول فيها بدون قلق؟

Avez-vous des timbres pour une carte postale à envoyer en France ? C'est combien ?
هل لديك اي أختام لطابع بريدي لفرنسا؟ كم سعره؟

DÉCOUVRIR

A la croisée des mondes, le Maroc fut dès la Préhistoire une terre de convoitise, occupée successivement par des peuples de divers horizons. Ces invasions multiples ont laissé au pays d'aujourd'hui un héritage culturel remarquable, des constructions architecturales aux musiques traditionnelles. Les Berbères, l'une des premières tribus installées au Maroc, ont développé dans les montagnes un artisanat varié, dont les techniques se sont transmises de génération en génération. Tapisserie, orfèvrerie, broderie, poterie... on peut encore apprécier ces travaux minutieux dans les souks. Le Maroc, c'est aussi une palette de produits du terroir dont le safran, l'or rouge du royaume, prisé pour ses nombreuses vertus, relève de nombreux plats typiques du pays. Entre ses paysages disparates, sa population hétérogène, sa gastronomie délicate et ses diverses croyances, le Maroc invite à découvrir ses mille et une facettes.

LA CULTURE BERBÈRE

Sûrement l'ethnie la plus ancienne d'Afrique du Nord, les Berbères sont aujourd'hui dispersés dans 9 pays du continent africain, du Maroc à l'Algérie, en passant par l'Égypte et les îles Canaries. Divisé en plusieurs tribus, ce peuple nomade a réussi à conserver tout au long de l'histoire ses croyances et cultures, malgré les invasions arabes survenues au XIe siècle qui islamisèrent une grande partie de la population. Au Maroc, on estime que les berbérophones représenteraient environ 40 % de la population, répartis en plusieurs ethnies. Ce sont entre autres les Rifains, au nord, les Imazighen, à l'intérieur du pays ou les Chleuhs, au sud-ouest de l'Atlas. Chacun avec ses coutumes, son dialecte, mais partageant une même culture vieille de plus de 5 000 ans. Mais qui est ce peuple fascinant qui vit dans les zones isolées du Maroc, parfois même en totale autarcie ? Petit tour d'horizon de la culture berbère.

Une mosaïque ethnique

Leur origine ethnique est incertaine, mais on pense que les Berbères viendraient d'Égypte. Peuple nomade, ils se sont ensuite dispersés en Afrique du Nord, laissant sur leur passage des peintures rupestres dans les grottes. Le terme berbère est issu du grec ***bárbaros***, qui désigne les gens dont on ne comprend pas la langue. À leur invasion au Maroc, les Romains retiennent le mot dérivé ***barbarus*** pour nommer les autochtones rencontrés durant leur conquête. Ce terme est ensuite repris par les Arabes puis par les Français sous le nom de berbère durant le protectorat, afin de donner une connotation moins péjorative. Mais ce peuple millénaire s'est toujours appelé entre eux Amazighs, « hommes libres et nobles ». Bien que soumis à une succession d'invasions et de dominations étrangères, certains d'entre eux se sont réfugiés dans les montagnes ou dans les zones reculées du Maroc, adoptant un style de vie bien particulier et préservant ainsi leurs traditions millénaires. Aujourd'hui, ils revendiquent leur tribalité, et n'hésitent plus à hisser leur drapeau pour défendre leurs droits lors des manifestations.

© BIBI57 - ISTOCKPHOTO.COM

Homme berbère.

La langue amazighe, marque d'identité

De nos jours, le principal critère d'identification de ce peuple morcelé reste la langue berbère, appelée communément tamazight. Elle regroupe en fait près d'une quarantaine de dialectes parlés au Maroc, en Tunisie, en Algérie ou encore en Mauritanie dont la base commune est l'alphabet tifinagh. Constitué de 33 caractères figuratifs, ce système d'écriture daté du VIe av. J.-C. est l'un des plus vieux du monde, et seuls les Touaregs continuent de l'utiliser. Les autres ethnies ont, quant à elles, transcrit la langue berbère dans l'alphabet latin ou arabe. Après des décennies de luttes des militants berbères, la langue amazighe, qui se décline en trois principaux dialectes au Maroc, est officiellement reconnue en 2011 comme deuxième langue du royaume, dorénavant inscrite dans la nouvelle Constitution. À côté du français et de l'arabe, l'alphabet tifinagh trouve depuis sa place sur les bâtiments administratifs, mais il faut attendre juin 2019 pour que les députés votent à l'unanimité son usage officiel dans les administrations et les écoles. Une victoire pour cette ethnie qui peut désormais obtenir des permis de conduire, des actes de mariage, des cartes d'identité et des passeports en langue tamazight. Le berbère a fait aussi son entrée dans le domaine judiciaire, où il est possible de l'utiliser lors des procédures d'investigation et des plaidoiries.

Le drapeau, l'autre emblème des Berbères

Des meetings politiques aux rencontres footballistiques, le drapeau amazigh est hissé fièrement ces dernières années dans tout le

© MATIAS PLANAS - SHUTTERSTOCK.COM

Drapeau Amazigh.

Maghreb par les militants berbères qui revendiquent leur identité, longtemps oubliée au détriment de la culture arabe. Conçu par le militant berbériste Youcef Medkour, cet emblème a vu le jour le 12 janvier 1970 à l'occasion du Yennayer, le Nouvel An berbère. Il faudra néanmoins attendre 1998 pour que ce drapeau soit officialisé lors du congrès mondial amazigh, organisé dans les îles Canaries. Il arbore les trois couleurs panberbères, le bleu pour la mer, le vert pour les montagnes et le jaune pour le désert du Sahara, divisées en bandes égales. Ces nuances, que l'on retrouve dans les bijoux berbères, représentent symboliquement le territoire de Tamazgha, l'ensemble des régions historiques du peuple berbère. Le tout est barré en son centre par la lettre Z en tifinagh rouge, qui symbolise le sang commun des Amazighs. Bien qu'il soit déployé librement au Maroc, ce n'est plus le cas en Algérie depuis juin 2019 où il est désormais interdit de le brandir lors des manifestations. Pourtant, symbole d'une culture, d'une langue et d'une identité, il est reconnu dans la Constitution algérienne depuis 2002, mais il semblerait selon l'ancien chef de l'État-Major algérien, Ahmed Gaïd Salah, qu'il soit une menace pour l'unité du pays. Une affaire que les Berbères marocains suivront de près, car c'est aussi leur identité à travers de cet emblème qui est menacée.

Le Nouvel An amazigh, chômé depuis peu au Maroc

Tout aussi important que l'Aïd el-Kebir ou la fin du Ramadan, le Yennayer est une fête populaire ancestrale qui marque le Nouvel An berbère chaque 14 janvier sur le calendrier grégorien. Utilisé depuis l'Antiquité par les ethnies de l'Afrique du Nord, ce calendrier agraire se base sur les saisons et la position des astres et débute avec l'arrivée au pouvoir en Égypte du Berbère Chechanq 1er, devenu pharaon à la mort de son beau-père. L'année 2024 correspond à l'année 2974 pour les peuples berbères. Traditionnellement, cette fête est célébrée dans une ambiance conviviale durant plusieurs jours, autour de plats locaux très copieux, variant selon chaque région. Au Maroc, il est coutume de déguster, entre autres, le *cherchem*, un plat à base de blé, de pois chiches et de fèves ou le fameux couscous. Durant ces célébrations, les femmes revêtent leur habit traditionnel et se parent de leurs plus beaux bijoux, tandis que les enfants portent des masques d'animaux, qui symbolisent le retour des êtres invisibles sur Terre, et vont de maison en maison demander des friandises. Les croyances et superstitions sont également très présentes afin d'éviter le mauvais œil et espérer une année plus prospère que la précédente. Ainsi, au petit matin du Yennayer, les femmes procèdent au grand nettoyage de la maison afin de chasser les mauvais esprits et la misère de l'année écoulée. En ce début d'année, on y associe également les événements familiaux comme la première coupe de cheveux des petits garçons, les mariages ou les rites d'initiation agricoles. Depuis 2015, cette fête séculaire, l'une des plus vieilles de l'Humanité, est reconnue comme Patrimoine immatériel de l'UNESCO, au même titre que le tifinagh, l'alphabet berbère et le couscous. Trois ans plus tard, l'Algérie fait un autre pas en avant en consacrant le Yennayer comme journée chômée et payée. Depuis, les militants berbères du Maroc ont réclamé de rendre fériée cette journée, au même titre que l'Algérie et la Lybie, ce que le roi Mohammed VI leur a accordé en mai 2023. Le 14 janvier 2024 a été le premier jour de l'An amazigh férié et payé au Maroc.

© HADYNYAH - ISTOCKPHOTO.COM

Femme berbère tissant un tapis.

Les tatouages, la transmission d'une culture

De tout temps, les femmes berbères arborent des dessins décoratifs sur leur corps, que ce soit à titre esthétique pour séduire, mystique pour se protéger du mauvais œil ou encore thérapeutique pour se préserver des maladies. Il existe une multitude de tatouages dans la culture amazighe qui représentent, la plupart du temps, des formes géométriques aux motifs complexes, dont chacune a sa propre symbolique. Ainsi par exemple, une femme avec une barbe tatouée du menton à chaque oreille signifie qu'elle est veuve. En le portant sur soi, les femmes s'attirent toutes ces significations et transmettent également leur identité culturelle. À l'époque, toutes les occasions étaient valables pour se faire tatouer, à tel point qu'une femme était méprisée par sa communauté si elle n'arborait pas de dessins symboliques sur son visage, ses mains ou son dos. On l'utilisait pour se marier, purifier l'âme des péchés, éloigner la misère et les mauvais esprits, entre autres fonctions.

En perpétuant cette tradition, les femmes sont aujourd'hui les gardiennes de l'un des plus vieux rites berbères, qui s'oppose à l'islam actuel, interdisant cette pratique. Devenu ornemental avant tout, le tatouage berbère s'est adapté à la religion, en ne représentant jamais l'image de l'homme et en se réalisant au khôl ou au henné, pour se garder des mutilations. Il est surtout pratiqué dans le milieu rural où les femmes ont conservé la dimension mystique de ces dessins, notamment pour protéger leur nouveau-né du mauvais sort, en les tatouant sur le front avec du noir de fumée. Bien que cette coutume tend à disparaître, certaines mamies berbères arrivent encore à déterminer la région d'origine de certaines tribus, grâce au nombre de traits sur leur tatouage. De même que de plus en plus de jeunes berbères bravent la religion pour aller se faire tatouer les symboles de leurs ancêtres, et perpétuer la tradition.

L'artisanat berbère, l'héritage des femmes

A l'instar des tatouages, les femmes amazighes perpétuent avec passion un savoir-faire artisanal unique, tristement en voie de perdition. A partir de matières locales, elles fabriquent depuis des générations des objets utilitaires comme des nappes brodées ou des plats en terre cuite, vendus de plus en plus comme articles décoratifs aux touristes. L'artisanat le plus remarquable ? Sans aucun doute les tapis des montagnes de l'Atlas, réputés les plus beaux du monde. Suivant une tradition vieille de plus de 1 000 ans, les femmes nouent encore à la main la laine tondue directement des moutons ou chèvres des élevages, et la teintent parfois de couleurs végétales. Au fur et à mesure de leur travail, elles y intègrent des formes allégoriques imaginées à l'instant même et qui évoquent la plupart du temps les expériences de vie. Avec ces symboles, elles transmettent leur patrimoine culturel à travers le monde. Bien que les bijoux en argent soient fabriqués par les hommes berbères, il n'en reste pas moins que ce sont les femmes qui s'en apprêtent et qui en portent toute la symbolique. Ainsi, dans les rites de passage, comme celui du statut de la jeune fille à la mariée, les parures de bijoux, comme les voiles brodés, jouent un rôle majeur. Offerts au fil des années par sa mère, ils constituent la dot de la jeune fille qui exhibe sa parure complète le jour de son mariage. Incrustés de pierres et en argent, ils recèlent eux aussi des symboles forts, expliquant la tradition des ancêtres.

Les greniers collectifs, symbole d'une organisation solidaire

Constructions traditionnelles du Sud marocain, les greniers collectifs sont aujourd'hui les témoins d'une organisation tribale solidaire face aux dangers que représentaient les invasions des ennemis. Dans ces forteresses incrustées dans les montagnes, les Berbères y gardaient leurs objets de valeur, stockaient au frais leur culture de blé, d'orge et de safran ou se mettaient à l'abri lors d'attaques ennemies. Chaque famille disposait d'une chambre forte à l'intérieur de la roche, à laquelle elle accédait par une minuscule porte en bois pour récupérer ses précieux biens. Le tout était surveillé par un gardien, qui était rémunéré en fonction des récoltes. Aujourd'hui, ce patrimoine millénaire est en grande partie à l'abandon. Mais, de même que celui d'Imchguiguilne, une vingtaine de greniers de la région du Souss-Massa, datant de l'époque précoloniale, ont été restaurés dans le cadre d'un programme de sauvetage du patrimoine de la région, initié dans les années 2000. Beaucoup d'autres restent à être remis en état pour faire sortir ce patrimoine architectural de l'oubli.

LE SAFRAN

En cuisine, en cosmétique et en médecine traditionnelle, le safran est une épice convoitée pour sa saveur particulière et ses différentes vertus. Ces pistils de couleur rouge, dont le prix peut atteindre jusqu'à 45 € le gramme, sont retirés de la fleur du crocus sativus, en automne. Un travail délicat et pénible réalisé par les femmes qui, pour récolter un gramme de safran séché, doivent cueillir et émonder plus de 235 fleurs. Troisième producteur mondial, le Maroc récolte environ 7 tonnes de safran par an, cultivé principalement dans la région de Taliouine-Tazenakht. Sur ces terres montagneuses, les safranières profitent de conditions climatiques idéales et des avantages de la culture en terrasses, offrant des stigmates d'un rouge sombre, séchés ensuite pour offrir une épice prononcée. De la récolte à la cuisine, en passant par ses diverses utilisations, petit tour d'horizon sur l'or rouge du Maroc.

Un savoir-faire ancestral

Issu de l'arabe *za'faran*, le mot safran évoque la couleur jaune qu'on extrait des stigmates, recueillis à l'intérieur du *crocus sativus*, une plante bulbeuse assez fragile. Bien que connue depuis l'Antiquité, cette épice aurait été cultivée seulement à partir du XVIe siècle au Maroc, entre Taliouine et Tazenakht. En effet, cette région montagneuse au sud du Maroc réunit les conditions propices à la culture de cette plante de la famille des iris, entre un sol argilo-calcaire friable et des températures douces. Les safranières y épousent les courbes des montagnes, selon la méthode de la culture en terrasses, pour éviter les pertes en eau et en sol. De mi-octobre à mi-novembre, au moment de l'éclosion, les terrasses se tapissent d'une belle couleur mauve, au petit matin seulement avant que les travailleuses agricoles se rendent dans les safranières pour cueillir ces fleurs délicates. Leur travail est difficile et minutieux : courbées, elles les ramassent une à une, durant près de 4 heures, avant de s'atteler à l'émondage, opération consistant à retirer les stigmates, qui sont ensuite séchés. En une journée de travail, elles récoltent à peine 100 g de safran.

L'épice la plus chère au monde

Tout ce processus qui se réalise à la main et l'importante quantité de personnel dont les producteurs ont besoin font que les tarifs sont élevés sur le marché, que ce soit au souk ou dans les épiceries. Il n'en est rien à la rareté du safran, comme on pourrait le croire. Cependant, dès que vous quittez la zone productrice, les prix s'envolent. De 35 DH le gramme à Taliouine, il passe à 350 DH voire 450 DH dans les autres régions ! Victime de son cours élevé, le safran est l'épice la plus frelatée au monde. Il convient donc de prendre quelques précautions à l'achat, même si seul un fin connaisseur peut faire la différence. Gardez toujours en tête qu'il n'est jamais vendu en poudre, mais toujours en pistils odorants et bien secs. Face à ce fléau grandissant, les coopératives de producteurs proposent désormais des pots scellés et numérotés, garantissant ainsi son origine.

Taliouine, haut lieu du safran marocain

À Taliouine, capitale marocaine du safran, une quarantaine des coopératives d'agriculteurs de la région, soit plus de 1 500 producteurs, se sont regroupées en Groupement d'Intérêt Économique (GIE), dans le but de développer leur activité économique et d'améliorer leurs conditions de vie. Pour offrir un produit de qualité aux clients, un suivi permanent est assuré par un personnel qualifié, de la plantation à la cueillette, en passant par l'émondage et le stockage. Tout y est contrôlé jusqu'au produit même qui est analysé dans un laboratoire spécifique pour vérifier, entre autres, que le taux d'humidité soit bien inférieur à 12 %. Le safran, lui-même, est testé régulièrement, de la taille des pistils jusqu'à l'odeur qu'il libère.

© BARMALINI - ISTOCKPHOTO.COM

Safran.

DÉCOUVRIR

LE SAFRAN

© MARIUSZ_PRUSACZYK - ISTOCKPHOTO.COM

Préparation de tajines.

Ces contrôles drastiques sont demandés par l'Office national de sécurité sanitaire des produits alimentaires (ONSSA) afin de lutter contre la contrefaçon. À Taliouine, les habitants sont fiers de ce safran d'exception qui a décroché son label d'Appellation d'Origine Contrôlée (AOP), en 2012. Cultivé sur plus de 1 600 hectares dans la région, il se distingue par sa couleur rouge sombre, son odeur intense et sa saveur inégalée. Sa réputation dépasse peu à peu les frontières et pour faire résonner son nom à l'international, un festival a été créé en 2007. Depuis, chaque premier week-end de novembre, en pleine récolte, Taliouine célèbre ses précieux stigmates rouges. Au programme : marché local, concerts et visites dans les safranières. L'occasion également de savourer quelques plats locaux safranés.

Le safran en cuisine

Apprécié pour son arôme particulier et son pouvoir colorant, le safran est une épice goûteuse qui se marie aussi bien avec les plats salés que sucrés. Avec seulement 0,1 g de pistils, on peut rehausser et colorer d'un intense jaune orangé un plat pour 4 personnes. La première recette qui nous vient à l'esprit lorsqu'on parle du safran est bien sûr la paella, mais l'épice peut aussi relever le goût d'une viande ou d'un poisson. Au Maroc, il parfume coucous, tajine de poulet et pastilla, entre autres plats locaux. Côté sucré, il est utilisé en pâtisserie, en confiserie et même pour les glaces, leur offrant ainsi une saveur unique. Pour dire qu'il s'utilise facilement, on le retrouve même dans la composition de certaines boissons alcoolisées telles que la chartreuse ou le gin, et aussi dans le thé, coutume locale de la région productive ! Si vous l'utilisez en cuisine, laissez-le infuser dans un liquide chaud utile à la préparation, afin qu'il libère tous ses puissants arômes et son intense couleur.

Le safran en cosmétique

Cléopâtre connaissait déjà les vertus du safran, elle qui en versait une tasse dans son bain pour bronzer sa peau. Aujourd'hui, il fait le bonheur des marques de produits de beauté qui l'affectionnent pour ses propriétés antioxydantes. On le retrouve notamment dans la composition des crèmes antirides, car il aide à lutter contre les radicaux libres, tout en revitalisant la peau. Plus qu'une simple épice, le safran est un produit qui protège contre les mauvais esprits, selon les croyances locales. Ainsi, lors des mariages, on dessine des symboles sur le visage de la future mariée, qui porte sur elle comme guise de parfum, un mélange harmonieux de safran et de clous de girofle. L'épice accompagne aussi le défunt pour conserver une odeur agréable dans le cercueil.

Le safran en médecine

Prisé par la population autochtone pour ses propriétés médicinales, il est employé pour apaiser les maux liés au rhume, aux problèmes respiratoires et aux dents. Il sert également à calmer les douleurs de l'accouchement, à soigner les cicatrices et serait même un puissant antidote aux poisons. On comprend mieux pourquoi les médecins avant l'apparition des antibiotiques avaient toujours un peu de safran dans leur trousse. Aujourd'hui, dans la médecine moderne, il est utilisé dans des travaux de recherche pour lutter contre la dépression, Alzheimer et les problèmes oculaires.

Produit phare du Maroc, le safran est un véritable trésor que souhaite protéger et valoriser le gouvernement marocain dans sa stratégie de développement des produits du terroir.

GÉOGRAPHIE

À une dizaine de kilomètres de l'Europe, de l'autre côté du détroit de Gibraltar, le Maroc s'étend sur plus de 700 000 km² jusqu'aux confins du désert saharien. Il étonne par ses paysages montagneux qui couvrent plus des deux tiers du territoire, dont le point culminant est au djebel Toubkal. Surprend par ses vastes plaines fertiles qui s'étendent à l'intérieur du pays et enchante avec ses 3 400 km de côtes, partagées entre l'Atlantique et la Méditerranée et son fabuleux désert. Le Maroc est sans aucun doute le pays du Maghreb offrant les plus subtils contrastes. Des oasis et des palmeraies du Grand Sud aux forêts impénétrables du Moyen Atlas, la géographie marocaine offre de multiples visages, faisant de ce pays un véritable paradis. Au gré du voyage, ces paysages somptueux défilent devant les yeux, tout éblouis par leurs beautés, parfois surnaturelles. Petit aperçu de cette géographie singulière qui sculpte ce pays d'Afrique du Nord.

Un littoral partagé entre deux mers

Doté d'une double façade maritime, le littoral marocain est ourlé par l'océan Atlantique sur 2 900 km et par la Méditerranée, sur 500 km, dont le détroit de Gibraltar est le point de rencontre entre ces deux mers. Du côté de la Méditerranée, on est de suite frappé par le contraste saisissant des montagnes arides du Rif qui dégringolent vers l'océan, offrant un littoral ponctué de criques, et parfois de plus longues plages, aux eaux turquoise. La côte atlantique, plus sauvage, est caractérisée par ses falaises de grès façonnées par les embruns et séparées par de grandes plages de sable blanc. On y découvre de nombreuses grottes et anfractuosités creusées naturellement au fil du temps, dont les fameuses grottes d'Hercule en sont un bel exemple. La côte du Sahara occidental dévoile aussi quelques curiosités naturelles, à l'instar de la plage de Leghzira à Mirleft, à qui il reste une arche formée dans la falaise ocre. On peut aussi citer la région de Dakhla, qui offre des paysages surprenants, parfois lunaires, à l'image de la célèbre dune blanche, qui se dresse seule face à l'Atlantique. Du haut de ce monticule, la rencontre du désert et de l'océan se profile sur cet espace vierge, que chacun essaie de conquérir au moyen de ses forces naturelles.

Des plaines et vallées verdoyantes

Du Gharb au nord au Souss, près d'Agadir, le Maroc recèle les plus vastes plaines fertiles d'Afrique dont on distingue deux types. D'un côté celles du littoral, avec les plaines du Gharb, entre Larache et Kenitra ; de Zaër, entre Rabat et Rommani ; de Chaouia, dans la région de Casablanca et du Souss, aux environs d'Agadir. De l'autre, les plaines intérieures qui bénéficient des barrières climatiques naturelles de l'Atlas et du Rif, protégeant les cultures des vents marins. Celles-ci sont au nombre de trois : la Tadla, nichée entre le Haut et le Moyen Atlas dans la province de Béni Mellal, le Saïss, qui s'étend sur plus de 2 200 km entre Meknès, Fès et le Haouz situé à plus de 600 m d'altitude dans les environs de Marrakech. Sur ces terres irriguées, on y cultive entre autres vignes, oliviers, orangers et céréales. Du côté des vallées, le Sud regorge de magnifiques endroits aux reliefs escarpés sillonnés par les oueds et ponctués par les palmeraies verdoyantes. On peut citer entre autres vallées : Ounila et ses paysages contrastés, entre Marrakech et Ouarzazate, la vallée du Dadès et ses formations rocheuses surprenantes, près de Boulmane du Dadès, la vallée de Todra et ses impressionnantes gorges, près de Tinghir et la vallée du Drâa et ses nombreuses oasis, aux portes du désert.

Un paysage tout en relief

Du Rif au Nord et son point culminant au djebel Tidighine (2 488 m) vers le Moyen Atlas à l'intérieur du pays, en poursuivant dans le Haut et l'Anti-Atlas, limité au sud par l'oued Drâa, le Maroc est cerné de hautes et petites montagnes sur la majorité de son territoire, dont 100 000 m² du relief dépassent les 2 000 m d'altitude. L'Atlas, séparé en trois massifs montagneux s'étendant du nord au sud, constitue la principale chaîne montagneuse du pays, formant une véritable frontière naturelle entre les plaines de l'Atlantique et le désert du Sahara. S'étendant sur plus de 1 000 km sur le territoire marocain, elle culmine par dix fois au-delà de 4 000 m et atteint son plus haut sommet au djebel Toubkal, à 4 167 m. Massif intermédiaire entre le Haut et l'Anti-Atlas, le djebel Sirwa est un ancien volcan très étendu qui domine à 3 305 m, offrant de magnifiques paysages escarpés. Du haut de ses 2 712 m, citons également le djebel Sarhro, plus à l'est dans le Haut Atlas, qui fascine par ses reliefs arides dignes des plus grands westerns ! Plus au sud, dans le Sahara occidental, les reliefs sont peu marqués et l'attitude dans ce vaste désert rocailleux est le plus souvent inférieure à 200 m.

Le Haut Atlas, un massif imposant

Prolongeant le Moyen Atlas, le Haut Atlas s'étend du lac de Bin el-Ouidane, sur l'oued turquoise situé à l'ouest à Midelt, plus haut à l'est, sur 700 km. Il présente une succession de vallées et de cols, dominés par les crêtes serties de neiges éternelles, qui abritent de magnifiques ksour, ces villages fortifiés à l'accès souvent difficile. C'est là probablement la partie la plus sauvage du Maroc, à l'exception du désert saharien. On y découvre, au détour d'un oued, de nombreuses cultures en terrasses ainsi que des alpages où les Berbères conduisent leurs troupeaux de chèvres et de moutons. Point dominant du Haut Atlas, le djebel Toubkal est aussi le plus haut sommet d'Afrique du Nord (4 167 m), planté de citronniers, de genévriers et de cyprès, à quelques kilomètres seulement de Marrakech. À l'est de cette ville impériale s'étend la chaîne de montagnes du M'Goun, culminant à 4 000 m et présentant des combes profondes et des gorges étroites. Puis, plus au sud encore, ainsi qu'à l'est, les montagnes cèdent de l'altitude : c'est le djebel Sarhro puis le djebel Bani qui annoncent les régions désertiques de la Hamada du Drâa.

Le Moyen Atlas et l'Anti-Atlas, deux montagnes surprenantes

Peu après le Rif, au nord du pays, s'élève le Moyen Atlas qui domine à 3 350 m au djebel Bou-Naceur. Il s'étend sur 350 km de longueur, occupant une superficie de 2,3 millions d'hectares, entre des forêts de cèdres et de chênes, des plateaux volcaniques et des lacs aux eaux turquoise. Cette succession de décors et de reliefs accidentés fait de cette région l'une des plus agréables du Maroc. À l'ouest, le Moyen Atlas est essentiellement formé de roches calcaires qui culminent entre 1 000 et 1 500 m, alors qu'au nord-est, on trouve des roches plissées qui s'élèvent à près de 3 000 m. À l'est, le cirque de Jaffar offre une végétation luxuriante, parsemée de nombreuses petites cascades, mais reste l'un des endroits les plus difficiles d'accès au Maroc. Quant au versant est, il présente un paysage volcanique lunaire, des plateaux du Rekkam à Midelt. Plus au sud, l'Anti-Atlas, lui, s'étend sur près de 600 km, entre le Haut Atlas central et les régions du Souss et du Tafilalet. Sa chaîne aride et désertique débute peu après le volcan fossile du Sirwa, qui surplombe le massif et forme un arc de cercle jusqu'à la côte Atlantique, vers l'embouchure de l'oued Drâa. Scindée en deux par le fleuve du Drâa, cette vieille chaîne de montagnes, formée il y a environ 300 000 millions d'années, est constituée de multiples variétés de roches, telles que le granit rose, le micaschiste ou l'amphibolite. Ses paysages arides annoncent le désert.

Le Sahara, entre dunes de sable et rochers

Occupant presque tout le nord de l'Afrique, le Sahara se déploie sur 5 200 km de l'océan Atlantique à l'ouest jusqu'à la mer rouge à l'est, et sur 1 500 km du nord de la Méditerranée au sud du Sahel. Le plus grand désert du monde couvre ainsi une superficie totale de près de 9 millions de km², dont 266 779 km² dans le Sa-

© PAVLIHA - ISTOCKPHOTO.COM

Haut-Atlas.

DÉCOUVRIR

© PERSZING1982

Caravane de chameaux traversant les dunes de sable.

hara occidental. Ce désert, jadis fertile, s'étend chaque jour un peu plus, principalement vers le sud. Contrairement à ce que l'on pourrait penser, l'eau est présente dans le sous-sol à de nombreux endroits, le problème étant la captation de cette manne salvatrice, souvent très profonde. Il renferme aussi les gisements de phosphates les plus importants au monde, avec plus de 50 milliards de tonnes, découverts dans le Sahara occidental, notamment aux alentours de la ville de Bu-Craa, située à plus de 100 km au sud-est de Laâyoune. Plus au sud et à l'est, le désert se poursuit avec les regs, ces vastes étendues de graviers et de petits cailloux balayées par les vents, et les hamadas, ces zones arides composées de rochers et de pierres érodées par les vents sahariens, avant de se prolonger par les ergs, ces successions de dunes dorées modelées par les vents, de Zagora jusqu'à Merzouga, qui font le bonheur des touristes. Le paysage est cependant bien vite monotone, et cette répétition n'est rompue qu'aux abords de l'océan Atlantique.

Un réseau hydrographique dense

L'important réseau hydrographique du Maroc est tourné vers l'Atlantique, à l'exception du fleuve Moulouya, parti de la province de Midelt, qui se jette dans la Méditerranée. Tous ces oueds descendent de jeunes montagnes qui dessinent une longue dorsale de hautes terres flanquées de part et d'autre de plaines et plateaux. Le plus long fleuve du Maroc ? Le Drâa qui parcourt 1 100 km des montagnes du Haut Atlas jusqu'à l'océan Atlantique. Traversant des paysages désertiques et rocailleux, il est la plupart du temps asséché, mais sort parfois de son lit, lors de crues exceptionnelles. La Seguia el-Hamra, toujours dans le Sud, connaît le même assèchement durant une bonne partie de l'année. Quant au bassin de Sebou, qui forme une cuvette entre le Rif au nord et le Moyen Atlas au sud, il renferme près du tiers des eaux de la surface du pays dont le principal oued sillonne environ 500 km avant de terminer sa course dans l'océan. Signalons aussi le Loukkos, dont l'embouchure à Larache est l'une des plus belles du Maroc ; le Bou Regreg, qui sépare les villes de Rabat et de Salé ; le Souss, qui se jette au sud d'Agadir ; l'Oum-er-Rebia, long de 650 km ; le Tensift qui traverse la plaine du Haouz avant de se déverser dans l'océan Atlantique près de Safi ; et la Moulouya, le plus long des fleuves méditerranéens (450 km). De très nombreux cours d'eau et lacs fournissent un rafraîchissement idéal aux voyageurs, notamment les lacs d'Iffer et Afourgah dans les forêts du Moyen Atlas, peu connus des touristes. Dans le parc naturel d'Ifrane, perché à 1 460 m d'altitude, le lac de Daït Aoua est le plus prisé du coin, cerné entre autres de peupliers, de saules, de forêts de cèdres et de chênes. Les amateurs de sensations fortes ne manqueront pas les belles cascades du Maroc : celles d'Ouzoud, les deuxièmes plus hautes cascades d'Afrique, mais aussi d'Imouzzer, près d'Agadir, de Setti Fatma, dans la vallée de l'Ourika, du cirque de Jaffar ou du massif du Kandar, au sud de Fès et de Sefrou.

NATURE

Entre l'Europe et l'Afrique, ourlé par la Méditerranée et l'Atlantique, le Maroc profite d'une situation géographique privilégiée, lui offrant une mosaïque d'écosystèmes recelant une grande biodiversité. Des montagnes au désert, en passant par les plaines fertiles, les fleuves et les eaux marines, cette pluralité de milieux favorise le développement d'une faune et d'une flore diversifiées. Bien qu'il soit difficile de répertorier toutes les espèces, au vu du nombre élevé de régions non exploitées et de certaines familles peu connues, 32 000 taxons ont été dénombrés jusqu'à présent au Maroc, dont près de 25 000 groupes identifiés, côté faune. Le taux d'endémisme y est l'un des plus élevés du bassin méditerranéen, représentant 11 % pour la faune et 25 % pour la flore. De l'arganier dans les régions du Haut et du Moyen Atlas aux dromadaires du Sahara, petit tour d'horizon de la faune et de la flore, que vous pourrez croiser en chemin.

Une faune si diversifiée

Comme dans de nombreux pays africains, le lion de l'Atlas, le guépard, l'oryx et l'éléphant ont aujourd'hui disparu du Maroc, mais il reste encore quelques félins à observer, tels le léopard de Barbarie, le lynx caracal et le chat des sables, qui sont eux aussi au bord de l'extinction. Cependant, en parcourant le pays, vous rencontrerez à coup sûr des mules, des chèvres, des moutons, des chevaux et des dromadaires souvent en liberté, parfois au bord de la route, parfois en pleine ville. Dans le Haut Atlas et le Moyen Atlas, il faudra sortir de nuit pour observer renards, chacals, belettes, porcs-épics et plus rarement hyènes. Néanmoins, de jour, il est possible d'apercevoir de nombreuses espèces, dont l'écureuil de Gétulie, facilement observable, et le mouflon, à plus de 2 000 mètres d'altitude. Seul macaque vivant hors d'Asie, le magot, appelé aussi singe de Barbarie, est l'une des espèces phares du pays, aujourd'hui menacée d'extinction. On le retrouve dans les forêts d'Ifrane et du Rif, à l'état sauvage, et sur la place Jamaâ El Fna à Marrakech, où ils servent tristement d'accessoires photo aux touristes.

© NATO MANZOLLI - ISTOCKPHOTO.COM

Dromadaire.

Le dromadaire, roi du désert

Surnommé le chameau d'Arabie, le dromadaire est par excellence l'animal emblématique du Sahara, avec près de 70 000 individus répertoriés sur son territoire. Il est introduit au Maroc vers le IVe siècle et bouleverse les habitudes nomades des tribus berbères, dès son arrivée. D'ossature plus forte que son congénère saharien, résistant aux chaleurs brûlantes et aux longues méharées, il permet à ces peuples de développer leur projet de conquête et de favoriser les échanges commerciaux avec les populations. Bien qu'encore utilisé dans le Souss et dans le Sud comme moyen de locomotion, il sert essentiellement aujourd'hui à emmener les touristes en balade, sur les plages de Tanger, dans le désert marocain ou dans les vallées du Drâa et du Dadès. Chez le dromadaire marocain, tout fait l'objet d'un véritable respect qui confine au culte. Son long poil fournit lors de sa mue annuelle les éléments de fabrication de solides tapis et vêtements ; son lait, plus riche que celui des vaches et des chèvres, est un aliment prisé ; sa proverbiale sobriété lui permet de rester jusqu'à quatre jours sans boire (sa bosse s'en ressent et diminue à vue d'œil) ; ses narines se ferment lorsque le vent se lève, ce qui permet à ce vaisseau du désert de ne pas s'arrêter lorsque souffle le simoun ; ses pieds, dotés de coussinets ronds, l'empêchent de s'enliser là où même les conducteurs de 4x4 les plus modernes sortent les pelles à sable ; ses excréments eux-mêmes s'avèrent salvateurs en cas de morsure de serpent ! Voilà assurément des avantages qui compensent son caractère irascible, son haleine épouvantable et son appétit insatiable pour tout ce qui traîne (graminées, vêtements, chapeaux, fils de fer...).

© GASCHWALD - ISTOCKPHOTO.COM

Ibis chauve.

DÉCOUVRIR

Outre le célèbre camélidé, le désert recèle de nombreuses espèces animales, dont certaines vous inoculeront quelques frissons. C'est le cas de la vipère à cornes ou de sa cousine, la vipère de l'Erg que l'on retrouve dans les régions de l'oasis de Tighmert, de Tarfaya, de Merzouga et de Laâyoune. Mais rassurez-vous, elles ne sortent que la nuit ! En parcourant ces longues étendues de sable doré, vous pourrez également y voir la plus grande mangouste d'Afrique, appelée Ichneumon, le hérisson du désert ou encore le fennec.

L'herpétofaune la plus variée d'Afrique du Nord

Côté reptiles et amphibiens, le Maroc possède une étonnante herpétofaune, qui ne comprend pas moins de 125 espèces et sous-espèces, parmi lesquelles 22 sont endémiques. C'est aussi l'une des catégories d'animaux la plus menacée avec 18 espèces en péril, dû notamment au trafic d'animaux ou à leur utilisation dans la pharmacopée traditionnelle. On peut citer par exemple la tortue grecque, le caméléon commun, le cobra et la vipère heurtante, que l'on retrouve pour certains prisonniers dans des cages à des fins commerciales. Une pratique totalement illégale depuis une loi datant de juillet 2011, visant la protection des espèces sauvages, de faune comme de flore. Entre la Méditerranée et l'Atlantique ourlant le littoral, la faune marine est tout aussi diversifiée, ne comprenant pas moins de 7 100 espèces identifiées à ce jour. Outre les micro-organismes et les invertébrés, les eaux recèlent près de 1 200 poissons et mammifères marins dont 236 sont endémiques. Comme espèce remarquable, on peut citer le phoque moine, en danger critique d'extinction, dont une petite colonie survit dans le Parc national de Dakhla, au sud du Sahara occidental. Quant à la sardine, le mérou, le rouget ou encore le thon, ces poissons sont menacés directement par la surexploitation de la pêche. Mais des mesures ont été mises en place afin d'imposer un repos biologique à certaines de ces espèces.

Une avifaune d'exception

Entre oiseaux résidents et migrateurs, le Maroc fait le bonheur des ornithologues, avec près de 500 espèces recensées. Vous rencontrerez sans peine plusieurs individus de gangas, ces oiseaux au plumage coloré vivant entre autres dans les zones désertiques, des moineaux du côté de l'Ourika et de l'Ouzoud, diverses variétés de traquets dans les hamadas et les regs ainsi que des rouges-queues de Moussier, entre Essaouira et Agadir, et dans l'arganeraie du Souss. Sans parler du grand nombre important d'aigrettes et de hérons garde-bœufs qui peuplent le territoire, et des cigognes, perchées en haut des minarets ou sur les remparts des kasbahs. L'oiseau le plus remarquable du Maroc ? Sans conteste, l'ibis chauve avec sa crête noire et son long bec rouge. De cette espèce menacée, il reste seulement autour de 500 individus sur le territoire marocain, qui ont été aperçus entre autres dans le parc Souss Massa, près d'Agadir et au creux des falaises de Tamrit, où de nouveaux sites de reproduction ont été découverts en 2017. Une bonne nouvelle pour les ornithologues qui voient un progrès constant de sa population. Autre espèce surprenante à découvrir sur les côtes atlantiques du Maroc : les petits pingouins, dernière espèce vivante de la famille des Alcidés ! Outre l'ibis chauve, on recense près d'une trentaine d'espèces menacées sur le territoire marocain, tels le gypaète barbu, la grande outarde, le cormoran huppé et la sarcelle marbrée.

© UGURHAN - ISTOCKPHOTO.COM
Fruits de l'arganier.

Cependant, d'autres espèces ont fait leur apparition au Maroc ou ont élargi leur zone de reproduction. C'est le cas du faucon crécerellette, du choucas des tours, du martinet pâle ou de l'ibis falcinelle. Pour avoir la chance d'observer un maximum d'oiseaux, quelques points stratégiques à ne pas manquer : la réserve ornithologique de l'île de Mogador, face à Essaouira, la vallée des Oiseaux, au sud de Boumalne, la réserve de Moulay Bousselham ou le Parc national de Souss-Massa, passage important d'oiseaux migrateurs.

Une végétation éclectique

Essentiellement de type méditerranéen, la végétation varie d'une région à l'autre, influencée par les climats variés du Maroc. C'est alors une véritable succession de paysages, recouverts d'oliviers, de vignes, de chênes, de pins, de genévriers, de cèdres et de thuyas, qui défilent en arpentant le pays. Si la végétation s'observe surtout au printemps, à l'automne, les champs de coquelicots et les safranières égayent les tableaux ocre du Sud tandis que la lavande parfume les sous-bois. On recense un nombre important d'iris, de jacinthes et aussi de roses, dont une vallée porte le nom au pied du Haut Atlas.

Surgissant près des montagnes ou en plein désert, les oasis sont une formation végétale spontanée, blotties au creux d'un oued. De Figuig à Missour, en passant par les oasis de Skoura et de Finnt, elles couvrent 15 % de la surface du pays et suivent généralement les cours d'eau, devenant de véritables coulées vertes au milieu des paysages arides. La palmeraie est l'autre figure incontournable du désert marocain, avec son système d'irrigation ingénieux permettant d'élargir les champs d'exploitation. C'est dans les vallées du Dadès et du Drâa que l'on produit les meilleures dattes.

Arganier et olivier : deux espèces bien adaptées

Espèce endémique du Maroc, l'arganier est un arbre qui pousse naturellement à l'état sauvage, dans le Sud-Ouest marocain, entre Agadir, Taroudant, Tiznit et Essaouira. Il est cultivé seulement depuis plus de 20 ans dans le but de produire la meilleure huile d'argan, connue pour ses nombreuses vertus cosmétiques. Son tronc souvent noueux rappelle l'olivier, mais à la différence de celui-ci, il arbore de grosses et courtes épines (2 ou 3 cm) et produit un fruit de la grosseur d'une noix, friandise préférée des chèvres qui, en véritable acrobate, grimpent sur les branches pour se régaler comme il se doit. À l'intérieur, on trouve une noix qui renferme jusqu'à trois amandons, à partir desquels on extrait l'huile d'argan. Autre espèce traditionnellement cultivée sur le territoire : l'olivier. Grand habitué du climat méditerranéen, il est tout naturel de le retrouver au Maroc où les champs recouvrent une surface de plus d'un million d'hectares. Il peuple entre autres les zones irriguées de l'Oudja, les alentours de Fès et de Marrakech, les zones montagneuses de Chefchaouen, Al Hoceima et Tétouan ainsi que les environs de Safi, près du littoral atlantique. Avec une production annuelle de près de 217 millions de tonnes d'olives, le Maroc produit une huile de qualité dont il est le 9e producteur mondial.

Une biodiversité menacée

De la faune à la flore, le Maroc surprend par sa grande diversité, variant au fil des paysages. Mais cette biodiversité reste comme partout fragile, en raison des changements climatiques, des écosystèmes qui se dégradent, ainsi que du braconnage dont sont victimes de nombreux animaux. Outre la création de parcs nationaux et la publication de nouvelles lois protégeant les espèces, le pays devra se concentrer, entre autres, sur la protection de ses milieux naturels, véritables trésors de la nature.

CLIMAT

Des côtes méditerranéennes au littoral atlantique, en passant par l'intérieur du pays et le désert, le Maroc se distingue par des climats variés, dont les différentes nuances se notent très vite en changeant de régions. Si Marrakech et Ouarzazate sont de véritables fournaises en été, il fait tout de suite plus frais à Tanger et Agadir, qui subissent les influences maritimes. Néanmoins, ce pays de la zone subtropicale du Nord-Ouest africain est agréable à parcourir tout au long de l'année. Mais à chaque saison ses régions, afin de bénéficier du climat idéal pour les vacances. L'intérieur, très chaud et sec en été, révèle des hivers froids et humides, où la neige recouvre parfois les sommets alors qu'au sud du littoral atlantique, les villes inscrivent de faibles écarts de températures entre les deux saisons. Retour sur les différentes zones climatiques qu'offre le Maroc, pour savoir où poser vos valises aux prochaines vacances.

Des climats variés

Des chaleurs écrasantes du désert à la fraîcheur des montagnes, en passant par les régions tempérées du littoral, le Maroc étonne par ses variations climatiques d'une région à l'autre, que l'on peut diviser en plusieurs zones : méditerranéenne au nord, continentale à l'intérieur, atlantique le long de l'océan et désertique au sud et à l'est. Chaque climat ayant ses particularités bien spécifiques, alternant chaleur et froid humide pour certains, ou températures douces tout au long de l'année pour d'autres. Ainsi, les villes du Sud peuvent s'enorgueillir d'une moyenne annuelle d'ensoleillement de 8 heures par jour, tandis que le nord de l'Atlantique et le Rif voient des précipitations importantes, autour de 800 mm par an.

Le Nord, sous l'influence du climat méditerranéen

De Saïda à El-Jadida, en passant par la péninsule tangéroise, le nord du Maroc est soumis à un climat de type méditerranéen, en tout point comparable à celui du sud de l'Espagne. Mais selon que l'on se trouve du côté de la Méditerranée ou sur le littoral atlantique, quelques variations climatiques peuvent se faire ressentir. Ainsi, à l'est de Tanger, les étés sont plus chauds et secs, avec des températures avoisinant les 30 °C, alors que sur la côte ouest balayée par les vents océaniques, ils sont plus tempérés. Le long de la côte atlantique, les stations balnéaires souffrent des perturbations océaniques, notamment durant la saison des pluies, d'octobre jusqu'à mai tout au nord du pays. Mais plus on descend vers le sud, moins ces précipitations sont abondantes. Quand Tanger enregistre une pluviométrie de plus de 800 mm par an, Casablanca, elle, relève à peine les 450 mm. Côté températures, la mer joue son rôle de régulateur thermique, aidée par l'anticyclone des Açores, offrant des températures douces aux stations balnéaires tout au long de l'année. Les hivers sont cependant humides, et les nuits peuvent être fraîches même si les températures ne sont que rarement sous la barre des 10 °C. Le printemps et l'été sont des saisons agréables pour découvrir le nord, avec des températures avoisinant les 25 °C au mois d'août. Néanmoins, il faudra prévoir une petite laine en cas de brume matinale ou de rosée nocturne, habituelles à ces périodes. Entre la plaine de Doukkala, le littoral d'Essaouira et le bassin du Souss, le climat se fait plus aride, influencé par les vents chauds du Sahara. Mais l'alizé, qui souffle tout au long de l'année, influe sur les températures, qui atteignent en moyenne 22 °C l'été. La saison des pluies, elle, s'étale sur moins de six mois, de novembre à mars, avec des précipitations assez faibles, oscillant de 400 mm à Safi à 270 mm à Agadir. Comme les villes du nord de l'Atlantique, la brume et la rosée sont ici aussi fréquentes, mais l'ensoleillement y est plus généreux, comme à Agadir qui peut s'enorgueillir de ses 340 jours de soleil par an.

© MARCELINA1982 - ISTOCKPHOTO.COM

Vue sur la Méditerranée.

DÉCOUVRIR

Village de montagne.

Climat continental du Rif à l'Atlas

À l'intérieur des terres, se développe un climat continental, caractérisé par des étés chauds et secs alternant avec des hivers froids et humides. Mais là aussi, il existe quelques écarts entre le Nord et le Sud, qu'il est bon de signaler. Aux alentours de Fès et de Meknès, les étés sont très courts et arides, et les hivers, plus frais, avec des températures pouvant chuter jusqu'à 4 °C. D'ailleurs, la neige tombe au-dessus de 1 000 m d'altitude dans le Moyen Atlas, qui accueille la deuxième station de ski du pays, Michlifen, près d'Ifrane. Quant à Marrakech, située au cœur de la plaine du Haouz, elle subit l'influence du Sahara dès le printemps pour devenir un vrai four en été, atteignant presque les 50 °C ! Les hivers y sont plus doux et moins pluvieux qu'aux environs de Fès, mais l'automne reste la saison idéale pour s'y rendre, bénéficiant d'un temps plus clément et moins aride. Au sud de Marrakech, les montagnes du Haut Atlas forment une barrière naturelle entre le désert et les côtes maritimes. Du djebel Toubkal, point culminant de l'Afrique du Nord, à Imilchil, les versants nord de la partie centrale sont exposés aux perturbations océaniques, engendrant une pluviométrie pouvant atteindre jusqu'à 1 000 mm par an. L'été est très sec et ponctué d'orages parfois violents alors que l'hiver, très froid, voit les sommets se couvrir de neige. Quant au versant sud de la partie centrale, on y trouve plutôt un climat semi-désertique continental, avec des températures élevées.

L'Anti-Atlas et le désert saharien

Entre la zone aride saharienne et la zone semi-aride méditerranéenne, l'Anti-Atlas est le plus méridional des massifs atlasiques, aux portes du désert. Ici aussi le climat varie selon l'exposition et l'altitude à laquelle on se trouve. Au pied des montagnes, les hivers sont plus chauds et plus secs que sur les hauteurs, où le froid se fait sentir avec des températures frôlant les 5 °C. La zone est aussi exposée à des précipitations, oscillant entre 100 et 200 mm à l'année, dont les versants tournés à l'ouest sont les plus arrosés. En été, les températures dépassent souvent les 40 °C, influencées par le chergui, un vent brûlant du sud-est, qui s'oppose au gharbi, un vent d'ouest frais et humide. Au sud de l'Anti-Atlas, le désert saharien s'étend à perte de vue au-delà des frontières du Maroc. En journée, la chaleur est étouffante, dépassant souvent les 50 °C, alors que la nuit, les températures baissent drastiquement. L'amplitude thermique est alors importante, souvent supérieure à 35 °C. Toutefois, le long de la côte atlantique du Sahara occidental, les écarts de températures entre le jour et la nuit sont plus faibles et les températures estivales, plus agréables. Quand il fait plus de 55 °C en plein mois d'août à Tata, au sud-est du Maroc, Laâyoune enregistre à peine les 30 °C, elle qui est balayée par les vents de l'Atlantique. Du nord au sud et de l'est à l'ouest, le Maroc est soumis à des variations climatiques importantes, en raison de plusieurs facteurs naturels influents, cités plus haut. Des hivers rigoureux dans les montagnes du Rif à ceux plus chauds dans le désert, ou à des étés plus secs dans le massif du Haut Atlas à ceux plus tempérés sur le littoral atlantique, chacun y trouvera son bonheur, selon ses centres d'intérêt et ses préférences. Un bien bel avantage pour ce pays aux multiples facettes.

ENVIRONNEMENT

La géographie du Maroc lui confère des paysages uniques, et une biodiversité exceptionnelle. « Résumé de la Méditerranée », le pays est bordé par une longue frange atlantique, et compte des oueds, plaines, montagnes et déserts. Ces espaces sont pour certains fragmentés par une agriculture... encore fortement liée aux pesticides. Le revers de la médaille, ce sont en effet les pressions exercées par les activités anthropiques. Conscient de ces menaces, le Maroc a élaboré une stratégie nationale de développement durable. Selon le *Climate Change Performance Index*, le pays se classe à la 9e place mondiale en 2024 (critères qui intègrent les émissions de gaz à effets de serre, l'utilisation de l'énergie et les énergies renouvelables). Un bon score qui ne doit pas faire oublier les grands défis auxquels doit faire face le pays : la gestion de l'eau, les déchets, la dégradation des milieux naturels et de la biodiversité, la qualité de l'air.

Parcs nationaux et espaces protégés

Le Maroc constitue un paradis pour les randonneurs et les passionnés de nature. Le choix est vaste en effet tant les milieux naturels sont variés : littoraux, montagnes, oueds, oasis et déserts. La création des parcs nationaux au Maroc a débuté dans les années 1930, et s'est poursuivie, notamment dans la mouvance du Sommet de la Terre de Rio en 1992. On dénombre ainsi environ 154 « Sites d'intérêt biologique et écologique » dont une dizaine de parcs nationaux et 146 réserves naturelles. De plus en plus de démarches d'écotourisme se déploient dans ces espaces, afin de concilier protection du patrimoine et développement local.

▶ Le Parc national de Toubkal : situé dans le Haut Atlas, il abrite le second sommet d'Afrique, le mont Djebel Toubkal, culminant à 4 167 mètres d'altitude. Situé à 75 kilomètres au sud de Marrakech, il peut se découvrir à pied, l'accompagnement par un guide local diplômé étant toutefois obligatoire. Le randonneur aguerri découvrira des paysages grandioses : vallées, reliefs, rivières et sources, associés à des chênes, genévriers thurifères, thuyas. Le visiteur appréciera notamment une halte devant les eaux cristallines du lac d'Ifni, plus haut lac du pays, à 2 295 mètres d'altitude, propice l'été à la baignade. Côté faune, il est possible pour les plus attentifs d'observer des mouflons à manchettes, aigles royaux, gypaètes, ou encore singes Magot. Outre son volet de protection de la nature, le parc est très attaché à la sensibilisation à l'environnement et s'est doté d'un écomusée, véritable vitrine du parc, situé entre les villages d'Asni et d'Imlil.

▶ Le Parc national de Tazekka : situé dans la partie sud du Moyen Atlas, il entend préserver les écosystèmes forestiers autour du mont Tazzeka, habitat des cerfs de l'Atlas, espèce réintroduite en 1994 au sein de chênaies (chêne-liège, chêne zèen et chêne vert). Le sommet du Djebel Tazekka est quant à lui entouré d'une cédraie. On trouvera également, dans les mammifères du parc, le porc-épic à crête, le hérisson d'Algérie, des espèces de chauves-souris, mais aussi le chacal doré ou le renard roux. Parmi les oiseaux, on citera le circaète Jean-le-Blanc et l'aigle de Bonelli.

▶ Le Parc national d'Iriqui : il protège quant à lui des milieux désertiques. Situé à proximité de la frontière algérienne, il comprend des écosystèmes dunaires associés à l'acacia, mais aussi une zone humide temporaire, le lac d'Iriqui, qui accueille gazelles dorcas, hyènes rayées, caméléons, geckos et autres reptiles, mais aussi de nombreuses espèces d'oiseaux migrateurs en hivernage.

▶ Le Parc national d'Al-Hoceima. Situé au nord du pays, en bordure de la Méditerranée, il est constitué de magnifiques espaces côtiers, mais aussi d'un relief montagneux à l'intérieur des terres.

© ANDERM - ISTOCKPHOTO.COM

Mont Toubkal.

© JULIANSCHALDACH - ISTOCKPHOTO.COM

Cascades d'Akchour.

- Le Parc national de Talassemtane : situé à proximité de Chefchaouen, au nord-ouest du pays et soumis à des influences méditerranéennes et montagnardes, il est constitué de paysages pittoresques de falaises, forêts, gorges étroites et profondes. Il abrite une biodiversité importante, dont des espèces endémiques telles que le sapin du Maroc, mais aussi des macaques, loutres et lynx.
- Le Parc national d'Ifrane. Au cœur du Moyen Atlas, il accueille visiteurs et pêcheurs. Il offre des paysages sublimes, caractéristiques de cette région de lacs et forêts.
- Le Parc national du Haut Atlas oriental. Ce parc se distingue par la grande variété de ses milieux naturels. Forêts de cédraies et chênaies, genévriers thurifères et de Phénicie, qui laissent la place plus en altitude à un paysage steppique. Côté faune, on trouvera une population de mouflons à manchettes, des gazelles de Cuvier, mais aussi de rares léopards de Berbérie et loups d'Égypte, des rapaces et autres espèces d'oiseaux, des amphibiens et des reptiles. Le visiteur intéressé par le patrimoine culturel du pays ne manquera pas le festival des fiançailles d'Imilchil, une fête traditionnelle qui a lieu chaque année pendant l'été.
- Le Parc national de Khenifiss. Situé au nord-est du pays, il abrite une faune et une flore caractéristiques des milieux humides, au sein de la lagune Khenifiss, mais aussi des vestiges archéologiques.
- Le Parc national de Khénifra. Situé au Moyen Atlas, il permet de découvrir de nombreux mammifères, tels que des hyènes rayées, ou des rapaces comme l'aigle royal, mais aussi des reptiles et des amphibiens. Il abrite également une des plus grandes cédraies du pays, à Ajdir Izayane, associée à des populations de différentes espèces de chênes et des pins maritimes. On trouve également des prairies humides parsemées de genévriers cade et thurifère.
- Le Parc national de Souss-Massa. Situé entre Agadir et Tiznit, bordé par le Haut Atlas, l'Anti-Atlas et l'océan Atlantique ce parc abrite une biodiversité exceptionnelle, incluant des espèces endémiques. Avis aux naturalistes, les oueds de Souss et Massa accueillent plus de 40 espèces de reptiles et d'amphibiens, mais aussi un grand nombre de mammifères (dont gazelles, mangoustes, chacals) et d'espèces d'oiseaux, notamment une des dernières populations d'ibis chauve. Botanistes ou amateurs éclairés, la flore du parc est estimée à plus de 300 espèces, dont des euphorbes et arganiers. On observe un endémisme commun avec les îles Canaries pour plus de 28 espèces principalement de faune.
- Réserve de biosphère Arganeraie : réserve naturelle classée en 1998 dans le cadre du programme Man and Biosphere de l'UNESCO, elle est en partie comprise dans le Parc national de Souss-Massa. Elle vise à protéger l'écosystème de l'arganier, menacé par la désertification, mais aussi par une importante pression anthropique. Le classement vise également à maintenir un développement économique local fondé sur des pratiques ancestrales, porté notamment par des coopératives de femmes.

Les défis environnementaux

La stratégie nationale de l'environnement élaborée par le pays est fondée sur un état des lieux mettant en exergue un certain nombre d'enjeux prioritaires, en termes d'environnement, mais aussi de santé publique. Il s'agit notamment de la gestion de l'eau, de la lutte contre la désertification, de la pollution et de la dégradation des milieux naturels. La biodiversité est en effet menacée par les pressions principalement anthropiques exercées sur les milieux et les espèces.

La surpêche, la chasse et les prélèvements excessifs (plantes) ont entraîné la disparition de certaines espèces et en menacent d'autres. La pollution, générée à la fois par les activités agricoles, l'industrie, mais également l'urbanisation (en lien avec les infrastructures touristiques) ont généré des pollutions (air, eaux, sols) altérant à la fois la qualité de ses milieux et contribuant à la contamination des espèces elles-mêmes et de la chaîne alimentaire. Enfin, l'extraction massive de sable pour la construction, le surpâturage et la déforestation contribuent à l'érosion des sols et à sa plus forte vulnérabilité au changement climatique et aux risques naturels présents dans le pays, notamment les sécheresses et les inondations. La contamination des ressources en eau, associée à une gestion déficiente des effluents aqueux et des déchets, induit également des impacts sanitaires pour l'Homme. La qualité de l'air est également préoccupante dans les grandes villes. Elle est due principalement aux particules émises par le trafic routier, les activités industrielles, et représente un coût humain et financier. La mauvaise qualité de l'air constitue ainsi le 8e facteur de mortalité au Maroc et coûterait 1,62 % du PIB. L'agriculture, quant à elle, impacte la ressource d'eau et génère des effluents chargés en pesticides. L'oléiculture pose des problèmes liés aux margines, mélanges d'huile et d'eau, qui, quand rejetées dans les eaux de l'Oued Sebou, contaminent les sites de production d'eau potable situés en aval. L'agriculture contribue également au phénomène de déforestation, assez préoccupant dans le pays. Le pays est encore très dépendant des énergies fossiles, majoritairement importées. Le bois combustible est encore très prégnant et génère des problèmes à la fois en termes de qualité de l'air, d'émissions de gaz à effet de serre et de déforestation.

Plan national pour la qualité de l'air

Pour faire face aux problématiques de qualité de l'air, un nouveau Plan national de l'air a été élaboré pour la période 2018-2030, prévoyant notamment une meilleure surveillance de la qualité de l'air via de nouvelles stations de surveillance. Des mesures réglementaires sont également attendues, concernant notamment l'industrie et les transports.

Gestion des déchets

Afin de mettre en place une véritable gestion des déchets, le pays a initié en 2008 un Plan national des Déchets ménagers, dont les échéances, pour la création de sites de stockage, ont été repoussées, suite à de nombreux retards. Des efforts restent à poursuivre, notamment pour les villes de Casablanca et Tanger.

Énergies renouvelables

Le Maroc s'est doté d'un Plan national des Energies renouvelables qui fixe un objectif de 42 % d'électricité issue d'énergie renouvelable à l'horizon 2020. En 2021, ce taux n'atteignait que 16,57 %, il reste donc encore des efforts à faire au Maroc pour atteindre cet objectif. C'est aussi dans ce cadre qu'a été mis en service en 2016 le premier volet de la centrale thermodynamique à concentration de Noor. Située à proximité de Ouarzazate, elle est équipée de miroirs qui captent l'énergie du soleil, avec une capacité qui ambitionne, après extension, les 480 mégawatts. Quatre autres centrales solaires sont en projet dans le pays. Le Maroc exploite également son potentiel éolien, grâce à un parc dont la capacité représentait 787 Mégawatts en 2016.

Plan Méditerranée

Initié par le Programme des Nations unies pour l'environnement (PNUE) en 1975, le plan d'action pour la Méditerranée (PAM) vise à lutter contre la pollution du milieu marin. Il associe les différents pays méditerranéens, dont le Maroc, et fixe des objectifs ou des cadres d'actions pour la réduction des pollutions, la protection de la biodiversité ou encore l'adaptation au changement climatique.

Éoliennes dans le désert marocain.

HISTOIRE

Fort de sa situation géographique, le Maroc est depuis l'Antiquité un territoire très convoité. Entre guerres et convivance, les tribus berbères ont vu s'y installer Phéniciens, Romains et Vandales avant que les Arabes conquièrent le territoire. De là, se succèdent plusieurs dynasties qui feront rayonner les villes marocaines au-delà des frontières. Les puissances colonisatrices ayant jeté leur dévolu sur le royaume, le Maroc n'est plus un pays indépendant. S'ensuit alors une série d'événements, entre l'exil du sultan et le soulèvement du peuple, qui permettra au royaume d'acquérir son indépendance sous Mohammed V. Le pays se dote d'une constitution sous Hassan II, et se modernise peu à peu sous l'actuel souverain, Mohammed VI. Reste que la question du Sahara occidental n'est toujours pas résolue, et que les négociations tardent depuis près de 50 ans. Retour sur les grands moments de l'Histoire qui ont marqué le royaume.

800 000 AV. J.-C.

Les origines

Apparitions des premières traces humaines en Afrique du Nord. Les hommes se nourrissent essentiellement de la cueillette et de la chasse. Des vestiges fossiles et des outils de pierre témoignent de leur présence dans la région de Casablanca.

5 000 AV. J.-C.

À la fin de l'ère glaciaire, plusieurs peuples nomades affluent du Proche-Orient, attirés par ces nouvelles terres fertiles. Issus de la lignée des Égyptiens, ils sont les ancêtres des Berbères.

1 600 AV. J.-C.

En plein âge de bronze, les Berbères, issus des mélanges de ces populations nomades, font leur apparition au Maroc, dans les régions montagneuses de l'Atlas. Datées de cette époque, les nombreuses gravures rupestres, découvertes dans les grottes et cavernes du Haut Atlas, témoignent de leur présence et renseignent sur l'activité pastorale de ces Berbères, dont la vie quotidienne se résumait à la chasse et à la pêche.

900 – 500 AV. J.-C.

Arrivent alors les Phéniciens qui établissent des comptoirs marchands sur la côte méditerranéenne du Maroc. Ils sont colonisés deux siècles plus tard, par les Carthaginois qui se rendent maîtres du littoral méditerranéen, et s'étendent peu à peu sur la côte Atlantique. Au sud, les nomades éthiopiens vivent au cœur d'habitations troglodytiques pendant que les Atlantes, dont l'origine est encore mystérieuse, occupent le centre de l'Atlas. Cette cohabitation se passe de manière plutôt pacifique.

146 AV. J.-C.

Domination romaine

Les Romains abattent l'Empire carthaginois, commence alors la conquête du Maroc par ces empereurs.

VERS 50 APR. J.-C.

Le royaume est divisé en deux provinces : la Maurétanie césarienne à l'ouest dont la capitale est Cherchell et la Maurétanie tingitane, avec Tanger comme capitale.

50 AV. J.-C.-23 APR. J.-C.

Juba II

Très apprécié des populations autochtones, Juba II est choisi par Rome pour diriger la Maurétanie en 25 av. J.-C. et épouse la fille de Cléopâtre et de Marc Antoine. Roi avisé et un rien conquérant, il pacifie ses provinces, fonde des commerces sur l'île de Mogador, au large d'Essaouira, et entreprend l'exploration des îles Canaries sur lesquelles s'installe plus tard une importante colonie berbère. Homme de culture, il appuie aussi la recherche scientifique, les arts du spectacle, les belles lettres et même la géographie en faisant explorer certaines parties méconnues du Maroc.

479

Chute de l'Empire romain. Le pays est envahi tour à tour par les Vandales, les Goths et les Turcs, entre autres peuples. Désorganisés et nomades, ils y restent peu de temps.

682

Conquête arabe

Soixante ans après l'Hégire, le début de l'ère musulmane, les conquérants arabes répandent la parole du prophète Mahomet vers l'Asie centrale et l'Afrique du Nord. Le chef omeyyade Sidi Oqba ben Nafi entreprend une série de raids au Maroc.

705

Fin de la résistance berbère. Selon la légende, Sidi Oqba atteint le Souss puis s'élance à cheval dans la mer en criant que seul l'océan l'empêchera d'étendre ses conquêtes ! Soumis, les Berbères obtiennent la création de royaumes indépendants, placés sous la protection des chefs arabes.

788

Dynastie idrisside

Sur le vaste territoire conquis par les Arabes, plusieurs distensions naissent et le Maroc se morcelle en plusieurs royaumes, aux doctrines religieuses parfois différentes. Menacé de mort par le règne abbasside de Bagdad, Idriss ibn Abdallah, descendant du Prophète, fuit Bagdad et trouve refuge à Volubilis. Reconnu comme imam (chef religieux) par les Berbères Aouraba, il entreprend une réconciliation entre les tribus arabes et berbères du Moyen Atlas. Il sera empoisonné en 793 avant d'avoir mené son projet à terme.

804-825

Issu d'un mariage avec une Berbère, Idriss II mène à bien les réconciliations des tribus du Moyen Atlas. Il développe la ville de Fès, fondée par son père, instaure un État fort et centralisé, tout en poursuivant l'islamisation du Maroc. À sa mort, la dynastie idrisside sombre dans les querelles et les rivalités familiales entre les Omeyyades de Cordoue et les Fatimides d'Égypte.

1055

Dynastie almoravide

Menés par Abou Bekr, les Almoravides remontent jusqu'à Fès, après avoir soumis le Drâa, le Tafilalet et le Souss. Ils sont issus d'une tribu berbère de chameliers voilés, les Lemtounes, provenant des monastères du désert de l'actuelle Mauritanie, et convertis à l'islam. Ils s'installent dans la plaine de Haouz, mais très vite, Abou Bekr est appelé à combattre dans le Sud et confie les rênes de son territoire à son cousin, Youssouf ibn Tachfine.

1070 Fondation de la ville de Marrakech par Youssouf ibn Tachfine. Il en fait une véritable cité fortifiée, redoutée sur tout le territoire, et de ce repaire, il se lance à la conquête du nord du Maroc et du sud de l'Espagne. À sa mort, Marrakech est une capitale d'un royaume pacifié et très riche, s'étendant de la Castille au Tafilalet. Sous le règne de son fils, Ali ibn Tachfine, Marrakech devient une capitale de renommée intellectuelle, fréquentée par les grands savants. Le premier système d'irrigation de la palmeraie y est inventé, permettant d'alimenter l'oasis et la ville en eau et de drainer les pluies des montagnes cernant la ville impériale.

Dynastie almohade

1147 - 1269 Prise de Marrakech par les Almohades, disciples d'Ibn Toumert, connu pour sa vision rigoriste du Coran. Son disciple Abd el-Moumen mène jusqu'au bout du combat, mettant fin à la dynastie des Almoravides. Débute alors la reconquête du Maroc, de l'Algérie et de l'Espagne au nom d'une profonde réforme des mœurs. Abd el-Mounen assure à Marrakech sa gloire dans le monde musulman en bâtissant la Koutoubia, conçue pour devenir la plus belle mosquée du Maghreb. Se succèdent alors des générations de grands bâtisseurs qui ont laissé au Maroc ses plus belles murailles, à Marrakech, Fès et Rabat ainsi que de majestueux monuments tels la tour Hassan de Rabat. Sous le règne de Mohammed en-Nasir, commence le déclin de la dynastie almohade.

Dynastie mérinide

1269-1529 Les Mérinides, du nom de la tribu berbère des Beni Mérin de l'Est marocain, luttent longtemps avant de prendre le pouvoir. Partis de la frontière nord avec l'Algérie, ils prennent successivement Meknès, Taza, Fès et Rabat, ce qui leur donne la haute main sur quasiment tout le nord du pays. En 1269, le chef des Berbères mérinides, Abdou Youssef Yacoub, rejetant comme ses prédécesseurs l'influence religieuse des Almohabes, s'empare de Marrakech qu'il délaisse rapidement au profit de Fès. La ville prospère notamment grâce à l'université Quaraouiyine qui rayonne jusqu'en Europe. En 1349, Abou Inan, fils du sultan et d'une esclave chrétienne convertie à l'islam, tente de redonner au pays son unité perdue à cause d'innombrables querelles intestines. En vain, il meurt sans héritier, ouvrant une ère de régence assurée par la tribu des Béni Ouattas.

1508 Installation des premiers comptoirs portugais sur le littoral atlantique qui leur servent d'escales sur la route maritime du Brésil et de l'Inde portugaise.

Dynastie saadienne

1529 Marrakech est reprise par une nouvelle dynastie, les Saadiens, originaires d'Arabie saoudite et descendants du Prophète. Sous l'influence du sultan Moulay Abdallah, la ville devient à nouveau la capitale du Maroc réunifié provisoirement. Mosquées et medersas se multiplient sur le territoire, tandis que la medersa Ben Youssef, à Marrakech, répand sa renommée sur tout le Maghreb. Sous le règne d'Ahmed el-Mansour, surnommé Ahmed le Doré, le palais El-Badii est construit pour célébrer la victoire sur l'armée portugaise, en 1578. Le sultan étend son influence vers le Soudan et Tombouctou, dans le but de ramener de l'or et des esclaves, et entretient de bonnes relations diplomatiques et pacifiques avec les Européens. Le dernier roi des Saadiens, Mohammed XII, engage lui aussi une politique d'ouverture vers l'Europe, ce qui provoquera le retour d'une vague islamiste fondamentaliste.

Dynastie alaouite

1654 Descendants du Prophète, les alaouites sont installés depuis quatre siècles, dans le Tafilalet. Comme une grande partie de la population, ils sont excédés par l'influence chrétienne en terre marocaine et par l'anarchie générale. Ils mettent ainsi fin à des années de guerres civiles, sous le commandement de Moulay Rachid. Devenu maître du Rif, il est proclamé sultan, en 1666, après la prise de Fès, qui devient un temps la capitale du pays. Il prône le retour à un islam ferme, austère et pauvre.

1672 Moulay Ismaïl succède à son frère, Moulay Rachid, durant 55 ans. C'est lui le véritable fondateur de la dynastie alaouite. Il abandonne Fès pour Meknès, qui devient très vite une ville impériale, dotée de grands monuments. Il étend son pouvoir sur tout l'empire grâce à une importante armée, constituée d'esclaves soudanais qu'il force à se reproduire avec les femmes d'un gigantesque harem.

1844 Son successeur, Moulay Abderrhaman, s'attire les foudres de la France en soutenant l'émir d'Alger, Abdelkader, dans sa lutte contre les colons français. Le général Bugeaud ordonne une intervention musclée de l'armée française, qui écrase les troupes marocaines à la bataille de l'Isly. Tanger devient la résidence royale.

La colonisation

1880 Affaibli, le Maroc devient une proie tentante pour les pays européens, avides d'extension coloniale. Des accords sont signés entre les deux partis à la conférence de Madrid, octroyant des avantages sur le sol marocain aux puissances occidentales.

1905 La situation pour le moins instable au Maroc pousse la France à y faire des incursions depuis l'Algérie. L'Allemagne voit d'un très mauvais œil cette mainmise française et Guillaume II part à Tanger rencontrer le sultan Abd al-Aziz pour lui donner son soutien.

1906 La crise n'est toujours pas résolue, contrairement à ce que pensait l'Allemagne, et la conférence d'Algésiras est l'occasion pour les puissances européennes de régler leurs différends coloniaux. La France et l'Espagne se partagent le Maroc.

Conflits et résistance marocaine

1907 Le chef saharien El-Hiba engage la résistance et la situation tourne au chaos. Une série d'émeutes et d'attentats anti-français est perpétrée à Casablanca. L'armée française, dirigée par le général Mangin, intervient dans les principales villes marocaines.

1909 Guerre de Melilla, entre l'Espagne et le Maroc, qui se termine par une défaite de la puissance européenne, dont celle à la bataille du Ravin-Aux-Loups, la plus sanglante de son histoire.

Le protectorat français

1912 L'armée française appelée à la rescousse pour arrêter la rébellion des tribus berbères, le Maroc signe le traité de protectorat.

Les tirailleurs marocains

Appartenant à l'armée d'Afrique, ces unités d'infanterie dépendent de l'Armée française. Les troupes d'Afrique du Nord se composent de zouaves, de chasseurs d'Afrique, de spahis et de tirailleurs marocains, algériens et tunisiens. Elles ont combattu pour la France de 1915 à 1956 à l'époque du Protectorat français au Maroc. Les tirailleurs marocains se distinguent au front durant la Première Guerre mondiale, mais aussi au cours de la Seconde Guerre mondiale. Les sept régiments qui se sont engagés de 1942 à 1945 reçurent la Fourragère et ont été décorés de la Croix de guerre 1939-1945.

1922 La guerre du Rif éclate, sous la conduite du sultan Abdelkrim. L'Espagne essuie une autre défaite.

1925 La France intervient dans le conflit pour défendre ses intérêts. Les rebelles progressant autour de Taza, le gouvernement retire Lyautey du commandement des troupes pour les confier au maréchal Pétain qui les mène à la victoire un an plus tard.

Le maréchal Lyautey

© ANASTAS_STYLES - SHUTTERSTOCK.COM

1854-1934 Issu d'une famille de militaires lorrains, Louis-Hubert Lyautey intègre l'école militaire de Saint-Cyr. Il a ses premiers contacts avec l'Afrique, en Algérie, où il sert dans la cavalerie de l'armée. Il voyage dans plusieurs pays avant de revenir en Algérie où il est promu général. Le Maroc étant instable, il fait quelques excursions dans le pays avant d'être nommé commissaire-résident général au Maroc, en 1912. Sous le protectorat, il étend peu à peu les zones de contrôle français au Maroc, autour de Casablanca, Rabat et Fès, entre autres. Il délègue certaines responsabilités à des cadres locaux et tente de faire respecter les coutumes des populations. Pour éviter les troubles, il interdit l'accès des mosquées aux non-musulmans. Il est nommé maréchal de France en 1921, avant d'être remplacé par Pétain. Outre sa carrière militaire des plus méritantes, il est aussi un homme de lettres reconnu.

1942 Le Maroc aux mains du gouvernement de Vichy, les Alliés débarquent dans la baie d'Anfa, à Casablanca, qu'ils délivrent au bout de 3 jours.

1943 Conférence de Casablanca entre Roosevelt, Churchill, Giraud et de Gaulle pour préparer la suite de la stratégie alliée après la Seconde Guerre mondiale.

1947 Le sultan Sidi Mohammed ibn Youssouf revendique l'indépendance lors d'un discours à Tanger et lance un appel aux jeunes pour se mobiliser pour la libération.

20 AOÛT 1953 Trahi par le Glaoui de Marrakech, le sultan est destitué du pouvoir et exilé avec toute sa famille en Corse puis à Madagascar.

1955 Retour d'exil du sultan Sidi Mohammed ibn Youssouf et des membres de la famille royale.

1956

Un pays de nouveau indépendant

Le Maroc obtient son indépendance et Sidi Mohammed ibn Youssouf prend le nom de Mohammed V. Il nomme son fils aîné, le prince Moulay Hassan, chef d'état-major des Forces armées royales.

1909-1961

Mohammed V

Membre de la dynastie alaouite, et donc descendant du Prophète, Mohammed ben Youssef accède au trône marocain, sous le protectorat français, à 18 ans. Timide et effacé au départ, il s'implique dans les affaires du pays lorsqu'il entérine la situation française au Maroc en 1939. Pourtant fait Compagnon de la Libération par De Gaulle, il se ravise à Tanger en 1947, en revendiquant l'indépendance de son pays. Devenu le leader de l'opposition nationaliste, le sultan devient dangereux pour les intérêts français au Maroc. Bien qu'il essaie de coopérer à nouveau, ses idées d'indépendance prennent le dessus et il est destitué le 20 août 1953. La France l'exile pendant deux ans à Madagascar, puis face au soulèvement du peuple qui lui manifeste son soutien, le rapatrie en 1955. Il déclare alors la fin du protectorat français et l'« *avènement d'une ère de liberté et d'indépendance* ». Le nouveau roi du Maroc prend alors le nom de Mohammed V, et prépare la Constitution de son pays, que la maladie l'empêchera d'achever.

23 MARS 1961 Après le décès de Mohammed V, Hassan II succède à son père.

7 DÉCEMBRE 1962 Hassan II soumet au peuple par référendum le projet de Constitution préparé par son défunt père. Le oui l'emporte avec 80 % des votes.

6 NOVEMBRE 1975

Le Sahara occidental, un territoire convoité

La Marche verte : 350 000 volontaires entreprennent une longue marche pacifique vers le Sahara occidental pour accélérer le départ de la colonie espagnole qui occupe le territoire depuis 1884. À la suite de leur retrait, la Mauritanie occupe avec le Maroc le territoire sahraoui. Un conflit armé naît alors entre les deux pays africains et le mouvement indépendantiste du Front Polisario, créé en 1973, qui revendique l'appartenance de ces terres. La République arabe sahraouie démocratique (RASD) est proclamée un an plus tard par le mouvement indépendantiste.

1979 Le Front Polisario pousse la Mauritanie à accepter un accord de paix. Le Maroc se retrouve seul dans le conflit contre les indépendantistes sahraouis.

1988 Hassan II fonde l'Union du Maghreb arabe (UMA), entité économique autonome, avec la Mauritanie, la Libye et la Tunisie.

1991 Le Maroc et le Front Polisario signent un cessez-le-feu. Au terme de négociations, le Conseil de Sécurité souhaite organiser un référendum d'auto-détermination l'année suivante. Celui-ci est depuis toujours dans l'attente d'être organisé pour définir le statut de ce territoire partagé.

1992 Le Maroc adopte une nouvelle constitution.

1994 Signature des accords du GATT à Marrakech, favorisant le libre-échange avec les autres pays.

1996 Campagne d'assainissement contre la drogue, la contrebande et la corruption.

4 FÉVRIER 1998

Vers un Maroc plus moderne

Le roi Hassan II nomme pour la première fois un Premier ministre de l'opposition, M. Abderrahmane el-Youssoufi, jusqu'alors Premier secrétaire de l'Union socialiste des forces populaires.

14 MARS 1998 Hassan II reçoit dans la salle du trône les membres du gouvernement de M.A. Youssoufi, qui institue, pour la première fois dans l'histoire du royaume, le principe de l'alternance.

23 JUILLET 1999 Mort du roi Hassan II (1929-1999) auquel succède son fils, Mohammed VI, à l'âge de 36 ans.

21 AOÛT 1963

Mohammed VI

Vingt-troisième monarque de la dynastie alaouite, il est le chef suprême des armées et Amir al-Mouminine (commandeur des croyants) en sa qualité de descendant direct du Prophète. Mohammed VI doit faire face à d'importants défis économiques, politiques et de société, tout en trouvant l'équilibre entre traditions et modernité. En réformant le code de la famille, il réalise une avancée considérable en ce qui concerne les droits de la femme. Mais dans un pays où l'islamisme gagne du terrain, Mohammed est tiraillé entre la mentalité traditionnelle et une jeunesse qui aspire à un monde meilleur. Il continue néanmoins de moderniser le pays avec plusieurs chantiers en cours : système de santé, assurance maladie obligatoire, régime des retraites, droit syndical.

21 MARS 2002 Le roi Mohammed VI se marie avec Salma Bennani, une belle roturière de 24 ans.

JUILLET 2002 Crise entre l'Espagne et le Maroc à propos de l'îlot Peregil-Leïla, petit territoire sous souveraineté espagnole à 200 m des côtes marocaines. La situation se normalise six mois plus tard.

27 SEPTEMBRE 2002 Les élections législatives confirment la poussée des islamistes du PJD (Parti de la justice et du développement), qui deviennent la première force politique du pays.

16 MAI 2003 Casablanca est secouée par une série d'attentats qui fait 45 morts.

5 FÉVRIER 2004 La Moudawana, le code marocain de la famille, est réformée, consacrant une certaine égalité hommes-femmes. Les femmes peuvent désormais divorcer, demander une pension alimentaire et avoir la garde partagée des enfants, entre autres avancées sociales. Le Maroc devient l'un des pays les plus progressistes du monde musulman en matière des droits de la femme. Il reste cependant de nombreux droits bafoués dans le pays.

24 FÉVRIER 2004 Un séisme d'une magnitude de 6,3 sur l'échelle de Richter secoue la région d'Al-Hoceima, faisant 571 morts et 405 blessés. C'est le tremblement de terre le plus violent au Maroc depuis 1964.

OCTOBRE 2005 Quatorze émigrants africains sont tués par les forces marocaines et espagnoles alors que des centaines d'entre eux tentaient de pénétrer dans les enclaves espagnoles de Ceuta et Melilla. Ils ne seront pas les seuls. En 2005, les autorités marocaines ont arrêté plus de 28 000 candidats à l'immigration clandestine provenant de plus de 380 réseaux mafieux.

11 MARS, 10 ET 14 AVRIL 2007 Des attentats-suicides terroristes sont commis à Casablanca, faisant un mort et quatre blessés.

SEPTEMBRE 2007 À la suite des législatives, Mohammed VI nomme en septembre son nouveau gouvernement, dirigé par Abbas el-Fassi. Sur la trentaine d'attributions de portefeuilles ministériels, sept sont des femmes, dont la championne olympique d'athlétisme (JO de Los Angeles en 1984) Nawal Moutawakil, à la tête du ministère des Sports.

JUIN 2009 Seuls 51 % de la population participent aux élections communales. Beaucoup de Marocains refusent de voter, car ils considèrent les candidats malhonnêtes.

NOVEMBRE 2010 Alors que le gouvernement marocain et le Front Polisario reprennent les négociations, de nouvelles échauffourées éclatent au Sahara occidental, faisant onze morts. La situation se retrouve à nouveau dans une impasse.

20 FÉVRIER 2011 Le mouvement du « 20 février » rassemble des milliers de personnes dans plusieurs villes marocaines pour réclamer plus de « justice », de « liberté », et de « dignité ».

AVRIL 2011 Attentat-suicide du café Argana à Marrakech : 17 morts et 20 blessés.

JUILLET 2011 Le roi Mohammed VI commande un référendum pour renforcer les pouvoirs du Premier ministre et du Parlement. Le « oui » l'emporte majoritairement avec 98 % des votes.

NOVEMBRE 2011 Le Parti de la justice et du développement (islamiste) remporte les élections législatives avec 27,08 % des voix.

JUILLET 2013 — Le projet de loi pour la mise en place d'une Indemnité pour Perte d'Emploi est entériné. La loi entre en vigueur le 1er décembre 2014.

6 NOVEMBRE 2014 — À l'occasion du 38e anniversaire de la Marche verte, le roi Mohammed VI réaffirme la ligne diplomatique du Maroc concernant le Sahara occidental à travers le discours dit des « 4 non ».

MARS 2016 — Les déclarations du Secrétaire général des Nations unies, Ban Ki-moon, à propos de la situation au Sahara occidental lors de sa visite dans la région provoquent une crise diplomatique.

NOVEMBRE 2016 — Marrakech accueille la COP22, conférence sur le réchauffement climatique, durant plus d'une semaine.

JANVIER 2017 — Les chefs d'État de l'Union africaine se prononcent favorablement au retour du Maroc au sein de l'organisation. Le royaume chérifien l'avait quittée en 1984, à cause de l'intégration d'un nouveau membre, la République arabe sahraouie démocratique.

MARS 2017 — Le numéro 2 du PJD, Saad-Eddine Al-Othmani, est nommé par le roi Mohamed VI, chef du gouvernement.

JUIN 2017 — Le plus vieux fossile d'*Homo sapiens* est découvert à Jebel Irhoud, près de Marrakech, par le scientifique Matthew Skinner et repousse de 100 000 ans l'origine de l'homme moderne.

2018 — La mort accidentelle de deux mineurs provoque de nombreuses protestations dans les rues. Les autorités marocaines ferment 2 000 puits clandestins dans l'ancienne cité minière de Jerada.

DÉCEMBRE 2018 — Deux jeunes touristes randonneuses scandinaves sont assassinées dans le petit village de Imlil, dans le Haut Atlas. Quatre principaux suspects sont arrêtés et condamnés à mort lors du procès. Une cellule terroriste est démantelée où dix-neuf suspects écopent de 5 à 30 ans de prison.

JANVIER 2019 — Le Maroc rafle trois prix de la Confédération africaine de Football dont le meilleur joueur espoir et le meilleur entraîneur de l'année 2018. L'équipe marocaine est éliminée en juillet lors de la Coupe africaine par le Bénin en huitième de finale.

SEPTEMBRE 2019 — Le royaume chérifien préside pour la première fois le Conseil de Paix et de l'Union africaine pour un mois.

30 OCTOBRE 2019 — Le Conseil de sécurité de l'ONU renouvelle pour un an sa mission d'organiser un référendum sur l'avenir du Sahara occidental.

13 NOVEMBRE 2020
Le Maroc lance une opération militaire dans la zone-tampon de Guerguerat, près de la Mauritanie, pour rétablir le trafic routier, bloqué par les indépendantistes sahraouis. Les tensions sont ravivées entre les deux parties.

21 AVRIL 2021
Nouveau conseil de sécurité sur le Sahara. La situation reste au point mort, dans l'attente de la nomination d'un nouvel envoyé personnel du secrétaire général de l'ONU au Sahara occidental.

8 SEPTEMBRE 2021
Elections législatives. Le parti islamiste au pouvoir subit une véritable défaite au profit des partis libéraux du Rassemblement national des indépendants (RNI) et du Parti Authenticité ainsi que du Parti de l'Istiqlal, plutôt centre droit. Au total, ils remportent 257 sièges sur 395. Le roi Mohammed VI nomme le dirigeant du RNI, Aziz Akhannouch, dont le parti sort gagnant de ces élections.

27 OCTOBRE 2022
Dans le conflit du Sahara occidental, l'ONU appelle à reprendre les négociations, une résolution est votée avec seulement 13 voix. Elle demande notamment aux parties à « coopérer pleinement » avec la Minurso, la mission de l'ONU, dont le mandat est renouvelé jusqu'au 31 octobre 2023.

8 SEPTEMBRE 2023
Le Maroc est frappé dans la nuit par le plus puissant séisme de son histoire, d'une magnitude de 6,8 sur l'échelle de Richter, dont l'épicentre a été localisé dans le Haut-Atlas à plus de 70 km au sud-ouest de Marrakech. Le bilan est lourd : près de 3 000 morts et 5 674 blessés. De nombreuses répliques se sont suivies dont certaines atteignant une magnitude de 4 sur l'échelle de Richter.

28-29 OCTOBRE 2023
Dans la nuit, des tirs de projectiles visent des quartiers résidentiels de Es-Semara, à plus de 200 km à l'est de Laâyoune, faisant un mort et trois blessés. Le Front Polisario ne tarde pas à revendiquer l'attentat. De son côté, le conseil de sécurité de l'ONU renouvelle pour un an sa mission de maintien de la paix dans la région, tout en demandant aux parties concernées la reprise des négociations.

TOP 10

PERSONNAGES HISTORIQUES

De la domination romaine aux différentes dynasties ayant régné sur le royaume, jusqu'au protectorat français et l'indépendance du pays, le Maroc a connu des personnages charismatiques, sages ou cruels, qui ont participé à son histoire. Voici les célèbres figures qui ont marqué le royaume chérifien.

JUBA II
D'otage romain à roi de la Maurétanie, ce Berbère d'origine fut un modèle de sagesse et de savoir.

IDRISS II
Au pouvoir dès l'âge de 11 ans, l'émir fonde la ville de Fès et réconcilie les tribus autochtones.

TACHFINE
Avec Marrakech comme capitale, Youssouf ibn Tachfine s'empare d'un vaste royaume, désormais pacifié.

ABD EL-MOUNEN
Marrakech prise par les Almohades, le victorieux sultan fait édifier la plus grande mosquée du pays.

AHMED LE DORÉ
Les Portugais vaincus, le sultan saadien finance la construction du Palais El Badiî avec leur or.

MOULAY ISMAÏL
Fondateur du Maroc moderne, le sultan alaouite étend son empire grâce à son invincible armée.

MOHAMMED V
Le Maroc sous protectorat français, le sultan alaouite s'y oppose et mène son pays à l'indépendance.

HASSAN II
Ayant succédé soudainement au trône, il fait adopter la Constitution écrite par son défunt père.

HUBERT LYAUTEY
Résident général au Maroc, il administre les zones françaises, tout en respectant les populations.

MOHAMMED VI
Actuel commandeur des croyants, le souverain alaouite conduit le Maroc vers un pays plus moderne.

© DR

LES ENJEUX ACTUELS

Avec un taux de croissance autour de 3 % en 2024, le Maroc se retrouve à la tête des pays émergents africains, plus de vingt ans après l'accession au pouvoir du roi Mohammed VI. Dans ce royaume qui a pris le train de la mondialisation, des progrès technologiques et des avancées sociales, les femmes sont derrière les bureaux, les salaires augmentent, les routes sont confortables, les supermarchés fleurissent et les touristes sont chaque année plus nombreux. Pourtant, même si un long chemin a déjà été parcouru, il reste au Maroc des défis majeurs à relever, dont certains se heurtent à la tradition qui perdure, à l'instar des droits des femmes encore bafoués. Pour rembourser sa dette publique, il devra attirer des investisseurs, diminuer le taux de chômage chez les jeunes et lutter contre la pauvreté, tout en continuant de développer ses activités commerciales et touristiques. Portrait d'un royaume musulman en pleine modernisation.

Une monarchie plus équilibrée

Monarchie constitutionnelle, le Maroc est régi par les trois pouvoirs en place, l'exécutif, le législatif et le judiciaire, qui s'équilibrent et jouissent d'une parfaite indépendance. Cependant, dans les faits, le roi dispose d'un pouvoir quasi absolu, étant à la fois le chef religieux, le chef suprême des armées et le président du Conseil des ministres. A la suite des manifestations du Mouvement du 20 février en 2011, le roi Mohammed VI commande un référendum constitutionnel, dont le oui remporte à quasi l'unanimité le scrutin. La nouvelle Constitution travaille à une meilleure séparation des pouvoirs, à l'augmentation des compétences du gouvernement et du Premier ministre, et à la création d'une Cour constitutionnelle. Elle affirme le principe de non-discrimination de race, de sexe ou de religion et introduit une notion de parité hommes-femmes. Mais le roi garde encore une place prépondérante et les libertés fondamentales réclamées (d'expression, de la presse, entre autres) ne sont toujours pas garanties. Côté administratif, depuis 2015, le royaume a établi un nouveau découpage des régions, plus pratique et plus logique, tout en décentralisant le pouvoir pour une plus grande autonomie des régions. Cette nouvelle organisation permet aujourd'hui d'accélérer les réformes. Depuis les élections législatives de 2016, le bipartisme s'est installé dans la politique marocaine, partagée entre le parti de centre droit, le Rassemblement national des indépendants et par le Parti authenticité et modernité, de centre gauche. Un équilibre positif qui devrait permettre de stopper la montée de l'islam radical.

L'industrie, un secteur pourvoyeur d'emplois

Depuis la Seconde Guerre mondiale, l'industrie s'est considérablement développée au Maroc, représentant plus de 30 % du PIB et plus de 20 % de l'emploi. Bien que le pays reste extrêmement dépendant de l'extérieur, de nombreux efforts sont réalisés pour diversifier l'industrie marocaine et rendre les divers secteurs plus performants. Aujourd'hui, sa production concerne essentiellement le phosphate, le textile, l'électromécanique, la métallurgie et l'agroalimentaire, dont ce dernier représente plus d'un quart de la production totale. Détenant 85 % des réserves de phosphate, le Maroc en est le premier exportateur mondial. Bien que ce commerce contribue à la bonne santé du trafic ferroviaire, les cours mondiaux s'effondrent et contrairement à ce qui était prévu, l'exportation ne permet pas d'alimenter les caisses du pays en devises étrangères. Le Maroc est aussi connu comme le premier exportateur mondial de haschich à raison de 100 000 tonnes par an. Bien qu'interdite, la culture de kif est la deuxième ressource nationale dont l'essentiel de la production se trouve dans la région montagneuse du Rif.

Tannerie marocaine traditionnelle.

© PAVLIHA - ISTOCKPHOTO.COM

Place Jemaâ El-Fna, Marrakech.

Le trafic concerne l'Europe pour environ 30 % de la consommation et les États-Unis à concurrence de 2 milliards de dollars. La présence de drogue au Maroc pose certains problèmes à l'Occident, car si le pays souhaite s'imposer sur le plan économique, il devra renoncer à ce commerce illégal. Du côté de l'automobile, le secteur a émergé ces dernières années grâce à un plan d'action du gouvernement qui a permis l'installation de plusieurs investisseurs, comme PSA qui a inauguré en juin 2019 sa nouvelle usine, près de Kénitra. Depuis 2014, l'industrie de l'automobile progresse de près de 14 % par an et a généré depuis près de 120 000 emplois. Bien que les ouvriers marocains soient considérés comme les meilleurs du Maghreb, des efforts restent à faire sur le manque de qualification, de précision et de ponctualité de la main d'œuvre, véritables handicaps pour le développement industriel du pays.

Le tourisme, moteur de croissance économique

Avec un record de 13 millions de visiteurs en 2019, le secteur touristique se portait plutôt bien avant la crise du Covid-19. Durant deux ans, il a été sévèrement affecté entre les restrictions de voyage imposées et les fermetures de frontière soudaines. Toutefois, en 2022, la reprise allait bon train, avec plus de 4 millions d'arrivées sur le territoire entre mai et juillet 2022. Le tourisme est l'un des moteurs du développement économique, social et culturel du pays, et un générateur de revenus importants, représentant 11 % de son PIB. Près de 550 000 emplois directs ont été générés dans ce domaine en 2018, ce qui correspond à près de 5 % de l'emploi dans l'économie marocaine. Bien que le gouvernement ait investi plusieurs millions dans la promotion touristique du pays et le soutien au secteur, il doit revoir à la baisse ses ambitions, reconstruire le pays après le terrible tremblement de terre de septembre 2023 et prévoir un nouveau plan d'action. Le Maroc reste néanmoins l'une des trois destinations incontournables du continent africain, qui attire en grande majorité les Français (plus de 60 %). Mais le gouvernement souhaite concentrer ses efforts sur le marché émetteur chinois, qui connaît une croissance fulgurante. Alors qu'en 2015, les touristes chinois n'étaient qu'au nombre de 10 000, ils sont aujourd'hui plus de 130 000 à visiter le royaume, pouvant depuis 2016 voyager sans visa à travers le pays. Un accord a même été signé avec la plus grande agence chinoise de voyages en ligne, Ctrip, pour accroître la visibilité du pays, dans le but d'atteindre la visite de 500 000 touristes chinois par an.

Le Maroc, en tête de peloton des énergies renouvelables

Conscient de sa dépendance énergétique (20 % de l'électricité au Maroc est fournie par l'Espagne) et de la faiblesse de ses ressources pétrolières, le royaume a décidé d'adopter une stratégie ambitieuse pour atteindre l'objectif de 52 % de production d'énergies renouvelables d'ici 2030. Depuis 2009, plusieurs programmes et plans d'action ont été mis en place, dont l'ouverture en 2014 d'un gigantesque parc éolien, à 20 km de Tarfaya, d'une capacité annuelle de 301 MW. Quatre ans plus tard, un autre projet d'envergure voit le jour du côté de Tanger, le parc éolien Khalladi, qui peut alimenter jusqu'à 400 000 habitants à l'année ! Du côté de l'énergie solaire, là non plus le gouvernement n'a pas lésiné sur les moyens. Avec la construction du plus grand complexe solaire thermodynamique près de Ouarzazate, le Maroc se positionne comme le leader des énergies renouvelables en Afrique. D'une capacité aujourd'hui de 580 MW, le complexe solaire, lorsqu'il sera achevé en 2050, devrait fournir plus du double de cette puissance, ce qui représentera 11 % de la production mondiale d'électricité ! Alors que pour l'instant le Maroc importe 93 % de son énergie, cette tendance devrait continuer à la baisse, jusqu'à voir la situation s'inverser.

L'agriculture, un secteur en bonne forme

Principal pilier de l'économie, l'agriculture fait vivre près de 40 % de la population active marocaine. Les céréales, à l'instar du maïs et de l'orge, occupent 80 % des terres cultivées, alors que les légumineuses, comme les fèves et les lentilles, couvrent à peine 5 % de la surface agricole. Fruits (oranges, clémentines, raisins) et légumes mûrissent très vite au Maroc, et particulièrement sur le littoral où l'eau et le climat permettent ce type de cultures. On estime que près de 3 millions de tonnes de fruits et 6 millions de tonnes de légumes sont produits chaque année au Maroc, qui est l'un des plus grands producteurs méditerranéens d'agrumes. La production globale représente à ce jour 30 % des échanges internationaux, dont l'Union européenne est le principal client. Plusieurs accords de libres échanges ont été signés avec certains pays, dont la Tunisie (1999), l'Egypte (1999) et les États-Unis (2006), permettant de réduire les droits de douane sur les produits marocains à faible coût. En 2008, le gouvernement lance le Plan Vert Maroc destiné à faire de l'agriculture le premier levier du développement, en augmentant les investissements dans ce secteur à raison de 10 milliards de DH par an, en créant des emplois, en rendant le secteur, par le biais des exportations, plus compétitif et en développant les zones rurales. Depuis la mise en place de cette stratégie, plus de 340 000 emplois ont été créés. L'autre objectif majeur pour le royaume dans les années à venir est de dynamiser l'agriculture biologique, notamment avec la récente création d'un logo certificateur. Alors que le gouvernement prévoyait d'atteindre 40 000 hectares cultivés en 2020, le chemin est encore long puisque seuls près de 18 000 hectares sont dédiés aujourd'hui à l'agriculture bio.

Les enjeux actuels

Le principal point noir du Maroc est de réduire son déficit : la dette publique globale du Maroc est de 951,8 milliards de DH, soit environ 71 % du PIB pour 2022 contre 82 % en 2017. Le pays doit également lutter contre le chômage qui affecte essentiellement les jeunes, dont le taux avoisine les 23 % selon le Haut-Commissaire au Plan. On compte plus de 770 000 jeunes âgés de 15 à 29 ans sans travail, le marché ne pouvant absorber les dizaines de milliers de diplômés chaque année. Conscient des salaires peu élevés dans les secteurs publics et privés, le gouvernement a signé un accord avec les principaux syndicats pour les augmenter de 5 % en septembre 2022 et 2023. Les salariés voient alors petit à petit leur niveau de vie augmenté. Mais, bien que le taux de Marocains vivant en dessous du seuil de pauvreté ait diminué, d'après les critères de la Banque mondiale, l'opposition souligne que l'écart entre les riches et les pauvres continue de se creuser. Cependant, l'Initiative nationale pour le développement humain (INDH), menée par le roi lui-même, enregistre un bilan positif dans les zones rurales et les quartiers défavorisés, classant le Maroc au 3e rang des meilleurs programmes sociaux. Sur le plan géopolitique, le royaume devra trouver un terrain d'entente avec le Front Polisario, sur le statut du Sahara occidental. Bien que le mandat de la Mission des Nations unies, groupe composé de civils, militaires et policiers de l'ONU, soit toujours en place à Laâyoune, l'organisation d'un référendum sur l'autodétermination du peuple sahraoui est toujours en discussion depuis 1991 et le Conseil de sécurité renouvelle sa mission chaque année, gardant l'espoir que ce conflit puisse se résoudre sans les armes.

Agriculture dans les Hauts-Atlas.

ARCHITECTURE

Le Maroc est un véritable musée à ciel ouvert, qui a conservé plusieurs styles architecturaux de son histoire mouvementée. Dans le sud, les nomades vivent toujours dans des tentes traditionnelles, tandis que dans les villes, on retrouve une architecture originaire de la fondation du Maroc moderne par les Arabes, qui ont aussi souhaité y répandre l'islam. Dans les médinas, les plus belles réalisations (minarets, mosquées, médersas) sont liées à l'islam. Les constructions en pisé de ksour et de kasbahs ont toujours symbolisé l'architecture berbère. Des dynasties de sultans, on doit des merveilles comme les remparts et les palais aux portes monumentales. D'autres civilisations ont aussi laissé leur trace : les Portugais ont bâti quelques forteresses, et dans le nord du pays et les villes côtières, les Espagnols ont développé un style andalou. L'architecture du Maroc est hybride, historique, et en de nombreux points, sensationnelle.

Le style berbère

L'architecture berbère puise ses racines dans des temps immémoriaux et a laissé plusieurs empreintes dans le sud du Maroc, plus particulièrement dans les vallées du Drâa, Dadès, Todra, Ziz et Tafilalet, au point d'en devenir le symbole. Toute la beauté du style berbère se repère dans la façon dont les ksour (villages fortifiés), les kasbahs (maisons fortes) et les agadirs (greniers-forteresses) sont décorés de motifs géométriques traditionnels de toute beauté. Les maisons sont réalisées en pisé, c'est-à-dire avec des matériaux disponibles dans l'environnement immédiat, dans ce cas précis un mélange de cailloux et d'argile avec souvent un peu de paille, et tassé entre deux planches lors de la construction. Cette architecture, naturelle et épurée, se fond parfaitement avec les couleurs des paysages du sud du pays. Il faut cependant noter que cette architecture écologique est très fragile et s'érode avec la pluie. Une fragilité qui a vu de nombreuses familles quitter les ksour et les kasbahs, à la recherche d'un habitat plus sûr. Délaissés, ces châteaux de terres et de roseaux pourraient disparaître à jamais. Fort heureusement, l'UNESCO a eu l'ingénieuse idée d'en inscrire une partie d'entre eux au Patrimoine mondial, avec pour effet d'entamer un processus de rénovation. Parmi les plus beaux exemples, il faut citer le ksar d'Aït-Benhaddou et la **kasbah de Taourirt** (p.431) à Ouarzazate.

Kasbahs.

Les kasbahs

On trouve les kasbahs partout où, à un moment donné, il y a eu des intérêts commerciaux en lien avec l'or, le sel, le sucre ou bien encore les esclaves. La kasbah est en effet une forteresse et les quartiers fortifiés abritaient les seigneurs qui protégeaient les habitants des attaques nomades. La construction, en général rectangulaire, présente différents niveaux qui occupent une fonction bien particulière. Le rez-de-chaussée accueille les animaux, quand le premier étage est utilisé comme grenier et que le second étage est dédié aux pièces d'habitation. La construction des kasbahs utilise la méthode du pisé, et au fur et à mesure que la construction s'élève, des trous sont pratiqués dans le mur pour maintenir les planches. C'est pour cela que lorsque l'on observe les kasbahs au Maroc, on note la présence d'orifices réguliers dans les façades. Les plafonds sont faits de poutres de palmier ou de thuya, entre lesquelles on dispose des lattes de roseau. Marrakech abrite l'une des plus belles kasbahs encore sur pied. Les autres splendides exemples sont celle de Tinmal, dans le Tizi n'Test, et celle de Telouet. Dans le nord, il ne faut pas passer à côté de celle de Chefchaouen, qui de ses remparts rouges domine la médina toute bleue.

Les ksour, constructions spectaculaires

Le *ksar* (*ksour* au pluriel) est un village fortifié construit généralement en pisé, consolidé par

© RUSLANKALN - ISTOCKPHOTO.COM

Mosquée Hassan II à Casablanca.

des poutres, et dont les murs nus forment une protection contre les attaques climatiques et physiques. Dans le sud du Maroc, il s'agit de constructions particulièrement spectaculaires : on les trouve au sommet d'un rocher escarpé ou bien encore sur le flanc d'une paroi rocheuse. Ils peuvent aussi surmonter une oasis composée de palmiers. Les murs extérieurs forment les remparts et sont défendus par des tours aux angles. À l'intérieur, on trouve les habitations, mais aussi souvent un agadir, pour pouvoir y mettre les vivres à l'abri. Entre les vallées du Drâa et du Dadès, on retrouve de splendides ksour dominant les oasis de Skoura et de N'kob. À Rissani, on peut aussi participer à un merveilleux circuit où l'on peut contempler une demi-douzaine de ksour fortifiés, et ce malgré le fait que certains d'entre eux attendent d'être restaurés.

La médina, balade dans un dédale de ruelles

Comment parler d'architecture au Maroc sans mentionner la particularité de la médina ? Symbole de l'habitat citadin, il s'agit de logements entassés les uns contre les autres, comme on peut le voir dans de nombreuses villes, de Marrakech en passant par Fès el-Bali, Meknès et Tanger. Si les habitations sont fermées côté rue, elles s'ouvrent lorsque l'on pénètre à l'intérieur bien souvent sur un patio, un jardin ou une cour. Lorsque l'on se balade au fil des ruelles, on passe par les souks pour chiner quelques instants, puis vient le temps de la contemplation des maisons de la médina, qui comme le prône l'islam, sont identiques de l'extérieur. C'est en ayant la chance de pénétrer à l'intérieur que l'on découvre que la richesse se manifeste uniquement par la décoration, mobilier, tapisserie, vaisselle… La plus impressionnante médina du Maroc est celle de Fès : un lieu qui réunit 700 000 personnes qui vivent encore dans celle qui s'avère être une véritable splendeur médiévale.

La mosquée et les médersas, lieux de la plus haute importance

Les mosquées sont présentes partout et construites sur des terrains nobles, au centre des localités. Au-delà d'être un lieu de culte et de prières dont l'un des murs est orienté vers La Mecque, elle est également pour les non-musulmans qui s'y rendent un véritable lieu de sérénité qui permet de fuir quelques instants la frénésie des grandes cités. Il faut cependant noter que seulement deux mosquées sont ouvertes aux non-musulmans au Maroc : la mosquée Hassan II de Casablanca et celle de Tin Mal, près du Tizi'n'Test. La forme de la mosquée s'inspire de la configuration de la maison du Prophète, c'est-à-dire que la cour centrale est bordée d'arcades, et un bassin est disposé en son centre. Ce dernier permet aux musulmans qui arrivent pieds nus de procéder aux ablutions, une étape qui précède la prière. La salle de prière, aussi nommée harem, est organisée autour du mihrab, niche creusée dans le mur, et indiquant la direction de La Mecque. À gauche, on trouve le minbar, ou chaire à prêcher. Dans les mosquées les plus importantes, on repère la présence d'un minaret, une tour en général de forme carrée d'où le muezzin lance cinq fois par jour les appels à la prière. Et ce, même si aujourd'hui, c'est le plus souvent un électrophone qui remplit cet office. Parmi les plus belles mosquées du Maroc, il ne faut pas manquer d'aller voir la **mosquée Al Quaraouiyine** (p.160) à Fès – la plus ancienne, fondée au IXe siècle –, la **Koutoubia** (p.355) à Marrakech, la mosquée Lalla Soukaïna à Rabat, et la gigantesque **mosquée Hassan II** (p.223) à Casablanca, construite en 1993.

Écoles religieuses depuis la dynastie des Mérinides, les médersas ont toujours eu une grande importance, en tant que lieu d'apprentissage du droit, de la philosophie et de l'astronomie. À Fès, on trouve la très belle **médersa Attarine** (p.160), construite au XIVe siècle, et recouverte de zelliges. Sa beauté n'a rien à envier à sa rivale la médersa ben Youssef de Marrakech, dont le décor de stuc est richement ciselé. Plusieurs médersas sont ouvertes au public, sauf celles qui sont toujours en activité.

Palais, remparts et portes

Les Almohades ont lancé la mode des remparts en pisé, qui ornent notamment les villes de Rabat, Marrakech ou Fès. Tout le long, on trouve de splendides portes, prenant la forme religieuse du mihrab, et sur lesquelles on retrouve des écritures cursives extraites du Coran, et des merlons, créneaux en dents de scie ou en escalier. La plus célèbre porte est **Bab Mansour** (p.183) à Meknès, construite sur l'ordre du sultan alaouite Moulay Ismaïl. Les palais sont les autres bâtisses remarquables. Au VIIIe siècle, les conquérants arabes ont introduit dans le sud de l'Europe des traditions artistiques d'influence orientale. De l'Espagne musulmane et en particulier d'Andalousie, les Almoravides partiront trois siècles plus tard pour le Maroc avec, dans leurs bagages, l'art hispano-mauresque. Le plus surprenant est souvent l'intérieur des palais. Il est impressionnant de constater le souci de chaque détail et à quel point le souhait était d'ornementer au maximum les différentes pièces, du sol au plafond. On retrouve, en fonction des lieux, des motifs géométriques ou floraux qui semblent se multiplier à l'infini comme dans la salle du trône du palais de Rabat, des compositions savantes de la céramique avec le zellige pour les fontaines, comme pour celles du palais royal de Fès ou bien encore du bois sculpté et peint, comme c'est le cas dans la salle du trône du Palais Royal de Marrakech.

Les influences portugaises et espagnoles

Des villes comme El Jadida, Essaouira, Asilah, Azemmour ou Safi, ont en commun un patrimoine architectural lié à la présence portugaise sur le sol marocain. Pendant 354 ans, les convoitises portugaises sont allées bon train, et de grandes fortifications défensives ont été construites face aux flots de l'Atlantique, comme celles de Mazagan, édifiées au début du XVIe siècle et qui font aujourd'hui partie de la ville d'El Jadida, à 90 km au sud-ouest de Casablanca. Entre bastions et remparts, ses défenses constituent un des premiers exemples de l'architecture militaire de la Renaissance. Au final, la ville portugaise d'El Jadida est sans doute le plus beau témoignage d'une alliance d'influences entre les cultures européenne et marocaine dans les domaines de l'architecture, du génie militaire et l'urbanisme.

Lorsque l'on se balade dans certaines villes de la partie nord du Maroc, on a également l'occasion de s'apercevoir que quelques maisons possèdent des fenêtres en fer forgé sophistiquées, comme on a l'occasion d'en voir dans le sud de l'Espagne. C'est un signe que l'architecture maure de l'Alhambra a été exportée au Maroc après la Reconquista. Ainsi, tout au long de l'ère du protectorat, c'est le style Art déco qui est devenu commun au Maroc, surtout dans les villes modernes de Rabat et de Casablanca.

L'habitat nomade

Lors d'un périple dans le sud du Maroc, en particulier vers Zagora, Goulimine ou Tan-Tan, là où les chameliers sont légion, on a l'occasion d'admirer un autre habitat, celui des nomades. La Khaïma, ou tente berbère, est utilisée par les tribus qui accompagnent leurs troupeaux. Cette habitation se compose d'un assemblage de bandes de laine brune, cousues entre elles, et décorées de motifs géométriques. Elles sont soutenues par une structure en bois. En général, l'emplacement de la Khaïma se fait près d'un point d'eau et près d'un monticule pour éviter les bourrasques de vent. L'espace intérieur se compose de deux parties. Il y a une partie cachée réservée aux femmes, qui comporte toujours un métier à tisser. L'autre partie est celle des hommes, elle est délimitée par des nattes et c'est dans ce lieu qu'ils reçoivent leurs invités. Certaines tentes blanches surmontées de boules dorées, symbole d'autorité, sont dites caïdales, et ce sont celles que l'on retrouve à l'occasion d'une excursion touristique dans le désert.

Quelques constructions contemporaines

L'architecture contemporaine n'est pas nécessairement celle que l'on vient chercher au Maroc. Elle pourrait cependant bien changer le visage du royaume à l'avenir. À côté de la volonté de protéger un riche patrimoine historique, il y a aussi l'objectif d'aller vers l'avenir, et de montrer que le Maroc est un pays qui ne se repose pas uniquement sur ses acquis. Dans la capitale Rabat, plusieurs constructions contemporaines ont vu le jour, telles que la Bibliothèque Nationale, qui n'est pas forcément la plus belle des constructions, ainsi que le siège de Maroc Telecom, une tour de verre. Mais le projet qui a le plus fait parler de lui ces dernières années est très certainement le grand théâtre CasArts de Casablanca (signé Christian de Portzamparc et Rachid Andaloussi), sur la place Mohammed V. Un bâtiment plus audacieux qui, en plus de faire figure de nouvelle icône de la ville, accueille toute l'année différentes pratiques artistiques : théâtre, danse, musique, comédie musicale. Un haut lieu de la culture.

BEAUX-ARTS

L'histoire de l'art marocain est malheureusement trop méconnue du grand public. Ceux qui prendront quelques instants pour s'y intéresser seront certainement happés par ce métissage qui la caractérise, absorbés par ses couleurs vives et ses motifs hypnotisants. Différentes périodes, des événements internationaux ainsi que des talents appliqués ont façonné cette histoire. Fier de ce riche patrimoine, le royaume ne se repose néanmoins pas sur ses lauriers et fait montre d'un dynamisme de plus en plus important. Aujourd'hui, de nouveaux lieux culturels fleurissent dans les grandes villes, attirant un public international, et nombreux sont les jeunes artistes marocains qui jouissent d'une reconnaissance internationale. De palais en galeries d'art, l'art marocain est un ravissement pour les yeux des visiteurs et surtout un moyen de mieux comprendre le pays et son histoire !

Le Gebs, ou l'art de la sculpture sur plâtre

Cette technique de sculpture ancestrale permet de magnifier le plâtre, principalement à des fins ornementales et architecturales. Le Gebs recouvre habituellement la partie supérieure des murs, mais décore aussi les arcades, les plafonds et les coupoles. Il consiste en la composition en relief de textes calligraphiés ou de motifs géométriques : frises, entrelacs ou rosaces, par exemple. On peut en admirer dans les plus beaux bâtiments du pays, tels que le palais royal (p.208) de Rabat ou la kasbah de Télouet. Sa couleur blanche ou rosâtre est parfois teinte, peinte ou dorée, donnant lieu à des motifs chargés et puissants, comme au palais royal de Fès. Pour arriver à de tels résultats, le processus de fabrication est long et minutieux. Dans un premier temps, le plâtre est étalé en une couche épaisse et homogène sur la surface murale, hérissée de clous pour une meilleure tenue. Le temps de séchage du plâtre, relativement long, permet alors aux maîtres de sculpter consciencieusement la matière. Mais avant que le plâtre soit découpé et sculpté à l'aide de ciseaux, de burins et de gouges, les motifs sont tracés à l'aide d'une pointe sèche, d'une règle, d'un compas, de gabarits et de pochoirs. La masse lisse se transforme peu à peu en une dentelle raffinée, pour le plus grand plaisir des visiteurs.

Le tatouage, une pratique festive

Autrefois signe d'identification ou insigne magique, le tatouage a aujourd'hui perdu de sa signification initiale et est devenu principalement décoratif. Il reste néanmoins très populaire et est pratiqué la plupart du temps lors des fêtes religieuses ou des cérémonies familiales, par infiltration d'aiguilles ou plus fréquemment par simple dessin superficiel. Les tatouages les plus courants sont tracés sur les mains, les pieds ou le visage et représentent des zelliges ou des résilles noires qui soulignent la clarté de la peau. Les tatouages éphémères sont la plupart du temps réalisés à l'aide du harkous, un bâtonnet imprégné de cendres de charbon de bois et d'épices, et ne durent que le temps d'une fête.

Les arts visuels marocains, un va-et-vient entre figuration et abstraction

Deux événements marquent profondément la mémoire picturale du pays : l'islamisation du Maroc au IXe siècle et la colonisation à partir de 1912. L'art préislamique, qui octroie une place importante aux représentations de scènes de vie et qui a profondément marqué la mémoire picturale du pays, se voit, avec l'islamisation, dominé par l'art arabo-musulman qui interdit toute forme de représentation des animaux et êtres humains.

Gebs, sculpture sur plâtre.

DÉCOUVRIR

© ISSAM ALHAFTI - SHUTTERSTOCK.COM

Tatouage au henné.

Ce dernier, d'une richesse incommensurable, trouve son expression dans les formes et les motifs géométriques complexes, les représentations du monde végétal et la calligraphie. Les calligraphes écrivent avec un calame, une plume en roseau dont la taille détermine le style de graphie. Quant à l'encre, elle est traditionnellement fabriquée avec la suie que dépose la fumée des bougies dans des ouvertures faites en haut des murs des mosquées. Le scribe corrige les erreurs avec le bout de sa langue et sèche son ouvrage avec du sable fin qu'il conserve dans son écritoire.

La peinture de chevalet naît plus tard, lors de l'instauration du protectorat. C'est en quelque sorte un retour aux sources en ce qu'elle se manifeste par la représentation, à nouveau, de scènes de la vie quotidienne. Le XXe siècle voit ainsi naître des artistes talentueux qui contournent les interdits religieux. L'art naïf se développe notamment tout au long du XXe siècle, à son apogée dans les années 1960 et 1970. On peut citer dans cette tendance Mohammed Ben Ali R'Bati (1861-1939). Ce dernier a su représenter avec une naïveté touchante tous les aspects de la vie tangéroise, du quotidien aux festivités, n'hésitant pas à pénétrer l'intimité des foyers pourtant à l'époque difficilement accessible, surtout pour un homme. Mohamed Hamri (1932-2000), figure tangéroise, a également joué un rôle clé dans la peinture marocaine, et témoigne d'une forme de naïveté plus stylisée que celle des tableaux de R'Bati. D'autres peintres s'éloignent de la figuration et se lient aux mouvements modernes internationaux qui favorisent l'abstraction. Ahmed Cherkaoui (1934-1967), dont la notoriété dépasse les frontières du Maroc, est l'un des précurseurs du modernisme marocain. Son œuvre interrompue prématurément alors qu'il se trouvait au sommet de sa carrière a profondément marqué l'histoire artistique du pays. À l'intersection de son héritage arabe et berbère et des grandes tendances modernes internationales, cet artiste a développé un langage personnel d'une grande richesse symbolique. On peut admirer ses travaux au **Musée Mohammed VI** (p.207) à Rabat, où a eu lieu une grande rétrospective en 2018.

Le Maroc, une muse pour les artistes occidentaux

Qu'ils soient écrivains, poètes ou peintres, nombreux sont les artistes étrangers à avoir été envoûtés par le charme des villes marocaines. La Ville rouge a fasciné nombre de peintres occidentaux des XIXe et XXe siècles grisés par l'aventure orientaliste. Un héritage qui a certes fait rayonner le Maroc dans le monde entier, mais, comme le souligne Farid Belkaia, directeur des Beaux-Arts de Casablanca, a aussi eu pour effet de se substituer à la culture marocaine et d'éclipser les artistes locaux.

On regroupe sous le terme de « peinture orientaliste » les tableaux réalisés par des Européens en Afrique, au Proche-Orient ou en Asie. Ce genre prend naissance à la fin du XIXe siècle, avec des peintres romantiques comme Eugène Delacroix qui viennent chercher dans la culture marocaine des réminiscences du mode de vie antique. Leur vision idéalisée d'Européen sur des scènes du quotidien s'exprime dans des images à l'atmosphère enchanteresse. Point de contact historique entre les cultures maghrébines et européennes, Casablanca est considérée par plusieurs historiens comme une ville phare de l'orientalisme.

Envoyé en mission par le roi Louis-Philippe auprès du sultan Moulay Abderrahmane, Eugène Delacroix trouve dans le royaume une nouvelle source d'inspiration. Parmi l'ensemble de ses œuvres réalisées au Maroc, *La Noce juive au Maroc* (1841) exposée au palais du Luxembourg est aussi impressionnante que son aquarelle, *Fantasia*, que l'on peut admirer au Louvre (1832). De même, ses séries de scènes de chasse avec le sultan du Maroc (1845) sont restées célèbres. Delacroix a ainsi contribué à la propagation de la mode de l'exotisme oriental chez les peintres romantiques.

Plus tard, c'est Henri Matisse qui se prend de passion pour le pays, et notamment pour Tanger qu'il découvre en 1912. Subjugué par les « splendeurs orientales » dont parle Baudelaire dans *L'Invitation au voyage*, l'artiste réalise plus de soixante œuvres, qui donnent à sa peinture une nouvelle dimension dans l'harmonie des couleurs. Il peint des personnages clairement identifiables comme dans *Le Rifain debout* (1912), ou les suggère simplement dans un océan de bleu comme dans *le Café marocain* (1912-1913).

On citera, parmi les autres peintres orientalistes français célèbres : Jacques Majorelle, dont on peut voir deux tableaux monumentaux au siège de la Wilaya, Henri Pontoy et Edmond Vallès.

La photographie marocaine, une lente affirmation

Au XIXe siècle, le pays restant relativement fermé en comparaison à ses voisins nord-africains, la photographie s'installe assez tard, alors que de nombreux Européens fiévreux de documenter le monde s'adonnent à cette pratique accompagnés de scientifiques, historiens et écrivains. À une époque charnière, ils fixent les premières images d'un Royaume encore peu connu des Occidentaux et immortalisent ses villages fortifiés, ses kasbahs, ses montagnes et ses provinces sahariennes. Dans les années 1880, le pays s'ouvre davantage, et plusieurs photographes s'y installent pour ouvrir leur studio. D'abord majoritairement utilisée à des fins administratives et patrimoniales, la photographie se limite principalement aux paysages et aux monuments. Henri de Lamartinière, diplomate, archéologue et photographe français envoyé en mission sur place, documente notamment les ruines romaines de Volubilis, participant ainsi à leur rayonnement.

Ce n'est que plus tard qu'une photographie plus esthétisante se développe, notamment avec la photographie de « scènes de types », au croisement entre souci ethnographique et exotisme. Les Marocains musulmans restent néanmoins assez hostiles à cet art qui va à l'encontre de l'interdiction religieuse de produire des représentations humaines, et est perçu comme une atteinte à leur intégrité et à leur foi. Pendant l'entre-deux-guerres, le français Gabriel Veyre, photographe attitré du Sultan Mouley Abd el Aziz, joue un rôle important dans le développement de la photographie. Il réalise des centaines de clichés du pays et de ses habitants, et est l'un des premiers à saisir la vie quotidienne locale avec naturel. Pour admirer ces clichés d'un autre temps, on recommande aux plus passionnés de se rendre à la Maison de la Photographie de Marrakech, qui met en valeur la diversité du pays à travers le regard de photographes célèbres ou anonymes, des débuts de la photo à l'époque moderne (1879-1960).

Dans la deuxième moitié du XXe siècle, la photographie se démocratise et n'est plus réservée à une élite occidentale. Le pays compte aujourd'hui de nombreuses figures internationales et différents lieux d'exposition (ne pas manquer la galerie 127 de Marrakech !). Elle est aujourd'hui considérée comme un art à part entière et non comme un simple moyen de documentation, et compte de nombreux praticiens. Hassan Hajjaj, né en 1961 à Larache et aujourd'hui basé entre le Royaume-Uni et son pays natal, est l'un des représentants de la photographie contemporaine marocaine. Ses deux cultures s'expriment dans un travail fait d'hybridations. Son style coloré montre un intérêt tout particulier pour la mode et explore d'un regard critique ses contradictions, entre expressions identitaires et consumérisme.

© SAIKO3P - SHUTTERSTOCK.COM

Maison de la photographie de Marrakech.

DÉCOUVRIR

Un art contemporain en plein florissement

La plupart des itinéraires touristiques ne comprennent malheureusement pas les musées d'art contemporain et autres lieux dédiés à la culture actuelle. Pourtant, l'art marocain a beaucoup évolué et révèle énormément du pays et des changements qu'il traverse actuellement. L'art figuratif n'est plus un tabou et les plus jeunes générations sont particulièrement audacieuses, prêtes à s'attaquer aux problèmes sociaux et politiques auxquels le pays est confronté. Inégalités, sexisme, immigration, changement climatique : ces artistes se posent comme des analystes des enjeux marocains contemporains, qu'ils n'hésitent pas à mettre sur la table, parfois de manière provocante.

Malgré les défis auxquels il doit faire face, le secteur de l'art se renforce ainsi lentement mais sûrement. De nombreux commissaires d'exposition marocains travaillant dans les musées internationaux s'attachent à promouvoir le travail de leurs compatriotes à l'international, et parallèlement le pays s'affirme peu à peu comme un hub artistique régional, de plus en plus connecté à ses voisins maghrébins et subsahariens. Le Printemps arabe de 2011 a grandement contribué à faire bouger les choses, ravivant non seulement l'intérêt des étrangers, mais permettant surtout aux artistes de réaliser le rôle qu'ils pouvaient jouer en exprimant leurs points de vue à travers l'art.

Pour n'en citer qu'une, Lalla Essaydi, née en 1956 à Marrakech, est une artiste photographe et plasticienne marocaine incontournable. Elle a grandi au Maroc et en Arabie saoudite, et vit aujourd'hui entre New York, Boston et Marrakech. Diplômée de la School of the Museum of Fine Arts à Boston, c'est l'une des artistes marocaines les mieux cotées. On trouve ses tableaux au Louvre ou encore au British Museum de Londres. Son travail tourne notamment autour de la figure de la femme arabe, et déconstruit les stéréotypes féminins représentés dans la peinture orientaliste.

Aujourd'hui, l'activité artistique se concentre en grande partie à Tanger. Il y a pourtant quelques années, on pouvait regretter l'absence de galeries et d'espaces dédiés à l'art. Du chemin a été fait depuis, grâce à plusieurs acteurs motivés, bien décidés à faire bouger les choses. On peut citer par exemple l'Uzine, la galerie Dar d'art et la galerie Conil (p.112), ouverte dans les locaux de l'ancienne galerie Volubilis, place de la Kasbah. Ces espaces ont pour but de promouvoir des artistes marocains et de leur donner une visibilité. Ainsi, si le Maroc peut se vanter de faire naître des artistes de renom, Tanger peut être fière de compter des personnes capables de repérer des artistes et de mettre en valeur leur travail. Les autres lieux incontournables de l'art contemporain au Maroc se situent dans les grandes villes, à l'instar du Musée Mohammed VI et de la Villa des arts (p.209) à Rabat, du Musée de la palmeraie (p.363) et du récent et déjà incontournable Musée d'Art Contemporain Africain Al Maaden à Marrakech.

Le street art, un nouveau moyen d'expression pour les jeunes générations

Depuis quelques années, le street art jouit d'une popularité accrue au sein du Royaume. Bouleversant les codes établis, les jeunes y ont trouvé un moyen d'expression leur octroyant la liberté et le lâcher-prise dont ils manquent au quotidien. Le pays compte désormais de nombreux jeunes talents comme Kalamour, le duo Placebostudio (composé de Brick top et Abid), Rebel Spirit ou encore Mevok. D'abord mal vu par les autorités et les générations plus anciennes, cet art rebelle a peu à peu été apprivoisé, au point de devenir un véritable instrument de revitalisation urbaine. D'immenses fresques subventionnées par les institutions ou les municipalités décorent désormais les rues des grandes villes, mais pas seulement. En effet, si Casablanca est sans nul doute la reine du street art, d'autres villes comme Essaouira, Marrakech et Rabat ne sont pas en reste, et même de petites communes comme Azemour, Asilah, Youssoufia, Safi et Benguerrir arborent les joyeuses couleurs de cet art de rue.

Pour admirer ces œuvres mouvantes et souvent impressionnantes, difficile de vous donner un itinéraire précis, puisqu'il s'agit d'un art éphémère par nature. La ville blanche est néanmoins un incontournable, et tout particulièrement le quartier de Mâarif, qui est considéré comme le QG des graffeurs. On y trouve d'ailleurs une très belle fresque de la chanteuse légendaire Oum Kalthoum, signée par Placebostudio, qui détient un record de longévité.

De plus, depuis plusieurs années se tient le Casamouja, un festival de street art devenu un événement incontournable du calendrier culturel casablancais. Des artistes du monde entier sont conviés pour cette occasion, invités à colorer la métropole aux côtés de leurs collègues marocains. Le rond-point Oulmès est l'un des hotspots de cet événement. Parallèlement à cette consécration, le street art marocain a désormais toute sa place sur le marché de l'art. Nombreuses sont les galeries accueillant des expositions de street art, et même le Musée Mohammed VI lui a offert ses murs. Cette légitimité nouvelle permet à une pratique à l'origine déviante d'être désormais considérée comme un art à part entière !

MUSIQUES ET SCÈNES

La musique marocaine raconte le pays à sa manière. Elle établit sa géographie et retrace l'Histoire du pays, voyant traditions arabes, berbères ou gnaouas (les descendants d'esclaves noirs) entretenir des patrimoines culturels très distincts. Une richesse et une diversité dont on peut obtenir un panorama sur la place Jemaâ el-Fna. Cœur grouillant de Marrakech, elle est un concentré du Maroc où le spectacle est assuré de jour comme de nuit : parmi les diseuses de bonne aventure et les *guerrab* (porteurs d'eau) on croise danseurs et musiciens gnaouas, chants traditionnels ou le son hypnotisant de la ghayta, hautbois très nasal dont jouent les charmeurs de serpents. Mais passé l'aspect folklorique, le Maroc est une terre conjuguant la musique au présent. De la part grandissante de femmes artistes (sujet toujours polémique, mais en progrès) à la liberté d'expression du hip-hop, la musique marocaine participe à redessiner sa société.

La musique traditionnelle

Bien qu'elle soit mise en folklore, au Maroc la musique traditionnelle ne s'est jamais *muséifiée*. Patrimoine vivant, elle évolue constamment et sert d'épine dorsale à de nombreux artistes pour élaborer de nouvelles formes musicales. L'*aïta* en est un bon exemple. Spécifiquement marocain, ce chant rural apparu fin XIXe a été séminal dans le pays et a engendré la fameuse musique *chaâbi* moderne. Si la musique arabe représente à peu près 70 % du panorama musical marocain actuel, sa cousine berbère détient quant à elle une place prépondérante dans le patrimoine culturel du pays. Reconnaissable à ses chants répétitifs et ses rythmes intenses, indissociable de la danse, la musique berbère est un trésor pour l'œil et l'oreille. Sa forme la plus connue est sans conteste la *dakka marriakchia*, une musique religieuse ou sacrée aux rythmes fiévreux et aux chants envoûtants, souvent présente dans les mariages. L'autre expression musicale berbère particulièrement remarquable est *l'ahidous*. À la fois musique et danse, cette fête collective voit hommes et femmes se regrouper coude à coude en formant des rondes souples et ondulantes, accompagnées de chants, toujours choraux, toujours itératifs, rythmés au *bendir*, le grand tambourin au cadre de bois et peau de chèvre tendue. Une icône majeure du genre est le groupe Izenzaren et, plus proche de nous, on peut en croiser parfois dans les créations de l'artiste franco-marocaine Zahra Hindi. Un bon moment pour se plonger dans toute la diversité de la culture berbère est le Festival Timitar d'Agadir, un plaisant espace de rencontre entre musiques du monde et *amazigh*.

Énorme part de la musique traditionnelle marocaine, impossible de passer à côté de la musique des Gnaouas. Ces descendants d'esclaves d'Afrique noire ont conservé précieusement leur héritage mélodique et pratiquent toujours, génération après génération, ces rythmes entêtants appelant à la transe. Mais si la musique gnaoua a autant voyagé hors des frontières marocaines c'est que nombre de ses interprètes ont choisi de la faire fusionner avec des genres du monde entier – jazz, blues, reggae ou électro. Sans cesse renouvelée, la musique gnaoua est une des plus vivantes du pays. Les grands maîtres – les *mâalems* – à écouter absolument sont Mahmoud Guinia (la star, il collabora jadis avec Pharoah Sanders), Maâlem Abdelkader Amlil (qui a joué régulièrement en France) et Abdellah Boulkhair El Gourd. En France, l'Orchestre national de Barbès l'a beaucoup jouée et métissée avec du jazz, funk ou reggae. Le rendez-vous incontournable du genre est bien entendu le Festival de Musiques Gnaoua d'Essaouira, généralement courant juin. L'occasion de voir les meilleurs artistes gnaouas, ses stars comme ses jeunes talents au travers de nombreux concerts (dont certains gratuits). Aussi, une bonne idée si l'on est de passage à Merzouga est de s'accorder une pause à Dar Gnaoua (p.164). Cette « maison des Gnaouas » est un endroit idéal pour profiter d'un thé en assistant à une démonstration des chants traditionnels.

La musique populaire

Pas du tout hermétique aux sonorités de ses voisins, le Maroc apprécie les grandes voix de l'Égypte (Oum Kalthoum, Mohammed Abdel Wahab), proche-orientales (sublime Faïruz) ou encore le *raï* algérien. Ce dernier, descendant du *melhoun*, est une combinaison d'airs arabo-africains et d'instruments modernes (boîtes à rythmes, guitares électriques, synthétiseurs). Le *melhoun* c'est d'ailleurs la source de toute la musique populaire du Maroc.

Apparu au XIIe siècle, il est traditionnellement une poésie purement vocale, qui s'est ensuite progressivement accompagnée d'***oûd*** ou de ***guembri*** (long luth à deux ou trois cordes) avant d'accueillir amplement les percussions. C'est à partir de ces poèmes chantés réalistes abordant la vie ou l'amour que le ***châabi***, la musique populaire marocaine par excellence, va éclore. Présent dans toute l'Afrique du Nord (Algérie, Tunisie, Égypte) et variant selon les régions, le ***châabi*** marocain a des influences arabo-andalouses, des rythmes entraînants et des textes légers qui l'ont imposé comme une musique de fête et de danse incontournable (il est très populaire dans les mariages). Pour se faire une idée plus précise du ***châabi***, il suffit de se diriger vers ses grands interprètes : Houcine Slaoui (le modernisateur et père de la musique ***châabie*** marocaine), Abdelaziz Stati (la star), Najat Aatabou (surnommée la « Lionne de l'Atlas ») ou Mustapha Bourgogne. À l'épreuve du temps, le ***châabi*** évolue, s'adapte et chaque génération propose une nouvelle lecture du genre. Aujourd'hui, il s'enrichit de rythmes électroniques, de pop ou d'auto-tune, comme on peut l'entendre dans les morceaux de Zina Daoudia, la reine actuelle de ce ***chaâbi*** marocain moderne.

Impossible d'aborder la musique populaire marocaine sans s'arrêter un instant sur les « Rolling Stones de l'Afrique » : Nas El Ghiwane. Ce groupe de Casablanca des années 1970 est tout simplement légendaire. Utilisant les instruments traditionnels et puisant dans les racines arabo-andalouses et marocaines, l'***aïta***, le ***melhoun***, le Gnaoua, le groupe a réussi à assembler une musique à la fois poétique et protestataire qui trouve toujours un écho dans la société marocaine d'aujourd'hui. Si jamais l'on cherche un bon endroit pour écouter des grands noms de la musique marocaine, le Festival Mawazine de Rabat propose chaque printemps une affiche énorme attirant une foule monstre (plusieurs millions de spectateurs !). Une bonne occasion de goûter à la musique marocaine par ses stars (aujourd'hui très axées pop mainstream et pour beaucoup issues de télé-crochets).

Les musiques classiques et savantes

À l'instar d'énormément de pays hors du monde occidental, le terme de musique classique peut prendre plusieurs sens au Maroc. Il désigne soit le classique sous l'acception que l'on connaît, soit la musique andalouse (ou « arabo-andalouse »). Cette musique savante, évoquant la musique de la chrétienté médiévale (les chants grégoriens) est très prisée du monde intellectuel marocain et demeure très jouée dans les grandes villes du Nord (Fès, Tanger, Tétouan). La raison à ça est que le nord du pays est historiquement la région d'accueil de la musique arabo-andalouse, qui y apparaît au XIIe siècle lorsque des musulmans chassés de Grenade vinrent s'installer à Tétouan. Très codifié, modal, le genre autorise largement l'improvisation à l'orchestre traditionnellement composé d'un ***rebab***, d'un ***tar*** (tambour), d'une ***derbouka*** et d'un ***laud*** (mandoline à quatre cordes). Si les trois grands maîtres de la discipline sont Abdelkrim Raïs, Mohamed Briouel et Omar Metioui, un bon point d'entrée pour découvrir le genre est l'album sobrement intitulé *Arabo-Andalusian Music of Marocco* de la grande spécialiste Amina Alaoui. Autre remarquable interprète de musique arabo-andalouse, Bahaâ Ronda fait partie de l'orchestre Chabab al-Andalouss (sans doute le meilleur avec l'orchestre

Oud.

© MITZO - SHUTTERSTOCK.COM

Théâtre Royal de Marrakech.

arabo-andalou de Fès) et fut l'élève du très révéré Ahmed Piro (comme Amina Alaoui). Le Maroc compte aussi quelques grands solistes de *oud* toujours épatants à voir et entendre sur scène, dont Driss El Maloumi qui a beaucoup collaboré avec Jordi Savall, Azzouz El Houri, qui a été très présent sur les ondes belges ou Saïd Chraïbi (décédé en 2016) qui a accompagné les plus grandes voix du monde arabe et a marié l'héritage arabo-andalou aux sonorités proche-orientales, turço-balkaniques, flamencas et même indiennes. À savourer en concert notamment lors du Festival de Musique sacrée du monde de Fès. Moins courant, le classique occidental n'est pas complètement absent du Maroc. L'organe le plus prestigieux est de loin l'Orchestre philharmonique du Maroc (OPM). Fondé par Farid Bensaïd en 1996 (qui y officie en tant que violon solo) dans le but de doter le Maroc d'une formation symphonique de qualité. Après trois décennies d'activité, l'ensemble peut se féliciter de son travail acharné. 80 musiciens, marocains pour la plupart, issus de grands conservatoires, un chef d'orchestre franco-marocain, Mehdi Lougraida, et une cinquantaine de concerts par an pour la plupart très courus, l'OPM s'est imposé comme un acteur majeur du paysage musical marocain. Dans son sillon, en 2005, s'est créé l'Orchestre symphonique royal du Maroc, dirigé par le Russe Oleg Reshetkin, l'âme de cet ensemble que l'on peut croiser au Théâtre national Mohammed V de Rabat. C'est grâce au travail de ces différents acteurs que le classique occidental s'implante progressivement et permet l'éclosion de nouveaux prodiges comme Nour Ayadi, étoile montante du piano ou des talents lyriques, tel Abdellah Lasri, ténor marocain très apprécié en France et en Allemagne. Dans le domaine contemporain, le Maroc compte un très grand nom, Ahmed Essyad, pionnier du mélange de la musique sérielle et de la tradition berbère, dont on se souvient ici pour son opéra *Héloïse et Abélard* au Théâtre du Châtelet à Paris en 2001.

Le jazz et les musiques actuelles

Tanger, son charme mystique et son atmosphère créative enfumée ont été un aimant à groupes de rock dans les années 1970. Les Stones y avaient leurs habitudes et venaient fumer une pipe de hasch au Café Baba et des légendes comme Jimi Hendrix, Cat Stevens, Robert Plant ou Janis Joplin ont été attirés et captivés par l'endroit. Cela dit, si l'on met de côté Nass el-Ghiwane, le rock ne s'est jamais vraiment implanté au Maroc. Un des rares groupes du genre est Hoba Hoba Spirit. Très engagé, mêlant rock, reggae, gnaoua et rap, il revendique une liberté et un détachement des traditions qui ont de lui fait un des porte-étendard du mouvement ayant accompagné sa naissance : la *nayda*. Signifiant « ça se lève », ce phénomène éclos au début des années 2000 a été un temps comparé à la *Movida* espagnole promettant une révolution culturelle et créative. Quelques années après, pourtant, le constat est cinglant. La *nayda* n'a pas été le bouleversement annoncé, sa fougue ayant été étouffée par l'austérité morale ambiante et un développement économique qui a manqué à sa promesse. Avec ou sans *nayda*, un mouvement a prospéré comme aucun autre : le rap. Très solidement implanté au Maroc, il est un des genres majeurs du pays atteignant aujourd'hui son âge d'or. Avec une industrie du disque vétuste, c'est à la sueur du front de certains pionniers comme H-Kayne que le rap marocain doit son existence.

Groupe légendaire fondé en 1996, ce dernier est un des seuls (si ce n'est le seul) groupes de rap marocains à être décoré de la médaille de récompense Nationale. Des icônes qui aux côtés de noms respectés comme Casa Crew et Bigg ont initié la première vague du hip-hop marocain. Depuis, les stars actuelles Shayfeen, Toto, Madd, 7Liwa, LBenj ont imposé un style unique et dégagé des schémas habituels, engrangent des millions de vues sur YouTube et sont devenus de tels phénomènes que les médias du monde entier se les arrachent. Porte-voix de la jeunesse, le genre est aussi populaire parce qu'il questionne dans ses textes la société marocaine et aborde ouvertement drogues, alcool ou encore sexe. Mais la subversion connaît ses limites. C'est ce que rappelle le cas de L7a9ed, rappeur autrefois habitué aux allers-retours en prison, condamné pour ses textes pointant du doigt la corruption de la classe politique ou les violences policières.

Si le **Theatro** (p.394) de Marrakech est un très bon club pour entendre cette scène rap, Casablanca la moderne est sans surprise la ville idoine pour les musiques actuelles marocaines. C'est ici qu'a lieu chaque année le Boulevard des Jeunes Musiciens, un des événements les plus aimés et importants du pays et un beau panorama sur la nouvelle scène. Le festival a lieu dans le Technopark où se trouve aussi **Boutlek** (p.233), le centre de musiques actuelles, un incontournable de Casablanca portée par une programmation dynamique. Toujours à Casa, L'UZINE est un espace de création et d'échange entre les artistes et le public à surveiller. Ville de toutes les musiques, Casablanca accueille aussi un bel événement de jazz aux affiches souvent copieuses, le bien nommé Jazzablanca. D'ailleurs, le genre pousse et s'épanouit très bien sous le soleil marocain. Le pays compte quelques très bons artistes – Othman El Kheloufi saxophoniste qui a collaboré avec Ibrahim Maalouf, Majid Bekass et son blues-jazz gnaoua ou Malika Zarra, chanteuse de jazz oriental – et des événements d'envergure dans toutes les grandes villes. Ainsi Tanjazz fait le bonheur de Tanger, Jazz au Chellah se situe là où son nom l'indique, tout comme Jazz in Riad à Fès et Anmoggar-n-Jazz qui apporte le genre à Agadir à l'initiative de l'Institut français.

Le théâtre et les danses

Indissociables des musiques traditionnelles, les danses marocaines sont au moins aussi nombreuses et variées. Parmi les plus remarquables, dans le Haut Atlas, en pays chleuh, on trouve l'*ahidou* et l'*ahouache*. La première rassemble sur un rang en alternance hommes et femmes se balançant d'avant en arrière au son d'une mélopée improvisée par les chanteurs tandis que la seconde voit les femmes, serrées côte à côte, encercler les musiciens et onduler du bassin sous l'impulsion du *bendir*. Haut Atlas toujours, la *taskiwin* est une danse martiale qui se danse en rang ou en cercle en faisant vibrer les épaules au son des tambourins et des flûtes. Le Maroc a proposé la candidature de la *taskiwin* à une inscription au Patrimoine immatériel de l'UNESCO. La danse des Gnaouas se distingue quant à elle par ses acrobaties, bonds spectaculaires et tournoiements incessants. Elle s'achève généralement sur une transe. Tout aussi épatante, la *guedra*, danse des mains, voit une danseuse entourée de voiles et accroupie au centre d'un cercle de musiciens se relever prise de spasmes syncopés et accélérés, frappant de ses mains un tambourin imaginaire, puis retomber, épuisée, en rejetant progressivement ses voiles.

Bien qu'active au Maroc, la danse contemporaine souffre d'un manque de considération et de soutien de la part de l'État. C'est d'ailleurs un des combats menés publiquement par Lahcen Zinoun, nom mondialement connu et révéré de la chorégraphie marocaine. Grand bienfaiteur du genre dans le pays, c'est lui qui a tiré un trait d'union entre patrimoine marocain et modernité occidentale, ouvrant la voie à de grands chorégraphes comme Bouchra Ouizguen (qui travaille beaucoup en France) ou Taoufiq Izeddiou. Ce dernier est d'ailleurs à l'initiative du très bon festival international de danse à Marrakech, visant à faire découvrir la création chorégraphique contemporaine en investissant chaque année les lieux culturels de la ville.

La scène théâtrale marocaine, de son côté, n'est pas à l'image du **Théâtre Cervantes** (p.116), longtemps le plus important d'Afrique du Nord, mais aujourd'hui laissé à l'abandon. À vrai dire, le théâtre marocain se porte de mieux en mieux. Il y a quantité de dramaturges intéressants et les infrastructures pour accueillir leurs œuvres poussent sur tout le territoire, signe de reconnaissance du genre. L'auteur le plus important est sans conteste Tayeb Saddiki, considéré comme le père du théâtre marocain. Autres piliers, Ahmed Taïeb El Alj est surnommé le « Molière marocain » ou Abdessamad Kenfaoui, dramaturge et célèbre syndicaliste qui promeut un théâtre engagé, militant et surtout populaire. Aujourd'hui, c'est sans doute Nabyl Lahlou qui est considéré comme l'homme de théâtre marocain le plus innovant et influent. On peut assister régulièrement à certaines de ses mises en scène au théâtre national Mohammed-V (le TNM), le plus grand théâtre du Maroc, situé à Rabat. On peut aussi parfois voir de grandes représentations à l'Opéra - Théâtre Royal de Marrakech, dont la programmation n'est hélas pas à la hauteur de la majesté des lieux. Et côté stand-up, impossible de ne pas citer le Marrakech du Rire, festival initié par le comédien et humoriste Jamel Debbouze en 2011, qui a réussi à imposer Marrakech parmi les capitales de la comédie et du rire.

LITTÉRATURE

Berbères, Arabes et Gnaouas ont leurs contes, leurs poésies chantées et leurs récits, transmis de génération en génération. Alors que les Berbères transmettaient leur patrimoine oralement, les Arabes, qui possèdent l'écriture depuis longtemps, ont conservé des témoignages plus palpables de leur littérature. Mais les grands hommes de lettres n'ont pas été instruits au Maroc, même si certains, comme Ibn Khaldun, né en 1332 et considéré comme le plus grand historien arabe, y ont longuement séjourné. Les auteurs du XXe siècle ont souvent mis leur plume au service de leur combat politique, à l'image du poète Abdellatif Laabi, l'auteur du *Chemin des Ordalies* (1982), ou *Le livre imprévu* (2010), emprisonné de 1972 à 1980. Le Maroc possède nombre d'écrivains talentueux, peu connus en dehors de ses frontières. L'exception la plus notoire à cette situation est la grande popularité en France de Tahar Ben Jelloun.

Le roman marocain d'expression française

Au lendemain des indépendances au Maghreb, de nombreux écrivains maghrébins écrivant en français, culpabilisés par l'utilisation de la langue du colonisateur, se sont trouvés devant un dilemme : continuer ou renoncer à écrire dans la langue de Molière. Certains intellectuels ont même pensé que la littérature maghrébine d'expression française allait bientôt disparaître. Le romancier, comme tout écrivain marocain d'expression française, est au moins bilingue : la langue d'écriture lui sert avant tout à exprimer l'aspect pluridimensionnel de son héritage culturel et linguistique. La vision de soi et du monde qu'il traduit en langue française passe par le filtre des langues qu'il a apprises. La pluralité linguistique n'a pas toujours été vécue dans l'harmonie et la sérénité, étant donné le statut inégal des langues au Maroc : le conflit s'est traduit historiquement par différentes attitudes de l'écrivain et, esthétiquement, par diverses stratégies d'écriture.

Les écrivains marocains d'expression française, bien loin d'abandonner leur plume francophone, créèrent un courant de pensée qui ne rejetait pas l'héritage culturel français, mais le considérait en fonction de l'avenir national. La revue *Souffles*, créée en 1966, a joué un rôle déterminant dans ce débat. C'est par rapport à la culture que le groupe d'action animateur de la revue (l'ARC : Association de recherche culturelle) posa le problème de la langue et de la littérature au Maroc : la littérature marocaine d'expression française était jugée pour sa contribution au patrimoine national ; le choix de la langue en soi n'était pas considéré comme prioritaire ; le principal était de définir les options idéologiques et littéraires d'une population longtemps aliénée et marginalisée. Bien loin de disparaître, la littérature marocaine d'expression française se développa donc, se trouvant idéologiquement légitimée. Il faut dire que les principaux acteurs, directs ou indirects, du débat de *Souffles*, étaient les écrivains eux-mêmes : Abdellatif Laâbi, Tahar Ben Jelloun, Mourad Khireddine... Cette position permit à la littérature marocaine d'expression française de connaître de nouvelles orientations linguistiques et esthétiques, les écrivains ayant le souci de rendre leur langue plus accessible à un univers imaginaire qui puise ses sources à la fois dans le patrimoine national et dans l'héritage occidental. Ils se sont donc laissé influencer par les modèles de pensée et d'écriture de la littérature européenne (symbolisme, surréalisme, philosophie de Marx, Derrida...). Cependant, certains tentent une « guérilla » linguistique (Khaïr-Eddine), pendant que d'autres réfléchissent à une langue « dialogique » qui puisse exprimer la langue maternelle dans la langue française (A. Khatibi). Malgré la jeunesse de cette littérature – une quarantaine d'années –, les thèmes et l'esthétique sont variés.

© MARKUS WISSMANN - SHUTTERSTOCK.COM

Tahar Ben Jelloun.

Le lecteur, aussi bien occidental que maghrébin, peut ressentir un malaise devant la littérature marocaine d'expression française actuelle : il est souvent égaré, moins par la référence imbriquée des éléments biculturels que par l'utilisation déroutante de la langue. Depuis la réflexion importante de *Souffles*, il n'y a pas eu de théorisation approfondie de la culture marocaine, notamment dans son expression littéraire (particulièrement de langue française). C'est pourquoi ces questions restent en suspens. Néanmoins, une réponse partielle – et individuelle – mérite l'attention : c'est celle de Khatibi. Elle apparaît dans ses travaux théoriques, mais aussi dans sa création littéraire. Elle part du constat d'un état de fait : « l'Europe habite notre être » ; mais le devoir de l'écrivain est de poser « le Maghreb comme horizon de pensée » et de travailler à l'édifier, au niveau qui est le sien, celui de l'écriture et de la pensée. C'est ce que tente de faire Khatibi depuis une dizaine d'années au moins, en récusant « la pensée sauvage » des ethnocentrismes, occidentaux et musulmans, en explorant « l'intersémiosis de la bi-langue », territoire de salut. Pour lui, il est illusoire d'écrire en français comme un Français ou en arabe comme un Arabe. Aussi faut-il dépasser l'antagonisme langue arabe-langue française pour réfléchir et créer un territoire nouveau qui offre la possibilité de connaissance et d'acceptation de son être tel qu'il est construit historiquement : seule cette voie permet à l'écrivain une libération – relative – du fascisme et du racisme de la langue (et de la pensée) unique. Ces questions se posent aujourd'hui encore à tous les écrivains maghrébins d'expression française.

Depuis 1980, chacun essaie de leur donner une réponse à partir des problématiques qui le préoccupent. Les romanciers marocains comme Driss Chraïbi ou Tahar Ben Jelloun interrogent davantage le patrimoine national : ainsi réactivent-ils le roman à la lumière de formes traditionnelles comme l'épopée, le conte, la légende. Les romanciers de la nouvelle génération, celle des années 1980, font des choix relativement différents : Abdelhak Serhane cherche avant tout à restituer la réalité individuelle et sociale à partir du fait divers et des scènes de la vie quotidienne, mais dans une perspective critique. En introduisant les idiomes populaires (proverbes, sentences, jurons), il vise à subvertir les discours dominants et les violences sociopolitiques par la parodie, l'ironie, le pastiche et la traduction du langage interdit. Les textes se veulent une révolte contre l'histoire d'une aliénation qui n'est pas entièrement épuisée. Autre exemple, Edmond Amrane el-Maleh, avant sa mort en novembre 2010, avait recours à la méditation et à l'expression intime : l'écrivain privilégiait le monologue intérieur, la rêverie, la mémoire. Il visait à reconstruire une histoire refoulée (celle de l'homme et de la société marocaine d'origine juive) et à réactiver l'imaginaire qui lui est lié.

Tahar Ben Jelloun

Qui ne connaît pas *Le racisme expliqué à ma fille ?* Publié pour la première fois en 1998 et traduit en une vingtaine de langues, ce livre est un véritable pamphlet pour le respect et la tolérance. Mais qui est Tahar Ben Jelloun ? Né à Fès en 1947, cet écrivain et poète est allé dans une école primaire bilingue puis au lycée français de Tanger. Après des études de philosophie qu'il enseigne quelque temps, il s'installe à Paris et suit des études de psychologie. Il obtient un doctorat en 1975. Même s'il a déjà publié un recueil de poésie en 1971 (*Hommes sous linceul de silence*) et des romans (*Hourrada*, 1973 ; *L'Écrivain public*, 1983), c'est en 1985 qu'il connaît véritablement le succès avec son roman *L'Enfant de sable*. Deux ans plus tard,

Leila Slimani.

c'est avec *La Nuit sacrée* qu'il est récompensé par le Prix Goncourt. Tahar Ben Jelloun publiera de nombreux autres ouvrages. Pensons par exemple à *La Nuit de l'erreur* (1997), *L'Ablation* (2014) ou encore sa réécriture de contes avec *Mes contes de Perrault* (2014) et *Le Mariage de plaisir* (2016).

Les années 2000

Les années 2000 voient émerger de jeunes écrivains qui défient la censure en révélant un pays perdu entre tabous et religion. Abdellah Taïa et Rachid O n'hésiteront pas à traiter de leur homosexualité, sujet délicat et honteux au Maroc… Écrivain et cinéaste né en 1973, Abdellah Taïa est également docteur en littérature. Il publie son premier recueil de nouvelles, *Mon Maroc*, en 2001. S'en suivent *Le Rouge du tarbouche* (2004), *L'Armée du salut* (2006) et *Le Jour du roi* (2010) primé par le Prix de Flore. Il écrit également en 2007 pour un journal marocain un article « L'Homosexualité expliquée à ma mère ». C'est en 2012 qu'il adapte son troisième roman, *L'Armée du salut*, film primé du Grand Prix du Jury au Festival Premiers Plans d'Angers (2014). Rachid O (né en 1970) évoque lui aussi le vécu des homosexuels musulmans au Maghreb. Ses cinq romans publiés chez Gallimard ont tous rencontré un franc succès (*L'Enfant ébloui*, 1995 ; *Plusieurs vies*, 1996 ; *Chocolat chaud*, 1998 ; *Ce qui reste*, 2003 ; *Analphabètes*, 2013).

L'écrivain Mohamed Choukri (1935-2003) a vu, lui, son roman autobiographique *Le Pain nu* (sorti une première fois en 1973 en anglais puis en français en 1980) être interdit au Maroc entre 1983 et 2000. Il y relate son adolescence pendant son exode du Rif à Tanger. Il y évoque la violence, la politique, les tabous, ce qui en a fait une œuvre controversée au Maroc. Depuis, il est devenu l'un des symboles de la littérature marocaine. Mohamed Choukri a également écrit un recueil de nouvelles *La Tente* (1985) ou encore *Jean Genet et Tennessee Williams à Tanger* (1992), *Paul Bowles. Le Reclus de Tanger* (1997).

Autre figure incontournable de la littérature contemporaine, Leïla Slimani. Née à Meknès en 1981, cette femme de lettres a grandi dans une famille où l'on parlait français. Elle suit ses études supérieures à Paris et devient journaliste. Elle publie son premier roman, *Dans le jardin de l'ogre*, en 2014 et est alors finaliste pour le Prix de Flore. Deux ans plus tard, elle reçoit le Prix Goncourt pour son roman *Chanson douce* qui, rédigé sous forme d'analepse – retour en arrière –, raconte le destin de deux petits enfants assassinés par leur nounou. Ce roman palpitant fait d'elle l'une des autrices les plus appréciées de sa génération. Elle publie d'autres ouvrages comme *Le Diable est dans les détails* (2016) ; *Le Pays des autres* (2020) qui est le premier tome d'une trilogie.

Fouad Laroui, quant à lui, vit aux Pays-Bas. Né en 1958 à Oujda, Fouad Laroui, il écrit principalement en néerlandais et français. Ce docteur en sciences économiques a écrit de nombreux ouvrages et a été de maintes fois récompensé. Pensons par exemple à *De quel amour blessé* paru en 1998 (amour impossible entre un Maghrébin et une juive) ; *Une année chez les Français* en 2010 ou *Les Tribulations du dernier Sijilmassi* en 2014 ; *Ce vain combat que tu livres au monde* (2016) et *L'insoumise de la Porte de Flandre* (2017). Son recueil de nouvelles, *L'Étrange Affaire du pantalon de Dassoukine,* publié en 2012 a reçu Le Prix Goncourt de la nouvelle. Entre comique et psychologie, l'auteur manie la plume à la perfection et dresse un portrait de la société contemporaine.

TOP 10

LECTURE

Pour de jolies escapades au Maroc, découvrir de beaux-livres et une littérature dotée de belles plumes. Non sans humour, et toujours avec tendresse, des romans qui invitent à prendre le temps de jeter un œil au-delà du décor de rêve qui figure sur les cartes postales.

UN ESSAI

Le Dernier Roi Essai sur le règne de Hassan II par le correspondant du Monde dans la région.
Jean-Pierre Tuquoi
Grasset.

UN ROMAN

Une année chez les Français. L'histoire d'un jeune garçon envoyé dans un lycée Lyautey de Casablanca.
Fouad Laroui
Éditions Julliard.

PARCOURS

Les Pistes du Maroc. 5 tomes qui représentent une mine d'or pour ceux qui désirent sillonner le Maroc en 4x4.
Jacques Gandini
Extrem'sud.

UN CLASSIQUE

Vent de sable. Pour découvrir la vie des pilotes de l'Aéropostale qui faisaient escale à Tarfaya, appelé alors cap Juby.
Joseph Kessel
Gallimard.

UN DIALOGUE

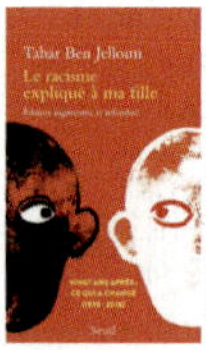

Le racisme expliqué à ma fille. Un livre à mettre entre toutes les mains et cela dès le plus jeune âge. Un bijou d'humanité et de tolérance.
Tahar Ben Jelloun
Éditions du Seuil.

UN POLAR

L'Inspecteur Ali. Un roman policier léger avec un anti-héros, mais toujours un fond de critique !
Driss Chraïbi
Gallimard.

RETOUR AUX SOURCES

Déserts et Gens des Nuages. À la découverte de l'âpre vallée de la Saquia el-Hamra.
Jémia et J. M. G. Le Clézio
Gallimard.

UN ROMAN CONTEMPORAIN

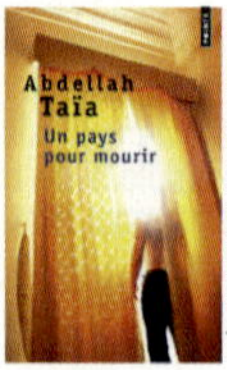

Un pays pour mourir. Les destins croisés d'une prostituée, d'un homosexuel et d'un homme désirant changer de sexe dans une société post-coloniale.
Abdellah Taïa
Éditions du Seuil.

HISTOIRE

Histoire du Maroc depuis l'indépendance. Pour les amateurs d'histoire, une belle référence pour tout connaître du Maroc !
Pierre Vermeren
La Découverte.

UN DOCUMENT

Maroc : Histoire. Société. Culture. Petit ouvrage qui dresse le portrait du Maroc d'aujourd'hui sur les plans économiques, sociaux, politiques…
Ignace Dalle – *La Découverte.*

A L'ÉCRAN

Bien que le film le plus célèbre se déroulant au Maroc, *Casablanca*, avec Humphrey Bogart et Lauren Bacall, soit entièrement tourné à Hollywood, le cinéma marocain nous offre bon nombre d'artistes ainsi que des lieux de choix pour des tournages internationaux. Des frères Lumière en quête d'exotisme aux grosses productions venant s'installer sur ses terres (comme *Gladiator* de Ridley Scott ou *Inception* de Christopher Nolan), en passant par des films marocains reconnus dans le monde (*Transes* de Ahmed El Maânouni et *Much Loved* de Nabil Ayouch), le Maroc est véritablement en quête de modernité. Il nous offre également deux événements chaque année, le FIFM (Festival international du Film de Marrakech) qui prône une ouverture sur le monde emplie de tolérance, mais surtout une rencontre interculturelle autour du 7e art, ainsi que le Festival du court métrage méditerranéen de Tanger, qui a fêté son 23e anniversaire en 2023.

Premières manifestions d'un cinéma dit « colonial »

Les premières manifestations du cinéma marocain remontent à 1897. Cette année-là, Louis Lumière tourne les premières séquences du film *Le Chevrier marocain*, qui a pour but d'exposer des lieux lointains aux Français. Le tournage de ce film est le premier d'une longue lignée de tournages étrangers au Maroc, qui se poursuit toujours de nos jours. Les opérateurs des frères Lumière sont envoyés aux quatre coins du monde, à la conquête d'images exotiques. Le début du XXe siècle marque l'ouverture de la première salle de cinéma dans la ville de Fès. L'année 1919 amène *Mektoub*, le premier long métrage tourné au Maroc et plus précisément à Marrakech. Ce film, réalisé par les Français Jean Pinchon et Daniel Quintin, est considéré comme étant le premier du genre de ce qu'on pourrait appeler un « cinéma colonial » et ouvre la voie à plus de cinquante films dans les années qui suivent, notamment *Les Fils du soleil* (1924) de René le Somptier ainsi qu'*Itto* (1934) de Jean Benoît Lévy et Marie Epstein. L'industrie cinématographique marocaine se développe, les tournages internationaux se font de plus en plus nombreux. En 1935, le Cinéma Vox est construit à Casablanca, plus grand cinéma d'Afrique à l'époque. Il est malheureusement détruit dans les années 1970. L'année 1944 amène la création du CCM (Centre Cinématographique Marocain) ainsi que l'ouverture des studios et laboratoires Souissi, dans la ville de Rabat.

Ousfour, Bénani et El Maânouni

Jusqu'à l'indépendance du Maroc, en 1956, les réalisateurs sont peu nombreux. Un nom ressort néanmoins de cette période : Mohamed Ousfour. Ce réalisateur autodidacte né à Safi en 1926 est l'un des pionniers du cinéma marocain. Ayant déjà quelques courts métrages à son actif avant l'indépendance, on lui doit le premier long métrage marocain réalisé en 1958, *Le Fils maudit*. Ce film raconte l'histoire d'un jeune homme prédestiné à la délinquance et au crime. Ousfour est non seulement réalisateur de cette œuvre, mais aussi scénariste ainsi que directeur de la photographie. Il ouvre la voie et guide bon nombre de réalisateurs, tels que Ahmed Bouanani (réalisateur de *Mémoire 14*, un long métrage transformé en court métrage pour cause de censure) et Hamid Bénani. Ce dernier réalise le renommé *Wechma* (« traces » en français, 1970), qui nous parle de la lutte interne du jeune Messaoud, opprimé par sa famille et la société en mal, qui sombre peu à peu dans la délinquance. Ce long métrage de fiction est acclamé par la critique, non seulement au Maroc, mais aussi à l'international, où il reçoit de nombreux prix dans les festivals. Considérée comme expérimentale, cette œuvre marque le début du cinéma marocain moderne. Il est difficile à cette époque d'être réalisateur au Maroc, où l'aide à la création n'est pas une des priorités du gouvernement. Le cinéma marocain oscille entre cinéma commercial (souvent mauvais) et cinéma élitiste. Cependant, en 1978, le réalisateur Ahmed El Maânouni voit son film *Alyam, Alyam* sélectionné pour le Festival de Cannes. En 1981, il sort *Transes*, film maintenant classé « culte », si bien qu'en 2007, Martin Scorsese choisit cette œuvre pour être la première à être restaurée par la World Cinema Foundation, et par la suite, présentée au Festival de Cannes en 2007.

Les années 2000

Le début du XXIe siècle amène la première édition du Festival international du Film de Marrakech ainsi que l'inauguration de la cinémathèque de Tanger. Tanger rejoint également le club des villes aux festivals renommés, avec le Festival international du court métrage.

DÉCOUVRIR

© BALATE DORIN - SHUTTERSTOCK.COM

Le Jardin Majorelle a servi de décor au film de Jalil Lespert « Yves Saint-Laurent ».

En 2007, Ahmed El Maânouni réalise *Les Cœurs brûlés*, qui raconte l'introspection d'un jeune marocain vivant en France, suite au décès de son oncle violent qui l'a élevé suite à la mort de sa mère. Le film remporte de nombreux prix internationaux, dont le Prix de la meilleure image au Festival international de Dubaï ainsi que le Prix du meilleur réalisateur au Festival d'Oran. Les années 2000 voient arriver une nouvelle vague de cinéastes déterminés à mener à bien leurs projets. Parmi eux le célèbre Nabil Ayouch, réalisateur franco-marocain, dont le premier long métrage *Mektoub* (1997) réalise un record historique de 350 000 entrées au Maroc et est présélectionné afin de représenter le pays aux Oscars, cette année-là. Ayouch reçoit de nombreuses récompenses pour ses différents films, dont *Ali Zaoua* (2001), *Whatever Lola wants* (2008), *Les Chevaux de Dieu* (2012). Son film *Much Loved*, sélectionné à la Quinzaine des réalisateurs en 2015, provoque une polémique au Maroc, jugeant le film comme une atteinte à l'image du pays et de la femme marocaine. L'actrice principale, Loubna Abidar, crève cependant l'écran et reçoit le César de la meilleure actrice, face à Catherine Deneuve et Catherine Frot.

Le frère de Nabil Ayouch, Hicham, également réalisateur, se fait remarquer pour son documentaire *Les Reines du Roi* (2005) sur le nouveau statut de la femme marocaine. En 2009, il réalise *Fissures*, son deuxième long métrage de fiction, qui est applaudi par la critique européenne puis projeté au Museum of Modern Art de New York et à la Tate Modern de Londres.

Tournages internationaux sur terres marocaines

Bien que riche en artistes, le Maroc au cinéma existe principalement au travers des tournages comme décor de choix. En effet, la lumière du Sud, le faible coût de la main-d'œuvre et les paysages variés font du Maroc un lieu de tournage idéal pour bien des réalisateurs. Le film mythique de David Lean, *Lawrence d'Arabie* (1962), a été filmé dans la kasbah d'Aït-Benhaddou. À Ouarzazate, des studios servent fréquemment pour des productions américaines. Si les paysages désertiques se prêtent aux westerns, ces studios servent pour tous types de films. Martin Scorsese y tourne *Kundun* (1997), le film sur la vie du dalaï-lama ; Alain Chabat, *Astérix : Mission Cléopâtre* (2002), avec Gérard Depardieu, Christian Clavier et Jamel Debbouze. En 2006, *Babel*, avec Brad Pitt et *La Colline a des yeux* sont aussi tournés dans les environs. En 2014, le tournage d'*Yves Saint-Laurent* de Jalil Lespert se partage entre Paris et Marrakech. Pierre Bergé, compagnon du célèbre créateur Yves Saint-Laurent, autorise l'équipe à tourner dans les lieux intimes du couple dont le Jardin Majorelle (p.360), qui est l'un des plus célèbres et mythiques du Maroc. Côté petit écran, la nouvelle saison de *Prison Break* (2016) est réalisée pendant plusieurs mois à Casablanca, Rabat et Ouarzazate donnant du travail à de nombreux acteurs marocains.

POPULATION

Avec plus de 37 millions d'habitants en 2021, la population du Maroc ne cesse de croître depuis le début du XXe siècle, où elle n'atteignait qu'à peine 5 millions. Le pays est peuplé de près de 18 millions de femmes, ce qui représente un peu plus de la moitié de la population, et l'espérance de vie y est de 77 ans. Bien que le Maroc soit considéré comme un pays jeune, les personnes âgées devraient représenter 15 % de la population dans les années à venir. Pays de partage et de rencontres, le royaume chérifien accueille une grande diversité de communautés, issues de divers horizons, où se mêlent traditions, coutumes et parfois religions. Des Berbères aux Arabes, en passant par les Juifs marocains et les résidents étrangers, ils cohabitent tant bien que mal dans la bonne entente, même si parfois des tensions peuvent se faire ressentir. Retour sur cette mosaïque d'habitants qui peuplent les terres marocaines.

Une démographie en évolution

La population marocaine a connu une croissance démographique importante dans les années 1950, avec des taux dépassant les 3 %, avant de diminuer et de se stabiliser autour des 1 %. De près de 12 millions en 1960, elle atteint aujourd'hui plus de 37 millions d'habitants, dont environ 60 % vivent en ville. On considère depuis 2014 que plus d'un tiers de la population marocaine vit sur l'axe Casablanca-Kénitra. Ce taux d'urbanisation, en constante augmentation, s'avère inquiétant quand on sait qu'elle a pour conséquence la réduction du nombre d'enfants par ménage, les conditions de vie en milieu urbain étant plus contraignantes que celles en campagne. Évalué à 5,52 enfants par femme en 1982, l'indice de fécondité a chuté en 1994 à 3,28 pour se stabiliser autour 2,2 enfants par femme dans les années 2000. Cependant, ce taux reste toujours un peu plus élevé en milieu rural. Quant à l'espérance de vie, elle est de 77,2 ans en 2022 contre 63 ans, dix ans plus tôt. Ici aussi, on note quelques différences entre le milieu urbain et rural, où les habitants des campagnes vivent moins longtemps, cela dû à la pénibilité du travail et aux conditions de vie, plus compliquées. Toutefois, même si un habitant sur trois a moins de 15 ans, la population se fait vieillissante et les personnes âgées représentent autour de 12 % de la population en 2022.

Les Berbères, peuple autochtone d'Afrique du Nord

Groupe ethnique d'Afrique du Nord, les Berbères peuplent le Maroc depuis la préhistoire. Bien qu'installés également dans d'autres pays du Maghreb, c'est dans le royaume marocain qu'ils sont les plus nombreux. Ils représenteraient à eux seuls plus de 65 % de la population. L'arrivée des Arabes au Maroc a entraîné une conversion rapide des Berbères à l'islam et un mélange des populations. Beaucoup d'entre eux se considèrent aujourd'hui comme des Berbères arabisés. On les retrouve principalement dans les grandes villes, a contrario des Berbères ethniques, qui, eux, sont installés plutôt en milieu rural, notamment dans le Sud et dans les montagnes. Ces derniers ont conservé toute leur culture et leurs croyances et sont très attachés à la tribalité. Ils représenteraient près de 40 % de la population du royaume.

Berbère dans le désert.

Synagogue à Marrakech.

Au Maroc, on peut diviser les Berbères en trois groupes principaux : les Masmouda qui vivent dans le Rif, le Haut Atlas et l'Anti-Atlas, les Sanhaja, installés dans le Sud, le Tafilalet, le Moyen Atlas et le Rif méditerranéen et enfin, les Zénètes, qui se trouvent dans l'est du Maroc et dans le Moyen Atlas autour de Meknès.

Les Arabes, les bâtisseurs du Maroc

Tout comme les Berbères, les Arabes ont diverses origines ethniques, même si leur origine géographique est la péninsule Arabique. Le mot *arab*, en langue sémitique, signifiait « désert et nomadisme ». Les Arabes sont venus s'installer par vagues successives à partir du VIIe siècle, suivant Idriss, qui fuyait les persécutions du calife de Bagdad. Idriss réussit à convertir un grand nombre de Berbères à l'islam, et fonde le premier véritable royaume unifié du Maroc. Il fait également de Fès sa capitale. Les Arabes poursuivent leur extension aux XIIe et XIIIe siècles où plusieurs dynasties se succèdent au pouvoir, faisant de Marrakech et de Fès tour à tour le symbole de leur rayonnement au-delà des frontières. Peu attirés par les montagnes, ils ne cherchent pas à y pénétrer, leur préférant les plaines, les villes et les plateaux steppiques. Aujourd'hui, ce groupe ethnique représenterait autour de 20 % de la population, même si ce chiffre est à prendre avec précaution si l'on considère les mélanges de populations, l'extrême complexité, l'interpénétration et la fluidité des identités. Il n'en reste qu'à la tête du pays, Mohammed VI, qui appartient à la dynastie alaouite, famille descendante du Prophète, est d'origine et de religion arabe.

Les Juifs marocains, une communauté amoindrie

Quelques-uns sont arrivés dans l'Antiquité et après leur dispersion lors de la prise de Jérusalem, en 70 apr. J.-C. D'autres sont venus aux XIVe et XVe siècles, lorsque, persécutés en Europe, ils se sont établis dans les ports méditerranéens pour y faire du commerce. Peu avant l'indépendance, les Juifs marocains étaient au nombre de 200 000. La plupart habitaient les mellahs (quartiers juifs) des grandes villes. Nombreux autrefois, ils ont émigré pour la plupart en Israël entre 1947 et 1965, le nouvel État manquant de main-d'œuvre paysanne. Les Juifs marocains n'étaient plus que 15 000 en 1996 et ne représentent plus que 0,2 % de la population aujourd'hui. On les retrouve principalement à Casablanca, mais aussi de manière modérée, à Rabat, Essaouira et Marrakech. Ayant vécu au Maroc bien avant son arabisation, les Juifs étaient bien intégrés à la population marocaine et jouissaient d'une bonne réputation, à tel point que certains d'entre eux ont été et sont encore conseillers du roi. En témoigne la figure emblématique d'André Azoulay, tour à tour conseiller d'Hassan II puis de Mohammed VI et créateur du festival gnaoua d'Essaouira, sa ville natale. Le royaume veut peu à peu redorer l'image des juifs et leur octroyer la place qu'ils méritent dans sa communauté. Après la création des deux premiers musées consacrés au judaïsme dans le monde arabe à Casablanca, 167 tombes et sanctuaires juifs ont été rénovés, en 2010, sous l'impulsion royale qui souhaite valoriser le patrimoine juif oublié. À Fès, où l'empreinte du judaïsme marocain a été des plus importantes, un musée de la mémoire juive a ouvert récemment. Même si des efforts sont faits pour réapprendre à vivre ensemble, on ne peut nier que les tensions sont vives et l'antisémitisme, toujours important dans le pays, lié en grande partie au conflit israélo-palestinien.

Les Haratines, une minorité au Maroc

Les Haratines sont les habitants noirs installés dans les oasis du Sahara, notamment dans la vallée du Drâa. Ils seraient des descendants des populations préhistoriques du Sahara qui, lors de son assèchement, seraient venus chercher refuge vers le nord. D'autres sont des descendants d'anciens esclaves, provenant du Sahel et de la région subsaharienne d'Afrique de l'Ouest, en grande partie recrutés par le sultan Moulay Ismaïl au XVIIe siècle. C'est d'ailleurs encore parmi eux que le roi recrute sa garde noire. Aujourd'hui, les Haratines appartiennent aux couches sociales les plus défavorisées et subissent le racisme, bien que ce soit peut-être les plus anciens habitants du pays. À Essaouira, ils jouissent cependant d'une réputation plus favorable, attachée à la musique gnaoua qui est en vogue chez les jeunes surtout depuis la création d'un festival lui étant entièrement consacrée.

Les Sahraouis, à la conquête de leurs terres

Les Sahraouis sont avant tout un peuple d'origine nomade qui se déplaçait dans le désert, notamment au sud-ouest, dans le territoire qu'on nomme aujourd'hui le Sahara occidental. Cette ethnie, qui possède sa propre culture et sa propre langue, le hassaniya, a été dessaisie de ses terres dans un premier temps par les Espagnols sous la colonisation, puis aujourd'hui par le Maroc qui occupe son « territoire militairement », selon la IVe Convention de Genève. Les Sahraouis revendiquant dès la colonisation l'indépendance de la terre de leurs ancêtres, le mouvement politique et armé du Front Polisario naît en 1973. Trois ans plus tard, alors que la Mauritanie et le Maroc se disputent le territoire, le Front Polisario proclame la République arabe sahraouie démocratique (RASD), cette portion du sud du désert. La Mauritanie retirée du conflit en 1991, les tensions perdurent depuis entre le royaume marocain et le peuple sahraoui. L'ONU, qui souhaite maintenir la paix dans le Sahara occidental, s'est dotée d'une mission, celle d'organiser un référendum (MINURSO), mais depuis 1991, les pourparlers sont toujours en cours. Pendant ce temps, le Maroc continue d'investir et de développer les infrastructures au Sahara occidental, où les Marocains du Nord sont de plus en plus nombreux au détriment de la population autochtone qui y perd du terrain.

Les résidents étrangers, une présence non négligeable

Longtemps considéré comme un pays de transit vers l'Europe, le Maroc attire désormais les ressortissants étrangers, qui viennent de plus en plus nombreux s'y installer grâce à plusieurs accords signés avec certains pays. Plus de 102 000 étrangers vivent aujourd'hui sur le territoire marocain, soit une proportion de près de 0,3 % de la population du pays. Les Français, historiquement liés au pays, sont la communauté étrangère la plus importante, avec plus de 53 800 ressortissants. Attirés par le dynamisme économique, le soleil et un coût de la vie environ 30 % moins cher qu'en Europe, les *business-migrants*, jeunes retraités français et amoureux du pays sont de plus en plus nombreux d'autant que le royaume marocain accorde d'importants abattements fiscaux aux expatriés et que la République française leur permet de toucher leur retraite et de bénéficier d'une couverture sociale au Maroc. Beaucoup achètent des maisons, notamment dans le quartier de la palmeraie à Marrakech. La nationalité africaine, notamment de l'Afrique Subsaharienne, est aussi très présente sur le territoire marocain, représentant 41,6 % de la population étrangère résidente. En tête de liste, les Sénégalais qui sont, après les Français, la communauté la plus importante au Maroc, avec plus de 6 000 résidents. On note aussi une présence significative des Algériens (6,8 %), des Syriens (6,2 %) et des Espagnols (4,8 %). Et dans une moindre mesure, des Guinéens (2,9 %), des Ivoiriens (2,7 %), des Libyens (2,4 %) et des Italiens (2,3 %). Presque tous ces allochtones sont installés en milieu urbain, et seuls un peu plus de 4 000 ressortissants étrangers vivent en campagne. On les retrouve principalement dans le nord et à l'intérieur du pays, principalement dans les régions du Grand Casablanca-Settat, Rabat-Salé-Kénitra et de Marrakech-Safi.

SOCIÉTÉ

Entre tradition et modernité, le Maroc a subi en 2004 une importante transformation sociale avec la réforme du code du droit marocain de la famille, la Moudawana. En améliorant le droit des femmes et en consacrant l'égalité homme-femme, le roi Mohammed VI a fait rentrer son pays dans une nouvelle ère, plus contemporaine. Mais les coutumes et le poids de la religion pèsent encore et il est parfois difficile de faire accepter ces changements, notamment dans le milieu rural. Quoi qu'il en soit, la société marocaine évolue tant bien que mal, adoptant un style de vie plus occidental. Dans les grandes villes, les jeunes filles ont enlevé le voile et s'habillent quasiment comme les Européennes. Elles fréquentent de plus en plus le lycée pour s'émanciper plus tard de leur famille par le travail. Le mode de vie se réforme peu à peu, mais la société marocaine reste très conservatrice. Retour sur ce pays en profonde mutation.

Vers une scolarisation pour tous

Apparue en 1920, l'école publique est obligatoire et gratuite pour tous les enfants de 6 à 15 ans. Depuis l'Indépendance, le Maroc a mis en place un nouveau système où la langue arabe, et non plus la française, comme auparavant sous le protectorat, est la langue officielle du primaire jusqu'au bac. Une fois à l'université, la plupart des cours sont dispensés en français, ce qui n'est pas sans poser problème à certains. Le niveau d'éducation de la population diffère énormément entre les villes et la campagne. Dans le milieu urbain, la très grande majorité des enfants, filles comme garçons, est scolarisée. Dans le monde rural, beaucoup moins vont à l'école et on trouve plus de garçons que de filles dans les classes. Les écoles rurales doivent faire face aux pénuries de professeurs réticents à l'idée de venir enseigner à la campagne. De plus, pour beaucoup de familles traditionnelles et rurales, envoyer ses enfants à l'école constitue un frein à l'économie familiale et à la gestion des tâches domestiques quotidiennes. Mais depuis quelques années, Mohammed VI a défini l'amélioration de l'éducation, notamment celle des petites filles, comme priorité nationale. Aujourd'hui, le taux de scolarisation a atteint les 99,1 % dans le primaire, 89,7 % au cycle secondaire collégial et 65,8 % au cycle secondaire qualifiant.

Le mariage, une coutume bien ancrée

Moment important pour toute la famille, surtout pour les parents et les jeunes fiancés, le mariage a lui aussi évolué ces dernières années. Même s'ils sont encore pratiqués, les mariages arrangés tendent à se faire plus rares, notamment en milieu urbain. Cependant, les traditions restent bien enracinées, et il est bien vu d'honorer publiquement l'union du mariage comme il se doit. La première étape est la demande en mariage, qui correspond aux fiançailles, le *khetab*. Le futur époux accompagné par ses parents demande la main de la jeune femme aux futurs beaux-parents. Une fois les deux parties en accord, l'aventure peut commencer. Les futurs mariés se rendent chez l'*adul*, style de greffier, pour y signer leur certificat de mariage selon la tradition musulmane qui donne lieu à une cérémonie religieuse réunissant seulement la famille proche. La grande fête se déroule généralement sur plusieurs jours et peut durer jusqu'à une semaine, selon le désir et les moyens des familles. Chants, danses, tenues traditionnelles et spécialités locales sont alors à l'honneur. Dans les campagnes, il n'est pas rare que spontanément les gens du village viennent participer à la fête, l'esprit de communauté étant toujours plus présent.

La polygamie, une pratique encore courante

Dans la polygamie, qui désigne l'union d'un individu avec plusieurs personnes du sexe opposé, on distingue la polygynie, terme utilisé pour les hommes, de la polyandrie, pour les femmes. Au Maroc, la polygynie est autorisée par l'islam, selon le code de la famille marocaine, qui limite le nombre d'épouses à quatre pour tout homme musulman adepte de la polygynie. Elle requiert aussi l'autorisation de la première épouse qui peut refuser cette possibilité en stipulant dans l'acte de mariage une clause de monogamie. Mais cette pratique est surtout en vigueur dans le milieu rural et de nos jours, elle tend à diminuer en raison de l'urbanisation, des conditions économiques, de l'amélioration du statut des femmes, et tout simplement à l'évolution des mœurs. Certes, la polygamie n'est pas abolie au Maroc, mais depuis la révision en 2004 de la Moudawana, la polygamie est soumise à des conditions draconiennes. Le chef de famille doit ainsi pouvoir subvenir aux besoins de ses épouses et de leurs enfants et justifier devant un tribunal, par des objectifs

© PHOTOGRAPHY ESAT - SHUTTERSTOCK.COM

Jeunes mariés.

concrets, son recours à cette pratique. Cependant, depuis une dizaine d'années, le nombre de mariages contractés est en légère hausse, avec plus de 1 000 mariages polygames célébrés à l'année. Il en résulterait de l'article 16 de la Moudawana, qui offre la possibilité de reconnaître des mariages établis sans acte à la suite d'une grossesse ou d'une naissance, et qui permet de contourner la loi, sans passer par la procédure normale. Les associations féminines s'indignent et demandent tout simplement l'abrogation de cet article.

L'homosexualité, une pratique interdite

Comme dans de nombreux pays musulmans, l'homosexualité est illégale au Maroc dont l'article 489 du Code pénal condamne « tout acte impudique ou contraire à la nature » avec une personne du même sexe. Les peines d'emprisonnement peuvent aller de six mois à trois ans et les amendes oscillent de 120 à 1 200 DH. Bien que ce sujet reste tabou dans la société marocaine qui voit cet acte comme immoral, dans la pratique l'homosexualité masculine est relativement courante même si elle n'est ni admise ni affichée. Les homosexuels vivent leur différence en toute discrétion et malheur à eux s'ils s'exposent, comme cela a été le cas la nuit du réveillon 2019 pour un agent administratif de 33 ans. Habillé en robe bleue courte, il s'est fait menotter et lyncher par des policiers marocains qui ont porté jusqu'au bout son humiliation en postant la scène sur les réseaux sociaux. Le jeune Marocain est aujourd'hui persécuté et souhaite à tout prix quitter son pays pour vivre son homosexualité ailleurs au grand jour. Certains Marocains, choqués par cette scène, souhaiteraient que le pays adopte des attitudes plus libérales à ce sujet, mais les conservateurs s'y opposent fermement. Par ailleurs, ne soyez pas surpris si vous voyez souvent des hommes se tenir par la main dans les rues, c'est juste une manière de souligner l'affection amicale qu'ils ont l'un pour l'autre.

La libération féminine en marche

Depuis les années 1940, les femmes ont vu leur place et leurs droits évolués dans la société marocaine, après que des militantes, nées après l'indépendance du royaume, ont lutté pour l'accès à l'éducation dont elles ont obtenu gain de cause. La plupart d'entre elles ont suivi alors des études universitaires pour décrocher ensuite un emploi, contribuant ainsi à transformer les codes familiaux et de la société. En 1965, elles obtiennent le droit de vote, mais leur rôle dans la société n'évolue que très peu. Il faut ensuite attendre la fin des années 1980 pour que des mouvements féministes se forment de toutes parts. Le débat sur les droits des femmes s'ouvre, divisant la population et la classe politique.

Le roi Hassan II reçoit ces associations et réforme, bien que timidement, le code de la famille. En 2004, son successeur Mohammed VI s'attaque de plein cœur au sujet, en révisant plus profondément la Moudawana, ouvrant ainsi une nouvelle ère pour les femmes au Maroc.

© M_Y_A - ISTOCKPHOTO.COM

Deux étudiantes marocainres.

Désormais, les Marocaines sont plus nombreuses dans les universités, travaillent dans les bureaux, s'habillent dans les grandes villes à la manière des jeunes occidentaux, peuvent divorcer, demander une pension alimentaire et même avoir la garde partagée des enfants. Mais les accès à la culture, au travail et à certains droits au sein de la famille ne sont que les premières étapes, essentielles, d'un changement de la condition féminine. Ce sont surtout les mentalités qui doivent changer. Même si aujourd'hui, la femme est considérée comme l'égal de l'homme, il reste encore beaucoup d'inégalités entre les deux sexes. En matière d'héritage par exemple, où l'homme est encore favorisé. En effet, le Coran stipule qu'une femme doit recevoir moitié moins que ses frères lors d'un héritage – son mari étant supposé la prendre en charge matériellement. En 2015, après une pétition signée par une centaine d'intellectuels marocains, le débat sur la succession est lancé, mais malgré cette contestation, aucun changement n'aboutira, la loi inscrite dans le Coran étant vue comme intouchable. Pour d'autres sujets plus sensibles, tels l'avortement ou les violences faites aux femmes, les mentalités tardent aussi à changer. On estime entre 600 et 800 avortements clandestins par jour, mettant en danger la vie des femmes et le taux de prévalence de la violence faite aux femmes est estimé à près de 55 %. Il faudra assurément que de nombreuses polémiques éclatent pour faire évoluer les mœurs, comme l'histoire de cette jeune fille qui s'est suicidée après avoir été forcée d'épouser son violeur, en 2012. Deux ans après, la loi stipulant que les violeurs pouvaient éviter la prison s'ils épousaient leur victime fut abrogée.

Santé : des progrès qui tardent

Le Maroc ayant sérieusement pris en main les problèmes de santé publique, les résultats sont sensibles. Malheureusement, les programmes entrepris auprès de la population ne sont pas encore aux niveaux escomptés. Le système de soin est à double vitesse. Même si les médecins sont très bien formés, leur effectif ne représente que 7,8 médecins pour environ 10 000 habitants, bien loin du standard international d'un médecin pour 650 habitants. Mais le royaume poursuit ses efforts en finançant des formations depuis quelques années déjà et compte bien atteindre l'objectif de 45 médecins pour 10 000 habitants à l'horizon 2030. Avec un budget de plus de 6 % attribué à la santé, il reste difficile pour l'État de combler les manques de moyens humains et de renouveler les infrastructures hospitalières, qui sont vieillissantes. Bien que les secteurs de pointe se développent, seule une partie aisée de la population y a accès et l'hôpital public reste déplorable, proposant une faible offre de soins.

De plus, même si depuis 2005, tous les citoyens marocains doivent être affiliés à une couverture médicale de base, dans la réalité, cette protection est uniquement réservée à une élite, seule en mesure de s'acquitter de ce coût. Conscient des failles qui persistent dans le système de santé, le gouvernement a présenté en 2018 une nouvelle vision de son plan de santé, qui prévoit entre autres le développement de nouvelles infrastructures plus proches de ses citoyens, tout en élargissant la couverture médicale de base. Ces avancées devraient voir le jour à l'horizon 2025.

RELIGIONS

Monarchie héréditaire, le Maroc est gouverné par Mohammed VI, issu de la dynastie alaouite, descendante du Prophète. Comme l'actuel souverain, plus de 99 % de la population sont des musulmans sunnites, les autres religions représentant moins de 1 %. La communauté juive, très ancienne sur le territoire, est bien peu représentée aujourd'hui, avec à peine 4 000 membres, dont la majorité est établie à Casablanca. Quant aux chrétiens, toutes confessions confondues, ils sont estimés au nombre de 40 000. En tant que commandeur des croyants, le roi veille au respect de l'islam, la religion d'État. Entre l'appel à la prière et les cinq piliers de l'islam, la vie quotidienne des Marocains est rythmée par les règles du Coran. Mais la population étant en majorité berbère, certaines croyances populaires perdurent, engendrant un syncrétisme religieux. Retour sur les règles religieuses et croyances qui régissent la société marocaine.

Le calendrier hégirien et ses fêtes

Les Marocains suivent pour les fêtes religieuses le calendrier de l'Hégire, qui débute le 16 juillet 622, date à laquelle le Prophète Mahomet s'enfuit de La Mecque vers Médine. Ainsi, l'année 2024 du calendrier chrétien correspond à l'année 1445 de l'ère musulmane. Outre ce décalage de plus de six siècles entre ces deux religions, le calendrier hégirien prend comme référence le mouvement de la Lune, quand le nôtre repose sur celui du soleil. Une année musulmane compte alors 354 à 355 jours, comprenant 12 mois lunaires de 29 à 30 jours. Les débuts de mois étant déterminés à l'œil nu et non par calculs astronomiques, il existe une multitude de calendriers musulmans. Les dates des fêtes religieuses varient d'un pays à l'autre, et se trouvent avancées de dix à onze jours, par rapport à l'année précédente dans le calendrier chrétien.

Le 10 du dernier mois du calendrier hégirien se célèbre la fête musulmane la plus importante, l'Aïd al-Adha, connue comme la fête du sacrifice. Elle commémore la dévotion d'Ibrahim à son Dieu, lorsqu'il accepte de sacrifier son fils Ismaël sur un autel. Au dernier moment, Dieu lui envoie un mouton par l'intermédiaire de l'archange Gabriel pour le substituer au sacrifice de l'enfant. Depuis, les musulmans sacrifient chaque année un mouton, selon un rite bien précis. Le Sawm, le jeûne du Ramadan, est l'autre événement marquant de l'année, qui constitue l'un des cinq piliers de l'islam, et se célèbre le 9ᵉ mois du calendrier hégirien. Pour commémorer la révélation du Coran à Mahomet, les musulmans doivent observer un certain nombre de règles, entre le lever et le coucher du soleil. Il leur est ainsi interdit de boire, de manger et d'avoir des relations sexuelles durant le jeûne. La vie prend un rythme particulier pendant la journée où la plupart des magasins sont fermés, mais dès l'heure de la rupture du jeûne, l'ambiance est plutôt à la fête. A la fin du Ramadan, chaque fidèle doit faire une aumône, qui correspond à la Zakat, le troisième pilier de l'islam.

La prière, un rituel quotidien

Au Maroc et dans tous les pays musulmans, les journées sont rythmées cinq fois par jour par une prière rituelle, appelée Salat, qui est le quatrième pilier de l'islam. À l'aube, à midi, aux vêpres, au coucher du soleil et à la tombée de la nuit, le muezzin, du haut de son minaret lance l'appel à la prière, qui résonne dans toute la ville. Les heures ne sont pas fixes, variant au fil des saisons. Si la prière commune à la mosquée est la plus importante, les musulmans peuvent toutefois prier n'importe où, il leur suffit pour cela de se tourner vers La Mecque. Ils doivent cependant se soumettre au rituel des ablutions, qui consiste en une purification de certaines parties du corps avec de l'eau ou même du sable, s'ils sont en plein désert.

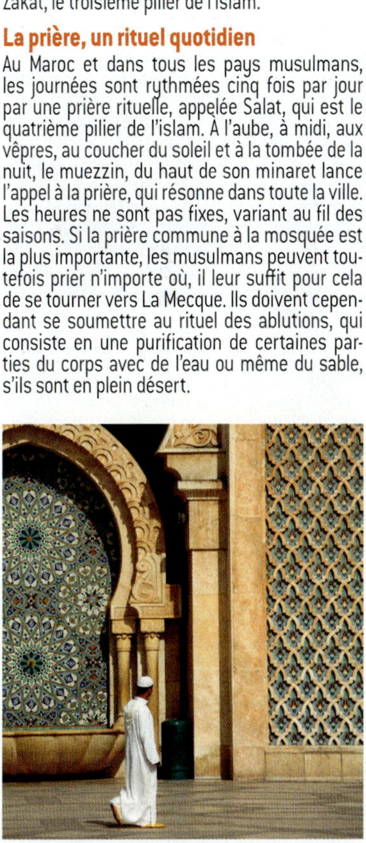

© INU

Fidèle à la mosquée Hassan II, à Casablanca.

DÉCOUVRIR

petit futé
Alexa, lance Petit Futé !
Des idées week-end
et vacances
pour partir en France
et dans le monde !
petit futé
Essayez, «Alexa, je veux partir en juillet ?»
avec les podcasts tourisme
SUD RADIO
Amazon, Alexa, Echo, et toutes marques associées sont des marques d'Amazon.com, Inc. ou de ses sociétés affiliées.
© PATRYK KOSMIDER - STOCK.ADOBE.COM

© YOUNESS FAKOIALLAH - SHUTTERSTOCK.COM

Moussem.

Le vendredi, jour sacré chez les musulmans, les fidèles se rassemblent à la mosquée pour la prière du midi. Lavés et vêtus d'habits propres, ils enlèvent leurs chaussures avant d'entrer dans le lieu sacré. Après le sermon prononcé par l'imam, ils se mettent à prier ensemble, tous égaux face à Allah. Au Maroc, le vendredi n'est pas considéré comme un jour chômé, mais il arrive que des commerces soient fermés à l'heure de la grande prière.

La zaouïa, sanctuaire de marabout soufi

Bien que l'islam ne reconnaisse pas de saints au sens biblique du terme, il existe néanmoins au Maroc des centres de rassemblements des confréries, appelés zaouïas, où l'on vénère des marabouts ayant appartenu à l'une des confréries soufies. On y conserve le corps du saint dans un sanctuaire où de nombreux fidèles allument des bougies et se recueillent, ce qui est fortement interdit par l'islam, car seul Allah doit être adoré. Comme la zaouïa de Sidi Ahmad al-Tijani à Fès, les disciples y perpétuent l'enseignement du marabout soufi où ils récitent de nombreuses liturgies. Des pèlerinages, appelés *moussem*, sont organisés autour du sanctuaire chaque année à date fixe. La cérémonie débute par un sacrifice, souvent le taureau, qui doit apporter la *baraka*, cette grâce que chacun appelle de ses vœux. Au-delà de la religion, les *moussems* ponctuent aujourd'hui souvent la fin d'une récolte ou accompagnent un heureux événement autour de manifestations folkloriques (fantasias, foires, danses...). Fête populaire auprès des tribus, près de 700 *moussems* sont organisés au Maroc chaque année dont le *moussem* de Tan-Tan, le grand rassemblement des nomades du Sahara, qui est inscrit sur la liste du Patrimoine immatériel de l'UNESCO.

Des croyances mystiques

Cités dans le Coran, les djinns sont des êtres invisibles et surnaturels qui vivraient près des points d'eau, dans les déserts, les forêts et les cimetières. Dans la croyance populaire, les Marocains pensent que ces djinns peuvent posséder une personne et en ont relativement assez peur. Plusieurs superstitions sont nées de cette légende dont celle de ne pas verser de l'eau chaude dans les égouts au risque de réveiller un djinn qui pourrait se venger en paralysant la personne. Il existerait une quinzaine d'êtres invisibles qui peuvent hanter les esprits, comme Sidi Chamharouch, le sultan des djinns qui aurait vécu au XIIe siècle ! Un sanctuaire a été construit à l'endroit où il a terminé ses jours près d'Aroumd, dans la vallée d'Ait Mizane. Certains racontent que son esprit sacré vole à travers les montagnes du Haut Atlas depuis. À ceux qui lui rendraient visite, il leur faudra porter des habits blancs ou verts pour ne pas énerver le chef des djinns ! Certaines confréries mystico-religieuses, à l'instar des Gnaouas et des Aïssawa, seraient dotées de pouvoirs surnaturels qui permettraient de désenvoûter une personne possédée. Alors que le Coran recommande la lecture de versets pour guérir le malade, ces confréries utilisent des rituels maraboutiques de transe et d'exorcisme, dont les pratiques parfois violentes sont dénoncées, comme le cas du mausolée de Bouya Oumar, près de Marrakech. Lors de problèmes sentimentaux ou au travail, certains Marocains n'hésitent pas à aller voir une *chouwafa*, une voyante, qui leur prédit leur avenir ou réalise des incantations ou envoûtements. Cette pratique est assez répandue, notamment sur l'îlot de Sidi Abderrahmane, face à Casablanca, où de nombreuses voyantes se prêtent à ces pratiques.

QUE RAPPORTER ?

Des souks aux boutiques d'artisanat, des médinas de Marrakech et de Fès aux faubourgs de Tiznit, l'occasion de faire des emplettes au Maroc ne se perdra pas. Sur les marchés, il vous faudra chiner pour trouver l'objet désiré et faire souvent appel à vos talents de négociateur ! Dans ce cas-là, armez-vous de patience pour obtenir le juste prix, les Marocains étant réputés durs en affaires. Vous aurez un large choix de souvenirs à rapporter du Maroc, en commençant par les plats à tajine joliment peints, les bijoux berbères en argent et l'huile d'argan. Le royaume est aussi réputé à travers le monde pour son cuir d'une extrême qualité, dont les plus belles pièces se trouvent à Fès et Marrakech. De la broderie à la poterie, en passant par la tapisserie et le travail du bronze, l'artisanat local est riche et varié, de quoi vous donner des idées-cadeaux plein la tête. En voici quelques-unes qui pourraient vous séduire.

Le cuir dans tous ses états

Travaillé depuis le XIIe siècle avec les mêmes techniques et matériaux d'antan, le cuir marocain offre une qualité sans précédent, à des prix défiant toute concurrence en Europe. Cet artisanat, dont Fès fournit près de la moitié du cuir du pays, fait partie intégrante de l'histoire du royaume dont la maroquinerie porte le nom. L'apparition de l'industrie du cuir n'a pas mis fin au tannage traditionnel dont les techniques continuent de se transmettre de génération en génération. À Fès, dans la tannerie de Chouara, vieille de près de 900 ans, plus de 500 maîtres artisans s'activent tous les jours à traiter les peaux de bœufs, de moutons, de chèvres et de chameaux dans les 1 200 bassins d'eau colorée. Ici, muni d'un brin de menthe pour éviter l'odeur pestilentielle qui s'y dégage, vous pourrez observer les tanneurs travailler, tout en faisant ensuite votre shopping. Sacs et manteaux de toutes tailles, sans oublier les babouches marocaines, pantoufles utilisées par les hommes et les femmes, vous aurez un large choix d'articles de qualité, en différents types de cuir. Le tout teinté de couleurs végétales, du rouge coquelicot au vert menthe, en passant par le jaune safrané ou le noir charbon. Marrakech, Tétouan et dans une moindre mesure Taroudant sont aussi réputées pour leur travail du cuir. Vous pourrez y réaliser de très bonnes affaires, si vous négociez bien ! Méfiance tout de même sur les arguments des vendeurs qui peuvent vous certifier que l'article est en cuir de chameau, très épais et difficile à travailler, aux tarifs plus excessifs, alors qu'il s'agit de peau de chèvre ou de mouton, dont les odeurs sont souvent plus fortes.

Sacs en cuir.

L'orfèvrerie, une spécialité marocaine

Au nord comme au sud, les femmes trouveront facilement colliers, bracelets et boucles d'oreille dans les bijouteries artisanales. Cependant, entre les régions, on distingue différents types de bijoux, à commencer par la matière utilisée. L'or est une spécialité du nord du Maroc, notamment à Fès et à Essaouira, où ont émigré certains artisans fassis au XIXe siècle. On y déniche de magnifiques bijoux d'origine arabe, rehaussés de pierres précieuses. L'argent, quant à lui, est travaillé plutôt au sud, du côté de Taroudant et surtout de Tiznit. D'origine berbère, ils sont parés de motifs teintés aux symboles allégoriques dont chaque région possède ses couleurs. Les colliers sont souvent ornés de jade et d'ambre, des pierres très présentes dans cette région de l'Atlas, alors que les bracelets et fibules, sorte de broche, sont incrustés d'émail coloré. Les pièces authentiques étant extrêmement rares et chères, rendez-vous chez un « bazariste » qui vend de jolies imitations à bas prix, si vous n'êtes pas spécialiste. Même là, faites attention de ne pas payer des prix excessifs

Tapis marocains.

pour acquérir ce qui risque fort d'être du faux, l'or et l'argent étant souvent plaqués et l'ambre remplacé par du plastique. Chez les orfèvres, vous trouverez aussi des objets usuels ou décoratifs en cuivre et en bronze tels que plateaux, bouilloires, encensoirs, chandeliers et boîtes diverses, joliment ciselés. Les métaux précieux, comme l'or, l'argent et l'étain, sont obligatoirement frappés d'un poinçon, mais si ce poinçon identifie la présence d'un métal noble dans l'alliage, il n'en détermine pas la proportion exacte. Il y aurait différents poinçons en fonction de la qualité de l'alliage, mais il est souvent difficile de s'y retrouver.

Le tapis, un véritable objet d'art

Bien qu'encombrant dans une valise, le tapis est pourtant l'un des objets les plus représentatifs du Maroc à rapporter chez soi. Plus qu'un article décoratif, il a toujours été un objet utilitaire pour les tribus berbères qui gardaient la chaleur dans leur habitation grâce aux tapis en laine. À la main ou à l'aide d'un métier à tisser, ces techniques de tissage sont perpétuées d'une longue tradition vieille de plus de 1 000 ans. Les plus beaux tapis du monde sont conçus dans les montagnes de l'Atlas par les femmes berbères qui créent des pièces uniques, ornées de symboles chargés d'histoire. On trouve facilement ces tapis dans la région du Haut Atlas, mais aussi dans les grandes villes, telles Fès et Rabat. La qualité d'un tapis se détermine en fonction du nombre de nœuds tissés au mètre carré, à la qualité de la laine, au type de teintures utilisées. Pour vous assurer que votre tapis est bien en laine véritable et non en coton, vous pouvez brûler un fil dépassant du tapis, la laine véritable donnant invariablement une odeur de cheveux et de viande grillée, a contrario du coton. De plus, les tapis de qualité sont dotés d'une étiquette-certificat du gouvernement, indiquant le lieu de provenance, la qualité de la laine, et un numéro d'enregistrement. Des grilles de tarifs ont été fixées en fonction de la taille, du style, du nombre de nœuds au mètre carré, et de la matière utilisée. S'il s'avère que vous vous êtes fait avoir, et avez par exemple payé fort cher un tapis prétendu vieux de deux siècles alors qu'il n'a pas vingt ans, vous pouvez déposer une plainte à l'office du tourisme, et le marchand en question sera obligé de vous rembourser sur-le-champ. Bon à savoir : certains marchands peuvent vous envoyer le tapis acheté directement à votre domicile, moyennant un supplément.

La poterie, une tradition ancestrale

L'origine de la poterie au Maroc semble remonter au IXe siècle, lorsque les musulmans émigrés d'Andalousie introduisirent cet artisanat à Fès, réputée aujourd'hui pour sa poterie de qualité et très résistante. Les articles en terre cuite sont en général réalisés par les femmes, pour un usage domestique, alors que les hommes se consacrent à la faïence, dans le but de la commercialiser. Cette dernière se différencie de la poterie par les émaux qui la décorent, et qui se solidifient lors d'une seconde cuisson au four. À Fès ou à Safi, vous trouverez les plus beaux exemples de poterie, dont les plats à tajine qui raviront les cuisiniers. Ce plat creux, à bord évasé, fabriqué en épaisse argile brune et indissociable de son couvercle en forme de chapeau pointu, sert à la cuisson du plat du même nom. Au contact de cet ustensile en terre, les aliments, longuement mijotés, acquièrent une saveur unique. Dans les souks, vous dénicherez également des vases, des cendriers, des coupoles et des assiettes, très colorés et finement décorés. À vous de bien négocier !

© ROSAFREI - ISTOCKPHOTO.COM

Coussins brodés.

Les produits du terroir, une valeur sûre

Huile d'olive, miel, épices, eau de rose ou encore argan, on trouve de plus en plus facilement les produits du terroir marocain, qui étaient autrefois vendus en vrac sur le bord de la route. Aujourd'hui, les petits producteurs se sont regroupés en coopératives et proposent des produits au packaging attractif, tout en garantissant la meilleure qualité et l'origine grâce à des labels AOP, qui ont fleuri ces dernières années. Outre chez les petits commerçants, vous retrouverez certains de ces produits dans les supermarchés ou au *duty free*, à l'aéroport. Mais pour obtenir les meilleurs prix, le mieux est de les acheter dans les régions productives, avec en prime la qualité assurée : l'eau de rose, dans la province de Kelâat M'gouna, située entre Ouarzazate et Tinghir, l'huile d'argan, dans les régions d'Agadir et d'Essaouira et l'huile d'olive, aux alentours de Fès-Meknès. Là, vous pourrez trouver directement des espaces de vente dédiés au produit recherché, à des prix inégalables. Ils sont gérés par les Groupements d'Intérêt Économique, qui réunissent de nombreuses coopératives, comme celle de Dar Azaafaran, à Taliouine.

Vannerie et sculptures en bois

À partir de jonc, d'alfa, de roseau ou de raphia, les vanniers fabriquent des objets usuels de manière traditionnelle. Certains sont encombrants et difficiles à rapporter à l'instar d'un fauteuil ou d'un tabouret, mais vous pourrez toujours avoir le coup de cœur pour un panier que vous pourrez utiliser comme bagage à main dans l'avion ! À Essaouira, ville de l'osier par excellence, vous dénicherez de jolis paniers, qui sont ensuite décorés par les artisans de Marrakech. Il existe également en fibres végétales des dessous de plats, des boîtes à bijoux, des corbeilles de différentes tailles et même des plats à tajine décoratifs, que vous pourrez trouver un peu partout dans les grandes villes. Bien que l'artisanat du bois soit répandu au Maroc pour la fabrication, entre autres, de meubles en cèdre ou en citronnier, il est peu dédié au tourisme. Cependant, dans la région d'Essaouira, là où le thuya est l'arbre roi pour les petits objets, vous mettrez la main sur de belles sculptures ou de jolies boîtes en bois. Mais ce dernier a pris une grande valeur et les marchands sont de véritables antiquaires. Le marchandage y est très difficile et vous devrez souvent rendre les armes devant votre interlocuteur sûr de lui.

La broderie, l'excellence marocaine

C'est sûrement l'art féminin le plus raffiné du Maroc où patience et dextérité sont mises à rude épreuve chez les femmes. Très tôt, les petites filles apprennent à broder nappes, vêtements, coussins, mouchoirs et parfois les babouches. Travaillant à domicile, les brodeuses ne sont pas regroupées en corporation, et il n'existe pas de souk consacré spécifiquement à la broderie. Cependant, certaines familles ont ouvert leur propre commerce en ville, où il est possible d'apprécier ce travail minutieux. N'hésitez pas non plus à pousser les portes des merceries dans les souks, elles sont bien fournies en tissus brodés de toutes parts. Les plus belles broderies proviennent de Fès, où elles décorent avant tout les nappes et les draps. Leur particularité ? Elles sont complètement réversibles, avec des motifs semblables à l'endroit comme à l'envers, ce qui demande un savoir-faire précis et une logique mathématique infaillible. Monochromes comme celles de Fès, les broderies de Rabat, elles aussi réputées, sont réalisées avec des motifs géométriques, qui apparaissent seulement sur le devant de l'ouvrage.

SPORTS ET LOISIRS

Comme dans beaucoup de pays africains, le football règne en maître au classement des sports les plus populaires du Maroc. Les Lions de l'Atlas, l'équipe nationale, et le Raja Casablanca, le plus grand club du pays, déchaînent les passions. L'athlétisme et le cyclisme, avec le Tour du Maroc, sont également très suivis. Mais le Maroc, c'est surtout une infinité de possibilités pour qui voudrait s'offrir des vacances actives. Avec près de 3 500 km de côtes, sur l'Atlantique et la Méditerranée, on peut s'adonner à la voile, à la plongée, à la planche à voile, mais surtout au surf et au kitesurf. Sur terre, le pays propose aussi de superbes greens de golf, des balades de rêve à cheval ou en VTT et des raids aventure en 4x4 ou en quad. Si on peut s'envoler en ULM ou en parapente, il faudra dans tous les cas prendre de la hauteur dans l'Atlas. Randonnée, trekking ou escalade en été, ski et snowboard en hiver, voilà un terrain de jeu de rêve !

Le football, le sport roi

Au Maroc, le football est très populaire et la sélection nationale occupe une place importante dans le cœur des Marocains. Après quelques très bons résultats par le passé (1/8e de finale à la Coupe du Monde 1986 et 10e au classement FIFA en 1998), les Lions de l'Atlas ont connu ensuite de nombreuses désillusions avant le légendaire parcours du Mondial 2022. Au Qatar, Hakim Ziyech et ses coéquipiers sont devenus la première équipe africaine à atteindre les demi-finales du tournoi (après avoir sorti l'Espagne et le Portugal) avant de tomber avec les honneurs face à l'équipe de France. Candidat malheureux pour l'organisation de la Coupe du Monde 2026, le Maroc pourrait retenter sa chance à l'avenir.

L'Atlas, un vrai terrain de jeu

Randonnée et trekking. Voilà les activités sportives les plus répandues sur les chemins escarpés de l'Atlas. Et pour cause ! Elles permettent la découverte d'un Maroc véritablement fabuleux. Tout est envisageable : d'une demi-journée de marche facile à la belle et longue aventure qu'est la grande traversée de l'Atlas marocain. Une aventure qui se mérite puisqu'il faudra compter… 21 jours de marche. Sur certains itinéraires, vous trouverez des gîtes ou des refuges, mais, si vous êtes peu nombreux, vous pourrez dormir chez l'habitant pour une expérience toujours très sympathique. Enfin, la tente s'imposera si vous faites partie d'un groupe important. Pour vous faciliter la vie en trekking, louez les services d'un muletier, chaque mulet pouvant transporter une charge d'environ 100 kg. Un muletier est rémunéré environ 200 DH par jour (avec sa mule), vous devez le nourrir et lui payer ses journées de retour. Si vous êtes 3 ou 4, un trekking organisé par un guide local vous coûtera environ 400 DH par jour, muletier et nourriture inclus. Et, à vous les paysages exceptionnels des contreforts de l'Atlas !

Escalade. Dans l'Atlas, les rochers équipés les plus proches de Marrakech se trouvent à l'Oukaïmeden, à 70 km. Il y a bien sûr d'autres secteurs, mais que vous aimiez la falaise ou le terrain d'aventure, un détour par la vallée du Todra s'impose. En montagne, de nombreuses voies restent encore à ouvrir et à découvrir de façon prudente et de préférence accompagné par un guide qualifié. Les mois les plus favorables sont avril, mai, juin, octobre et novembre.

© R SCOTT - SHUTTERSTOCK.COM

Randonnée dans l'Atlas Marocain.

DÉCOUVRIR

© SZYMON BARYLSKI - ISTOCKPHOTO.COM

Kitesurf à Essaouira.

Sports de glisse. L'Atlas permet de chausser skis et snowboard. Des sports qui peuvent se pratiquer plusieurs mois par an, selon les conditions. Et les possibilités sont nombreuses : ski de piste sur la poudreuse du Haut Atlas, à l'Oukaïmeden, à 70 km seulement de Marrakech ou à Michliffen dans le Moyen Atlas, aux portes de Meknès et Fès. Ces stations sont équipées de remontées mécaniques.

Les mordus du ski de fond n'ont que l'embarras du choix : les massifs du Rif, du Moyen Atlas et du Haut Atlas offrent de superbes itinéraires.

Le ski de randonnée est également pratiqué et offre une aventure hors du commun. S'il exige une autonomie pendant un temps assez long puisqu'il existe peu de refuges d'hiver gardés (place au bivouac dans des bergeries ou sous la tente) et très peu d'informations météo, mais est la promesse de paysages somptueux et déserts.

Les randonnées en raquettes à neige ont fait leur apparition récemment dans le pays, et les possibilités sont nombreuses et intéressantes quand il y a de la neige fraîche possible du côté de l'Oukaïmeden, mais aussi dans les environs du Moyen Atlas pour découvrir les paysages des vastes forêts d'Ifran à Azrou à moins de trente minutes de Fès.

Enfin, en saison, le canyoning et le rafting attirent quelques adeptes, en général entre fin mars et fin mai. Les spots sont peu nombreux, mais plutôt spectaculaires.

Attention aux guides ! Comme en ville, il y a des vrais guides diplômés et des faux guides. Nous vous conseillons vivement de recourir aux services d'un guide diplômé, les listes des guides officiels sont généralement disponibles au sein des offices de tourisme. Nous vous conseillons cependant la plus grande prudence au cours des activités techniques : escalade, canyoning, rafting, ski de randonnée, et ce, même lorsque ces activités sont proposées par des hôtels de standing.

Balades à cheval et en VTT

Les chevaux marocains sont superbes, les pur-sang arabes élevés au Maroc étant des références dans le monde de l'équitation. Les paysages se prêtent idéalement aux promenades à cheval. Laissez-vous aller aux joies des sports équestres dans une nature éblouissante. Galopez le long des plages blanches, parmi les dunes, dans les forêts de chênes séculaires... Vous pouvez aussi disputer des parties de polo, faire du saut d'obstacle, participer à des concours hippiques... Vous pouvez vous adresser, par exemple, au Club royal d'équitation de Tanger.

VTT. Le Maroc abonde en régions particulièrement indiquées pour la pratique du VTT, notamment sur les immenses plateaux des massifs du Sud.

Travailler son putt

Servi par des paysages variés et magnifiques, le golf est à l'honneur au Maroc. Des compétitions de haut niveau réunissent les golfeurs du monde entier. La plus renommée étant le trophée Hassan II qui se déroule dans le fameux parcours rouge du Royal Golf Dar Es-Salam, à Rabat, classé parmi les plus beaux golfs du monde. Près de trente golfs sont répartis dans tout le pays. Certains offrent une vue sur les neiges éternelles de l'Atlas à Marrakech, d'autres ont le parfum des sapins et des cyprès des collines de Tanger. Tous sont ouverts au public (sur réservation en général).

Chasse et pêche, avis aux amateurs

Chasse. Cailles, tourterelles, bécasses, bécassines, sarcelles, perdrix, perdreaux, faisans, grives, pigeons et même sangliers foisonnent dans d'immenses réserves. La saison de chasse varie selon les espèces : d'octobre à mars pour la plupart du gibier, juin et juillet pour la tourterelle. Attention, renseignez-vous bien à l'office du tourisme marocain sur la législation en vigueur avant de chasser... et sur les espèces protégées surtout !

Pêche. Comme pour la chasse, il convient de prendre ses précautions. Cette activité est très réglementée : il faut se renseigner à l'office national du tourisme marocain pour connaître les saisons d'ouverture de la pêche, qui varient en fonction des espèces. Mais il y a de quoi faire plaisir aux amateurs. Les environs de Marrakech offrent quelques beaux coins de pêche à la truite (notamment vers le lac de Tamda, vers Telouet, à 150 km, ou les lacs du Toubkal, vers Imlil, plus proches, mais encore à quelques bonnes heures de marche). La pêche en rivière se pratique dans l'Ourika, à une trentaine de kilomètres de Marrakech, notamment vers Setti Fatma. Tous les oueds des environs de Marrakech regorgent de petits poissons. Enfin, les spécialistes de pêche se rendront dans les lacs du Haut Atlas, vers Bin el-Ouidane, où ils trouveront les plus gros brochets du monde (plus de 20 kg !) et quelques superbes spécimens de sandres et de barbeaux.

Sur (et sous) l'eau aussi, de nombreuses options

Surf, planche à voile et kitesurf. De nombreux surfeurs débarquent avec leur matos sur les spots marocains pour profiter des rouleaux de l'Atlantique. Certains, comme Essaouira ou Dar Bouazza près de Casablanca, Mirleft, Imssouane, Sidi Ifni au sud d'Agadir ou encore le fameux spot de Taghazout et Dakhla pour le kitesurf, possèdent une renommée mondiale et sont intégrés aux circuits de grandes compétitions internationales.

Voile et yachting. Avis aux marins ! Au Maroc, on peut gréer son bateau à Al-Hoceima et mettre le cap sur le détroit de Gibraltar, passer les remparts et accoster dans le port d'El-Jadida, déguster des huîtres à Oualidia ou mouiller dans une crique sauvage au nord d'Agadir.

Sports motorisés. Quelques clubs, sur les deux côtes, proposent de s'adonner au ski nautique, au jet-ski ou au parachute ascensionnel.

Plongée. Tout comme l'Espagne et la France, le Maroc a deux façades maritimes : 2 900 km pour le littoral atlantique et 500 km pour le littoral méditerranéen. Les principaux sites de plongée se trouvent en Méditerranée : Cabo Negro, Martil et Al Hoceïma, même si certains plongeurs téméraires se régalent des eaux du détroit de Gibraltar et ses tombants, lieu de transit de nombreux mammifères et pélagiques. Contrairement à certaines idées reçues, on voit pas mal de choses dans les eaux marocaines, mais l'activité reste encore peu développée et les infrastructures trop peu nombreuses. Le long des tombants de gorgones et des murs de corail rouge, on rencontre une faune typique, mais préservée, de la Méditerranée (mérous, barracudas, carangues, énormes poissons-lunes, raies, dauphins, murènes et globicéphales...). Les profondeurs varient de 0 à 25 m, les sites sont choisis à l'abri du vent et du courant. Le relief sous-marin y est impressionnant, de gros rochers se succèdent, tapissés de toutes sortes d'anémones, sur lesquelles les nudibranches ont élu domicile. Bien que moins connue pour la plongée, la région d'Agadir, située sur la côte Atlantique, commence à offrir ce loisir notamment après la réalisation de sa marina.

Le Maroc vu du ciel

Aviation, parachutisme, ULM, vol à voile, deltaplane, parapente et même montgolfière : prendre de la hauteur au Maroc, c'est possible, de nombreux aéro-clubs très pros vous permettront de vous adonner à ces disciplines, toujours inoubliables.

Et partout, l'aventure en 4x4 ou en quad

Avec ses vallées, ses oasis, ses montagnes grandioses, le Maroc est un lieu privilégié pour les adeptes du 4x4. C'est le véhicule de transport privilégié pour sortir des grands axes touristiques et partir à la rencontre des Berbères et peuples des régions les plus reculées du pays. L'absence de cartes précises et la difficulté des pistes rendent souvent l'expédition rocambolesque. Pour votre première expédition, un guide peut s'avérer très utile. Les agences pourront vous conseiller un itinéraire, vous louer un véhicule, vous trouver un chauffeur ou vous organiser votre raid 4x4. Les amateurs (expérimentés) disposent de milliers de kilomètres de pistes tous niveaux. Balades palpitantes avec des buts attrayants et singuliers : *moussem* des fiançailles d'Imilichil dans le Haut Atlas, lever de soleil dans les dunes de Merzouga, rencontre avec les mouflons dans les gorges du Dadès. Notez tout de même que le réseau routier au Maroc est de bonne qualité pour envisager la découverte de tout le pays en petite berline à condition de préparer un minimum son parcours et de ne pas s'engager seul sur des pistes douteuses.

Enfin, de nombreuses agences proposent aussi des excursions en quad ou en buggy, autour de Marrakech, dans l'Atlas et dans le Grand Sud, sur les dunes du Sahara.

GASTRONOMIE

Durant sa longue histoire, le Maroc a su tirer avantage de sa position géographique privilégiée pour enrichir sa cuisine de saveurs nouvelles venues des quatre coins du Bassin méditerranéen. On retrouve bien sûr la cuisine berbère, puis arabe originaire du Moyen-Orient, ainsi que les influences des Juifs séfarades fuyant l'Inquisition espagnole à la fin du Moyen Âge pour l'Afrique du Nord, qui apportent avec eux un savoir-faire et des ingrédients nouveaux. Enfin, ce sont les Ottomans puis les Français, plus tard, qui ajoutent leur pierre à l'édifice. Les Marocains vous diront souvent que les Européens mangent très peu à côté d'eux ; c'est vrai qu'un séjour dans le pays n'est pas synonyme de régime. Il faut dire qu'il est dur de se retenir devant les innombrables spécialités de viandes, de légumes, de poissons où les épices abondent alors que les desserts imbibés de miel se dévorent sans fin avec des litres de thé à la menthe.

Les parfums du souk

En 1970, l'écrivain belge et infatigable voyageur Albert t'Serstevens rédige *L'Itinéraire marocain*. Dans son ouvrage sous forme d'un carnet de voyage, il y décrit la société marocaine et bien sûr ne passe pas à côté de l'importance que revêt l'organisation du repas et le faste qui entoure la cuisine du pays : « *On nous apportera ensuite le pain qui fait partie de tout repas marocain, dans ces hautes corbeilles de vannerie, à couvercle pointu. On nous servira comme premier service de longues brochettes de mouton, dont nous détacherons les morceaux avec les doigts, car le repas entier, selon la coutume, se fera sans fourchette ni cuillère. Pour ne pas trop se graisser les doigts, on se sert de morceaux de pain, mais après chaque service, on nous donnera, pour nous laver, cuvette et aiguière, en y ajoutant à la fin du savon et une serviette-éponge. Un majestueux couscous nous sera présenté ensuite, en deux parties successives, la première en viandes et légumes, la deuxième en une haute pyramide de blé moulu et cuit à la vapeur, mêlé de raisins secs et rehaussé de piment. C'est avec les doigts à même le plat qu'on retire les viandes et les légumes qu'on a choisis, et qu'on extrait du monticule de blé cuit les bouchées qu'on forme en boulettes farcies de raisin avant de les manger. Cet usage qui se pratique dans la plus haute société aussi bien que dans les douars berbères où l'on nous a conviés, n'a rien de malpropre, sans doute incommode pour le néophyte, mais on arrive bientôt à le pratiquer sans dommage. Pour boissons, de l'eau, du thé à la menthe ou du jus d'orange, ce qui convient à cette cuisine très relevée mieux que le vin.* [...] *Dessert de fruits en corbeilles débordantes, café brûlant et très sucré.* »

Il est indéniable que la cuisine marocaine peut se targuer d'une quantité considérable de saveurs, d'odeurs et de couleurs. Bien que rarement piquante, elle emploie cependant une panoplie d'aromates particulièrement impressionnante. Les épices (*attar*) sont partout et vous n'aurez aucune peine à le croire après vous être promené dans le souk aux épices de n'importe quelle médina. Bien que certaines épices soient importées au Maroc par les Arabes depuis des milliers d'années, de nombreux ingrédients – comme le safran de Taliouine, la menthe et les olives de Meknès et les oranges et les citrons de Fès – sont cultivés localement et sont exportés à l'international. Les épices courantes comprennent la cannelle, le cumin, le curcuma, le gingembre, le paprika, la coriandre, le safran, le clou de girofle, le fenouil, l'anis, la muscade, le macis (l'enveloppe orange parfumée qui recouvre les noix de muscade), le poivre de Cayenne, le fenugrec, le carvi, le poivre noir et les graines de sésame. Vingt-sept épices sont traditionnellement associées pour créer le célèbre mélange d'épices *ras el hanout* (littéralement « à la tête de l'épicerie ») qui est également utilisé en Algérie et en Tunisie. On y a retrouvé les épices les plus communes comme la cannelle ou le cumin jusqu'aux plus inhabituelles comme les boutons de rose séchés ou de la poudre de racine d'iris. Les herbes courantes dans la cuisine marocaine comprennent la menthe, le persil, la coriandre, l'origan, la menthe poivrée, la marjolaine, la verveine, la sauge et le laurier. Bien qu'ils soient des consommateurs modérés de piment, les Marocains apprécient beaucoup la *harissa*, une pâte de piment et d'ail, férocement épicée.

Sans forcément parler des produits frais qui seront plutôt à déguster sur place, les souks sont une belle occasion de découvrir de nombreux produits marocains à ramener dans ses bagages (épices, citrons confits, *harissa*, légumes marinés, olives, etc.) à des tarifs très

Soupe Harira.

bas par rapport à ceux pratiqués en France. De plus, la plupart seront d'une qualité supérieure, notamment les épices qui sont souvent bien plus goûteuses. Les marchands se feront un plaisir de vous faire découvrir des produits aux vertus thérapeutiques innombrables et parfois surprenantes. Attention cependant à quelques petites supercheries. C'est notamment le cas du safran vendu dans certains souks qui est en fait constitué de fins pétales d'œillets d'Inde, une fleur orange très légèrement aromatique, bien loin de la saveur inimitable du safran. Un pistil de safran est très fin et long et se reconnaît notamment à sa couleur rouge sang unique.

Il existe de nombreux souks au Maroc, cependant certains possèdent assez peu de stands de nourriture, le terme « souk » est vague et désigne également tout type de produits : poteries, cosmétiques, vêtements, bijoux, etc. Parmi les nombreux souks où venir faire ses emplettes et également se restaurer, on ne peut pas passer à côté des souks de Marrakech, d'Essaouira, de Rabat, d'Agadir ou encore le souk El Henna de Fès. À ne pas rater, le Marché central de Casablanca offre une diversité surprenante de délices, tandis que les plus gourmands pourront flâner devant les centaines de stands débordant de mets plus savoureux les uns que les autres sur la Place Jemaa el-Fna (p.357), à Marrakech.

La cuisine marocaine, des plats aux produits variés

Au-delà des épices, la cuisine marocaine fait bon usage des légumes qui abondent dans le pays. Si la chaleur brûlante du Sahara, ainsi que les hivers rigoureux de l'Atlas, limite la culture de certaines espèces, une bonne partie du Maroc possède un climat doux tout au long de l'année offrant de grandes possibilités en termes de cultures : aubergine, poivron, tomate, pomme de terre, courgette, potiron, concombre, carotte, navet, artichaut, oignon, mais également toute sorte de fruits notamment les agrumes (citron, orange et mandarine), les prunes, les figues, les dattes ou encore les abricots et les raisins, que l'on utilise aussi bien en salé qu'en sucré. Les citrons sont notamment préservés dans du sel et de l'eau, où ils finissent par donner ce que l'on appelle les fameux citrons confits, au goût particulièrement puissant. Les olives sont également essentielles à la cuisine marocaine. Dégustées telles quelles, on s'en sert également pour agrémenter de nombreux plats, sans parler de l'huile d'olive qui joue un rôle majeur dans la cuisine du Maghreb. Les céréales comme le blé, l'orge, le riz, ainsi que les légumineuses comme les pois chiches, lentilles, fèves, haricots, pois cassés, etc., sont utilisées abondamment.

L'agneau et le mouton sont très communs, ainsi que le bœuf et le poulet, et dans une moindre mesure le canard ou le pigeon. Les escargots (*halzoun*) font partie des en-cas les plus appréciés au Maroc, sur les marchés, où ils sont mijotés dans une sauce pimentée. Avec presque 3 000 km de côtes partagées entre l'océan Atlantique et la Méditerranée, poissons et fruits de mer abondent dans la cuisine marocaine : sole, espadon, thon, turbot, maquereau, crevettes, anguille-congre, vivaneau, crabe araignée, homard ainsi que toute sorte de mollusques. Le royaume est également le 1er exportateur mondial de sardines, poisson qui représente environ les deux tiers de son produit de pêche.

Les basiques de la cuisine marocaine

Bien qu'au Maroc la frontière entre plat principal et entrée soit subtile, notamment parce que certaines salades ou soupes sont parfois assez consistantes pour composer un repas entier, le menu commence souvent par des hors-d'œuvre et notamment des salades de légumes cuits ou des pâtisseries salées. Idéale pour une touche de fraîcheur, la *chlada* est un simple mélange de tomate, concombre et de persil. À l'inverse, on retrouve de nombreuses salades cuites – bien que servies froides ou tièdes – contenant des tomates, des poivrons, des aubergines, des betteraves ou encore des pommes de terre ou des carottes, généreusement agrémentées d'huile d'olive et d'herbes aromatiques. C'est le cas de la *taktouka*, une préparation à base de tomate, de poivron et d'oignon, en dés, longuement confits. La *matbukha* combine les mêmes ingrédients, mais est par contre beaucoup plus pimentée. On peut aussi citer le *zaalouk*, proche d'un caviar d'aubergine et de tomate. Le sucré-salé est un concept très abouti au Maroc et on retrouve des salades plus surprenantes contenant des oranges parfumées de cumin, de cannelle, de coriandre et décorées d'olives noires. Plus rare, la *bakoula* est une salade de feuilles de mauve (un proche parent de l'hibiscus), que l'on remplace parfois par de l'épinard, et parfumée au citron confit. À mi-chemin entre la salade chaude et le ragoût, la *chakchouka* se compose de tomates et poivrons verts que l'on fait compoter dans une marmite avant d'y casser quelques œufs qui cuisent dans la sauce bouillante. Le tout est servi avec du pain. Il existe également beaucoup de recettes de soupes au Maroc. La *harira* est l'une des plus connues. Ce potage de pois chiches ou de lentilles est traditionnellement servi pendant le Ramadan, accompagné de confiseries et de dattes. Il est composé de viande coupée en dés – avec les abats – d'oignons, de safran, de pois chiches ou de lentilles, le tout délayé dans de l'eau bouillante avec de la farine jusqu'à ce que le mélange obtenu soit fluide. La *harira* traditionnelle est souvent accompagnée de riz, de tomate et de coriandre. La *chorba* y ressemble beaucoup, mais on y ajoute des vermicelles. Plus simple, la *bissara* (ou *tamarakt*) est une soupe très épaisse aux pois cassés ou aux fèves.

Une grande place pour la friture

On retrouve aussi de nombreux types de pâtisseries salées que l'on déguste à table pour les plus sophistiquées ou sur le pouce pour les plus simples. Beaucoup sont confectionnées avec de la feuille de brick qui n'est pas une pâte crue, mais bien une sorte de crêpe, très fine et assez coriace qui permet de réaliser bien des recettes au Maghreb. Un peu dure en apparence, elle devient délicieusement croustillante lorsqu'on la badigeonne d'huile et qu'on l'enfourne. Bien sûr, on pense tous à la *pastilla*, ce feuilleté constitué d'un nombre impressionnant de feuilles de brick, qui renferment une farce à base de volaille (poulet, pintade, perdrix ou – plus raffiné – pigeon), d'oignons, d'amande, d'œuf dur et de coriandre. Pour la décorer, on la saupoudre de sucre glace et de cannelle. Certaines versions modernes contiennent une farce aux fruits de mer. Les *briouats* ou *briwats* sont également réalisés à base de feuille de brick : ces chaussons triangulaires sont généralement fourrés de viande hachée (bœuf ou agneau), d'oignons, de citron confit, mais aussi parfois de fromage. Il existe aussi une version sucrée aux amandes. Le terme « brik » est une déformation du mot turc *bürek*, un chausson de viande, d'épinards ou de fromage que l'on trouve de la Grèce et de l'Afrique du Nord jusqu'à l'Asie centrale. Au Maroc, il est assez différent, car on le farcit de thon ou d'œuf dur. Les *makouda* sont des

© NICOLAMARGARET - ISTOCKPHOTO.COM

Couscous végétarien.

petites croquettes frites de pomme de terre aux herbes. En-cas typique des marchés de rue, le *msemmen* est une sorte de galette élastique et nourrissante que l'on farcit parfois d'un mélange de viande hachée, d'oignon, de tomate et de piment ; bien qu'elle soit plus couramment mangée telle quelle avec parfois un filet de miel, notamment pendant le Ramadan.

Repas et religion

Pilier essentiel de l'Islam, le Ramadan est observé avec beaucoup de rigueur au Maroc. Du lever au coucher du soleil, le pratiquant ne doit ni boire ni manger. Dépendant du calendrier lunaire hégirien, sa date change chaque année en fonction de la nouvelle lune, mais sa durée est toujours d'environ 30 jours. Au coucher du soleil, on rompt le jeûne (*ftour* ou *iftar*) avec la traditionnelle *harira*, que l'on déguste aux côtés des *beghrir* (petites crêpes au miel) et des *chebakia* (gâteaux frits enrobés de miel). Cette collation permet de patienter jusqu'au vrai dîner qui a lieu plus tard dans la nuit. Le Ramadan se termine par l'Aïd el-Fitr (littéralement « Fête de la rupture »).

Couscous, tajines et grillades

Après les nombreuses entrées, soupes et salades, s'il reste un peu de place, on peut entamer le plat de résistance. Emblème de la cuisine marocaine, le couscous n'est évidemment plus à présenter tant il est connu et intégré en France, au point qu'il a même été élu l'un des plats préférés des Français. D'ailleurs pour la petite anecdote, le « couscous royal » n'existe pas traditionnellement au Maroc, c'est une invention française qui permettait aux clients de la métropole de déguster plusieurs viandes différentes avec une sauce aux légumes aux saveurs « orientales ». En réalité, le couscous se compose généralement d'une seule viande, de plusieurs légumes servis le plus souvent avec de la semoule, ce qui le différencie entre autres du tajine que l'on accompagne plus généralement avec du pain.

Il en existe près de 140 variétés ! Il peut contenir de la merguez, de l'agneau, du poulet ou même des boulettes de viande. On retrouve évidemment de nombreuses versions végétariennes, car dans ce plat, les légumes sont tout aussi importants que la viande. Le couscous aux sept légumes est une spécialité de Rabat et de Casablanca contenant entre autres carottes, courgettes, navets, pois chiches, etc. On peut également déguster le couscous aux oignons et aux raisins secs caramélisés (*t'faya*) – qui contient également de l'agneau – ou le couscous belboula à base de semoule d'orge. Le couscous au *khlii* est une recette classique, à la seule différence près qu'à la place de la viande fraîche, on y ajoute du *khlii*, de l'agneau confit dans sa propre graisse, au goût très fort. Sur les

© PICSWAY - SHUTTERSTOCK.COM

Briouats.

côtes, on savoure également une variante aux poissons et aux fruits de mer, finement épicés. Amandes, pistaches, fruits secs, citrons confits, viande de pigeon ou de canard rentrent aussi dans la composition de certaines recettes de couscous.

Autre plat incontournable, le tajine. Le terme désigne à la fois la recette et le plat rond aux bords relevés et coiffé d'un couvercle conique en terre cuite. Un bon tajine (de mouton, d'agneau, de poulet, etc.) doit mijoter plusieurs heures dans son jus de cuisson, assaisonné de quelques épices (gingembre, curcuma, cumin, etc.). On fait d'abord mijoter les oignons, épices et tomates, puis on ajoute la viande découpée avec les légumes et les épices. On peut aussi ajouter des fruits. Le tout doit alors être cuit à l'étouffée, à feu doux, afin de conserver aux aliments toute leur saveur et tout leur moelleux. À la différence du couscous, un tajine contient assez peu de liquide à part les jus de cuisson des aliments et se sert avec du pain et non de la semoule. On déguste évidemment l'immanquable tajine de poulet au citron confit et aux olives ainsi que la *mrouzia*, un tajine commun pour la rupture du jeûne du Ramadan, à base d'agneau, d'amandes et de pruneaux. Les tajines de poissons et de fruits de mer (notamment de crevettes) sont également populaires.

Très prisés des Marocains qui les consomment sous la forme de brochettes ou de ragoût, les abats se déclinent sous toutes les formes : pieds de veau, tripes, foie, cervelle, intestins et tête de mouton. Bien que réservées à un public averti, certaines recettes méritent le détour comme la *tihane* (rate de veau farcie), le *mokh mchermel* (cervelle d'agneau en sauce tomate) ou encore la *boulfaf* (des brochettes de foie d'agneau à la crépine).

Les grillades, et notamment les brochettes, constituent un en-cas bon marché et très savoureux. À l'entrée d'un marché, dans la rue, au bord d'une route, on les cuit minute : un « snack » bon marché et délicieux. Certaines grillades restent plus classiques comme la fameuse merguez, à base de viande de bœuf et/ou de mouton, qui évidemment est bien meilleure sur place. Les *keftas* – des boulettes de viande d'agneau ou de bœuf épicée – sont souvent grillées, mais également servies avec une sauce tomate à la coriandre, dans laquelle on casse parfois quelques œufs pendant la cuisson. Sinon, le fameux *méchoui* est en quelque sorte le summum de la grillade. Plat de fête qui demande énormément de temps et d'attention, il se compose d'un agneau entier rôti à la broche ou au four. Traditionnellement, on élevait plutôt des agneaux mâles qui broutaient de l'armoise, donnant à leur chair un fumet tout à fait unique. Après 4 à 5 heures de cuisson, la viande fond dans la bouche.

Les plaisirs sucrés du Maroc

Les Marocains sont particulièrement friands de douceurs. La fleur d'oranger, le miel, les amandes et la cannelle sont parmi les ingrédients les plus communément utilisés dans la pâtisserie marocaine. La plupart se présentent naturellement en petites bouchées plutôt qu'en un unique gâteau.

Parmi toutes les spécialités, on retrouve bien sûr le *baghrir*, un type de *pancake* très spongieux d'origine berbère, que l'on sert chaud avec du beurre fondu et du miel. Souvent servie lors du Ramadan, la *chebakia (mkharqa* ou *griouche)* est une pâtisserie frite en forme de rose aux bords dentelés que l'on imbibe ensuite de sirop. Les délicates cornes de gazelles (*kaab el ghzal*) sont des petits croissants de pâte brisée très fine qui renferment une garniture de pâte d'amande et d'eau de fleur d'oranger. Plus simples, les *feqqas* sont des petits biscuits qui ne sont pas sans rappeler les croquants aux amandes provençaux. Les *ghriba* sont des biscuits très friables généralement à base de noix en poudre ou de noix de coco râpée. Très populaires, les *makrouds* sont des bouchées à base de semoule fine fourrées de pâte de datte, frites et imbibées de sirop. Le *sfenj* – qui peut se traduire par « éponge » – est simplement un type de beignet. Plus classique, le *meskouta* est un gâteau tout simple en forme de couronne, parfumé au jus d'orange. Très surprenant, le *sfouf* ou *sellou*, est un dessert très nutritif préparé à base de farine grillée, mélangée à du beurre fondu, du miel, du sésame et de l'amande, ressemblant un peu à du sable.
Bien que plutôt originaire de Grèce et de Turquie, le *baklava* a fait son chemin jusqu'au Maroc. Il se compose d'une multitude de couches de pâte filo, fines comme du papier, qui entourent une garniture à base de noix, de pistaches et d'amandes pilées, que l'on imbibe d'un sirop à la cannelle, à la fleur d'oranger et au miel. C'est aussi le cas du *kadaïf* ou *kenafeh*, un dessert très commun au Levant (Liban, Syrie, Palestine) qui se compose de deux couches de cheveux d'ange qui entourent une couche de fromage doux proche de la mozzarella (*nabulsi*), qui va fondre dans le gâteau et que l'on parfume ensuite avec des pistaches et de l'eau de rose. Enfin, la pastilla au lait ou *knéfa* ressemblerait à un millefeuille en pâte de brick croustillante garnie d'une crème au lait parfumée à la fleur d'oranger et décoré d'amandes.

Les boissons locales

Afin de se désaltérer après quelques-unes de ces pâtisseries souvent très sucrées, rien ne vaut un verre de thé à la menthe. Au cœur de la vie sociale au Maghreb, il est traditionnellement préparé par le chef de la famille et offert aux invités en

Sfenj.

Thé à la menthe marocain.

signe d'hospitalité. Le thé est consommé tout au long de la journée en tant qu'activité sociale. Bien que l'arrivée du thé au Maghreb – originaire de Chine – prête à débat, on pense que la plante aurait commencé à être consommée dans la région entre la fin du XVIIIe siècle et le début du XIXe siècle. Au début du XXe siècle, le thé à la menthe était déjà une boisson largement démocratisée. On utilise généralement la menthe, seule, pour le parfumer, mais en hiver on y ajoute de nombreuses herbes aux vertus réchauffantes comme l'absinthe. Composé de thé vert, de feuilles de menthe fraîche, de sucre et d'eau bouillante, les proportions des ingrédients et le temps de brassage peuvent varier considérablement. Il est versé dans des verres assez hauts pour faire tourner les feuilles de thé au fond du verre, tout en aérant doucement le thé pour améliorer sa saveur. Contrairement au thé bu en Chine où l'eau est juste chaude pour éviter de rendre le thé amer, au Maroc l'eau est bouillonnante. Pour compenser, on y ajoute beaucoup de sucre, environ une cuillère à café pour 10 cl d'eau. Traditionnellement, le thé est mélangé trois fois. Cela donne à chacun des verres de thé une saveur unique, décrite dans ce célèbre proverbe maghrébin : « *Le premier verre est aussi doux que la vie / le second est aussi fort que l'amour / le troisième est aussi amer que la mort.* »

Bien que s'étendant loin en Afrique du Nord, l'Empire ottoman n'a jamais intégré le Maroc dans son immense territoire. De ce fait, le *café* – boisson extrêmement appréciée des Turcs – n'est arrivé dans ce pays qu'au moment du protectorat français. Aujourd'hui, avec le nombre croissant de touristes étrangers, la plupart des restaurants et des hôtels se sont équipés de machines à café, bien que le thé reste la boisson chaude la plus appréciée. Au-delà du thé et du café, les jus de fruits frais étancheront votre soif à n'importe quelle heure de la journée. Orange, raisin, grenade voire – plus surprenant – betterave, ils ne sont pas à boire n'importe où cependant. Certains commerçants sans scrupule injectent de l'eau dans leurs jus d'orange pour les rendre plus rentables. Attention, car l'eau du robinet n'est pas potable au Maroc et ce genre de pratiques peut engendrer de sévères déconvenues le matin au réveil.

Bien que l'Islam interdise la consommation d'alcool, le Maroc reste assez souple, tout particulièrement concernant les touristes, et il est possible de trouver sans problème bières, vins et spiritueux dans les restaurants et les hôtels internationaux. La bière la plus commune est la Flag Special, une blonde légère, tandis que la Casablanca est plus forte. Brassée à Marrakech, Casablanca et Fès, la Stork est une autre bonne bière marocaine. On retrouve également diverses marques européennes. Il n'est pas excessif de dire que le Maroc produit les meilleurs vins du Maghreb. La production vinicole du royaume est concentrée dans le nord du pays et dans les régions de Fès et de Meknès. Méritent d'être cités le gris de Guerrouane, le boulaouane et l'oustalet, le cabernet président, mais aussi le thaleb, le père Antoine, le bonassia ou le cardinal Amazir, dans la catégorie des vins rouges, ou le chaud-soleil et le valpierre dans les blancs. Même si environ un tiers des Marocains assument consommer régulièrement du vin, vous n'en trouverez pas dans les petits restaurants populaires, mais seulement dans des lieux relativement chers plutôt destinés aux touristes. Enfin, la *mahia* est un alcool de figues titrant 40°. Auparavant fabriquée par de petites entreprises familiales, on la produit aujourd'hui d'une manière industrielle à Casablanca. Digestif parfait pour conclure un repas, on la boit souvent avec un café. On peut également en faire d'excellents cocktails avec du jus de fruits.

AGENDA

Des moussems aux festivals nationaux, voire internationaux, en passant par les grands événements sportifs et les fêtes traditionnelles, le Maroc vit au rythme des manifestations tout au long de l'année. Pour découvrir le pays autrement, il peut être intéressant d'assister aux moussems, ces fêtes culturelles célébrant la fin des récoltes, un saint ou encore la nature. Ce sera l'occasion de s'immerger au cœur de la culture marocaine. Des festivals mettent aussi à l'honneur les produits du terroir tels que l'amande à Tafraoute ou les dattes à Erfoud. Il y fait bon flâner pour une savoureuse dégustation, accompagnée de musique et de danses traditionnelles. Certains festivals, dont la réputation a traversé les frontières, sont à ne pas manquer comme le Marrakech du Rire ou le festival de musique sacrée du monde à Fès. Enfin, les sportifs entraînés participeront à l'un des marathons du pays, dont celui de Marrakech est le plus connu.

MARATHON INTERNATIONAL

4 Dar talib Daoudiat - **MARRAKECH**

✆ +212 5 24 31 35 72

www.marathon-marrakech.com

La 35e édition est prévue le 26 janvier 2025. Marathon et semi-marathon ouverts à tous. Inscriptions entre 50 et 70 €.

Chaque année depuis 1987, d'intrépides coureurs s'élancent dans les rues de Marrakech sous les cieux cléments de janvier pour un marathon très attendu suivi par une foule de spectateurs. Ils sont plus de 10 000 participants qui viennent de toute la planète. Les 42,195 kilomètres réglementaires du marathon se déroulent sur un parcours entre la Palmeraie, le centre-ville, les allées de palmiers et le long des remparts de la médina. Un événement très prestigieux pour le Maroc, parrainé par Sa Majesté, qui confère à la Ville Rouge une ambiance sportive des plus animées.

FESTIVAL INTERNATIONAL DES NOMADES

M'HAMID

nomadsfestival.wordpress.com

Généralement troisième week-end de mars.

Porté par l'association Nomades du Monde, ce festival se veut à la fois citoyen, culturel, artistique et universel. Il vous aidera à percer les mystères du mode de vie nomade, notamment de celui de la vallée du Drâa à travers une présentation de leur patrimoine culturel. Une excellente idée, et le faire à M'Hamid El Ghizlane est logique. La programmation est intéressante et la population de M'Hamid s'y rend en masse. Une belle occasion d'explorer la culture nomade de la région.

FESTIVAL DES AMANDIERS

TAFRAOUTE

✆ +212 6 62 03 26 70

Elle se déroule généralement fin février début mars à Tafraoute dans l'Anti-Atlas et à Taza dans le Moyen Atlas. Les dates ne sont pas fixes puisqu'elles dépendent de la floraison des amandiers. C'est l'espoir d'obtenir une bonne récolte qui anime cette fête. Cette manifestation se veut aussi être un tremplin pour le développement de la filière des amandes dans la région en faisant connaître son potentiel. Le patrimoine est aussi mis en valeur, à travers un programme varié. Au rendez-vous, chanteurs musiciens, danseurs. Et aussi une foire des produits du terroir !

ON MARCHE - FESTIVAL INTERNATIONAL DE DANSE

MARRAKECH

En mars. Infos pratiques sur la page Facebook du festival.

Créé en 2005 par Taoufiq Izzediou, directeur artistique de la compagnie Anania, ce festival investit les lieux culturels de Marrakech et ses places publiques. Une plate-forme de rencontre visant à faire découvrir la création chorégraphique contemporaine venant de divers horizons. L'enjeu est ici d'investir les rues, de rencontrer un public plus large et de donner une visibilité à de jeunes artistes. Ateliers, projections et débats sont au programme pour cette rencontre très attendue.

JAZZABLANCA

A l'hippodrome de Casa-Anfa
CASABLANCA
✆ +212 7 77 77 77 59
www.jazzablanca.com
Début juin.

A l'image de Casablanca, ce festival de jazz et des musiques actuelles se veut cosmopolite, surprenant et plein d'énergie. Durant neuf jours, concerts et animations vont bon train dans la ville qui vit au rythme des événements. Des nouveaux talents aux grands noms de jazz tels Ibrahim Maalouf ou Macy Gray, la programmation est riche et variée, offrant le meilleur de la musique aux spectateurs, toujours plus nombreux. Le Off du festival, quant à lui, propose ateliers d'initiation, master class, tables rondes et concerts gratuits durant trois jours. A découvrir !

FESTIVAL DE MUSIQUE SACRÉE DU MONDE

FÈS
✆ +212 535 74 05 35
www.fesfestival.com

Fondé en 1994 par l'anthropologue des religions Faouzi Skali, et organisé par la fondation Esprit de Fès, ce festival se déroule sur une semaine à Fès où orchestres, chanteurs solistes et ballets se retrouvent. L'occasion de voir rassemblés des artistes chrétiens, juifs et musulmans venus du monde entier. Un vrai dialogue de civilisations comme l'on en voit très peu. Réservez à l'avance votre place ainsi que votre hôtel, le festival connaît un grand succès.

FÊTE DES ROSES

EL-KELÂA M'GOUNA
La fête se tient traditionnellement le deuxième week-end de mai. Parfois, fin avril.

Dans une ambiance joyeuse et festive, le village de Kelaât M'Gouna, situé à l'est de Ouarzazate, célèbre en cette période la fin de la saison des roses. De nombreux touristes affluent à cette occasion pour admirer entre autres les habitants en tenues traditionnelles qui jettent des pétales et de l'eau de rose sur les visiteurs. Le tout sur un fond musical traditionnel, avec danses folkloriques et processions de chars fleuris. A la fin de la journée a lieu l'élection de Miss Rose ainsi qu'une excursion dans la vallée du même nom.

FÊTE DU TRÔNE

Le 30 juillet.

La fête du trône célèbre l'intronisation du roi Mohamed VI et, avant, celle de ses ancêtres. C'est la plus importante fête civile donnant lieu à des feux d'artifice, des chants et des danses dans tout le Maroc. Aussi, le roi adresse un discours à la population, rappelant les liens l'unissant à son peuple. Pendant cette journée, il donnera éventuellement sa grâce à certains condamnés, recevra les serments des nouveaux officiers lauréats des grandes écoles militaires et les félicitations d'un certain nombre de rois ou présidents d'autres nations.

FESTIVAL MARRAKECH DU RIRE

MARRAKECH
www.marrakechdurire.com
Billets en vente sur le site ou à la Fnac. Différents tarifs : exemple 900 DH pour la soirée de Gala.

Créé par l'humoriste d'origine marocaine Jamel Debbouze en 2011, ce festival très médiatisé regroupe pendant 5 jours artistes et comiques dans plusieurs lieux tels que le Théâtre Royal et le palais El Badi. Grâce à sa programmation audacieuse mêlant jeunes artistes émergents et acteurs expérimentés, ce festival propose le meilleur de la scène marocaine et française en matière de stand-up. Jamel et ses amis ont réussi le pari de faire de Marrakech la ville de la comédie et du rire.

FESTIVAL DE CASABLANCA

CASABLANCA
http://wecasablanca.com/festival
Début juillet.

Sur plusieurs jours, le tout Casa est en fête autour de quatre scènes ouvertes disséminées dans la ville, du centre historique à la Corniche (El Hank) en passant par le Triangle d'or (place Rachidi). Des stars nationales et internationales participent à ce grand rendez-vous musical. Reggae, soul, chansons arabes et world musique pour le plaisir de vos oreilles. Les festivités démarrent généralement par un grand défilé dans les rues de Casa et se poursuivent par des spectacles de rues, du théâtre et des concerts.

MOUSSEM DE MOULAY IDRISS

MOULAY IDRISS

A la fin du mois d'août chaque année.

Considéré comme le « pèlerinage du pauvre » pour celui qui ne peut se rendre à la Mecque, le moussem de Moulay Idriss est l'un des plus importants du Maroc. Il se déroule en août et septembre, après les grandes moissons. Les fidèles viennent de tout le pays rendre hommage au fondateur de la première dynastie islamique du Maroc et des milliers de tentes fleurissent sur les collines environnantes. En marge des nombreux sacrifices, offrandes et prières, se déroulent les réjouissances habituelles, dont des groupes folkloriques et des fantasias…

SALON DU CHEVAL

Route de Casablanca

EL JADIDA

✆ +212 5 37 56 66 56

www.salonducheval.ma

C'est le plus important salon équestre du continent africain ! Depuis 2008, année où il a vu le jour, il est inauguré tous les ans par le roi Mohamed VI au parc d'exposition éponyme, sur la route de Casablanca. Au programme : fantasias, simulations de dressage, concours international de saut d'obstacles et toutes sortes d'animations. L'artisanat marocain est aussi mis en valeur à travers la gravure ou la marqueterie. En 2022, ce salon a rassemblé une quarantaine de pays participants et quelque 220 000 visiteurs, venus admirer environ 1 100 chevaux !

MOUSSEM DES FIANÇAILLES

IMILCHIL

Généralement deuxième ou troisième semaine de septembre chaque année à Imilchil.

Dans le Haut Atlas, à 25 km au sud d'Imilchil, plus précisément dans le hameau d'Aït-Amer, se déroule l'un des moussems les plus célèbres de la culture berbère : celui faisant hommage aux fiancés. Les jeunes couples berbères viennent nombreux célébrer ensemble leurs fiançailles à l'endroit où fut, selon la légende, enterré un saint qui bénissait les unions et qui garantissait le bonheur. Durant trois jours, dans une humeur joyeuse et festive, se succèdent également les grands événements de la vie familiale, comme les circoncisions des enfants. A découvrir !

FESTIVAL DES DATTES

ERFOUD

Début octobre.

Très reconnu, ce festival attire chaque année à Erfoud des milliers de visiteurs venus déguster les fruits récoltés, assister aux processions et aux concerts. La Guetna ou fête des dattes est en effet destinée à clôturer la récolte. Ambiance très festive. C'est l'occasion de spectacles folkloriques, de courses de dromadaires et autres distractions. On y élit également la reine des dattes. L'heureuse élue est récompensée par des bijoux traditionnels, mais surtout par l'affluence d'admirateurs qui viennent lui demander sa main.

FESTIVAL TANJAZZ

TANGER

✆ +212 7 77 77 77 59

www.tanjazz.org

Mi-septembre pendant 3 jours.
Différents pass, se renseigner sur le site internet de l'événement.

Tanjazz est une véritable institution dont les notes vibrent bien au-delà de Tanger. Pendant une semaine la ville se met à l'heure du jazz, dans toutes ses variations. Des centaines d'amateurs débarquent pour découvrir les futurs grands qui jouent dans les petits cafés ou les salons d'hôtels et applaudir les têtes d'affiche qui se produisent au Palais des institutions italiennes. La ville résonne de notes de piano, de contrebasse, de batterie qui forment une joyeuse fête. Le festival a célébré ses 20 ans en 2019 et s'est félicité d'une affluence record.

FESTIVAL INTERNATIONAL DU FILM DE MARRAKECH

✆ +212 5 24 43 24 93

www.festivalmarrakech.info

A Marrakech, fin novembre-début décembre.

Le très attendu FIFM a vu fouler son tapis rouge des grands noms du cinéma à l'instar de Francis Ford Coppola ou Robert Redford et s'entoure d'un jury prestigieux. Il propose une compétition officielle avec une large sélection de films de différents genres et nationalités, des projections à Jemaa El-Fna et un pays à l'honneur chaque année. Ce rendez-vous des cinéphiles se veut aussi lieu d'expression et de découverte du monde, entre 7e art et glamour, comme à Cannes ou Venise.

CÔTE MÉDITERRANÉENNE ET RIF

Délaissée par le roi Hassan II, la région du Rif a, pendant de nombreuses années, vécu un peu en marge du Royaume. Depuis 1999 et l'arrivée au pouvoir de Mohammed VI, les choses changent peu à peu. Le roi multiplie les projets pour développer l'économie rifaine et faire sentir à la région qu'elle fait partie intégrante du pays. L'atmosphère reste néanmoins indéniablement différente de celle que l'on trouve ailleurs au Maroc et ici, l'espagnol est la langue dominante. Difficile de ne pas se faire ensorceler par les charmes de Chefchaouen, sans conteste l'une des plus belles villes du Maroc. Les alentours encore non urbanisés de la cité valent aussi le détour pour leurs nombreuses randonnées. Quant au pourtour méditerranéen, il s'agit à la fois de la porte d'entrée de l'Europe et du lieu de villégiature des Marocains qui viennent profiter des belles plages l'été. Un autre visage du Maroc à découvrir…

Côte méditerranéenne et Rif
Détroit de Gibraltar
Mer d'Alboran
CEUTA ★★
KSAR ES SGHIR ★★
TANGER ★★★
M'diq
MARINA SMIR ★
CABO NEGRO – M'DIQMARINA SMIR
TÉTOUAN ★★★
El Gor
ASILAH ★★★
OUED LAOU
PARC NATIONAL DE TALASSEMTANE ★★★
LARACHE ★
CHEFCHAOUEN ★★★★
AL-HOCEIMA ★
Rif
MELILLA ★
NADOR ★★
RAS EL MA
SAÏDIA ★
Boudinar
KSAR EL KEBIR ★
Bni Salah
Driouch
Ahfir
Zaïo
Berkane
Issaguen
MOULAY BOUSSELHAM ★
Sidi Bouzineb
Lahrayague
OUAZZANE ★
OUJDA ★
Aknoul
Saka
Mechra Bel Ksiri
Taounate
Melga El Ouidane
Dar El Amri
Dar Gueddari
Taourirt
Tancherfi
Jerada
Tissa
Sidi Slimane
Msoun
Sidi Kacem
MOULAY YACOUB ★★
TAZA ★★
Guercif
FÈS ★★★★
50 KM

PAGES

111 ## ●● CÔTE MÉDITERRANÉENNE

Bordé par le massif du Rif, le littoral méditerranéen offre de belles plages et criques, entrecoupées par les monts qui s'affaissent dans les eaux bleues. Il est ponctué d'embouchures où sont installés quelques villages de pêcheurs authentiques. Les grandes villes sont, quant à elles, encore marquées par la domination espagnole, à travers des vestiges bien conservés et une atmosphère plus européenne.

111 ### TANGER ★★★

125 ### ASILAH ★★★

Ourlée par l'océan Atlantique, la perle du Maroc est une étape paisible et authentique. Sa jolie médina, pourvue de maisons blanchies à la chaux et de peintures naïves sur les murs, est un vrai centre artistique. Une fois la grande porte franchie, ses murs révèlent des chefs-d'œuvre d'artistes d'ici et d'ailleurs.

128 ### KSAR ES SEGHIR ★★

A quelques kilomètres du port de Tanger Med, Ksar es Seghir livre un visage de bourgade tranquille de bord de mer. Des vestiges archéologiques témoignent d'une occupation très ancienne, remontant au moins aux Romains. La ville marque l'entrée en territoire jebli.

130 ### CEUTA ★★

L'une des seules enclaves espagnoles sur le continent africain, Ceuta se démarque par une atmosphère bien particulière. Celle d'une zone franche, mais aussi d'une terre de passage pour de nombreux migrants rêvant de l'Europe. Sa presqu'île s'avançant franchement dans la mer offre une magnifique vue sur le rocher de Gibraltar.

132 ### TÉTOUAN ★★★

Surnommée la colombe blanche, Tétouan a des airs de villages d'Andalousie, avec ses maisons blanchies à la chaux. Et pour cause, elle fut un temps de son histoire sous le giron de Madrid, ce qui a fortement marqué l'identité de ses habitants. D'ailleurs, la plupart des habitants parlent parfaitement espagnol.

136 ### CABO NEGRO – M'DIQ

136 ### MARINA SMIR ★

Yachts interminables, hôtels de luxe et resorts majestueux, Marina Smir attire une clientèle dorée, bien loin du Maroc authentique. On l'affuble souvent du surnom de « Saint-Tropez du Rif » ou de la « petite Monaco du Maroc ». On est tout de même bien loin des fêtes débridées des capitales de la jet-set internationale.

136 ### OUED LAOU

Oued Laou s'adresse aux amateurs de villages esseulés, de stations balnéaires en devenir. Encore préservé du tourisme de masse, ce village de pêcheur amorce son développement touristique. Les bungalows émergent les uns après les autres. Le souk du samedi attire les amateurs de poteries.

137 ### CHEFCHAOUEN ★★★★

Perchée à 600 mètres d'altitude, Chefchaouen abrite l'une des plus jolies médinas du Maroc. Elle est inscrite au Patrimoine mondial de l'UNESCO. Couvertures et tapis artisanaux se débusquent à bon prix au détour de ses venelles et ruelles chaulées de bleu. C'est aussi un bon endroit pour s'initier à la culture jebli.

PAGES

143 **PARC NATIONAL DE TALASSEMTANE** ★★★

Exceptionnel par ses paysages, le Parc national de Talassemtane forme l'une des entités écologiques les plus originales du Maroc. Les montagnes de karst, parcourues d'avens, de grottes et de lapiaz attirent nombre de randonneurs. Si les sentiers sont nombreux, l'accompagnement par un guide local est indispensable.

144 **OUAZZANE** ★

●● RIF ORIENTAL

145

Carrefour des cultures, l'Oriental est une région encore méconnue du tourisme et pourtant elle recèle de nombreux atouts : stations balnéaires, tourisme rural et événements culturels. Plus qu'un point stratégique entre le Maghreb et l'Europe, elle offre une diversité exceptionnelle de paysages du nord au sud, des plages méditerranéennes aux hauts plateaux, en passant par ses terres steppiques.

145 **AL-HOCEIMA** ★

Avec ses côtes escarpées et ses belles plages de sable fin, Al-Hoceima est sans conteste l'une des plus belles stations balnéaires du Maroc. A la suite d'un terrible tremblement de terre en 2004, la ville fut reconstruite et présente aujourd'hui un côté moderne très plaisant.

146 **MELILLA** ★

Enclave espagnole isolée, Melilla arbore fièrement sa pléiade d'édifices de style Art nouveau, elle qui se positionne aujourd'hui comme la seconde représentante du genre après Barcelone. La vieille ville est tout aussi agréable, avec ses ruelles pittoresques et les murailles centenaires de sa citadelle.

TANGER ★★★

Comment peut-on être marocaine quand on a été tour à tour romaine, phénicienne, arabe, portugaise, espagnole, anglaise et française ? Comment peut-on être sage et innocente quand on a été un lieu des plus permissifs, grâce à un statut international anarchique ? Comment peut-on laisser indifférent quand on témoigne d'une histoire si tumultueuse, à la croisée de la mer et de la montagne, de l'Europe et de l'Afrique ? Tanger, aujourd'hui, c'est tout cela à la fois… avec quelques rides. La ville qui s'offre au visiteur date du XVIIe siècle pour son palais Dar el-Makhzen et ses remparts. C'est après 1925, et le vote du statut international de Tanger, que les constructions d'inspiration européenne se multiplient dans la médina d'abord, puis au-dehors dans ce que nous connaissons aujourd'hui comme la ville nouvelle. Mais la ville s'encanaille, et la grande prospérité, induite par cette collaboration de souverainetés nationales préférant laisser faire plutôt que de s'affronter, puise ses richesses dans des sources bien peu avouables. A Tanger, on fait commerce de tout, de l'argent aux femmes, en passant par la drogue, mais on échange aussi des idées, et nombreux sont les écrivains (la Beat Generation emmenée par Paul Bowles, puis Burroughs) ou les peintres (Matisse, un siècle après Delacroix) qui trouvèrent ici un cadre et une ambiance dignes de leurs talents. La ville sera un temps le lieu de tous les excès et des fêtes les plus fastueuses, comme celles organisées par la célèbre milliardaire Barbara Hutton, qui finit ses jours en 1979 sans un sou. C'est indéniable, Tanger a gardé les marques de son histoire tumultueuse. Aujourd'hui encore, elle reste la ville la plus au nord du continent africain, jonction entre deux continents, terre de passage. Avec l'augmentation fulgurante de sa démographie, les nombreux projets urbains dont elle est le théâtre, Tanger est une ville oscillant entre le dynamisme, la langueur et un brun de nostalgie. Tanger reste une destination attrayante, pour ses musées, le palais Dar el-Makhzen et la légation américaine, pour sa médina si animée, pour ses points de vue incroyables sur le détroit de Gibraltar depuis la région alentour, pour son festival annuel de jazz. Mais Tanger vaut sans doute un séjour, qui ne prendra toute sa valeur que si on s'est renseigné au préalable sur le passé récent de Tanjah la Magnifique.

Histoire

Antée, fils de Poséidon, aurait choisi de donner à un lieu le nom de sa femme, Tingis. Mais ce furent plus certainement les Berbères qui créèrent Tinga. Les Phéniciens installèrent un comptoir commercial, vers le VIIe ou VIe siècle av. J.-C. Après la chute de Carthage, Tanger est rattachée à l'Empire romain, elle est désignée comme capitale de la Maurétanie, Tingitane. Considérée comme un poste stratégique, la ville fut tour à tour marocaine, espagnole, puis à nouveau marocaine avec les grandes dynasties. A partir du XVe siècle, les puissances colonisatrices s'emparent de la ville. Ce sont d'abord les Portugais, en 1471, les Espagnols, puis les Anglais en 1661. Ce n'est qu'en 1684 que Moulay Ismaïl réussit à contrôler la ville. En 1925, elle obtient le statut de zone internationale, tout en restant sous la souveraineté du Maroc. En 1960, Tanger perd son statut particulier et devient une zone franche.

Transports

Les bus sont le moyen de locomotion le plus économique pour se déplacer en ville. Ils sont désormais gérés par l'entreprise espagnole Alsa et le réseau s'est nettement amélioré depuis la reprise de la compagnie Alsa qui assure les transports publics dans plusieurs villes au Maroc. Vous pouvez consulter les itinéraires, horaires et tarifs sur le site Internet (http://alsa.ma/fr/tanger). Si vous avez peu de temps pour envisager les transports en commun, prenez le taxi collectif, de couleur bleue et jaune. Vous gagnerez ainsi du temps sans vous ruiner, car ils sont plutôt bon marché. La nuit, il faut par contre compter un supplément de 50 %. Pour louer une voiture et découvrir les alentours, vous trouverez de nombreuses agences sur le boulevard Pasteur et l'avenue Mohamed V. La plupart vous proposeront de livrer le véhicule à votre arrivée à l'aéroport, ce qui peut permettre d'économiser le taxi.

La ville aujourd'hui

Avec près de 950 000 habitants, Tanger est une ville au dynamisme indéniable. Tout d'abord, grâce à un tissu industriel fertile, avec de nombreuses activités dans les secteurs de la métallurgie, de la chimie et de la mécanique. Elle dispose aussi de deux zones franches et du port Tanger Med qui, depuis 2008, concentre le passage de plus de 2,5 millions de conteneurs chaque année. Face à l'Espagne, le port, situé à une vingtaine de kilomètres de Tanger, est connecté avec plus de 120 ports internationaux. Tanger est aussi marquée par un tourisme en expansion. Nombreux efforts ont été réalisés : rénovation de la corniche, mise en place d'un train grande ligne Casablanca-Tanger, construction de l'autoroute qui relie Tanger à Rabat et Casa.

CAP MALABATA ★★

Accès libre.

Sur la route de Ceuta, à 9 km de Tanger, vous croisez le cap Malabata et son phare, en prenant une petite route sur la gauche de la route principale. La construction de pierre que l'on aperçoit sur la droite, entre château et abbaye avec ses ouvertures voûtées successives comme un cloître, date en fait du début du siècle, mais impressionne tout de même. Le cap offre une vue spectaculaire sur le détroit, ainsi que sur la ville de Tanger, dont on comprend mieux l'organisation. Le phare, en revanche, ne se visite pas, car il est utilisé par les Forces Armées Royales.

ÉGLISE ESPAGNOLE ★

rue Siaghine

Le roi Mohamed III a offert le bâtiment au gouvernement suédois vers 1780 qui y installa son premier consulat au Maroc. Des écussons suédois sont encore visibles dans l'entrée principale. Quand vinrent les Espagnols, ils se l'approprièrent pour en faire la résidence des franciscaines de la mission catholique et y construire une grande église pour remplacer celle, plus petite, de la rue Correos (près de la pension Fuentès). Cette église sera ensuite appelée « La Purisima ». A l'époque, cette église était la première de toute la communauté chrétienne au Maroc.

Le Grand Socco.

DONKEY MUSEUM

49 Rue de la kasbah

✆ +212 6 60 36 53 86

https://donkeymuseum.com

Ouvert lundi, mardi, jeudi de 12h à 19h.
Mercredi, vendredi et samedi de 17h à 19h.

Au dernier étage de cet atelier de créateurs, se cache un petit musée dédié à l'âne qui a ouvert récemment. A travers une collection d'œuvres, de revues et d'articles scientifiques, cet espace culturel et écoresponsable rend hommage à cet animal emblématique du Maroc et retrace l'histoire de ce compagnon fidèle et robuste. Le musée organise des ateliers de sensibilisation et participe activement à la lutte contre l'exploitation de certaines espèces endémiques du Maroc. Petite boutique souvenir (cartes postales, tote bags, produits à base de lait d'ânesse.)

GALERIE CONIL ★

7, rue du Palmier

✆ +212 5 39 37 20 54

galerieconil.com

Ouvert de 11h à 18h et sur rendez-vous.
Fermé lundi.

Dirigée par Olivier Conil et Intha, deux anciens galeristes parisiens, la Galerie Conil est un espace d'art implanté dans le quartier du Petit Socco, depuis 2012. Elle est dédiée à l'art brut et contemporain, et promeut les talents marocains et les artistes liés à Tanger. Elle propose entre autres rencontres, performances, résidences artistiques, expositions et pièces secrètes... On trouve deux espaces dans la médina, proche du Petit Socco et un espace, Volubilis Galerie Conil, près de la place du Tabor. Chaque espace a son identité, pour former une suite logique.

LE GRAND SOCCO / PLACE DU 9 AVRIL 1947

Place du 9 Avril

Point de jonction entre la nouvelle ville et le vieux Tanger, le Grand Socco est désormais nommé place du 9 Avril. Il y a plus de deux siècles, cet endroit n'était qu'une large esplanade où se reposaient les caravanes de chameaux et d'ânes. Aujourd'hui, elle est le point d'entrée dans la médina et de la kasbah. Le cinéma Rif, réhabilité en cinémathèque en 2007, est le pôle d'attraction principal avec sa terrasse animée par des conversations (cinéphiles) jusque tard dans la soirée.

MUSÉE DE LA KASBAH ★★

Place de la Kasbah, Sahat el-Kasba

✆ +212 5 39 33 44 81

Ouvert de 10h à 18h. Fermé le mardi.

Entrée : 20 DH.

C'est une occasion de se cultiver dans un cadre somptueux. Le palais Dar el-Makhzen est bien conservé, avec sa salle des trésors, où l'on entassait les impôts collectés, ou son patio à ciel ouvert, resté en l'état avec ses zelliges au sol, et ses plafonds peints en bois de cèdre de toute beauté. Construit en 1691 par Moulay Ismaïl, une fois qu'il eut repris Tanger aux Anglais, ce palais abritait le tribunal de la ville et fut le siège du pacha, donc du gouvernement. Ce dernier y siégea jusqu'au protectorat de 1913, et le palais fut transformé en musée en 1922.

NÉCROPOLE PHÉNICIENNE ★

D'époque punico-romaine, elle est l'un des seuls vestiges antiques de Tanger. Près du café Hafa et donnant sur la baie, la nécropole est un lieu de repos pour les Tangérois, lorsque le vent ne souffle pas trop fort… On situe la construction des 88 sépultures, creusées dans la roche tendre, entre les IVe et Ier siècles av. J.-C. Certaines sont regroupées par deux, sans doute réservées aux couples. Au-dessus de la falaise, face de l'Institut Pasteur, se trouve une forêt d'eucalyptus sous laquelle serait enterrée la partie la plus intéressante de la nécropole.

GROTTES D'HERCULE ★★

Achakkar

Ouvert tous les jours de 9h à 20h.

Entrée : 60 DH pour les touristes, 10 DH pour les résidents.

Les grottes d'Hercule sont un lieu touristique bien connu depuis les années 1920. Il s'agit de grottes naturelles calcaires ouvertes sur la mer, dans lesquelles cette dernière pénètre à marée haute. La mythologie veut qu'Hercule se soit retiré là une fois ses exploits accomplis, et qu'il ait creusé le détroit de Gibraltar en déplaçant les montagnes (le djebel Tarik de Gibraltar en Europe et le djebel Moussa en Afrique, près de Ceuta). On lui attribue également l'aménagement de ces grottes près de Tanger. Pour certains, c'est ici que vivait le cyclope Polyphème, fils de Poséidon, dieu de la mer, qu'Ulysse éborgna lors de son voyage. En vérité, ces grottes auraient été creusées à l'époque néolithique, la roche étant exploitée pour divers travaux et outils. A l'intérieur de ces grottes, un couloir principal conduit vers plusieurs salles. Des ouvertures aux formes caractéristiques se découpent dans les parois et permettent d'apercevoir l'océan. L'ouverture la plus fameuse a la forme de la carte de l'Afrique ! On peut même y remarquer Madagascar ! Une véritable attraction… ce que n'ont pas manqué de remarquer les vendeurs de souvenirs, qui se sont installés à l'intérieur même des grottes. Ils proposent des produits kitsch, tout comme l'escalier en béton orné de coquillages qui mène dorénavant au lieu. Le tourisme risquerait-il de détruire les grottes d'Hercule ? La construction sauvage à proximité du site et la spéculation immobilière menacent sérieusement l'existence de ces grottes. Un pan s'est même effondré récemment…

MUSÉE DE LA LÉGATION AMÉRICAINE ★

8 Rue d'Amerique
✆ +212 5 39 93 53 17 - www.legation.org
Ouvert du lundi au vendredi de 10h à 17h et le samedi de 10h à 15h. Entrée : 50 DH, 100 DH pour une visite guidée.

Un musée intéressant, où sont exposés cartes anciennes, tableaux de peintres contemporains ou copies de peintures célèbres. On s'y rend surtout pour le charme des lieux, son atmosphère d'un autre temps. En 1777, le Maroc fut le premier pays à reconnaître officiellement l'indépendance des Etats-Unis d'Amérique par Moulay Abdellah. En symbole de cette nouvelle amitié, le sultan Moulay Slimane offrit cette maison de Tanger à la mission diplomatique américaine en 1821. Cette légation a été transformée en musée en 1956, géré maintenant par une fondation privée siégeant à Washington. En souvenir de ce lien historique, le président américain Eisenhower fut également le premier à reconnaître l'indépendance du Maroc en 1956, et se déplaça personnellement à Rabat pour l'occasion. Le musée est une immense résidence de quarante pièces, meublées à la mode du XIXe siècle. On déambule dans les salons recouverts de moquette blanche. La deuxième maison fut achetée en 1890 par un consul américain, Maxwell Blake, qui en fit don aux Etats-Unis. En traversant par le passage surplombant la ruelle reliant les deux parties, on peut remarquer le contraste entre les deux bâtiments : le premier, européen et le second, marocain, avec ses *moucharabiehs* pour voir sans être vu. Une pièce est dédiée à Paul Bowles, le romancier aventurier, auteur de *Un thé au Sahara*, et qui termina ses jours à Tanger en 1999. Le musée abrite également l'unique bibliothèque de langue anglaise du Maroc.

© SAIKO3P - SHUTTERSTOCK.COM

PARC PERDICARIS ★

Rmilat
Entrée libre. Parking, espaces pique-nique, barbecue et restaurant sur l'esplanade avant l'entrée du parc.

A 10 minutes du centre-ville, sur la merveilleuse route du Cap Spartel, ce parc qui se jette dans les eaux du Détroit de Gibraltar est un lieu de promenade très apprécié des Tangérois. Laissée à l'abandon pendant des décennies, la forêt de R'milat a été totalement réhabilitée en 2017. 70 hectares ont été réaménagés avec des parcours de santé, des tables, des bancs et des aires de jeu. Le week-end, on croise des joggers sur ses sentiers de randonnées vallonnées et des familles venues pique-niquer au milieu d'une végétation métissée, influencée par la Méditerranée et l'Atlantique. En semaine, l'endroit moins fréquenté est propice à de longues balades. Lorsque le vent, acteur incontournable de la région se lève, il fait danser les chênes-lièges, acacias et palmiers survolés par les oiseaux migrateurs. Lorsque cessent les rafales, sous le soleil, le décor est paradisiaque. Le regard se porte naturellement sur la côte andalouse avec ses reliefs qui s'étendent de l'estuaire du Guadalete jusqu'à la pointe de Tarifa en passant par le cap Trafalgar. C'est là que la flotte napoléonienne a laissé la domination maritime à l'Angleterre au XIXe siècle. Par temps clair, l'Andalousie semble si proche qu'on y distingue chaque bourgade plantée au milieu des forêts. Europe et Afrique se tendent les bras, seulement quatorze kilomètres les séparent.

Dès les premiers froids en Europe, faucon crécerelle, vautour fauve, milan noir et autres rapaces prennent la route du sud. Ils constituent une petite partie de la faune locale. La flore a été en partie introduite par l'ancien propriétaire des lieux, Ion Perdicaris. Etabli à Tanger à la fin du XIXe siècle, à l'époque capitale diplomatique du Maroc, ce milliardaire américain a planté des dizaines d'espèces exotiques comme des yuccas, mimosas, eucalyptus, cyprès et même des palmiers de Californie. Nichée au cœur de son domaine, « *La maison des Rossignols* » devenue aujourd'hui un musée était un savant mélange de styles avec ses allures de petit château et sa tour d'inspiration médiévale. Perdicaris s'est retrouvé au centre d'un bras de fer international. Pris en otage par Raïssouni, chef d'une tribu des montagnes en mai 1904, il sera son prisonnier plusieurs semaines. Sa capture fit la Une des journaux du monde entier et provoqua l'intervention de la marine américaine envoyée par Théodore Roosevelt. La rançon colossale de 70 000 $ fut payée par le sultan Moulay Aziz, qui, affaibli par cette affaire, sera remplacé par son frère avant l'instauration des protectorats français et espagnols au Maroc.

PHARE DU CAP SPARTEL ★★

Le cap Spartel est distant de 14 km du centre de Tanger. L'itinéraire est correctement indiqué.

Ouvert tous les jours de 9h à minuit. Entrée 30 DH pour visiter le jardin, le musée et le phare.

En 1861, la construction du phare du cap Spartel fut décidée par les autorités, à la suite de nombreux naufrages survenus dans les environs. Le sultan Abd el-Rahman donna son aval aux requêtes émises en ce sens, et le phare fut inauguré le 15 octobre 1864. Ouvert en 2021 au public, après un an de réhabilitation, l'intérieur abrite aujourd'hui un musée relatant entre autres l'histoire de sa construction et un centre pédagogique pour les enfants. De là-haut, une vue imprenable se déploie sur le détroit de Gibraltar et sur Tarifa qui se dessine au loin.

THÉÂTRE CERVANTES

Inauguré en 1913, il a longtemps été le théâtre le plus important d'Afrique du Nord. Aujourd'hui en rénovation, on peut encore y observer sous les ruines, les traits de son architecture particulièrement riche en couleurs. Le plafond a été peint par Federico Ribera et a accueilli les plus grands : Caruso, Conchita Piquer, Manolo Caracol et Lola Florès, l'Italien Tallavi et beaucoup d'autres. Le théâtre est censé être restauré depuis les années 1990, notamment grâce à des fonds espagnols. Pour des raisons diverses, rien n'avait été fait jusqu'à récemment.

RIF PLANÈTE

115, avenue Sidi Mohamed ben Abdellah
© +212 5 39 93 76 74
www.rifplanete.com

L'agence propose des circuits sur mesure hors des sentiers battus qui révèlent toute la mixité culturelle que la ville a amoncelée depuis des siècles, ainsi que les beautés écologiques préservées de la région. Yasmine, la directrice, s'est entourée de guides spécialistes pour développer des excursions qui donnent envie au voyageur de revenir. Des échappées culinaires aux randonnées dans le Rif, en passant par des excursions aux gorges du Dadès et dans les dunes de Merzouga, l'agence s'adapte facilement à vos envies. Adresse à recommander.

AFRICA MOROCCO LINK

31 avenue de la Résistance
© +212 5 39 32 22 58
www.aml.ma

De 6 à 9 départs par jour selon la saison de Tanger Med à Algésiras. A partir de 39 € l'aller simple par personne.

La compagnie. AML effectue jusqu'à 9 traversées par jour entre le port de Tanger Med au Maroc et le port d'Algésiras en Espagne, en assurant des services de transport fiables et de haute qualité pour les piétons, les véhicules privés et camions. Africa Morocco Link est le fruit d'une alliance entre le groupe grec Attica, référence mondiale dans le domaine du transport maritime et BMCE Bank Of Africa. A bord, du ferry, vous trouverez un bar restaurant et un duty free. Soyez observateurs, des dauphins accompagnent certaines traversées dans le détroit de Gibraltar.

BAYT ALICE €

26 Rue Khatib
© +212 770 747 806

A partir de 45 € pour une chambre double et 14 € en dortoir, petit-déjeuner compris.

Une charmante maison d'hôtes très bien située au cœur de la médina, près du port et du Petit Socco. Fabienne, Adil et leur équipe font le charme du lieu. Au cœur de cette vaste demeure arabo-andalouse, l'escalier en bois dessert différents dortoirs bien aménagés, un petit salon chauffé au poêle et de jolies chambres cocooning, où se croisent de nombreux voyageurs. On s'y sent chez soi. La terrasse est un véritable lieu de détente où prendre son petit déjeuner ou faire une sieste dans le hamac. Excellent qualité-prix pour les budgets serrés.

DAR OMAR KHAYAM €

26, rue El-Antaki
© +212 6 59 35 08 38
www.daromarkhayam.com

A partir de 30 € pour une chambre double et 46 € pour une suite, petit déjeuner compris.

Joli immeuble jaune datant du XIXe siècle et classé au patrimoine architectural national, le Dar Omar Khayam ne manque pas d'histoire, ayant été église à la base, hôpital de convalescence à la Première Guerre mondiale et même couvent pendant la colonisation espagnole. Aujourd'hui, ce pensionnat situé à 50 m de la plage et à 10 minutes à pied de la médina propose des chambres basiques, propres et à des prix imbattables. Grand salon intérieur et extérieur, dans un petit jardin. L'hôtel faisant peau neuve au fur et à mesure, demandez les chambres rénovées !

EL DJENINA €

8, rue El-Antaki
© +212 5 39 94 22 44
www.hoteleldjenina.com

A partir de 50 € la nuit.

L'hôtel bénéficie d'un emplacement privilégié près de la marina et de ses plages. Plusieurs types d'hébergement sont proposés pour satisfaire les désirs des clients. Les chambres spacieuses et baignées par la lumière sont toutes dotées d'une salle de bains individuelle, d'une télévision par satellite, d'un coffre-fort et d'un balcon. Certaines d'entre elles offrent des vues incroyables sur le détroit de Gibraltar. Bon rapport qualité-prix, accueil efficace. Le quartier regorge de cafés et de restaurants aisément accessibles à pied.

TANGIER KASBAH HOSTEL €

Rue Sidi Jalil 17
✆ +212 5 39 93 93 09
A partir de 120 DH en dortoir et de 290 DH pour une chambre, petit déjeuner compris.

Bienvenue chez Ayoub, un jeune ambitieux et voyageur qui rêvait d'ouvrir sa propre auberge. Après de longs mois de rénovation, la voici aujourd'hui : une belle maison traditionnelle, sur plusieurs étages, en plein cœur de la kasbah. Si l'endroit est simple, il n'en est pas moins bourré de charme. De ses deux terrasses superposées, la vue est incroyable. Ici, on mange ensemble, on discute, on écoute de la musique. Ayoub parle français, anglais, espagnol et même italien. C'est une de nos adresses préférées pour les petits budgets, et les grands voyageurs !

DAR SOURAN €€

45, rue du commerce médina
✆ +212 5 39 93 60 45
A partir de 90 € pour une chambre double, petit déjeuner compris.

Située près du Petit Socco, cette ancienne demeure de 1898, rénovée en 2010 par Paul, le propriétaire très accueillant et passionné de voyages, propose des chambres spacieuses et confortables dans un cadre luxueux. La terrasse, avec une vue à couper le souffle, est un endroit paisible pour prendre les repas ou lézarder au bord de la petite piscine. Vous pourrez aussi vous accorder un moment de lecture dans le grand salon digne des Mille et Une nuits ou encore profiter du savoir-faire des mâalems pour vous offrir des soins traditionnels dans le hammam.

DAR NOUR €€

20, rue Gourna
✆ +212 6 62 11 27 24
www.darnour.com
A partir de 75 € pour une chambre double, 145 € pour une suite avec petit déjeuner.

Dar Nour, la maison de la lumière, est l'une des plus anciennes maisons d'hôtes de la ville et peut-être la plus branchée. Philippe et Jean-Olivier ont veillé à chaque détail. Le charme du Maroc, ses couleurs chaleureuses et ses cuivres luxueux s'entremêlent avec l'excellence à la française. La décoration, faite d'objets chinés, est une invitation au voyage. Les 13 chambres et suites confortables (dont 2 disposent de leur terrasse) s'habillent de bois sculpté et de tadelakt. Prendre un drink sur le roof top avec sa vue panoramique marquera votre séjour.

DAR SULTAN €€

49 rue Touila la kasbah
✆ +212 5 39 33 60 61 - https://darsultan.com
Entre 120 € et 130 € la chambre double, 140 € la suite, petit déjeuner compris. Riad complet à 600 € la nuit.

Les voyageurs en quête d'authenticité apprécieront le charme de cette ancienne maison bourgeoise de style arabo-andalou et le confort de ses chambres. Située idéalement au cœur de la kasbah, en plein quartier historique, près de la médina, des plages et du centre-ville. Les sept chambres, au nom des différents quartiers de Tanger, sont hautes en couleur et ont chacune leur propre style. Beaux objets chinés aux quatre coins du monde par les propriétaires, Jean-Pierre et Maïté, toujours là pour vous donner des conseils judicieux pour passer un agréable séjour.

© CAMILLE RENEVOT

Vue sur la Médina.

HÔTEL REMBRANDT €€

Boulevard Mohammed V
✆ +212 5 39 93 78 72
www.hotelrembrandt.ma
A partir de 50 € pour une chambre double, petit déjeuner inclus.

L'établissement qui a vu défiler bon nombre de personnalités a repris des couleurs depuis que Reda a pris la suite de son père. Bar chiringuito sur la pelouse autour de la piscine, St Jame's bar à l'intérieur et le blue pub qui est devenu l'un des lieux en vogue de Tanger. Les chambres ont été redécorées à neuf dans un style de bois blanc sans prétention mais harmonieux. Le restaurant propose une carte de la cuisine française, en mode bistro avec blanquette de veau, moules, escalope de veau de mamie Anna et même de la raclette ! Une valeur sûre au centre-ville.

KASBAH ROSE €€

30 rue Merrouche
✆ + 212 6 53 63 80 71
http://kasbahrose.com
Compter entre 65 € et 115 € pour une chambre double selon la taille et la saison avec petit déjeuner.

Hans et Lorraine sont Néérlandais, mais bel et bien Tangérois de cœur. Ils vivent ici depuis 30 ans et depuis 2014, ils tiennent cette belle maison d'hôtes au cœur de la kasbah. La maison est spacieuse, sur trois étages et décorée avec goût, mêlant matériaux et objets du Maroc et du reste de l'Afrique. Elle propose cinq chambres, chacune d'entre elles a son charme personnel. Toutes ont une salle de bain privative et certaines sont dotées d'une terrasse ou d'un balcon. Le petit déjeuner est servi sur la terrasse en *rooftop*. Une coquette adresse !

LA MAISON BLANCHE DE TANGER €€

Rue Ahmed Ben Ajiba 2
✆ +212 5 39 37 03 36
www.lamaisonblanchetanger.com
Comptez 110 € pour une chambre double et 210 € pour une suite. Petit déjeuner inclus.

Aziz a ouvert ce dar après six ans de restauration. Idéalement placé, à côté de la kasbah, ses 9 chambres et suites avec leurs portes en bois anciennes, leur salle de bain en marbre des montagnes voisines du Rif vous offriront confort et authenticité. Le petit déjeuner est une merveille, vous serez aux anges, car il est servi sur une belle terrasse qui donne sur la ville et la mer. Excellente base pour apprécier le lever et le coucher de soleil. Jolie fontaine dans le patio central.

MALABATA GUEST HOUSE €€

60 Route de Malabata
✆ +212 5 39 30 19 14
A partir de 100 € pour une chambre double avec petit déjeuner. Vélo à disposition.

S'éloigner du centre-ville peut avoir du bon ne serait-ce que pour la quiétude ! Bienvenue au cœur de Malabata, le quartier de Tanger ville nouvelle en pleine expansion. Les hôtes, Naïma et Driss, prennent plaisir à vous accueillir ici comme à la maison. Vous aurez le choix entre plusieurs types de chambres, de la double à la suite. Toutes ayant vue sur le jardin et sur la piscine, que l'on apprécie les jours ensoleillés. Décorée avec beaucoup de goût, Malabata Guest House vous promet une belle expérience au cœur de la culture tangéroise. Bon accueil.

DAR TANJA €€€

Villa Charrat, Boubana
✆ +212 5 39 37 33 24
www.dartanja.com
Compter entre 750 DH et 1 800 DH selon la chambre et la saison, petit déjeuner compris.

Une adresse de choix située à l'extérieur de la ville, dans le quartier de la Montagne. Dar Tanja est une maison pleine de charme, à la fois moderne et traditionnelle, propriété de Rachid Charrat, architecte de profession. Elle est aujourd'hui gérée par sa fille, Amal, ce qui lui donne un côté intime et personnel. Idéale pour ceux qui recherchent le calme et la chaleur d'une maison familiale. Les chambres et suites, dont certaines avec terrasse, sont élégantes et douillettes. On apprécie aussi son joli jardin, son espace fitness, son hammam et sa piscine.

LA MAISON DE TANGER €€€

9 Rue Al Mabara
✆ +212 6 60 68 88 52
www.lamaisondetanger.com
Chambre double de 78 € à 190 €.
Suite entre 170 et 240 €. Petit déjeuner 9 €.
Offert si réservation via internet.

A cinq minutes à pied de la place du Grand Socco, Alex Henry Foster un musicien canadien a pris les rênes de cette jolie demeure cachée sur une petite colline, avec jardin et piscine. Les cinq chambres et trois suites au style néo-marocain et à l'architecture années 1930 sont douillettes et élégantes. La plupart disposent de très grandes baies vitrées et de terrasses offrant de belles vues sur le jardin. Salon cosy, cheminée, hammam, salle de massage, fitness et terrasse sur les toits. Un lieu raffiné, convivial et très confortable. Adresse hautement recommandée.

EL MINZAH HÔTEL €€€

85, rue de la Liberté
✆ +212 5 39 33 34 44
www.leroyal.com
A partir de 150 € la chambre double, petit déjeuner compris.

Rita Hayworth, Aristote Onassis, Winston Churchill et tant d'autres descendirent en leur temps au Minzah, palace mythique de Tanger inauguré en 1930. Ses belles arcades et son patio rappellent aux visiteurs les trésors de l'Andalousie. L'endroit a le charme suranné d'une vieille dame avec des espaces communs agréables et un service irréprochable. Les chambres sont vastes, certaines ont une vue somptueuse sur le port. La piscine et son magnifique jardin entretenu sont une merveille. Essayez en terrasse au bord de la piscine le couscous royal : une réussite.

RIAD AUX 3 PORTES €€€

Rue Oualad Sidi Ben Assa
✆ +212 5 39 93 15 92
www.aux3portes.com
Compter entre 120 € et 200 € pour une chambre double selon la catégorie, petit déjeuner inclus.

Imaginez le chant des oiseaux, un jardin fleuri, des palmiers, des fontaines, puis le bleu infini de la baie qui s'étend devant vous, et une piscine au bord de laquelle on sirote un thé à la menthe... Vous serez aux anges dans cette maison d'hôtes pleine de charme et de cachet, décorée dans l'esprit colonial. Ici, la rêverie côtoie la réalité sans aucune difficulté. Chacune des 6 chambres a ses propres caractéristiques, sa touche personnelle, des objets de voyages. Ce riad est une adresse idéale pour ceux qui veulent décompresser sans s'éloigner de la ville.

AGENCE TANGIMMO €€

47 avenue de Marrakech
✆ +212 6 61 09 62 21
http://immobilier-tanger-maroc.com
Ouvert tous les jours de 8h à 19h30.

Une agence immobilière sérieuse qui a pignon sur rue depuis une douzaine d'années. Olivier et André vous accueilleront avec leur grande gentillesse mais surtout avec un immense sérieux afin de vous éclairer au mieux dans vos recherches et différentes démarches, que ce soit pour une location, une vente ou un achat. Grâce à leur site en français très bien construit, vous pourrez d'ores et déjà consulter, assis dans votre canapé, les produits qu'ils proposent en ligne et avoir ainsi accès directement au marché tangérois pour vous faire une idée.

ALI BABA €

136, avenue Mohamed VI
✆ +212 5 39 94 13 76
www.alibabalibanais.com
Ouvert tous les jours de 8h à minuit. A partir de 60 DH le plat.

Depuis 1989, le restaurant accueille les amoureux de la bonne cuisine. La carte est bien fournie, allant des pizzas et chawarma à la sole grillée et médaillon de bœuf aux pommes. L'établissement est également réputé pour ses spécialités libanaises et marocaines, à l'instar de ses bonnes grillades et de son délicieux tajine de viande aux pruneaux. Il s'ouvre sur de grandes baies vitrées, offrant une vue panoramique sur la Méditerranée. Le propriétaire est très aimable et adore discuter avec ses clients. Bon rapport qualité-prix.

DARNA €

Rue Jules Cot
✆ +212 5 39 94 70 65
www.darnamaroc.com
Ouvert du lundi au samedi de 12h à 17h. Couscous le vendredi. Formule à 60 DH. tarte au citron 15 DH.

Darna est une association d'aide aux femmes et enfants les plus démunis. Dans la charmante petite cour intérieure aux murs de zellige se cache un restaurant dont les bénéfices sont reversés à cette dernière. Il est très agréable d'y déjeuner à l'ombre du figuier. Un excellent menu qui change chaque jour et des jus frais sont servis à des prix très abordables. Le couscous du vendredi est un rendez-vous prisé des Tangérois. La tarte au citron est l'une des meilleures de la ville. Petite boutique d'objets artisanaux réalisés par les femmes. A ne pas rater.

EL DORADO €

21 rue Allal Ben Abdellah
✆ +212 6 60 50 90 35
Ouvert tous les jours. Plats à partir de 50 DH.

En plein centre-ville, cette cantine populaire et authentique était le repaire de l'écrivain marocain, Mohamed Choukri, qui y venait souvent écrire et se restaurer de bons petits plats. Cette institution, à l'ambiance espagnole, est aussi réputée pour ses délicieuses brochettes de viande et ses poissons grillés cuits au charbon de bois. La décoration reste cependant quelconque, avec quelques photos du vieux Tanger, mais un joli patio vous permettra de vous attabler en terrasse. Personnel aux petits soins et professionnel. Incontournable !

GRAND CAFÉ CENTRAL €

Petit Socco

+212 5 33 07 92 83

https://grandcafecentral.com

Ouvert tous les jours de 7h à 23h.
Café, thé à partir de 20 DH.

Un ancien café littéraire situé au cœur de la médina, sur la place du Petit Socco. L'établissement, animé à longueur de journée, est fréquenté à la fois par les locaux et touristes. On y va surtout pour siroter un café, bouquiner ou rêvasser en terrasse, spectateur de l'agitation incessante de ce lieu animé du matin au soir. Mais on peut aussi en profiter pour manger un bout après avoir crapahuté dans la médina. La carte est simple et propose tajines, brochettes de poulet et filet d'espadon. Le couscous est bien sûr le plat star du vendredi. A ne pas manquer !

POSADA DEL HAFA €

28, avenue Hadj Mohamed Tazi

+212 5 39 37 22 03

Ouvert de 12h à minuit. Plats à partir de 65 DH.

Vous passerez sûrement devant ce restaurant pour vous rendre au Café Hafa. Si c'est l'heure de manger, n'hésitez pas à vous y arrêter. Vous pourrez vous attabler dans une salle à la décoration soignée ou en terrasse, dans le joli patio. La Posada del Hafa propose des tajines, couscous, *chawarmas* et salades. Vous pourrez aussi commander un poisson grillé et quelques viandes. Les plats sont savoureux, tout est préparé devant vos yeux ! Rien que l'odeur des grillades à l'extérieur ouvre l'appétit ! Petit prix et accueil sympathique.

CHEZ HASSAN €

8 rue de la Kasbah

+212 6 13 76 92 93

Ouvert tous les jours de 12h30 à 23h30.
A partir de 60 DH le plat.

Aussi appelé le Bab Kasbah, chez Hassan, ce restaurant aux allures de « boui-boui » vu de l'extérieur, est idéalement situé rue de la Kasbah, entre la place 9 Avril et les escaliers de pierre. Hassan vous accueille comme à la maison, certains diront même qu'on se sent en famille dans ce petit restaurant, qui sert de très bons plats concoctés devant vous. Une cuisine simple, mais très goûtée. On recommande le tajine de poisson, une des spécialités de cette adresse, repaire des locaux comme des touristes. N'oubliez pas de signer le livre d'or !

LA TERRASSE DE DAR EL KASBAH €

12 rue de la Kasbah

+212 661 078 980

www.dar-kasbah.com

Ouvert tous les jours de midi à 15h et de 19h à 22h. Compter autour de 140 DH pour un repas.

La terrasse de Dar El Kasbah est une de nos adresses préférées à Tanger. Et on n'est pas les seuls. Tout le monde s'accorde à dire que le couscous qu'on y sert le vendredi est le meilleur de la ville. On ne dira pas le contraire. Du déjeuner au dîner, le restaurant régale nos papilles. La terrasse est agréable, avec des coins au soleil et d'autres à l'ombre. On a aussi adoré les tajines, le poisson et les salades. Et pour accompagner le tout, un accueil chaleureux de toute l'équipe.

AU PAIN NU €

Rue Moussa Ben Noussair

+212 5 39 94 35 01

Ouvert tous les jours de 11h à 2h.
A partir de 100 DH pour un plat.
Bière à partir de 25 DH.

L'établissement Au Pain Nu tire son nom du roman autobiographique de Mohammed Choukri paru en 1973, dans lequel il raconte son exode du Rif jusqu'à Tanger et qui balaie tous les tabous de la société marocaine. L'endroit est sympathique pour boire un *tinto verano* servi avec une farandole de tapas, mais c'est aussi un très bon restaurant avec une carte variée d'inspiration méditerranéenne. Seul petit bémol, la salle est souvent enfumée en fin de soirée. Clientèle locale, ambiance plutôt intimiste et en musique. Personnel agréable et serviable.

CAFÉ À L'ANGLAISE €€

37 rue de la Kasbah

+212 6 17 60 18 15

Ouvert de 10h30 à 22h. Fermé le mercredi.
Plats autour de 80 DH.

Sur le trottoir de gauche quand on monte à la Kasbah, ce petit restaurant plein de charme aux allures de brocante coffee-shop propose une carte à base de produits frais du marché. L'ardoise, aux choix limités, change tous les jours. Vous retrouverez entre autres soupe de poisson, pastilla, sardines grillées et tajine poulet olive bien cuisinés. La décoration associe harmonieusement une multitude d'objets et un mobilier vintage ! Jolie terrasse sur le toit, idéale pour savourer un thé à la menthe l'après-midi. Une adresse familiale.

Vue sur la vieille ville de Tanger depuis la mer.

EL TANGERINO €€

186 Avenue Mohamed VI

✆ +212 5 39 94 39 73

Ouvert tous les jours de 12h30 à 2h.
A partir de 50 DH pour une tapa et 350 DH pour une paella pour 2.

El Tangerino fait partie des nouvelles adresses branchées de Tanger. Il propose deux ambiances sur deux niveaux : le bar *lounge* aux lumières tamisées offre une jolie carte de vins et de cocktails. Et le restaurant vous accueille dans une ambiance marine : filets de pêche et cordages aux murs. On y sert une cuisine d'inspiration espagnole aux notes tangéroises : large choix de tapas, de la paella, des tartares, viandes et poissons à la plancha ainsi que de très bons desserts. Jolie vue sur la corniche depuis l'étage. Expositions temporaires également.

L'OCÉAN €€

Plage Sidi Kacem

✆ +212 5 39 33 81 37

Ouvert toute l'année, tous les jours, midi et soir.
Comptez 40 € par personne pour un repas.
Réservation conseillée.

Le restaurant l'Océan vous accueille chaleureusement dans un cadre idyllique et paisible, face à la mer. A l'ombre des parasols, loin de l'agitation de la ville, vous pourrez déguster des huîtres de Dakhla, du homard grillé, des tagliatelles à la langouste ou une belle pièce de boeuf. En dessert, laissez-vous tenter par la délicieuse tarte au citron. Belle sélection de vins. La carte méditerranéenne et gourmande donne envie de revenir à l'Océan. A l'ardoise, les suggestions du jour sont également très tentantes. Cette adresse est réputée et connue à Tanger.

LE SALON BLEU €€

71, rue Amrah

✆ +212 6 54 32 76 18

Ouvert tous les jours de 11h30 à 22h.
7 kémias salées 150 DH. Couscous bio 100 DH.

Ce salon de thé-restaurant, comme perché sur un rempart, domine la place de la Kasbah. Tenu par les propriétaires du Dar Nour, le Salon Bleu est un restaurant au design soigné, mettant parfaitement en valeur l'artisanat marocain. L'équipe est aux petits soins, le service impeccable et toujours dans la bonne humeur. La terrasse vous donne l'occasion de profiter pleinement du panorama… Au menu, une carte simple mais précise, élaborée avec les produits frais trouvés au marché. Une adresse intimiste et agréable à toute heure de la journée. Pensez à réserver !

SAVEURS DE POISSONS €€

Dans l'escalier Waller, local n° 2, donnant sur la rue de la Liberté et l'hôtel El-Minzah

✆ +212 5 39 33 63 26

Ouvert de 13h à 17h et de 19h à 22h30.
Fermé le vendredi. Menu unique à 200 DH.

Ici, on vient quand on a faim, très faim, car il n'y a qu'un menu copieux. À deux pas du marché aux poissons, le fils de Mohammed a repris l'affaire familiale, continuant sur la lancée d'une cuisine originale. On ne sert pas d'alcool mais une multitude de jus, dont un à la figue aux vertus magiques. Les légumes sont exposés, les amandes servies légèrement grillées. En cuisine, les poissons frais font des allers-retours sur les planchas brûlantes tandis qu'en salle, l'ambiance est à la cantine familiale et populaire, comme le restaurant aime à se définir.

EL MOROCCO CLUB €€€

Place du Tabor, Kasbah

✆ +212 5 39 94 81 39

www.elmoroccoclub.ma

Ouvert tous les jours de 19h30 à 1h.
Plats à partir de 140 DH.

Vincent vous invite à vivre une expérience culinaire et à découvrir une cuisine méditerranéenne raffinée, mariant Orient et Occident. Atmosphère intime et chaleureuse, à l'image du légendaire club de jazz new-yorkais. Au menu, huîtres de Dakhla, couscous aux fruits de mer ou encore sardines à la *charmoula* pour finir en beauté avec une pastilla de fruits de saison à la fleur d'oranger ! Allez prendre un dernier verre au piano-bar après le dîner dans un cadre feutré, tout droit sorti des années 1950, c'est ouvert tard. Egalement un snack pour les petites bourses.

CAFÉ BABA

Rue Zaitouni

✆ +212 6 99 30 99 43

Ouvert tous les jours de 10h30 à 23h30.

Un café familial et légendaire, bien que souvent enfumé, qui mérite une petite pause autour d'un bon thé à la menthe et de jeux de société. Dans ce lieu pittoresque, lors de leurs visites à Tanger, les Rolling Stones et autres personnalités à l'instar de Daniel Auteuil ou de Kofi Annan, aimaient y flâner. L'intérieur est comme suspendu dans le temps, avec des photos ornant les murs témoignant du passé mythique du café. L'ambiance y est plutôt tranquille, sauf les soirs de matchs de foot. Jolie terrasse qui surplombe la médina, avec la baie en toile de fond.

CAFÉ DE LA CINÉMATHÈQUE

Place du Grand Socco
✆ +212 5 39 93 46 83
www.cinemathequedetanger.com

A l'intérieur comme en terrasse, la Cinémathèque est le point de rendez-vous de Tanger en termes culturels. Cinéphiles, expatriés, jeunes et moins jeunes... Tout le monde s'installe ici le temps d'un café, d'un thé à la menthe, d'une discussion. Le lieu est ouvert à tous que l'on vienne ou non pour une séance de cinéma. C'est aussi un des seuls endroits proches de la médina, et près de la Mosquée, où l'on peut commander une bière à l'intérieur. En terrasse, on profite d'une vue sur Grand Socco. Idéal pour rencontrer du monde. Un passage obligé !

CAFÉ HAFA

Avenue Mohammed Tazi
Ouvert du lever au coucher du soleil.

Des chaises en plastique, des tables en bois rongées par la mer... Le café Hafa ne cherche pas à se donner des faux airs, et c'est ce qui fait son charme. Depuis 1921, tous les Tangérois se retrouvent dans cette adresse incontournable de la ville. Mohamed Choukri et Paul Bowles sirotèrent plus d'un thé à la menthe dans ce café populaire accroché à flanc de falaise. Totalement en extérieur, le café Hafa offre une vue magnifique sur le détroit. Il est surtout l'endroit où l'on découvre la fameuse et singulière atmosphère tangéroise. Incontournable.

CAFÉ TERRASSE

Place du Tabor
✆ +212 5 39 94 81 39
www.elmoroccoclub.ma
Ouvert tous les jours de 9h à 17h.
A partir de 60 DH pour un plat.

Près des remparts de la kasbah, cette terrasse, à l'ombre d'un magnifique ficus centenaire, est parfaite pour prendre une pause dans une ambiance locale. Vous pourrez y déguster paisiblement un thé aux différentes saveurs, des jus détox, un petit déjeuner copieux ou des plats du jour tout aussi délicieux les uns que les autres. Salades, sandwichs, quiches ou desserts sont également à la carte. Ici, tout est fait maison ! On y apprécie en plus la disponibilité et l'amabilité du personnel, qui nous fait sentir comme à la maison. Une bonne adresse.

GRAN CAFÉ DE PARIS

Place de France
✆ +212 6 63 703 658
Ouvert tous les jours de 6h30 à 23h.

Une véritable institution à Tanger ! Une ambiance et un décor figé dans le passé, des sièges en cuir, des nappes de velours... Ce café, ouvert depuis les années 1930, a vu défiler entre ses murs de nombreuses personnalités comme Francis Bacon et Jean Genet, qui s'y donnaient rendez-vous. Une fresque sur le mur central présente les douze signes du zodiaque sur une boiserie, le reste étant composé de miroirs. Bien souvent, on y trouve des peintres avec leur chevalet en pleine création. Très animé, le Tanger d'antan respire encore ici.

NUMBER ONE

1 boulevard Mohamed-V
✆ +212 5 39 34 20 01
Ouvert tous les jours de 17h à 1h du matin.

Situé près de l'hôtel Rembrandt, ce bar aux allures de bistrot un peu vieillot ne paie pas de mine. Mais c'est une institution à Tanger ! L'endroit est très agréable pour discuter et refaire le monde pendant des heures, sur une musique blues ou jazzy, tout en grignotant des tapas marocaines autour d'une bière bien fraîche ou d'un verre de vin. Le Number One est connu de tous les Tangérois qui l'apprécient pour son ambiance chaleureuse et conviviale. Les soirs de match, l'ambiance est survoltée. Service très sympathique et accueil avenant de Karim, le patron.

THE TANGERINN

1, rue Magellan
✆ +212 610 047 227
Ouvert tous les jours jusqu'à 2h.

Le secret le mieux gardé de Tanger a une longue histoire. Passez la porte discrète, à l'intérieur, vous retrouverez accolées au mur quelques photos de poètes américains issus de la Beat Generation à l'instar de Jack Kerouac, Allen Ginsberg et William Burroughs qui avaient fait de ce petit bar leur repaire. Autour d'une bière, se retrouvent la jeunesse marocaine et les visiteurs de passage. Un lieu de rencontres où l'on danse, s'amuse et où personne ne juge son voisin. Musiques variées (Electro, Hip-Hop, R'n'B, Dance et House), DJ's le week-end. Equipe adorable.

BOUTIQUE MAJID ANTIQUES

66 Rue les Almouhaddes
✆ +212 5 39 93 88 92
www.boutiquemajid.com
Ouvert tous les jours 10h à 20h.

Si vous parvenez à trouver la boutique Majid, vous ne serez pas déçu. Il s'agit sûrement de l'antiquaire le mieux fourni de Tanger. Il y a là, caché quelque part entre les tapis de cette vieille échoppe, un petit homme au sourire espiègle qui impose une règle à tous les visiteurs de sa boutique : celle de monter au dernier étage pour apprécier la vue sur la médina. Bijoux, œuvres d'art, tapis, vêtements et pièces en tout genre s'entassent ici. Les prix sont élevés, mais comme partout au Maroc, la négociation vous permettra de retrouver l'équilibre.

LIBRAIRIE DES COLONNES

54, boulevard Pasteur
✆ +212 5 39 93 69 55
Ouvert du lundi au samedi de 10h à 13h et de 15h à 20h. Fermé le dimanche.

La librairie iconique de Tanger, fondée en 1949, fréquentée par des écrivains amoureux de la ville comme Tennessee Williams, Jean Genet ou Paul Bowles a aussi été un repère pour les auteurs marocains au premier rang desquels Mohamed Choukri et Tahar Ben Jelloun. Du temps de sa gestion par Rachel Muyal, elle devient un centre littéraire incontournable rayonnant à l'international jusqu'à la fin des années 90. Un quatuor de repreneurs français et marocains a racheté la librairie en 2023. Il ambitionne de lui redonner tout son lustre en y multipliant les événements.

LES INSOLITES

28, rue Khalid Ibn Oualid
✆ +212 5 39 37 13 67
Ouvert du lundi au samedi de 10h à 20h.

A quelques pas de l'agitation du Boulevard Pasteur, dans une rue piétonne qui descend vers la corniche, Stéphanie et sa petite équipe animent depuis 2010 ce lieu récompensé en 2021 par le prix « librairie hors de France » du magazine *Livres Hebdo*. Vous trouverez des ouvrages en français, romans, essais, beaux livres et aussi de la littérature pour enfants. Des rencontres sont organisées régulièrement avec des auteurs ainsi que des expositions de tableaux ou de photos. La librairie organise également le dernier dimanche de chaque mois un club de lecture.

SOUK DES ÉPICES

Grand Socco

Le Maroc est réputé pour ses épices de qualité, il serait dommage de ne pas en rapporter dans vos valises. Dans la rue qui mène vers la place du 9 avril, le souk des épices est l'un des plus agréables, présentant en outre un très bon rapport qualité-prix. Le cumin, la cannelle, le poivre, le gingembre, les piments s'échangent dans une joyeuse ambiance. Si vous voulez vous faire plaisir, achetez quelques pistils du précieux safran de Talioune, le seul, le vrai, l'unique : reconnaissable grâce à sa couleur or et à la subtilité de son parfum. Aussi cher que délicat.

LAS CHICAS

52 rue Kacem Guenoun
✆ +212 5 39 37 45 10
Ouvert de 10h30 à 19h30. Fermé le dimanche.

Ouverte depuis 2013, cette boutique concept-store est dirigée par deux femmes. Et pas n'importe lesquelles, car elles débordent d'énergie et de créativité ! L'une, Aïda, est une ancienne costumière de cinéma et l'autre, Yasmine Hurel, est une ancienne créatrice de haute couture. Toutes les deux se sont associées pour créer cette boutique originale où sont en vente de nombreux produits issus de tout le Maroc dont des articles de Rock da Kasbah et de la boutique Au fil de Tanger de Marie-Laure Godinot. Salon de thé bien agréable à l'étage. Une adresse coup de cœur.

L'OCÉAN

Plage Sidi Kacem
✆ +212 5 39 33 81 37
Ouvert de 12h à 18h.

Magnifique club de plage. Vous pourrez louer un transat les pieds dans le sable à la demi-journée ou à la journée. Le restaurant vous accueille dans un cadre idyllique face à la mer. A l'ombre des parasols, vous dégusterez tartare de thon, carpaccio de poulpe, salade de homard, raviolis au saumon ou lotte à la provençale… accompagnés d'un bon verre de gris. La carte méditerranéenne est alléchante et donne envie d'y revenir. A l'ardoise, des suggestions du jour sont aussi proposées. L'ambiance est agréable aussi au coucher du soleil, un mojito à la main.

LE 555

Avenue Mohamed VI
© +212 637 913 723
www.555tanger.com
Tous les jours à partir de 23h.
Environ 100 DH le verre.

En front de mer, le 555 ou « triple five » pour les intimes est la plus grosse discothèque de Tanger. Les fêtards de la ville aiment y lâcher les chevaux et leur moula tout en sirotant leurs drinks. Derrière leurs platines, les DJ enchaînent un mélange de sons latino, R'n'B, house, dance, orientaux avec un light show impressionnant. L'été, le club organise des showcases avec des pointures de l'auto-tune. Joli jardin pour prendre l'air et apprécier la piscine et la vue formidable sur la mer. Clientèle d'habitués et de touristes. Bar à chicha pour ceux qui aiment.

CINÉMATHÈQUE DE TANGER

Place du 9 Avril
© +212 5 39 93 46 83
www.cinemathequedetanger.com
40 DH la place de cinéma.

Cette association à but non lucratif, installée dans les locaux du cinéma Rif, est l'un des lieux culturels les plus dynamiques de Tanger. Créée en 2006, la cinémathèque propose aux Tangérois des films s'écartant du circuit commercial classique : films d'auteur, films indépendants, rétrospectives, documentaires… Elle dispose aussi d'une bibliothèque, d'une salle de visionnage et d'un ciné-club pour enfants. Le bar est le rendez-vous des locaux qui aiment venir profiter du wifi et du soleil en terrasse en buvant un thé. On peut aussi manger sur le pouce.

THÉÂTRE DARNA

Rue de la plage
© + 212 5 39 33 35 58
Ouvert à tous, spectacle gratuit tous les samedis à 17h30.

Le Théâtre Darna est le théâtre de l'association du même nom. Darna signifie « notre maison » en arabe. L'association a été fondée par un collectif de citoyens, désireux de venir en aide aux femmes et enfants dans le besoin, et de servir l'intérêt général. Eric Valentin se cache derrière la fondation de ce théâtre depuis 2004 et y travaille avec sa compagnie : Mémoire d'avenir, qui s'y produit. Le Théâtre Darna est aussi une sorte de deuxième école pour les plus jeunes de l'association, qui aiment y trouver refuge, suivre des cours de théâtre et d'acrobaties.

ASILAH ★★★

A 40 kilomètres de Tanger, cette petite station balnéaire a su garder un charme intact avec ses hautes murailles, ses ruelles d'un blanc immaculé, son street art sur les murs surplombant la mer, son souk du jeudi, son superbe palais arabo-andalou, son petit port de pêche et ses plages reposantes. Sa médina est l'une des plus belles du Maroc, d'une propreté irréprochable. Elle est si tranquille que lorsqu'on y flâne, on entend le bruit des vagues qui parviennent jusque-là tant l'océan est proche. D'après certains chercheurs, l'histoire d'Asilah remonte à plus de 3 600 ans. Autrefois appelée Zilis, elle était l'une des plus importantes cités carthaginoises à l'époque de la Maurétanie Tingitane avant d'être occupée successivement par les Byzantins, les Romains et les Portugais. Après l'islamisation du pays, la ville, nommée alors Asilah, fut reconstruite en 844 dans un territoire appartenant à la tribu El-Ouata gouvernée par El-Kacem ben Driss Chafi. À partir de cette époque, la bourgade fut l'objet de conflits sanglants dus à sa position stratégique. Tour à tour reprise par l'armée marocaine, portugaise puis espagnole, elle s'est forgée une identité au fil des siècles. Aujourd'hui, Asilah est une ville paisible de près de 32 000 habitants, vivant de l'agriculture et de la pêche, où les ânes parcourent la médina à la place des mobylettes. Au début de l'avenue Mohamed V, le centre-ville rassemble banques, pharmacies, téléboutiques et une belle église blanche. La place Moulay Ismail est entourée de restaurants et d'hôtels et la poste est située à l'est de la ville. Prise d'assaut l'été par les touristes européens et marocains, Asilah se remplit comme un œuf. La ville accueille aussi le Moussem, un festival culturel qui se tient en octobre. Asilah est bien desservie par les bus, les trains et les taxis collectifs.

Transports

- **Train.** 9 trains quotidiens relient Asilah à Tanger. Compter 17 DH pour un aller simple en 2e classe. La gare est située à 2,5 kilomètres du centre-ville. Il vous faudra alors prendre un petit taxi pour rejoindre votre hôtel.
- **Bus.** Les bus pour Larache ou Tanger se suivent sans quasiment discontinuer. La gare routière se trouve à l'est d'Asilah, à environ 500 mètres du centre historique. Nombreux bus pour Rabat également.
- **Taxi.** Les grands taxis stationnent sur la place Moulay Ismail. Compter 20 DH pour Tanger. Le départ s'effectue quand la voiture est pleine.

© COLOR CHASER - SHUTTERSTOCK.COM

Médina d'Asilah.

MÉDINA D'ASILAH ★★

La médina d'Asilah est parfaitement entretenue. Les maisons sont peintes en indigo avec des calligraphies et du street art sur les murs. Toute la médina est entourée de remparts, construits à la fin du XVe siècle par Alphonse V du Portugal. Il est très agréable de longer ces murailles, restaurées il y a quelques années, sur le bord de mer pour atteindre une avancée dans l'océan. De là, vous aurez une vue sublime sur la blanche médina que vous pourrez visiter en entrant par l'une des trois magnifiques portes : Bab el Houmar, Bab el Bahr, et Bab el Kasbah.

MIA HOSTEL ASILAH €

Lot Minzah, Lot 55

✆ +212 5 39 41 78 94

A partir de 120 DH en dortoir et 250 DH en chambre double, petit déjeuner inclus.

Cette auberge de jeunesse est une maison marocaine typique rénovée, moderne et colorée, à 10 minutes de marche de la médina et à 5 minutes de la plage. La maison dispose d'une cuisine en libre-service, de trois dortoirs et deux chambres doubles propres et confortables ainsi qu'un séjour et un jardin verdoyant avec barbecue. Egalement un rooftop où l'on apprécie les couchers de soleil face à la mer. L'ambiance y est conviviale, et l'équipe composée de jeunes saura vous mettre à l'aise et vous conseiller sur les meilleures visites aux alentours. Bon accueil.

PALAIS RAÏSSOUNI ★

Entrée libre.

Raïssouni prit possession de ce palais d'inspiration arabo-andalouse en 1909. Monument historique, il est ouvert uniquement pendant le festival d'Asilah. C'est là qu'y sont organisées des expositions temporaires. Ce bijou architectural mérite le détour pour ses détails, entre vieux plafonds et zelliges. Un peu plus loin, un bastion permet de découvrir en contrebas, le cimetière.

Raïssouni a marqué l'histoire du nord du royaume. Il se voit comme un libérateur du pays et lutte contre un pouvoir qu'il juge fantoche et corrompu par les occidentaux.

La prise d'otages est sa façon d'enrichir son trésor de guerre tout en déstabilisant le sultan.

Sa première cible, l'anglais Walter Harris, correspondant du Times est rapidement libéré.

Raïssouni passe alors à la vitesse supérieure. Il a besoin d'argent pour conforter son pouvoir.

Le 18 mai 1904, il capture l'Américain Ion Perdicaris et réclame 70 000 dollars pour sa libération, une somme considérable pour l'époque.

L'affaire fait la Une des journaux du monde entier et provoque la réaction du président Théodore Roosevelt qui fait pression sur le sultan Moulay Aziz pour qu'il paie la rançon.

Par la suite, Raïssouni reste actif dans la région, participant plus ou moins habilement aux luttes de pouvoir qui impliquent les soutiens du sultan, le protectorat espagnol et les partisans d'Abdelkrim qui l'emprisonnent lors de la guerre du Rif. Il meurt entre leurs mains en 1925. Figure controversée, Raïssouni a été incarné au cinéma par Sean Connery en 1975 (« Le Lion et le Vent »).

BERBARI €€

Ferme « Chez Rachida »
+212 6 60 29 54 54
www.berbari.com
En basse saison, chambre double 65 €, suite 108 €. Haute saison, chambre double 75 €, suite 117 €. Avec petit déjeuner.

Cette ancienne ferme écologique perdue dans l'arrière-pays est un peu difficile à trouver mais une fois arrivé, quel bonheur ! Cette adresse dépaysante et bucolique utilise des matériaux recyclés et l'eau provient de la source. Chambres confortables, nourriture délicieuse et surtout, la nature luxuriante tout autour. Idéal pour se ressourcer au calme, animaux de la ferme et cigognes ne sont jamais très loin. Salon cosy avec cheminée, bibliothèque et terrasse où il est agréable de prendre son petit déjeuner ou l'apéro. Repas sur réservation. Accueil dynamique.

DAR AZAOUIA €€

18, rue 6
+212 6 72 11 05 35
www.darazaouia-asilah.com
A partir de 75 € pour une chambre double, petit déjeuner compris.

Nichée dans une ruelle paisible, la maison d'hôtes dispose de trois chambres doubles et d'une suite, toutes équipées d'une salle de bains individuelle et d'une cheminée pour s'y blottir les soirs d'hiver. Belle terrasse s'ouvrant sur la mer et les montagnes, petits déjeuners copieux et originaux. Restauration marocaine sur demande, thés et pâtisseries maison. Egalement une maison individuelle avec trois chambres doubles qu'il est possible de louer dans son intégralité. Vous êtes à cinq minutes de la plage. Une de nos meilleures adresses à Asilah.

DAR MIMOUNA €€

28, rue Ben Kaddour
+212 6 61 33 90 65
www.darmimouna.com
A partir de 70 € pour une chambre double, petit déjeuner compris.

Une maison d'hôtes pleine de cachet au cœur de la médina. Le décor allie tradition, charme et confort, de jolies salles de bains colorées, 4 chambres chaleureuses : on se sent chez soi. Le patio, comme la terrasse donnant sur les toits de la médina et l'océan, invitent à la sérénité. Il est bien agréable d'y dîner, à la lueur des bougies, surtout pour déguster les spécialités cuisinées par l'attachante Faïza. Petit plus, Valérie et Abdallah, les propriétaires des lieux, adorent partager leur amour pour la région et se feront un plaisir de vous conseiller.

DAR BOUANANI €€

Avenue Abou El Kacem Acharif Sebti
+212 539 41 79 70
www.darbouanani.com
A partir de 32 pour une chambre double, 36 € et 41 € pour un studio. Animaux acceptés.

Le Dar Bouanani est un appart-hôtel situé dans le centre d'Asilah, à quelques minutes seulement de la plage et des restaurants de la médina. Plusieurs options s'offrent à vous, de la chambre double au studio de deux chambres, pouvant accueillir jusqu'à 5 personnes. Optez pour les chambres avec balcon, plus agréables. Du côté des studios, ils sont parfaitement équipés pour être complètement indépendants : cuisine, salle de bains, salon, terrasse. Idéal pour les familles. Très confortable. Personnel serviable. Bon rapport qualité-prix.

LA PERLE €€

Rue Allal Ben Abdallah
+212 5 39 41 87 58
Ouvert du mardi au samedi de 12h à 15h et de 20h à 23h. Menu à partir de 190 DH.

Ce restaurant gastronomique français vous réserve une très belle surprise. Intérieur empruntant le style des restos-bistros parisiens. Le patron Lhacen Louani vous fait découvrir une cuisine française savoureuse et inventive. Au menu : salade de pousses d'épinards au bleu d'Auvergne, demi-pintade rôtie au jus d'estragon, la classique entrecôte sauce béarnaise ou poivre, un poulet sauté Sichuan. Le tout présenté de manière soignée. L'accueil est également impeccable, professionnel et souriant. Une excellente adresse à découvrir !

PORT XIV €€

14 Avenue Moulay Hassan Ben Mehdi
+212 5 39 41 66 77
www.portXIV.com
Ouvert tous les jours sauf le lundi de midi à 16h et de 19h à 23h. Plats à partir de 110 DH.

Avec sa grande baie vitrée qui donne sur la mer, ses luminaires en verre et son style Art déco, cette adresse est plutôt chic. Ici, la cuisine met en avant les poissons, fruits de mer et crustacés ainsi que les produits locaux (viande, légumes, huile d'olive) provenant directement de la ferme familiale de Karim, le patron. Les recettes et les dressages sont parfaitement maîtrisés et valorisent la qualité des produits frais. Dans une démarche écolo, les bouteilles plastiques ont été proscrites et remplacées par du verre recyclé. Service impeccable. A tester.

RESTAURANT EL OCEANO-CASA PEPE €€

8, place Zellaka
✆ +212 5 39 41 73 95
Ouvert tous les jours de midi à 16h et de 19h à 23h. Comptez 300 DH le repas.

Au centre-ville, ce restaurant à l'ambiance espagnole est une institution. Des mises en bouche vous ouvriront l'appétit avant d'attaquer les classiques mais toujours délicieux fruits de mer et poissons frais issus de la cuisine méditerranéenne. Les araignées de mer sont à tomber. Excellentes paëllas. Belle sélection de vins. Le cadre est agréable en hiver avec feu de cheminée. Dommage que le propriétaire ait augmenté ses tarifs et que le service débordé laisse parfois à désirer en été.

KSAR ES SEGHIR ★★

À près de 40 kilomètres au nord-est de Tanger et à seulement une dizaine de kilomètres de Tanger Med, le petit port de pêche de Ksar es Seghir est entouré de remparts portugais et abrite les vestiges d'un château. Son occupation est très ancienne puisque des vestiges romains du Ier siècle ont été exhumés. Le village de Ksar Sghir est de forme circulaire plus ou moins régulière, ce qui marque une exception dans l'urbanisme médiéval du Maroc. Il s'agit d'un ancien site de salaison. Il faut dire que l'emplacement de Ksar es Seghir est stratégique, dans la plaine, en bordure d'oued et au plus près de l'Espagne. La ville de l'époque, dotée d'un chantier naval, aurait été un carrefour majeur des sciences, des arts et de la politique, du fait de sa position stratégique aux portes du Maroc et par sa proximité avec l'Andalousie des Almoravides et des Almohades. Le site fut ainsi convoité par les Omeyyades espagnols au Xe siècle, puis par plusieurs puissances européennes au XVIIe siècle, jusqu'à ce qu'il soit définitivement récupéré par le sultan Moulay Ismaïl, chassant les Britanniques. Depuis 2010, grâce à sa position stratégique, Ksar es Seghir abrite la première base de la marine royale marocaine, qui est en charge de surveiller le détroit de Gibraltar et de lutter contre la contrebande. Mais elle attire surtout par sa tranquillité et sa proximité avec Tanger, et sans nul doute pour la petite plage en pente douce de sa baie. Un lieu aussi très apprécié par les Tangérois qui apprécient sa promenade, par les pêcheurs qui viennent taquiner le poisson au coucher du soleil et par les touristes à la recherche d'un brin de quiétude... C'est une ville qui est bien desservie par les trains et les bus au départ de Tanger, et qui est accessible par la rocade, reliant Tanger à Al Hoceima par Chefchaouen. Une navette fait aussi l'aller-retour au départ de Tanger Med.

Histoire

Ksar es Seghir était autrefois un port très animé et un lieu privilégié pour les armées qui se rendaient en Espagne, notamment au moment de la conquête arabe (Al Andalous) à la fin du XIe siècle par les Almoravides. Les troupes se rendaient en Espagne, en Andalousie actuelle, pour venir en aide aux princes musulmans, prisonniers des armées chrétiennes qui avaient entrepris la « Reconquista ». Les armées marocaines décidèrent alors de mener la guerre et d'annexer ces riches provinces de l'Andalousie à celles du royaume. Un port fut créé à Ksar es Seghir dans le but de faciliter les échanges avec les nouveaux territoires conquis. C'est le lieu idéal, car c'est le plus proche des côtes espagnoles. Tarifa se trouve juste en face à moins de 14 kilomètres. Avec le sultan almohade Yacoub el-Mansour, cet endroit devient un réel point fort et fait de la cité une puissance remarquable. De 1458 et jusqu'en 1550 avec l'arrivée des Portugais, le Maroc perd sa tête de pont stratégique. La ville est alors transformée en forteresse, dont on peut encore admirer les murailles avec leurs chemins de ronde.

Transports

- **Route.** Ksar es Seghir se trouve sur la route qui relie Tanger à Ceuta, aussi appelée Route des contrebandiers. Douaniers et contrebandiers cherchant à importer illégalement des marchandises dans l'enclave espagnole se livrent régulièrement à des courses poursuites. En prenant votre temps, vous apprécierez la vue sur Tarifa depuis la côte, les contours abrupts de l'arrière-pays et les gardiens de chèvres ou de moutons qui vous saluent d'un signe de main. Vous pouvez vous arrêter en chemin sur les plages de Mirizats et Sidi Kankouch.
- **Train.** Si Ksar es Seghir compte une gare, celle-ci n'est plus en activité. Il faut prendre le train pour Tanger Med.
- **Bus.** Un bus relie Tanger à Ksar es Seghir, avec un départ fréquent. La gare routière se trouve à l'est du port. Compter 10 DH pour le trajet.
- **Taxi.** Les grands taxis stationnent à l'est de la ville. Il faut compter 30 minutes et 20 DH pour se rendre à Tanger.

© THIERRY LAUZUN - ICONOTEC

Femmes Jebala en tenue traditionnelle dans un souk de la région de Ksar-es-Seghir.

SITE ARCHÉOLOGIQUE DE KSAR ES SEGHIR ★

Ouvert de 9h à 16h. Entrée : 10 DH. Entrée : 10 DH.

S'étendant sur trois hectares au cœur même de la ville, ce site archéologique, autrefois un village médiéval, rassemble des vestiges vieux de 2 500 ans. Il fait l'objet depuis 2005 de nombreuses fouilles, et de projets de réhabilitation et d'aménagement. Un parcours de visite a été installé et permet de mettre en lumière l'importance des échanges dans la Méditerranée antique. Le site remontant à l'ère phénicienne a été découvert fortuitement lors des travaux de construction de l'autoroute reliant Tanger Med à la côte atlantique. Légèrement en retrait de la côte et en hauteur, il était desservi par un oued navigable. Il représente un choix typique des Phéniciens, qui privilégiaient un endroit dominant, relié à la mer et entouré de zones agricoles permettant de subvenir à leurs besoins vitaux. Les fouilles entreprises font état d'une occupation constante du VIe siècle av. J.-C. au XIIIe siècle. Ce sont ainsi quatre civilisations qui se sont succédé à cet endroit : punique, mauritanienne, romaine et islamique. Le site fortifié par les Romains conservait de nombreuses céramiques, pièces de monnaie et des jarres en terre cuite. Un établissement thermal en bon état de conservation a été révélé, comprenant un vestiaire et des bains d'eau froide, tiède et chaude. Des bains de salaison pour les poissons ainsi qu'un four permettant de cuire les céramiques ont également été découverts. Un musée renferme les objets trouvés lors des différentes fouilles.

VILLA MARINE €€

✆ +212 6 28 91 20 23

A partir de 50 € pour une chambre double.

La Villa Marine se situe au cœur du village de Ksar es Seghir tout proche de Tanger Med et à trente kilomètres du centre de Tanger. Elle bénéficie d'une situation privilégiée, en bord d'une plage dominée par les vestiges d'une vieille forteresse portugaise. La maison d'hôtes offre d'ailleurs une jolie vue sur le détroit de Gibraltar et la ville de Tarifa, juste en face. Les sept chambres sont en plus colorées et confortables, dotées d'une literie agréable, salle de bains privative, wifi... Ambiance conviviale et accueil chaleureux.

RESTAURANT DAKHLA €

N16, Ksar Sghir

✆ +212 539 39 00 33

www.restaurantdakhla.ma

Ouvert tous les jours en continu.
Menu à partir de 100 DH.

Une situation exceptionnelle pour ce restaurant de poissons et fruits de mer qui a presque les pieds dans l'eau. Sa grande terrasse donne directement sur la mer et la salle de restaurant, à la décoration contemporaine, offre un cadre romantique pour un dîner en tête à tête. Si l'on s'y rend surtout pour la vue, on y mange aussi très bien : soles et dorades grillées, poissons et calamars frits, filets de viande, mais aussi salades, pâtes, omelettes... Joli cadre et accueil chaleureux, en salle ou en terrasse. Une très bonne adresse.

CEUTA ★★

Territoire autonome espagnol au milieu du royaume marocain, Ceuta revêt un caractère particulier, elle qui affirme son identité européenne à travers ses magasins de hi-fi, fruits d'un développement économique rapide, dû au statut politique de Ceuta, zone franche. Côté géographie, elle forme une presqu'île offrant une jolie vue sur le rocher de Gibraltar et devient même une véritable île, au niveau du Foso San Felipe. La ville est fière de son identité espagnole, et les musulmans qui y vivent sont quelque peu méprisés. D'ailleurs, la frontière grillagée fait peine à voir, elle qui est le théâtre de tentatives d'entrées massives d'émigrés africains...

Histoire

Le nom de Ceuta, Sebta en arabe, a une origine latine : les *septem fratres,* ou les sept frères, désignent les sept collines entourant l'enclave. Parmi celles-ci, le djebel Moussa qui, dit-on, a été créé par Hercule lorsqu'il creuse le détroit, laissant le djebel Tarik (le rocher de Gibraltar) de l'autre côté de la Méditerranée. Lors de son odyssée, Ulysse y aurait séjourné sept ans, attiré et retenu par le chant de la nymphe Calypso. De romaine, Ceuta devient byzantine, puis arabe en 931, lorsqu'elle tombe aux mains des Omeyyades. En 1093, les Almoravides l'occupent jusqu'en 1309, avant que Jacques II d'Aragon se rende maître des lieux. Ceuta prend alors son essor économique, commerçant avec les plus grandes villes européennes. Portugaise puis espagnole depuis 1640, Ceuta est avec Melilla les derniers vestiges de l'expansion espagnole au Maroc et clame bien haut son appartenance à l'Europe.

Pratique

Ceuta faisant partie de l'Europe, seul votre passeport vous sera demandé à l'entrée. Il convient de vérifier qu'il soit bien tamponné à l'entrée, mais aussi à la sortie. Avant de passer la frontière, pensez à changer vos dirhams en euros dans les bureaux de change et refusez toutes les propositions dans la rue qui sont de véritables arnaques. Pour rejoindre Ceuta d'Espagne, des ferries font la traversée d'Algésiras en moins d'une heure. Du Maroc, vous pouvez passer la frontière à pied puis rejoindre le centre-ville en bus ou en taxi. Attention, ici les taxis fonctionnent au compteur et n'apprécient pas le marchandage. Pour vous rendre à Ceuta en voiture de location, sachez qu'il vous faut une autorisation de sortie du territoire signée de la main du loueur et qu'un formulaire est à remplir au guichet pour la voiture. Côté visites, un office du tourisme, ouvert tous les jours, est situé sur le port.

Tourisme

L'Office de Tourisme est situé à l'entrée de la vieille ville, Calle Edrissis (✆ +34 856 20 05 60 - www.ceuta.si). Ouvert tous les jours de 7h30 à 20h30.

Transports

- **Route.** Ceuta écrit « Sebta » sur les panneaux routiers est située à 68 kilomètres de Tanger par la route côtière. Celle-ci est en mauvais état, donc dangereuse, mais splendide. Compter 1 heure 30 de trajet.
- **Location de voiture.** Attention, les voitures de location ne peuvent entrer à Ceuta depuis le Maroc qu'avec une autorisation de sortie du territoire signée expressément de la main du loueur.
- **Ferry.** Les différentes compagnies (Euroferries, Buquebus et Transmediterranea) sont regroupées sur le port et appliquent des tarifs comparables.
- **Bus.** Les bus pour la frontière partent du Foso San Felipe (n° 7). Trajet : 0,50 €. Le bus n° 4 relie le centre-ville au Monte Hacho.
- **Taxi.** Vous trouverez des grands taxis pour Tanger et Tétouan à la frontière, au village de Findeq. Compter 30 DH par personne en mode partagé et 100 DH si vous êtes seul. Les petits taxis circulent tous au compteur et n'apprécient pas vraiment le marchandage. Pour une course, si petite soit-elle, le forfait minimum st de 2 €. Un supplément de 0,60 € est exigé le samedi après 15h, ainsi que les dimanches et fêtes.

MONTE HACHO ★★

Ctra. de circunvalación del Monte Hacho

Ouvert à la visite du lundi au vendredi de 9h à 13h, et de 16h à 19h. Fermeture à 17h30 le mardi.

Pour visiter le Monte Hacho, demandez à un taxi de vous emmener jusqu'à la presqu'île car le trajet à pied est assez long (4 km jusqu'à l'ermitage San Antonio). Vous pourrez vous faire déposer au niveau du parking de l'aire de jeux. En suivant la rude montée, on parvient à un escalier de pierre, sur la gauche, qui vous emmène à l'estrada San Antonio. De là, se dévoile une vue spectaculaire sur le détroit de Gibraltar. Plus loin, le djebel Moussa domine la ville. La chapelle, du XVIIe siècle, est le cadre d'une fête donnée en l'honneur de saint Antoine le 13 juin.

MUSÉE DE CEUTA ★

30, avenue del Revellín
✆ +34 956 51 17 70
Ouvert du mardi au samedi de 10h à 14h et de 17h à 20h. Le dimanche, le matin uniquement. Entrée libre.

Cet édifice classique de style éclectique a été pensé pour être un pavillon lors de sa construction en 1900. Il a accueilli d'illustres militaires espagnols, tels que Francisco Franco, Luis Carrero ou Eduardo Saez de Buruaga. Aujourd'hui, il abrite l'Institut des études sur la ville de Ceuta, la fondation Premio Convivencia et le musée de la Ville, classé Bien Culturel. Les collections de ce dernier sont réparties entre cinq salles consacrées à l'histoire de la ville, de la préhistoire à l'époque contemporaine, et deux salles d'expositions temporaires.

PLAGE LA RIBERA

Calle Independencia

La plage la plus réputée de la ville, avec une orientation sud, idéale pour passer l'après-midi à se dorer au soleil ou simplement pour se promener en bord de mer. De jour comme de nuit, le meilleur choix pour profiter de la mer, du sable et des promenades. La plage étant très fréquentée en raison de sa situation géographique en plein centre-ville, vous trouverez de nombreux services sur place : locations nautiques, autobus, équipe de surveillance, éclairage nocturne, poste Croix-Rouge, parasols, zone de mouillage, douches, etc.

PROMENADE EN BATEAU

✆ +34 6 69 53 52 49
Ouvert de mars à octobre.
Adultes : à partir de 8 €, demi-tarif pour les -7 ans.

Une promenade de 45 minutes dans Ceuta, au bord de la Méditerranée. Du port de plaisance, direction le sud de la baie, à destination du château du Desnarigado. Pendant cette promenade, vous pourrez admirer entre autres la forteresse du mont Hacho, les anciens emplacements des canonniers de Ceuta, la plage de la Ribera, les tours de gardes et les murailles. Location pour : pêche, baignades, fêtes… Service de rafraîchissements. Audio-guide en espagnol, en anglais et en français. Départ du port de plaisance (face aux cinémas du Poblado Marinero).

COMPLEXE RURAL MIGUEL DE LUQUE €€

Carretera del Pantano s/n
✆ +34 9 56 50 78 03
www.migueldeluque.com
A partir de 42 € pour une chambre double et 52 € pour une cabane 2 personnes.

Etablissement atypique, complexe composé de maisonnettes rurales de bois, en pleine nature. Pour une nuit plus insolite, un moulin a été aménagé en studio, doté d'un salon, d'une cuisine équipée et d'une grande chambre avec une vue renversante. Ambiance camp de vacances. Idéal pour ceux qui font de la randonnée, montent à cheval, font du vélo, ou qui veulent pratiquer la pêche à la canne et le canoë-kayak au barrage proche. Superbe piscine. Ambiance hispanophone et très bon accueil.

HOSTAL CENTRAL €€

15, Paseo del Revellín
✆ +34 956 51 67 16
www.hostalesceuta.com
A partir de 50 € pour une chambre double.

Dans un bâtiment restauré dont les fenêtres et les balcons donnent sur l'artère la plus vivante de la ville, un hôtel deux étoiles très bien situé, en plein centre commerçant, à quelques pas des restaurants. Le port est proche ce qui est bien pratique lorsqu'on doit prendre le ferry. Les chambres sont assez jolies, propres et sobres, revêtant un style contemporain et dotées d'une clim réversible. On regrettera cependant leurs petites tailles et le manque d'isolation entre elles. Personnel agréable, polyglotte et serviable. Bon rapport qualité-prix.

ULISES HÔTEL €€€

5, rue Camoens
✆ +34 9 56 51 45 40
www.ohniceulises.com
Chambre double à partir de 100 €.
Petit déjeuner en supplément.

Sa situation privilégiée, au cœur de la vieille ville, à proximité du Musée archéologique et de la Légion de Ceuta est son point fort. D'autant plus que l'établissement est aussi à quelques mètres de la plage, du Parque Marítimo del Mediterráneo et du casino. Plusieurs types de chambres sont proposées, de la premium à la suite présidentielle. Toutes sont bien équipées et douillettes, à la décoration avant-gardiste. Salle de réunion, restaurant élégant, snack-bar au bord de la piscine et gymnase doté d'installations modernes. Accueil professionnel. Bonne adresse.

TÉTOUAN ★★★

Tétouan est au croisement de deux identités, marocaine et espagnole. Cette ville métisse où l'espagnol y est parlé plus qu'ailleurs est située près de Ceuta, enclave espagnole, et compte environ 380 000 habitants. Depuis son retour dans le giron du Maroc, Tétouan est un lieu stratégique dans une région rifaine dont l'histoire fut longtemps marquée par son instabilité. Connue sous le nom de « la colombe blanche » en raison de l'attrait de ses nombreuses structures blanchies à la chaux, c'est également une ville moderne, respirant la prospérité avec ses ruelles animées autour de la place Moulay el Mehdi. Vous apprécierez surtout la médina de Tétouan qui est parmi les plus célèbres du Maroc avec ses larges remparts datant du XVe siècle et ses ruelles pittoresques.

Histoire

La présence de sites archéologiques, dont le plus important est celui de Tamuda, prouve que l'histoire de Tétouan remonte au moins au IIIe siècle av. J.-C. Les Romains rasèrent Tamuda et édifièrent au Ier siècle av. J.-C. un camp fortifié. Pour endiguer les assauts des Portugais, maîtres de Ceuta, le Mérinide Abou Thabit fut à l'origine de la construction d'une place forte rifaine : Tétouan. La ville était alors à la fois une base militaire et le refuge préféré des pirates. A la perte de Grenade en 1492, musulmans et juifs, chassés d'Espagne, trouvèrent refuge à Tétouan. Au XVIIe siècle, le sultan Moulay Ismaïl dota la ville de remparts et le commerce se développa à nouveau avec l'Occident. Après avoir été occupée pendant trois ans par les Espagnols, la ville retournera dans le giron du Maroc en 1956.

Transports

- **Route.** Téoutan est à 36 km de Ceuta, 60 km de Chefchaouen et 50 km de Tanger. Depuis Tanger, nous vous conseillons d'emprunter la route côtière, parfois abîmée, mais tellement plus belle.
- **Bus.** La gare routière se trouve sur l'avenue du 9 Avril, au bout de l'avenue de Meknès. 5 bus de la CTM relient Tétouan à Tanger. Compter 1 h minutes et 30 DH. 2 bus relient Tétouan à Chefchaouen. Compter 1 heure 15 et 40 DH. Compagnie de bus CTM (✆ 0800 0900 30). www.ctm.ma.
- **Taxi.** Les grands taxis partent de la gare routière et relient très fréquemment Martil, M'diq, Chefchaouen, Ceuta et Tanger.

MÉDINA DE TÉTOUAN ★★

Classée au patrimoine mondial par l'Unesco en 1997, la vaste médina de Tétouan est un concentré de vie locale, avec ses souks qui sont autant de vitrines de l'artisanat traditionnel. La ville fut dans un premier temps complètement détruite par les Espagnols au XVe siècle, pour renaître plus tard. Elle fut longtemps une ville de négoce, un centre intellectuel, une ville connue de Saint-Pétersbourg à Alexandrie. L'un des aspects incontournables de la médina de Tétouan est son influence andalouse qui a marqué tous les recoins de la ville, de l'architecture à l'organisation urbaine. C'est une ville andalouse à laquelle se sont ajoutées des influences ottomane, rifaine et européenne, le tout formant un mélange particulièrement subtil. La répartition architecturale de Tétouan devait prendre en considération l'implantation des places commerciales et artisanales, et surtout des lieux de construction des mosquées et zaouïas. Ces centres spirituels devinrent rapidement une base arrière du jihad, rêvant de reconquérir l'Andalousie perdue, ou déloger les Européens des côtes marocaines, et, plus tard encore, lutter contre l'avancée des pays colonisateurs. Le métissage de la ville y est encore très présent : les façades blanchies à la chaux ornées de grilles en fer forgé rappellent le style espagnol, et les noms des rues sont souvent inscrits dans la langue de Cervantès. Vous pouvez pénétrer dans la médina par l'une des sept magnifiques portes. Le but de la visite est d'emprunter les petites ruelles pour se rendre de souk en souk.

MOSQUÉE EL KEBIR ★

Dans la médina

C'est l'un des monuments emblématiques de la ville. Rénovée en 2013, la grande mosquée El Kebir de Tétouan date de 1808. Elle fut construite sous les ordres du sultan Moulay Slimane. A l'origine, la mosquée se trouvait à proximité de l'ancien quartier juif, avant d'être déplacée dans la médina. Son minaret est caractéristique du style andalou au Maroc. A l'intérieur, un grand patio, un mihrab décoré de zelliges, une fontaine. La salle de prière est surmontée d'arcs et d'un plafond en bois. On y a longtemps donné des cours de théologie.

Café dans la médina de Tétouan.

MUSÉE ARCHÉOLOGIQUE

2, rue Ben-H'saïn
✆ +212 539 967 303
Ouvert du mercredi au lundi de 10h à 18h.
Entrée : 10 DH. Visites guidées sur RDV.

Ce bâtiment fut construit en 1939 par les Espagnols et servit directement de musée. On peut y voir des pierres tombales islamiques et, provenant de Lixus, des mosaïques aussi grandes que des fresques. La salle de Lixus, très intéressante, présente trois copies en plâtre fin de superbes sculptures transférées depuis au Musée archéologique de Rabat, des mosaïques et d'intéressantes pièces de monnaie. Remarquez dans cette salle, les verres à larmes, dans lesquels les Romains conservaient les larmes répandues lors de funérailles que l'on enterrait avec le défunt.

MUSÉE DES ARTS ET TRADITIONS POPULAIRES

Avenue Al Massira
Ouvert du lundi au vendredi de 8h30 à 12h et de 14h30 à 18h. Entrée : 10 DH.

Ce musée se trouve au niveau de Bab el-Okla, l'une des portes de la médina. Il faut soit la traverser à pied, soit prendre la voiture et suivre l'avenue Hassan II qui longe les remparts, en direction de Ceuta. Les instruments de musique présentés témoignent de la tradition andalouse de Tétouan, avec des castagnettes et des tambourins. Les salles sont intéressantes (poteries, ustensiles de cuisine, costumes montagnards, étoffes) mais les indications sont libellées seulement en arabe.

MUSÉE ETHNOGRAPHIQUE

Avenue Skala
✆ +212 5 39 97 05 05
Ouvert du mercredi au lundi de 10h à 18h.
Entrée : 10 DH. Visites guidées sur RDV.

Connu tout d'abord comme le « foyer musulman », le musée se trouvait dans la Maison Bennouna. De là, il fut transféré dans un des bastions de l'enceinte de Tétouan, à Bab el-Okla. Transformée ainsi en musée, en 1948, l'ancienne forteresse du XIXe siècle est la gardienne des us et coutumes de Tétouan. On y verra une reconstitution du foyer tétouani, avec l'explication de ses traditions et leurs significations culturelles et sociales. Le musée s'intéresse également aux traditions andalouses, ainsi qu'à certains aspects des arts et traditions du pays Jbala et du Rif.

PALAIS LEBBADI

Dans la médina
Accès libre.

Il a longtemps appartenu au pacha de la ville qui le fit construire au XVIIIe siècle sur un terrain en pente. Ce superbe palais reste l'un des mieux conservés et rénovés du pays. Aujourd'hui, le palais accueille de nombreuses fêtes pour des occasions diverses, mariages, fiançailles, baptêmes, etc. Il fait aussi office de restaurant et on peut facilement le visiter. Construit sur un terrain de 25 m de long, on peut y accéder par deux entrées et un joli patio qui donne sur une fontaine ; c'est de là que l'on peut pénétrer dans les différentes salles de la demeure.

SITE ARCHÉOLOGIQUE DE TAMUDA ★

Route de Chefchaouen

Découvert en 1920, le site archéologique de Tamuda permet une sortie aux abords de la ville. Son nom vient du mot amazigh « tamda », qui signifie marécage, nom autrefois donné à l'oued Martil. Les recherches sur le site démontrent que cette ville punique mauritanienne, fondée au IIe s. av. J.-C, fut entièrement détruite au Ier siècle lors d'une guerre entre deux rois mauritaniens. Reconstruite, elle fut détruite définitivement dans les années 40 apr. J.-C, après la guerre d'Aedemon.

RIAD DARI €

21 rue Maouan

✆ +212 6 67 55 95 71

www.riaddari.com

A partir de 45 € la nuit en chambre double, petit déjeuner inclus.

Le riad Dari est situé dans le cœur de Tétouan, à deux pas du musée archéologique, dans le quartier de Souika. L'établissement propose cinq chambres, dont trois chambres doubles avec salles de bains privées, et deux chambres triples avec salle de bains partagée. Les propriétaires, originaires de Tétouan ont le sens de l'accueil et sauront rendre votre séjour très agréable. Le riad est décoré avec beaucoup de goût, toujours dans l'esprit marocain. Jolie terrasse aménagée sur le toit offrant de jolies vues sur les montagnes alentour.

Tétouan.

TANNERIES DE LA MÉDINA ★

Etablies au nord de la médina, au XVIe siècle, et accolées à son enceinte, les tanneries assurent la pérennité d'une très vieille tradition artisanale. Moins connues et plus petites que celles de Fès, elles n'en restent pas moins intéressantes pour découvrir le processus de fabrication. Cet espace à ciel ouvert, en forme de L, a deux accès. Le premier, qui donne sur le quartier artisanal, facilite la livraison aux ateliers attenants ; le second, qui s'ouvre sur la porte Bab al-Kebir, permet aux paysans d'acheminer directement la matière première aux tanneurs.

HÔTEL PRESTIGE €€

Avenue 9 Avril

✆ +212 5 39 71 40 00

www.prestigehotel.ma

A partir de 600 DH la nuit en chambre double, petit déjeuner inclus.

A cinq minutes à peine de la place principale, ce charmant hôtel est une très bonne option pour se loger à Tétouan. Les 60 chambres sont bien équipées, plutôt modernes et joliment décorées, offrant une atmosphère relaxante. Au restaurant, grande variété de plats locaux et méditerranéens concoctés avec des produits bios. Egalement une pizzeria avec four à bois. Jolies vues aussi sur la médina et les montagnes qui l'entourent depuis les terrasses. Centre de fitness, hammam traditionnel et sauna. Personnel attentionné et très bon rapport qualité-prix.

HÔTEL RIAD EL REDUCTO €€

38 rue Zankat Zawya
✆ +212 5 39 96 81 20
www.elreducto.com

A partir de 75 € pour une chambre double, petit déjeuner compris.

Excellent accueil dans ce joli riad, situé près du Palais Royal. Autour du patio central, cinq grandes chambres coquettes et paisibles vous attendent. Des parties communes très élégantes avec grandes arcades, zelliges sculptés... La décoration est 100 % marocaine. Délicieux petit déjeuner et excellente cuisine mettant en avant les spécialités marocaines et espagnoles au restaurant. Une très belle terrasse est aménagée avec de grandes tentes, offrant une belle vue sur les montagnes. Bon rapport qualité-prix. Sans conteste une des meilleures adresses de la ville.

RIAD DALIA €€

25 rue El Ouessaa
✆ +212 5 39 96 43 18

A partir de 30 € pour une chambre double, petit déjeuner compris. Dîner à partir de 110 DH.

Nichée dans un bel édifice traditionnel de la médina, cette maison d'hôtes répond à tous les budgets. Les huit chambres confortables sont décorées avec du mobilier d'époque et dans la tradition locale. Certaines chambres ne disposent pas de salle de bains et de toilettes privatives. On trouve sur place une restauration typique et l'on apprécie de déguster brochettes et thé à la menthe sur la terrasse qui surplombe la ville et offre des vues sur la mer de Martil. Egalement un joli patio avec fontaine. Un très bon accueil vous attend.

RIAD LAS MIL Y UNA NOCHES €€

65 rue Caid Ahmed
✆ +212 662 141 589
www.riad1001n.com

A partir de 60 € pour une chambre double.

Entièrement rénové dans les règles de l'art traditionnel marocain, le riad est bien situé au cœur de la médina de Tétouan. Zelliges, bois sculptés, plafonds peints... Les chambres, personnalisées avec goût, comme les parties communes, du patio, à la grande terrasse en passant par les petits salons, nous plongent tout droit dans un conte des Mille et Une Nuits. Accueil très sympathique, n'hésitez pas à demander conseil pour vos visites ou dîners à l'extérieur.

RIAD BLANCO €€€

25, rue Zawiya-Kadiria
✆ +212 5 39 70 42 02
www.blancoriad.com

Chambre double à partir de 63 €, suite à partir de 130 €, petit déjeuner compris. Wifi dans le salon/patio.

Un très beau riad où sobriété, bon goût et service de qualité se conjuguent à la perfection. Les portes en bois sculptées sont magnifiques, le patio central est doté d'une bibliothèque. L'endroit est très reposant et magique surtout dans une ville comme Tétouan où ce type d'hébergement se fait rare. Cuisine délicieuse à déguster sur la terrasse (pas d'alcool). Le riad dispose d'une petite boutique qui présente des pièces d'artisans et de jeunes stylistes marocains, les tarifs sont abordables et les articles uniques, alors profitez-en ! Une excellente adresse.

CASA DE ESPAÑA €

Avenue Chakib Arsalan
✆ +212 5 39 96 96 34

Ouvert tous les jours de 11h à 16h et de 19h à 23h. Tapas offertes avec chaque boisson.

Casa de España est une adresse unique en son genre. Ce restaurant associatif est également un bar à tapas mais pas seulement : Jose, le gérant, s'engage au quotidien pour ouvrir, aux locaux et aux visiteurs, cet espace composé de plusieurs salles. Au programme : ateliers, expositions, concerts et débats autour de la culture arabo-hispanique entre autres... Le restaurant propose d'excellentes tapas offertes pour accompagner une bière ou un verre de vin (notons que peu d'endroits à Tétouan servent de l'alcool en dehors de certains bars).

HÔTEL RIAD EL REDUCTO €€

38, rue Zawya
✆ +212 5 39 96 81 20
www.elreducto.com

Ouvert de 8h à minuit. Menu à partir de 160 DH et carte à partir de 35 DH.

Ce riad, situé au cœur de la médina, offre de délicieux repas complets. Vous trouverez surtout des spécialités marocaines et espagnoles comme le couscous ou les crevettes au pili-pili. Egalement une large gamme de poissons et crustacés. On apprécie surtout le restaurant le soir, pour son ambiance tamisée et ses décors majestueux. Vous pouvez aussi juste y boire l'apéritif, l'une des rares tables de la médina qui sert de l'alcool, tout en profitant d'une vue imprenable sur la ville. Bon accueil. Une adresse qu'on recommande vivement !

RESTAURANTE LA ESQUINA DEL PESCADO €€

43 Calle Chakib Arsalan
✆ +212 5 39 96 10 01
Ouvert de 12h à 22h du matin.
A partir de 130 DH pour un repas.

Sûrement l'un des meilleurs restaurants de poissons et de fruits de mer de la ville ! Vous y dégusterez soupe de poisson, sole, filet d'espadon, calamars frits et langoustines, entre autres produits de la mer bien frais. L'occasion de faire le plein de protéines dans un cadre agréable, aux allures de bateau ! Les prix sont très corrects et les portions, consistantes. Egalement quelques viandes à la carte. Bon accueil et service professionnel. Une adresse recommandée.

RIAD BLANCO €€

25, rue Zawiya-Kadiria
✆ +212 5 39 70 42 02
www.blancoriad.com
A partir de 160 DH pour un repas. Sur réservation.

Le restaurant du Riad Bianco dispose d'un espace agréable. Alcôves et boiseries aux influences andalouses habillent la salle à manger qui jouxte le patio et son bassin. Les tables sont parfaitement dressées et l'ambiance est tamisée. Pour le déjeuner vous pouvez profiter de l'agréable terrasse... Au menu, une cuisine marocaine moderne et savoureuse. Aubergines farcies aux fruits de mer sur pâte d'olive et miel ou tajine d'agneau aux figues caramélisées... Une carte originale et généreuse qui plaira aux gourmands. L'une des meilleures adresses de la ville.

MARINA SMIR ★

Marina Smir est un port de plaisance luxueux qui accueille les plus grands yachts du monde, grâce à des équipements ultra-modernes. C'est ici qu'il faut venir pour voir et être vu, faire la fête, avec de préférence un porte-monnaie bien rempli. Vous y trouverez hôtels et résidences de luxe ainsi que plusieurs restaurants haut de gamme proposant une cuisine internationale. Vous pourrez aussi pratiquer de nombreuses activités, bien que les prix restent assez élevés. Il flotte ici comme un parfum de Saint-Tropez, Monaco ou Puerto Banus, près de Marbella, en Espagne. Vous l'aurez bien compris, on est loin à Marina Smir de l'ambiance authentique du Maroc.

MARINA SMIR HÔTEL & SPA €€€

Route de Sebta ✆ +212 5 39 97 12 34
www.marinasmirhotel.com
A partir de 142 € pour une chambre double, petit déjeuner inclus.

Gigantesque établissement, un peu vieillissant qui occupe l'emplacement de l'ancien Sofitel Thalassa Marina Smir. Il propose des chambres spacieuses et des suites confortables, très bien aménagées, avec une vue imprenable sur la mer ou la piscine. Vous y trouverez également un institut de thalassothérapie ainsi que deux restaurants, dont l'un de sushis et un bar. Plusieurs excursions et activités sont proposées dans la région : plongée sous-marine, randonnées équestres, golf, tennis... Grande plage privée agréable. Service aimable.

CABO NEGRO - M'DIQ

En direction de Sebta se trouve M'diq, connu aussi sous le nom de Rincón. Cette petite ville de pêcheurs attire les amateurs des produits de la mer et des belles plages. Outre ses complexes touristiques et ses hôtels, des structures modernes proposent diverses activités (sports nautiques, tennis, équitation). Son port de plaisance offre une agréable promenade sur la marina. A 10 km de M'diq, Cabo Negro est une station balnéaire de luxe, prisée par la jet set marocaine pour ses plages de sable fin, ses restaurants haut de gamme et ses terrains de golf. Si vous ne logez pas dans l'un de ses hôtels de standing, il vous sera difficile d'accéder à la plage.

OUED LAOU

En longeant la côte vers le sud, la station balnéaire est pour l'instant encore préservée du tourisme de masse, malgré l'apparition de bungalows de plus en plus nombreux. Elle présente une belle et longue plage, entourée de montagnes. Ce village de pêcheurs est principalement animé en été, où plusieurs fêtes sont organisées. Il est aussi réputé pour son souk traditionnel du samedi et ses poteries en argile. Si l'offre d'établissements pour vous accueillir est assez limitée pour le moment, vous pourrez cependant trouver facilement des appartements en location à tarifs très avantageux. Vous trouverez aussi des restaurants où déguster du poisson frais.

CHEFCHAOUEN ★★★★

A 230 km de route au sud-est de Tanger, Chefchaouen ou « Chaouen » pour les intimes se niche à 600 m d'altitude sur les contreforts glorieux des montagnes du Rif. Ce grand village pittoresque, magnétique et mystérieux, inscrit au Patrimoine immatériel de l'humanité de l'UNESCO, abrite l'une des médinas les plus charmantes du Maroc réputée pour son architecture céruléenne, avec ses maisons et ses commerces aux multiples teintes bleutées. On ne peut s'empêcher au détour d'un virage de prendre en photo les jolies portes de maisons recouvertes du célèbre pigment bleu que l'on retrouve au marché et qui suscite la joie des aquarellistes. Dans ses nombreuses boutiques, on trouve un artisanat local de qualité, des vêtements de laine, des couvertures tissées et des tapis à un prix raisonnable. Chefchaouen est aussi connue pour son fromage de chèvre local. Située sur la place de Outa El-Hamman, l'impressionnante Kasbah, ocre vestige d'un passé révolu, est une invitation à laisser défiler les heures.

Histoire

Fondée en 1471, la ville fut une place stratégique contre l'envahisseur portugais de Ceuta. En 1494, lors de la Reconquista, Chefchaouen devint un lieu de refuge des musulmans expulsés d'Espagne, ce qui explique l'aspect andalou très marqué de la médina. Les Chrétiens n'avaient pas le droit de cité, seuls trois d'entre eux y pénétrèrent avant la fin du XIXe siècle. Charles de Foucault, en 1883, se « déguisant » en juif, le journaliste Walter Harris, en 1888 et William Summers, qui en mourut, empoisonné par ses hôtes. Avec l'occupation espagnole en 1920, une guerre civile opposa les partisans du rebelle marocain Mohammed ben Abdelkrim aux troupes espagnoles. Celles-ci finirent par imposer leur autorité en 1926, et Abdelkrim finit ses jours emprisonné. L'indépendance de 1956 ramena la ville dans le giron marocain.

Transports

Chefchaouen est reliée aux autres villes du nord du Maroc par le bus. Le bureau de la CTM (+212 5 39 98 76 69) est installé dans la gare routière (avenue Maghreb Arabe).

- **Tétouan** : 5 fois par jour. 40 DH environ. 1h30 de trajet.
- **Tanger** : 3 fois par jour. 70 DH environ. 2h30 de trajet.
- **Fès** : 4 fois par jour. 150 DH environ. 6 à 8 heures de trajet.

MÉDINA DE CHEFCHAOUEN ★★★

Attrait majeur de Chefchaouen, la médina est bâtie à flanc de montagne. On pourra commencer sa visite en remontant depuis la place Uttam-el-Ham. Les ruelles, petites et étroites, sont, comme les maisons, blanchies à la chaux teintée de nylon, ce qui leur donne de jolies couleurs bleues. Cela facilite l'écoulement de l'eau, protège contre la chaleur, et rappelle aux plus anciens habitants leurs origines andalouses. Traditionnellement, la médina est entièrement repeinte, par les habitantes du village, avant les fêtes religieuses les plus importantes, d'où sa propreté exemplaire. Les maisons, qui comptent souvent plusieurs étages, sont parfois équipées de grilles en fer forgé ou de moucharabieh délicatement travaillés. On ne peut pas se perdre dans cette médina car la sortie n'est jamais bien loin. On peut donc s'y promener au hasard et flâner dans ses ruelles commerçantes tranquillement. Tout le long de votre balade, des artisans, tissant sur place, ne manqueront pas de vous aborder et de vous inviter à prendre le thé. Attention, bien que la médina soit encore particulièrement paisible, elle est également un lieu de travail pour les rabatteurs professionnels et désormais, elle sert de théâtre coloré aux influenceurs et autres Instagrameurs qui viennent prendre la pose dans le célèbre décor enchanteur. De nombreux groupes de touristes chinois ont aussi investi les lieux depuis quelques années. S'il devient rare de pouvoir s'y balader paisiblement en haute saison, Chefchaouen retrouve son charme le reste de l'année.

MOSQUÉE ESPAGNOLE BUZAFAR ★

Sur les hauteurs, suivre le chemin qui indique « mosquée espagnole ».

Accès libre.

Cette mosquée du XVe siècle domine Chefchaouen et ses environs. Elle fut construite par les Espagnols lors de leur occupation de la vallée du Rif. Située au sommet d'une colline, elle a rapidement été abandonnée. Longtemps laissée à l'état de ruine, la salle de prière a été entièrement restaurée. Le mihrab a été remonté, la porte et les fenêtres en pur style arabo-musulman reconstruites en briques d'argile laissées apparentes. La vue depuis la terrasse est saisissante.

RAS EL-MA ★

De la place El Makhzen, se diriger vers le nord-est et grimper jusqu'à Bab el-Ansar.

C'est la source sacrée qui jaillit directement de la montagne, et qui fut à l'origine de la fondation de la ville, permettant aux habitants de s'alimenter en eau potable et d'irriguer leur ferme. Elle se trouve à une dizaine de minutes à pied de la porte Bab el-Ansar. De là, on croise des femmes s'activant au lavoir et, en remontant, on arrive à une maison offrant une jolie vue sur le cours d'eau et sa source. L'endroit est aussi le point de départ d'une formidable balade d'une bonne heure pour rejoindre l'ancienne mosquée espagnole qui surplombe Chefchaouen.

PLACE UTTAM EL-HAM ET KASBAH

Petite place ombragée, pavée, bordée de cafés et restaurants, très animés. C'est la porte de la médina et l'endroit idéal pour regarder le temps passer. Cette place s'organise autour de la kasbah, fondée en 1471 par l'émir Ali ibn Moussa ibn Rachid el-Alami. Ce dernier était un guerrier descendant du Prophète, et qui avait combattu à Grenade aux côtés des musulmans. Il construisit cette kasbah comme bastion de la foi, pour arrêter la progression des Portugais, contrôlant déjà Ceuta. La kasbah est donc antérieure à la construction de la ville. Elle compte 13 tours reliées entre elles par des chemins de ronde. Après quelques siècles de tranquillité, elle reprit son rôle et son importance, étant la place forte principale du rebelle Abdelkrim, qui résistait aux troupes espagnoles. Ses partisans furent massacrés en 1925, et la kasbah devint le lieu d'habitation du résident espagnol à Chefchaouen. Une des pièces était utilisée comme tribunal judiciaire. Elle est classée au Patrimoine national depuis 1994 et abrite aujourd'hui un joli jardin andalou, un petit centre d'interprétation du patrimoine et le Musée ethnographique, malheureusement très peu documentés. On y découvre aussi la prison historique où plusieurs opposants politiques, dont le prince Ben Rachid, furent incarcérés entre le XVe et le XVIe siècle. Néanmoins, la visite vaut le détour pour les jolies vues panoramiques qui se déploient de la Grande Tour, connue aussi comme la Tour portugaise.

CASA GERNIKA €

Onssar 49

✆ +212 5 39 98 74 34

A partir de 220 DH pour une chambre double.

Jose et Maria sont originaires de Malaga et ont ouvert cette belle adresse en 1994. La Casa Gernika est une maison comme on les aime, pleine de vie et de souvenirs, d'objets de voyage car nombreux sont les touristes, souvent *backpackers* à y avoir franchi la porte. La Casa Gernika est absente des centrales de réservations, par principe. Ici, on fait marcher le bouche à oreille, une façon de préserver l'endroit sans doute. Les chambres sont propres et la maison très bien entretenue. Très bel accueil des propriétaires. Une *casa* pleine de charme !

DAR ANTONIO €

36 calle Garnata

✆ +212 5 39 98 99 97

www.darantonio-chefchaouen.com

A partir de 320 DH pour une chambre double.

Petite maison d'hôtes comportant sept chambres avec deux salles de bains communes mais pas n'importe lesquelles : il s'agit de salles de bains troglodytes ! Une cuisine équipée est à disposition pour se mettre aux fourneaux. Déco très colorée et bon accueil. Antonio et l'équipe, très sympathiques, se tiennent disponibles pour vous conseiller sur les visites alentour. Egalement deux terrasses où il est agréable de siroter un bon thé à la menthe. Au cœur de la médina, proche de la place centrale, mais dans une ruelle retirée, cette maison procure calme et sérénité.

© JUAN ANTONIO ORIHUELA - SHUTTERSTOCK.COM

Ras El-Ma.

MAISON D'HÔTES TOUIJAR FATHIA €

138 rue Moulay Ali Derkaoui
✆ +212 6 13 63 71 99

A partir de 37 € la chambre double et à partir de 70 € pour l'appartement. Wifi gratuit.

Ouverte en 2014, cette maison d'hôtes est d'un très bon rapport qualité-prix. Elle est tenue par Hamid, un Marocain très sympathique, qui a vu le jour dans la chambre n° 1. Les 11 chambres, doubles ou familiales, sont agréables et joliment décorées, comme le reste de l'établissement d'ailleurs. Ici, pas de repas, mais une cuisine partagée. Hamid loue également un appartement bien équipé, juste en face. Superbe terrasse panoramique pour contempler les couchers de soleil. Bel accueil.

CASA PERLETA €€

Bab El Souk
✆ +212 5 39 98 89 79
www.casaperleta.com

A partir de 45 € pour une chambre double, petit déjeuner compris.

Située dans la médina, facile d'accès, la Casa Perleta est une petite maison avec un charme fou, à la décoration simple et épurée mais chaleureuse. Le ton bleu prédomine. Les onze chambres sont propres, confortables et bien équipées. Petits déjeuners marocains savoureux et très copieux. Le personnel vous réserve un accueil amical avec un thé à la menthe et pourra vous orienter sur les visites des alentours. Également, une vue magnifique de la terrasse, un patio bien agréable, tout cela à des prix tout doux. L'une des meilleures adresses de Chefchaouen.

RIAD BARAKA €

12 Derb Ben Yakoub
✆ +212 5 39 88 29 10 - www.riad-baraka.net

Lit en dortoir à partir de 12 €, chambre double à partir de 26 €. Petit déjeuner non inclus. Couvre-feu à 23h30.

Le Riad Baraka est une auberge de jeunesse située dans la médina. La maison est une des plus anciennes de Chefchaouen (elle a 600 ans !) En 2007, Anne, la propriétaire anglaise, a ouvert cette auberge qui offre de jolis espaces, une belle terrasse panoramique sur le toit, des dortoirs et chambres confortables. On y sert un très bon petit déjeuner anglais et des excursions sont organisées vers Akchour depuis le riad. C'est le point de rendez-vous et de rencontre des *backpackers* à Chefchaouen. Attention cependant au couvre-feu à 23h30, il n'y a pas d'équipe de nuit.

DAR DALIA €€

9, rue Sidi Ahmed El Ouafi
✆ +212 6 66 07 57 99
www.dardalia-chefchaouen.com

Chambre simple 300 DH, chambre double 450 DH, chambre double avec terrasse 500 DH. Petit déjeuner inclus.

Une authentique maison rifaine colorée à quelques mètres du cours d'eau de Chefchaouen. L'endroit est familial et convivial, les chambres sont agréables et propres. Elles sont toutes équipées de salles de bains alimentées en eau chaude grâce à l'énergie solaire. Avec sa jolie vue sur la ville et ses transats confortables, la terrasse est un lieu paisible pour se relaxer. La maison est aussi un point de départ idéal pour partir explorer la nature aux alentours, grâce aux conseils avisés des sympathiques propriétaires. Petit déjeuner délicieux. Excellente adresse.

La médina bleue de Chefchaouen.

DAR HANNAN €€

rue Bin Souaki
✆ +212 5 39 98 92 37
www.darhannanchaouen.com
A partir de 50 € pour une chambre double, petit déjeuner compris.

Cette très jolie maison d'hôtes à Chefchaouen présente une décoration épurée avec de grandes arcades entre les pièces et des portes en bois sculpté, recréant une ambiance typiquement andalouse. On compte 7 chambres aménagées avec beaucoup de goût et de jolies salles de bains en tadelakt. Le restaurant sert une cuisine traditionnelle savoureuse, préparée avec des produits de saison. Vue spectaculaire sur la médina depuis la terrasse où l'on prend un solide petit déjeuner. Activités et excursions proposées. Accueil agréable, le personnel est adorable.

HÔTEL MOLINO GARDEN €€

Rue raouachid
✆ +212 5 39 98 74 23
www.molinogarden.com
A partir de 400 DH pour une chambre double.

Facile à trouver dans la médina, le petit hôtel Molino ne dévoile son charme qu'une fois la porte franchie. L'endroit est surprenant, complètement creusé dans la pierre, de jolies grottes invitent à se lover autour du feu l'hiver. Derrière se cache un magnifique jardin luxuriant. Les cinq chambres sont toutes différentes, sous les combles, avec vue sur la montagne Ras el Ma, elles sont douillettes et traditionnelles. Un restaurant proposant une cuisine méditerranéenne bio est en projet, sa terrasse s'installera idéalement sous les vignes.

LA PETITE CHEFCHAOUEN €€

169, avenue Hassan 1er
✆ +212 6 61 57 22 72
http://lapetitechefchaouen.ma
Chambres doubles entre 950 DH et 1 300 DH selon le standing et la saison. Petit déjeuner inclus.

Comme un souffle de modernité, un air de maison de bord de mer avec sa terrasse aux tons beiges et écrus, et ses larges rayures sur les chaises hautes. C'est le projet de cœur d'Othman, photographe à ses heures perdues. Pour lui, la Petite Chefchaouen est avant tout un lieu de partage avec ses hôtes. Autant dans les cinq chambres que dans les parties communes, l'espace typiquement biscornu d'une vieille maison de médina a été particulièrement bien investi. Les coins salons se succèdent jusqu'au clou final : la terrasse et sa vue spectaculaire.

CASA HASSAN €€€

22, rue Targui
✆ +212 5 39 98 61 53
www.casahassan.com/fr
Chambre simple à partir de 600 DH, double à partir de 900 DH. Demi-pension possible.

C'est la plus ancienne maison d'hôtes de la médina. Aujourd'hui, c'est un hôtel de caractère proposant une dizaine de chambres confortables. L'établissement s'articule autour d'un joli patio avec fontaine. Plusieurs espaces communs agréables, dont une salle à manger avec cheminée centrale, un salon marocain avec des meubles anciens, une formidable terrasse sur le toit et un hammam traditionnel. La décoration utilisant la pierre et le bois est un peu rustique mais l'ambiance est très chaleureuse. Excellente table d'hôtes, avec un large choix de plats marocains.

LINA RYAD & SPA €€€

Avenue Hassan I
✆ +212 6 45 06 99 03
www.linaryad.com
Chambre double à partir de 180 € avec petit déjeuner.

Niché au cœur de l'ancienne médina, ce riad de luxe possède quinze suites spacieuses avec vue imprenable sur les montagnes. Sobres et épurées, elles adoptent parfaitement le style blanc-bleu de Chefchaouen. Restaurant de cuisine marocaine, belle terrasse, piscine intérieure chauffée, hammam... Le Spa propose de nombreux massages thérapeutiques et soins corporels, des bains orientaux à l'orange et aux algues, ainsi qu'un service personnalisé impeccable. Un établissement haut de gamme et hors du temps qui le classe parmi les meilleures adresses de la ville.

AMIGO €

Avenue Sidi Abdelhamid
Ouvert tous les jours de 10h à minuit.
A partir de 40 DH pour un couscous ou un tajine.

Cette adresse qui ne paie pas de mine, juste à l'entrée de la médina sur la petite place, est l'une des meilleures tables de Chefchaouen ! Les tarifs sont riquiqui et les tajines succulents ! Cette petite échoppe vous propose des plats typiquement marocains absolument savoureux : le tajine aux sardines, que nous vous recommandons, le poulet *beldi* et frites maison ou encore le copieux couscous. On a envie d'y manger tous les jours ! De plus, l'accueil du gérant est très sympathique et chaleureux. Dans cette gamme de prix, cette cantine locale est parfaite.

CAFÉ CLOCK €

3 Derb Tijani
✆ +212 5399 88788
www.cafeclock.com
Ouvert tous les jours de 9h à 23h.

Le petit dernier de la trilogie Café Clock a ouvert ses portes dans une ruelle escarpée de la médina de Chefchaouen. Tout comme ses grands frères, le Clock de Chaouen attend une jolie programmation culturelle, ateliers et concerts (restez au fait sur la page Facebook). Mais c'est également un lieu où l'on peut venir se restaurer de délicieux petits plats toute la journée ou faire une petite pause citronnade à la menthe fraîche sur le toit-terrasse qui surplombe la ville. Ambiance multiculturelle dans cet endroit fréquenté par les locaux et les touristes.

LALA MESSOUDA €

Avenue Hassan Awal
✆ +212 5 39 98 91 33
Ouvert tous les jours à partir de midi.
Plat à partir de 60 DH.

Si vous souhaitez bien manger sans tomber dans les filets des adresses trop touristiques, voilà un chouette petit endroit, qui plus est bien situé, où l'on prend les repas autour de tables rondes dans une des jolies grottes. L'établissement est assez populaire, fréquenté à la fois par les locaux et les touristes. On y sert de la nourriture traditionnelle marocaine, à petits prix, comme des tajines de gambas ou d'agneau. Les vendredis sont bien entendu réservés au couscous ! Jus de fruits maison délicieux. Les plats sont savoureux et le service très sympathique.

CAFE SINDIBAD €

Ibn Askar
✆ +212 5 39 98 91 83
Ouvert de 9h à 1h, à partir de 7h en été.
Plat à partir de 40 DH.

Caché derrière la Kasbah, en surplomb de la place Outa al Hamam, ce restaurant offre l'une des plus belles vues sur Chefchaouen. Spacieux, il dispose d'une grande salle intérieure pour les froides journées d'hiver. Mais ce sont ses terrasses, la grande et la petite, que nous préférons. Ouvertes sur la ville bleue, elles sont abritées sous des canisses. Une cuisine traditionnelle s'impose dans l'assiette, avec le duo incontournable couscous et tajine. Les petits appétits se régaleront avec des brochettes, servies avec une assiette de frites.

RESTAURANT MORISCO €

51 place Outa Hamam
✆ +212 5 39 88 23 23
Ouvert tous les jours, de 8h30 à 1h.
A partir de 40 DH le tajine.

Sur l'une des places touristiques de Chefchaouen, voici un restaurant au bon rapport qualité-prix. Vous pourrez vous attabler sur la terrasse à l'ambiance animée, ou dans la salle au premier étage, plus paisible et offrant une jolie vue. A la carte, des spécialités marocaines et méditerranéennes, ainsi que de bonnes pizzas, élaborées avec une recette sicilienne, tenue secrète. L'établissement sert également de très bons petits déjeuners avec un choix varié de crêpes et de jus de fruits frais. L'accueil est sympathique mais le service prend parfois du temps.

CAFÉ SOFIA €

Place Outa Hammam Khadarine
✆ +212 671 286 649
Ouvert tous les jours de 13h à 22h30.
Plats à partir de 50 DH.

Si vous passez par Chaouen, on vous recommande de tester ce petit restaurant un peu à l'écart de l'agitation touristique. En plus de présenter un excellent rapport qualité-prix, on y mange très bien. Les plats sont copieux. Au menu, tajines et couscous bien sûr, mais aussi bien d'autres spécialités locales. Installé dans une petite maison typique, l'endroit ne compte que quelques tables. En été, une terrasse occupe la courette et vient ajouter quelques places. Elle est abritée des rayons ardents du soleil grâce à une pergola. Accueil adorable.

RESTAURANT ALADDIN €€

17, rue Targui
✆ +212 5 39 98 90 71
aladinchefchaouen.com
Ouvert tous les jours de 10h à 23h30 (jusqu'à minuit et demi en été). Plat à la carte dès 50 DH, menu complet 85 DH.

Egalement appelé Casa Aladin ou encore La Lampe magique, ce restaurant coloré est une adresse agréable, surtout pour sa terrasse qui nous fait prendre de la hauteur sur la place principale. Vous trouverez aussi une jolie salle couverte de coussins et de tapisseries. Yacine est éminemment sympathique et sera ravi de s'installer avec vous pour vous parler de la ville. La nourriture est plutôt bonne et bon marché : pastillas, tajines, couscous, bricks et aussi d'excellentes salades. On peut aussi décider de venir simplement pour un thé avec vue.

RESTAURANT TISSEMLAL €€

22, rue Targui
✆ +212 5 39 98 61 53
www.casahassan.com
Ouvert tous les jours de 7h à minuit.
A partir de 100 DH le repas complet.

C'est le restaurant de l'hôtel Casa Hassan, une adresse très recommandable. La cuisine est à la hauteur de l'hôtel avec, notamment, de succulentes brochettes ainsi que des tajines, du couscous et des poissons... L'établissement est grand, sur deux étages, dans l'entrée, le patio est un espace cosy, coussins et tapis berbères s'associent à la chaux, pour que le client se sente comme chez lui. La salle de restaurant est dotée d'une belle cheminée, très appréciable lors des soirées hivernales. Parfait pour les dîners en tête à tête dans une ambiance feutrée.

COIN DJEBLI

Rue Targhi
✆ +212 6 27 72 68 83
Ouvert tous les jours de 10h à 20h.

Entre toutes les échoppes de Chefchaouen, Le Coin Djebli sort du lot, avec ses produits bio provenant directement d'une dizaine de coopératives de la région. Vous l'aurez compris, c'est une épicerie solidaire où l'on trouve un peu de tout, et surtout des produits de qualité : huiles essentielles et d'argan, plantes aromatiques, jus de pommes naturel, couscous, miel, figues séchées... Ici, ne cherchez pas à négocier, les prix sont fixes, car une partie des revenus est reversée aux femmes, qui travaillent dans des conditions souvent difficiles.

SAÏD AKAR

Al Hassan 1
✆ +212 5 39 98 67 37
Ouvert tous les jours de 9h30 à 20h.

Saïd Akar est un véritable passionné du tissage, lui qui autrefois fabriquait ses propres créations. Aujourd'hui, il emploie les femmes berbères qui perpétuent les techniques traditionnelles de génération en génération. Dans sa boutique, trônent un beau métier à tisser de plus de 95 ans, mais aussi vêtements et couvertures tissés en laine ou en coton. Les produits y sont d'une grande qualité, décorés de motifs berbères ou autres. Saïd est disponible pour ses clients et vous aidera à choisir ce qui vous convient. Une bonne adresse.

PARC NATIONAL DE TALASSEMTANE ★★★

D'une superficie de près de 60 000 ha, ce parc national s'étend en grande partie sur la province de Chefchaouen. Entre sa grande biodiversité et ses paysages exceptionnels, il est l'entité écologique la plus originale du Maroc. Le paysage montagnard domine le parc, avec une orographie importante aux sources abondantes. La dorsale calcaire qui constitue l'ensemble des reliefs du parc représente le plus important aquifère du Rif. Cet aquifère est de type karstique, ce qui se traduit par une abondance d'avens, de grottes et de lapiaz. Le secteur du parc alimente principalement les bassins versants méditerranéens, avec la constitution de réservoirs d'eau.

Les cascades d'Akchour dans le parc national de Talassemtane.

AKCHOUR

A une trentaine de kilomètres de Chefchaouen, en direction de la station balnéaire de l'Oued Laou, Akchour est un petit village niché entre les montagnes. Le site est accessible autant aux amateurs de trekking qu'aux randonneurs du dimanche. Une fois sur place, le mieux est de faire appel à un guide local si vous désirez découvrir les meilleurs spots. Deux incontournables : « Le pont de Dieu », un rocher haut de 25 mètres et la cascade d'Akchour où il fera bon terminer votre balade par un petit plongeon dans l'eau turquoise d'une piscine naturelle.

ERMITAGE D'AKCHOUR €€

Talambote
✆ +212 6 20 37 73 69
www.akchourermitage.com
Ecolodge ermitage (2 à 4 personne) à partir de 140 € selon la saison.

Près du Parc de Talassemtane, le gîte de l'Ermitage, composé de 12 écolodges, est niché au sein d'une nature exceptionnelle. Ce projet développe un tourisme écologique autour du concept de la permaculture. Chaque lodge marie de façon élégante le bois et la pierre et dispose d'une terrasse offrant des vues exceptionnelles. Le jardin arboré abrite de nombreuses plantes médicinales telles que la sauge, la camomille... Plusieurs salons sont aménagés à l'extérieur, des espaces propices à la détente. Une ambiance champêtre et chaleureuse parfaite pour fuir le stress.

CAIAT LOUNGE REFUGE €

Route Provincial 4105 PK 12,8 km
✆ +212 6 66 28 87 15
www.caiat.com
A partir de 280 DH par personne en demi-pension. Accessible aux PMR.

« Aucune règle, aucun ordre, juste le renouvellement du lien élémentaire avec la Nature » : tel est le leitmotiv de Caiat, refuge écotouristique du parc naturel de Talassemtane. Vous dormirez dans d'anciennes bergeries, très propres et simplement, mais joliment, décorées. Caiat propose aussi un retour aux sources en organisant des randonnées dans les environs. Ils peuvent vous créer un itinéraire sur mesure, selon vos envies et votre niveau, et vous permettre de dormir chez l'habitant, dans de petits villages perdus dans le Rif. Une expérience authentique.

OUAZZANE ★

La médina de Ouazzane est aussi ocre que celle de sa voisine Chefchaouen est bleue... Considérée comme une ville sainte par les musulmans depuis Moulay Abdallah, elle est aujourd'hui encore un lieu de pèlerinage. En 1727, une importante confrérie religieuse (les Taïbia) vint s'y établir lorsque le chérif Moulay Abdallah y créa une zaouïa, dont plusieurs filiales virent le jour ensuite dans tout le Maghreb. Devenue puissante religieusement et politiquement, elle exerça son pouvoir pendant des siècles. Nous vous conseillons de vous arrêter au sar Sqaf, le quartier le plus ancien de la médina, et à la mosquée de la Aouia, au minaret octogonal.

Homme marchant dans une ruelle de Ouazzane.

AL-HOCEIMA ★

La fondation de cette ville balnéaire remonterait au IXe siècle, mais l'on commence seulement à parler d'Al Hoceima en 1920 lorsque le général espagnol Sanjuro s'y installe. En 1956, la ville gagne son indépendance vis-à-vis de l'Espagne et devient marocaine. A ce moment-là, les autorités décident d'y implanter un tourisme méditerranéen en vantant sa baie et ses plages. En 2004, un terrible séisme affecte la région, mais la ville, reconstruite, s'enorgueillit aujourd'hui d'être plus pimpante. Elle présente une baie fort agréable, bordée par le rif, mais elle est loin d'avoir acquis le niveau de développement et de confort qu'on voulait lui attribuer.

BAIE D'AL-HOCEIMA ★

Surnommée la « perle de la Méditerranée », la baie pourrait se dessiner comme un demi-cercle allant du massif des Bokkoyas à celui des Beni Bou Idiz. Elle est ponctuée de belles plages et criques, offrant un sable de qualité et des eaux turquoise. On y distingue le peñón Alhucemas, l'un des trois îlots sous souveraineté espagnole, qui marque avec Ceuta et Melilla les dernières traces de leur présence au Maroc. La vue qui s'y déploie est la principale attraction proposée par la ville. Les fonds marins sont aussi exceptionnels et feront le bonheur des plongeurs.

PLAGE QUEMADO ★

Au pied de la falaise éponyme et bordant la ville, la plage Quemado est prisée pour ses eaux turquoise, son sable fin et sa vue panoramique sur les montagnes. Elle est évidemment la plus accessible, ce qui fait qu'elle est bondée l'été. On vous recommande d'y aller tôt le matin pour profiter de la tranquillité du lieu. On peut y pratiquer différentes activités nautiques : jet ski, ski nautique, plongée, kayak... Préférez néanmoins plutôt la Cala Bonita, au sud, présentant l'avantage de comporter un terrain de camping du même nom à proximité.

RIF CROISIÈRES

Port de Al Hoceima

✆ +212 6 41 59 98 94

Promenade en mer 1h30, à partir de 150 DH par personne.

A bord de la navette Azur, ce parcours est l'occasion de visiter et de connaître le parc national d'Al Hoceima, petite perle de la Méditerranée encore méconnue des visiteurs. Depuis 2009, l'agence propose des promenades en mer d'une heure et demie ponctuées de visites des grottes et d'arrêts dans les calanques ou les îlots pour profiter au maximum des paysages naturels de la baie d'Al Hoceima. Des explications à bord vous sont données sur l'histoire, la faune et la flore, le tout avec une pointe d'humour. Très bonne prestation.

HÔTEL AL HOCEIMA BAY €€

Plage Sfiha Ajdir

✆ +212 5 39 80 20 11

www.hotel-alhoceima-bay.com

Chambre double avec petit déjeuner à partir de 69 €.

Légèrement à l'écart du centre, cet hôtel se situe à quelques pas de la charmante plage de Sfiha Ajdir et à peine dix minutes de l'aéroport. Il se compose d'une centaine de chambres et suites, ainsi qu'une vingtaine d'appartements modernes et bien équipés. L'établissement est doté de tout le confort nécessaire : bars lounge, restaurant, piscine extérieure. Les suites, confortables et lumineuses, sont climatisées et offrent de jolies vues sur la mer. Diverses activités sont proposées : hammam, spa, jet-ski, pêche... Très bonne adresse.

MERCURE QUEMADO RESORT €€

Place Mohamed V

✆ +212 5 39 84 22 00 - https://all.accor.com

A partir de 90 € la chambre double avec petit déjeuner inclus.

En bordure d'une plage superbe, le Mercure Quemado Resort est un établissement 4 étoiles aux inspirations marocaines et à l'architecture moderne. Il bénéficie d'un emplacement exceptionnel sur une falaise élevée, offrant des vues renversantes sur la Méditerranée. Il propose 169 chambre et suites, toutes très confortables, spacieuses et bien équipées. Le restaurant sert à la fois une cuisine internationale et marocaine qui régalera sans aucun doute vos papilles. Piscine extérieure, salle de fitness et spa. Accueil d'un grand professionnalisme.

MELILLA ★

Bâtie sur un site naturellement fortifié du Rif marocain, l'enclave est la seconde possession espagnole sur les terres marocaines. Tout comme Ceuta à 400 km de là, elle est prise en 1497 et reste espagnole au moment de l'indépendance du Maroc. Autrefois terre de passage, Melilla est aujourd'hui une enclave isolée, entourée d'une barrière depuis 1998. Elle vit essentiellement de son statut de zone franche. La ville nouvelle, construite sous les ordres d'Enrique Nieto, disciple de Gaudí, offre une multitude de façades modernistes. La ville est surtout espagnole dans son âme où plusieurs artistes et dramaturges en ont fait un lieu de mise en scène.

Pratique

Melilla étant en territoire espagnol, certaines choses diffèrent des habitudes marocaines. Outre sa monnaie en euro, elle vit à l'heure espagnole. Vous y trouverez également de l'alcool et du porc. À l'instar de Ceuta, il vous suffira seulement de votre passeport pour franchir la frontière et pour rentrer avec votre voiture de location, vous aurez besoin d'une autorisation de sortie du territoire signée de la main du loueur. Vous pouvez aussi rejoindre Melilla en ferry depuis Malaga ou Almeria. Comptez alors entre 3h et 3h30 de traversée, selon votre ville de départ. Comme sa sœur espagnole, Melilla est une zone franche où les articles fortement taxés sont plus avantageux. Attention cependant, car les achats sont limités. L'office du tourisme se trouve à Plaza de las Cuatro Culturas.

CUEVAS DEL CONVENTICO

Calle Miguel Acosta, 9

✆ +34 952 680 929

Fermé le lundi. Se renseigner sur les horaires de visite. Réservation indispensable. Visite gratuite.

La création de ce vaste réseau de grottes, à l'intérieur de la première enceinte fortifiée, a débuté à l'époque phénicienne et il s'est agrandi au fil des siècles, servant de refuge, jusqu'à sa superficie actuelle qui se déploie sur trois niveaux. Son nom est dû à sa situation géographique, à côté d'édifices religieux, qui communiquent avec la grotte. Là, se célébraient les cérémonies en temps de guerre. Remarquez les niches creusées dans la roche qui permettaient aux soldats de se reposer. Les grottes sont accessibles en visite guidée (en espagnol).

MUSÉE MUNICIPAL D'ARCHÉOLOGIE ET D'HISTOIRE

Plaza de los Aljibes, 4

✆ +34 952 97 62 16

Ouvert du mardi au samedi de 10h à 14h et de 16h à 20h, le dimanche matin. Entrée libre.

Installé dans l'ancienne Tour de la Vela, ce musée présente des pièces trouvées dans la région. On y expose également des armes espagnoles du XVIIe siècle et des suivants. Expositions temporaires et bibliothèque au premier étage. Le second étage est consacré à la Préhistoire et à l'Antiquité, et le troisième retrace l'histoire de l'art arabe médiéval et contemporain de la ville. De là, on peut rejoindre la batterie de la Muraille Royale où se trouve une exposition héraldique.

Melilla.

PARADOR DE MELILLA €€€

Avenida Cándido Lobera
✆ +34 952 68 49 40 - www.paradores.es
Chambre double à partir de 85 € selon la saison, petit déjeuner à partir de 15 €. Demi-pension possible.

L'établissement jouit d'une situation et d'un cadre idéals : niché sur les hauteurs de la ville, au calme et à dix minutes de la plage. Le jardin arboré et bien entretenu, la piscine rafraîchissante, et les chambres, douillettes et lumineuses, dont certaines ont vue sur la mer, constituent les plus de cet établissement. Certaines parties communes sont toutefois un peu défraîchies. Côté restauration, la cuisine méditerranéenne est délicate et goûteuse. Testez en dessert la crème glacée de couscous ! Bon séjour en perspective si vous n'êtes pas des plus exigeants.

EL CARACOL MODERNO €€

Calle Poeta Salvador
✆ +34 9 52 67 53 16
www.caracolmoderno.com
Ouvert du mardi au dimanche de 13h à 17h et de 21h à 1h. Fermé le lundi. Comptez à partir de 25 € par personne.

Ce petit restaurant vous réservera un accueil chaleureux. Dans cet espace élégant, la carte met en avant la cuisine marocaine qui se révèle de bon niveau. Le couscous de poulet est d'ailleurs copieux et succulent. La carte propose également une variété de choix entre poissons, fruits de mer et viandes. En quantité généreuse pour des tarifs tout à fait corrects. Délicieux desserts faits maison. Un établissement emblématique de Melilla où l'on aime revenir plusieurs fois. Le lieu étant victime de son succès, n'oubliez pas de réserver !

LA POSADA DE PACO BENÍTEZ €€

Calle Alférez Guerrero
✆ +34 952 68 16 29
www.laposadadepacobenitez.com
Fermé dimanche soir et lundi toute la journée. A partir de 30 € le repas par personne.

Situé en plein centre-ville, ce restaurant est hautement recommandé pour ses mets délicats, élaborés avec des produits de qualité et de saison. L'ambiance y est en plus familiale et chaleureuse, l'on s'y sent comme à la maison. Devant la carte, il vous sera difficile de faire votre choix, tant les plats sont variés et appétissants. Salades copieuses, poissons frits ou à la plancha, crustacés frais, délicieuses viandes braisées... Accueil enjoué et service impeccable.

NADOR ★★

Carrefour des cultures, Nador a été le croisement des civilisations phénicienne, carthaginoise, romaine et tamazight. Aujourd'hui, elle est la porte menant vers l'Espagne avec l'enclave de Melilla. C'est une ville en plein développement touristique grâce à sa lagune, sa corniche et son port. Elle possède aussi un aéroport desservi par les compagnies Royal Air Maroc et Ryanair ainsi que deux gares desservant Casablanca, Taourirt, Fès et Tanger. Il est aussi possible d'arriver en ferry depuis Almeria avec la compagnie Transmediterranea qui dessert régulièrement la ville. Depuis Sète, la compagnie Grandi Navi Veloci effectue deux liaisons par semaine.

CAP DES TROIS FOURCHES ★★

Route de Nador-Melilla

Le Cap des Trois Fourches est un promontoire de roches volcaniques et calcaires s'avançant dans la mer. C'est ici que l'Afrique s'arrête. Lieu sauvage par excellence, le site est réputé pour ses paysages à couper le souffle et ses plages désertes. Les grottes creusées par l'érosion laissent place aux plages, d'accès parfois difficile. La vue y est splendide : scintillement du sable fin sur une mer bleu cristallin. Prenez le sentier côtier pour rejoindre la plage de Tibouda. Ici se trouve un village de pêcheurs, un lieu magique où le temps semble s'être arrêté.

CITÉ D'ATALAYOUN

Au nord de Nador, s'ouvrant sur la lagune de Marchica, la presqu'île d'Atalayoun est au cœur d'un projet touristique d'envergure, développé par Marchica Med dans une démarche durable et d'écotourisme. S'étendant sur près de 155 hectares, le lieu est entièrement sécurisé et dévoile des rues propres, à la pelouse bien tondue. En plus de son quartier résidentiel, on peut loger dans un superbe hôtel 5 étoiles, jouer au golf dans un cadre exceptionnel ou boire un verre face au port de plaisance. D'autres hôtels devraient voir le jour dans un futur proche.

LAGUNE DE MARCHICA ★

Classée site d'intérêt biologique en 2005, c'est l'une des plus belles lagunes du pays. Malheureusement, elle a souffert d'une pollution importante due au lavage des minerais de fer en début de siècle et elle fait l'objet depuis 2008 d'une réhabilitation. Lors de l'aménagement de la cité d'Atalayoun, l'ouverture d'une brèche a favorisé le renouvellement des eaux, la purification de l'écosystème marin et le retour des oiseaux migrateurs. C'est aujourd'hui un parc ornithologique époustouflant, avec plus de 100 espèces d'oiseaux recensées.

ANNAKHIL HÔTEL €€

185 boulevard de Tanger
✆ +212 5 36 33 71 22
Chambre double dès 656 DH, mini-suite dès 1 086 DH. Petit déjeuner inclus.

Cet hôtel familial jouit d'une situation privilégiée à Nador, tout près des grands taxis et à proximité de la gare ferroviaire et routière. L'établissement compte au total 80 chambres et mini-suites, dispersées dans deux bâtiments adjacents. Elles sont spacieuses et propres, avec tout le confort nécessaire pour un séjour agréable. Le restaurant, situé à l'étage, propose une cuisine marocaine et internationale copieuse, qu'on pourra accompagner d'un verre de vin ou d'une bière. Le personnel est attentionné et se pliera en quatre pour répondre à vos attentes.

MONT GOUROUGOU ★

D'une altitude de 900 m, le Gourougou est une montagne basse et le plus important massif volcanique du Maroc oriental, dont la dernière activité remonte à près de 2 millions d'années. Les reliefs y sont caractéristiques et la végétation dense. Les montagnes offrent une vue imprenable sur la Méditerranée. Ce site constitue l'endroit idéal pour les amoureux de randonnée. Malheureusement, le Gourougou est aussi le refuge de milliers de clandestins qui tentent de passer la frontière vers Melilla. Il est fortement déconseillé de s'aventurer seul sur ce site.

MERCURE RIF NADOR €€

1 avenue Ibn Tachfine
✆ +212 5 36 32 85 00
https://all.accor.com
Chambre double à partir de 1 070 DH, avec petit déjeuner.

Ce resort de standing 4 étoiles est doté de 145 chambres et suites, spacieuses et confortables. Les chambres ont toutes un balcon, s'ouvrant sur la mer ou la piscine. On y trouve également des studios et des appartements pour ceux qui viendraient en famille. L'établissement bénéficie d'un emplacement idéal, en plein centre-ville, juste en face de la mer. Sa jolie piscine offre d'ailleurs un beau panorama sur la lagune. Les prestations sont de qualité pour un séjour d'affaires ou en famille : restaurant, bar, spa, salle de fitness... Personnel disponible.

Nador.

RIAD DAR NADOR €€

Hay Laarassi, avenue Naanaa
✆ +212 5 36 33 79 65
Chambre double à partir de 75 €.

Dar Nador est une option convenable d'hébergement à Nador. Les chambres disposent de tout le confort : télévision par satellite, coin salon pour les suites, salle de bains spacieuse avec baignoire. La terrasse offre une très jolie vue sur la vallée. Un petit rafraîchissement serait nécessaire, mais la prestation reste tout de même correcte. Joli patio intérieur, très agréable pour dîner d'une bonne cuisine locale. Un service de navette vous permet de rejoindre facilement l'aéroport situé à 21 km. Personnel disponible et à l'écoute.

RESTAURANT ABBAS €€

51 Avenue Hassan II
✆ +212 5 36 33 32 32
Ouvert tous les jours de 12h à minuit.
Poissons et crustacés au poids, variant selon les prix du marché.

Voici le restaurant le plus populaire de Nador pour déguster du poisson frais à des prix raisonnables. La commande se prend devant la vitrine réfrigérée où s'étalent rougets, soles, crevettes, langoustines, parfois même langoustes et autres délices de la mer. Une fois le choix fait, on vous donne un numéro pour prendre place dans la salle climatisée ou sur l'une des terrasses en bord de route. Le poisson frais passe directement entre les mains des cuisiniers qui le grillent sans attendre devant les clients. Le service est rapide, peut-être même un peu expéditif.

MARINA BEACH CLUB

✆ +212 6 98 86 37 88
Ouvert tous les jours de 7h à 23h. Petit déjeuner dès 35 DH. Pizzas et burgers à partir de 50 DH.

Au bord d'une plage privée, tout près du port de plaisance, ce beach club est un lieu idyllique pour prendre son petit déjeuner, manger une pizza ou un hamburger, déguster une glace, une crêpe ou une gaufre et boire un verre en fin de journée. Large choix de boissons sans alcool, allant des jus naturels pressés aux cocktails de fruits, en passant par les jus frappés et les milkshakes. L'établissement est fréquenté par les familles marocaines qui souhaitent déconnecter dans un lieu naturel paisible. Petite aire de jeux pour enfants. Service médiocre.

RAS EL MA

A une quinzaine de kilomètres à l'ouest de Saïdia, la ville balnéaire de Ras El Ma, appelée aussi Cap-de-l'eau, est voué dans un futur proche à un grand développement touristique. Elle est appréciée par les Marocains en été pour ses plages sauvages à couper le souffle, ourlées par des eaux transparentes. On vient aussi se balader sur son port qui offre une vue imprenable sur les îles Zaffarines, territoire espagnol revendiqué par le Maroc. Sur le port, s'alignent de nombreux restaurants où vous pourrez déguster du poisson et des crustacés de première fraîcheur. La ville est d'ailleurs réputée pour ses délicieuses sardines grillées au charbon.

LES ÎLES ZAFFARINES

A un peu plus de 3 km au large de Ras El Ma, les îles Zaffarines, aussi appelées Jaafarines ou Chafarines, sont un archipel formé de trois îles (île du Congrès, île Isabelle II et île du Roi), sous contrôle de l'Espagne depuis 1848. Seul le petit bout de terre du milieu, Isabelle II, est habité par environ 200 habitants. Ce sont des militaires et leurs familles, des garde-côtes espagnols, des scientifiques ou encore des météorologues. L'archipel est aussi une réserve nationale protégée, car il abrite un écosystème riche et varié.

PLAGE RAS EL MA

Située à une quinzaine de kilomètres de Saïdia, cette magnifique plage au pied d'une ancienne falaise s'étend sur plus de 8 km. Ses eaux sont peu profondes et son sable, doré et fin. On regrettera cependant sa lignée de parasols plantés au bord de l'eau, ses nombreux marchands ambulants et sa fréquentation élevée. Malgré tout, elle offre un avant-goût du paradis. En front de mer, plusieurs restaurants où vous pourrez déguster du poisson frais. Le village offre une sympathique balade où l'effervescence bat son plein à l'arrivée des pêcheurs.

PLAGE SIDI EL BECHIR

A 17 km à l'ouest de Ras El Ma, cette belle crique aux eaux cristallines et au sable ocre, accessible par escaliers, est victime de son succès l'été. C'est dommage, mais le lieu hors saison offre un joli coin de tranquillité dans un cadre superbe. Au pied des falaises escarpées, la plage est scindée en deux et s'avance dans la mer. L'été, du rocher, les jeunes s'amusent à sauter et l'isthme est pris d'assaut par les parasols. Quelques restaurants de plage servent des tajines, sardines et divers poissons frais. Des activités nautiques sont aussi proposées.

RIAD KEBDANA €€

A 17 km du rond-point de Kariat Arekmane.
✆ +212 636 24 94 13
www.riadkebdana.com
Chambres doubles dès 45 € avec petit déjeuner. Appartement à partir de 60 € la nuitée, sans petit déjeuner.

Sur la route de Nador, entre mer et montagnes, ce riad esseulé, de couleurs bleu et blanc, est l'endroit parfait pour déconnecter du quotidien. Il dispose de quatre chambres doubles lumineuses et spacieuses, dont deux s'ouvrent sur une grande terrasse panoramique qui offre une vue imprenable sur Nador et Melilla. Les couchers de soleil y sont splendides. Le riad compte aussi deux appartements avec cuisine équipée et salon pouvant accueillir jusqu'à 5 personnes. Ici, règne un silence absolu, idéal pour se reposer. Younes, le gérant, est un hôte adorable.

RESTAURANT MARHABA €

Face à la Casa del Puerto.
✆ +212 6 78 68 58 72
Ouvert 7j/7 à partir de 11h. Sardines dès 20 DH.

Tout près du port, de nombreux restaurants, grouillant de monde l'été, proposent du poisson frais à des prix dérisoires et aux portions copieuses. Notre choix s'est porté sur le restaurant Marhaba, dont la spécialité est la sardine grillée au charbon. La vitrine réfrigérée présente aussi soles, rougets, crevettes et autres poissons et crustacés fraîchement pêchés. De quoi se régaler ! On s'installe dans l'une des salles climatisées ou sur la terrasse pour déguster des assiettes généreuses. L'été, le restaurant propose aussi de bonnes pizzas. Service soigné.

SAÏDIA ★

Dernière ville marocaine avant l'Algérie, Saïdia est surnommée la « perle bleue » en raison de sa longue plage de sable dorée et sa mer turquoise. Elle fait partie d'un vaste plan de développement touristique et de nombreux complexes, dédiés à un tourisme de masse, ont ainsi vu le jour. Vous pourrez donc vous loger facilement dans des appartements à louer ou des hôtels offrant des services tout inclus pour des vacances organisées. Elle abrite aussi une médina d'une quarantaine de commerces, un golf de 18 trous, et l'un des plus grands ports de plaisance de toute la Méditerranée. Les amoureux de la nature ont fustigé ce projet qui a abîmé l'écosystème en détruisant une partie du cordon dunaire protégeant la ville de la plage. Le traitement des eaux usées fait aussi débat même si beaucoup se réjouissent du nombre d'emplois créés par ce projet. Cependant, les 18 km de plage restent très beaux et raviront les amateurs de farniente. A une douzaine de kilomètres à l'ouest de Saïdia, l'embouchure de la Moulouya abrite une réserve ornithologique de toute beauté, s'étendant sur plus de 4 000 hectares. De nombreuses espèces d'oiseaux migrateurs fréquentent l'endroit. Pour ceux qui souhaitent faire un périple par la côte, vous pourrez emprunter la rocade méditerranéenne de Tanger. Comptez environ 7h de trajet. Sinon, depuis l'aéroport d'Oudja, une nationale relie la ville à Saïdia en moins d'une heure et de nombreux taxis collectifs effectuent le trajet. Vous pourrez aussi rejoindre en bus Berkane et Oudja.

RÉSERVE NATURELLE DE MOULOUYA ★

L'embouchure du fleuve est une réserve ornithologique naturelle, avec près de 270 espèces observées, que l'on peut découvrir facilement depuis Saïdia. Il s'étend sur plus de 4 500 hectares couvert de sansouires, de roselières, de dunes et de forêts de tamarix. Une belle balade pour les amoureux de la nature qui pourront ainsi découvrir le deuxième plus long fleuve du Maroc. Possibilité de pratiquer du canoë kayak, de la randonnée pédestre et équestre, ainsi que des balades nautiques.

OUJDA ★

Oujda, de par sa position stratégique à la frontière algérienne, revêt un caractère particulier. La ville s'est développée grâce à l'industrie minière et à l'extension du chemin de fer, qui la relia au reste du pays. Aujourd'hui, c'est une cité importante qui possède une très belle ancienne médina. On peut arpenter le grand souk qui s'y déroule le jeudi, admirer les vieilles portes et les miradors, ou se balader dans le parc Lalla Meriem, sans oublier le Dar Septi, le plus ancien palais d'Oujda. Dans les environs, les monts des Beni Snassen composent une région montagneuse superbe, dont la visite peut se faire avec un véhicule tout-terrain.

Histoire

A la frontière entre le Maroc et l'Algérie, Oujda connut une histoire mouvementée et, les guerres successives la laissant toujours exsangue, elle gagna le surnom de médina El-Haïra, littéralement « la cité de la peur ». Créée au Xe siècle par la tribu Merghroua, elle est rapidement investie par les Almoravides de Youssef ben Tachfine au XIe siècle. Elle devint alors une ville étape pour les caravanes qui ramenaient de l'or, de l'ivoire, des plumes d'autruche et même des esclaves depuis l'actuel Soudan. Elle fut ensuite la proie des différentes dynasties marocaines et des Turcs. Oujda fait parler d'elle sur la scène internationale en 1844, lorsque les Français lancent une offensive depuis l'Algérie et s'en emparent pour capturer Abdelkader. De même, en 1907, la ville est encore occupée par les troupes françaises, devançant le protectorat de cinq années.

Oujda.

FRONTIÈRE FERMÉE

En 1994, suite aux attentats de Marrakech, le Maroc décide d'instaurer un visa aux ressortissants algériens. L'Algérie décide alors de fermer ses frontières terrestres. Depuis 2004, l'entrée sur le territoire marocain n'est plus soumise aux visas. La question du tracé de la frontière entre l'Algérie et le Maroc, fixé par une convention en 1972 ratifiée en 1992 seulement par l'Algérie est l'objet d'un lourd contentieux. Sur la route qui mène d'Oujda à la frontière, on ne trouve presque rien. Beaucoup de commerces (notamment l'essence) et de passages s'organisent dans la clandestinité. Le passage par la frontière est encore aujourd'hui fermé par des grillages et barbelés.

MÉDINA

Les vestiges de la muraille élevée par la dynastie des Mérinides séparent la médina de la ville nouvelle. Vous entrerez dans la vieille ville par l'une des deux portes monumentales, dont Bab Sidi Abdelouahab (la porte des Têtes), sur laquelle le pacha avait la sinistre habitude d'exhiber les têtes des rebelles décapités ! Vous passerez ensuite devant le hammam El Bali, le plus ancien de la ville et le plus réputé auprès des habitants. Il conserve une belle architecture andalouse. Près de la place El-Attarine, se dressent les monuments emblématiques de la vieille ville : les trois fontaines aux mosaïques colorées, la Grande Mosquée, édifiée en 1298 sur ordre du sultan Yacoub Yussuf et la très belle medersa, construite en 1335 dans la tradition de l'architecture arabo-mauresque. Au nord de la place, vous pourrez vous balader dans la kissaria (marché couvert), où les marchands d'étoffes côtoient les vendeurs de tapis et de vêtements et pour quelques emplettes de bijoux en or et en argent, rendez-vous rue El-Mazouzi : la rue des bijoutiers. Chaque jeudi, le grand souk d'Oujda se tient dans la médina près de la Bab Sidi Abdelouahab. A l'est, la Bab Al Gharbi recèle la plus ancienne école du Maroc créée par les Français au début du XXe siècle. L'ancien président algérien, Abdelaziz Bouteflika, qui est né à Oujda, y aurait passé sa jeunesse. On y découvre également un ancien hammam, Hammam Ejjarda, datant du XIXe siècle et décoré à la manière turque. A la sortie de la médina, ne manquez pas le superbe palais Dar Sebti.

MOYEN ATLAS

Vallons humides, forêts luxuriantes et monts escarpés, cette région verdoyante offre de nombreuses possibilités d'excursions au départ de Fès ou de Meknès. Bien que la plupart soient envisageables en une journée comme la célèbre ville romaine de Volubilis, le Moyen Atlas abonde de lieux suffisamment charmants pour s'y attarder plusieurs jours. D'abord pour ses villes impériales aux médinas tortueuses où il fait bon s'y perdre pour s'imprégner de l'ambiance locale, notamment dans la médina de Fès, déclarée au Patrimoine mondial de l'Unesco. Ensuite, pour sa nature exceptionnelle. A l'est de Fès, le massif du Tazzeka regorge de cascades, de grottes et de chemins pédestres agréables. Quant au sud, le cœur du Moyen Atlas vous enchantera par sa région des lacs, ses stations de sports d'hiver et ses belles forêts de cèdres. Ifrane ou Azrou seront de bons points de chute pour découvrir la petite Suisse marocaine.

Jorf El Melha
Moulay Bouchta
Khnichet
Dr Abadin
Karia Ba Mohamed
Dr O Benmeki
Bir Taleb
O Abdellah
Dr Lhaba
Selfat
Sebt Loudaya
Oulad Mimoun
Zaggota
Ain Bou Ali
Mikkes
Douar Beni Ouratt
VOLUBILIS ★★★
MOULAY YACOUB ★★
Moulay Idriss Zerhoun
FÈS ★★★★
Ain Bida
MOULAY IDRISS ★★
M'Haya
Oulad Tayeb
MEKNÈS ★★★
Sabaa Aiyoun
Bhalil
SEFROU ★
Majjate
Ait Boubidmane
Boufekrane
IMOUZZER KANDAR ★★
El Hajeb
Lahrahir Dayat Aoua
Agourai
IFRANE ★★★
Tamchachate
AZROU ★★
MICHLIFEN ★★
Guigou
Ait Ghanem
Ain Leuh

Taounate
Kaf El Ghar
Beni Ftah
Douar Charrat
Dar El Amri
MoyenAtlas
Dr Jmghila
Bni Lent
Tissa
Dr Koudiat Ghirane
Dr Toulba
TAZA
Oued Amlil
Dr Nbygienne
Bouchfaa
Bab Boudir
Tahla
Bir Tamtam
Zrarda
Maghraoua
Tazarine
El Menzel
Tazouta
Tamgilt
Adrej
Tafajight
Skoura M'Daz
Timitar
IMOUZZER MARMOUCHA
Oued Bukhamuj
Almis Marmoucha
20 KM

PAGES

●● RÉGION DE FÈS

157

La région mérite que l'on s'y attarde quelques jours pour découvrir l'une des plus belles villes impériales du Maroc et ses alentours. Au départ de Fès, vous pourrez monter en altitude pour visiter la jolie ville d'Ifrane ou même skier à Michlifen en hiver. Sefrou, quant à elle, mérite le détour pour sa cascade et ses remparts percés de sept portes.

FÈS ★★★★

157 La ville impériale charme par sa médina tortueuse, ses puissants remparts, son ambiance mystérieuse et animée, la multitude de ses palais à l'architecture raffinée et par son légendaire quartier des tanneurs. Une visite incontournable !

174 **MOULAY YACOUB ★★**

174 **SEFROU ★**

175 **IMOUZZER DU KANDAR ★★**

176 **IFRANE ★★★**

178 **MICHLIFEN ★★**

179 **AZROU ★★**

182 **KHÉNIFRA ★★**

●● RÉGION DE MEKNÈS

183

Les passionnés d'histoire et les amoureux de la nature prendront le temps de visiter cette région aux multiples facettes. Meknès, ville impériale, et Volubilis, ancienne cité romaine, fascineront par leur passé glorieux et leurs vestiges, parfois bien conservés. En poussant un peu plus loin, à Azrou et Kénifra, les forêts de cèdres et de chênes verts seront l'occasion de belles randonnées.

MEKNÈS ★★★

183 Berceau de la culture alaouite, cette ville impériale regorge de magnifiques mosquées, de sublimes palais et de jardins luxuriants.

190 **MOULAY IDRISS ★★**

VOLUBILIS ★★★

191 Volubilis intrigue par son site antique remarquable. Dans ce musée à ciel ouvert, on se promène entre des colonnes et arcades antiques, des mosaïques parfois bien conservées et des vestiges des maisons d'un autre temps. Captivant !

●● RÉGION DE TAZA

194

À la jonction du Rif et du Moyen Atlas, cette province montagneuse se distingue par son milieu naturel varié, dont vous pourrez apprécier toute la richesse au parc national de Tazekka. De Taza, vous pourrez accomplir un circuit de 130 km en voiture pour découvrir les cascades de Ras-el-Oued, le gouffre de Friouato et le mont éponyme. Au cœur de ses belles forêts de cèdres et de chênes, les panoramas sont en plus superbes. Pour un dépaysement total en une demi-journée seulement.

194 **TAZA ★★**

FÈS ★★★★

Ville impériale du Maroc, Fès est une ville millénaire qui allie raffinement, traditions et dépaysement. Elle possède la plus vaste et la plus impressionnante médina du pays. La ville fut créée par Idriss Ier, également également fondateur du Maroc en tant que royaume unique et indépendant. Puis, elle a été la capitale religieuse d'un pays où l'islam a toujours été religion d'État. L'université Karaouiyine, dont la création remonte au IXe siècle, a atteint un rayonnement tel qu'on a pu surnommer Fès « l'Athènes de l'Afrique ». Quand s'installèrent des familles de commerçants et de juifs, elle devint rapidement la ville la plus riche du pays et un carrefour commercial incontournable. En visitant Fès el-Bali, à l'origine médiévale, on trouvera la trace des plus grandes dynasties, des murailles almohades aux medersas mérinides. De leur histoire prestigieuse, les Fassis ont gardé une tradition commerçante et artisanale ancestrale, du tannage des cuirs à la fabrication des célèbres poteries bleues sur fond blanc, qui font leur fierté. Mais Fès doit également faire face à de nombreux défis. Son million d'habitants est demeuré confiné dans l'enceinte historique de la ville, ce qui engendre des problèmes de pollution et de salubrité. En 1980, l'Unesco a inscrit la médina de Fès el-Bali au rang de patrimoine mondial, et a entrepris des travaux de restauration. Au cœur des 10 000 ruelles de la médina, 1 300 maisons ont été restaurées, des quartiers entiers pavés et couverts de moucharabieh.

Histoire

Une majorité d'historiens attribuent la création de Fès au fondateur du Maroc, Moulay Idriss Ier. Ce dernier s'était d'abord installé à Oualili, sur le site de l'ancienne Volubilis, et avait entrepris d'y convertir les Berbères à l'islam. Mais, au moment de choisir un lieu digne de recevoir sa capitale en 789, c'est sur la rive droite de l'oued Fès qu'il s'établit, après que, selon la légende, on eut trouvé une pioche en or en creusant les fondations. Cette légende donna son nom à la ville, puisque Fès est le terme arabe pour désigner une pioche. En 809, son fils, Idriss II, entreprit de construire à son tour une véritable ville sur l'autre rive de l'oued. Avec son palais royal, sa mosquée et ses murailles, c'est la véritable Fès qui s'éleva alors. En 818, un millier de familles musulmanes, chassées de Cordoue, trouvèrent refuge à Fès, et s'installèrent dans ce qui prit le nom de quartier des Andalous. Peu après, trois cents familles de Kairouan en Tunisie, également en exode, furent accueillies dans Adoua el-Karaouiyine, le quartier des Kairouanais. Si l'on ajoute l'arrivée de familles juives, ces migrations furent un véritable coup de pouce du destin. Les nouveaux arrivants étaient le plus souvent de riches artisans et commerçants, dotés de techniques modernes, et ils recréèrent à Fès l'environnement dans lequel ils vivaient, transformant la ville en métropole commerciale incontournable. Au IXe siècle, Fès était également un pôle reconnu sur le plan intellectuel. Mais l'histoire bégaya, et Fès, enjeu de convoitises, tomba successivement sous l'influence des Fatimides de Tunisie et des Omeyyades de Cordoue au Xe siècle. Fès devint almoravide en 1069, en cédant aux assauts du Saharien Youssef ben Tachfine. Ce dernier réunit les deux parties de la ville de chaque côté de l'oued, dans une même enceinte, pour ne former qu'une seule et même cité. Mais c'est Marrakech qui fut alors désignée comme capitale du royaume. En 1154, ce fut au tour des Almohades d'investir la cité, et les murailles détruites furent reconstruites. La ville développa surtout une influence religieuse prépondérante, grâce notamment à la mosquée Karaouiyine et à son université. Les Mérinides arrivant de l'est du Maroc en 1250 firent à nouveau de Fès une capitale. Ces esthètes parèrent la ville de ses plus beaux atours. C'est l'époque de la construction de Fès el-Jedid, Fès la Nouvelle, s'opposant à Fès el-Bali, l'ancienne. On y construisit une cité administrative, abritant en son enceinte le palais royal, des mosquées, et surtout les garnisons du sultan. Au XIVe siècle, Fès comptait 200 000 habitants, dont les activités commerciales, artisanales ou religieuses, faisaient autorité dans le royaume et bien au-delà. La chute des Mérinides à la fin du XVe siècle marqua le début du déclin de Fès. En 1549, les Saadiens, nouveaux venus au pouvoir, se fixèrent à Marrakech. Fès changea alors de statut et devint plutôt une capitale morale, une ville qui garda son influence religieuse en formant dans ses medersas les futurs dirigeants islamiques marocains. En 1912, la ville fut envahie par des troupes berbères, et le sultan Moulay Hafid dut se résoudre à officialiser l'ingérence européenne au Maroc en demandant l'aide de la France. Il en résulta, en mars 1912, la signature du traité de Fès, marquant le début du protectorat français au Maroc. La domination française changea le visage de Fès qui fut dotée d'une ville moderne, européenne, dont la parfaite géométrie contraste avec l'enchevêtrement anarchique des rues de la médina.

Dans les ruelles de la medina de Fès.

BAB BOUJLOUD

Construite au XIIIe siècle, la plus célèbre des portes de Fès marque l'entrée de Fès el-Bali. Richement décorée, elle marie la faïence bleue aux couleurs de Fès et la faïence verte, symbole de l'islam. C'est un point de repère important : d'ici, vous pourrez suivre le parcours fléché au sein de la médina. À partir de Bab Boujloud, pour les balades sans guide, suivez soit Talaa Seghira en continuant sur la droite, soit Talaa Kbira en continuant sur la gauche. Ces deux rues sont de bons points de repère, notamment pour accéder au cœur de la médina.

FONDOUK NEJJARINE ★

Pl. Nejjarine
✆ +212 5 31 41 26 16
Ouvert tous les jours de 10h à 17h.
A partir de 20 DH l'entrée.

Le lieu n'aurait pu être mieux choisi pour installer le premier musée spécialisé dans les arts et les métiers du bois : un ancien caravansérail du XVIIIe siècle, magnifiquement restauré et classé au patrimoine mondial de l'Unesco. Sur les trois niveaux, on découvre le savoir-faire et la dextérité des artisans à travers plusieurs exemples d'utilisation des bois marocains, sur différentes thématiques. Au premier étage, sont exposés des chefs-d'œuvre de l'ébénisterie fassie. Possibilité de boire un verre en terrasse, qui dévoile une belle vue sur la médina.

CIMETIÈRE JUIF

Ouvert de 9h à 19h.
Entrée : à partir de 20 DH par personne.

C'est une visite émouvante que celle de ce cimetière aux tombes éclatantes de blancheur. Il recèle entre autres les mausolées de grands rabbins et d'une sainte ainsi que les sépultures de 600 victimes de la peste de 1932. Il s'en dégage une atmosphère paisible que peu de visiteurs viennent troubler. Vous trouverez au fond du cimetière un musée constitué par Edmond Gabay, un passionné qui a récupéré de nombreux souvenirs de familles juives de Fès. N'hésitez pas à venir le rencontrer, il a son atelier à deux pas. Une petite participation de soutien est la bienvenue.

LE JARDIN JNAN SBIL

Avenue Moulay Hassan
Ouvert tous les jours à partir de 9h sauf le lundi.
Entrée libre.

Poumon vert de Fès, Jnan Sbil est le plus ancien jardin public de la ville, aménagé au XVIIIe siècle par le sultan Moulay Abdallah. Longtemps laissé à l'abandon, il a retrouvé toute sa splendeur d'antan après d'importants travaux de réhabilitation en 1999. Depuis son ouverture en 2011, locaux et visiteurs peuvent se balader dans les allées ombragées de ce somptueux jardin, bercé par le ruissellement de l'eau. On compte plus de 3 000 espèces végétales différentes réparties sur les 7,5 ha, à travers divers jardins à thème. Un vrai havre de douceur.

COMPLEXE NEJJARINE ★

Le secteur des menuisiers et ébénistes (*nejjarine* en arabe) est certainement l'un des plus beaux complexes urbanistiques et architecturaux de Fès. Avec sa fontaine du XVIIe siècle ornée de zelliges, la place Nejjarine offre une halte agréable après une longue balade. Au fond de la place, le *foundouk* Nejjarine, en activité jusqu'au début du XXe siècle, mérite une visite. Le souk des menuisiers est l'occasion d'apprécier le travail des artisans sculptant le bois. En longeant le musée à gauche, on atteint la tannerie Sidi Moussa, plus petite que celle de Chouara.

MAUSOLÉE SIDI AHMED TIJANI

Accès interdit aux non-musulmans.
Ouvert de 9h à 20h.

Situé près de la grande mosquée Karaouiyine, ce mausolée est voué à la mémoire du célèbre saint algérien Cheikh Ahmed Tijani. Né près de Laghouat en Algérie, il s'installa à Fès pour enseigner sa doctrine d'influence soufie et fonda par la suite une importante confrérie islamique appelée Tidjaniya, présente au Maghreb mais surtout en Afrique noire. Nombre de disciples africains viennent prier et se recueillir sur le tombeau du saint, souvent à leur retour du pèlerinage de La Mecque.

MEDERSA ATTARINE ★

Ouvert tous les jours de 8h30 à 18h.
Entrée : à partir de 20 DH par personne.

Ce trésor d'architecture mérinide se trouve dans le quartier des épiciers (*attarine*) d'où le nom de la medersa. Faisant face à la mosquée El-Karaouiyine, cette medersa de dimension assez modeste, prévue pour 60 étudiants, fut fondée par les Mérinides au XIVe siècle. C'est sans conteste le monument le plus richement décoré de la ville, avec ses zelliges très travaillés, ses plâtres et bois sculptés qui couvrent toute la surface supérieure des murs. Le plafond en bois de cèdre sculpté de la salle de prière est un chef-d'œuvre de l'époque.

MEDERSA BOU INANIA ★

Rue Talaa Seghira
Ouvert tous les jours de 8h30 à 18h, sauf à l'heure du déjeuner. Entrée : à partir de 20 DH par personne.

Sur Talaa Sghira, environ 150 m après Bab Boujloud. La dernière medersa construite par les Mérinides à Fès est aussi la plus grande. Elle fut réalisée entre 1350 et 1357 sur l'ordre du sultan Abou Inan, dont elle a gardé le nom. On y retrouve toutes les caractéristiques des medersas, ou écoles coraniques. La seule particularité de la Bou Inania est la cour, pavée de marbre. Une dérivation de l'oued Fès a été pratiquée, pour amener l'eau jusque dans la medersa, qui servait aux fidèles arrivant à pied pour pratiquer leurs ablutions avant de prier.

MOSQUÉE AL QUARAOUIYINE ★★

Ouvert de 8h30 à 20h. Accès réservé aux musulmans.

Cette mosquée fut fondée au IXe siècle par une femme, Fatima Al Fihri, venue de Tunisie pour s'installer à Fès dans le quartier des Kairouanais, comme beaucoup de ses compatriotes à l'époque (d'où le nom de la mosquée). Le minaret date de 956, mais c'est le seul vestige de la prime époque. La construction actuelle date de l'Almoravide Ali ben Youssef en 1135. Ce dernier en fit un monument du savoir, et l'université, l'une des plus vieilles au monde, recevait à l'époque des étudiants de tout le Maroc, mais aussi de pays étrangers. Parmi les plus célèbres, citons Ibn Khaldoun, le philosophe et historien, et Hassan el-Ouazzan, plus connu sous le surnom de Léon l'Africain. Aujourd'hui, une centaine d'étudiants logent sur place, dans les medersas dispatchées dans la médina. L'oratoire central, avec ses 270 colonnes, peut accueillir jusqu'à 20 000 personnes pour la prière du vendredi. Quant à la très ancienne bibliothèque, réhabilitée en 2016, elle renferme plus de 24 000 ouvrages, dont 10 000 manuscrits. On y trouve l'un des corans les plus anciens du monde et d'autres manuscrits d'importance écrits par de célèbres auteurs dont le philosophe Ibn Tofail et l'historien Ibn Khaldoun. L'accès à la mosquée est évidemment interdit aux non-musulmans. Elle est dotée de 14 portes d'entrée, dont chacune avait une fonction sociale : celle des hommes, celle des femmes, celle des morts… Pour profiter d'une belle vue, il est possible d'aller prendre un verre au palais de Fès, le restaurant attenant à la mosquée.

Medersa Bou Inania.

MOYEN ATLAS

PALAIS GLAOUI ★

1, rue Hamia Douh

✆ +212 6 67 36 68 28

Ouvert tous les jours de 9h à 16h30, jusqu'à 18h en été. Entrée à partir de 25 DH.

Ce palais, étonnamment évincé des circuits touristiques, mérite bien une visite. Construit au début du XIXe siècle, il servait de résidence au glaoui de Marrakech lorsqu'il se rendait à Fès. Il n'est plus utilisé depuis les années 1950 mais conserve zelliges, stuc travaillé, portes magnifiques… Abdou, artiste plasticien à la personnalité singulière, y est né et y réside encore. Il se fera un plaisir de vous faire découvrir l'endroit en vous racontant son histoire. Il expose d'ailleurs ses œuvres dans le palais, ce qui lui confère un charmant côté squat d'artistes.

PALAIS MNEBHI

15 Souiket Ben Safi

✆ +212 5 35 63 38 93

Sur réservation, midi et soir, à partir de 8 personnes. Comptez à partir de 150 DH par personne (hors boissons).

Situé au centre de Talaa Seghira, ce palais construit au XIXe siècle a été pendant un temps l'ancienne résidence du maréchal Lyautey. C'est ici également qu'a été signé le traité de Protectorat français, en 1912. Demeure privée richement restaurée, le palais abrite, depuis l'indépendance, un restaurant touristique de bonne facture dans un cadre typique et préservé. Le menu unique, composé de plusieurs entrées, d'un plat principal et d'un dessert, est très copieux et goûteux. Belle terrasse panoramique, avec vue imprenable sur la médina.

LE PALAIS ROYAL ★

Au nord de Fès el-Jedid se trouve le Palais royal (Dar el-Makhzen). Construit au XIVe siècle, il occupe 80 ha et donne sur la vaste place des Alaouites. Le complexe fortifié se compose de plusieurs palais et méchouars, d'une medersa, d'une mosquée et des immenses jardins Lalla Mina. Le palais, où le souverain passe quelques semaines par an, ne se visite pas. On ne peut qu'admirer, sur la place des Alaouites, le magnifique portail monumental paré de mosaïques et de stucs, ses portes en bronze doré et son auvent couvert de tuiles vertes.

SYNAGOGUE IBN DANAN ✡ ★

Ouvert de 9h à 19h. Entrée à partir de 25 DH.

Construite au XVIIe siècle par un riche marchand marocain, cette synagogue est l'une des plus importantes de l'Afrique du Nord. Pourtant, bien qu'elle soit l'un des bijoux de la culture juive marocaine, elle reste peu connue des visiteurs. Vous ne serez pas gêné par les quelques touristes qui visitent sporadiquement ses quatre nefs, dont le mobilier est d'époque. Ne manquez surtout pas de jeter un coup d'œil à l'exceptionnelle Thorah du XVIIe siècle. Une jeune fille habitant l'immeuble au-dessus viendra vous faire la visite très intéressante de la synagogue.

TOMBEAU DES MÉRINIDES ★

Accessible par la route à hauteur du square Boujloub.

Les ruines du tombeau des Mérinides se situent au point le plus élevé de Fès. C'est ici que sont enterrés les derniers sultans mérinides, alors que les premiers d'entre eux reposent à la nécropole du Chellah à Rabat. Les ruines en elles-mêmes présentent un intérêt limité, mais l'endroit procure assurément une des plus belles vues de Fès, et certainement la plus belle du Maroc sur un ensemble citadin d'une telle importance. L'idéal est de s'y rendre au lever ou au coucher du soleil, lorsque les rayons bas donnent à l'ensemble une teinte fantastique. Magnifique !

ZAOUÏA DE MOULAY IDRISS II ★★

A 150 m de la medersa Cherratine.

Accès interdit aux non-musulmans.

Ce lieu sacré abrite le tombeau de Moulay Idriss II, sous le règne de qui Fès devint une cité impériale, la première du Maroc. Il est recouvert d'une étoffe de soie dorée, offerte par la corporation des tisseurs de soie, ainsi que celui, plus petit, de sa mère. C'est un lieu de pèlerinage, où l'on vient invoquer la baraka, la chance. Les fidèles pourront toucher la sépulture du saint homme, descendant de la famille du Prophète, à travers une plaque de cuivre percée.

PLACE SEFFARINE ET QUARTIER DES TANNEURS CHOUARA ★★

Depuis la place Seffarine, demandez votre chemin, les tanneries sont à quelques minutes. Visitez le quartier le matin.

Cette place très animée, où l'on travaille le cuivre, est le point de repère pour rejoindre le quartier des tanneurs. Autour, des magasins d'articles de cuir en tous genres, et parfois de très beaux modèles de sacs et de vestes. Nous vous recommandons de monter sur la terrasse de l'un des magasins de la rue pour observer les tanneurs travailler. Établie à proximité de l'oued Fès, nécessaire pour l'approvisionnement en eau, la tannerie du quartier Chouara se tient ici depuis le Moyen Âge. Le spectacle est saisissant, avec ses multiples cuves de couleurs naturelles et les tanneurs dans l'eau perpétuant cette tradition depuis des générations. À proximité du quartier, vous serez certainement surpris par la puissante odeur qui règne. Les guides la surnomment, non sans humour, « Caca Chanel » car les cuves blanches contiennent de la chaux vive utilisée pour séparer la laine et les poils de la peau, mais aussi des excréments de pigeon (d'où l'odeur insupportable) et du sel pour l'assouplir. N'hésitez pas à mettre une brindille de menthe sous votre nez pour atténuer l'odeur et continuer tranquillement votre visite. Les tanneurs travaillent toutes sortes de peaux, du bœuf au mouton, en passant par la chèvre et le dromadaire, réputé comme étant de meilleure qualité. On ne peut d'ailleurs guère s'empêcher de penser aux conditions de travail ancestrales des tanneurs, extrêmement difficiles, et de donner quelques pièces pour la coopérative des ouvriers.

© EUNIKASOPOTNICKA - ISTOCKPHOTO.COM

DESERT DAY TOURS

+212 6 68 07 88 87
www.desertdaytours.com
Circuit dans le désert à partir de 150 € par personne (pour un groupe de 6 personnes).

Dirigé par des jeunes Berbères du sud-est du Maroc, Desert Day Tours est une agence réceptive de confiance, ayant plusieurs années d'expérience dans le tourisme. Des circuits vous sont proposés au départ de Fès, Marrakech et Casablanca pour découvrir les cités impériales et/ou passer quelques jours inoubliables dans le désert. De ces villes, on peut partir en excursion à la journée et découvrir les sites d'intérêt. L'agence s'adapte aussi aux envies de ses clients en concoctant des séjours sur-mesure et en les conseillant. Une agence sérieuse à recommander.

GUIDE HADJ MOHAMMED HAYARA

+212 6 61 58 04 06
Compter environ 300 DH pour une journée complète.

Mohammed est un des plus anciens guides de Fès. Sa licence officielle en poche, il connaît la ville et ses dix mille ruelles sur le bout des doigts. Il vous en parlera dans un français parfait et toujours avec une pointe d'humour ! Au-delà d'en apprendre beaucoup sur l'histoire de Fès, c'est une rencontre attachante que vous ferez. Mohammed a l'indispensable qualité de savoir s'adapter à vos intérêts personnels. Cependant, il est important de le contacter au plus tard la veille.

OMAR LAMRANI

+212 6 65 20 38 30
A partir de 400 DH la journée de guidage.

Originaire de Rissani, Omar est un guide national qui couvre tout le territoire marocain depuis de nombreuses années. Il travaille essentiellement à Fès, mais pourra aussi vous accompagner dans toutes vos excursions au Maroc, lui qui est pourvu de sa licence officielle. C'est un Marocain sympathique qui possède beaucoup de connaissances sur le pays. Ses explications, dans un français impeccable, sont posées et l'on boirait ses paroles comme du petit lait. À Fès, il vous fera découvrir les plus beaux monuments de la médina et ses adresses secrètes.

ABID CARS

41, avenue Hassan II
+212 6 61 08 58 85
www.abidcars.com
Ouvert du lundi au vendredi de 9h à 19h, le samedi jusqu'à 13h. A partir de 25 €/jour. Caution fixe.

Les bureaux d'Abid Cars se situent sur la très centrale Avenue Hassan II, dans la Ville Nouvelle. Implantée aux quatre coins du Royaume, cette agence locale est réputée pour son sérieux et sa ponctualité. Elle dispose d'une vaste flotte de véhicules bien entretenus, de la Dacia Logan à la Volkswagen Touareg. Quel que soit le véhicule choisi, une caution fixe très raisonnable vous sera demandée. Vous pourrez aussi vous faire livrer gratuitement votre véhicule à l'aéroport. L'équipe est à l'écoute et plutôt arrangeante. Agence recommandée.

MOROCCO EXPLORE EXCURSIONS

20 rue Abdelkrim Benjelloun
+212 6 50 70 30 24
https://moroccoexploreexcursion.com

Basée à Fès, cette agence de voyage et de transport propose un large choix de services à des prix tout à fait raisonnables. Vous pourrez demander à ce que l'on vienne vous chercher à l'aéroport, de vous organiser des visites dans la ville, des excursions au départ de Fès et même de vous accompagner là où vous le souhaitez. L'équipe est disponible et à l'écoute pour s'adapter au mieux à votre parcours. Agence sérieuse offrant de très bonnes prestations.

AUBERGE DES JEUNES €

18, rue Abdessalam Serghini
+212 5 35 62 40 85
www.hihostels.com
A partir de 70 DH par personne en dortoir et à partir de 300 DH pour une chambre double, petit déjeuner compris.

Trente-sept lits dans cette petite auberge fort bien tenue à dix minutes à pied de la gare routière CTM. Comme il se doit, l'ambiance est très festive, surtout l'été. Les parties communes, mixtes tout comme les dortoirs, sont conviviales à souhait. L'auberge dispose également de chambres privées doubles, triples et quadruples, idéales en couple ou entre amis. Joli jardin arboré où il est agréable de se détendre. Plusieurs prestations (laverie, excursions, visite de Volubilis et Moulay Idriss...) vous sont proposées. Accueil moyen.

FUNKY FES €

60, Arset Lamdelssi
✆ +212 5 35 63 31 96
www.funkyfes.com
Dortoir et chambres privées.
A partir de 7 € en dortoir.

À deux pas de Bab Jdid, Funky Fés a réinvesti les murs d'un ancien riad. Menée par une équipe cosmopolite, jeune et volontaire, l'auberge tourne bien et propose de nombreuses activités et dîners. Des dortoirs de six ou douze personnes, une cuisine en libre-service et de jolies terrasses sur le toit. Dans le patio, les baroudeurs se lovent sur les banquettes sous la gigantesque peinture « kitsch-sacrée », qui casse l'esprit traditionnel du riad. Ici, tout le monde se parle, c'est l'occasion de faire de belles rencontres et de trouver des compagnons de route.

LE CÈDRE D'ARGENT €€

Derb Matrouh, 4
✆ +212 5 35 74 10 43
Chambre double à partir de 77 €.
Petit déjeuner inclus.

Situé dans la médina à quelques minutes à pied du Triangle d'Or et des fondouks destinés à l'artisanat, le Cèdre d'Argent surprend au premier abord par sa piscine en plein cœur du patio sur lequel donnent les chambres. Toutes affichent un design personnalisé avec salle de bains privative ornée de mosaïques dans la plus pure tradition fassie. Entre les petits déjeuners (très copieux) et le thé à la menthe servi sur la terrasse surplombant la médina, vous apprécierez sans aucun doute votre séjour dans cet endroit chaleureux et paisible.

DAR BENSOUDA €€

14 Zkak El Bghel
✆ +212 5 24 42 64 63
https://marrakech-riads.com
Chambre à partir de 80 € pour deux personnes avec petit déjeuner.

Ce riad datant du XVIe siècle a été rénové par Marrakech Riads. Une belle adresse, à deux pas du centre historique et au cœur de la médina. Ici, rien n'est laissé au hasard, les chambres spacieuses et lumineuses offrent tout le confort. Le style marocain épuré est de très bon goût. Le riad est doté d'une grande terrasse offrant une jolie vue sur la médina. Sur place, piscine, hammam, et restaurant, des prestations de qualité, idéal pour profiter entièrement d'un séjour détente... Une adresse subtile et élégante qui séduira les voyageurs les plus exigeants.

DAR DALILA €€

4 Derb Sornas Ziat
✆ +212 6 13 44 62 27
Chambre double à partir de 85 €. Suite à partir de 95 €. Restauration sur demande, à partir de 15 €/personne.

Dar Dalila porte le nom d'une femme de la maison, comme les quatre chambres qui la composent. Au Dar Dalila, tout a été refait à l'identique pour redonner son âme à la maison. Ici, on garde l'esprit d'une vraie maison d'hôtes. On est chez Geoffroy, un personnage passionné et passionnant, qui dès l'entrée, nous embarque dans son univers, mélangeant bibelots chinés, tableaux baroques et zellige, bois sculpté traditionnel. En étant hébergé au Dar Dalila, il semblerait que vous ayez une petite ristourne pour le Spa du Palais Faraj, profitez-en !

DAR EL BALI €€

46 Derb Ahl Tadla
✆ +212 5 35 63 56 43
www.darelbalifes.com
Chambres à partir de 60 €.
Possibilité de privatiser.

Cette famille belge amoureuse du Maroc a décidé de s'installer au Dar el Bali afin de faire découvrir aux voyageurs, la beauté de Fès. Restaurée selon la tradition fassie, la demeure est riche en zelliges, plâtres sculptés et marbre. Vous y trouverez tradition et confort moderne, avec en plus... l'accueil belge ! Quatre chambres et une suite, toutes décorées selon une ambiance différente. Deux terrasses dont une panoramique avec vue sur la médina. Possibilité de dîner sur réservation, la cuisinière vous fera découvrir la cuisine fassie par excellence.

DAR GNAOUA €€

Derb Lamkouass Laayoun Rcif
✆ +212 6 76 28 63 56
www.dargnaoua.com
Chambre double à partir de 50 €.

Un petit riad charmant et authentique, restauré dans les règles de l'art traditionnel : cèdre, stucs, zellige, vitraux... La maison dispose d'un patio, de deux salons marocains et de trois chambres sobres et pratiques, offrant une capacité limitée de 7 personnes, pour une atmosphère plus intime. Chose rare en médina : toutes les chambres possèdent des fenêtres donnant sur l'extérieur. Une belle terrasse avec vue unique sur la médina et le quartier Andalou, très agréable à l'heure du petit déjeuner. Grande disponibilité de Ahmed. Bon rapport qualité-prix.

DAR SETTASH €€

16 Derb Moulay Ismail Saghira
✆ +212 5 35 63 55 81
www.darsettash.com
Chambre double dès 90 €, suite prestigieuse à partir de 120 € pour deux personnes. Petit déjeuner inclus.

Perdu dans les ruelles de la médina, non loin de Bab Boujloud, ce charmant riad familial est une belle option pour séjourner à Fès. Vous y serez accueillis comme des amis par Fatima et Reda, un couple marocain fort avenant. Les six chambres, dont une installée au rez-de-chaussée face à un joli salon marocain où sont servis les succulents petits déjeuners, sont décorées dans la plus pure tradition locale. Très bonne literie. Cours de cuisine convivial avec la grand-mère de Fatima sur la terrasse panoramique. Ici, chaque détail a son importance. Une belle adresse !

DAR ZIRYAB €€

2, rue Lalla Nezha
✆ +212 5 35 62 15 61
www.darziryab.com
Chambre double à partir de 70 €, suite à partir de 120 € et appartement en duplex pour 4 personnes à partir de 160 €.

Une fois n'est pas coutume. Mr Jalil, le maître des lieux, fin connaisseur et grand passionné de la culture orientale, a conçu dans le même esprit sa splendide demeure au cœur de la Ville Nouvelle. Une oasis de fraîcheur, située à deux pas du Parc Prestigia où se mêlent architecture arabo-andalouse raffinée, mobilier luxueux et art de table dans une parfaite harmonie orientale. Les suites et l'appartement sont magnifiques et les chambres, très douillettes. Pour vous détendre, une piscine, un hammam traditionnel et un joli jardin andalou.

HÔTEL ESCALE €€

7 Avenue des FAR
✆ +212 5 35 62 58 23
www.hotelescale.ma
Chambre simple à partir de 650 DH et double à partir de 850 DH. Petit déjeuner autour de 75 DH.

Classé quatre étoiles, cet hôtel tout en hauteur présente un design moderne et épuré, offrant un confort d'exception. Les 64 chambres climatisées sont réparties sur huit étages auxquels on accède par ascenseur. La propreté y est impeccable, et les chambres sont pourvues d'un bureau avec miroir, d'une télévision à écran plat, d'un coffre-fort et d'armoires. Au dernier étage, le restaurant panoramique propose une cuisine internationale de haute volée. De là, la vue sur Fès est renversante. Romantique au coucher du soleil. Accueil professionnel.

LE KSAR DE FÈS €€

Route d'Immouzzer
✆ +212 5 35 66 50 18
www.riad-leksardefes.com
A partir de 55 € pour les chambres standard selon la saison, douira à partir de 130 €, petit déjeuner compris.

A dix minutes à peine du centre-ville, le Ksar de Fès est une belle propriété de 3 ha, offrant le sentiment de vivre en pleine campagne. Pénétrez dans le jardin luxuriant et optez, selon vos envies, pour une suite dans le riad principal ou pour un hébergement plus privatif dans une douiria, non loin de la piscine. Possibilité de balades et randonnées, non loin de là. Cette alliance réussie du charme de la campagne marocaine et du tumulte des souks rendra vos vacances inoubliables ! Même si le riad est excentré, il reste bien desservi par les bus et les taxis.

LA MAISON MAURE €€

51 Derb du Pacha Baghdadi
✆ +212 5 35 74 00 27
www.lamaisonmaure.com
7 chambres dont 5 suites : à partir de 85 €, petit déjeuner inclus. Dîner sur demande, à partir de 16 €.

Ancienne propriété d'un pacha marocain datant du XVIe siècle, le Riad de La Maison Maure a été complètement rénové par son propriétaire, passionné depuis toujours d'art et d'histoire. Composé de six chambres, de trois terrasses et d'un solarium, le Riad offre une vue panoramique et imprenable sur la médina, idéale pour prendre le petit déjeuner sous le soleil marocain et pour profiter des rayons du soleil. A votre disposition également, plusieurs salons dont un doté d'une cheminée et un restaurant proposant une cuisine d'ici et d'ailleurs.

PALAIS D'HÔTES SUITES & SPA €€

9 Derb Sornas Ziate
✆ +212 5 35 63 73 24
www.palaisdhotesfes.com
Double à partir de 78 € et suite à partir de 110 €.

Sur les hauteurs de la médina, le Palais d'Hôtes et le Spa Andalous respirent le luxe et l'opulence. Pas un centimètre carré n'est laissé vide dans cette décoration certes très chargée, mais à la mode marocaine. Les hôtes sont adorables, et l'éventail des prestations est impressionnant : hammam, sauna, piscine, massages, salle de fitness, belle terrasse, restauration impeccable dans la plus pure tradition marocaine. Le luxe mêlé à un accueil familial, ce n'est pas pour nous déplaire.

RIAD ADARISSA €€

Derb Sidi Yaala 4

✆ +212 6 61 31 02 50

Chambre double dès 66 €, avec petit déjeuner inclus. Supplément de 20 € par personne et par nuit pour la demi-pension.

Dans l'une des ruelles étroites de la médina, ce riad authentique, superbement rénové, est un petit cocon douillet avec ses 5 chambres et suites chaleureuses et accueillantes, décorées de manière traditionnelle. Chaque chambre possède sa propre identité : mezzanine pour l'une, vue panoramique sur la médina pour l'autre, ou encore grande douche-baignoire en marbre pour certaines. Les dîners marocains, généreux et savoureux, sont dégustés dans le patio intérieur, à l'ambiance romantique. Belle terrasse donnant sur la médina. Personnel courtois et avenant.

RIAD AL BARTAL €€

21, rue Sournas

✆ +212 5 35 63 70 53

www.riadalbartal.com

Chambre à partir de 80 €, suite à partir de 105 €, petit déjeuner inclus. Prix selon la saison. Dîner à partir de 18 €.

Le riad est idéalement situé entre calme, accessibilité et proximité de la vieille ville. Dans cette demeure bourgeoise, le luxe traditionnel fassi des zelliges, des portes sculptées et des plafonds peints n'entravent ni le confort, ni l'ambiance chaleureuse. Le très vaste patio accueille l'excellente table d'hôtes, sous les plantes exotiques et le chant des oiseaux. D'où le nom : Al Bartal, les oiseaux. De l'accueil au petit déjeuner, c'est un sans-faute pour nos deux Français, lancés dans l'aventure du riad marocain ! Allez-y les yeux fermés.

RIAD AMOR €€

14/2 derb Zrbtana douh

✆ +212 5 35 63 84 64

www.riadamor.com

6 suites et 3 chambres à partir de 50 €. Hammam, spa, restaurant, réception 24h/24.

Construit autour d'une grande cour intérieure baignée de lumière, ce riad est flambant neuf. Chaque élément de la décoration a été choisi avec soin par Mounia, la maîtresse de maison, qui associe avec goût meubles chinés, créations artisanales, plafonniers en bois et vitraux, évier taillé dans le marbre... La literie est digne des grands palaces et la grande terrasse sur le toit offre un joli panorama sur toute la médina. Accès facile par la place Batha. Une piscine semi-couverte vient compléter l'offre. Adresse recommandée.

RIAD FÈS AÏCHA €€

2 Derb Touimi

✆ +212 5 35 76 25 64

www.riad-fes-aicha.com

Chambre double à partir de 56 €, petit déjeuner inclus. Dîner sur commande à partir de 15 €.

À deux pas de la place Rcif, ce riad est idéalement situé avec restaurant, station de taxis et de bus à proximité. Cette maison traditionnelle offre un cadre typiquement marocain avec ses zelliges, ses boiseries et ses lustres en fer forgé. Les chambres sont spacieuses et lumineuses. Le propriétaire vous réserve un accueil chaleureux et saura vous donner de bons conseils pour découvrir la ville et ses trésors. La grande terrasse avec vue panoramique sur la médina est idéale pour boire un verre. Un hébergement de bon standing dans un quartier agréable et calme.

RIAD IBN BATTOUTA €€

Avenue Allal El Fassi

✆ +212 5 35 63 71 91

5 suites et 2 chambres à partir de 120 €. Forfait famille, 2 adultes et 2 enfants de moins de 15 ans, à partir de 200 €.

Situé à deux pas de la place Batha dans une impasse, ce riad surprend par son charme et son raffinement. La décoration mêle harmonieusement Afrique, Orient et Occident. Ses suites luxueuses vous garantiront des vacances reposantes dans un cadre tout à fait exceptionnel. Vous pourrez également profiter du hammam, d'un service de massage à domicile, d'un atelier de calligraphie et aussi d'un atelier cuisine avec courses au marché, préparation d'un repas traditionnel et dégustation au dîner. Plusieurs excursions peuvent être organisées pour découvrir le Moyen Atlas.

RIAD IDRISSY €€

Derb Idrissy

✆ +212 6 49 19 14 10

www.riadidrissy.com

Chambre à partir de 70 €.

Ce riad vieux de 400 ans porte le nom du fondateur de Fès, Idrissy. Après des années de rénovation, il a rouvert ses portes au public. Tout le mobilier a été conçu au Maroc et nous raconte l'histoire du pays. Les chambres sont confortables et disposent de tout le confort. Nombreux endroits pour se détendre. Au coucher du soleil, la terrasse est le lieu rêvé pour profiter de la vue sur la médina et le mont Zelag. Le jardin en ruine est un espace reposant avec ses fontaines, ses zelliges et ses colonnes de plomb. Une ambiance particulière et apaisante.

RIAD LUNE ET SOLEIL €€

3, derb Skallia ✆ +212 5 35 63 45 23
www.luneetsoleil.com
Chambres à partir de 65 € selon la saison, suites à partir de 80 €, petit déjeuner compris. Accès wifi.

Lune et Soleil a un petit côté caverne d'Ali Baba, avec ça et là une vieille porte posée dans le patio, des tenues traditionnelles accrochées aux murs, de vieilles cartes de Fès… Les chambres, à la décoration originale également, sont très agréables et celles du rez-de-chaussée s'ouvrent sur un joli patio arboré. Une terrasse avec transats permet de se détendre en extérieur. Ajoutez à cela une ambiance décontractée, chaleureuse et familiale, toujours élégante, une cuisine de très bon aloi, et vous obtenez l'une de nos adresses préférées à Fès, à des prix abordables.

RYAD MABROUKA €€

25, derb El-Miter
✆ +212 5 35 63 63 45
www.ryadmabrouka.com
Chambres à partir de 1 000 DH selon la catégorie et la saison. Petit déjeuner compris. Repas complet à partir de 250 DH.

Près des ruelles commerçantes de la médina, Pierre-Marie et Caroline ont dégoté une jolie pépite : un des rares riads où l'on profite d'un très beau jardin avec une petite piscine ! Les cinq suites et trois chambres, toutes traditionnelles, sont très spacieuses et royalement décorées ! Meublées avec goût et raffinement, tadelakt dans les salles de bains, superbes plafonds, zelliges et plâtres de toute beauté. Le restaurant de cuisine traditionnelle offre une vue exceptionnelle sur la médina. Vélos à disposition des hôtes. Accueil très courtois.

RIAD MYRA €€

13 Rue Salaj Batha
✆ +212 5 35 74 00 00
www.riadmyra.com
Chambre standard dès 1 100 DH avec petit déjeuner. Suite à partir de 1 600 DH.

Datant du XXe siècle et restauré par les meilleurs artisans de Fès, le Riad Myra offre un séjour raffiné dans un cadre authentique. Les 14 chambres élégantes, dont 7 suites, marient harmonieusement le confort moderne et les éléments traditionnels. L'hôtel dispose d'un restaurant intime niché dans le patio intérieur, d'un bar lounge ainsi qu'un toit-terrasse offrant une vue imprenable sur la médina. Le Riad dispose aussi d'un hammam où il fait bon se détendre. Organisation d'excursions et cours de cuisine sur demande. Personnel aux petits soins. Accueil chaleureux.

RYAD SALAMA €€

4 Derb Ahl Tadtlaa
✆ +212 5 35 63 57 30
www.ryadsalama.com
4 chambres luxueuses à partir de 90 €, 3 suites et une piscine. Petit déjeuner inclus. Wi-fi.

Michel a su faire de cette belle demeure un lieu de savoir-vivre et de bien-être. Le cadre est enchanteur avec son patio arboré doté d'une jolie piscine, ses superbes terrasses et ses chambres avec vue sur le jardin. Vous prendrez le temps de vivre dans ce riad d'exception, bercé par le chant des oiseaux. Rien ne manque entre l'accueil agréable, les chambres et suites finement décorées et le service impeccable. Les zelliges ajoutent à l'ambiance authentique et à l'atmosphère chaleureuse. Un sans-faute pour un séjour de rêve…

RIAD SANAA ROSE €€

112 Derb Bennani chrablyenne
✆ +33 6 37 92 23 20
Chambre dès 50 € avec petit déjeuner. Repas entre 60 et 200 DH. Transferts, excursions, cours de cuisine…

Niché au cœur de la médina, ce riad vieux de plus 700 ans, superbement rénové, est un petit havre de douceur. Zoubida et sa fille, deux Marocaines adorables, feront tout pour que votre séjour se passe à merveille. Par chance, vous rencontrerez les propriétaires, un sympathique couple de Français, Nadya et David, et leur charmante petite fille, Sanaa Rose, dont le riad porte le nom. Les quatre chambres sont toutes aussi élégantes, notamment les chambres doubles à l'étage, très spacieuses. De la terrasse, se déploie une belle vue sur les tombeaux des Mérinides.

HÔTEL SAHRAI €€€

Bab Lghoul - Dar El Mehraz
✆ +212 5 35 94 03 32
www.hotelsahrai.com
Suite à partir de 2 600 DH.

Perché sur les hauteurs de la ville, voilà le dernier hôtel de luxe de Fès. Le souci du détail se lit partout, alliant dans un style épuré des influences européennes et orientales. Les chambres et suites aux élégants tons sable sont splendides et confortables, dotées de mobilier design. Outre la salle de fitness et le spa, on trouve deux restaurants à l'ambiance intime. Deux bars complètent le tableau : le premier étire sa terrasse sous de magnifiques arcades jusqu'à la piscine à débordement, le second se trouve à l'étage. Une très belle adresse.

LE JARDIN DES BIEHN - HÔTEL RESTAURANT €€€

13, Akbat Sbaa

✆ +212 6 64 64 76 79

www.jardindesbiehn.com

Chambres et suites à partir de 152 €, grande suite du Pacha à partir de 457 €.

Réplique d'un village marocain, ce riad dégage une atmosphère magique. Réparties autour d'un grand jardin andalou, chaque chambre et suite a sa propre thématique, toutes sont décorées et parées richement d'objets et de tissus incroyablement rares ramenés par le père de Paul, le propriétaire. Et ses collections vont d'un ensemble marin composé de carapaces de tortues, de coraux ou d'une vertèbre de baleine à une collection anarchique de courges aux usages variés. Une très bonne adresse.

KARAWAN RIAD €€€

21 Derb Ourbia Makhfia

✆ +212 5 35 63 78 78

www.karawanriad.com

Suite à partir de 183 €.

Spa, hammam et restauration sur place.

Karawan est l'un de ces riads qui se démarquent des autres au sein de la médina ! Cette ancienne école datant du XVIIe siècle a été restaurée par Valérie et Lionel durant plus de dix ans. Le résultat est étonnant ! Un mélange élégant entre tradition et modernité bien maîtrisé. Chaque suite arbore un thème qui se révèle dans le choix des matériaux, des couleurs et de son agencement. Toutes sont raffinées et se dotent d'un mobilier artisanal. Au sein de ce caravansérail, rien n'est laissé au hasard. On vous laisse découvrir les surprises qui vous y attendent !

PALAIS AMANI €€€

12 Derb El Mitre

✆ +212 5 35 63 32 09

www.palaisamani.com

Chambre double standard à partir de 160 € selon la saison, suites à partir de 215 € selon la saison et la suite.

Très luxueux riad d'architecture arabo-andalouse, organisé autour d'un magnifique patio regorgeant d'arbres fruitiers. Réparties sur deux étages, les 21 chambres et suites allient style épuré, commodités modernes et touches d'art fassi. Un hammam et un spa sont disponibles pour agrémenter votre séjour, tandis que sur les toits-terrasses, on aura tout le loisir de contempler la ville, du petit déjeuner au dîner. Ajoutons à cela un restaurant de cuisine traditionnelle marocaine revisitée ainsi qu'une école de cuisine, et le compte est bon. Une très belle adresse.

PALAIS BAHIA FÈS €€€

28 Ecole Ibn Rochd Derb Ahl Ouazzane

✆ +212 6 61 71 80 83

Chambres et suites à partir de 125 €.

Lits supplémentaires adulte à partir de 25 €/nuit.

Niché au cœur de la médina, le Palais Bahia est un riad datant du XVIIIe siècle, restauré avec goût. Cette demeure a gardé sa beauté architecturale, comme en témoignent les zelliges et boiseries de l'époque. Le patio central offre différents espaces, notamment un salon et une bibliothèque. Les chambres et suites sont lumineuses et spacieuses, un mélange de style réussi entre baroque et tradition marocaine. Le Palais Bahia vous propose une table avec une cuisine marocaine variée. Côté détente, piscine, spa, hammam et massage sont au programme. Une belle adresse !

PALAIS FARAJ SUITES & SPA €€€

Bab Ziat, Médina

✆ +212 5 35 63 53 56

www.palaisfaraj.com

31 suites de luxe.

Suites classiques à partir de 205 €. Suites junior à partir de 274 €. Petit déjeuner compris.

Fleuron du luxe à Fès, le Palais Faraj a été dessiné par l'architecte Jean Baptiste Barian, ancien décorateur d'intérieur de feu Hassan II. La plupart des suites, le restaurant et le bar disposent d'une superbe vue sur toute la médina. La literie est excellente et les chambres sont bien équipées. Ajoutez à cela une belle piscine, un espace détente hammam et Spa. Outre sa terrasse magnifique, le restaurant peut se flatter d'offrir une cuisine raffinée, parmi les meilleures de Fès.

RIAD ANATA €€€

16 Derb El Bennis

✆ +212 5 35 74 15 37

www.riad-anata.com

Chambres à partir de 108 €, petit déjeuner inclus. Repas à partir de 15 €. Location entière du riad en exclusivité.

Le Riad Anata, c'est la belge histoire de Valérie, tombée amoureuse de Fès. Ce petit cocon, raffiné et restauré avec soin et goût, mérite bien son surnom de « Riad du cœur » : un formidable accueil, de magnifiques chambres douillettes et confortables ainsi qu'une grande variété de petits déjeuners au choix. Sans oublier son agréable patio, la jolie terrasse et les plats locaux savoureux. Également des cours de cuisine marocaine avec la cheffe, Samira, dans une ambiance détendue. Tout appelle au calme et à la sérénité ici, une halte s'impose.

MOYEN ATLAS

RIAD FÈS €€€

5, derb Ben Slimane
✆ +212 5 35 74 12 06
www.riadfes.com
A partir de 250 € la chambre double, petit déjeuner compris. Menu à partir de 35 €.

L'histoire de ce riad est ancienne, remontant à l'époque où le pacha invitait les arrivants fortunés à construire dans cette partie oubliée de la médina. Passé de main en main, c'est un architecte qui s'attelle à le restaurer et en faire un véritable bijou, labellisé Relais & Châteaux. Le résultat est exceptionnel : les 1 500 m² de surface du lieu se divisent en 5 bâtisses au caractère différent, réparties autour de patios. Deux salles de hammam et quatre salles de soin, non loin d'une splendide piscine avec bar. Une adresse hors du commun.

LE COIN DES ARTISTES €

32 Rue Isisco
✆ +212 5 35 63 84 87
Ouvert tous les jours à partir de 8h jusqu'à tard selon la fréquentation. Plat à partir de 50 DH.

Voici l'adresse branchée de Bab Boujloud juste à l'extérieur de la médina. Ici, la jeunesse locale côtoie les touristes qui apprécient l'ambiance décontractée de l'établissement. Une décoration colorée sur fond de reggae. Au menu, pizza, tajine, soupe marocaine et diverses propositions alléchantes. La cuisine est savoureuse et l'équipe, très sympa, aux petits soins. Certains soirs, musiciens et chanteurs animent le repas. La terrasse à l'étage offre une vue panoramique, idéal pour le coucher de soleil. Une adresse recommandée.

FONDOUK BAZAAR €

16 Talaa Kebira
✆ +212 5 35 63 81 04
Ouvert tous les jours de 11h à 22h30. Compter autour de 100 DH le repas.

Voici un café-restaurant chaleureux niché au cœur de la médina. Porté par la belle Marianne et son équipe dynamique, le lieu offre une pause rafraîchissante entre deux balades. Profitez d'une limonade lavande sous la verrière du patio ou installez-vous à l'une de leurs tables chinées pour y déguster un mezze. La cuisine fait la part belle aux produits locaux tout en revisitant l'offre de restauration traditionnelle. Elle allie avec succès saveurs marocaines et inspirations méditerranéennes voisines. Ambiance, musique et décoration moderne et décontractée.

RESTAURANT CHEZ RACHID €

Rue Talaa Sghira
✆ +212 6 62 57 79 87
Ouvert de 10h à 22h. Fermé le vendredi. Brochettes dès 40 DH. Menu à partir de 70 DH.

A proximité de la porte Bab Boujloud, s'alignent des petites gargotes locales, dont le restaurant Chez Rachid est sans aucun doute le meilleur, offrant un très bon rapport qualité-prix. Certes, les tables nappées de bleu sont collées les unes aux autres et le repas manque d'intimité, mais ici vous pourrez goûter à une bonne cuisine locale du marché, sans tomber malade. Tajines, couscous, brochettes et salades marocaines sont tout aussi copieux et savoureux. Quelques plats végétariens comme le couscous tabolie, qui se déguste froid. Service rapide et efficace.

LE TARBOUCHE €

43 Rue Talaa Kebira
✆ +212 654 858 094
Ouvert tous les jours de 10h à 22h. Plat à partir de 40 DH.

Comme son nom, il est tout mignon. Le Tarbouche, c'est typiquement les nouveaux petits cafés-restaurants traditionnels branchés qui sont arrivés d'abord à Marrakech. Ici, de la décoration à l'assiette, des couleurs aux saveurs, on allie parfaitement le moderne au traditionnel. Dans une atmosphère populaire, vous dégusterez entre autres du bœuf croustillant, des salades marocaines et une pizza à l'orientale, servis avec de bons jus de fruits frais. Mention spéciale pour la pastilla au poulet. Un si délicieux moment au cœur d'El Bali qu'on y retournerait bien !

DAR ROUMANA €€

Rue Bouhaj
✆ +212 5 35 74 16 37
www.darroumana.com
Ouvert du mardi au dimanche de 18h30 à 21h (dernier service). Deux plats, à partir de 300 DH par personne.

Dar Roumana est une table réputée sur Fès. Le chef, Younes Idrissi, adapte avec plaisir une cuisine gastronomique en y intégrant les principes culinaires marocains. La carte propose tous les jours des plats différents à base de produits frais de saison, une cuisine fusion franco-marocaine dont le menu vous laisse le choix entre plusieurs entrées, plats principaux et desserts selon vos envies. On vous recommande la salade de citrouille rôtie et le lapin braisé à la sauce moutarde. Le restaurant étant assez prisé, pensez à réserver !

DAR ZIRYAB €€

2, rue Lalla Nezha
✆ +212 5 35 62 15 61
www.darziryab.com
Repas à partir de 300 DH.

Un des hauts lieux de la gastronomie fassie. Une cuisine raffinée, familiale et soucieuse des traditions. Préparés par la maîtresse des lieux : pastilla, tajine d'agneau ou de veau accompagnés de légumes de saison et autres spécialités. Délicieuses pâtisseries. Bon rapport qualité-prix. Jalil, le propriétaire des lieux, organise également des rencontres à thèmes avec les locaux pour échanger sur différents sujets récurrents. Une belle initiative, un grand moment de convivialité… Sur simple appel, on vient vous chercher et vous raccompagner gracieusement.

RESTAURANT OULIYA €€

27 Derb Rechm
✆ +212 5 35 63 31 84
Ouvert tous les jours, de midi à 23h.

Ouliya… comme le nom de la femme de Rachid qui a ouvert ce magnifique restaurant dans la médina, à deux pas de la place R'cif. Ouliya, cette cuisinière marocaine qui ravit nos papilles avec des plats traditionnels généreux et savoureux tels que le couscous, les tajines, les pastillas, élaborés avec des produits de saison. A l'ambiance paisible, le restaurant est installé au cœur d'un joli riad restauré proposant des chambres d'hôtes. Rachid propose de vous aiguiller pour arriver : n'hésitez pas à lui demander votre chemin, c'est un natif de la médina !

DARORI €€

2 Derb Sayour
✆ +212 6 18 45 37 38
www.darori.info
Ouvert tous les jours de 18h à 23h. Accessible aux fauteuils roulants, accessible aux personnes à mobilité réduite.

Située dans une très belle maison arabo-andalouse dotée d'un joli patio, une excellente table franco-maroco-algérienne. A la carte, un choix varié qui ouvre l'appétit : trides poulet oignons confits, pied de veau aux pois chiches, pastilla de pigeon, méchoui d'agneau ou encore tanjia marackchie, une viande de bœuf cuite à l'étouffée... Les recettes traditionnelles fassies sont concoctées chaque jour avec amour et passion, évoluant au gré des saisons. La fraîcheur, « Darori » (évidemment en arabe) ! Accueil courtois et personnel compétent.

RIAD AL BARTAL €€

21, rue Sournas
✆ +212 5 35 63 70 53
www.riadalbartal.com
Dîner à partir de 700 DH.

Dans un superbe patio arboré au style hispano-mauresque, vous goûterez à une inventive cuisine fassie, concoctée avec passion par la cheffe Fatima. Le menu est différent chaque soir, suivant les produits de saison. S'il est au menu, n'hésitez pas à goûter le tajine de bœuf aux aubergines. La sélection de vins marocains est excellente. Le service est irréprochable, l'accueil chaleureux et attentionné. Afin de préserver l'intimité des lieux, seules quelques tables sont ouvertes sur réservation exclusivement, la veille pour le lendemain. Une adresse coup de cœur.

MAISON BLANCHE €€

12 rue Ahmed Chaouki
✆ +212 5 35 62 27 27
www.maison-blanche.ma
Ouvert du lundi au samedi de 11h à 22h et le vendredi de 14h à 23h.A partir de 170 DH le plat.

Un restaurant luxueux, qui se veut à la pointe de l'élégance et de l'innovation architecturale. Des mezzanines et terrasses permettent de tirer avantage de sa situation, sur les hauteurs de la ville blanche. Ambiance résolument lounge. Le chef Thierry Vaissière propose à la carte une cuisine créative, au carrefour des multiples cultures gastronomiques méditerranéennes. Au menu : couteaux de l'Atlantique à la provençale, saint-pierre sauvage à la plancha, filet de bœuf Rossini, pommes macaire, *pasta nero* à l'encre de seiche... De quoi vous ravir les papilles !

RUINED GARDEN €€

13 Derb Idrissy
✆ +212 6 49 19 14 10
http://riadidrissy.com
Restaurant ouvert tous les jours de 13h à 21h30. Formule atelier + repas à partir de 550 DH.

Ce restaurant est niché au sein du jardin luxuriant et romantique du riad Idrissy où il fait bon s'attabler près du poêle le soir. Le lieu est également très agréable au déjeuner et au goûter. La cuisine revisite la gastronomie marocaine avec goût, optant pour des produits frais et de saison. Des ateliers culinaires sont aussi proposés avec la préparation du couscous le vendredi ou encore celle du pain avec la cheffe qui vous révélera ses secrets, après quoi vous pourrez profiter d'un déjeuner dans le cadre d'une formule (atelier + repas).

VEGGIE PAUSE €€

Rue de la poste
✆ +212 7 00 86 79 97
Ouvert tous les jours de 12h à 22h.

Voilà un défi unique accompli par Jean : ouvrir le premier restaurant végan de l'histoire de la médina millénaire ! Le pari est réussi dans l'assiette où tout le monde s'accorde pour dire que les plats sont copieux, bien servis, les ingrédients frais et les pizzas particulièrement bien élaborées. Ne passez pas non plus à côté des salades qui feraient presque rougir de jalousie les tomates des salades marocaines tant elles sont réussies. Côté boisson, essayez les jus de fruits frais pour avoir la pêche avant d'arpenter à nouveau la médina.

NUR €€€

7 Zkak Rouan
✆ +212 6 94 27 78 49
www.nurfez.com
Du mardi au dimanche de 18h30 à 22h.
Menu à partir de 750 DH. Réservation conseillée.

Cette adresse est connue des fins gourmets visitant Fès, et pour cause : la table Nur s'est refait une beauté. On la connaissait auparavant sous le nom de Restaurant n°7, une adresse réputée pour sa cuisine gastronomique et son concept innovant. Les nouveaux propriétaires, Charles et Najat, vous accueillent dans un cadre art déco soigné et proposent une série de mets qui revisitent la cuisine marocaine. Dix plats qui changent tous les jours en fonction de l'humeur du chef. Une expérience culinaire surprenante qui vaut le détour.

L'AMANDIER €€€

Bab Ziat
✆ +212 5 35 74 10 26
www.palaisfaraj.com
Ouvert tous les jours. Plats à partir de 150 DH.
Menu dégustation, à partir de 750 DH.

Un restaurant haut de gamme qui bénéficie d'une des plus belles vues panoramiques sur Fès. Et pour cause, c'est le restaurant du Palais Faraj. On y sert essentiellement des spécialités marocaines de qualité. D'autres propositions culinaires avec une carte « internationale ». Service irréprochable et décoration chic, confortable et moderne. Egalement un bar à cocktail panoramique, le « Golden bar », à l'ambiance cosy. Vous pouvez aussi découvrir la cuisine marocaine et ses secrets en participant aux ateliers cuisine. Une adresse agréable que l'on vous recommande.

PALAIS DE FÈS DAR TAZI €€€

15 Mokhfia Er'Cif
✆ +212 5 35 76 15 90
Menu du dîner à partir de 280 DH sans le vin.
Déjeuner à la carte.

Le Palais de Fès, connu aussi sous le nom de Dar Tazi, est un des palais d'hôtes les plus prisés de la ville. Il regroupe une des plus belles collections de tapis marocains. Mais c'est aussi l'une de ses tables les plus raffinées. Le cadre se prête à merveille à une étape gastronomique de choix, à l'ombre de la terrasse au déjeuner, ou pour un dîner romantique au pied de la médina. Ne ratez surtout pas la pastilla au pigeon assurément l'une des meilleures de Fès. Pensez à réserver le soir et, sur simple appel, on viendra vous chercher gracieusement.

EDEN AT PALAIS AMANI €€€

12 Derb El Miter
✆ +212 5 35 63 32 09
www.palaisamani.com
Ouvert tous les jours.
Comptez à partir de 350 DH pour un menu.

Cette adresse est connue des fins gourmets en visite à Fès. Ici, les spécialités fassies côtoient d'autres plats traditionnels marocains et méditerranéens revisités que vous pourrez déguster accompagnés d'une bonne bouteille de vin, dans le jardin luxuriant, l'élégante salle à manger ou sur les toits-terrasses du palais, avec une vue incroyable sur la Médina. Pour aller plus loin dans cette expérience culinaire, l'établissement propose aussi des ateliers de cuisine via la recommandable Fès Cooking School et des dîners où la dégustation de vins est à l'honneur !

BARCELONA CAFÉ

248 Taala Kbira
✆ +212 6 88 42 76 53
Ouvert de 10h à 23h30.
A partir de 25 DH l'entrée pour les concerts.

On se croirait dans une ancienne demeure espagnole, bourrée de vieilles antiquités, de vieux lustres, de tableaux et de miroirs aux murs. Dans ce décor atypique à l'ambiance intimiste et feutrée, trônent canapés douillets et jolies banquettes sur la terrasse. L'établissement y organise régulièrement des concerts avec des artistes locaux, pour le bonheur des touristes qui peuvent apprécier la musique traditionnelle marocaine. Vous pourrez aussi vous attabler pour déguster jus, thés, pâtisseries et également des snacks. A découvrir !

MADE IN M

246 Bis Talaa Lkbira
✆ +212 6 61 35 60 00
Ouvert tous les jours de 10h à 22h. Fermé le vendredi. Plat à partir de 50 DH.

Un petit café beldi tenu par des femmes où il fait bon s'accorder une pause sur les bancs en bois de la terrasse en restant dans l'effervescence de la médina ou sur les jolies banquettes à l'intérieur. Un bon café, une pâtisserie, un coup d'œil aux superbes sacs et pochettes à vendre, faits à la main, et on est reparti ! Il est possible de déjeuner sur place également. La carte est simple, mais vous trouverez quelques tajines et des sandwichs à base de *batbout*, un délicieux pain marocain. Egalement quelques gourmandises à picorer en dessert.

MEDINA SOCIAL CLUB

11 Derb El Menia Wosta
✆ +212 5 35 63 78 39
Ouvert tous les jours.

Au Medina Social Club, les soirées sont souvent animées ! L'établissement propose de nombreux événements socio-culturels : concerts, pièces de théâtre, projections de films ou encore ateliers de yoga. Le temps de votre séjour, suivez-les sur Facebook : la page est assez active, informant sur les prochaines manifestations organisées. Ce joli riad, également auberge, dispose aussi de chambres privées et de dortoirs, simples et propres. La cuisine marocaine y est de qualité. Belle terrasse panoramique offrant une vue imprenable sur Fès.

BOUTIQUE JARDIN DES BIEHN

✆ +212 5 35 74 10 36
www.jardindesbiehn.com

C'est au sein du joli riad du Jardin des Biehn que l'on trouve la boutique de Michel. Ce collectionneur de costumes anciens vous propose une sélection de produits intéressants, chinés ici et ailleurs. Textiles, broderie, poterie, vannerie, vaisselle, bijoux, sacs et autres accessoires de qualité. On y trouve aussi de vieux textiles d'une autre époque et des costumes traditionnels du Maroc, allant des djellabas aux caftans. Une boutique pleine de surprises.

KADER BRONZE

36 Derb Touil Rhebt El Kaiss
✆ +212 6 60 57 63 33
Ouvert tous les jours. Prix négociables.

Dans cette boutique, vous trouverez de nombreux objets fabriqués en bronze ou autres métaux : lampes, lustres, bijoux berbères, plateaux ciselés... On y apprécie également le travail en direct du fils d'un des artistes qui a participé à la restauration du palais royal. Ces techniques sont transmises de génération en génération et comme la plupart des métiers traditionnels au Maroc, les motifs sont imaginés au fur et à mesure. N'hésitez pas à faire un tour au second étage où sont exposés plusieurs tableaux d'artistes marocains.

MAISON DE BRODERIE ET DE BROCART DE FÈS

2 bis, derb Blida
✆ +212 5 35 63 65 46
Broderie fassie. Ouvert tous les jours de 10h à 19h. Fermé parfois le vendredi après-midi. Carte bancaire acceptée.

Réputée pour la qualité de son travail, cette entreprise familiale propose toutes les broderies au point de Fès, qui possèdent la particularité d'être réversibles. Elles sont exécutées à la main par des brodeuses qui imaginent au fur et à mesure les motifs réalisés. Un travail artisanal perpétué de génération en génération dont vous pourrez ici apprécier toutes les subtilités. De magnifiques draps de lit, nappes, serviettes et coussins notamment.

MEDIN'ART

19 bis Zkak Ihjar
✆ +212 6 17 57 50 79
Ouvert tous les jours de 9h30 à 19h, le dimanche de 10h à 20h. Carte bancaire acceptée.

Ce premier concept-store de la ville de Fès est situé en plein centre de la médina. Il est tenu par Laurence Alberro, une Française sympathique, qui gère aussi la maison d'hôtes Dar Gnaoua. Dans cette boutique bien organisée, vous découvrirez une belle série d'articles faits main avec des matériaux locaux : vêtements, bijoux et accessoires divers. Elle présente des pièces uniques, issues des créations de stylistes et designers revisitant l'artisanat marocain. On y trouve des marques en vogue comme Les Maures ou encore Jabifez... Une adresse à découvrir !

AUX MERVEILLES DU TAPIS

22 Sebaâ Louyet
✆ +212 5 35 63 87 35
Ouvert tous les jours sauf le vendredi après-midi. Expédition des tapis à domicile.

Nous voici au royaume du tapis, dans cette splendide maison du XIVe siècle ! Ici, la vente se transforme en une exposition pleine de couleurs et de motifs. Des tapis anciens aux plus récents, en passant par les tapis berbères et fassis, les marchands déroulent un à un les créations artisanales des femmes, qui les tissent minutieusement selon leurs techniques traditionnelles. Tous les tapis exposés ont une histoire, sont contrôlés et possèdent une étiquette de certification d'origine. Même sans acheter, la visite vaut le détour rien que pour le plaisir des yeux !

LA TERRASSE DES TANNEURS

10 Hay el-Blida
✆ +212 5 35 63 72 60
Toutes sortes de cuir. Ouvert tous les jours.

Outre la jolie vue qu'elle offre sur les tanneries de Chouara, El-Haj Ali Baba est aussi l'une des plus vieilles et grandes boutiques de cuir de la médina. Il vous sera difficile de résister aux vestes, aux sacs de voyage, aux poufs et autres babouches en cuir de dromadaire, chèvre, mouton ou bœuf. Grand choix d'articles de bonne facture organisés sur plusieurs étages selon leurs types. N'oubliez pas de vous munir d'un brin de menthe à placer sous le nez pour éviter les haut-le-cœur dus à l'odeur lors de votre visite. Accueil chaleureux et ouvert à la négociation.

LE TRÉSOR DES MÉRINIDES

22 Souk Ain Alou
✆ +212 5 35 63 44 81
Ouvert tous les jours.

Une véritable caverne d'Ali Baba dont il vous sera difficile de partir les mains vides ! Ici, vous trouverez toutes sortes de bijoux, traditionnels et modernes, ainsi qu'un large choix d'artisanat marocain comme des lampes en bronze ou des plateaux ciselés. Antiquaires et collectionneurs pourront également dénicher quelques perles rares, entre timbres anciens, pièces de monnaie et vieux objets. Et si vous ne trouvez pas votre bonheur, demandez à Youssef de vous faire découvrir les salles à l'étage, qui regorgent, elles aussi, de multiples trésors.

LES BAINS AMANI

12, Derb El Miter
✆ +212 5 35 63 32 09
www.palaisamani.com
Formules à partir de 500 DH.
Réservation obligatoire pour les non-résidents.

Derrière les portes du prestigieux Palais Amani se cache un havre de paix et de quiétude idéal pour se ressourcer après une journée à arpenter les ruelles de la Médina. Ici on peut opter pour l'option hammam traditionnel ou oriental, avec gommage corporel à l'eau de rose naturelle ou au savon noir suivi d'un massage relaxant près des jardins ou sur les toits du Palais pour profiter de la douceur des températures printanières et automnales. Profitez de ce moment de détente pour purifier le corps et l'esprit, mais aussi pour découvrir ce magnifique palais.

FEZ COOKING SCHOOL

12 Derb El Miter
✆ +212 5 35 63 32 09
www.fezcookingschool.com
Sur réservation. Cours de 2h ou 4h à partir de 145 € pour un groupe de 2 à 6 personnes.

Envie de lever le voile sur les secrets de la cuisine marocaine ? Voilà une activité originale et authentique à faire en famille ou entre amis. Confectionnez votre propre recette, en fonction des produits que vous aurez dénichés dans le souk accompagné du chef faisant office de guide ! Vous terminez l'expérience par une dégustation de vos créations au pied des citronniers ou depuis la terrasse qui surplombe les toits de la Médina. Signalons qu'il est aussi possible de suivre des cours de boulangerie et pâtisserie qui vous mèneront jusqu'au four communal.

HAMMAM MERNISSI & SPA

46 rue Serajin
✆ +212 5 35 74 18 54
Ouvert tous les jours jusqu'à minuit en été, 20h en hiver. A partir de 200 DH le massage de 30 minutes.

Au cœur de la place Bab Boujloud, ce hammam spacieux fait partie du patrimoine culturel de la ville. Le Mernissi s'est adapté à une clientèle étrangère tout en gardant ses adeptes locaux et ses pratiques traditionnelles. Ici, on peut opter pour l'option traditionnelle, 400 m² de bains maures « grand public » au rez-de-chaussée : hammam, savon noir et gommage. Ou bien, au premier étage, 150 m² de bains privés à réserver en couple ou entre amis, comportant 2 grandes salles de hammam, douches et quatre cabines de massages. Un moment de détente incontournable !

MOULAY YACOUB ★★

La station thermale Moulay Yacoub, située en pleine nature au fond d'une vallée aride, est réputée pour son eau soufrée naturellement chaude, aux nombreuses propriétés thérapeutiques. Elle est fréquentée par de nombreux curistes marocains, notamment les week-ends, les eaux de Moulay Yacoub faisant partie des plus importantes du pays. Au printemps, la station offre un joli spectacle, avec ses collines verdoyantes, parsemées de fleurs orange et mauve. Dans la rue principale, vous trouverez plusieurs cafés-restaurants servant l'incontournable tajine. Le village a gardé une certaine authenticité, avec ses mules utilisées comme moyen de transport principal.

VICHY THERMALIA HÔTEL €€€

✆ +212 5 35 69 40 64

Chambre double à partir de 950 DH, petit déjeuner inclus. Accès aux bains seulement : à partir de 180 DH.

Ce haut lieu de pèlerinage thermal qu'est Moulay Yacoub possède enfin un hôtel digne de ce nom : à l'été 2018, c'est le groupe Vichy qui a ouvert un établissement confortable, doté d'un centre thermal exceptionnel, devenant une attraction de premier ordre. On y déguste une cuisine élaborée à partir de produits locaux. Côté bien-être, si les clients ont accès à une salle de fitness ainsi qu'à une piscine extérieure chauffée, c'est au centre thermal qu'ils se rendront pour profiter des vertus médicinales de l'eau de Moulay Yacoub.

VICHY THERMALIA SPA HÔTEL

✆ +212 5 35 69 40 64

Soin à partir de 140 DH.

Les thermes de Moulay Yacoub ont hérité de l'expertise thermale de Vichy, tout en offrant tous les bienfaits de l'eau thermale de Moulay Yacoub à ses clients. Vous pourrez en plus profiter des activités sportives en bassin ou en salle de fitness et des espaces détente avec bain géant, vaporarium et tisanerie. L'établissement propose un hôtel 4 étoiles d'une petite centaine de chambres dont sept suites ainsi qu'un bon restaurant et plusieurs boutiques.

SEFROU ★

Petite bourgade juchée en altitude, Sefrou constitue une agréable excursion depuis Fès, surtout si vous effectuez le tour du massif du Kandar. C'est une ville ancienne, et l'on raconte que Moulay Idriss y avait élu domicile avant de fonder Fès et en avait profité pour convertir la tribu de Berbères à l'islam. Par la suite, la ville accueillit au XIIIe siècle une colonie juive dont il reste un mellah et un cimetière. Les charmes de la ville résident dans ses remparts crénelés, entourant une plaisante médina. On y chemine le long de l'oued Aggai, que l'on traverse par de petits ponts. La médina est restée très traditionnelle, avec son souk aux légumes.

BHALIL

A 5 km de Sefrou, sur la R503 en direction de Fès, puis la R714.

Le village berbère de Bhalil, dont le nom signifie le « charme de la nuit », est situé à 5 km au nord de Sefrou. Avec ses maisons accrochées à flanc de colline, on se croirait au bout du monde ! C'est un très joli bourg troglodytique, avec des habitations peintes à la chaux, dans des tons pastel, roses, bleus ou jaunes. L'atmosphère est paisible et authentique, et les habitants y ont gardé un mode de vie traditionnel. Les rues en pente suivent le cours de l'oued canalisé. Vous pouvez demander à visiter l'une des quarante maisons troglodytiques.

LE MAUSOLÉE DE SIDI ALI BOUSSERGHINE

Remonter l'avenue Moulay Hassan jusqu'à la poste, puis tourner à droite.

C'est l'un des plus célèbres marabouts de la région, saint patron de Sefrou qui serait le descendant de Moulay Idriss. Les visiteurs croyants se recueillent et prient au pied de son mausolée, situé à près de 900 m d'altitude. De là, la vue panoramique est splendide, s'ouvrant sur Sefrou et le Moyen Atlas. A proximité de là, vous pourrez rejoindre les ruines du fort Prioux, construit sous le protectorat, ou la source miraculeuse, réputée pour guérir la stérilité chez les femmes.

LA MÉDINA ET LE MELLAH ★

Ceinte de remparts construits à fin XVIIIe siècle, la vieille ville est traversée par l'oued Aggai. Le quartier juif, établi sur la rive sud de l'oued est relié au quartier musulman par de jolis ponts en pierre. Des maisons aux balcons de bois sont encore visibles dans le mellah, qui a vu sa population juive émigrer à la fin des années 1950. La Grande Mosquée, restaurée au XIXe, se dresse près de l'oued. Plus haut, vous pouvez flâner dans les souks pour arriver à l'ouest de la ville, au mausolée de Sidi Lahcen Youssi, figure résistante de l'époque coloniale.

GUIDE MOHAMED CHRAIBI

✆ +212 6 63 41 20 30

Mohamed est un guide intéressant, originaire de Bhalil. Il travaille avec des agences et aussi directement avec les clients. Il vous fera visiter avec plaisir son charmant village de maisons troglodytes et les alentours. Il aime sa région et quand il parle, vous verrez, il a beaucoup d'humour, que ce soit en français, anglais ou allemand. Durant la visite, il vous conduira chez lui, dans sa maison troglodyte, pour vous offrir un verre de thé à la menthe. De la terrasse, se déploie un si beau panorama sur la campagne qu'on y resterait bien un peu plus longtemps...

TERRE DE TRACES €€€

✆ +212 6 61 15 82 41

www.terredetraces.com

En B&B à partir de 130 € pour une suite.
Plus d'informations sur les séjours bien-être sur le site Internet.

Cet écolodge est situé à 30 km de Fès, en direction de Sefrou. Pour y accéder, il vous sera utile d'être motorisé, une longue piste surplombe la vallée, offrant le spectacle des paysages vallonnés. Les suites et chambres sont agencées autour d'une piscine. Le style familial de la maison est une invitation à la détente, elle abrite un centre équestre et une ferme pédagogique. La cuisine est particulièrement goûteuse, les produits sont bio et les recettes typiquement marocaines. Des séjours yoga sont aussi organisés. Accueil aux petits soins. Une belle adresse.

DOMAINE D'AGHBALOU €€

5 rue Ghassan Kanafani

✆ +212 6 60 12 73 93

Si vous désirez profiter et découvrir les bons produits du terroir, vous voilà à la bonne adresse. Spécialisé dans la production de foie gras, le domaine s'étend sur plus de 5 hectares de champs d'amandiers. On y trouve plusieurs produits dérivés de l'élevage en plein air du canard. Ne manquez pas la paella de canard, les gésiers agrémentés d'une gelée de ponzu ou la mortadelle aux trois poivrons, entre autres mets raffinés. Une belle occasion de profiter du site et des saveurs de cette production artisanale. Accueil enthousiaste.

IMOUZZER DU KANDAR ★★

Cette petite bourgade de moyenne altitude offre un cadre bucolique et verdoyant au milieu des forêts de cèdres et des champs de fleurs. A seulement 40 km de Fès, elle est très prisée par les Fassis en quête de tranquillité. On trouve au centre du village une large place avec des restaurants en terrasse. Imouzzer fut créée au début du siècle dernier par les Français. Située à 1 345 m d'altitude, elle bénéficie d'un climat très agréable en été et plus tonique en hiver. De nombreuses excursions à faire dans les environs : casbah des Aït Seghrouchen, maisons troglodytiques, sources et pêche à la truite... N'hésitez pas à vous rendre au souk du lundi.

DJEBEL ABAD

Prendre la route 4 620, après environ 7 km, tourner à gauche pour prendre une piste qui grimpe sur 3 km jusqu'au sommet. Se garer et poursuivre à pied pendant 10 minutes jusqu'à la tour du guet.

A environ 10 kilomètres d'Imouzzer Kandar, voici une excursion agréable, en pleine nature qui ravira les amateurs de randonnée. Bien que le djebel Abad surprend par ses 1 768 mètres d'altitude, son ascension, d'une durée de moins d'une heure, s'avère plutôt facile, à travers des paysages boisés. Arrivé au sommet, vous profiterez d'un panorama exceptionnel sur la plaine de Sais et le djebel Zerhoun. Les environs attirent aussi les amateurs de loisirs par ses nombreuses sources d'eau limpide, idéales pour se rafraîchir en été.

GÎTE KARINE €

Douar Ait Oued Fel Ait Sebaa Lajrouf
✆ +212 6 39 42 57 87
Chambre simple à partir de 30 €, double à partir de 50 €.

L'un des seuls gîtes sur Imouzzer Kandar, situé à une vingtaine de kilomètres du lac Daït Aoua et de l'aéroport de Fès. Les chambres sont simples, propres et fonctionnelles, mais elles mériteraient un coup de rafraîchissement. Ce qui est agréable ici, c'est l'extérieur. Avec son joli jardin, sa tente marocaine et sa piscine, l'effet maison de campagne, presque champêtre est au rendez-vous. Idéal pour se ressourcer. Vous pourrez découvrir les villages environnants et même discuter avec les bergers. Une adresse également pratique pour les amateurs de randonnée.

DOMAINE DE LA POMMERAIE

Route Immouzer Kandar
✆ +212 6 64 90 47 09
www.domainedelapommeraie.com
Ouvert tous les jours.

Ce petit domaine perdu dans les environs d'Imouzzer est une ode à la campagne et au terroir. C'est ici que l'on produit l'un des rares fromages de chèvre locaux du Maroc. Il y en a onze différents en fonction des saisons, du fromage berbère à la bûche de l'Atlas. Vous aurez en plus le droit à une dégustation et à l'explication du processus de production par Tarik, l'affable propriétaire. Vous trouverez sur place une piscine pour vous rafraîchir l'été et vous pourrez également faire des randonnées pédestres, équestres, à dos d'ânes ou en VTT.

IFRANE ★★★

Ifrane est une petite ville surprenante dans le paysage marocain. On est ici à 1 700 mètres d'altitude et à une cinquantaine de kilomètres de Fès. En langue Tamazight, Ifrane signifie « grotte » ou « cachette ». L'aspect embourgeoisé de la ville ne ressemble pourtant en rien à une grotte. En effet, cette ville de plus de 30 000 habitants est une succession de grandes maisons en pierre et en bois ressemblant à des chalets alpins. Un plan de ville en damier, des systèmes d'arrosage automatique et des parterres fleuris rappellent une station de montagne suisse. Ville entièrement bâtie par des Français en 1929, les pouvoirs publics lui ont octroyé, en 1936, des fonds pour financer l'aménagement d'infrastructures permettant la pratique des sports d'hiver. On se rend donc à Ifrane l'été pour fuir la chaleur écrasante de Fès. On peut alors pêcher ou effectuer de superbes randonnées. L'hiver, si la neige capricieuse y met du sien, il est possible de venir skier à Michlifen. La ville vaut surtout pour le cadre dans lequel elle est située : la forêt de cèdres environnante est en effet l'une des plus belles du pays. Idéalement, on pourra consacrer une journée à visiter Ifrane et la voisine Azrou, et en profiter pour emprunter l'un des circuits touristiques parcourant la forêt. Sur l'avenue Mohamed V, vous trouverez un point d'informations très complet, où l'on pourra vous mettre en contact avec des guides de montagne. Sachez également que la ville est bien desservie par les bus de Fès, Meknès, Azrou et Marrakech, ainsi que par les taxis collectifs.

Ifrane.

UNIVERSITÉ AL AKHAWAYN

www.aui.ma

Cette université est l'une des fiertés d'Ifrane. Fondée en 1993 par le roi Hassan II, elle accueille ses premiers étudiants deux ans après. L'enseignement prestigieux forme l'élite marocaine, les futurs cadres du pays. Les cours sont dispensés en français et en anglais. Le campus se structure autour de petits chalets à l'image de la ville et dispose d'un grand jardin ouvert au public la semaine. Vous pouvez aussi faire une visite du campus en adressant votre demande au préalable. Plus d'informations sur l'université et ses missions sur le site internet.

GITE MAURICE BONJEAN €€

✆ +212 6 98 00 37 13

Chambre double dès 800 DH avec petit déjeuner inclus. Suite à partir de 1 100 DH.

Voici un lieu paisible et agréable pour déconnecter au cœur des montagnes, entre Ifrane et Azrou. Le gîte, qui porte le nom d'un sanatorium abandonné à l'entrée du village, offre un cadre rustique et authentique, construit tout en pierre et en bois. Les 5 chambres, dont deux suites magnifiques, mêlent harmonieusement le traditionnel et le moderne. On s'y sent comme chez soi, dans un petit cocon douillet. Les soirs d'hiver sont chaleureux près du feu, tandis qu'en été, la belle piscine invite à se rafraîchir. Personnel aux petits soins. Cuisine maison délicieuse.

HÔTEL PERCE-NEIGE €€

Boulevard Mohammed VI

✆ +212 5 35 56 64 04

www.hotelperceneige.com

A partir de 800 DH la double. Petit déjeuner inclus.

Situé à la périphérie d'Ifrane, cet hôtel moderne a l'allure d'un grand chalet qui mérite toutefois d'être rénové. Les 27 chambres et suites sont bien arrangées et offrent un superbe panorama sur les montagnes et la réserve des Cèdres. Le cadre y est vraiment agréable et vous y serez au calme tout votre séjour. L'établissement est le point de départ de nombreuses randonnées. Le restaurant, qui propose des spécialités marocaines, n'est cependant pas exceptionnel. L'accueil reste néanmoins professionnel et chaleureux. Somme toute, un bon rapport qualité-prix.

LE LION D'IFRANE

Situé dans un îlot de verdure du parc naturel d'Ifrane et taillé à même la roche, un lion sculpté ne cesse d'intriguer les visiteurs depuis de longues décennies. Ses dimensions sont impressionnantes : 7 mètres de long, 2 mètres de haut et 1,50 mètre de large. Gardien de la forêt d'Ifrane depuis les années 1930, il est devenu aujourd'hui l'emblème de la ville. Les rumeurs vont bon train sur ce lion, car personne ne sait vraiment qui a sculpté cet animal dans le granit. La légende raconte qu'il a été sculpté par un prisonnier de guerre allemand ou italien, d'autres rumeurs prétendent que ce serait l'œuvre d'un Français, Henri Moreau. L'énigme reste toujours à résoudre.

© AUTHOR'S IMAGE

MICHLIFEN IFRANE SUITES & SPA €€€

Avenue Hassan II

✆ +212 5 35 86 40 00

www.michlifenifrane.com

Chambre Deluxe à partir de 2 000 DH, prix variable selon la saison.

Il n'y a pas de mot pour qualifier cet établissement grand luxe en plein cœur d'Ifrane : c'est vraiment magique et d'une originalité rare. Des ascenseurs panoramiques vous mènent à des chambres et suites d'exception, aux diverses ambiances de montagne. Les styles conjuguent élégance et chaleur, raffinement et bien-être. Quatre restaurants de qualité à la cuisine et l'atmosphère distinctes. Le luxe, avec un L majuscule et tout ce qui va avec : vue panoramique, spa, hammam...

ATLAS CROWN €€€

P7231
✆ +212 6 55 55 54 34
www.atlascrown.net
A partir de 4 600 DH la nuitée, jusqu'à 6 personnes. Petit déjeuner inclus. Menu à partir de 300 DH.

Au cœur des massifs forestiers exceptionnels est né la « couronne de l'Atlas », un écolodge équestre rassemblant des chalets luxueux dans une propriété isolée. Bâtis à l'aide des pierres de l'Atlas et du cèdre environnant, les chalets sont des ouvrages à la beauté rustique en parfaite harmonie avec leur environnement. Ils sont composés de 2 chambres parentales et 1 chambre pour enfants pour une capacité totale de 6 personnes. Résider à l'Atlas Crown, c'est aussi profiter de la nature avec des balades à pied ou à vélo et des randonnées à cheval.

L'EMPREINTE D'IFRANE €

Angle rue des Erables et des Lilas
✆ +212 5 35 56 61 84
Ouvert tous les jours de 9h à 23h. A partir de 40 DH le plat.

Une adresse en plein centre d'Ifrane avec une carte bien fournie, voire même trop riche pour prétendre servir du frais et du bon. Cuisine marocaine, asiatique et occidentale, un choix vaste avec plus de 50 plats, tajines, sushis ou encore steak-frites et petit snacking... On regrette que la carte ne soit pas plus restreinte et la cuisine meilleure. Vous pouvez vous installer sur la terrasse ensoleillée, dans l'espace café avec ses grandes baies vitrées ou encore dans la salle à manger plus confinée, à l'ambiance impersonnelle. Cependant, le service est impeccable.

RESTAURANT LA PAIX €

✆ +212 5 35 56 66 75
Ouvert tous les jours de 7h à 23h. Tajines dès 75 DH.

S'ouvrant sur un cadre verdoyant, les grandes baies vitrées inondent la salle d'une lumière naturelle où il fait bon se réchauffer lors des journées froides. A la carte, pas de grandes surprises, divers tajines dont un de lapin aux raisins secs, et le traditionnel couscous du vendredi. Quelques plats internationaux proposés comme des pâtes fraîches, des pizzas, de l'entrecôte grillée et du poulet rôti, ainsi qu'un choix restreint de poissons. Plats corrects et quantité raisonnable. Le service est soigné, mais totalement indifférent.

MICHLIFEN ★★

Le site vaut le détour pour ses beaux contrastes, où les cèdres peuplent la roche volcanique. A 1 800 mètres d'altitude, il est composé de cinq pistes. On peut y faire du ski de la mi-novembre à la mi-mars, mais renseignez-vous au préalable sur les conditions climatiques. Cependant, si vous êtes un habitué des stations alpines, vous risquez d'être déçu. Nous vous conseillons de louer votre matériel à Ifrane ou Azrou et de vous renseigner sur les conditions d'enseignement à Ifrane ou Immouzer. En dehors de cette période, l'endroit est souvent désert. Avec un peu de chance, vous pourrez voir les fameux singes de Barbarie qui se cachent dans les forêts.

GITE DAYET AOUA €

Route des lacs, km7, d'Immouzer à Ifrane
✆ +212 5 35 61 05 75
www.gitedayetaoua.com
Plusieurs formules : à partir de 450 DH en chambre double, avec petit déjeuner ; en demi-pension à partir de 700 DH.

Superbe petite maison au milieu d'une basse-cour impressionnante où oies et paons se pavanent dans le verger. Entre les lacs des alentours et les montagnes et forêts encerclant l'endroit, il vous semblera que le temps s'est arrêté durant votre séjour. Vous vous sentirez comme chez vous, dans l'une des cinq chambres et suites, décorées avec goût. Ce sont les hôtes qui composent leur programme et la formule séduit toute l'année, peu importe la saison. Et pour ne rien gâcher, la cuisine est délicieuse, servie par les habitants du village.

STATION DE SKI

Ouvert de novembre à avril.

Eh oui ! Le ski au Maroc se pratique depuis déjà plus de 70 ans ! L'entrée de la station, à 19 km au sud d'Ifrane, est marquée par le chalet ski-club dominé par le mont Michlifen (2 036 m) – à proximité du pylône rouge et blanc. C'est la principale station de ski du Moyen Atlas. Les installations sont modestes et les deux pistes sont accessibles par téléskis par la petite route à gauche. La luge est également très pratiquée ici. A quelques kilomètres, deux autres pistes sont équipées de remontées mécaniques, au djebel Hebri.

AZROU ★★

A 1 250 m d'altitude en bordure d'un rocher volcanique, d'où Azrou tire son nom (*zrou* signifie « rocher » en berbère). Ce village berbère est réputé pour être très paisible, enchantant le visiteur par son air frais et sa verdure. Ses alentours sont remarquables, avec la plus belle forêt de cèdres du Maroc, dans laquelle il est possible d'effectuer de belles excursions. Dans la ville, vous apprécierez comme intérêt touristique, le gros rocher d'Akechmir, le marché du mardi et le centre de pisciculture. Aujourd'hui, Azrou est situé en bordure d'un grand axe de circulation entre Fès et Marrakech. Si vous prenez la CTM, le bus s'y arrêtera forcément.

FORÊT DE CÈDRES

Dans cette forêt de moyenne montagne, le cèdre est souvent centenaire, atteignant des tailles imposantes. En raison de sa surexploitation, il est protégé depuis 1916. Cette belle forêt peut se découvrir en rejoignant le village d'Aïn Leuh, pour effectuer un circuit de 72 km. Pour débuter ce circuit, prenez la route d'Ifrane et bifurquez à droite après 5 km au panneau indiquant le cèdre Gouraud, célébrité locale. Continuez sur la piste, sur 3 km. A la route principale, prenez à droite puis à gauche. Un panneau indique les différentes étapes de la route des cèdres.

MONASTÈRE DE TOUMLILINE

Perché en haut d'un promontoire au cœur de la forêt de cèdres, le monastère de Toumliline dévoile un joli panorama sur la vallée. Fondé en 1952 par des moines bénédictins, il symbolise la volonté du Pape Pie XII et Mohamed V d'œuvrer ensemble pour rapprocher l'islam et le christianisme. La chapelle est d'ailleurs la seule au monde où la croix chérifienne est représentée dans un monument religieux chrétien. En 1955, après la fermeture des camps de vacances par l'armée française, les organisateurs demandent l'hospitalité aux moines. C'est ainsi que les jeunes catholiques et les étudiants marocains organisèrent des jeux, des débats, des tables-rondes et des soirées musicales, et apprirent à se connaître, malgré les tensions entre les communautés. De là, un an après sous le haut patronage du roi Mohamed V, naquirent les rencontres estivales de réflexion et de débats sur les questions de la société. Politiciens, intellectuels, religieux, poètes, psychiatres, ingénieurs et autres personnalités vinrent de tous horizons à ces rencontres qui durèrent jusqu'en 1961. L'expression « l'Esprit de Toumliline » rappelle ces moments de dialogues, de paix, de respect et de partage entre les différentes communautés. Fermé depuis 1968 pour manque de financement, le monastère est au cœur d'un projet de réhabilitation, mené par la Fondation Mémoires Pour l'Avenir. Il prévoit entre autres la réhabilitation de la chapelle et la bibliothèque, la renaissance des Rencontres Internationales et la création d'un itinéraire spirituel dans le Moyen-Atlas.

MOYEN ATLAS

MAISON DE LA CÉDRAIE

A 7 km d'Azrou.
✆ +212 6 11 11 10 15
maisondelacedraie.ma
Ouvert du mardi au dimanche de 9h à 17h.
Tarif non résident dès 50 DH. Gratuit pour les enfants de moins de 7 ans.

Voici un écomusée instructif dont la visite s'avère incontournable avant toute balade dans la forêt d'Azrou. Vous aurez alors toutes les clés en main pour découvrir cet écosystème forestier singulier et tout connaître sur sa faune, sa flore, sa gestion et ses activités agro-pastorales. Les enfants apprécieront tout particulièrement l'endroit grâce aux jeux éducatifs et aux expositions interactives. Le lieu se veut aussi être un lieu de sensibilisation à la sauvegarde de la cédraie. Prévoyez une bonne heure de visite, car l'écomusée est passionnant !

ROUTE DES LACS

La route part sur votre droite à 16 km d'Ifrane en direction de Fès.

Dans les alentours d'Azrou, possibilité de partir une journée en excursion à la découverte des lacs. Ce circuit est à effectuer de préférence en dehors de l'été (les lacs sont souvent à sec). Le lac le plus important de la région est le lac Aaoua, qui est le premier que vous rencontrerez sur votre chemin. Suit une succession de lacs plus petits, qui vous ramèneront vers la route principale Fès-Ifrane. Vous pouvez également rejoindre directement Sefrou. Toutes ces destinations sont assez bien indiquées par des panneaux le long du circuit.

SOURCES DE L'OUM ER-RBIA ET LAC DE OUIOUANE ★

Depuis Azrou, prendre la P 7 209 direction Ain Leuh puis la P 7 311.

En allant vers les sources, vous pouvez faire une halte à Ain Leuh, charmant village berbère accroché au flanc d'une vallée et poursuivre votre chemin vers le lac d'Ouiouiane en traversant de belles forêts de cèdres. Plus loin, les sources de l'Oum er-Rbia sont les plus impressionnantes résurgences alimentant l'un des plus grands fleuves du pays. Là, entre les falaises calcaires des cascades jaillissent de tous les côtés. Un spectacle saisissant !

HÔTEL DIAMANT D'ATLAS €

Rue Tit Hsan

✆ +212 5 35 56 43 54

www.hotel-diamant-atlas.com

Chambre simple dès 80 DH, double à partir de 120 DH. Petit déjeuner autour de 10 DH.

Un hôtel de très bon rapport qualité-prix. Les chambres sont certes sommaires, mais propres. Certaines disposent de leur propre salle de bains, sinon pour les autres des douches sont installées à l'étage. Ici, l'ambiance est plutôt décontractée et conviviale, et l'accueil bien chaleureux. Vous pourrez également vous préparer de bons petits plats dans la cuisine commune. Le petit déjeuner est servi sur commande. Machine à laver à disposition et connexion wi-fi gratuite pour les hôtes. Un bon plan pour les voyageurs à petit budget !

MOHAMED BENKASMI

✆ +212 6 10 61 95 20

Rando d'une journée à partir de 600 DH pour un groupe de 6 personnes.

Guide des espaces naturels agréé par le ministère du Tourisme, Mohamed Benskami connaît sa région comme sa poche et ne manquera pas de vous faire découvrir des coins naturels de toute beauté. Il organise des randonnées en pleine nature avec des nuitées en bivouac ou chez l'habitant, des sorties en VTT ou en 4x4 ainsi que des déjeuners en plein air. D'une gentillesse extrême, il s'adapte facilement aux clients et pourra vous programmer des excursions sur mesure. Une agréable compagnie aux connaissances locales pointues pour découvrir le Maroc autrement.

RIAD AZROU €

Place du centre

✆ +212 6 61 06 42 42

www.riadazrou.com

A partir de 300 DH la chambre double en basse saison, petit déjeuner inclus.

En plein cœur d'Azrou, donnant sur la petite place du centre, on trouve ce riad très bien tenu, proposant un service simple et efficace, avec le sourire. Les chambres sont confortables et propres, sans charme particulier. Fatima, d'une profonde gentillesse, prépare avec amour des petits déjeuners et des repas généreux. Le lieu se prête bien à la rencontre, baigné dans une ambiance conviviale et familiale. Le personnel est en plus aux petits soins et fera tout pour vous mettre à l'aise. Rapportée au service, une option vraiment pas chère !

MOYEN ATLAS

Sources de l'Oum Er-Rbia et lac de Ouiouane.

TAMANOUCHT AUBERGE €

Km 7 Route du Sanatorium

✆ +212 6 18 53 72 42

Chambre double à partir de 400 DH avec petit déjeuner.

C'est dans la campagne d'Azrou que le gîte de Monsieur Alaoui s'est installé. Il propose de jolies petites suites en pierre, spacieuses et confortables, au milieu de la nature. Les chambres donnent sur la grande terrasse laissant apprécier le paysage verdoyant, idéal pour prendre un petit déjeuner riche et très complet. Belle piscine extérieure. L'accueil est chaleureux et la nourriture excellente. Les plats traditionnels marocains sont composés de produits frais. D'ici, de nombreuses balades sont possibles pour découvrir la région. Une escapade agréable.

FERME D'HÔTES ATGAL €€

Route nationale 13

✆ +212 6 53 63 59 25

Chambre double à partir de 400 DH, avec petit déjeuner inclus. Repas sur réservation. Autour de 100 DH le menu.

Khadija et Mohamed, un couple de professeurs universitaires à la retraite, vous accueillent chaleureusement dans leur charmante maison qui offre une jolie vue panoramique sur Azrou et les montagnes environnantes. L'entrée s'ouvre sur deux salons élégants, dont un avec TV et jeu d'échecs. Les 5 chambres sont bien tenues, avec un confort simple mais douillet. Le cadre est agréable et surtout paisible, malgré la route nationale en contrebas. Délicieuse cuisine maison. Le soir, on y apprécie de magnifiques couchers de soleil. Une adresse recommandée.

GÎTE RAS EL MA €€

Route d'Ifrane, site Ras el Ma

✆ +212 6 78 73 30 40

www.rasalma.ma

Chambre double à partir de 550 DH. Déjeuner et dîner dès 150 DH.

Mehdi et Aziza continuent de rénover ce magnifique gîte rural avec beaucoup de soin sur une très grande surface, à 1 600 m d'altitude en pleine montagne. Les chambres sont raffinées et confortables, et l'on y est vraiment au calme. Le style traditionnel marocain est présent dans la décoration (tapis berbères et artisanat fassi). Les propriétaires, des ingénieurs écolos, font tout fonctionner à l'énergie solaire. Possibilité de déguster sur place l'excellente cuisine que prépare Aziza avec les ingrédients de la ferme. Une très bonne adresse.

HÔTEL DAR MAROC €€

Route de Meknès, km 6

✆ +212 5 35 56 56 93

Chambre double en demi-pension de 600 à 1 000 DH, selon la saison.

Sur la route de Meknès, tout près d'Azrou, ce grand hôtel, un peu vétuste mais en rénovation lors de notre passage, propose une cinquantaine de chambres et suites correctes, avec vue sur une belle piscine ou les montagnes. Le confort est modeste, avec un téléviseur et une petite commode, ainsi qu'une salle de bain avec baignoire. Le hall d'entrée fait aussi office de cafétéria qui se prolonge vers un restaurant international, ouvert aux clients extérieurs, tout comme la piscine, l'été. L'hôtel peut vous organiser différentes excursions dans la région. Bon accueil.

LE JARDIN D'AZROU €€

✆ +212 6 62 19 08 89

www.lesjardinsdazrou.com

Chambre double en BB : à partir de 650 DH, demi-pension : à partir de 900 DH.

Le couple « suisso-marocain », Karine et Abdelah, vous accueille à 1 450 mètres d'altitude dans un cadre champêtre. Cette ferme d'hôtes ravira les amateurs de nature et de tranquillité. Les cinq chambres sont simples et confortables. Niveau restauration, vous pourrez apprécier la bonne cuisine de Karine, un mélange entre ses influences suisses et marocaines. Fondue au fromage, truite à l'orange ou encore raclette sont au menu. En tant que guide de montagne, Abdelah, spécialiste de la faune et la flore, se fera un plaisir de vous faire découvrir la région.

LE VALLON VERT €€

A environ 4 km d'Azrou.

✆ +212 6 22 30 83 16

Chambre double dès 70 €. Appartement 4 personnes à partir de 100 €. Petit déjeuner autour de 5 € par personne.

Au cœur d'un domaine verdoyant, entouré de montagnes, cette auberge rustique charmera les amoureux de la nature par son cadre champêtre. Les chambres sont simples et propres, dotées d'une salle de bain avec douche. Les familles apprécieront les trois appartements avec chambres et coin salon. Belles piscines extérieures. L'établissement possède aussi un club équestre affilié à la fédération du Maroc. Des balades et des concours y sont organisés. On peut aussi dormir dans un chalet au cœur des montagnes. Cuisine marocaine savoureuse. Un bel endroit à découvrir.

LE PALAIS DES CERISIERS €€€

Route du cèdre Gorou

✆ +212 5 35 56 38 30 - lepalaisdescerisiers.com

Chambre double à partir de 1 200 DH, suite pour 2 à partir de 1 900 DH. Appartement dès 1 520 DH.

Au milieu des champs de cerisiers, au pied de la forêt de cèdres, ce vaste domaine est un petit havre de paix où poser quelques jours ses valises pour découvrir la région. Dispersés dans trois jolis bâtiments en pierre, les chambres, suites et appartements sont douillets, chaleureux et bien équipés, avec certaines chambres dotées de cheminée et/ou d'une terrasse. Piscine intérieure chauffée, spa, salle de sport, terrain de tennis et belle piscine extérieure. Restaurant international de bonne facture. Personnel disponible et cordial. Un cadre enchanteur !

SNACK AL BARAKA €

Avenue Hassan II

✆ +212 6 62 10 39 98

Ouvert tous les jours de 9h à 23h.
Paninis dès 20 DH. Couscous à partir de 35 DH.

Ouvert depuis une quinzaine d'années, ce petit snack est populaire auprès des habitants pour son bon rapport qualité-prix. L'odeur qui s'échappe de la rôtisserie posée sur le trottoir ouvre d'ores et déjà l'appétit. Installé sur la terrasse abritée ou dans le petit espace intérieur, on commande des pizzas, tacos ou paninis ainsi que des plats consistants à base de poulet rôti ou de viande hachée. On peut y manger aussi des tajines sur commande et un bon couscous le vendredi. Les portions sont généreuses et goûteuses, le personnel, quant à lui, est sympathique.

ANNOUR CHEZ HASSAN €

5 Marché Municipal

✆ +212 6 61 59 09 48

Ouvert toute la journée, tous les jours.

Pour une poignée de dirhams, on mange comme un prince chez Hassan, le roi de la rôtisserie : poulets, truites, viande de bœuf, mais aussi tajines et préparations végétariennes... Il y en a pour tous les goûts et toutes les envies, à toute heure de la journée. Les grillades à la berbère et la truite cuisinée avec un mélange d'épices sont à tomber par terre ! Hassan et son équipe vous réservent en plus un accueil chaleureux et sympathique. On s'y sent tout de suite à l'aise dans cette ambiance conviviale. Très bon rapport qualité-prix.

LE ROCHER DE L'ATLAS €€

Villa 6

✆ +212 8 08 54 75 04

Ouvert tous les jours de 7h à 23h.
Plats à partir de 55 DH.

L'un des meilleurs restaurants d'Azrou, situé à l'extérieur du centre-ville. L'établissement a vu grand avec ses différents espaces, tous aussi agréables et lumineux, notamment la terrasse au premier étage. La carte propose un peu de tout, des sandwichs aux spécialités italiennes, en passant par des plats plus communs comme le filet de bœuf ou les brochettes de poulet. Belle présentation des assiettes. Large choix de boissons sans alcool, des jus de fruits aux milkshakes. Le lieu est aussi apprécié au petit-déjeuner pour son cadre paisible. Service correct.

ATLAS PARC AVENTURE

A 6 km d'Azrou en venant d'Errachidia.

✆ +212 6 66 55 84 32

atlasparcaventure.com

Ouvert à partir de 9h en été et 10h30 en hiver.
Fermé lundi sauf vacances et jours fériés.
Parcours adulte dès 90 DH.

Niché au cœur de la belle forêt d'Ifrane, ce parc d'accrobranche ravira petits et grands en quête de sensations en pleine nature. Trois parcours de différents niveaux sont perchés dans les arbres pour offrir des moments sympathiques en famille ou entre amis, dans un cadre bien sécurisé. On peut aussi défier ses amis au tir à l'arc pour un autre moment de rigolade. Petite aire de jeux pour enfants et restauration sur place, dont des pizzas à l'italienne. Les singes se baladent ici en liberté, faites donc attention à vos affaires. Une bouffée d'air pur !

KHÉNIFRA ★★

Le Parc national de Khénifra, qui s'étend sur près de 200 000 ha, est le dernier-né des parcs marocains, créé en 2008. Il vise à répondre à l'urgence des menaces pesant sur les ressources naturelles de la région du Moyen-Atlas. Voisin de deux parcs nationaux, il se distingue par ses cèdres de l'Atlas, qui composent en majorité ses forêts avec les chênes verts et les pins maritimes. La population de la région, en majorité amazighe, vit principalement de l'agriculture. Du côté de la faune, cette aire protégée abrite de nombreuses espèces telles que des panthères, des hyènes rayées, des chacals et des singes. Y vivent également des sangliers, des grives et des lièvres.

MEKNÈS ★★★

La quatrième des villes impériales, perchée sur une colline et bordant les rives de l'oued Bou Fekrane, est également la moins célèbre. En fait, on peut dire que deux Meknès coexistent. D'un côté, une classique ville marocaine de province, assez prospère puisque vivant d'abondantes récoltes et animée dans la médina et les souks. Mais elle présente aussi un autre visage, par son histoire liée à celle d'un seul homme, Moulay Ismaïl, sultan alaouite mégalomane. Effectivement, Moulay Ismaïl choisit Meknès aux dépens de Fès et entreprit, entre 1672 et 1727, d'en faire un site impressionnant. De cette gloire éphémère, la ville conserve des réalisations pharaoniques. Mais ces dernières ont été endommagées par le temps, les pillages, le tremblement de terre de 1755, si bien que le palais royal a aujourd'hui des airs de ville fantôme. Il faut cependant visiter les greniers-écuries du roi, dont on raconte qu'ils pouvaient abriter une cavalerie de 12 000 chevaux. Il faut voir les 40 km d'impressionnantes murailles et découvrir le mausolée de Moulay Ismaïl, le seul accessible aux non-musulmans avec celui de Mohammed V. Aujourd'hui Meknès est en pleine restauration pour retrouver son cachet d'antan d'ici fin 2024. Sa médina, de par sa taille et son ambiance est très accessible et vous n'aurez pas peur de vous y perdre. La ville est bien desservie, avec deux gares ferroviaires, offrant plusieurs liaisons quotidiennes avec Fès et Casa. Vous trouverez une délégation du tourisme sur la place administrative : vous pourrez y louer les services d'un guide et avoir des renseignements.

Tourisme

La visite s'organise entre les deux parties distinctes de la ville historique : la médina, classée au Patrimoine de l'Unesco depuis 1996 et la ville impériale, avec le mausolée de Moulay Ismaïl, les écuries et le bassin d'Agdal. La médina de Meknès compte plusieurs points d'intérêt, dont les principaux sont le palais Dar Jamaï et le musée qu'il abrite, ainsi que la medersa Bou Inania. On pénètre dans la médina par un passage voûté, à gauche du palais Dar Jamaï. La première étape est le souk aux tapis. Ensuite, la rue Sekkarine aboutit à la Kisaria ad-Dahab, où se tient le marché de l'or et des bijoux. Faites-vous indiquer la porte Bab el-Jedid, où vous trouverez un souk aux instruments de musique. Pour le reste, le charme de la médina tient à flâner au hasard des rencontres, sans oublier que c'est avant tout un endroit où l'on fait des affaires.

LES VIGNES DE MEKNÈS

La région de Meknès avec sa pluviométrie modérée et un riche ensoleillement, ses sols argileux et sablonneux, son altitude entre 600 et 700 m et ses traditions viticoles, représente aujourd'hui plus de 60 % de la production de vin au Maroc. La production se répartit entre 3 grands domaines, Castel, Zouina (volubilia rosé, gris et rouge) et les celliers de Meknès (Guerrouane, domaine Rimal, Beauvallon). Le premier château marocain, le château de Roslane, a été fondé par Brahim Znider également fondateur des celliers de Meknès, c'est la première origine d'appellation contrôlée du pays (coteaux de l'Atlas). On y compte les cépages, cabernet, merlot, syrah et chardonnay.

BAB MANSOUR ★

38, rue Emir Abdelkader

Cette majestueuse porte a pour véritable nom Bab Mansour el-Aleuj, ce qui signifie « la porte du renégat victorieux ». L'architecte de l'ensemble qui devait parachever l'œuvre de Moulay Ismaïl était en effet un chrétien converti à l'islam. Cette porte est à juste titre considérée comme l'une des plus belles du Maroc et ne fut achevée qu'après la mort du sultan, en 1732, par son fils Moulay Abdellah. Elle est caractérisée par une construction en chicane, destinée à ralentir les assaillants. L'intérieur de cette porte grandiose reçoit des expositions temporaires.

BASSIN DE L'AGDAL ★

Al Ismailia

Fermé pour rénovation.

C'est un bassin artificiel de 4 ha, construit sur l'ordre de Moulay Ismaïl pour irriguer les jardins des sultanes et permettre aux femmes de son harem (on dit que leur nombre approchait de 500) de se distraire. Ce bassin servait également de réserve d'eau en temps de guerre ou de sécheresse, il est irrigué par 25 km de canaux. Véritable bouffée d'air dans la ville, cet endroit est très appréciable, lui qui a été aménagé en un espace de loisirs. En face s'élèvent les greniers de Moulay Ismaïl. Ressortir et longer les murailles pour y parvenir.

© AUTHOR'S IMAGE

Bab Mansour.

GRANDE MOSQUÉE ★

Smat Ladoul

Accès interdit aux non-musulmans.

Cette mosquée, bâtie par les Almoravides au XIIe siècle et remaniée par les dynasties suivantes, est coiffée de superbes toits aux tuiles vertes. Vous pourrez apercevoir, depuis la terrasse de la medersa ou depuis la rue en vous tordant le cou, son splendide minaret recouvert de faïence. Enfin, en faisant le tour de la mosquée, vous pourrez admirer ses magnifiques portes et leurs auvents sculptés. Si l'accès vous en est interdit, avec un peu de chance les portes seront ouvertes quand même et vous pourrez jeter un œil inquisiteur - quoique discret - à l'intérieur.

GRENIERS-DAR EL-MA

Fermé pour rénovation. D'habitude, ouvert tous les jours de 9h à midi et de 15h à 18h.

C'est le nom donné au monument où le sultan entreposait les vivres destinés à nourrir les chevaux de son écurie. Les murs comportent 20 silos, dont on peut remarquer qu'ils n'avaient pas d'ouvertures vers l'extérieur pour éviter que le blé ne pourrisse. A l'intérieur, la superbe porte provient d'un palais saadien détruit par Moulay Ismaïl. On dit que le sultan conserva cette porte pour ses motifs, des soleils qui témoignaient de l'admiration du Marocain pour Louis XIV. Le soleil est ainsi devenu l'emblème des Alaouites, toujours au pouvoir au Maroc aujourd'hui.

LES GRENIERS - ÉCURIES DE MOULAY ISMAÏL ★

Fermé pour rénovation.
En face du bassin de l'Agdal ouvert de 9h à 18h.
A partir de 70 DH l'entrée.

Précisez bien « greniers » quand vous les demandez ou vous risquez de vous retrouver au haras de Meknès... D'après la légende, ces écuries pouvaient contenir 12 000 chevaux. On en déduit que le mur du fond en pisé est postérieur à l'ensemble érigé par Moulay Abdellah au XVIIIe s. et que les écuries étaient autrefois plus étendues. Alors que le toit voûté de Dar el-Ma a résisté au tremblement de terre de 1755, le plafond des écuries, plat, s'est effondré sous le choc des secousses.

MEDERSA BOU INANIA ★

Rue Zaouïa Nasseria

Fermé pour rénovation.
Ouvert de 9h30 à 13h et de 14h à 18h30.
Entrée à partir de 70 DH.

Comme la plupart des medersas du Maroc, celle-ci fut construite sous la dynastie des Mérinides, achevée en 1358 par le sultan Abou Inan, qui lui laissa son nom. Elle fut utilisée jusqu'en 1964. Sa cour intérieure, des plus classiques, est peut-être l'une des mieux conservées au Maroc. Tout autour, des pans de murs percés, travaillés en bois de cèdre, relient des piliers ornés de céramique. Il est intéressant de faire le tour pour découvrir les cellules exiguës des étudiants. Au premier étage, un escalier mène à une terrasse d'où l'on admire le superbe minaret.

MUSÉE DAR JAMAÏ

Place El Hdim
✆ +212 5 30 67 60 81
Ouvert tous les jours sauf le mardi de 10h à 18h.
Entrée 30 DH pour les adultes.

De type hispano-mauresque, ce palais date de la fin du XIXe siècle, lorsque le grand vizir Jamaï officiait à la cour de Moulay Hassan. Il tomba malade et partit se faire soigner à Fès. Le palais servit ensuite d'hôpital militaire, abrita les Beaux-Arts en 1920 puis les appartements furent reconvertis en Musée ethnographique dans les années 1950. Rénové en 2019, il abrite désormais le musée national de la musique. La visite permet donc à la fois d'admirer l'architecture du palais et de son jardin andalou, et de découvrir la richesse du patrimoine musical local.

PRISON DES CHRÉTIENS ★

Porte Moulay Ismaïl
Fermé pour rénovation.
Sinon, ouvert 7/7 de 9h30 à 17h.
Entrée à partir de 60 DH.

Après le mausolée, on débouche sur une place, avec un champ clos par des grilles de fer forgé. À l'intérieur s'étend ce qui aurait été la prison des chrétiens, également connue comme la prison de Qara. On dit que Qara était un prisonnier portugais, ayant négocié sa liberté avec Moulay Ismaïl s'il parvenait à faire construire une prison pouvant contenir jusqu'à 40 000 personnes. Les dédales du souterrain se seraient autrefois étendus sur un cercle de 7 km de diamètre. La légende raconte même que les murs s'étendaient jusqu'à Taza, près de Fès. Aujourd'hui, la majeure partie ayant été détruite par le tremblement de terre de 1755, on visite seulement trois grandes salles de 80 m de longueur et 25 m de largeur, éclairées par des ouvertures pratiquées en 1968. La légende veut que les prisonniers, dont la mission était de transporter les blocs de marbre de Volubilis à Meknès, aient abandonné leur ouvrage à l'annonce de la mort de Moulay Ismaïl. Cela expliquerait la présence de blocs de marbre qui jonchent la route menant à Volubilis. À quelques mètres de là, dans un grand bâtiment à auvent en bois appelé le pavillon des ambassadeurs, se réunissaient les négociateurs pour libérer les otages du sultan marocain, capturés en mer. Ils étaient soit échangés, soit vendus, ou condamnés à mourir sur place si les négociations n'aboutissaient pas. C'est ici d'ailleurs que le sort de quelques dizaines de prisonniers français s'est joué à trois reprises, mais les missions envoyées par Louis XIV échouèrent à chaque fois dans leurs tentatives...

MAUSOLÉE DE MOULAY ISMAÏL ★★

Ouvert tous les jours de 9h à 12h30 et de 15h à 18h, sauf le vendredi matin.
Entrée gratuite.

Le lieu où se trouve le mausolée faisait partie de l'ancien palais de justice, construit en 1700 et restauré en 1957, dans lequel se tenait une mosquée. Les non-musulmans peuvent visiter une partie du sanctuaire. La chambre funéraire, où repose le sultan, est décorée de quatre horloges offertes par Louis XIV à Moulay Ismaïl pour se faire pardonner son refus de lui accorder l'une de ses filles. Ce monument procure une impression de sérénité se mariant bien avec l'image de Meknès.

© PHILIPPE GUERSAN - AUTHOR'S IMAGE

© PHILIPPE GUERSAN - AUTHOR'S IMAGE

MOYEN ATLAS

© MATYAS REHAK - SHUTTERSTOCK.COM

Souk de Meknès.

LES SOUKS ★

La rue Nejjarine et la rue Sebaghine regroupent la plupart des souks. Ceux de Meknès sont beaucoup plus authentiques que ceux de Fès. Les stands de babouches côtoient les bouchers et les primeurs, le tout dans une grande effervescence. Aux abords de la rue Nejjarine, souvent protégée du soleil l'été, vous trouverez la plupart des articles d'artisanat local, que vous pourriez rapporter de votre voyage en guise de souvenirs. Pour un marché encore plus authentique, n'hésitez pas à vous engager le long des remparts, depuis le musée Dar Jamaï jusqu'à Bab Berdaine.

SABER TOUIL

✆ +212 6 02 58 81 28

A partir de 300 DH la demi-journée.

Guide officiel depuis 2018, Saber, signifiant « patient » en arabe, propose des visites culturelles de Meknès, allant de la médina à la ville nouvelle. Il vous montrera les différents points d'intérêt de la ville, avec des explications claires et parfois une pointe d'humour. Selon vos centres d'intérêt, il vous fera découvrir l'artisanat local, les marchés et les différents quartiers de la médina. En plus, il connaît beaucoup de monde, ce qui vous permettra d'être au plus près de la culture locale. Saber peut aussi vous accompagner dans d'autres régions du Maroc.

RIAD INSPIRA €

5 Derb Sloughi Zenkat Berraka

✆ +212 8 08 60 78 95

A partir de 24 € la nuit en chambre double. Dîner à la demande, cuisine accessible.

Au cœur de la médina de Meknès, le riad Inspira a été repris par Patricia, amoureuse du Maroc depuis toujours. Quatre chambres s'articulent autour du patio qui accueillait jadis fontaine et citronniers. Les chambres sont décorées de zellige et de boiseries en cèdre d'Azrou et offrent une atmosphère paisible pour se reposer. Patricia a transformé une des pièces en petit salon chaleureux, il fait bon s'y retrouver le soir, autour d'un verre de thé, comme à la maison ! La terrasse plonge sur la médina populaire et au loin, les montagnes zerhouen. Quelle vue !

RIAD AMAZIGH €€

32 Derb Moulay Ahmed Chebli

✆ +212 6 14 20 38 91

http://riadamazigh-meknes.blogspot.com

7 chambres à partir de 35 €, petit déjeuner inclus pour 2 personnes.

Fatima, Française d'origine marocaine, installée depuis longtemps à Meknès, vous réserve un accueil des plus sympathiques. Le riad dispose d'une décoration authentique, la couleur est au rendez-vous ! Le patio de l'entrée est un espace convivial ; à l'étage, les chambres sont spacieuses et assez différentes les unes des autres. Les familles pourront choisir la grande suite avec lits supplémentaires, les amoureux quant à eux préféreront la chambre située sur la terrasse, avec sa vue sur les minarets. Le personnel est aux petits soins. Une adresse à découvrir !

RIAD BENCHEKROUN €€

8 Derb Mekka Tiberbarine

✆ +212 5 35 53 54 06

Chambres à partir de 50 € en haute saison, à partir de 35 € en basse saison. Petit déjeuner inclus. Wifi.

Ce petit riad de charme, au décor rétro, abrite des chambres traditionnelles, dotées de tout le confort moderne. Ses trois niveaux de terrasses sont parfaits pour se détendre et prendre l'air, avec une belle vue sur la médina. Rachid et son équipe vous accueilleront chaleureusement dans la maison d'hôtes et vous aideront avec plaisir dans l'organisation de vos visites. Les repas sont en plus savoureux, à base de spécialités marocaines. L'établissement est situé tout près de l'entrée de la médina, côté place Lahdim. La chambre sur la terrasse est très prisée.

RIAD EL MA €€

4 Derb Sidi Besri
✆ +212 6 61 51 48 24
www.riad-el-ma.com
4 chambres et 3 suites à partir de 50 €, pour 2 personnes, suite avec lit supplémentaire. Petit déjeuner inclus.

Un adorable riad à découvrir dans la médina. Les six chambres et suites sont confortables, dans un style personnalisé avec goût. La terrasse-solarium est un espace propice à la détente, une piscine à débordement est disponible pour se rafraîchir, bien agréable en été. Le patio, très bien agencé est l'espace où les repas sont servis. La cuisine est particulièrement bonne et se compose de produits frais, les recettes sont préparées avec soin. Jolie terrasse panoramique et salon avec bibliothèque et télé. L'équipe vous réserve un accueil chaleureux. Belle adresse.

RIAD SAFIR €€

1, derb Lala Alamia
✆ +212 5 35 53 47 85
Chambres et suites entre 350 et 850 DH. Petit déjeuner compris. Table d'hôtes sur réservation.

Ce riad authentique, à l'atmosphère paisible, est niché dans la plus ancienne partie de la médina. Il propose six chambres et une suite chaleureuses et douillettes, chacune ayant sa propre identité. Lits confortables et décoration traditionnelle. Le patio est très agréable, éclairé d'une lumière naturelle. Mention spéciale pour les terrasses panoramiques d'où se déploie une belle vue sur Meknès et les toits de la médina. Le matin, on y apprécie les petits déjeuners savoureux au soleil avant une journée remplie de visites. Table d'hôtes. Une adresse recommandée.

RIAD YACOUT €€

22, place Lalla Aouda
✆ +212 5 35 53 31 10
www.riad-yacout-meknes.com
A partir de 500 DH la chambre standard, petit déjeuner compris. Menu à partir de 100 DH.

Difficile d'être mieux placé que le Riad Yacout, accolée à Bab Mansour et près du mausolée de Moulay Ismaïl. Une décoration épurée, faite dans un souci de préservation de l'environnement. Grand et agréable patio. Petites chambres douillettes en tadelakt de couleur, équipées de TV, climatisation et salles de bain en mosaïque. Terrasse avec vue, petite piscine bassin. Possibilité de s'y restaurer : les produits proviennent directement du marché. On vous accueillera avec la gentillesse qui fait la réputation de l'hospitalité du Maroc.

RIAD YAMCHA €€

2 derb Zenkat Nouar
✆ +212 535 556 501
Chambre double avec petit déjeuner à partir de 55 €. Dîner sur réservation.

Ce riad tenu par Evelyne et Gérald se démarque des autres. Yamcha signifierait le fait de « prendre un thé dans un endroit tranquille ». Et c'est vrai, au cœur de la médina de Meknès, le riad Yamcha offre un havre de douceur. Harmonieux mélange entre les ornements des portes à la marocaine, le patio andalou et le style épuré et raffiné. Autour de la table, la douceur continue avec de petits déjeuners copieux et « tout fait maison » et de délicieux tajines au dîner. Les chambres et suites, spacieuses et propres, ont chacune leur couleur.

Le mechouar, place du palais royal.

ZAKI SUITES HÔTEL & SPA €€€

Boulevard Bir Anzaran
✆ +212 5 35 51 41 49 - www.zakisuiteshotel.com
Chambre simple à partir de 1 300 DH, double à partir de 1 450 DH et suite à partir de 4 500 DH.

L'hôtel Zaki est la seule adresse de luxe au sein de la nouvelle ville. Boiseries et lustres en métal ciselé habillent le vaste hall avec élégance. Les 185 chambres aux styles épurés sont confortables, elles donnent accès à une grande terrasse privée avec vue sur la piscine et ses palmiers. Les quatre restaurants proposent une cuisine tantôt méditerranéenne tantôt marocaine de très bonne qualité. Les fêtards pourront profiter du lounge bar, du pub anglais ou de la discothèque qui attire tous les noctambules de Meknès. Une adresse raffinée à découvrir !

AÏSHA €

14 rue Kababine
✆ +212 6 20 57 47 30
Ouvert tous les jours de 12h à 23h, déjeuner, dîner et thé entre les heures. Plats à partir de 40 DH.

La petite échoppe d'Aïsha, c'est notre boui-boui préféré. Ici, la cuisine est traditionnelle, préparée dans les règles de l'art, et l'accueil chaleureux. Au menu, des plats typiques allant du tajine aux pruneaux en passant par le couscous. D'autres mets sont à la carte et moins connus comme la succulente *rfissa* composée de *msemmen* (genre de crêpes épaisses) et agrémentée d'un bouillon d'oignons et d'épices. Il est rare de trouver un restaurant qui propose ce genre de plat. Vous l'aurez compris, manger chez Aïsha c'est vivre une expérience gustative unique !

PALAIS SALMA €

Derb Hammam My Ismail
✆ +212 6 61 25 35 02
Ouvert tous les jours de 10h à 22h. Grillades et tajines dès 85 DH. Menu à partir de 150 DH.

Tout près du mausolée Moulay Ismaïl, ce restaurant jouit d'une vue panoramique sur Meknès du haut de sa terrasse ensoleillée. On y accède via des escaliers étroits décorés de zelliges, traversant de jolis salons marocains où l'on peut aussi s'installer. La carte est riche en spécialités locales telles les salades marocaines, le tajine beldi, la pastilla et le couscous. L'Italie est aussi à l'honneur avec des pizzas, spaghettis et pasticci. Egalement un menu marocain ou international au bon rapport qualité-prix. Accueil souriant et service impeccable.

PAVILLON DES IDRISSIDES €

147, dar Smen
✆ +212 6 14 32 57 90
Ouvert tous les jours, de 8h à minuit.
Entrée qui comprend une boisson : 15 DH.
Menu complet à partir de 140 DH.

Situé à l'entrée de la médina, ce café-restaurant avec sa grande terrasse panoramique offre une vue imprenable sur Bab Mansour, notamment au coucher du soleil. On vient y siroter un bon thé à la menthe en tête à tête ou entre amis, tout en appréciant l'animation de la mythique place de Meknès en fin d'après-midi. Il est possible d'y manger une cuisine traditionnelle qui n'a rien d'exceptionnel, mais les proportions et les prix sont honnêtes. Bonnes grillades de viande hachée, avec accompagnements variés. Idéale pour une petite pause.

YA HALA €

10 Sidi Amar Bouaouada Sebaghine
✆ +212 6 49 98 88 16
Ouvert tous les jours de 11h à minuit.
Entrée à partir de 20 DH, plats à partir de 95 DH.

Dans ce restaurant typiquement marocain, on se sent comme chez l'habitant et l'accueil y est des plus agréables. La décoration est authentique avec tables en bois sculpté et mosaïques. Bien installé sur des banquettes, vous dégusterez de succulentes spécialités marocaines, servies généreusement. On vous recommande le veau aux pruneaux et aux amandes, le tajine de kefta et le zaalouk, un caviar d'aubergines. Un vrai régal ! Si vous souhaitez être servi rapidement, un petit conseil : appelez avant pour commander votre plat. Thé offert par la maison.

LE COLLIER DE LA COLOMBE €€

67, rue Driba
✆ +212 5 35 55 50 41
http://lecollierdelacolombe.com
Ouvert tous les jours. A partir de 120 DH par personne. Menu du jour à partir de 110 DH.
Belle carte de vins.

Deux grandes salles et une terrasse panoramique pour déguster une cuisine marocaine ou internationale correcte. Couscous et tajines se déclinent selon plusieurs modes, classiques mais efficaces, de même que les truites de l'Atlas, préparées meunières, en papillotes ou frites. Un joli effort sur la décoration traditionnelle marocaine et un accueil avenant. Animé à midi, mais essentiellement par les groupes de touristes, le restaurant est un peu désert le soir. Pour retourner vers le pont et la ville moderne, empruntez les petits escaliers à droite en sortant.

RIAD RITAJ €€

13 Sidi Amar Bouaouda
✆ +212 5 35 53 48 08
Soupe marocaine à partir de 40 DH, tajine à partir de 80 DH, pastilla (poulet et amande) : environ 80 DH.

À deux pas de la splendide porte de Bab Mansour et de sa grande place, c'est dans un cadre somptueux, une tablée bling-bling sous les plafonds de zellige, que le riad Ritaj propose une cuisine gastronomique marocaine de qualité, du tajine au briouate en passant par le couscous. Ici, il est possible de réserver une tanjia, la fameuse viande cuite sur les cendres du hammam. C'est un délice, mais pour ça, il faut prévenir au moins 24 heures à l'avance ! L'accueil y est chaleureux et le service professionnel. C'est une bonne adresse.

LE TRANSATLANTIQUE - O'NIGHT

Rue Zankat Al Mariniyine
✆ +212 5 35 52 50 50
Ouvert tous les jours à partir de 23h, carte d'alcools.

Bar lounge de l'hôtel Transatlantique, c'est l'un des meilleurs endroits pour boire un verre au coucher du soleil, avec une vue superbe sur la médina et la ville nouvelle. Atmosphère feutrée et musique acoustique ou DJ électronique. Vous pouvez y dîner (cuisine méditerranéenne) et y déguster du bon vin. Pour les fêtards, une discothèque ambiance cabaret vous permet de poursuivre la soirée jusqu'au petit matin. En semaine, la discothèque ferme plus tôt.

L'ART DE LA DAMASQUINERIE

86 Souk Srairia
✆ +212 6 21 76 44 97
Ouvert tous les jours de 9h30 à 18h.

Face au mausolée de Moulay Ismaïl, cette boutique de souvenirs expose un panel complet de l'artisanat au Maroc. Elle regroupe plusieurs artisans de la région qui se sont constitués en coopérative, dont le responsable Mohamed est également guide officiel. Sur place, on peut apprécier le travail d'un artisan de la damasquinerie. On y trouve toutes sortes d'objets, des nappes brodées aux sculptures de bronze, en passant par les bijoux et tapis traditionnels.

DOMAINE DE LA ZOUINA

Commune Aït Bourzouine
✆ +212 5 35 43 30 34
www.domainezouina.com
Réservation au préalable.

Ce domaine viticole produit les vins Epicuria et Volubilia, inscrits sur la carte des grands restaurants marocains. Les Français qui tiennent ce domaine ont une longue expérience familiale du vin en France et développent ici des crus de qualité. Vous pourrez y apprécier des rouges, gris, blancs et rosés accompagnés d'huile d'olive du domaine et de fromage de chèvre marocain. Le cadre est splendide ; au milieu des vignes se trouvent un bâtiment du début XXe siècle, un jardin laboratoire pour la permaculture et un jardin aromatique d'inspiration romaine.

PALAIS DAMASQUINI

10 Kobt Souk Kissariat Lahrir
✆ +212 6 61 50 30 43
palaisdamasquini.com
Ouvert de 9h à 19h, tous les jours sauf le dimanche.

Cette boutique est le lieu idéal pour observer le travail minutieux du damasquinage, incrustation d'argent sur du métal, généralement de l'acier. Vous y trouverez divers objets fabriqués selon cette technique, articles de décoration et nombreux bijoux. Depuis plusieurs générations, la famille Essaïdi excelle dans cette technique artisanale, spécialité de la région. Elle a d'ailleurs reçu plusieurs récompenses au niveau national et international. Vous y rencontrerez Hicham qui vous expliquera les différentes étapes de la réalisation de ces œuvres d'art.

ROYAL GOLF DE MEKNÈS

J'nane Bahraouia
✆ +212 5 35 53 07 53
Fermé lundi. A partir de 300 DH par jour et autour de 800 DH les 6 jours pour les non-licenciés.

Ouvert en 1972 au public, ce 9-trous bien entretenu se situe dans un jardin fleuri clos de 27 ha, au cœur des vestiges de l'ancienne ville impériale du sultan Moulay Ismaïl. Remarquez près du green du numéro 6 la porte mauresque qui mène au Palais Royal. On peut prendre un verre au Club House, blotti dans les remparts. Le parcours est illuminé tard le soir, on joue au milieu des ruines du palais à la lumière des projecteurs. Un spectacle à ne pas manquer, surtout les soirs de pleine lune. Un parcours pour tous et surtout pour les passionnés d'histoire…

MOULAY IDRISS ★★

Adossée au massif de Zerhoun, la ville sainte tire son nom de son fondateur, Idriss Ier, qui y vécut avant de fonder Fès. Fuyant le pouvoir abbasside, il voulut convertir tout le Maghreb. Il y réussit dans une certaine mesure, puis fut empoisonné en 791. Depuis, il est vénéré comme le plus grand saint du Maroc. Le village est bâti sur un site superbe, à cheval entre deux pics rocheux qui séparent presque Moulay Idriss en deux entités. La ville abrite des maisons blanches et bien sûr le tombeau du saint homme, ainsi qu'une belle mosquée ; on y trouve aussi le seul minaret cylindrique du Maroc, curiosité moderne dans un site traditionnel.

MAUSOLÉE DE MOULAY IDRISS ★

© ATTILA JANDI - SHUTTERSTOCK.COM

Le mausolée se situe à quelques dizaines de mètres au-dessus de la place principale. Empruntez la ruelle qui passe sous une arche. A l'entrée, la poutre (à 1,50 m du sol environ) vous rappelle que vous ne devez pas vous aventurer plus loin si vous n'êtes pas musulman et vous oblige à vous incliner en signe de respect si vous l'êtes. Le mausolée fut restauré au XIXe siècle par Moulay Abd er-Rahman. Hassan II fit don en 1978 de l'étoffe d'or et de soie sur laquelle repose le cercueil.

DIYAR TIMNAY €

7, rue L, Ain Rjal

✆ +212 5 35 54 44 00

Chambre simple à partir de 16 €, double à partir de 24 €, suite à partir de 35 €. Petit déjeuner compris.

A seulement trois kilomètres des ruines de Volubilis, un hôtel sans prétention et calme, idéal pour une étape d'une ou plusieurs nuits. Les quatorze chambres climatisées sont confortables et plutôt bien décorées. Elles sont toutes dotées d'un balcon avec une jolie vue. Au restaurant, vous dégusterez une cuisine locale savoureuse. L'accueil est charmant et professionnel. Beaucoup d'activités vous sont proposées : randonnées pédestres, à dos de mules ou en véhicule, découverte du massif de Zerhoun ou encore traversée du Moyen Atlas en passant par le Bou Iblène.

MAISON D'HÔTES LA COLOMBE BLANCHE €

21 rue Zouak

✆ +212 6 60 04 02 83

Chambre double à partir de 15 € par personne, petit déjeuner compris. Repas à partir de 6 €.

Une demeure traditionnelle où l'on est accueilli avec convivialité par les propriétaires. La décoration des chambres ne fera peut-être pas l'unanimité. L'établissement dispose d'une grande terrasse pour bouquiner, profiter de la vue sur les montagnes et les ruines de Volubilis. Des cours de cuisine traditionnelle sont organisés à la journée ou à la semaine et le propriétaire sera toujours prêt à vous donner de bons conseils sur vos balades et randonnées.

DAR INES €€

57 Derb Amajout

✆ +212 6 67 15 67 95

www.darinesmoulaydriss.com

Chambre double à partir de 30 €, en fonction du confort de la chambre, petit déjeuner dès 5 €. Menu à partir de 14 €.

Située au cœur de la médina de Moulay Idriss, cette charmante maison d'hôte propose sept chambres et suites distinguées. On vous recommande la suite Sidi, très jolie avec ses vitraux colorés et son plafond en bois peint. Possibilité de demi-pension et de profiter d'un hammam traditionnel. Dar Ines vous propose aussi des produits issus d'une coopérative solidaire, des séances de henné naturel et organise des activités dans la région et des soirées musicales sur demande. Cuisine familiale copieuse et accueil très agréable. La meilleure option sur Moulay Idriss.

VOLUBILIS ★★★

Sise à 400 m d'altitude sur le plateau du massif du Zerhoun, à 62 km de Fès et 33 km de Meknès, la cité antique de Volubilis présente les ruines romaines les plus étendues et les mieux conservées du Maroc. La meilleure combinaison est de réserver une demi-journée pour visiter Volubilis. Le principal intérêt de la cité réside dans l'état de conservation de ses nombreuses mosaïques, témoignant de son antique prospérité. Un véritable musée en plein air où l'on contemple des colonnes et arcades antiques perdues au cœur d'une vaste plaine. Pour ne rien gâcher, la route depuis Fès est magnifique.

Pour vous rendre aux ruines de Volubilis, il est préférable de prendre un grand taxi à partager, ou de faire appel à un taxi touristique qui pourra vous attendre pour le retour. Comptez autour de 500 DH pour un taxi touristique à la journée, ou 300 DH l'aller-retour pour le grand taxi. Volubilis n'étant desservie par aucun bus direct, on devra prendre le bus qui part en direction de Moulay Idriss et descendre à l'embranchement, juste avant la ville sainte. De là, il vous faudra marcher pendant environ 25 minutes. Pour le retour, procédez à l'inverse ou demandez aux touristes motorisés. Le site de Volubilis est ouvert tous les jours du lever au coucher du soleil. Accès autour de 70 DH par personne. Si vous souhaitez plus de détails, vous pouvez louer les services d'un guide officiel. Comptez environ 200 DH. Prévoyez une bouteille d'eau et munissez-vous d'un chapeau.

Histoire

L'histoire romaine de la ville débute en l'an 40 apr. J.-C., lorsque l'empereur Caligula décide d'annexer la Maurétanie. C'est le début de 240 années d'administration romaine, qui marquent l'âge d'or de Volubilis, dédiée au commerce de l'huile. Les IIe et IIIe siècles sont ceux d'une grande prospérité. On estime que la ville compte 20 000 habitants, ce qui en fait l'une des plus importantes du Maroc à cette époque. Les Romains se replient vers le nord à la fin du IIIe siècle sous la pression des tribus berbères, et la ville entame une lente décadence, occupée par des Berbères christianisés. Volubilis continuera d'être habitée jusqu'au XVIIIe siècle. L'heure de la destruction sonne, lorsque Moulay Ismaïl pille la ville de son marbre pour satisfaire ses ambitions à Meknès. Le tremblement de terre de 1755 parachève le tout.

ARC DE TRIOMPHE ★

A l'instar du Capitole, l'Arc de Triomphe date du IIIe siècle, et fut érigé en l'honneur de l'empereur Caracalla et de sa mère Julia Domna, sans doute en remerciement d'une réduction d'impôt. On pense que le monument était doté d'un étage supérieur et s'élevait à près de 15 mètres d'altitude. Sa voûte effondrée a été restaurée. Donnez-vous ici quelques instants pour prendre la mesure de l'immensité de la cité et pour vous reposer à l'ombre, si vous effectuez cette visite en été, car l'Arc de Triomphe vous offre quasiment le seul point ombragé du site.

BASILIQUE ★

Voici le bâtiment le plus colossal de Volubilis, avec ses 1 000 m² de superficie. La basilique n'avait pas une fonction religieuse, comme on pourrait le penser, mais judiciaire, où la nef centrale abritait les tribunaux. On trouve ce genre de lieu public dans toutes les cités romaines. Il est probable que les différentes administrations de Volubilis, dont la Curie, le conseil municipal, siégeaient ici. La basilique ainsi que l'Arc de Triomphe étaient les deux seuls monuments encore debout lors de la découverte du site, à la fin du XIXe siècle.

CAPITOLE ★

En continuant le chemin après les thermes, on arrive au Capitole.

Il faut l'imaginer tel qu'il était au temps de sa splendeur, emblématique de la cité à son apogée… Les Romains le considéraient comme la demeure du dieu qu'il accueillait et sa statue rappelait sa présence avec les vivants. Aujourd'hui, seules quelques colonnes se dressent sur un podium, ne soutenant plus rien. Elles ont été reconstituées et les parties manquantes ont été comblées avec des briques. Au pied des marches, l'autel, où se réunissaient les fidèles, était probablement destiné aux sacrifices d'animaux lors des cérémonies officielles.

MOYEN ATLAS

Volubilis.

© MANX_IN_THE_WORLD - ISTOCKPHOTO

CENTRE D'INTERPRÉTATION DE VOLUBILIS

Dans ce petit centre d'interprétation, situé à l'entrée du site, sont exposés les vestiges archéologiques découverts lors des fouilles à Volubilis. On y apprécie diverses céramiques, des bijoux, des lampes et des bustes en bronze, des amphores à huile d'olive, des stèles, entre autres objets historiques. Le parcours est jalonné de panneaux explicatifs qui nous permettent de mieux comprendre comment vivaient les Romains à cette époque. A visiter avant d'arpenter les ruines de Volubilis.

MAISON AUX TRAVAUX D'HERCULE ★

On entre dans la maison par une porte s'ouvrant sur une ruelle perpendiculaire au Decumanus maximus, l'artère principale de la cité. Dans le prolongement de l'entrée, douze médaillons illustrent les travaux d'Hercule sur une mosaïque. Certains manquent à l'appel, mais vous pourrez suivre Hercule dans une grande partie de ses épreuves : s'emparant du chien Cerbère, décapitant l'hydre de Lerne, terrassant le lion de Némée, nettoyant les écuries d'Augias…

MAISON D'ORPHÉE ★

Après l'huilerie, prendre la première à droite.

On pénètre dans cette vaste demeure, autrefois de trois niveaux, par deux pans de murs de pierre surmontés d'une dalle pour former une porte, à gauche de laquelle est gravée l'inscription : maison d'Orphée. L'atrium se trouve sur la droite, et la mosaïque principale présente Orphée charmant les animaux (éléphant, cheval) à l'aide de sa lyre. Cette mosaïque n'est malheureusement pas complète et une partie du cercle a été recouverte de ciment. Sur la gauche en entrant, une belle mosaïque complète représentant neuf dauphins dansants.

MAISON DE VÉNUS ★

Elle se trouve sur la droite du Decumanus, marquée par l'unique cyprès poussant à cet endroit.

Dans le quartier nord-est de Volubilis, se tenaient les demeures des riches patriciens, dont celle de la maison de Vénus. Autour du patio principal, on retrouve les chambres et salles de réception. On ne peut pas pénétrer à l'intérieur, car les couloirs sont pavés de mosaïques rappelant les tapis berbères, mais une plateforme à l'extérieur permet de contempler plusieurs mosaïques. Les deux plus beaux chefs-d'œuvre, bien conservés, sont sans aucun doute les représentations pavées de Diane et Actéon, ainsi que la magnifique mosaïque d'Hylas enlevé par les nymphes.

GÎTE D'HÔTES À L'OMBRE DES OLIVIERS €

✆ +212 6 74 57 53 57

A partir de 25 € pour deux personnes, petit déjeuner compris. Autour de 6 € pour le repas.

Vous serez accueilli par Hassan et Khadija, un couple marocain très charmant. Vous serez ici immergé chez l'habitant où l'hospitalité est le maître-mot. Les cinq coquettes chambres sont très propres et ont chacune leur salle de bains. Il fait bon dîner sur l'une des terrasses les bons petits plats de Khadija, et en prime, avec une belle vue sur les ruines antiques. On peut d'ailleurs rejoindre en quelques minutes le site de Volubilis à pied de la maison. Une adresse très agréable.

HÔTEL VOLUBILIS €€

Douar Fartassa - R.N 13

✆ +212 6 79 05 21 26

Chambre double à partir de 500 DH.
Suite autour de 800 DH. Petit déjeuner inclus.

Perché à 2 km des vestiges archéologiques, l'hôtel bénéficie d'un superbe panorama. Les 32 chambres de différentes catégories sont réparties sur deux étages sans ascenseur. Certaines sont dotées d'un balcon d'où l'on aperçoit Volubilis, d'autres s'ouvrent sur Moulay Idriss et les montagnes environnantes. Les suites sont spacieuses et confortables, avec un coin salon pourvu d'une cheminée pour les froides soirées d'hiver. L'hôtel est certes un peu vétuste, mais peut faire l'affaire pour une nuit. Belle piscine avec bassin pour enfants.

TAZA ★★

A 120 km de Fès, Taza, ville peu touristique, mérite une visite. Reliant l'Algérie actuelle à la côte atlantique, empruntée par les Romains puis les Arabes, Taza fut une position stratégique. C'est pourquoi les Meknassas construisirent au Xe siècle une ville fortifiée en hauteur, afin de contrôler ce passage, qui commandait l'accès à Fès. Ainsi les Alaouites venus du Tafilalet s'en emparèrent, avant de régner sur le Maroc. Taza donne l'apparence d'une ville éloignée du centre culturel marocain, mais elle garde le statut de chef-lieu de province. Arrêtez-vous pour vous balader, vous apprécierez ses souks, sa place d'armes et la mosquée des Andalous.

GOUFFRE DE FRIOUATO

A environ 11 km au sud des cascades de Ras-el-Oued.

Grotte fermée jusqu'à nouvel ordre.
Ouverture prévue courant 2024.

Ce gouffre, découvert en 1934, est le plus célèbre du Maroc. L'entrée donne accès aux 520 premières marches qui descendent dans la partie élargie du gouffre. C'est une descente assez impressionnante, ce qui rend la remontée bien sûr assez fastidieuse, mais le spectacle vaut le coup. Si vous souhaitez vous aventurer plus loin dans le dédale de grottes, il vous faudra engager un guide. Réservé aux non-claustrophobes, munis de bonnes chaussures et d'une lampe torche (on peut vous louer tout ça à l'entrée). Une expérience intéressante !

BAB ER-RIH ET LES REMPARTS

On rejoint la porte aux Vents est à partir de la place du Méchouar en longeant les remparts par l'extérieur. Les remparts, érigés au XIIe siècle, ont été mal restaurés, et l'on ne ressent pas l'unité historique que l'on avait l'habitude de voir. Cependant, la vue est remarquable à Ban er-Rih : sur les montagnes, les plantations et les forêts du djebel Tazzeka. Pour revenir dans la médina, la rue partant de Bab er-Rih remonte près de la Grande Mosquée et rejoint les souks.

MÉDINA ★

A Taza, la médina est intéressante pour la vue qu'elle offre sur la région et pour ses souks à l'ambiance authentique. Différente des médinas du nord du Maroc, elle se présente, comme ses sœurs du sud, sous la forme d'un village fortifié (ksar) dont le rôle était de surveiller le passage est-ouest. Enfoncez-vous dans le souk couvert pour assister aux scènes de la vie quotidienne : le boucher qui chasse les mouches avant de servir les clientes, les muletiers qui approvisionnent le souk en tapis, les cireurs de chaussures qui s'activent sur les terrasses de café…

CASCADES DE RAS EL-OUED

A 10 km de Taza. Prendre la S311 en direction des cascades de Ras el-Oued

La rivière descend par étapes avec deux dépressions majeures, c'est-à-dire deux cascades. Le spectacle est superbe : on voit l'eau disparaître et réapparaître au gré de la densité de la végétation. Cette eau provient d'une résurgence due aux terrains calcaires qui l'absorbent et la rejettent dans la montagne. Spectacle beaucoup moins impressionnant l'été, car les chutes sont assez réduites. Ce lieu est paradisiaque avec la pente des montagnes vertes, le tout clairsemé de chênes et autres oliviers. Il dévoile aussi de belles vues sur Taza et la chaîne rifaine.

AIN SALAH €€

59 Oued Amlil-Bouchfaa
✆ +212 6 6 189 35 87
www.ainsahla.com

Chambre avec petit déjeuner à partir de 700 DH.
Repas autour de 150 DH par personne.
Accueil de colonies de vacances.

A deux pas du parc national de Tazzeka, le domaine s'étend sur un hectare et offre de la tranquillité aux voyageurs en quête de sérénité. Les 17 chambres au style marocain sont simples et douillettes, certaines d'entre elles sont dotées d'une terrasse privée. Les aventuriers à la recherche d'authenticité pourront choisir de séjourner au sein de la chambre troglodyte ou encore sous une tente bédouine. La table d'hôtes vous propose une cuisine marocaine et raffinée. Piscine, hammam, sauna et salle de sport. Une adresse que l'on recommande vivement !

CÔTE ATLANTIQUE

La côte Atlantique marocaine occupe une place importante dans le paysage marocain, elle s'étend sur plus de 2 500 kilomètres, longeant les plus importantes villes marocaines, telles que Casablanca, capitale économique, et Rabat, capitale politique, à l'ambiance de petite ville de province. Mais aussi de charmants petits villages de pêcheurs, authentiques et discrets, à l'instar de Moulay Bouzerktoun, au nord d'Essaouira et des stations balnéaires, bien gardées des Marocains, comme Skhirat et Bouznika. Elle est pourtant moins connue et moins fréquentée par les touristes. Son identité, et peut-être le secret de sa puissance, tient aux nombreuses influences qu'elle a subies, contrairement au centre du pays où la culture berbère a dominé. C'est une zone tempérée, où il fait bon toute l'année (l'eau reste à environ 18 °C), avec des écarts selon les plages, par exemple, elle est plus chaude à Agadir qu'à Essaouira.

Côte atlantique
Océan Atlantique
ASILAH
LARACHE
Laouamra
MOULAY BOUSSELHAM
KSAR EL KEBIR
Arbaoua
OUAZZANE
MEHDIA
KÉNITRA
Dar Gueddari
SALÉ
RABAT
CASABLANCA
EL JADIDA
BOUZN IKA
AZEMMOUR
DARBOUAZZA
MOHA
MMÉDIA
TEMARA
SKHIRAT
Shoul
Sidi Slimane
OUALIDIA
El Beddouza
Mogress
Berrechid
Mellila
Selfat
VOLUBILIS
Khémisset
MOULAY
YACOUB
MOULAY IDRISS
MEKNÈS
SAFI
Sidi Bennour
Ben Ahmed
FÈS
KASBA HAMIDOUCH
Sebt Gzoula
Youssoufia
Oulmès
MOULAY BOUZARQTOUNE
ESSAOUIRA
Khouribga
IMOUZZER KANDAR
SIDI KAOUKI
Ben Guerir
Oued Zem
IFRANE
AZROU
Sidi El Mokhtar
M'rirt
MICHLIFEN
Imi N'tlit
VERS MARRAKECH
50 KM
Chichaoua
KHÉNIFRA
Guigou

PAGES

220 **CASABLANCA ★★★**

Capitale économique du pays, Casa incarne le Maroc de demain. Aspirant à rayonner au niveau international, la ville a connu de profondes mutations, offrant aujourd'hui un visage plus contemporain à l'instar des villes occidentales. Il faut arpenter son centre historique, ses allées commerçantes, visiter ses musées, fréquenter ses restaurants et bars pour qu'elle dévoile tous ses secrets.

234 ●● DE CASABLANCA À ESSAOUIRA

De Casablanca à Essaouira, le littoral est ponctué de petites plages et de villes très agréables, à l'image d'El Jadida et d'Oualidia. On ne manquera pas de séjourner au moins quelques jours dans la ville fortifiée d'Essaouira, assurément le plus agréable lieu de villégiature de la côte atlantique.

234 **DAR BOUAZZA ★**

235 **AZEMMOUR ★**

Ville florissante sous les Almohades, Azemmour mérite le détour pour sa médina fortifiée, invitant à se perdre dans ses ruelles pittoresques. A 5 km du centre, la grande plage d'El Haoudia est un lieu de référence pour le surf, le bodyboard et le kitesurf.

236 **EL JADIDA ★★**

Véritable joyau de l'architecture militaire, El Jadida séduit par son remarquable quartier portugais, inscrit au Patrimoine mondial de l'Unesco. Entre ses remparts couleur jaune pâle, ses bastions bien préservés et sa citerne portugaise, la visite est fort agréable. La ville est aussi prisée pour ses belles plages aux alentours et ses activités balnéaires.

241 **OUALIDIA ★★**

Cette station balnéaire, très paisible, offre des paysages de cartes postales lorsqu'à marée basse, des îlots verdoyants se dévoilent au grand bonheur des bovins. La plage, qui s'étend sur 3 km au bord de la lagune, est un petit coin de paradis pour poser sa serviette et se baigner.

242 **SAFI ★★**

244 **KASBAH HAMIDOUCH ★**

244 **MOULAY BOUZERKTOUN ★**

245 **ESSAOUIRA ★★★★**

Au bord de l'Atlantique, avec des températures douces tout au long de l'année, Essaouira est une destination touristique de premier plan. Sa médina, bien préservée, offre une agréable balade, entre ses remparts épousant en partie le littoral. Un peu plus loin, une belle plage vous attend pour farniente. Qu'il fait bon y séjourner !

268 **DAR SULTAN ★★**

Voici une visite hors du temps pour les amateurs d'histoire et d'architecture. Le majestueux palais de Dar Sultan, aujourd'hui en partie enfoui dans le sable, joua un rôle important dans l'histoire d'Essaouira.

268 **SIDI KAOUKI ★★**

LARACHE ★

Située à 80 km au sud de Tanger, cette cité pleine de charme aux maisons bleues et blanches reste profondément marquée par l'occupation espagnole qui lui a assuré une certaine prospérité. Les grandes promenades dominant le front de mer et certains bâtiments témoignent de l'influence andalouse. Aujourd'hui, hormis la place de la Libération, cette ville de 125 000 habitants est loin de sa splendeur passée. L'Espagne a lancé un programme d'aide à la rénovation de la ville qui devrait peu à peu lui rendre son cachet d'antan. L'architecture diffère d'un quartier à l'autre. La configuration de la ville ancienne est de type arabe, tandis que les habitations de la ville moderne ont adopté le style andalou. La médina est très belle avec ses ruelles pentues descendant vers la mer. Deux forteresses dominaient, au nord et au sud : l'ancien fort Kebibat, devenu hôpital, et le fort de la Cigogne, face à la mer. La vieille prison espagnole est devenue aujourd'hui le Musée archéologique de la ville. Le musée de Larache est logé dans le palais du sultan Youssef Abdelhak el-Mrini, du XIIIe siècle. Il présente des collections de monnaies anciennes, du matériel de pêche, des instruments de musique, des bijoux, des statues et objets provenant de Lixus… C'est à Larache, où il vécut longtemps, que repose Jean Genet. Sa tombe se trouve dans le cimetière espagnol. Dans un grand calme, face à la mer, la tombe surplombe la falaise, d'où la vue est splendide.

Histoire

Le premier peuplement de la région semble dater de la période où le Maroc était occupé par les Phéniciens. La région fut le théâtre d'affrontements, notamment à Lixus, près de Larache, entre les Phéniciens et les Romains. Fondée par les conquérants musulmans venus d'Arabie au VIIe siècle, fortifiée à la fin du XVe par les souverains de Fès, Larache fut occupée par les Portugais durant le XVIe siècle, avant de devenir un refuge pour les corsaires algérois. En représailles, la ville fut systématiquement bombardée. Tombée sous domination espagnole en 1610, reprise par le sultan Moulay Ismaïl en 1689, elle fut de nouveau espagnole de 1912 (traité de Fès) jusqu'à l'Indépendance du pays, en 1956.

Pratique

La station de bus principale est située rue du Caire au sud-ouest du centre-ville. La CTM (www.ctm.ma) assure de nombreuses liaisons au départ de Larache et la ville est desservie par les lignes de cars en provenance de la France. Comptez quatre bus par jour pour chacune des villes suivantes : Casablanca (4h à 5h de route), Rabat (2h15 et 3h de route), Fès (4h à 5 de route, attention les deux derniers départs à partir de 20h45 n'arrivent que le lendemain matin), et Tanger (1h de route). Il existe également deux bus qui partent de la kasbah de la Cigogne en direction du port de Lixus et la plage (7 km). Vous trouverez des grands taxis au niveau de la station de bus pour rejoindre Asilah ou Tanger. Plusieurs banques et une poste se situent près de la kasbah de la Cigogne, sur le boulevard Mohammed V. Le souk se déroule le dimanche.

MUSÉE ARCHÉOLOGIQUE

✆ +212 5 39 91 20 92

Ouvert de 8h30 à midi et de 14h30 à 18h30. Fermé le dimanche et le mardi. Entrée : 70 DH.

Situé dans une sorte de fortin mérinide datant de 1258, le musée expose sur deux salles une belle collection de pièces archéologiques retrouvées pour la majorité sur le site antique de Lixus. Les pièces remontent aux époques phénicienne, carthaginoise, maurétanienne, romaine et islamique. On y contemple deux superbes sculptures en bronze, Hercule et Antée, ainsi que Thésée et le Minotaure, de nombreuses pièces de monnaie, des ustensiles en poterie et en céramique rouge, un vase à boire datant du XIIIe siècle, et d'autres objets anciens.

PLACE DE LA LIBÉRATION

Cette place, c'est le cœur de Larache ainsi que sa vitrine culturelle. Au milieu, on trouve des palmiers et un magnifique araucaria avec une fontaine au centre. Tout autour, les immeubles abritent des arcades voûtées. Des ruelles partent de la place et descendent en direction de la mer, offrant de superbes ouvertures sur l'océan. De l'autre côté de la place se dresse la porte Bab el-Khemis, faite de fines briques horizontales et éclairée la nuit, qui ouvre sur la médina. À quelques mètres de la place, on trouve la promenade.

SITE ARCHÉOLOGIQUE DE LIXUS ★

✆ +212 672 289 133
https://lixus2019e-m.e-monsite.com
Ouvert tous les jours de 9h à 18h.
Entrée dès 60 DH pour les visiteurs étrangers.

Visite incontournable si vous passez par Larache, Lixus est situé à environ 5 km sur la route de Tanger depuis Larache. Le site se trouve sur une petite colline entre la première bifurcation sur la gauche qui part vers la plage et la route qui continue vers Tanger. On aperçoit quelques pierres apparentes et une grille verte en fer. Il faut franchir cette grille pour accéder au site. Lixus a une histoire passionnante. Depuis 2019, un petit centre d'interprétation du patrimoine expose des pièces archéologiques et des panneaux explicatifs permettent de connaître l'histoire de Lixus sur plusieurs milliers d'années. Dans un futur proche, des visites virtuelles, des projections et des maquettes offriront aux visiteurs de plus amples informations sur ce site archéologique. Après un petit tour au centre d'interprétation, il est agréable de flâner dans ces champs de ruines en imaginant cette ville phénicienne de plus de 3 000 ans. De là, on a une superbe vue sur Larache et sur les méandres de l'oued Loukos. Cette cité a été fondée vers 1100 av. J.-C. par des navigateurs phéniciens, avant même Carthage, et s'appelait alors Maqom Shemesh ou « la cité du soleil ». Des recherches archéologiques ont été entreprises depuis 1925, et d'après l'étude d'œufs d'autruche et de céramiques rouges trouvés sur place, l'histoire réelle de la ville commencerait au VIIe siècle av. J.-C. Des céramiques ibériques et campaniennes, ainsi que des lampes puniques à deux becs, témoignent d'une domination carthaginoise. Entre le IIIe et le Ier siècle avant notre ère, Lixus devint mauritanien. Cette période fut marquée par le roi Juba II et son goût pour la civilisation gréco-romaine, d'où la construction de solides remparts et d'un nouveau temple au sommet de l'acropole. En même temps, Lixus connut un grand essor économique avec le développement des liaisons commerciales méditerranéennes. On a ainsi retrouvé des pièces de monnaie dont le revers représentait les produits exportés (poisson et grappe de raisins). Le théâtre et l'amphithéâtre datent de la même époque. Lixus a probablement été habité jusqu'au Ve ou VIe siècle apr. J.-C. par une population qui parlait latin. Les conquérants arabes l'ont ensuite occupé et laissèrent des céramiques, des pièces d'or et d'argent et aussi les traces d'une mosquée. Lixus s'est enfin vidé avec le développement de Larache. Les plus belles pièces archéologiques sur Lixus se trouvent au Musée archéologique de Tétouan.

LA TOMBE DE JEAN GENET 1910 - 1986

Cimetière espagnol

Mort à Paris en 1986, Jean Genet avait exprimé le désir de reposer à Larache car il y a longtemps vécu. Dans un cadre paisible, sa tombe, l'unique à ne pas être ornée d'une croix, se trouve dans le petit cimetière espagnol, situé à environ 200 mètres plus loin que celui des musulmans. A cet endroit, qui surplombe joliment la falaise face à l'océan, l'auteur venait régulièrement pour réfléchir et se reposer. Le gardien à l'entrée vous mènera à sa tombe moyennant quelques dirhams.

LA MAISON HAUTE €€

6, Derb Bin Thami
✆ +212 6 65 34 48 88
http://lamaisonhaute.free.fr
A partir de 32 € pour une chambre double, petit déjeuner compris.

L'établissement est situé en plein centre de Larache, juste à proximité de l'entrée de la médina qui fait face à l'hôtel España. Une maison d'hôtes musée où chaque pièce rassemblant un méli-mélo d'antiquités. Un bric-à-brac plutôt bien agencé. Une confortable terrasse sur le toit où l'on peut apprécier une splendide vue sur la mer et la ville, notamment au coucher du soleil. Grâce à Hassan, le maître des lieux, vous pourrez profiter d'une véritable immersion dans Larache, son histoire et ses habitants. C'est une bonne adresse pour se fabriquer de jolis souvenirs.

LA FIERMONTINA OCEAN €€€

260 Houmat Eljediane Centre Sahel
✆ +39 0832 302481
www.lafiermontinacollection.com
A partir de 590 € la nuitée pour deux personnes ; réservation pour deux nuits minimum.

La Fiermontina Ocean est un lieu qui invite à une véritable immersion dans la culture Jebala, au cœur d'un Maroc encore inconnu (45 min de Tanger, sur la côte sauvage de Larache). Protégée par le projet de Parc naturel Les Dunes de Kemis Sahel, l'éco-retraite magnétise. Elle est composée de 11 suites, 2 villas familiales avec une vue imprenable sur l'océan et 4 maisons traditionnelles en pierre dans le village de Dchier. Cette adresse offre également : un hammam, un café maure, un restaurant servant des spécialités italiennes et locales, ou encore un beach club.

KSAR EL-KÉBIR ★

Cette bourgade de près de 130 000 habitants est située à une trentaine de kilomètres au sud-est de Larache, dans la grande vallée fluviale du Loukous. Les terres y étant fertiles, elle vit essentiellement de l'agriculture dont la culture céréalière et celle des fruits rouges. Il n'y a plus rien de la forteresse construite au temps des Almoravides, mais le village attire du monde grâce à son souk du dimanche, un des plus grands souks hebdomadaires de la région. La ville est aussi réputée pour ses plats délicats à l'instar de la *dolma*, un plat de viande servi avec des légumes farcis ou le *mezgueldi*, du poulet cuit avec des oignons confits au miel.

MOULAY-BOUSSELHAM ★

Petite ville de pêcheurs, Moulay Bousselham se trouve à plus de 40 km au sud de Larache. Cette ville porte le nom de son saint mort au cours de la bataille de Trois Rois, qui mit fin à l'invasion portugaise, à la fin du XVIe siècle. C'est un lieu de recueillement pour les Marocains, notamment à l'occasion du *Moussem* organisé chaque année. Havre de tranquillité, la ville offre une atmosphère authentique, nichée entre les eaux calmes de la lagune et ses bancs de sable où l'on embarque pour s'approcher des échassiers et flamants roses, de novembre à mars. La lagune abrite d'autres espèces, comme le goéland d'Andouain. Une halte qui vaut le détour.

LAGUNE MERJA ZERGA

Compter environ 100 DH la balade d'une heure en barque.

Un des trésors bien gardés de Moulay-Bousselham, c'est sa lagune. Au-delà de son intérêt ornithologique, la Merja Zerga saura faire chavirer les amoureux de nature. Au pied des habitations à flanc de collines stationnent les barques bleues des pêcheurs. Ici, bancs de sable, eaux turquoise peu profondes et marais de joncs ondulent sous le ciel bleu. Bon nombre d'oiseaux migrateurs viennent y passer l'hiver. On y croise canards, limicoles, flamants roses… En tout, une centaine d'espèces fréquentent le lieu, dont le vanneau huppé, le hibou du Cap ou l'avocette.

MANSOURY EL BOUKHARY

✆ + 212 6 63 09 37 94

A partir de 300 DH la balade en bateau de 2 heures. Autour de 150 DH la balade à pied avec pique-nique.

Passionné par les oiseaux depuis tout petit, Mansoury vous emmène à bord de son bateau à moteur pour une découverte ornithologique de la lagune. Guide depuis près de 20 ans, il sait différencier les diverses espèces présentes sur place. Equipé comme lui de jumelles, vous pourrez apprécier les différentes variétés d'oiseaux, selon la période. Les plus chanceux pourront admirer des colonies de flamants roses et des balbuzards pêcheurs. Mansoury organise également des balades à pied d'environ 2 heures autour de la lagune, avec un pique-nique convivial.

Moulay-Bousselham.

LA MAISON DES OISEAUX €€

Pour s'y rendre, passer par l'entrée de la ville, et au niveau du contrôle de police tourner à gauche, passer devant le camping, puis prendre de nouveau à gauche, c'est la cinquième sur la droite.
✆ +212 6 61 30 10 67
A partir de 300 DH par personne, avec petit déjeuner. Autour de 100 DH pour le déjeuner ou le dîner.
Installée dans un bel écrin de verdure, la Maison des Oiseaux est un petit havre de paix et de douceur, à proximité de la lagune. De plus, l'accueil extrêmement chaleureux de Malika et sa délicieuse cuisine ajoutent au charme de cette adresse. Les 11 chambres propres et climatisées sont éparpillées dans la propriété, ce qui donne une impression de solitude. Les familles préféreront la grande chambre avec cuisine et salon. Au cœur du jardin, la piscine invite à une baignade rafraîchissante. Joli salon à l'étage avec livres, jeux et instruments de musique.

VILA BEA €€

41 front de mer
✆ +212 5 37 43 20 87
www.vilabea.com
Chambres à partir de 170 €, suite à partir de 190 €. Petit déjeuner inclus.
Avant de tomber en amour pour le joli village de Moulay-Bousselham, Béatrice et Stéphane avaient un projet au Brésil. De celui-ci, ils ne garderont finalement que l'orthographe de Vila, avec un seul « l ». Rue du front de mer, la Vila Béa s'érige, blanche et élégante, sur les fondations d'une ancienne maison. Autour du couloir central, s'articulent huit chambres, le salon, les terrasses, dans un univers pop des années 1950 à 1970 et un style Art déco qui tranche avec les riads traditionnels. Piscine et hammam très agréables. La cuisine est à se damner.

RESTAURANT MILANO €

✆ +212 690 653 308
Ouvert tous les jours.
Poissons grillés à partir de 70 DH.
Sur les hauteurs du village, le restaurant est sans doute l'un des meilleurs de la zone. On peut s'y attabler en terrasse et observer la vie quotidienne de la localité ou à l'étage, dans une salle intérieure, où l'on apprécie une jolie vue sur la lagune. A la carte, un large choix de friture de poissons, de poisson grillé et de fruits de mer, selon les arrivages. On vous recommande les sardines grillées, fraîches et bien cuisinées. On trouve quelques plats marocains comme des tajines et aussi des pizzas, sur place ou à emporter. Service soigné.

KÉNITRA ★

Située entre Rabat et Larache, cette ville d'environ 430 000 habitants (appelée Port-Lyautey avant 1958) est le sixième port du pays. Kénitra est une ville peu touristique, mais qui reste assez animée car elle abrite plusieurs universités. On trouve donc quelques hébergements, des restaurants, des petits bars et des night-clubs sympathiques dans le centre-ville. Elle est en plus très facile d'accès, à la fois en voiture par l'autoroute et en bus, ainsi qu'en train. Si vous avez du temps, vous pourrez également apprécier la plage Mehdia et la réserve naturelle du lac Sidi Boughaba, qui est réputée pour ses nombreuses espèces d'oiseaux.

MEHDIA

Au nord de Rabat, s'étendent 12 km de plages désertes jusqu'au village de Mehdia, dans la région de Kénitra. Véritable rendez-vous des surfeurs en quête d'authentique. Ici, coule une petite vie tranquille, entre un port de pêche pittoresque, de belles vagues, une kasbah de l'époque espagnole et une agréable corniche. Plusieurs balades s'offrent à vous dans les environs : sites antiques, villages alentour, et réserve du lac Sidi Boughaba. Le long de la plage, la route de Mehdia abrite quelques snacks et restaurants où vous dégusterez de bons poissons grillés. L'endroit est aussi plaisant au coucher du soleil, avec un verre les pieds dans le sable.

RÉSERVE NATURELLE DU LAC SIDI BOUGHABA

Près de la plage de Mehdia
Période d'observation idéale pour les oiseaux : de décembre à mars.
Inscrit sur la liste Rampsar relative aux zones humides, ce site est protégé pour sa biodiversité exceptionnelle. Outre sa végétation luxuriante, cette réserve est le paradis des oiseaux, abritant plus de 200 espèces différentes. Elle est aussi le refuge de plusieurs oiseaux menacés tels le harle couronné et la sarcelle marbrée. Les amoureux de la nature et les férus de photographie apprécieront sans aucun doute cet endroit paisible, grouillant de vie animale.

CAFÉ-RESTAURANT TAMARIS €

1ère rue front de mer

✆ +212 6 66 81 16 86 - www.tamarismehdia.com

Ouvert tous les jours, de 7h à 23h.

Pizzas à partir de 40 DH, tapas autour de 60 DH, plats à partir de 75 DH.

Dans un cadre chic et chaleureux, l'établissement mérite le détour pour ses petits déjeuners copieux et délicieux. En terrasse, au rez-de-chaussée ou au premier étage, vous profiterez d'une belle vue sur l'océan. Le restaurant propose une carte riche et variée, alliant cuisines méditerranéenne et internationale. On peut par exemple y manger des pizzas, du pavé de saumon grillé, des calamars à la provençale ou des émincés de bœuf à la sauce champignon. On s'y presse aussi au goûter pour ses glaces, gaufres et crêpes. Personnel aimable et service soigné.

MERZOUGA RESTAURANT €

Route de Mehdia

✆ +212 5 37 38 89 71

http://merzougarestaurant.ma

Ouvert tous les jours, de 9h à 23h.

Poisson au four à partir de 95 DH.

Prisé par les habitants de Kenitra le week-end, l'établissement jouit d'une bonne réputation, notamment pour ses poissons au four et son emplacement, face à la mer. Le choix sera difficile tant la carte est exhaustive, allant des pizzas aux fritures de poissons, en passant par les viandes et les sushis. Toutefois, on vous recommande les produits de la mer, provenant directement du port de Mehdia. Grand choix de jus de fruits frais et de cocktails sans alcool. Le service et la qualité des plats baissent un peu le week-end, mieux vaut venir en semaine.

SURFING MEHDIA

2ème rue Mehdia Plage

✆ +212 6 29 94 68 04

Ouvert toute l'année. Séance de surf à partir de 200 DH, avec matériel inclus. Chambre à partir de 120 DH par personne.

Bon accueil dans cette petite école de surf, située à deux pas de la plage. Elle propose des cours de surf dispensés par des moniteurs expérimentés ainsi que des cours de bodyboard. Si les conditions météo ne sont pas propices à affronter les vagues, l'école peut organiser des sorties en paddle sur le lac ou des séances de surf de sable. En terrasse, une petite sandwicherie agréable avec vue sur mer sert des casse-croûtes principalement à base de thon. Si vous souhaitez rester pour un stage complet, l'école dispose d'une villa agréable, avec plusieurs chambres.

SALÉ ★

Salé est un faubourg animé de Rabat qu'on rejoint facilement à pied, en bateau ou en tramway. A la suite d'une attaque des Espagnols, un sultan Mérinide décida de fortifier la ville en l'entourant de remparts, en y installant un arsenal et en faisant creuser un bassin relié à l'oued Bouregreg. Le passage des navires était contrôlé par des portes défensives. Ainsi protégée, Salé fut une ville très prospère jusqu'au XVIe siècle. Puis Rabat prit de plus en plus d'importance... jusqu'à l'éclipser totalement. Plus traditionnelle que sa grande sœur, sa médina de l'autre côté de l'estuaire de l'oued Bouregreg a su garder un fort caractère pittoresque. Vous apprécierez de vous perdre dans ses ruelles enfermées dans les remparts mérinides en pierre de taille. En arrivant de Rabat, vous tomberez sur la porte Bab M'Risa : elle date de la fin du XIIIe siècle et laissait passer le canal qui reliait le centre-ville à l'oued. Du temps de sa splendeur, on laissait les chevaux de l'autre côté de l'oued pour venir à Salé. On y accorde au moins une demi-journée de visite en n'oubliant pas d'aller profiter de la vue sur les plages de l'estuaire depuis les remparts. Lorsqu'on décide de passer quelques jours à Salé, on s'apprête à vivre le Maroc authentique. Ici, la vie ne s'articule pas autour du tourisme, les commerçants marchandent avec les habitants. La ville est une cité-dortoir dont beaucoup des habitants travaillent à Rabat. Il fut longtemps déconseillé de déambuler après la tombée de la nuit à Salé. Aujourd'hui, cela semble s'estomper.

BORJ SIDI BEN ACHIR OU BASTION DES LARMES

Ce bastion a été construit au XVIIe siècle sous le règne de Sidi Mohammed ben Abdallah pour servir de dépôt de munitions et assurer la défense de ce côté. A travers les meurtrières, on profite de la mer. Un cimetière musulman s'étend jusqu'à l'océan. Les remparts de Salé ont été classés monuments historiques. Cette visite prend environ 3 heures ; elle est intense et change de tout ce que vous avez vu. Ici tout est simple, humble, mais très riche culturellement et religieusement.

MEDERSA DES MÉRINIDES ★

Rue Ash al Shaiara

Ouvert de 10h à 13h et de 15h à 19h. Fermé le dimanche. Entrée à partir de 60 DH pour les étrangers et non-résidents.

La construction de cette « université » médiévale fut ordonnée par le Mérinide Abou el-Hassan en 1333. La belle porte en pierre surmontée de cèdre ouvre sur une salle rectangulaire richement décorée et ouverte sur le ciel. Des zelliges sur les murs aux peintures sur bois de cèdre, en passant par les stucs retraçant des versets coraniques, la salle est décorée de toute part. Aux étages, de minuscules cellules donnent une idée de la vie monastique à laquelle les plus riches et les plus brillants enfants du XIVe siècle consacraient dix ans de leur vie.

LE MUSÉE DE LA CÉRAMIQUE

Borj Benbachir

Créé en 1994, ce musée régional de la céramique est installé dans un borj du XVIIIe siècle. Riche et variée, la collection présente diverses créations artisanales, dont des poteries provenant de la région de Fès, du Rif et du Moyen Atlas. Certaines pièces sont remarquables, dont les plus anciennes datent de l'époque almohade (XIIe siècle). Cette période historique coïncide avec l'essor commercial de cette ville, idéalement située entre Fès et Marrakech et dont le port fut un centre actif d'échanges entre l'Europe et le Maroc.

RIAD DAR NAWFAL - GUEST HOUSE €

109, rue Kadiri Sale Medina Bab Chaffa

✆ +212 5 37 88 53 33

Chambres à partir de 400 DH.
Repas sur commande à partir de 155 DH.

Situé dans la médina de Salé, le Dar Nawfal se veut avant tout une maison familiale et où le bon accueil a toute son importance. Le riad, qui date du XIIe siècle, adopte un style soigné et typiquement marocain. La terrasse spacieuse et sa grande tente berbère offre de nombreux espaces pour profiter du calme et d'un bain de soleil. Nous vous conseillons de goûter à la savoureuse cuisine marocaine, vous ne le regretterez pas... Une belle adresse où les prix restent plus que raisonnables.

RIAD À LA BELLE ÉTOILE €€

14 rue Abou Abbas Sedrati

✆ +212 6 54 26 32 61

Chambres doubles à partir de 49 €, suites à partir de 59 €, petit déjeuner inclus.

Très beau riad au cœur de la médina, près du tramway, autrefois propriété de l'ancien précepteur de la couronne marocaine. Dans les chambres spacieuses, des tissus et des rideaux de soie et de velours roses, rouges et orangés, beaux tapis d'Orient, bonne literie, salle de bains en mosaïques. Mention spéciale pour la petite chambre Essaouira, située sur la terrasse et bénéficiant d'un panorama magnifique. Délicieuse cuisine marocaine. Hammam, massages et gommages sont proposés dans le cadre de votre séjour. Charme et authenticité assurés.

THE REPOSE €€

17, rue Talaâ

✆ +212 6 61 54 77 38

www.therepose.com

Suites à partir de 55 € avec petit déjeuner.
Belle carte pour les dîners à des tarifs abordables.

Ce riad est un véritable trésor caché dans les ruelles étroites de Salé. Construit autour d'un joli patio, il est composé de 7 suites spacieuses utilisant l'artisanat local avec beaucoup de goût. Elles sont habillées de couleurs chaudes, cheminée, portes en cèdre, coffres en bois, salles de bains en tadelakt. Le riad propose une cuisine raffinée avec carte fraîcheur. Vous pourrez profiter de la grande terrasse, ou plutôt, d'une véritable pépinière où l'on peut déjeuner au milieu des plantes grasses. Notre préféré dans la médina. Accueil charmant de Jan et Rachid.

DAILY B €

Marina Bouregreg

✆ +212 6 61 40 01 22

Ouvert tous les jours, de 9h à 23h. Formule midi à partir de 130 DH. Plat à partir de 80 DH.

Jouissant d'un emplacement agréable face au fleuve Bouregreg, ce bar-restaurant est prisé des Marocains pour son ambiance animée, notamment lors des matchs de foot. On y vient entre amis partager des tapas, des planches de fromages et de bonnes pizzas, avec une bière bien fraîche. La carte propose également une cuisine méditerranéenne préparée principalement à la plancha. On y trouve entre autres du bar meunière, du filet de bœuf, du poulet grillé au curry et des fritures de calamars. Pour plus de tranquillité, préférez vous attabler en terrasse.

LA PERLE NOIRE €

4 avenue Mohamed Said Alaoui

✆ +212 5 37 78 08 88

Ouvert tous les jours, de 6h à 23h.
Tajine à partir de 44 DH.

Près de la gare et du tramway, l'établissement possède une grande terrasse arborée, dotée d'une petite fontaine, où il fait bon s'attabler. Il est réputé pour ses bonnes pâtisseries et gâteaux, élaborés sur place. Pour les repas, la carte présente un grand choix varié, allant des tajines aux brochettes de viande, en passant par les pizzas, paninis, hamburgers et tacos. Le vendredi est servi pour une somme modique un copieux couscous, toutefois un peu fade. Le service est appliqué, dommage que les serveurs soient peu aimables.

RABAT ★★★

Bien que peu prisée par les touristes, Rabat est une cité où il fait bon vivre ! Capitale et centre politique du pays, elle est appréciée par les locaux pour son atmosphère provinciale. Ville verte du Maroc, Rabat a fait de véritables efforts pour multiplier ses espaces arborés. Et cela se voit ! De l'époque almohade subsiste une ville exhibant majestueusement ses superbes murailles ocre. Rabat est une ville qu'on n'oublie pas, où vous pourrez remonter le temps, une ville impériale, et de nos jours, royale. Rabat sait pourtant conserver une simplicité attachante. De nombreux projets d'urbanisation ont vu le jour, notamment à l'estuaire de l'oued Bouregreg, dont la marina est aujourd'hui un pôle d'attractivité unique. En juin 2012, la ville a été classée par l'Unesco au Patrimoine mondial de l'Humanité pour ses efforts et sa volonté de rendre son urbanisation respectueuse de ses trésors architecturaux tels que la kasbah des Oudayas, la nécropole du Chellah... En octobre 2014 a été inauguré le très beau Musée Mohamed VI, un superbe musée d'art contemporain qui rend la ville d'autant plus attractive culturellement. En juillet 2016, la capitale du royaume chérifien a inauguré l'un des plus beaux ouvrages du pays, un pont à haubans long de 950 mètres disposant de six voies, trois dans chaque sens, et qui en fait le plus long du continent africain. Ce tronçon d'autoroute à 100 mètres au-dessus du sol contourne la ville et permet de désengorger le trafic routier.

Histoire

La région aurait été occupée dès la préhistoire. Dès le IIIe siècle av. J.-C., un petit village est implanté sur le territoire de Chellah, à l'embouchure de l'oued Bouregreg. Escale phénicienne, puis carthaginoise, elle devient ensuite romaine. Au Xe siècle, des guerriers musulmans conformistes qui luttent contre des hérétiques construisent un ribat (monastère fortifié), qui donne son nom à la ville. Au XIIe siècle, le souverain almohade Abdelmoumen ben Ali transforma le ribat en une forteresse et les rives du Bouregreg devinrent un camp militaire où se préparait la guerre sainte contre les Espagnols. À la fin du XIIe siècle, Ribat al-Fath devint la capitale du conquérant almohade Yacoub el-Mansour qui, après sa victoire sur les rois de Castille et du Léon, fit élever plus de 5 km d'enceinte fortifiée. En 1912, sous le protectorat français, Rabat devient la capitale au détriment de Fès.

Transports

L'aéroport international de Rabat est un peu excentré de la ville. Il est possible de s'y rendre en grand taxi depuis le centre, mais pas en bus. Vous pouvez monter dans l'une des navettes qui partent de l'avenue Mohammed V, en face de la gare ferroviaire. Une navette est aussi disponible depuis l'aéroport pour rejoindre le centre-ville selon les arrivées. Rabat possède deux gares ferroviaires : Rabat ville et Rabat Agdal. Les billets sont en vente 24h/24, et il est possible d'appeler pour se renseigner, mais pas pour réserver. La gare routière, quant à elle, se trouve à 5 km du centre, sur la route de Casablanca. Tous les bus passent par la gare du centre-ville. Rabat est aussi dotée d'un tramway, avec deux lignes qui relient la ville à Salé.

GALERIE NOUIGA

2, rue Jamaâ

✆ +212 5 37 20 11 75

Fermé lundi. Ouvert toute la journée à partir de 9h.

Cette galerie d'art a été ouverte par l'artiste peintre Miloudi Nouiga en 2001. On y découvre de belles expositions collectives aux couleurs locales ainsi qu'une sympathique collection de livres en français et des cartes postales. Avec sa femme Dominique, l'artiste s'investit dans des projets sociaux pour venir en aide aux enfants défavorisés. Ils ont signé ensemble plusieurs beaux livres qu'on retrouve dans la galerie. Miloudi Nouiga propose aussi des cours d'aquarelle et des ateliers photo. De nombreux événements sont organisés tels que des cafés littéraires.

JARDIN ANDALOU DES OUDAYAS ★★

Kasbah des Oudayas

Sur les hauteurs de la ville, cachés entre les remparts, ces jardins, nés de la main de Jean-Claude Forestier, célèbre jardinier français du début du XXe siècle, sont de pures merveilles. Dès l'entrée, ils enchantent par leurs multitudes de couleurs chatoyantes : orangers, lauriers-roses, citronniers, jasmins et datura composent un superbe mélange végétal. Une oasis de fraîcheur très appréciée des Rabatis qui viennent s'y reposer et bavarder entre amis.

KASBAH DES OUDAYAS ★★

Sortie nord de la médina, sur les rives du Bouregreg

Surplombant la rivière de Bouregreg, cette charmante petite médina blanche et bleue est comme un village dans la ville. On circule dans de petites ruelles à flanc de colline, entre les maisons traditionnelles bleues et blanches badigeonnées à la chaux. Pour des raisons historiques, cette fois, son atmosphère évoquera sans doute, à ceux qui connaissent l'Espagne, les ambiances de villages andalous. Au XVIIe siècle, des morisques chassés de leur pays s'installèrent effectivement ici une vingtaine d'années. On entre dans l'enceinte par la jolie porte de Bab Oudaya.

MUSÉE DE L'HISTOIRE ET DES CIVILISATIONS

23, rue Brihi, quartier des Ministères
✆ +212 5377 01919

Ouvert tous les jours, sauf le mardi, de 10 h à 18h. Entrée à partir de 20 DH pour les adultes.

L'ancien Musée archéologique rebaptisé Musée de l'histoire et des civilisations, en avril 2017, est sans aucun doute le plus beau et le plus riche du Maroc. On y découvre l'histoire du Maroc, de la préhistoire à l'avènement de l'islam en passant par l'époque romaine. On y trouve le résultat des fouilles multiples effectuées dans les nombreux sites marocains dont le fameux chien de bronze découvert à Volubilis. Tout ce qui est le plus authentique, l'unique, a été rassemblé ici.

© LARANIK - ISTOKPHOTO

Kasbah des Oudayas à Rabat.

CÔTE ATLANTIQUE

MÉDINA ★

Medina de Rabat
www.rabat-maroc.net

A l'instar de la médina de Casablanca, celle de Rabat est assez récente, ses plus anciens édifices remontant au XVIIe siècle. Mieux entretenue que celle de la Ville blanche, tous ses plafonds ont été refaits en moucharabieh et elle présente un visage plus avenant où il fait bon flâner. On prendra le temps d'explorer ses ruelles animées pour se mêler aux rumeurs des souks colorés, dans les effluves des pyramides d'épices. On poussera jusqu'au fond de la rue des Consuls pour découvrir les petits ateliers d'artisans qu'elle dissimule.

MUSÉE MOHAMMED VI D'ART MODERNE ET CONTEMPORAIN

Angle avenue Moulay Hassan et allal Ben Abdellah.
✆ +212 5 37 76 90 47
www.museemohammed6.ma

Ouvert tous les jours de 10h à 18h sauf le mardi et jours fériés. Billet accès intégral : à partir de 40 DH.

Ouvert en 2014, le musée Mohammed VI se consacre à l'art moderne marocain et accueille aussi des expositions temporaires d'artistes incontournables comme Giaccometti, César ou encore Goya. L'enjeu principal du musée est de diffuser la création artistique marocaine du début du XXe siècle à nos jours en retraçant son évolution en lien étroit avec son héritage. Une balade entre différentes époques faite de découvertes esthétiques... A ne pas manquer !

MUSÉE NATIONAL DE LA PHOTOGRAPHIE

www.fnm.ma
Fermé mardi. Ouvert de 10h à 18h.
Entrée à partir de 20 DH.

Avec l'ouverture du premier musée national de la photographie du Maroc, Rabat continue d'enrichir son offre muséale. Installé à l'intérieur du Fort Rottembourg, appelé également Borj El Kebir, une fortification érigée à la fin du XIXe siècle, le musée présente des expositions temporaires de qualité, renouvelées tous les trois mois. On déambule à travers les couloirs et les salles de ce bâtiment historique rénové, tout en appréciant les œuvres de photographes contemporains marocains.

PALAIS ROYAL ★

Palais royal de Rabat

La visite du palais royal manque d'intérêt puisqu'elle se limite à un coup d'œil discret à distance respectable de la demeure du roi. On trouvera, à droite de la porte des Ambassadeurs, la caserne de la garde royale, l'école royale, le siège du gouvernement, le palais royal ; et à gauche, l'institut Moulay Youssef, la Défense nationale et la mosquée Ahl Fas. Autrefois, Hassan II allait prier le vendredi à la mosquée, où il était possible de le voir. Aujourd'hui, une mosquée a été construite à l'intérieur du palais pour éviter les bains de foule à Sa Majesté.

NÉCROPOLE DE CHELLAH ★

Accès par l'avenue Yacoub El Mansour
Actuellement fermée au public.
En temps normal : ouvert tous les jours de 8h à 17h30 et jusqu'à 18h en été.

Le site de Sala (Chellah) représente les vestiges de la première occupation humaine de Rabat. L'intérêt de cet endroit était alors la proximité de l'oued et de la source de Chellah. Son origine vient peut-être d'une escale maritime des Phéniciens entre Lixius et Mogador. A l'époque mauritanienne, Sala semble être une véritable cité. Des fouilles ont dégagé des temples. A l'époque romaine, Sala fut réaménagé et de nombreux bâtiments publics furent construits. La ville est entourée d'une muraille datant de 144 apr. J.-C. En 1284, le sultan Abou Yacoub Youssef choisit le site de Chellah pour construire un ensemble funéraire composé d'une mosquée et de mausolées. Son épouse Oum Al'Izz et lui-même y seront enterrés. Chellah prit à nouveau de l'importance quand le sultan Abou Hassan construisit une muraille percée de trois portes. Le mausolée Abou Hassan au sein de la nécropole royale est remarquable. Enfin Abou Inan choisit Fès comme lieu de sépulture ; il condamna le site de Chellah. Seul le culte des eaux et des saints est resté au Chellah. A l'intérieur des remparts, les ruines sont dispersées dans une jungle fleurie. C'est le paradis des cigognes en hiver et autres oiseaux. Une fois la porte passée, descendre jusqu'à la nécropole où l'on peut admirer un bassin, autrefois fontaine pour les ablutions. Jadis, des femmes y jetaient des œufs aux anguilles, rituel censé augmenter leur fertilité. Sur la gauche, de nombreuses ruines révèlent de véritables bijoux : le funéraire d'Abou Hassan, le minaret, et les ruines de Sala.

Palais Royal.

© S.NICOLAS - ICONOTEC

Tour Hassan.

TOUR HASSAN ET MAUSOLÉE MOHAMMED V ★★

26, rue Chellah

Ouvert tous les jours de l'aube au crépuscule. Entrée gratuite.

Ces deux monuments se font face sur une place jonchée de colonnes pluricentenaires, vestiges de ce qui aurait dû être la plus grande mosquée du monde. Avec ses 44 m de hauteur, la tour Hassan est imposante. En face, le mausolée de Mohammed V est un lieu de culte, abritant la tombe du sultan Mohammed V, les dépouilles du roi Hassan II, et du prince Moulay Abdellah. Marbre, zelliges, cèdre : les éléments les plus nobles de l'architecture marocaine ont été utilisés.

INSTITUT FRANÇAIS DE RABAT

1, rue Abou Inane

✆ +212 5 37 68 96 50

http://if-maroc.org/rabat/

Du mardi au samedi, de 9h à 13h et de 14h à 18h. Le samedi, jusqu'à 17h.

L'Institut français reste une référence en matière de culture, et celui de Rabat ne fait pas exception. A l'instar des autres instituts, il est actif en événements en tout genre : expositions, spectacles de danse ou de théâtre, conférences, concerts de jazz ou de musique du monde. Il possède également une très bonne médiathèque et propose des projections de films d'auteur. C'est aussi le bon endroit à Rabat si vous souhaitez prendre des cours de langue arabe.

CÔTE ATLANTIQUE

VILLA DES ARTS ★

10, rue Beni Mellal

✆ +212 5 37 66 85 79

Ouvert tous les jours de 9h30 à 19h30, sauf lundi et jours fériés. Entrée gratuite.

Comme sa grande sœur de Casablanca, la Villa des Arts de Rabat a su s'imposer comme un des hauts lieux culturels de la ville. Dans un bel édifice blanc aux lignes épurées se tiennent expositions, concerts, rencontres artistiques, colloques scientifiques et ateliers pédagogiques. Une programmation recherchée et très contemporaine dans un cadre magnifique. Egalement une médiathèque. De passage à Rabat, n'oubliez pas de regarder le programme… Vous pourrez aussi profiter du très beau jardin d'artiste-paysagiste, pour un agréable moment détente.

AUBERGE DE JEUNESSE €

43 rue Marassa

✆ +212 5 37 72 57 69

www.hihostels.com

A partir de 60 DH par personne en dortoir, douche chaude comprise.

Installée au calme dans une maison traditionnelle marocaine, cette auberge de jeunesse, à l'accueil plutôt sympathique, bénéficie d'une situation idéale au cœur de Rabat, à proximité de la plage et des monuments à visiter. Elle offre un cadre agréable aux voyageurs à petit budget. L'intérieur est assez propre et on peut se reposer dans la cour intérieure ombragée ou devant le téléviseur dans le salon commun. Les dortoirs hommes et femmes sont séparés. Possibilité d'utiliser la cuisine, notamment pour le petit déjeuner. Ambiance amicale et bon enfant.

MEDINA SURFING ASSOCIATION €

Avenue Laalou

✆ +212 6 56 57 83 06

http://medinasurfing.blogspot.fr

Lit en dortoir à partir de 20 €/jour et chambre double à partir de 50 € avec petit déjeuner.

Un club de surf, constitué en association, qui a bonne réputation. Les cours sont dispensés par le surfeur professionnel, Abdel El Harim, champion national et fondateur de l'association. L'établissement dispose d'un riad avec chambres doubles et dortoirs. L'ambiance « auberge de jeunesse » saura séduire les novices et les amateurs de glisse. Le riad est bien entretenu et les chambres coquettes, dont certaines tapissées de céramiques colorées. Une bonne adresse à petit prix.

DAR ARS UNA €€

16, rue Essam

✆ +212 5 37 26 40 25

Chambres doubles à partir de 770 DH, petit déjeuner compris. Dîner à partir de 190 DH.

Située à deux pas de la célèbre rue des Consuls, cette majestueuse demeure construite au XIVe siècle a été rénovée dans le respect des techniques traditionnelles de l'artisanat. Elle abrite cinq chambres à la décoration soignée, mixant l'esthétique marocaine à un style contemporain. Toutes sont dotées de salles de bains privatives en tadelakt. Orientées vers le patio, elles sont naturellement éclairées par la lumière du jour. L'occasion de s'immerger dans l'art de vivre traditionnel marocain en bénéficiant de tout le luxe contemporain.

DAR KORSAN €€

84 Rue Bazo

✆ +212 6 61 15 56 58

http://darkorsane.com

Chambre double à partir de 85 €, petit déjeuner inclus. Accès aux piscines et spas des riads Kalaa, Kalaa 2 et Dar Dar.

Un petit bijou à l'abri des regards au cœur de la Casbah des Oudayas, berceau de la ville de Rabat. Derrière ses murs tout de bleu et de blanc, se cache cette charmante maison d'hôtes. On compte 5 jolies chambres et leur salle de bains en tadelakt. Bennach, Mourat, Barberousse, elles portent chacune le nom des fameux corsaires de Salé. Notre coup de cœur va à la Brital, un nid douillet avec vue sur mer. A flanc de falaise, des petites terrasses ombragées se dessinent en escalier côté mer. On s'y installe pour le petit déjeuner.

DAR MAYSSANE €€

13 Rue Faran Khechen

✆ +212 6 61 06 66 66

www.rabat-riad.com

5 chambres doubles, à partir de 80 € la nuit. Petit déjeuner inclus.

La porte de Mayssane passée, le moderne et le traditionnel s'entremêlent sous la lumière agréable du patio qui, le soir venu, se pare de mille et une bougies. Tombée amoureuse du Maroc, Anne-Sophie a investi dans ce riad, dont elle a dirigé elle-même les travaux de rénovation, avec le souci de chaque détail. Ici, même le nom des chambres est joli : « L'Amante », à l'architecture totalement ouverte, « La Sultane », la plus marocaine de toutes, couverte de zelliges, « La Belle Endormie », au dernier étage avec sa terrasse privative…

DAR YANIS €€

Rue Lalla Hannou

✆ +212 6 70 26 85 72

www.daryanis.com

Chambre double à partir de 605 DH, avec petit déjeuner compris.

A deux pas de l'avenue Mohamed V, principale artère de Rabat, ce riad familial est un petit havre de tranquillité au cœur de la capitale. Toutes les chambres, propres et climatisées, portent des noms de fleurs ou de plantes aromatiques et offrent un petit confort douillet. Deux d'entre elles sont situées sur le toit, avec un accès direct à la terrasse où il fait bon prendre un bain de soleil, bercé par le chant des oiseaux. Joli patio intérieur où sont servis les petits déjeuners. L'accueil est chaleureux et l'on s'y sent comme à la maison.

DAR ZOUHOUR €€

4 impasse Kaid Bargach

✆ +212 6 13 75 25 85

Chambres doubles à partir de 80 €, suites à partir de 100 €, petit déjeuner et wifi inclus.

En plein centre-ville, à deux pas de la Kasbah des Oudayas, cette jolie demeure traditionnelle rabatie est tenue par un personnel aux petits soins. Elle dispose de huit chambres simples et élégantes, chacune ayant sa couleur et sa salle de bains privée. L'atmosphère de cette maison appelle à la quiétude et à la sérénité. Pour se détendre, une grande terrasse, un patio arboré, un salon-bibliothèque avec télévision et un hammam. Sur réservation, il est possible de goûter à une savoureuse cuisine marocaine maison. Accueil charmant de Nora et Halima.

CÔTE ATLANTIQUE

RIAD DAR SOUFA €€

7, impasse Souaf
✆ +212 6 73 19 45 37
Chambre double à partir de 70 €, petit déjeuner compris. Salle de massages et bain à remous.

Ce joli riad propose six grandes chambres majestueuses, dont une est dotée d'une terrasse s'ouvrant sur les toits de la médina et d'autres bénéficient d'une vue sur la médina. Toutes disposent d'une salle de bains privative et d'un espace salon dans un esprit boutique hôtel soigné par Benoit. La décoration reprend les thèmes majeurs de l'art marocains : zelliges sculptés, plafond en lattes de bois, mosaïques aux murs... Tout en y ajoutant une petite touche contemporaine. Comme dans tout riad traditionnel, elles donnent sur le patio central.

RIAD MEFTAHA €€

15 rue Iran
✆ +212 5 37 72 14 06
www.riad-meftaha.com
A partir de 580 DH la chambre double. Suite à partir de 955 DH.

Niché au bout d'une ruelle calme et paisible, le riad jouit d'un emplacement privilégié, à deux pas de la médina, des souks et de la plage. Il s'ouvre sur un joli patio intérieur où sont servis de copieux petits déjeuners à base de spécialités marocaines. Les chambres et suites, très bien entretenues, arborent un style marocain de toute élégance. Spacieuse et bien agencée, la grande suite Hassan est parfaite pour les familles, avec ses 2 chambres et son agréable patio. Ici, les détails et le service personnalisé font toute la différence pour un séjour réussi.

RIAD KALAA €€

3-5, rue Zebdi
✆ +212 6 61 15 56 58
www.riadkalaa.com
Chambre double à partir de 920 DH, suite à partir de 1 300 DH. Petit déjeuner : à partir de 80 DH.

Ce grand riad, ancienne maison de notable de 1815, a fait l'objet d'une restauration soigneuse et abrite 11 chambres et suites, sur plusieurs étages, articulées autour d'une terrasse centrale. Toutes ont été décorées dans un style purement marocain : portes en bois de cèdre, salles de bains en tadelakt ornées de zelliges, coin cheminée... De la terrasse avec piscine, on a des vues superbes sur les toits de la vieille ville. A noter également, un hammam et un spa. Une adresse de choix, pour profiter de l'art de vivre à l'orientale.

DAR SHAÂN €€€

24, Rue Jirari
✆ +212 5 37 72 20 20 - www.dar-shaan.com
Chambres classiques à partir de 1 000 DH. Suites à partir de 1 300 DH. Petit déjeuner et taxes inclus.

Cette belle demeure au style andalou est idéalement située dans la médina et rapidement accessible depuis les principaux centres d'intérêts de la ville. Agencées autour d'un puits de lumière naturel, les 11 chambres offrent toutes un confort unique avec salles de bains spacieuses, avec douches italiennes. Entre tradition et modernité, l'établissement saura vous séduire par ses imposantes colonnes de pierre et ses plafonds en bois, ses peintures et photos du Maroc, ses portes sculptées et ses arches ciselées, sa terrasse avec une vue époustouflante et sa piscine.

RIAD MARHABA €€

3 rue Essam
✆ +212 5 37 70 65 54
www.riadmarhaba.com
Suites et chambres doubles à partir de 42 €, petit déjeuner compris. Menu à partir de 20 € ou à la carte.

Excellent accueil dans cette ravissante bâtisse du XIXe siècle tenue par Florent : on se sent comme à la maison ! Le toit-terrasse offre un panorama splendide sur la ville, la décoration marocaine est raffinée, et il s'agit sans aucun doute du meilleur rapport qualité-prix de Rabat. Les chambres sont en plus confortables et bénéficient de la lumière du patio. Mention spéciale pour la suite Bahia, la plus majestueuse de toutes. Possibilité de restauration sur place sur demande. Un petit havre de paix reposant. Que demander de plus ?

RIAD ALHAMBRA €€€

Temara, 35, rue Oued Bouregreg
✆ +212 6 13 89 77 19
www.riadalhambra.com
Chambres à partir de 110 € et suite royale à partir de 175 €. Repas à partir de 30 € par personne.

À 400 mètres de l'océan, les propriétaires de cette maison d'hôtes ont amoncelé des petits trésors qui donnent une atmosphère de caverne d'Ali Baba à leur belle demeure. Les chambres, comme les parties communes, sont très confortables. Le tout est agencé dans le pur style arabo-andalou, avec ses bois de cèdre, tadelakt, plâtre sculpté main, zellige... Vous pourrez profiter d'un Spa, d'un hammam, d'une salle de massage, d'une piscine et d'un petit jardin paisible. Possibilité également de se délecter de plats marocains. Atmosphère familiale et excellent accueil.

RIAD DAR EL-KEBIRA €€€

1, impasse Belghazi- Medina
✆ +212 5 37 72 49 06
www.darelkebira.com

Chambres et suites à partir de 107 €, petit déjeuner inclus. TV, clim réversible, hammam et centre de massage.

Un très beau riad, élégant et majestueux rénové par une famille marocaine, Dar el-Kebira propose les services d'un hôtel haut de gamme. Le patio est magnifique, les chambres et suites confortables et très joliment décorées dans un style marocain. C'est raffiné, on peut même prendre son petit déjeuner sur le toit-terrasse avec vue sur la médina de Rabat. Les chambres sont disposées autour de deux patios, beaucoup d'entre elles disposent d'une fenêtre extérieure permettant de faire entrer la lumière naturelle. Idéal pour les voyageurs en quête de quiétude.

LA MAMMA €

6 rue Tanta
✆ +212 5 37 70 23 00

Ouvert de midi à 15h et de 19h30 à minuit. Le dimanche, service en continu. Pizza à partir de 70 DH.

Fondé en 1967, le plus ancien restaurant de la capitale. Même si l'entrée est rigoureusement surveillée par de gros bras, l'ambiance est très décontractée. La décoration est celle d'une pizzeria française, avec ses nappes en vichy. Tout est bien : la nourriture est copieuse et de qualité, le service est rapide et l'accueil sympathique. À la Mamma, on vient pour la viande grillée ou pour les délicieuses pizzas ! Un large choix de desserts, entre glaces et spécialités italiennes, vous est proposé. Nous conseillons de venir plutôt le soir pour l'ambiance.

VILLA MANDARINE €€€

19, rue Ouled Bousbaa
✆ +212 5 37 75 20 77
www.villamandarine.com

Chambres doubles à partir de 2 300 DH, suites à partir de 3 600 DH, petit déjeuner compris.

Claudy est une passionnée. A 8 km de la médina de Rabat, dans un quartier résidentiel plutôt chic, s'érige une belle demeure familiale, c'est ici qu'elle est née. Dans les années 2000, après avoir enseigné l'histoire de l'art à la Sorbonne, elle s'en remet à ses racines et décide d'ouvrir la Villa Mandarine. Un projet familial qui compte aujourd'hui une trentaine de chambres, toutes uniques. A l'extérieur, 2,5 hectares d'orangers, d'hibiscus, de bougainvilliers, de bananiers, et mille autres espèces arborent la villa et la piscine chauffée. Quelle maison !

PAUSE GOURMET €

467, avenue Mohammed V
✆ +212 5 37 72 26 72
pausegourmet.eresto.net

Ouvert tous les jours de 10h à 21h. Comptez 9 € en moyenne pour un plat.

Un petit coin de Bretagne à Rabat, prisé des expatriés qui viennent déguster de bonnes galettes et crêpes garnies. L'endroit est très agréable avec sa cuisine ouverte sur une charmante salle et sa terrasse fleurie où sont organisés des concerts, des projections de matchs et des dégustations de produits. L'établissement dispense aussi une courte formation au métier de crêpier. La cuisinière Mimi, qui maîtrise parfaitement l'art des galettes et des crêpes, propose également un plat du jour, typiquement marocain. Une bonne adresse !

APRICOT CAFÉ €

Quai de Bouregreg
✆ +212 6 97 96 17 58

Ouvert tous les jours. Formules petit déjeuner à partir de 36 DH. Pizzas à partir de 45 DH.

Installé sur le quai Bouregreg, l'établissement bénéficie d'une belle vue sur le fleuve et la ville de Salé. Il est agréable de s'y attabler en terrasse le matin pour prendre un bon petit déjeuner, à base de pâtisseries marocaines, d'un jus de fruits frais et d'un bon café. Il sert aussi de bons repas, avec une large sélection de plats. A la carte, on trouve des pizzas bien garnies, des hamburgers, du poisson frais selon les arrivages et des spécialités marocaines. Egalement des glaces, crêpes et gaufres pour les plus gourmands. Service avenant.

RESTAURANT DAR NAJI €

6 rue Jazirat Al Arab
✆ +212 5 37 26 25 28

Ouvert tous les jours. Tajine à partir de 55 DH.

Un incontournable à Rabat pour celui qui souhaite déguster une cuisine traditionnelle bien maîtrisée, dans un décor typiquement marocain. Installé à l'étage d'une maison de caractère, le restaurant invite à prendre place dans un salon oriental ou sur une terrasse sous tente berbère, dévoilant une jolie vue sur les murailles. A la carte principalement ? Divers tajines et des grillades sur charbon qu'on recommande vivement. Les serveurs, en tenue traditionnelle, offrent un service impeccable. Ne manquez pas le thé à la menthe, servi de manière traditionnelle.

RESTAURANT EL BAHIA €

4 Avenue Hassan II

✆ +212 5 37 73 45 04

Autour de 50 DH le tajine. Service du matin au soir tard, fermeture selon la fréquentation.

Ouvert depuis 1970, El Bahia jouit d'une situation exceptionnelle dans les remparts de la Médina. Le restaurant, qui a bonne réputation, offre un joli jardin intérieur avec fontaine et une salle intérieure agréable à la décoration marocaine. Les spécialités de la maison ? Les grillades de viande au feu de bois, le bœuf aux pruneaux, mais aussi les tajines et bien sûr le couscous ! Une petite carte, mais des produits locaux et bien cuisinés. Pour les grosses faims, des menus complets sont proposés à des prix modiques. On recommande vivement !

RESTAURANT LA LIBÉRATION €

256 Avenue Mohammed V

✆ +212 5 37 73 85 15

Ouvert tous les jours. Couscous à partir de 25 DH.

Voilà un petit restaurant dans l'ancienne médina qui ne paie pas de mine, mais où l'on mange bien et à petits prix. Il est fréquenté par une clientèle d'habitués marocains et quelques touristes à qui on l'a recommandé. En plus de paninis, sandwichs et tacos, la carte propose de bonnes grillades sur pierre de lave, des ragoûts de viande et des omelettes. Sans parler de ses très bons couscous, qu'ils soient végétariens, au poulet ou à la dinde. Les plats sont goûteux et très copieux pour une addition toute douce. Très bon rapport qualité-prix.

YAMAL ACHAM €

Avenue Al Maghrib Al Arabi

✆ +212 5 37 72 57 25

www.yamalacham.ma

Ouvert tous les jours de 11h30 à minuit.
Plat du jour à partir de 50 DH.

Une adresse incontournable pour les amateurs de cuisine syrienne et les fins gastronomes ! Dans un cadre chaleureux et élégant, vous dégusterez Maklouba de poulet, kebba au yaourt, malfouf, chawarmas en tous genres... Les plats du jour révèlent les goûts et les saveurs de la gastronomie syrienne, tout en simplicité et authenticité. D'ailleurs, le restaurant a fait ses preuves auprès des Marocains et des touristes puisqu'il est très fréquenté aux heures de pointe. La réservation est donc conseillée, surtout le soir. Personnel affable.

BISTROT DU PIETRI €€

4, rue de Tobrouk

✆ +212 5 37 70 78 20

www.lepietri.com

Ouvert tous les jours. A midi, formule express tout compris. A la carte, plats à partir de 130 DH.

Situé en plein centre-ville, le bistrot Pietri est une bonne adresse pour dîner dans une ambiance conviviale, on y retrouve toute l'intelligentsia marocaine. La carte gourmande met d'emblée de bonne humeur. Elle pioche ses idées dans toutes les cuisines du monde : française, marocaine, asiatique... Pour ceux qui préfèrent manger local, l'ardoise marocaine regroupe une sélection de classiques. Le tout à déguster dans un cadre élégant. Cafés littéraires et soirées musicales sont organisés, consulter la programmation sur le site Internet.

DAR RBATIA €€

6 rue Farane Khachane, Rue Sidi Fateh

✆ +212 6 61 18 37 16

www.darrbatia.com

Ouvert tous les jours de 11h à 23h.

Installé dans une élégante bâtisse du XVIIIe siècle, ce restaurant est décoré dans le plus pur respect des traditions marocaines. Autour de son joli patio, il invite ses hôtes à profiter des salons et des banquettes pour déguster couscous aux sept légumes, viande aux pruneaux, abricots ou amandes, poulet au citron confit et olives, pastilla aux fruits de mer... Jusqu'à s'affaler un peu plus, quand vient le moment du thé et des pâtisseries. Chandeliers sur les tables, ambiance conviviale et cuisine savoureuse : on recommande !

DAR ZAKI €€

23 Rue Moulay Brahim

✆ +212 6 66 95 59 20

http://darzaki.com

Plats à partir de 85 DH. Comptez autour de 250 DH/personne pour un menu complet.

Au cœur de la médina, un très bon restaurant familial, typiquement marocain à des prix très corrects. En entrée, vous pourrez déguster les soupes marocaines ou encore la délicieuse pastilla aux fruits de mer. Au niveau des plats de résistance, le couscous royal est copieux et les tajines variés, à base de légumes et de viandes. En dessert, laissez-vous tenter par un thé et ses pâtisseries marocaines. L'accueil est chaleureux, une très bonne adresse pour manger local, bien installé dans les petits salons marocain ou autour des tables rondes sous le patio !

O'GOETHE 2.0 €€

26 Avenue Oqba Ibn Naafi
✆ +212 5 37 68 21 84
Ouvert du lundi au vendredi de 12h à 2h, le samedi de 19h à 2h.

Le Goethe 2.0, situé à Agdal, ne désemplit pas. L'ambiance est jeune et branchée, expatriés et intellectuels se retrouvent ici pour déguster une bonne assiette de charcuterie ou encore une pièce de viande saignante et savoureuse. Les pizzas sont copieuses et cuites au feu de bois... On y vient aussi pour boire un verre et profiter dans l'après-midi de la jolie terrasse au calme et ombragée, ou pour apprécier des expositions temporaires. En fin de semaine, pour le dîner, le bar-restaurant est pris d'assaut, ambiance festive et bon enfant.

LE P'TIT RESTO €€

2 Rue Riyad
✆ +212 5 37 20 38 47
Fermé dimanche. Ouvert de 9h à 20h.
Plat à partir de 40 DH.

En plein centre ville de Rabat et à deux pas de l'institut français, cette adresse est une cantine qui se donne des allures de bistrot, et c'est assez très réussi ! Mobilier vintage, affiches d'époque et devanture jaune poussin, un style brasserie et qui se démarque par sa bonne cuisine française. Au menu, pâté de confit de canard, filet de bœuf, Saint-Pierre au sarrasin ou encore pavé de saumon pour terminer avec un crumble au pomme ou encore une délicieuse tarte meringuée... Une adresse réputée à Rabat et qui vaut le détour !

LE PETIT BEUR €€

8 rue Damas
✆ +212 5 37 73 13 22
Ouvert du lundi au samedi de 11h30 à 14h et de 19h à 23h. Fermé le samedi midi et le dimanche.

Un joli petit restaurant traditionnel et son long bar en zellige à ne pas manquer. De l'accueil à l'assiette, on est tout simplement conquis. Briouates de kefta ou de poulet fermier. Au Petit Beur, ça sent bon la coriandre et la menthe fraîche. Pastillas, tajine d'agneau aux poires... L'ardoise change en fonction des saisons et du marché. Ici, vous n'aurez pas besoin d'attendre le vendredi pour savourer un bon couscous, il est servi tous les jours ! Vous pourrez vous accorder un bon verre de vin, en écoutant de la musique marocaine en *live*.

RIAD KALAA €€

3-5, rue Zebdi
✆ +212 6 61 15 56 58
www.riadkalaa.com
Dîner (sur réservation) à partir de 28 €.

La table du riad Kalaa est l'un de nos coups de cœur ! Ici rien n'est laissé au hasard. C'est au sein d'un patio andalou que les tables sont élégamment dressées, le service est en plus aux petits soins. Les entrées marocaines sont un délice, notamment le *zaalouk* (caviar d'aubergines), les petits légumes et la pastilla... Nous avons apprécié la maîtrise de la cuisine, raffinée et généreuse. Nous vous conseillons le tajine au canard accompagné de ses pommes confits... La carte des vins est elle aussi à la hauteur. Une adresse recommandée !

LA TABLE DE L'AMIRAL €€

3 plage des Oudayas
✆ +212 5 37 72 80 49
latabledelamiral.ma
Ouvert tous les jours à partir de midi.
Poisson à partir de 150 DH.

Au-dessus de l'école de surf, ce restaurant panoramique offre une vue à couper le souffle sur l'océan Atlantique et le phare de Rabat. Dans une ambiance maritime où même les serveurs se fondent dans le décor, on vient se restaurer en tête à tête ou en famille. La carte met à l'honneur les produits de la mer, comme les poissons pêchés du jour et les homards du vivier. On peut aussi y déguster diverses viandes, des pâtes et des pizzas. De l'autre côté, face à l'impressionnant cimetière musulman, une petite terrasse agréable pour siroter un verre. Très bon service.

LE DINARJAT €€€

6, rue Belgnaoui
✆ +212 5 37 70 42 39
www.dinarjat.ma
Sur réservation.
Comptez environ 300 DH, entrée, plat, dessert.

Situé à proximité du quartier des Oudayas, ce restaurant est le plus sophistiqué de Rabat en matière de cuisine marocaine. On y déguste des classiques de la gastronomie dans le cadre raffiné d'un ancien palais arabo-andalou. On apprécie l'ambiance vaporeuse à la lumière des lanternes. A la carte, des incontournables comme la harira, une soupe traditionnelle ou la pastilla au pigeon et aux amandes, le poulet mariné, le tajine d'agneau aux fruits secs. Non exhaustive, la carte se focalise sur quelques classiques cuisinés dans les règles de l'art. Accueil adorable.

LE ZIRYÂB €€€

10 Impasse Ennajjar, Rue des Consuls
✆ +212 5 37 73 36 36
Ouvert du lundi au samedi de 19h30 à minuit. Menu complet à partir dès 595 DH. Fermé le dimanche.

C'est au cœur du quartier des artisans que s'érige le luxueux restaurant le Ziryab. Il tire son nom d'un célèbre poète, musicien et gastronome, Ziryab, le « merle noir », qui était le pseudonyme avec lequel il signait ses chroniques culinaires. Aujourd'hui, le restaurant lui rend hommage dans l'excellence de la tradition marocaine, entre pastilla de fruits de mer, tajine d'agneau, dattes farcies, figues ou tomates caramélisées... Dans un décor somptueux où chaque détail a son importance et sur un des airs de luth. Romantique et raffiné !

CAFÉ MAURE DU JARDIN DES OUDAYAS

Kasbah des Oudayas
Ouvert du lever au coucher du soleil.

Une vraie institution à Rabat où plusieurs générations se sont succédé sur les bancs en zelliges de ce café. Niché entre les jardins andalous et la kasbah, il offre la terrasse la plus agréable de la ville. On y prend un thé à la menthe accompagné de pâtisseries, poisseuses à souhait, avec une vue dégagée sur la mer. Ambiance familiale et très décontractée. Sur les hauteurs de la ville, on profite du calme, de la fraîcheur de la brise et du chant des oiseaux. Un passage obligé.

LE DHOW

Avenue Al Marsa
✆ +212 6 19 32 59 69
www.ledhow.com
Ouverture 7 jours sur 7, de 11h à 2h non-stop, dernière prise de commande avant 23h.

The Dhow est né d'un projet un peu fou ! Ce lounge bar se situe sur un bateau traditionnel arabe « the Dow » de plus de 47 mètres de long, identique ou presque à celui du capitaine Crochet. C'est un incontournable de Rabat. On vient y boire un verre sur le pont dans de jolis salons indonésiens. Côté restau, la table du capitaine peut accueillir 14 convives. Vous pouvez consulter la programmation sur leur site Internet, festivals, concerts, karaokés, projections, DJs et performeurs animent les soirées du Dow. Une adresse pas comme les autres à découvrir !

OUDAYAS SURF CLUB

3, plage des Oudayas
✆ +212 5 37 26 06 83
www.surfmaroc.info/oscr
Fermé le lundi. 1 séance de surf partir de 150 DH. 24 séances (sur 3 mois) à partir de 1 300 DH.

L'école de surf et bodyboard de référence dans la ville impériale. L'OSCR a vu le jour en 1998, lorsque les surfeurs de Rabat se sont réunis pour créer autour du surf. Les tarifs sont attractifs et les prestations sérieuses avec des moniteurs expérimentés. Les sessions de surf, encadrées pour les débutants, se font par petits groupes homogènes sur la plage des Oudayas, à l'abri du vent. L'école propose aussi des sessions de bodyboard, du paddle et du kayak en mer. Des balades en kayak sont aussi organisées en rivière. Infirmerie, douches et vestiaires sur place.

ROYAL GOLF DAR ES-SALAM

KM 9, avenue Mohammed VI, route des Zaers
✆ +212 5 37 75 58 64
www.royalgolfdaressalam.com
Fermé le lundi. Green fee 18-trous : à partir de 850 DH.

Pour les amateurs de golf, Dar Es-Salam est un lieu mythique, à seulement une quinzaine de minutes de Rabat ! Tracé par Robert Trent Jones au milieu de 440 ha d'arbres, de fleurs et de plans d'eau, ce golf de 45 trous, réparti sur trois parcours, fait rêver les golfeurs du monde entier... Classé parmi les 50 premiers golfs au monde, ce golf, ouvert depuis 1972, est le plus grand d'Afrique et du monde arabe. Le Trophée Hassan II s'y déroule chaque année. Le club dispose également d'un restaurant, d'une salle de fitness et d'une piscine.

LA CABANE BAMBOU-AL YACOUT

6 rue de Tindouf
✆ +212 5 37 26 28 61
Ouvert du lundi au samedi jusqu'à 2h. Le week-end, entrée à partir de 100 DH.

Située dans le quartier Hassan, l'une de nos adresses préférées pour faire chauffer le *dancefoor* ! Ici la piste ne désemplit pas, surtout le week-end où se retrouve la jeunesse marocaine. Rock, salsa, reggae, reprises de tubes internationaux. La programmation musicale y est éclectique, mais axée principalement sur la musique africaine et le coupé-décalé. L'ambiance est dans tous les cas au rendez-vous ! Seul bémol : l'atmosphère enfumée du lieu...

TÉMARA ★

Témara est située à 6 km au sud de Rabat, au bord de l'océan Atlantique. Peuplée d'environ 315 000 âmes, c'est une ville mi-industrielle (ciment, charbon, marbre), mi-agricole. L'intérêt touristique de la ville est limité, mais les plages sont belles, même si elles sont un peu bondées l'été. Les environs foisonnent de petits snacks sur le bord de mer où l'on peut déguster grillades, glaces et pâtisseries. Pour rejoindre Témara depuis Casablanca, vous pouvez emprunter le train à la gare de Casa Port. Si vous êtes en voiture, prenez l'autoroute de Casablanca-Rabat et sortez à Témara. Vous pouvez aussi emprunter le taxi blanc pour rejoindre la ville.

PLAGES DE TEMARA

On vient à Témara pour ses longues plages de sable fin. Ville côtière comme Skhirat ou Bouznika, Témara possède de nombreuses plages telles que El Harhoura, Sables d'Or, Contrebandiers, Val d'or ou Casino, qui se succèdent le long de la côte atlantique en direction de Casablanca. Attention tout de même aux baignades intempestives, la plage (et d'une manière générale toutes les plages de cette portion de la côte) peut s'avérer dangereuse, des accidents surviennent malheureusement assez régulièrement. Il est possible d'y pratiquer le surf ou la pêche à la ligne.

LES TROIS PALMIERS €€

Avenue Prince Moulay Abdellah
✆ +212 5 50 00 96 79
https://troispalmiersrestaurant.com
Ouvert du lundi au vendredi de 12h à 15h30 et de 20h à 23h ainsi que le samedi et dimanche, de 12h à 23h.

Niché sur la route côtière entre Rabat et Témara, ce restaurant gastronomique dévoile une vue imprenable sur la plage de Val d'Or, à travers ses grandes baies vitrées. Le cadre est lumineux, moderne et offre une ambiance chic et décontractée à la fois. La carte, très élaborée, met l'accent sur les produits de la mer, tels du poulpe grillé, du pavé de saumon ou de la paëlla aux fruits de mer. Egalement quelques viandes comme du magret de canard. Les gourmands ne résisteront pas aux desserts maison, dont le pain perdu à la fleur d'oranger. Service impeccable.

SKHIRAT ★

Station balnéaire située entre Bouznika et Témara. Propre et paisible, la plage a certes été prise d'assaut par les promoteurs immobiliers, mais l'endroit garde toujours un côté intimiste. Les immeubles qui jouxtent la mer sont surtout des résidences appartenant à la jet set marocaine. Skhirat est en effet l'un des rendez-vous estivaux de la jeunesse branchée, mais aussi des personnalités marocaines. Contraste avec le centre-ville, qui revêt davantage d'authenticité. Hélas, le lieu manque d'alternatives intéressantes au niveau de l'hôtellerie et de la restauration. Vous aurez probablement des difficultés à trouver un hôtel bon marché côté plage.

L'AMPHITRITE PALACE BEACH RESORT €€€

Skhirat Plage
✆ +212 5 37 62 10 00
lamphitrite-palace.com
A partir de 104 € la chambre avec vue sur jardin et petit déjeuner.

Pieds dans l'eau, l'Amphitrite Palace Beach Resort comporte 176 chambres et suites dont une villa de 320 m², une piscine à débordement, et un Spa. Le Centre international de conférences Mohammed VI, établi à 100 m de l'hôtel, offre des solutions haut de gamme avec plus de 15 salles modulaires équipées de matériel audiovisuel de dernière génération. Cet établissement est un concentré de raffinement, idéalement situé sur l'une des plus belles plages de la région.

SPA PHYTO SANTÉ

Plage de Skhirat
✆ +212 5 37 62 10 00
lamphitrite-palace.com
Ouvert tous les jours de 9h à 21h.
Salle de fitness de 7h à 21h.

Avec ses 1 600 m², le Spa de l'Amphitrite Palace vous plonge dans une luxueuse escapade de bien-être et de relaxation. Les équipements sont à la pointe et comprennent une douzaine de cabines de soins, une piscine intérieure avec jet massant, un fitness club et un centre diététique. L'équipe prodigue des soins adaptés à vos aspirations et besoins du corps, directement inspirés des traditions orientales entre massages japonais, thermothérapie ou encore stimulation de points de Shakra. L'établissement propose aussi différentes formules de cures pour se ressourcer.

BOUZNIKA ★

A 35 km de Rabat par l'autoroute, Bouznika est une station balnéaire très agréable, prisée des Marocains l'été. Elle abrite l'une des plus belles plages du Maroc, propre, calme et propice à la baignade. La ville s'est développée à toute vitesse ces dernières années et de nombreuses résidences ont investi la côte. Vous y trouverez plusieurs restaurants où vous pourrez déguster du poisson frais et aussi du mouton grillé, spécialité locale. Sur la route de la plage, vous découvrirez l'un des cinq haras du royaume qui abrite entre autres de magnifiques étalons arabes et barbes. Des courses de chevaux et des journées portes ouvertes y sont organisées.

MOHAMMEDIA ★

Anciennement baptisée Fedala, Mohammedia était dans les années 50 l'un des plus gros ports pétroliers d'Afrique de l'Ouest. Plusieurs usines de transformation et une raffinerie y sont implantées. À seulement une petite demi-heure par l'autoroute de la capitale économique, Mohammedia fait en effet partie du « Grand Casablanca ». Second complexe portuaire du Maroc, la ville attire les visiteurs avides de plaisirs balnéaires et de sports nautiques. Sa promenade de bord de mer, datant des années 30, tout récemment aménagée, offre un cadre plus agréable. La belle plage s'étendant sur 3 km dispose de nombreuses possibilités de loisirs. On y pratique aussi le golf, l'équitation, le tir aux pigeons, la pêche, le surf ainsi que la voile sur sa base nautique. En raison de son joli parc fleuri, la ville est surnommée « cité balnéaire des fleurs, des sports et du vent. » Aujourd'hui, Mohammedia voit pousser de nouvelles habitations, dénaturant quelque peu ses quartiers calmes de bord de mer... Mais facilement accessible en train depuis Casa et Rabat, elle reste une ville où l'on vient s'oxygéner ! On va principalement à Mohammedia pour ses plages dont Mannesman, Monica, la Siesta et les Sablettes sont parmi les plus réputées. Les vagues sont parfois violentes, restez prudent. La raffinerie Samir et la fondation Mohammed VI financent d'importantes actions pour rendre les plages plus propres. Autour du complexe balnéaire du centre-ville se trouvent une digue promenade, un terrain de golf et un port de plaisance.

L'ESCALE SUITES RÉSIDENCE €€

✆ +212 5 23 30 19 42
www.7avhotels.com
Chambre avec kitchenette, studio et appartement à partir de 500 DH.

A quelques minutes à pied de la plage des Sablettes, cet hôtel-résidence fera le bonheur des voyageurs cherchant la tranquillité et l'indépendance. Il propose des chambres avec cuisine, des studios et des appartements tout équipés, tous dotés de terrasse. Le tout est très propre et bien entretenu. Préférez les logements situés du 3e au 5e étage, côté piscine, qui offrent de belles vues panoramiques sur l'océan, notamment au coucher du soleil. Accueil soigné.

LE SPHINX €€

Bld Moulay Youssef
✆ +212 5 23 31 00 73
Chambres doubles à partir de 780 DH.

A l'époque, l'une des adresses préférées de Jaques Brel qui venait trouver l'inspiration au Sphinx et y avait ses petites habitudes, il cite Madame Andrée dans la chanson *Jeff*... D'autres personnalités comme Edith Piaf, Simone de Beauvoir ou encore Maria Calas y séjournaient régulièrement. Un endroit mythique de la ville qui a rouvert ses portes en décembre 2015, le résultat est réussi ! Quinze chambres (et une suite) sobres et élégantes. Le jardin est, quant à lui, doté d'une piscine, offrant un endroit agréable pour se prélasser.

AVANTI MOHAMMÉDIA HÔTEL €€€

Boulevard Moulay-Youssef, La Corniche
✆ +212 5 21 49 21 21
www.avantimohammedia.com
Chambre double à partir de 140 € avec petit déjeuner. Suite dès 210 €.

Un bel établissement situé tout près de la Corniche, où la présence de la mer se fait partout sentir, des chambres à l'arrière de l'hôtel à la piscine. Les chambres, spacieuses, affichent un style résolument contemporain. Trois restaurants sur place, dont le Voilier qui propose une merveilleuse vue panoramique sur la plage. Egalement deux bars et une boîte de nuit (à l'écart des chambres), l'une des plus prisées de Mohammedia. L'hôtel permet aussi de concilier un séjour à la fois relaxant et sportif : Spa, sauna et fitness à disposition.

RESTAURANT LA FRÉGATE €

Rue Oued Zem

✆ +212 5 23 32 44 47

Fermé le lundi. Friture à partir de 70 DH.

L'un des meilleurs restaurants de la zone pour manger des fritures de poisson et des fruits de mer bien frais. On s'installe sur la petite terrasse en bord de route ou à l'intérieur, dans une ambiance familiale et conviviale, avant de choisir l'une des spécialités de la maison. En entrée, laissez-vous tenter par les huîtres de la région, nature ou gratinées. Puis, par les fritures, le tajine de moules ou le gratin de fruits de mer, entre autres délices à la carte. Les gourmands garderont une place pour la succulente mousse au chocolat maison. Un régal !

CHEZ MADAME ANDRÉE €€

Bld Moulay Youssef

✆ +212 5 23 31 00 73

Ouvert tous les jours de 12h à minuit. Plat autour de 150 DH et menu à partir de 400 DH.

La table du restaurant de l'hôtel Sphinx est nichée au sein d'un des bâtiments les plus mythiques de la ville, construit dans les années 50. Le cadre épuré et élégant offre une vue sur le jardin arboré et sa piscine. L'établissement propose une cuisine internationale raffinée et savoureuse, servie en quantité suffisante. Au menu : sole meunière, filet de Saint-Pierre à la sicilienne, paella royale au homard ou encore entrecôte... Le lieu est aussi agréable en journée dans le jardin, qu'en soirée dans une salle élégante dotée d'une cheminée.

BIG BAMBOO €€

Boulevard Hassan II

✆ +212 5 23 32 48 48

http://bamboopub.ma

Ouvert tous les jours de 12h à 2h. Le lundi, à partir de 17h. Dès 250 DH le repas complet.

Situé sur le plus grand axe de la ville de Mohammedia, ce restaurant vous accueille dans une ambiance type pub colonial, l'espace est ceinturé de bambous vernis, le regard se pose sur le décor comme sur autant de cartes postales de voyages. Des écrans partout pour les soirs de match, et des soirées musique le week-end en font l'endroit sympa où sortir à Mohammedia. Dans votre assiette, vous découvrirez les grands classiques des cuisines du monde : *quesadillas* au fromage, briouates, rouleaux de printemps, linguini aux fruits de mer, phat tai de poulet...

RESTAURANT DU PORT €€

1, rue de Mauritanie, ex rue du port

✆ +212 5 23 32 58 95

www.restoport.ma

Environ 250 DH pour un repas complet.
Ouvert 7/7 de 12h à 20h.

Près de l'océan, l'accueil est chaleureux et le cadre soigné. Très bonne cuisine de la mer avec une large sélection de crustacés, huîtres, homards ou coquilles Saint-Jacques... Egalement de bons poissons issus de la pêche du jour et bien élaborés. Ne manquez pas l'espadon en croûte de sésame et pavot ou le filet de merlu blanc, cuits au four à bois. L'ambiance est chic, mêlant fraîcheur et raffinement, et vous laissera un agréable souvenir de votre passage au port. Sans aucun doute, le meilleur restaurant de poissons de Mohammedia.

© J.K2507 - SHUTTERSTOCK.COM

Mohammedia.

LE RIAD DES VIGNES €€

Domaine des Ouled Taleb
✆ +212 5 23 29 84 66
Ouvert le midi. Fermé le lundi.
Menu à partir de 250 DH. Ouverture possible le soir pour soirée privée.

Dans cette belle villa au milieu de la campagne marocaine, on est accueilli au cœur d'un jardin verdoyant, avec vue sur une piscine. Assez peu connu du grand tourisme, ce riad est un cadre extrêmement reposant pour apprécier une cuisine gastronomique, d'inspiration française, comme une blanquette de veau à l'ancienne ou encore un filet de Saint-Pierre au coulis de poivrons rouges. Egalement une délicieuse terrine de sanglier maison. Le tout à accompagner des vins de la maison Thalvin. On peut aussi visiter les caves de la propriété. Excellent rapport qualité-prix.

VIKKY BEACH

Autoroute Rabat – Casablanca Sortie Est
Mohammedia km 2
✆ +212 6 08 12 12 00
www.vgk.ma
Bar, restaurant (service de 11h à 1h) et club articulés autour d'une piscine de 800 m².

Un bar agréable niché dans un écrin de verdure, ouvert sur sa terrasse et ses piscines. On s'y prélasse en maillot, sur un transat ou les pieds dans l'eau, lunettes de soleil sur le nez et cocktail à la main. Trendy en journée puis plus animé en soirée, quand les DJ s'en mêlent. Le village propose également une multitude d'activités pour petits et grands : karting, paintball, tennis, accrobranche, tir à l'arc, football... Quant au restaurant, il propose des plats variés à l'instar de salades, pizzas et burgers. Une adresse jeune et branchée aux faux airs d'Ibiza.

CLUB NAUTIQUE DE MOHAMMEDIA

Base nautique
✆ +212 6 65 19 69 87
Ouvert toute l'année.
A partir de 250 DH le cours de voile.

Ce club public est ouvert à tous, de 5 à 77 ans. Il propose des cours de voile, des sorties en kayak et du paddle dans la baie de Mohammedia. Vous y serez accueilli chaleureusement par Hicham et Ali qui vous mettront tout de suite à l'aise. Pas besoin de connaissance particulière pour monter à bord d'un optimiste ou d'un catamaran, la condition indispensable est de savoir nager. Des gilets de sauvetage sont également mis à disposition. Bon encadrement en mer.

MOHAMMEDIA SURFING ASSOCIATION (MSA)

Plage La Siesta
✆ +212 6 68 58 80 26
Ouvert toute l'année.
Autour de 150 DH la séance de surf d'environ 1 heure. Cours particulier à partir de 200 DH.

Agréée par la Fédération Royale Marocaine de Surf, cette petite école de surf est installée dans un cabanon en bois, tout au fond à gauche en arrivant sur la plage. Des moniteurs expérimentés et diplômés dispensent des cours de surf particuliers ou en petits groupes homogènes, lorsque les conditions météo le permettent. Des compétitions sont organisées parfois à Mohammedia, pour ceux qui souhaiteraient se mesurer aux surfeurs marocains. Location de matériel aux surfeurs aguerris.

ROYAL GOLF DE MOHAMMEDIA

Boulevard des Zenatas
✆ +212 8 08 67 24 32 - www.rgam.ma
Ouvert tous les jours sauf le mardi, réservation obligatoire. Green fee 18 trous à partir de 300 DH.

Un imposant portail de bois découpé dans une enceinte blanche coiffée de tuiles : bienvenue au Royal Golf de Mohammedia ! Un parcours technique de 18 trous par 72 pour ceux qui aiment les grands espaces verdoyants, composés d'eucalyptus, mimosas et palmiers... Assez venteux, le golf se destine surtout aux bons joueurs, amateurs de défis naturels, tantôt en bord de mer, tantôt dans la forêt. De nombreuses compétitions prestigieuses y sont organisées. Des cours de tennis sont également dispensés. Restauration sur place. Ambiance conviviale.

YACHT CLUB DU MAROC

Port de plaisance de Mohammedia
✆ +212 5 23 32 23 31

Réputé dans tout le Maroc, le port de plaisance de Mohammedia possède sa marina et son club house. D'août à octobre, des sorties de pêche au gros sont organisées pour les amateurs. La marina possède également son école de voile et organise des régates ainsi que de nombreuses activités nautiques : planche à voile, ski nautique, kayak, paddle, catamaran, jet-ski... Le club possède également une piscine, un grand espace vert et un restaurant qui propose une bonne cuisine marocaine et un buffet copieux le dimanche, dans un cadre agréable.

CASABLANCA ★★★

Casa, comme on la surnomme, caressée par les vagues de l'Atlantique, est contrastée. Tournée vers un avenir international et ouverte sur le monde, la ville désire se positionner comme l'une des métropoles les plus attractives du bassin méditerranéen. Capitale économique du pays, Casablanca est l'une des villes incontournables du Maroc, elle qui dévoile un côté moderne et cosmopolite. Dans cette ville de 3,8 millions d'habitants, on passe des petits artisans à un Morocco Mall de 200 hectares, des laiteries de quartiers, aux restaurants les plus guindés du Maroc, des arcanes pittoresques du quartier des Habous aux larges allées commerçantes. Le tramway participe à désengorger la circulation automobile dans le centre. Mais le trafic reste extrêmement dense. Casa klaxonne. Casablanca a la folie des grandeurs. Le projet d'envergure de Casablanca Marina est l'un des éléments fondamentaux de cette politique de développement. Ce pôle d'attraction rassemblerait la construction d'un port de plaisance, d'un centre d'affaires, de boutiques, d'un aquarium, d'un palais des congrès, de restaurants… Mais aujourd'hui, le projet d'envergure ne semble pas avancer au rythme souhaité. Casablanca a-t-elle vu trop grand ? Au niveau du patrimoine, Casablanca est une ville riche en Art déco et en édifices préservés. Les musées y sont nombreux et la sublime mosquée Hassan II est à ne pas manquer.

Histoire

Anfa, l'ancien nom de la ville, semble avoir été occupée dès le VIIe siècle par les Phéniciens. Elle fut la capitale des Barghouatas, royaume berbère, avant de tomber aux mains des Almoravides. Dans la première moitié du XIIe siècle, le port assure le commerce du blé, des cuivres et de la laine produits dans la région. Au XIVe siècle, sous le règne mérinide, la ville subit les raids des navires portugais. En 1770, le sultan alaouite Mohammed III reconstruit la ville en édifiant des mosquées et des remparts. Au XIXe siècle, elle s'ouvre aux échanges avec les ports européens. Nombreux commerçants espagnols et portugais résident alors à Casa. Après la signature du traité de protectorat français en 1912, le général Lyautey décide de faire de Casa la capitale économique du pays. Elle est aujourd'hui la plus grande agglomération du Maghreb et accueille de nombreuses réunions internationales.

Quartiers

Le centre historique de Casablanca s'étend du port de pêche au quartier français des premières années du protectorat. Entre les deux, l'ancienne médina, ceinte de murs rouges, constitue le berceau de la Ville blanche. De la place des Nations unies, rayonnent les principaux axes de Casablanca : le boulevard Mohammed V, l'avenue Hassan II et le boulevard d'Anfa. En perte de vitesse depuis les années 1960, le centre historique a été déserté, les Casablancais de classe moyenne et aisée lui préférant les quartiers de Maarif, de Gautier ou d'Oasis. Le quartier des Habous est un petit village dans la ville, un espace concentré d'échoppes, de ruelles et de jolies placettes. Quartier peu fréquenté par les touristes et qui grouille les jours de marché, c'est ici que vous trouverez le plus bel artisanat de la ville. Dans l'entourage immédiat de la cité des Habous se trouve Mers Sultan. C'est l'un des premiers quartiers résidentiels à s'être développés pour désengorger le quartier français. On trouve encore quelques villas de luxe le long de la rue Victor-Hugo et autour du parc Murdoch. Le quartier Racine ou le Triangle d'or, appelé ainsi à cause des prix élevés de l'immobilier, recouvre une partie de la ville développée à partir des années 1920, autour du parc de la Ligue arabe, véritable poumon vert de la ville. C'est l'un des rares espaces aménagés de la ville. Avec ses kilomètres de front de mer, offrant un spectacle romantique et éclatant, la corniche est un des lieux hautement appréciés de Casa. On y croise de nombreux joggeurs, des familles et, le week-end, la jeunesse branchée marocaine. Au niveau du phare, se trouvent des restaurants avec vue imprenable sur la mer.

Transports

Casablanca est dotée d'infrastructures modernes qui permettent au voyageur de se déplacer facilement. Côté trains, il existe plusieurs gares ferroviaires à Casablanca, dont les plus utilisées sont Casa Voyageurs et Casa Port. Cette dernière, au style très design, est située sur le boulevard Houphouët-Boigny, et assure des liaisons régionales, notamment avec Rabat. Place Prince Sidi Mohamed, la gare Casa Voyageurs propose de nombreuses liaisons avec Rabat, Marrakech, Fès et Tanger. Depuis 2013, le tramway dessert une partie de la ville, de la corniche aux quartiers périphériques du sud. Les taxis rouges sont aussi un mode de déplacement dans la ville commode et bon marché. Casa souffre d'un trafic dense en voiture, et il convient d'être vigilant, car les Casawis ont un sens du respect du Code de la route original. Les embouteillages sont récurrents et les places de stationnement assez chères.

LES ABATTOIRS ★

Quartier Hay Mohammadi
✆ +212 5 26 51 58 29

Téléphonez avant de vous y rendre, la programmation est parfois inconstante.

Cette bâtisse industrielle fut construite en 1912, lors des premiers chantiers d'urbanisme entrepris par l'armée française, pour assainir la vieille médina. Les abattoirs ont fonctionné de 1920 à 2000 avant d'être abandonnés. Aujourd'hui, ils servent de terrain d'expression à plusieurs associations. Cette « fabrique culturelle » accueille des expositions de peinture, des pièces de théâtre, des projections de films et des concerts. Les lieux sont supervisés par l'association Casa Mémoire qui les a transformés en centre culturel vivant.

ÉGLISE DU SACRÉ COEUR ★

Angle rue d'Alger et boulevard Rachdi, quartier Gautier

En travaux de rénovation.

Spécialisé dans les édifices religieux, l'architecte Paul Tournon a construit cette église entre 1930 et 1953. Sa structure en béton armé est une technique typique de la fin du XIXe siècle. Elle sera répandue par Le Corbusier, qui en fit son matériau de prédilection. Les clochers sont construits dans l'esprit d'un minaret et leurs motifs géométriques s'inspirent de l'art arabo-musulman. A l'intérieur, les vitraux enchâssés dans le béton armé composent des colonnes de petits carrés colorés qui jettent leurs chatoyantes lueurs sur les murs en journée.

ANCIENNE MÉDINA ★

Boulevard des Almohades

En se dirigeant vers le port, on traverse l'ancien boulevard Houphouët-Boigny, bordé de palmiers, d'étals de fruits, légumes et épices ainsi que de boutiques qui présentent aux touristes des produits de l'artisanat du pays. A droite, à proximité de la gare de Casa Port, un centre artisanal et le sanctuaire Sidi Belyout, le saint protecteur de la ville qui aurait vécu à l'époque des Almohades. A gauche, toujours en face du port, apparaît l'ancienne médina, le berceau de Casablanca, assez récent puisqu'il date du XIXe siècle, avec ses maisons cubiques et blanches de style hispanique. Elle se distingue en ce sens des médinas traditionnelles des villes impériales qui, elles, sont construites dans un style arabo-musulman. Pour y pénétrer, on longe le boulevard des Almohades, dominé à sa gauche par la Sqala, bastion fortifié datant du XVIIIe siècle, avec ses canons pointés vers la mer et Bab el-Mersa, jusqu'à trouver sur sa gauche une petite place dominée par le tombeau de Sidi Allal al-Kaïraouani, premier saint de la ville. Puis Sidi Bousmara, un autre marabout. Enfin, tout près, se dresse la plus ancienne mosquée de Casablanca, Jamâa al-Atiq, construite par le sultan Sidi Mohammed ben Abdallah en l'an 1200 de l'hégire. En redescendant vers le centre de l'ancienne médina, on longe ce qui fut, au début du siècle, le centre-ville de Casablanca. La visite de la médina prend fin une fois la grande porte de Bab el-Kebir franchie. On se trouve alors sur la place des Nations unies, aménagée par l'architecte français, Henri Prost.

CÔTE ATLANTIQUE

Mosquée de Casablanca.

LE BOULEVARD MOHAMMED V ★

Boulevard Mohammed V

© PHILIPPE GUERSAN - AUTHOR'S IMAGE

Le boulevard Mohammed-V constitue l'un des axes majeurs du plan de développement de la ville nouvelle mis en place par l'urbaniste Henri Prost. À l'occasion de l'exposition franco-marocaine initiée par le maréchal Lyautey, la Chambre de commerce, La Poste du Maroc et le marché central sont construits entre 1915 et 1920 sur le boulevard. Tout un ensemble de façades emblématiques au style architectural très ornemental, caractéristique des premières années du protectorat : façades décorées de fruits, d'angelots et de fleurs, frises en stuc et zelliges.

LE MARCHÉ CENTRAL RESTO-GRILL SALAHEDDINE ★

Passer de préférence avant 14h pour voir le marché, lorsque tout est encore ouvert.

Pierre Bousquet, architecte missionné à l'époque du protectorat est l'auteur de plusieurs équipements emblématiques, Le Marché central, l'Institut Pasteur, la Bourse ou encore le lycée Lyautey. En ce qui concerne le Marché central l'arche surmontée d'une horloge est l'une de ses réalisations. On y trouve de beaux étals de fruits, des vendeurs de « miel du bled » et d'épices. Egalement un peu d'artisanat. Une bonne adresse aussi pour déjeuner une grillade de poisson frais.

MARCHÉ JOUTIA DE DERB GHALLEF

Pour le taxi, prononcer « Derb Bralef ».

Arrêt de tramway à 5 minutes du marché de Derb Ghalef, deux stations après celle des Hôpitaux.

Derb Ghallef, c'est un souk, mais très dense avec des allées étroites, où l'on peut parfois à peine se croiser. Comme un grand marché aux puces, on y trouve de tout. Beaucoup d'électronique, on peut y acheter un vélo, des meubles ou même manger ! Ils font aussi de la réparation. Ce qui est intéressant, c'est d'observer le contraste entre le marché et le quartier lui-même, qui est en pleine transformation et modernisation avec l'arrivée du tram, des immeubles tout neufs de bureau, etc.

MUSÉE DE LA FONDATION SLAOUI ★

12 rue du Parc ✆ +212 5 22 20 62 17

www.musee-as.ma

Ouvert du mardi au samedi de 10h à 18h.

Adultes à partir de 60 DH, gratuit pour les moins de 12 ans.

Ouvert en 2012, ce musée présente la très belle collection d'objets d'art de l'homme d'affaires Abderrahmane Slaoui mort en 2001. On y trouve de multiples pièces ayant trait au patrimoine culturel et historique du Maroc et plus généralement au monde arabo-musulman. Parmi les plus belles salles : celle dédiée à la féminité et celle où sont exposés de nombreux objets ayant appartenu à l'artiste Majorelle. En fin de visite, allez déguster un thé dans le café installé au dernier étage.

PARC DE LA LIGUE ARABE

Ce parc, autrefois appelé parc Lyautey, fut conçu par Nicolas Laprade. Il s'inspira de la théorie des villes parcs de Jean Claude Nicolas Forestier, architecte paysagiste français et conservateur des promenades à Paris. À cette occasion, des plantes exotiques en provenance d'Australie, d'Asie et des Philaos furent introduites : yucas, hibiscus, espèces exotiques de palmiers. Il est une occasion de s'éloigner un temps du trafic pour prendre le soleil et se détendre en laissant courir son regard sur cette étendue dégagée que rythment les rangées de palmiers.

© ALEXANDER A.TROFIMOV

MOSQUÉE HASSAN II ★★★

Boulevard Sidi Mohamed Ben Abdellah
✆ +212 5 22 48 28 86
Ouvert tous les jours de 9h à 15h.
A partir de 130 DH la visite guidée de la mosquée.
Bains maures à partir de 50 DH.

La vue de cet immense édifice se détachant dans l'air vaporeux du bord de mer, lorsque l'intensité de la lumière est à son comble, impressionne. On parcourt du regard les volumes harmonieux de cette architecture monumentale et rigoureuse, ornée de motifs géométriques, de formes circulaires entrelacées, rythmée par un décor cursif typiquement marocain, œuvre de 12 500 artisans rassemblés. Inauguré le 30 août 1993 par le roi Hassan II, ce chef-d'œuvre majestueux comporte 25 000 places dans la salle de prière, le minaret, haut de 200 m, projette son rayon lumineux en direction de La Mecque à la nuit tombée et le chantier, chapeauté par l'entreprise Bouygues, a coûté près d'un demi-milliard d'euros. Troisième plus grande mosquée au monde derrière celles de La Mecque et de Médine, elle est pionnière quant à ses innovations technologiques : son toit est ouvrant, son sol chauffe au contact des fidèles venus s'y agenouiller et ses portes donnant sur la mer ont été réalisées avec un acier inoxydable. La situation de la mosquée donnant sur l'océan fait référence au verset du Coran spécifiant que le trône de Dieu est sur l'eau. La visite guidée passe par la salle de prière dont on contemple les proportions gigantesques, les colonnes en granit ornées de stuc ciselé à la main, les plafonds en bois de cèdre supportant les mezzanines destinées à la prière des femmes. On découvre ensuite la grande salle des ablutions aux murs enduits de tadelakt, avec ses fontaines en marbre, ses vasques en forme de fleur et les hammams traditionnels.

LE MUSÉE DU JUDAÏSME MAROCAIN ★

81, rue Chasseur Jules Gros
✆ +212 5 22 99 49 40
www.jewishmuseumcasa.com
Ouvert du lundi au vendredi de 10h à 17h (jusqu'à 18h en été), dimanche de 11h à 16h. Entrée à partir de 50 DH.

Construite en 1948, l'élégante villa qui abrite aujourd'hui le musée fut autrefois un orphelinat juif. Une fonction qu'elle exerça jusqu'à la fin des années 1970. Le Maroc fut le pays arabe qui abrita la plus grande communauté juive. Dans les années 1960, Casablanca comptait plus de 70 000 habitants de confession juive. En 1997, la même année de l'ouverture du musée d'Art et d'Histoire du judaïsme à Paris, fut créé un espace culturel où juifs et musulmans puissent se rencontrer, ainsi que ce Musée ethnographique qui met en valeur la tradition juive marocaine à Fès, Essaouira et Marrakech, des Marocains ayant afflué de toutes ces villes pour travailler à Casablanca. Ce musée consacré à la culture juive est unique dans le monde arabe. Une particularité bien agréable de la visite : le chant des oiseaux des jardins attenants accompagne la découverte de belles pièces d'artisanat juif marocain ! Bracelets et fibules en argent du XIXe siècle, pendentifs, amulettes et anneaux de cheville. Une vitrine présente des poupées vêtues de costumes judéo-marocains. Une section plus importante se consacre à l'art sacré : étuis de méguillah, Thoras recouvertes de leur manteau brodé en fil d'or, mobilier de synagogue. On peut également voir une belle broderie d'Azemmour datant du XVIIIe siècle. Une section expose aussi des tébahs extraites d'anciennes synagogues ou plateformes de lecture en bois ouvragé où officie le rabbin. Un bel ensemble de pièces à découvrir dans un cadre très agréable.

PROMENADE DE LA CORNICHE ★

Cette promenade en front de mer, refaite à neuf en 2009, est très agréable. Les joggers y pratiquent leur sport en groupe, tôt le matin avant de céder la place aux familles qui s'y oxygènent le week-end puis, plus tard, aux jeunes venus pour les bars et discothèques attenants. On trouve aussi des clubs où, pour 60 à 100 DH, on accède à d'agréables piscines d'eau de mer aménagées, avec paillotes et larges transats. A l'extrémité ouest de la Corniche se succèdent plusieurs plages de sable. Une ambiance populaire et animée qui rappelle celle de nos parcs publics.

QUARTIER DES HABOUS ★

Dans les années 1920, Edmond Brion et August Cadet sont chargés de la construction de l'un des quartiers les plus atypiques de la « ville blanche ». Cette nouvelle médina est destinée aux paysans marocains venus rejoindre la ville pour travailler sur ses chantiers de construction. Cette « cité des habous » eut pour particularité de concilier l'habitat traditionnel au confort à l'européenne. Le terme de « habous » désigne l'organisation religieuse qui supervise l'attribution des logements de la médina, transmis par héritage, puis aux familles les plus pauvres de la ville. A côté du palais royal (non visitable), une allée impériale avec des arcades abrite une succession de librairies spécialisées dans les livres arabes. A droite, on remarque un imposant édifice aux coupoles ornées de tuiles vertes, le tribunal ou Mahakma du Pacha. Austère de l'extérieur, il est très richement décoré à l'intérieur. Le visiteur découvrira entre ses murs tout le raffinement ornemental de l'architecture traditionnelle. La grande mosquée Mohammed V et son petit jardin fleuri lui font face. A gauche, se trouve la Kissaria de l'artisanat, avec des marchands d'étoffes et ses maroquiniers. Ensuite, le souk aux cuivres, où des artisans martèlent avec finesse des plateaux de cuivre et d'argent. A côté, la joutia (souk à la criée) où se vendent des tapis de l'Atlas et de Rabat. Enfin, la place Moulay Youssef, avec la mosquée du même nom, entourée de boutiques spécialisées dans les costumes traditionnels. A l'extrémité de ce lieu se trouve le souk aux olives, une cour carrée recouverte de jarres remplies d'olives de toutes sortes. On y accède par la porte 50 du souk El Jedid. Non loin de là, la place d'El Baladya rassemble les bouchers. On y déguste des grillades de viande dans une ambiance extraordinaire. Derrière cette place, plus difficile à trouver, le marché aux épices marque par la densité de ses étals, ses couleurs et ses odeurs. On y voit des femmes pilant le henné et le khôl dans des mortiers. Non loin de là, des marchands vendent des herbes et des racines, mais également tout un bestiaire étrange : iguanes dans des cages, peaux de bêtes, cornes et crânes de grands mammifères pour les rites de magie noire et blanche. De retour à la sortie principale des Habous, les amateurs de douceurs ne manqueront pas d'aller faire un tour à la pâtisserie Bennis, réputée pour être l'une des meilleures du Maroc, avant de déguster tout ça autour d'un thé sur la terrasse du Café impérial. Les Habous, c'est un souffle d'authenticité sur le vent de modernité casawi.

© PHILIPPE GUERSAN - AUTHOR'S IMAGE

Souk aux olives situé dans le quartier des Habous.

VILLA DELAPORTE ★

6, rue du Parc

✆ +212 5 22 47 31 03

On prendra le temps d'aller voir cette belle villa construite dans les années 1920, près de la cathédrale du Sacré-Cœur à côté des Beaux-Arts, elle accueille temporairement des expositions d'artistes. L'architecture de la villa témoigne d'une alliance heureuse entre les arts européens et arabo-andalous. Un genre nouveau que l'on appelle « néo-mauresque » et que l'on retrouve dans de nombreux édifices de Casablanca. On remarque l'élégante pergola en bois, les ferronneries sur les balcons et les frises réalisées en zellige, mosaïque traditionnelle arabe.

VILLA DES ARTS ★

30, boulevard Brahim Roudani

✆ +212 5 22 29 50 94

Ouvert du mardi au samedi de 9h30 à 19h. Entrée libre.

Une très belle villa Art déco construite en 1934 qui mérite à elle seule le détour ! C'est aussi un lieu incontournable pour les amateurs d'arts et de culture puisqu'on y découvre de très belles expositions d'artistes contemporains, ainsi que des événements culturels dans un cadre architectural somptueux. Également un agréable jardin, bien entretenu. La fondation ONA appartenant au roi se veut être une plateforme d'actions, d'échanges et de découvertes. Elle possède également une maison des arts à Rabat. Tout pour le plaisir des yeux !

TRANSATOUR

40 Boulevard d'Anfa

✆ +212 5 22 20 20 00

www.transatour.ma

Une des plus importantes agences de voyage du pays et la première au royaume à être certifiée NF ISO 9001 V2000. Les prestations proposées sont très variées et le rapport qualité/prix, très intéressant. On trouve des séjours de courtes ou de longues durées, des excursions et des voyages thématiques. L'agence dispose également d'un service de location de véhicules dans tout le Maroc *via* Aircar, ainsi que d'une agence de transport pour les férus de traversées en bus. Ne passez pas devant un acteur aussi reconnu, si l'envie d'évasion vous vient.

GUIDE ANIS MOHAMMED

✆ +212 6 61 31 79 52

Visite de Casablanca à partir de 500 DH la demi-journée.

Guide depuis une trentaine d'années, Anis est une personne bienveillante qui vous fera découvrir les principaux points d'intérêt de Casablanca. Passionné par son métier, notamment par l'histoire et l'architecture, il ne manquera pas de vous emmener jusqu'au quartier Art déco pour vous montrer quelques bâtiments historiques, malheureusement en désuétude. Dans le quartier des Habous, il vous fera rencontrer les artisans et vendeurs locaux aux bons produits. Il peut aussi vous accompagner visiter la mosquée Hassan II et vous décrypter les éléments architecturaux.

CÔTE ATLANTIQUE

SAMICAR

49 Lotissement El Waha « A7 »
✆ +212 6 61 15 48 49
www.samicar.com

Ouvert de 8h30 à 12h30 et de 14h30 à 19h. Location à partir de 19 € par jour.

Cette agence dynamique et professionnelle propose ses services de location de voitures sur tout le Royaume depuis plus de 15 ans. Elle dispose d'un large parc automobile, propre et bien entretenu. Les prix sont convenables et le service de qualité. Le personnel, sympathique et à l'écoute, est disponible pour répondre aux besoins de chacun de ses clients. L'agence a également mis en place un service de navettes entre l'aéroport et le centre-ville. Elle propose ce service dans trois villes : Marrakech, Casablanca et El Jadida.

LHOSTEL €€

6 Rue d'Aix ✆ +212 6 22 40 80 07
https://lhostelacasablanca.com

Lit en dortoir autour de 200 DH. Chambre double à partir de 400 DH. Petit déjeuner copieux, en buffet libre, inclus.

Dans une belle villa familiale dotée d'un jardin arboré bien entretenu, l'établissement fait partie des adresses où l'on se poserait bien quelques jours. À mi-chemin entre maison d'hôtes et auberge de jeunesse, il propose un dortoir mixte pourvu de tiroirs avec cadenas ainsi que des chambres douillettes et colorées, à un prix raisonnable. L'ambiance y est tout particulièrement conviviale et cosmopolite, ce qui permet d'échanger avec d'autres nationalités. Salon marocain et cuisine commune, bien équipée. Très bon emplacement, entre la gare Oasis et le tram.

HÔTEL AZUR €€

41 Bd de la Corniche
✆ +212 5 22 79 75 06

Chambre double à partir de 60 €.

Situé sur la corniche, entre la grande mosquée Hassan II et le centre Morocco Mall, cet établissement jouit d'un emplacement privilégié et judicieux pour explorer les environs. Face à l'océan, vous êtes très bien placé pour profiter des meilleurs bars et restaurants de la ville. L'hôtel dispose de 58 chambres et suites confortables et équipées de tout le nécessaire, qui offrent en plus un superbe panorama. De nombreuses prestations sont également à votre disposition : piscine, restaurant et piano-bar. Bon rapport qualité-prix.

THE FOURTEEN €€

Rue abou El Mouataz El falaki
✆ +212 5 22 23 11 79

Chambres et suites à partir de 70 €.

The Fourteen boutique hôtel a ouvert ses portes début 2016, et propose des prestations de qualité. Les suites épurées sont quasiment toutes vêtues de blanc et ponctuées d'une touche colorée... Elles disposent de tout le confort, cuisine, petit salon, TV, climatisation, grand lit et literie de qualité. Certaines suites ont une petite terrasse. N'hésitez pas à choisir la vôtre ! Restaurant de cuisine traditionnelle, spa et salle de sport sur place. L'établissement est en plus très bien situé, au cœur du quartier animé de Maârif.

IMPERIAL CASABLANCA €€

291 Boulevard Mohamed V
✆ +212 5 22 34 27 29
www.hotelimperialcasablanca.com

Chambre simple à partir de 750 DH, double à partir de 950 DH. Suite à partir de 1 380 DH. Petit déjeuner buffet inclus.

Hôtel installé dans un bâtiment au style Art déco conçu par l'architecte Marius Boyer dans les années 1930. Il se compose de 105 chambres, dont 15 suites exclusives de luxe. Les chambres gardent le cachet d'antan, avec de nombreuses photos d'époque, et un mobilier vintage tout en étant très design. On se sent bien dans cet établissement, depuis son hall d'accueil élégant aux chambres raffinées, en passant par son bar cosy et son espace lounge. Ne manquez pas non plus de tester le restaurant Marius qui propose une cuisine internationale de bonne facture.

FOUR SEASONS HÔTEL €€€

Boulevard de la Corniche
✆ +212 5 22 23 11 79
www.fourseasons.com

Chambre pour deux personnes à partir de 2 000 DH avec petit déjeuner.

Situé sur la Corniche, cet hôtel de luxe offre une vue somptueuse sur l'Atlantique, les 186 chambres et suites disposant pour la plupart d'un balcon. Moderne et design, l'hôtel mélange avec élégance les styles. Le restaurant adopte le mouvement de l'océan grâce à ses larges baies vitrées et propose une cuisine raffinée, qu'elle soit internationale ou marocaine. Spa, centre de fitness et piscine chauffée au cœur d'un jardin luxuriant. Bref, une adresse luxueuse qui conviendra aux voyageurs d'affaires ou encore aux touristes en quête de douceur.

HÔTEL & SPA LE DOGE €€€

9, rue du Docteur Veyre
✆ +212 5 22 46 78 00
www.hotelledoge.com
A partir de 150 € la chambre double avec petit déjeuner, suites à partir de 214 €. Plats à partir de 10 €.

Le Doge est l'une des meilleures adresses de la ville ! Situé près de la place des Nations-Unies, cet hôtel anciennement Relais & Châteaux a troqué son label et s'est refait une beauté. Les nouveaux propriétaires ont investi avec goût dans ce bijou architectural des années 1930, tout en préservant l'authenticité du lieu. Chacune des chambres et suites développe un thème autour d'une personnalité de l'époque Art déco. La table du Doge, l'une des meilleures de Casablanca, propose une excellente cuisine locale ! Une adresse invitant au voyage...

HÔTEL CLUB VAL D'ANFA €€€

A l'angle du boulevard de l'Océan Atlantique et du boulevard de la Corniche
✆ +212 5 22 79 70 70
www.valdanfahotel.com
Chambre double à partir de 90 €.
Espace fitness et spa. 3 espaces de restauration. Petit déjeuner inclus.

Situé sur la corniche, l'Hôtel Val d'Anfa a l'atout d'être à proximité de la plage et d'offrir un certain nombre d'activités : piscine extérieure, bars, Spa, hammam, salon de massages, trois restaurants... Les chambres sont joliment décorées et utilisent beaucoup le bois de hêtre pour le mobilier. Elles sont toutes bien équipées et disposent d'une salle de bain avec baignoire ainsi que de toilettes séparées. Les chambres supérieures, très spacieuses, disposent d'un balcon avec vue sur l'océan. Beau cadre et très bon service.

JM SUITES HÔTEL €€€

161 Angle avec avenue Moulay Hassan I
✆ +212 5 22 26 06 66
www.jmsuiteshotel.com
A partir de 89 € la nuit.
Tarifs dégressifs à partir de 3 nuits sur place.
Petit déjeuner à partir de 15 €.

Situé à côté du parc de la Ligue arabe, l'hôtel offre l'environnement à la fois calme et branché des quartiers Gautier et Racine. Les chambres, organisées en studios et appartements avec petite cuisine, se prolongent par des espaces de convivialité ou de travail. Pour votre bien-être, hammam, spa et massages sont aussi proposés sur place ainsi qu'une bonne restauration. The Jame's Rooftop, l'un des seuls rooftops de Casablanca, a une vue imprenable et Dom Petiscos ravit les papilles par ses spécialités portugaises. Un cadre de luxe contemporain.

KENZI TOWER HÔTEL €€€

Boulevard Zerktouni, quartier Maarif
✆ +212 5 22 97 80 00
www.kenzi-hotels.com
Doubles à partir de 1 400 DH, petit déjeuner inclus. Promotion sur le site Internet.
Tarifs le week-end.

Au cœur du quartier commerçant du Maârif, cette imposante tour de 28 étages, qui fait partie de l'illustre Twin Center, domine la ville. L'hôtel est moderne et luxueux, avec un service impeccable. Les 237 chambres sont irréprochables, pour certaines avec une vue à couper le souffle sur Casablanca (elles ne sont pas plus chères, demandez-les). Le petit déjeuner se prend dans un restaurant avec vue imprenable. Au dernier étage, le bar lounge Sky28 offre un cadre superbe pour boire un verre, sur fond de musique. Excellent Spa, sans doute le meilleur de la ville.

SOFITEL TOUR BLANCHE €€€

Rue Sidi Belyout
✆ +212 5 22 45 62 00
https://sofitel.accor.com
A partir de 160 € la chambre double classique et à partir de 240 € pour une suite junior.

Très bien situé, à proximité du port, du centre-ville, ce luxueux hôtel de 141 chambres et 30 suites offre une atmosphère design et ultra moderne. Des chambres très équipées, écran plat, mini bar et machine à café. Des matelas très épais et des canapés Art déco. Les suites disposent de belles baies vitrées avec vue sur la mer et la mosquée Hassan II. Un centre de fitness, une piscine couverte, un hammam et un bain bouillonnant. Au bar-lounge, on peut siroter un martini tout en écoutant des airs de piano. Personnel très attentif. Parking et voiturier.

CASABLANCA APPART'HÔTEL €€

120 Quartier Florida - Sidi Maarouf
✆ +212 6 41 99 11 13
www.ca.ma
Chambre à partir de 1 000 DH.

Cet appart-hôtel propose une prestation agréable, il dispose de tout le confort pour un voyage d'affaires. Il est doté d'une piscine, d'une salle de fitness, d'un Spa avec accès wifi, d'un lounge-bar et d'un restaurant lounge. Vous aurez le choix entre studio, appartement ou encore chambre double. Tous offrent un confort agréable, dans un espace lumineux et paisible. Tout de blanc vêtu, l'hôtel n'a pas de charme particulier, mais l'équipe et le service sont de bonne qualité. Un brin excentré du centre de Maarif, le quartier Florida est calme et agréable.

BAB MARRAKECH - LE MARCHÉ CENTRAL €

Bab Marrakech

Ouvert uniquement le midi.
Tarifs du poisson au kilo.

Idéal pour manger sur le pouce dans une ambiance populaire, en plein centre-ville. Vous choisissez vos poissons, fruits de mer ou crustacés sur les étals selon l'arrivage, et les faites cuire dans les petites gargotes situées tout autour, qui vous proposent également leurs spécialités. Parmi les différents stands, ne manquez pas les huîtres Dar Kachon. Aucun rapport entre la provenance et le célèbre bassin ostréicole français, mais des produits frais et un bagout local exceptionnel !

LE COMPTOIR BELDI €

Boulevard Raphael
✆ +212 6 91 50 30 30

Ouvert dès le petit déjeuner.
Le vendredi : couscous à partir de 55 DH.

Après avoir fait votre marché à Derb Ghallef, une pause petit déjeuner ou déjeuner s'impose au Comptoir Beldi. Au cœur des étals, il se veut ouvert à tous et ne peut que vous promettre des produits frais et de saison. Loin des prétentions d'un grand chef, Hicham Ouabou, ancien chef de Royal Mansour, propose ici des plats traditionnels, comme à la maison, à des prix plus que raisonnables, mais surtout à tomber par terre. Zaalouk, briouates, harira, couscous le vendredi... Mais aussi des tajines variés ainsi que pour les plus indécis, la suggestion du marché !

SNACK OUMNIA €

Rue Aristide Briand
✆ +212 6 63 88 86 13

Ouvert tous les jours, de 11h jusqu'à la fermeture.
Chawarma à partir de 18 DH.

A quelques encablures de la Place des Nations-Unies, dans une rue animée, ce snack propose un bon rapport qualité-prix. En terrasse pour profiter de l'ambiance locale ou à l'intérieur pour plus de tranquillité, vous pourrez commander rapidement des chawarmas, des tacos, des paninis et des hamburgers. L'établissement sert également de copieuses assiettes, comme des brochettes de viande et des merguez. On trouve aussi à la carte des pizzas et des omelettes. En boisson, laissez-vous tenter par un bon jus d'avocat. Service efficace.

LA TAVERNE DU DAUPHIN €

115, boulevard Houphouët-Boigny
✆ +212 5 22 22 12 00

Ouvert du lundi au samedi de 12h à 23h.
A partir de 40 DH le plat et à partir de 115 DH le menu.

Situé entre la médina et le port, ce restaurant bon marché offre une carte variée dans une ambiance authentique et conviviale. Coquillages et crustacés, poissons grillés, fritures et l'incontournable pièce de viande. Le tout à accompagner d'un bon vin marocain, italien ou espagnol. Sa vieille renommée en fait un endroit très fréquenté, autant par les habitués que par les touristes. Cadre et ambiance rustiques et sans prétention, on y mange toujours correctement, avec un bon rapport qualité-prix. Service professionnel et agréable.

BOCA CHICA €

Boulevard de la Corniche
✆ +212 6 81 21 62 62

Ouvert tous les jours de 9h à 22h. Café, brunch, cuisine internationale... Plats à partir de 90 DH.

Voilà encore une adresse qui attire la jeunesse branchée. Avec ses jolis fauteuils, sa déco sans faute et ses chapeaux de paille, Boca Chica ouvre ses portes du petit déjeuner au dîner. On apprécie avant tout la vue imprenable sur l'océan, avec en toile de fond la Mosquée Hassan II. Mais aussi l'intérieur, où l'on se croirait dans d'anciens ateliers de couture. On y déguste de bons petits plats, des hamburgers maison, des bowls, des salades et ce, les pieds dans l'eau. Terrasse très agréable. Notre recommandation pour le petit déjeuner !

LE TRICA €

5, rue El Moutanabbi, quartier Gautier
✆ +212 5 22 22 07 06

Du lundi au vendredi : de 12h à 15h et de 18h à 1h. Plats à partir de 80 DH. Fermé le samedi midi et le dimanche.

Le restaurant branché du quartier affiche une déco new-yorkaise underground, avec ses murs en brique apparente, sa grande fresque urbaine et ses plaques minéralogiques. A la carte, un choix de pâtes, d'entrecôtes, de salades, et de nouilles ; une cuisine simple et bien préparée que l'on peut apprécier en buvant un verre. L'établissement est aussi réputé pour son couscous du vendredi, l'un des meilleurs de Casablanca. Il organise régulièrement des événements, tels *afterworks*, karaokés et *open-mics*, où l'ambiance est au rendez-vous. Incontournable !

CÔTE ATLANTIQUE

WYNN €

7 rue Omar Ben Abi Radia
✆ +212 5 22 26 37 12
Du lundi au samedi de 17h à 1h.
Plat à partir de 90 DH.

Un des derniers bars à vin de Casablanca. Ouvert en juillet 2016, c'est le rendez-vous *afterwork* pour déguster un bon cépage et profiter du cadre agréable et d'une décoration insolite. Une carte bistrot qui propose des planches de fromages et de charcuterie, mais aussi des plats plus consistants avec entrecôte, sole et ses légumes ou encore escalope de poulet panée... Des plats savoureux qui s'accompagneront à merveille de l'une des 70 références de vins choisies soigneusement par la maison. Une adresse recommandée à deux pas de la médina et du marché central.

AL MOUNIA €€

95, rue du Prince Moulay Abdellah
✆ +212 5 22 22 26 69
Ouvert tous les jours midi et soir (seulement le midi le dimanche). Environ 220 DH le repas complet.

Dans un décor traditionnel magnifique, on sert une cuisine marocaine très classique comme des tajines, du couscous et de la pastilla, fort bien exécutée. Le tout accompagné d'un bon vin marocain. Planté d'un arbre centenaire, le jardin est plus qu'agréable pour un déjeuner paisible et ensoleillé. Le salon tout en zelliges offre, lui, un cadre idéal pour un tête-à-tête. Seul bémol : les portions sont parfois insuffisantes, notamment pour le prix déboursé. Toutefois, l'accueil professionnel et l'ambiance raffinée vous feront passer un très bon moment.

LE BASMANE €€

Angle Bd. de l'Océan Atlantique et Bd. de la Corniche
✆ +212 5 22 79 70 70
www.basmane-restaurant.com
Ouvert tous les jours de 12h30 à minuit.
A partir de 165 DH le plat principal.

C'est l'une des adresses les plus célèbres de Casablanca pour la gastronomie marocaine. On y déguste tous les classiques dans un fastueux décor arabo-andalou, avec zelliges et pièce d'eau, qu'animent des danseuses du ventre. Une mention spéciale au tajine aux quatre fruits et au loup farci à la fassi. Il est en plus possible d'accompagner d'alcool ces mets délicieux. Seul bémol : repéré par les tour-opérateurs, la grande salle à manger se remplit parfois de groupes touristiques, ce qui nuit évidemment un peu à son charme... Réservation conseillée.

LA BAVAROISE €€

133, rue Allal ben Abdellah
✆ +212 5 22 31 17 60
Du lundi au vendredi de 12h à 15h et de 19h à 23h, le samedi 19h à minuit et dimanche de 12h à 19h.

Vous serez reçu comme il se doit dans une ambiance brasserie conviviale. La carte, reflet d'une cuisine du terroir français complètement revisitée, comporte un grand choix de vins. On pourra accompagner son verre de noix de Saint-Jacques rôties, d'un filet de bœuf Rossini ou de calamars entiers à la plancha. Le cadre est soigné, agréable et le service rapide et impeccable. Le rendez-vous des Français et des patrons marocains du quartier. Pour plus d'intimité, installez-vous sur l'une des tables de la mezzanine. Adresse de choix pour les repas professionnels.

LA BODEGA €€

129, rue Allal ben Abdellah
✆ +212 5 22 54 18 42
Du lundi au samedi de 12h à 15h et de 19h à 2h. Dimanche de 19h à 2h. A partir de 150 DH le repas complet.

Ce restaurant convivial est devenu l'une des institutions de Casablanca. Ambiance hispanisante, un peu folklorique, au menu : tapas, burritos et autres enchiladas, à la lumière tamisée des néons de couleurs, au milieu d'une clientèle d'expatriés et de jeunes Marocains plutôt aisés. Vous pouvez également venir simplement pour siroter un mojito devant l'écran géant qui passe, selon le jour, des matchs de foot ou des documentaires sur la campagne espagnole... Au sous-sol, trois salles en enfilade vous plongent dans l'ambiance cantina.

LE CABESTAN €€

90 boulevard de la Corniche
✆ +212 5 22 39 11 90
www.le-cabestan.com
Ouvert tous les jours de 12h à minuit. Comptez à partir de 200 DH pour un repas complet.

Niché au bout de la corniche, ce restaurant chic et à la mode bénéficie d'une vue spectaculaire sur la mer. N'hésitez pas à demander une table près des baies vitrées. Mets variés et raffinés. Accueil serviable. Bon rapport qualité-prix pour l'un des restaurants-bars les plus branchés de Casablanca. Pensez à réserver le week-end et à consulter la programmation pour les noctambules, les DJ y mixent chaque soir. Juste à côté, ses petits frères ont ouvert : Umayya, cuisine marocaine libanaise, et Lily's, cuisine aux influences asiatiques. Deux jolis établissements.

CASA JOSÉ €€

26 Bis Bd Felix Houphouet Boigny
✆ +212 5 22 29 70 12
http://grupocasajose.com
Ouvert tous les jours de 12h à minuit.

On compte trois restaurants Casa José à Casablanca. Réputé pour être l'un des meilleurs restaurants espagnols de la ville, il est fréquenté à la fois par les locaux et les touristes. Les tapas y sont ici excellentes, et les fruits de mer, spécialité de la maison, un vrai délice. C'est aussi l'occasion d'y déguster une délicieuse paella. Egalement des salades fraîches, des fritures de poisson et de la viande que vous pourrez accompagner d'un bon cépage. Des soirées flamenco y sont organisées, ambiance assurée. Une bonne adresse !

DAR DADA €€

Rue El Arsa
✆ +212 6 61 60 26 02
https://dardada.com
Ouvert du lundi au samedi, de midi à 15h30 et de 18h30 à 23h. A partir de 150 DH le plat.

Caché dans l'ancienne médina, ce riad plein de charme ravira à la fois les fins gourmets et les amateurs de décoration d'intérieur. Entre ses salons marocains intimes, son patio intérieur lumineux, sa terrasse cosy et son coin bar, à chacun son espace. En cuisine, le chef marocain et son équipe de *dadas*, ces maîtresses de maison marocaines, concoctent des plats savoureux à base de produits locaux. Selon les envies, cuisine marocaine ou européenne, raffinée l'une comme l'autre. Mention spéciale pour le couscous qui fond en bouche délicieusement. Excellent service.

KIMMY'S €€

7, rue Najib Mahjoub
✆ +212 6 62 14 91 83
Ouvert tous les jours de 18h à 2h. Fermeture à minuit le dimanche. Plat à partir de 145 DH.

Un bistrot chic à la française, disposé sur deux étages au cœur du quartier Gautier. On vient pour boire un verre et déguster quelques tapas en début de soirée ou encore pour dîner. La carte propose des plats français : le hachis parmentier et le gratin de saint-pierre sont succulents ! On y retrouve aussi quelques bonnes spécialités italiennes et des suggestions du jour variant au fil des saisons et des produits du marché. Après le dîner, le lieu se transforme en bar de nuit où se retrouve le beau monde de Casa. Une adresse bobo, les tarifs ne sont pas donnés.

NKOA €€

11 Abou Kacem Chabi
✆ +212 520 122 848
Ouvert midi et soir jusqu'à 22h30. Fermé le lundi. Plat à partir de 85 DH.

NKOA, c'est l'histoire d'une bande de potes, un peu baroudeurs, qui à la sortie de l'école se lancent dans un joli projet : celui de faire voyager les palais marocains et autres visiteurs. Dans cet espace haut de plafond, est né NKOA : Néo - Kitchen - Of - Africa, Asia, America. Une cuisine complètement fusion, qui évolue au fil des saisons. Du mafé du Mali, à l'Abad iranien, en passant par l'ingéra éthiopien, les plats sont revisités, modernes, colorés, presque artistiques. Laissez-vous guider, demandez conseil, vous ne serez pas déçus, tout est délicieux !

PETER'S €€

86 boulevard Moulay Rachid
✆ +212 5 22 94 10 96
www.gapivilla.com/peters-restaurant
Ouvert tous les jours de 18h à 1h. Plat à partir de 160 DH, menu complet autour de 450 DH, sans le vin.

C'est au sein de la jolie villa Gapi que se trouve le Peter's restaurant, un établissement chic et rétro qui dispose d'une agréable terrasse. Dans les assiettes, des plats tout aussi raffinés pour une cuisine riche et variée. En entrée, poulpes, burrata ou encore asperges du moment pour se mettre en bouche. Les plats, quant à eux, mettent le poisson à l'honneur avec le délicieux homard en croustillant feuilleté ou encore la daurade à la plancha. La villa dispose aussi d'une boulangerie pâtisserie à l'étage qui saura séduire les plus gourmands. Une belle adresse.

LA SQALA €€

Boulevard des Almohades
✆ +212 5222 60960
sqala.ma
Ouvert tous les jours de 8h à 23h. Plats à partir de 80 DH.

Un restaurant très appréciable, où l'on peut manger à toute heure, au sein de la forteresse dont les remparts donnent sur le front de mer. Vous serez accueilli par deux immenses canons encadrant la porte sculpturale d'entrée. Vous avez le choix entre une jolie terrasse ombragée où un groupe de musique traditionnelle joue le week-end en soirée, la salle ouverte sur l'extérieur et les jardins. Le menu est marocain avec une touche occidentale. Ne manquez pas le couscous du vendredi ! Sinon, par beau temps, on opte pour un petit déjeuner dans les jardins fleuris.

THÉÂTRE DU LIBAN €€

Boulevard de la Corniche
✆ +212 5 22 36 93 70
Ouvert le soir à partir de 20h. A partir de 200 DH. Réservation obligatoire.

Casablanca possède plusieurs restaurants libanais. Créé par le célèbre auteur-compositeur libanais Ramy Ayach, le Théâtre du Liban est une véritable institution à Casablanca. Dans ce cadre unique et chaleureux, tout est mis en œuvre pour vous faire passer une soirée inoubliable. Vous y apprécierez une gastronomie libanaise, composée de grillades, de houmous, de falafels et de feuilles de vigne à la viande, entre autres plats savoureux. Le tout en profitant d'un spectacle haut en couleur où se relaient danseurs, acrobates, chanteurs et musiciens. Surprenant !

TIKI TAPAS €€

Rue Mustapha El Manfalouti
✆ +212 5 22 45 13 13
http://tikitapas.com
Ouvert tous les jours de midi à 1h.

Dans le quartier Gauthier, les deux frères d'origine espagnole ont créé ce restaurant à leur image : un lieu chaleureux, vivant, jeune et décontracté. Ici, la jeunesse casawie se retrouve autour des tables hautes pour picorer de bonnes tapas, *croquetas*, planche de fromage, aubergines au miel, gaspacho ou encore une délicieuse paella en sirotant un verre de rioja. Des concerts sont organisés très souvent ! Un brin « posh » pour des tapas, l'adresse est cependant très agréable avec ses couleurs tamisées. Personnel qualifié et agréable.

LE JASMINE €€€

9 rue du Docteur Veyre
✆ +212 5 22 46 78 00
www.hotelledoge.com
Ouvert du lundi au samedi de 19h à 23h. Compter à partir de 35 € par personne. Réservation fortement conseillée.

Au premier étage d'une maison centenaire, le Jasmine surprend par son décor chaleureux et sa cuisine marocaine et internationale aux influences méditerranéennes. En arrivant, accordez-vous un moment de détente autour d'un verre près de la cheminée d'époque. Au menu : pastillas à toutes les sauces, médaillon de lotte aux gambas et pastilla à la crème anglaise et à la fleur d'oranger pour le dessert. Le personnel sera également ravi de vous conseiller sur la carte des vins. Si l'attente peut sembler parfois longue entre les plats, le plaisir reste, lui, intemporel !

LA STORIA €€€

angle Bd Lido et Bd Biarritz
✆ +212 5 22 64 80 72
Ouvert tous les jours de 11h30 à 15h et de 19h à 23h. Comptez autour de 300 DH par un repas complet.

Younes n'est pas seulement un chef international reconnu dans le métier. C'est aussi et surtout un amoureux du terroir et de son pays où il est revenu après 8 ans de cuisine au Canada. Si le chef sélectionne avec soin les ingrédients de ses recettes, l'ingrédient maître reste le safran, que l'on retrouve dans de nombreux plats et desserts d'inspiration marocaine et internationale. Les plats sont tous délicieux, et l'on vous recommande de terminer par les cornes de gazelle, pour comprendre ce que Younes vise, entre travail, passion, et conviction.

CAFÉ IMPÉRIAL

Place du Palais Royal
✆ +212 5 22 54 15 26
Ouvert tous les jours jusque tard. Café autour de 10 DH. Pizza à partir de 50 DH. Wifi.

Depuis 1956, un joli café sous les arcades marquant l'entrée des Habous, à la fréquentation très touristique, mais néanmoins fort sympathique. De la terrasse, on profite de la vue sur la place élégante avec la mosquée Mohammedi et les jets d'eau. On peut y prendre un petit déjeuner copieux avant de s'aventurer dans les ruelles des Habous ou y manger des pizzas, des tajines ou des pastillas à l'heure des repas. On y vient aussi au goûter pour siroter un bon thé à la menthe, accompagné de délicieuses pâtisseries marocaines. Incontournable !

LA CIGALE

Boulevard Brahim Roudani
✆ +212 5 22 27 69 85
Ouvert du lundi au samedi de 11h à 1h.

Un bar historique puisqu'il existe depuis...1914 ! Point de rencontre de l'intelitgensia et de la bohême, des étudiants et des riverains souhaitant boire de l'alcool dans une ambiance sans chichis, cantine populaire du quartier les vendredis, lorsqu'on se partage le couscous servi gracieusement, autant de raisons qui font de ce café un lieu cher aux casaouis. Côté déco, il y fait sombre et les banquettes sont un peu défraîchies. Le succès de la Cigale repose donc sur son public, fidèle au rendez-vous, et sur les concerts organisés régulièrement les week-ends.

CÔTE ATLANTIQUE

COFFEE SHOP CARRION

27 rue Bapaume
✆ +212 5 22 40 01 86
www.cafescarrion.net
Ouvert tous les jours.

Le café torréfié du Royaume a trouvé place au cœur de la capitale, avec le développement de charmants coffee shops dans une ambiance boisée et agréable. Idéals pour une pause gourmande, un petit déjeuner ou tout simplement un bon café, les établissements de l'enseigne Coffee Shop Carrion profitent d'un emplacement de choix, au cœur du centre historique de la « ville blanche ». A proximité, vous pourrez profiter des grandes allées du parc de la Ligue Arabe et de son joli bassin ou encore des bâtiments Art déco des années 20 qui caractérisent ce quartier historique.

PÂTISSERIE BENNIS HABOUS

2, rue Fkih El Gabbas
✆ +212 5 22 30 30 25
Ouvert tous les jours de 9h à 18h.

C'est la pâtisserie la plus célèbre de Casablanca, ouverte depuis 1938. Ici, la tradition et le savoir-faire marocain se perpétuent depuis quatre générations pour le plaisir des papilles. L'établissement, réputé entre autres pour ses délicieuses pâtisseries cuites au four traditionnel, est pris d'assaut par les Marocains, notamment durant le mois de Ramadan. Goûtez aux cornes de gazelle, l'une des spécialités de la maison. Egalement des plats salés à emporter comme des succulentes pastillas au poulet ou aux fruits de mer. Une adresse gourmande à ne pas manquer.

LE RICK'S CAFÉ

248, boulevard Sour-Jdid
✆ +212 5 22 27 42 07
www.rickscafe.ma
Ouvert tous les jours, de 12h à 15h et de 18h30 à 1h. Comptez autour de 350 DH par personne. Tenue correcte exigée.

Adossé aux murs de l'ancienne médina, le Rick's Café est la réplique exacte du café mythique du film *Casablanca*. L'atmosphère élégante et sans ostentation replonge délicieusement les fans dans ce décor traditionnel oriental des années 1940. En soirée, un musicien américain joue des airs de jazz au piano. A la carte du restaurant, on trouve une cuisine internationale et un choix intéressant de plats à base de poissons et de fruits de mer. On peut aussi passer boire l'apéro et profiter en amoureux de ce cadre enchanteur et très intimiste. Réservation indispensable.

TAHITI BEACH CLUB

Boulevard de la Corniche – Aïn Diab
✆ +212 5 22 79 80 25
www.tahitibeachclub.ma
Ouvert tous les jours de 10h à 2h.

Un club de plage où sont rassemblés deux restaurants, la Terraza (cuisine italienne) et la Paillotte (cuisine méditerranéenne) qui offrent une ambiance clubbing toute la semaine aux Casablancais. On passe prendre un petit-déjeuner, manger une cuisine de style international, danser les pieds dans l'eau ou tout simplement boire un café. La terrasse surélevée donne directement sur la mer. En contrebas, des piscines d'eau de mer sont bordées de banquettes blanches et de paillotes. Élégant et très reposant. Toutefois, un rapport qualité-prix insatisfaisant.

LE VERTIGO

79 rue Chaouia
✆ +212 6 64 09 45 25
Ouvert du lundi au samedi de 18h à 2h en fonction de la programmation.

Au cœur du quartier Mer Sultan, le Vertigo est l'un des endroits branchés du coin pour ceux qui souhaitent passer une agréable soirée dans une ambiance 60's. Au bar et dans sa salle de spectacle installés au sous-sol, l'établissement propose une programmation intéressante. Match d'impro, concerts ou encore soirée électro... Le bar est tenu par un groupe de jeune dynamique et sympathique. Tapas et petite restauration pour les petits creux. Une adresse décontractée et recommandée ! Consultez la programmation sur leur page Facebook.

L'INSTITUT CASABLANCA

Rue Abou Hayane Gharnati
✆ +212 5 22 99 69 07
Ouvert de 9h30 à 19h30 du mardi au samedi. Ouvre à 14h30 le lundi. Fermé le dimanche. A partir de 350 DH le massage.

Un nouvel institut a ouvert ses portes à l'image du quartier Racine : moderne, chic et un peu bobo. Dans ce vaste espace épuré, Ingrid et son équipe sont aux petits soins. La visite commence par une pause bio et gourmande dans le salon de thé à l'entrée. Au fond, salon de coiffure et sièges massants, espace manucure et pédicure, quant aux soins et aux massages, ils se font à l'étage. Vous trouverez aussi un concept-store avec de nombreux accessoires de mode de créateurs appréciés par l'Institut. Personnel compétent et accueil chaleureux.

CASA SURFHOUSE

Boulevard de l'océan Atlantique
✆ +212 6 62 10 04 36
Cours à l'unité : à partir de 150 DH, forfait de 12 cours : à partir de 1 500 DH.

Cette école de Surf & Bodyboard a une bonne réputation à Casablanca. L'encadrement est très professionnel, l'équipement est de qualité et les moniteurs, dynamiques et passionnés, sont tous titulaires du diplôme reconnu par la Fédération Royale Marocaine de Surf & Bodyboard (FRMSB). Sur l'un des plus jolis spots de Casablanca, du côté de Ain Diab, vous pourrez ainsi vous adonner à votre passion et affronter les vagues de l'Atlantique. Également des cours dispensés pour tous niveaux au surf ou au bodyboard. Le tout, dans la bonne humeur !

BOUTLEK - CENTRE DE MUSIQUES ACTUELLES

Route de Nouaceur
✆ +212 6 99 63 67 99
www.boulevard.ma

Développé par l'équipe du Boulevard, cet espace dédié aux musiques alternatives et actuelles est situé au Technopark. Il programme de nombreux concerts, projections et ateliers de création. D'autres événements sont organisés à leur initiative : vide-greniers, expos, débats, performances… Consultez la programmation sur le site internet ou la page Facebook pour être informé des événements lors de votre visite. Un lieu de création incontournable à Casa.

O SPA BY KENZI TOWER

Boulevard Zerktouni
✆ + 212 5 22 97 80 66

Sur 800 m², ce spa est doté de six salles de soins dédiés au corps et au visage, avec un menu varié de massages et de soins esthétiques, prodigués avec des produits de qualité. Pour compléter l'offre, il dispose également d'un espace de balnéothérapie, d'une douche à affusion, d'un bain bouillonnant, d'une piscine avec des jets spécifiques d'hydromassages, de deux hammams traditionnels, de deux saunas, d'une salle de fitness équipée et de relaxation. C'est de loin le meilleur spa de Casablanca. En plus, l'accueil est chaleureux et le personnel qualifié.

CINÉMA RIALTO

20 rue Mohammed-El-Qorri
✆ +212 6 34 75 09 83
Séances tous les jours. Tarif à partir de 30 DH.

Construit en 1930, l'édifice enchante par son esthétique Art déco et sa façade rouge et blanche. C'est ici que Joséphine Baker se produisit en 1943 devant les soldats américains pour les encourager. Le film *Casablanca* est régulièrement à l'affiche. On trouve également de nombreuses productions américaines et des représentations théâtrales au programme. Il peut être sympathique de se prévoir une séance dans l'une de ses salles de spectacles, où les tickets se vendent au tarif orchestre ou balcon ! Un lieu mythique à découvrir.

AMSTRONG

Rue Mohyeddine Al Arabi
✆ +212 6 13 08 60 45
Ouvert jusqu'à 3h. Entrée à partir de 150 DH avec une consommation, le week-end.

L'Amstrong demeure le bar *night club* à la mode de Casablanca même après près de 20 ans d'existence. Vous y croiserez sûrement Michel, le patron, pionnier des nuits casaouies. Le bar en lui-même n'a rien d'exceptionnel mais l'ambiance y est juste culte, tellement prisée des Casaouis qu'il y a les intrépides des samedis, qui ne se découragent pas de danser en se poussant des épaules et les autres qui eux préfèrent les soirées en semaine. Au programme : des soirées jazz ou avec groupes en live comme des soirées animées par des DJ célèbres. Ambiance internationale.

MAISON B

5 rue de la Mer Adriatique
✆ +212 6 98 99 94 42
Ouvert tous les jours de 19h à 4h.
Parking surveillé et service de voituriers.

Dans un cadre moderne et élégant, la Maison B est un restaurant qui se transforme en club branché assez sélect en deuxième partie de soirée. Une adresse chic avec plusieurs espaces spacieux : restaurant, bar, lounge et extérieur arboré disposant d'un bar pour les soirées estivales. Le restaurant vous invite à un voyage culinaire, entre tradition et modernité, tout en vous offrant un spectacle original durant le dîner. Au club, la fête est au rendez-vous, avec Dj's et live music, jusqu'au petit matin. Ambiance généralement électro.

DAR BOUAZZA ★

Dar Bouazza fait partie de l'agglomération du grand Casablanca. C'est ici que la jeunesse et les familles casaouies viennent profiter le week-end des paillotes, de la plage et des restaurants. Les plages sont propres, bordées de clubs sympathiques. Les surfeurs vont quant à eux chercher la vague du côté de Jack Beach. Un autre plaisir apprécié : attendre le retour des pêcheurs sur le petit port pour se procurer des poissons frais et les apporter à l'un des restaurants pour se les faire griller et servir sur place. Dar Bouazza est une destination pour décompresser loin de la tumultueuse Ville blanche. Attention cependant aux embouteillages !

© CARLOS NETO - SHUTTERSTOCK.COM

Dar Bouazza.

LA FERME PÉDAGOGIQUE

Km 18, Route d'Azemmour
✆ + 212 6 62 41 42 28
www.lafermepedagogique.com
Ouvert de 10h à 18h, sur réservation.
Entrée à partir de 20 DH pour les adultes.

C'est dans un cadre champêtre que la ferme vous accueille, grands et petits, pour un après-midi ou encore une journée autour du thème de la ferme. Des animations pour les enfants sont proposées : découverte des traditions marocaines via des ateliers, jardinage, soin des animaux, découverte de la flore... Le restaurant sur place vous propose de déguster d'excellentes pizzas fermières au fromage ou aux légumes, des paniers pique-nique sont aussi préparés. La ferme pédagogique vous permet de prendre l'air, une visite instructive pour les grands et les petits...

LES 3 MÂTS CHEZ JOE €€

✆ +212 6 61 45 76 71
Ouvert pour le déjeuner du mardi au dimanche et pour le dîner du mardi au samedi. Menu à partir de 250 DH.

Installé sur la jolie plage privée de Tamaris, les Trois Mâts dispose d'une jolie piscine, mais aussi d'une terrasse avec vue sur la mer. Dans les assiettes les fruits de mer sont à l'honneur, n'hésitez pas à goûter la délicieuse paella de Joe ou aux sardines grillées. Une cuisine aux influences espagnole et italienne sur l'une des plus jolies plages des environs. Après le repas, vous pourrez même vous allonger sur les transats et profiter d'un moment de détente. Très agréable aussi au moment de l'apéro. Une invitation qui ne se refuse pas...

ATLANTIC BEACH €€

Plage de Tamaris 1
✆ +212 5 22 33 01 36
A partir de 10h jusqu'au soir, d'avril à fin septembre et le week-end, le reste de l'année. Fermé le lundi.

Le restaurant de l'Atlantic Beach est tout comme sa plage privée, un lieu chaleureux et convivial. Le chef vous propose une cuisine orientée vers les produits de la mer : friture de poissons variés, fish et chips de Saint-Pierre, paella mixte aux fruits de mer et poulet, et aussi selon les arrivages du marché, des plats du jour. Salades et carpaccio d'été cèdent la place à des plats plus consistants l'hiver. Les vins sont une sélection de bons crus marocains, les champagnes sont français. Pour les soirées privées, les menus sont établis en fonction de chacun.

ACADÉMIE DE SURF ET DE LOISIRS

Route d'Azemmour
✆ +212 6 75 52 49 68
www.lacademiedesurf.com
Formule semaine de surf à partir de 1 600 DH.
Formule à la journée à partir de 300 DH.

De multiples activités sont organisées par l'Académie de surf et de loisirs pour vous faire profiter au mieux de Dar Bouazza. Des visites guidées de la station balnéaire sont proposées ainsi que des randonnées en charrette pour découvrir les souks de campagne. Les amateurs de surf peuvent ici se louer des combinaisons, s'offrir un cours d'initiation ou de perfectionnement à la glisse. Les enfants pourront aussi profiter des ateliers d'éveil dans l'eau.

AZEMMOUR ★

Azemmour est située à 72 km au sud-ouest de Casablanca et à 15 km au nord d'El Jadida. Ville parmi les cités florissantes sous les Almohades, elle fut ensuite occupée par les Portugais de 1513 à 1541 qui y construisirent la forteresse qui se trouve à l'embouchure de l'oued Oum er-Rbia. C'est au cours de cette période que le célèbre Mustapha Zemmoyri, originaire d'Azemmour, esclave d'un marchand portugais, puis de l'explorateur espagnol Panfilo de Naevaez, fut embarqué avec ce dernier dans des expéditions qui les menèrent à la découverte de Cuba, des côtes de la Floride et de l'Ouest américain. On dit qu'il fut le « premier » Africain à mettre les pieds en Amérique. Son histoire inspira le roman le *Fils du Soleil* de Hamza Ben Driss Ottmani et vous entendrez certainement parler de lui lors de votre passage dans cette grosse bourgade. La ville nouvelle n'a aucun intérêt si ce n'est pour les services quotidiens. Néanmoins, son attrait principal est sa casbah-forteresse entourée de superbes remparts, dont de nombreux efforts ont été entrepris pour sa rénovation. Cela mérite le détour si vous restez quelques jours à El Jadida ou si vous faites route vers Casablanca. On a, par ailleurs, une très belle vue sur l'ensemble de la forteresse à partir du pont qui franchit l'Oum Errebia que l'on découvre en poursuivant l'avenue Mohammed V en direction de Casablanca par la côte. En été, on peut également profiter de la grande plage d'El Haouzia ou « Azemmour plage », très animée. C'est un lieu de référence pour le surf, le bodyboard et le kitesurf.

Transports

Pour rejoindre Azemmour de Casablanca, prendre le train à la gare de Casa Voyageurs sur le boulevard Mohammed V, en direction d'El-Jadida. Azemmour n'a pas vraiment de gare, mais le train dessert « la halte d'Azemmour ». A partir de 33 DH le billet aller simple en 2e classe. Comptez une heure de trajet environ. Départs toutes les deux heures et demie, entre 6h40 et 19h40. Prenez ensuite un petit taxi blanc pour vous rendre à l'entrée de la médina (autour de 10 DH la course). Depuis 2005, la Gare de l'Oasis située au sud de Casablanca est également desservie par la ligne d'El-Jadida. Une option plus intéressante si vous logez dans les quartiers du Triangle d'Or ou de Mers Sultan. Elle vous évitera d'avoir à traverser le centre, souvent encombré. Comptez autour de 33 DH et environ 1 heure de trajet. En voiture, le trajet est confortable par l'autoroute de Casablanca.

ENSEMBLE ARTISANAL D'AZEMMOUR ★

Route du Souk

Tous les jours de 8h à 20h.

Le long d'une allée donnant sur une cour intérieure, on découvre une suite d'ateliers où des artisans concentrés vaquent à leurs occupations. Dans un atelier où des marbriers travaillent sur des fresques décoratives en assemblant de petites pièces de marbre, est exposé du mobilier en marbre. Plus loin, on découvre les gestes minutieux des sculpteurs puis des artisans ornant des tables avec des fils d'argent torsadés... Egalement une boutique de souvenirs et un café littéraire.

L'OUM ERREBIA €€

17, impasse Chtouka

© +212 5 23 34 70 71

Chambre simple à partir de 600 DH et double à partir de 800 DH. Petit déjeuner inclus. Restauration sur demande.

De la large terrasse extérieure coiffant le riad, la vue sur l'Oum Errebia et son paysage de lagune est tout simplement exceptionnelle. Articulées autour d'un puits de lumière central recouvert de vitrail, les pièces de la maison baignent dans la lumière naturelle. Amateur d'art et directeur d'une galerie à Casablanca, l'ancien propriétaire a fixé aux murs des tableaux de ses artistes, pour le plus grand plaisir des yeux. Les neuf chambres spacieuses donnent toutes sur l'oued et sont dotées de salles de bains en tadelakt traditionnel, décorées de zellige.

RIAD 7 €€

2, rue Chtouka

© +212 6 61 38 34 47

www.riad7.com

Chambres doubles à partir de 500 DH avec le petit déjeuner. Possibilité de louer le riad en entier.

Voilà une bonne adresse au bord de la côte Atlantique. Cette maison d'hôtes tenue par un couple suisse est installée dans un beau riad du XVIIIe siècle, dans le quartier de la médina. Les quatre chambres et la suite sont décorées de manière élégante, dans un style contemporain. Un cadre reposant, qui a su mêler harmonieusement l'Orient et l'Occident. Le riad offre beaucoup de confort et comprend une salle de massage, un sauna et un bar pour votre détente. Sans parler de la jolie vue sur le fleuve Oûm Errabia. Une adresse à découvrir.

CÔTE ATLANTIQUE

LE PANORAMA €

Pont d'Azemmour
Ouvert tous les jours de 10h30 à 23h.
Plats de 50 à 120 DH.

Tenu par une Française, ce petit restaurant sans prétention offre une pause repas très agréable en journée. On peut s'y attabler en terrasse pour profiter d'une belle vue sur l'oued ou dans une petite cour intérieure, très paisible. Le chef vietnamo-marocain, Abdala, prépare de délicieux nems maison, à ne pas manquer. Vous pourrez aussi y déguster de bonnes grillades de poisson frais, des soupes ou des salades copieuses. Sur commande, il est possible de se régaler de sushis et de makis. Durant tout le service, le chef est aux petits soins de ses clients.

UN PASSÉ BIEN ANCRÉ

Mazagan (El Jadida) est classée au patrimoine mondial de l'Unesco depuis 2004. Et pour cause : elle nous offre un voyage dans le temps exceptionnel. Les premiers habitants de la capitale du Doukhala étaient Romains et fondèrent le site Rusibis. Quelques siècles plus tard, les explorateurs portugais en firent une cité fortifiée aux atouts multiples. Mazagan s'établira comme comptoir commercial portugais jusqu'en 1769, date à laquelle le sultan Sidi Mohammed Ben Abdellah s'empare de la ville. En 1815, elle est reconstruite et baptisée El Jadida (La Nouvelle). Tournée vers l'océan, El Jadida révèle aujourd'hui une architecture aux influences multiples ouverte sur le monde.

EL JADIDA ★★

Dans la série des villes côtières reflétant aujourd'hui encore l'empreinte portugaise, El Jadida (214 000 habitants) est un véritable joyau d'architecture militaire. Cette ville, dont l'importance industrielle et économique fut longtemps freinée par Casablanca, semble retrouver des couleurs grâce au complexe industriel de Jorf Lasfar, extrêmement polluant, qui pousse les touristes à aller se baigner à quelques kilomètres de la ville. Néanmoins, El Jadida conserve ses superbes remparts couleur jaune pâle, construits au bord de mer. On contemple les bastions sous tous leurs angles du chemin de ronde, comme si l'on tournait autour d'une sculpture livrant successivement ses facettes, ses jeux de perspective et ses dénivelés. De la porta del Mar semi-circulaire, les Portugais sont partis vers le Brésil. Dans la petite médina, les rues étroites articulées autour de placettes sont parfois désertes, ou animées par le passage d'un chat ou d'enfants jouant au football. Si vous tombez sous le charme, des chambres d'hôtes situées dans la médina permettent de s'imprégner plus encore de l'atmosphère tranquille des lieux. La ruelle jouxtant l'entrée principale est bordée de petites échoppes d'artisanat et de souvenirs. Prenez le temps de bavarder avec les vendeurs qui vous raconteront l'histoire de cette ville qui les passionne. La citerne portugaise reste une halte incontournable de la visite. Le reste est très agréable et fait d'El Jadida une étape fort sympathique le long de la côte Atlantique. Le moussem de l'été attire des milliers de visiteurs.

CITERNE PORTUGAISE ★★

A côté de l'entrée principale de la cité.
Fermé pour rénovation.
Sinon, ouvert tous les jours de 9h à 13h et de 15h à 18h. Entrée : dès 60 DH par personne.

La citerne est située sur l'axe principal de l'ancienne médina, rue Khamed al-Ahchemi Bahbah. Vous pouvez prendre un guide à l'entrée pour la visiter, le guide est alors payé aux pourboires. Inscrite au Patrimoine mondial de l'Unesco en 2004, cette citerne était autrefois une ancienne salle d'armes construite en 1514. Elle fait partie des joyaux du patrimoine marocain. Au milieu du XVIe siècle, elle fut transformée en citerne pour approvisionner en eau potable la médina assiégée. L'eau coule sur les plafonds en pente de la citerne et des briques poreuses, visibles sur le coin à gauche en entrant, et la filtrent. Au sol, des joints en plomb rendent le sol imperméable. La citerne n'a jamais été retouchée, mis à part son bassin central. Le plafond est percé d'un trou qui permettait de puiser l'eau. Aujourd'hui, cette ouverture crée un puits de lumière au centre de la citerne, provoquant une atmosphère magique de clair-obscur dans ses volumes que rythment des colonnes. Les arches en forme de palmier qu'elles supportent se reflètent à surface de l'eau, en un effet de symétrie curieux et le soleil projette les reflets mouvants de l'eau sur les voûtes et les colonnes. Orson Welles a tourné des séquences de son film *Othello* dans ce cadre surréaliste. Pour profiter pleinement des jeux optiques de lumière, le meilleur moment se situe en fin de matinée. On profitera aussi des expositions de peinture organisées dans l'ancien entrepôt à grain jouxtant la citerne. Une visite à ne rater sous aucun prétexte.

ESPACE DE LA MÉMOIRE HISTORIQUE

Avenue Nabeuil

Ouvert du lundi au vendredi, de 10h30 à 13h et de 15h à 17h. Entrée libre.

Installé dans un bâtiment historique des années 20, où les militants nationalistes et les résistants de la Cité furent interrogés durant la Seconde Guerre mondiale, ce petit musée est le lieu de mémoire d'El Jadida. On y trouve quelques vieux objets tels que des outils de tissage et des sabres antiques ainsi que des photos anciennes de la ville. Dans des espaces dédiés à la mémoire militaire franco-marocaine est présenté le rôle des tirailleurs marocains lors de la victoire de 1945.

LES FAUCONNIERS DE LAKOUASSEM

Situé à 48 km au sud d'El Jadida.

✆ +212 6 61 08 94 61

Renseignements à la délégation du ministère du Tourisme d'El Jadida.

Dans le village de Lakouassem, des fauconniers perpétuent l'art de dresser les faucons, des oiseaux de proie impressionnants. Cette pratique ancestrale était autrefois un loisir pratiqué par les chefs de tribu. Certains amateurs viendraient depuis la péninsule Arabique pour apprendre quelques rudiments de cet art à Lakouassem, le seul village marocain à pratiquer cet art. Un privilège, donc, d'assister au spectacle aérien des faucons fendant les airs pour chasser le pigeon.

MÉDINA ET SES REMPARTS ★

Se promener dans la vieille médina est un délice. Les étroites ruelles fraîches, ses maisons uniformément recouvertes d'un crépi ocre orangé, le calme ambiant à peine troublé par quelques marchands, tout participe à rappeler la saveur de l'ancien temps. Cette médina est entourée de remparts qui forment un carré d'environ 300 mètres de côté. Ils s'avancent dans la mer et étaient autrefois entourés d'eau grâce aux fossés creusés par les Portugais. Ces derniers élevèrent les remparts qui étaient dotés de cinq bastions. Le plus célèbre est celui de l'Ange qui conserve encore ses canons. A l'intérieur de l'enceinte se dressent des maisons dont le style est d'influence portugaise, ornées de pilastres et de balcons en ferronnerie. A côté de l'église de l'Assomption, s'élève une mosquée dont le minaret a été bâti sur des ruines d'une tour de guet à cinq pans. Notez qu'il est possible de parcourir le chemin de ronde qui relie les différents bastions moyennant quelques efforts et de l'escalade, mais cela en vaut la peine. Cette jetée, à laquelle on accède par la gauche des remparts, représente une agréable promenade, offrant une superbe vue sur la ville, surtout lorsque celle-ci s'illumine à la tombée du jour. A voir également, la Porta do Mar qui est au fond de l'artère centrale, aujourd'hui terrain de jeu des enfants de la cité. Il s'agit d'une voûte creusée dans le mur, barrée par deux grilles et qui donne directement sur la mer. Ce fut le passage par lequel les Portugais s'enfuirent vers le Brésil, en 1769.

La citadelle de Mazagan.

PLAGES DE SIDI BOUZID

Pour y aller d'El Jadida, prendre un taxi blanc sur la place, près du phare de la ville. Prévoir autour de 15 DH pour une place.

A une vingtaine de minutes en voiture d'El Jadida, Sidi Bouzid est une petite station balnéaire charmante et tranquille qui mérite le détour. Elle est prisée par les habitants de Casablanca et de Rabat qui ont ici leur maison secondaire. La longue plage principale est très agréable et propre pour les baignades. En période estivale, elle est très fréquentée par les Marocains et touristes et elle se retrouve vite recouverte par les parasols. En hiver, elle offre d'agréables balades notamment au moment du coucher du soleil. Un instant magique.

HÔTEL LA PLACE €

Avenue Ibn Khaldoune

✆ +212 5 23 37 37 00

Chambre double à partir de 300 DH. Suite à partir de 780 DH. Service de blanchisserie, parking, restaurant.

Très bien situé, en plein centre d'El Jadida et à deux minutes de la Corniche, ce bel hôtel dispose de chambres agréables et à petit prix. Sans doute l'un des meilleurs rapports qualité-prix dans le quartier de la nouvelle ville. Notons tout de même qu'il n'offre pas le dépaysement du riad ou du petit hôtel de charme tel qu'il en existe au sein de la cité portugaise, à l'intérieur des remparts. Ceci dit, la prestation est de qualité. La terrasse au sixième étage permet de profiter au calme d'une jolie vue sur la ville et la mer et de s'y restaurer.

MAISON D'HÔTES DE LA CITÉ PORTUGAISE €

9 rue 8 Cité Portugaise

✆ +212 5 23 34 12 31

Tente caïdale avec vue sur l'océan : à partir de 29 €. Chambre double à partir de 28 €.

Un véritable cocon vous attend à cette adresse avec quatre chambres très propres et insonorisées, équipées de vasques d'eau chaude et froide, et deux tentes caïdales sur la terrasse. On profite d'une terrasse fleurie avec pergola de style berbère et de belles vues sur les toits de la cité et d'une seconde terrasse équipée de transats avec vue sur l'Atlantique. Parfait pour se détendre. En prime, un accueil plus que chaleureux et des prix tout doux.

LES CYPRÈS €€

Route de Marrakech km10

✆ 212 5 23 37 66 73

www.lescypres.net

Chambres doubles à partir de 650 DH. Petit déjeuner inclus.

Les chambres et suites s'ouvrent sur un magnifique jardin exotique, doté d'une grande piscine à débordement. Elles disposent toutes d'une terrasse privée. Bon restaurant gastronomique sur place, proposant une cuisine marocaine et occidentale. Les plats vous seront servis dans le grand salon, sur la terrasse ou près de la piscine. L'établissement dispose également d'une salle et d'un salon privé pour les réunions d'affaires. Elle propose également des tarifs avantageux pour ceux qui souhaitent s'exercer dans les deux golfs de la ville. Personnel très accueillant.

DAR AL MANAR €€

Route du Phare Sidi Mesbah

✆ +212 5 23 35 16 45

www.dar-al-manar.com

Chambres à partir de 800 DH, petit déjeuner inclus. Repas sur commande dès 150 DH.

Séduits par le site de l'ancien phare Sidi Mesbah – encore en activité –, Fatima et Pascal ont choisi ce cadre à 7 km d'El Jadida, pour construire leur demeure familiale : un lieu sobre et raffiné entouré d'un jardin d'un hectare et demi, planté d'oliviers, d'érythrina, de lantanas, de mimosas et de lauriers. Les 5 chambres, dont trois au premier étage disposent de tout le confort. Zellige et peintures murales ornementent de façon élégante les différentes chambres. Solarium et terrasse pour profiter du calme... Très bon service de restauration.

RIAD LE MAZAGAO €€

6, rue El Hajjar

✆ +212 5 23 35 01 37

Chambre double à partir de 40 €, petit déjeuner compris. Paiement uniquement en espèces.

Ce beau riad est situé dans une rue animée à l'entrée de la médina, dans une demeure du XIXe siècle. Chaleureusement décoré, il propose trois chambres d'hôtes à la décoration simple et typiquement berbère. Seule la chambre Marrakech a une salle de bains à l'extérieur, celles de la chambre Zagora et de la suite Ouarzazate sont à l'intérieur. Belle terrasse aménagée sur le toit, pour boire un verre ou manger un des menus typiquement marocains proposés en table d'hôtes. Accueil professionnel et attentionné. Excellent rapport qualité-prix.

RIAD SOLEIL D'ORIENT €€

131 Derb El Hajjar
✆ +212 661 615 074
www.riadsoleildorient.net
Chambre double à partir de 84 €.
Dîner sur commande à partir de 26 €.
Transfert aéroport à partir de 65 €.

A seulement 5 minutes à pied de la Cité fortifiée, ce riad plein de charme présente de jolies chambres bien entretenues, aux couleurs chaudes. Trois des 7 chambres s'ouvrent sur un patio paisible, pourvu d'une fontaine centrale et d'arbres fruitiers. Du salon berbère doté d'une cheminée à la bibliothèque cosy, les parties communes ont leur propre cachet, alliant décoration traditionnelle et moderne. Le toit-terrasse invite à un moment de détente au soleil, tout en profitant d'une jolie vue sur la ville. Petits déjeuners et dîners délicieux.

L'IGLESIA €€€

Eglise Espagnole Saint Antoine de Padoue - Cité Portuguaise.
✆ +212 5 23 37 34 00
www.liglesia.com
Chambre double supérieure à partir de 1 500 DH, suite à partir de 1 700 DH, petit déjeuner inclus.

L'église, laissée à l'abandon pendant plus de trente ans, a nécessité des travaux de réhabilitation d'envergure. Un résultat étonnant qui préserve l'identité de cet ancien lieu de culte transformé aujourd'hui en hôtel de charme. L'Iglesia propose huit suites au sein de l'ancienne église datant du XIXe siècle, vous pouvez aussi opter pour les 5 chambres au sein de la Capitainerie (ancien couvent) adossée aux remparts. Les chambres sont toutes agréables, lumineuses et spacieuses, elles gardent l'élégance de la sobriété. Une adresse qui vaut le détour !

CAFÉ MAZAGAN €

Avenue Nabeuil
✆ +212 6 35 87 78 38
Ouvert tous les jours. Salades autour de 12 DH, pizzas à partir de 35 DH.

Plusieurs bars et restaurants longent le front de mer, dont le café Mazagan avec ses chaises zébrées et ses parasols. Face à la belle plage d'El Jadida, le cadre est agréable pour démarrer la journée avec un bon petit déjeuner beldi. Pour faire le plein de vitamines, des jus frais – banane, avocat, orange ou pomme – sont proposés à la carte. On peut aussi s'y restaurer à midi sur le pouce. Le choix sera simple, entre pizzas, paninis, salades et omelettes. Quelques desserts à la carte, comme des salades de fruits et des glaces.

RESTAURANT L'OCEAN €

44, Route de Sidi Bouzid
✆ +212 5 23 35 55 82
https://espace-ocean.business.site
Restaurant ouvert tous les jours de 12h jusqu'à 23h, le café de 6h à 1h du matin.

En plus de 20 ans de carrière, on peut dire que l'Océan s'est fait un nom à El Jadida. L'endroit, très convivial, réussit à réunir tout le monde : les familles venues prendre le petit déjeuner ou profiter d'un moment de détente après la plage, les couples recherchant un peu d'intimité à l'écart des regards curieux, le groupe de potes venu se partager une pizza devant un match de foot. Le menu est varié et le rapport qualité/prix plus que raisonnable, crêpes bretonnes originales, gaufres de Bruxelles, pizzas en tous genres, etc.

RESTAURANT LA PORTUGAISE €

Cité Portugaise
✆ +212 6 60 40 13 98
Ouvert tous les jours sauf le lundi.
Environ 100 DH le repas complet.

Restaurant situé dans la cité portugaise, cet établissement allie prix doux et cuisine marocaine. On y savoure entre autres des tajines variés, viandes diverses, salades et omelettes, concoctés avec des produits frais. Et pour clôturer le tout, de délicieuses pâtisseries marocaines qu'on pourra accompagner d'un verre de menthe. Le restaurant est fréquenté par ses habitués marocains et touristes, qui y reviennent d'une année sur l'autre. On peut s'y attabler dans le salon marocain au premier étage ou sur la terrasse sur le toit, très agréable. Une bonne adresse !

RIAD EUCALYPTUS €

10 Dérata
✆ +212 6 75 42 90 20
Ouvert tous les jours. Tajine à partir de 80 DH.
Goûter marocain à partir de 15 DH.

De la rue principale de la Cité portugaise, on aperçoit cette terrasse panoramique, prisée par les amoureux et les familles marocaines à l'heure du goûter. L'entrée n'est guère facile à trouver, mais il suffira de vous renseigner auprès des habitants. Une fois la terrasse atteinte, l'endroit dévoile une vue époustouflante sur El Jadida et l'océan Atlantique. Sous l'auvent ou en plein air, vous pourrez profiter d'un délicieux petit déjeuner ou d'un bon goûter marocain. Il est également possible de s'y restaurer, la carte proposant entre autres divers tajines.

LE REQUIN BLEU €€

Centre balnéaire de Sidi Bouzid
✆ +212 5 23 34 80 67
www.requinbleu.com
Repas complet à partir de 350 DH.
Menu touristique à partir de 150 DH et à la carte à partir de 80 DH.

Sur la plage de Sidi Bouzid, un restaurant spécialisé en poissons et fruits de mer, ouvert depuis 1967. C'est un endroit convivial et bien agréable, avec sa terrasse surplombant la mer. On recommande les brochettes de poisson et la marmite de crustacés du chef. Egalement de bonnes brochettes cuites au feu de bois. On peut aussi en profiter à l'heure de l'apéro. Quel plaisir de siroter une bière fraîche en regardant le soleil descendre sur la mer ! Le lieu est très fréquenté en été. N'oubliez pas de réserver si vous ne voulez pas attendre.

SHOP ARTISANAT DOUKKALA

Rue El Hachmi Bah Bah
✆ +212 5 23 35 05 84
Fermé le vendredi et parfois le lundi.

Tenue par un Marocain qui a du goût, la boutique d'Abdelmotalib Rabeh est une vraie caverne d'Ali Baba. On y trouve un large panel de l'artisanat marocain, allant des bijoux berbères aux céramiques bleues de Fès, en passant par les habits traditionnels et les babouches. Les amoureux des pierres précieuses pourront dénicher de beaux échantillons de cobalts et d'améthystes. Abdelmotalib possède deux autres boutiques, l'une de peintures, l'autre de tapis berbères et touaregs. Pour avoir de bons prix, il faudra toutefois faire appel à vos talents de négociateur.

RESTAURANT DU PORT €€

Port d'El Jadida
✆ +212 5 23 34 25 69
Ouvert tous les jours, de 12h à 16h et de 19h à 23h. Plat à partir de 90 DH.

Juste après la criée, ce restaurant panoramique dévoile une belle vue sur le port d'El Jadida où l'on peut apprécier les jeunes pratiquant la planche à voile et les arrivées de bateaux. L'intérieur n'est pas très avenant, mais la carte ravira les amateurs de poissons. Au choix, sole à la grenobloise, calamars à l'armoricaine, tajine ou friture de poissons. Quelques viandes proposées comme du filet de bœuf au poivre vert et du coquelet grillé. Le tout à accompagner d'un bon verre de vin local. En dessert, la mousse au chocolat plaira sans doute aux plus gourmands.

CLUB DIFAA EL HASSANI EL JADIDI

Port d'El Jadida
✆ +212 5 23 34 13 13
Planche à voile et kayak à partir de 300 DH la journée.

Juste après la criée, dans un petit local, se trouve le club nautique privé Difaa El Hassani El Jadidi de l'Environnement et des Sports Nautiques. On peut y prendre des cours de planche à voile et de kayak, avec des moniteurs diplômés, dans le port. Vous y apprendrez toutes les techniques nécessaires pour naviguer tranquillement sur les eaux de l'Atlantique. Des gilets vous sont fournis pour plus de sécurité. L'équipe est compétente et bien sympathique.

LE LOKAL

Cité Portugaise
✆ +212 6 08 25 33 86
Ouvert tous les jours de 10h à 20h.
Ferme à 22h du vendredi au dimanche.

Le Lokal a investi un immeuble au cœur de la jolie médina d'El Jadida pour créer un lieu agréable et actuel : un café culturel. Ici, on vient découvrir quelques œuvres d'artistes exposées, on se hisse sur les terrasses pour déguster un jus de fruits pressés ou un thé à la menthe face à la mer. Le Lokal propose également des petits déjeuners et des menus copieux pour les repas, le tout à des tarifs abordables. Le lieu est convivial et on y vient pour se changer les idées avec des concerts ou des rencontres littéraires. On adore cette petite adresse.

ROYAL GOLF EL JADIDA

Route de Casablanca, km 7
✆ +212 5 23 35 25 07
http://golf-eljadida.com
Ouvert tous les jours. Green fee 18-trous à partir de 1 000 DH, 9-trous à partir de 600 DH.

Son green dessiné dans une forêt d'eucalyptus et d'acacias, épousant les lignes du littoral, est considéré par certains comme l'un des plus beaux de tout le Maroc. Inauguré en 1993, ce parcours de 18 trous a été dessiné par Cabell Robinson qui a mêlé harmonieusement les espaces naturels. Il s'étend sur 120 hectares, au sein d'une nature luxuriante où chaque trou est un défi à relever. Attention à ne pas louper les trois derniers trous ! Les vues qu'on y a sur la cité portugaise d'El Jadida et l'océan sont d'une beauté à vous déconcentrer !

CÔTE ATLANTIQUE

OUALIDIA ★★

Cette station balnéaire située à 76 km d'El Jadida, à mi-chemin entre Casa et Essaouira, est un réel havre de tranquillité. La lagune et son chenal prennent des teintes vertes et turquoise au fur et à mesure de la journée. La plage d'Oualidia s'étend sur 3 km le long de la lagune. Elle est propice à la bronzette, à la baignade et aux sports nautiques. À marée basse, la mer laisse place à des îlots d'herbe verte où les bovins viennent paître. Plusieurs balades sympathiques à faire comme la visite d'une grotte proposée par les pêcheurs du coin ou un tour en bateau sur la lagune. Oualidia est également connue pour la qualité de ses huîtres.

Oualidia.

DAR BELDI €€

88 Quartier Moulay Abdessalam
✆ +212 5 23 36 62 88
Chambres à partir de 50 €, petit déjeuner compris.

Près de sa lagune et de ses plages, ce charmant petit riad, tenu par deux Français, Pierre-Yves et Guy, est une alliance de trois maisons traditionnelles restaurées, qui s'articulent autour d'un jardin luxuriant. Les quatre chambres sont adorablement arrangées et sont très confortables. Jolie terrasse sur le toit, très agréable pour prendre son petit déjeuner ou s'accorder un moment de détente au soleil. L'établissement propose également la location d'une jolie villa dans une résidence avec piscine. Bon rapport qualité-prix.

L'INITIALE €€

Lagune de Oualidia
✆ +212 5 23 36 62 46
Chambres à partir de 500 DH, petit déjeuner compris. Restauration sur place, plat à partir de 50 DH.

Cet hôtel familial bénéficie d'un emplacement exceptionnel, lui qui est niché entre l'océan et la lagune. Il propose six chambres coquettes, très propres et confortables. La plupart offrant en plus une jolie vue sur la mer. Vous y serez au calme, bercé par le bruit des vagues, dans une atmosphère intime et discrète. Côté restauration, la part belle est faite aux fruits de mer, mais vous trouverez aussi à la carte des plats végétariens. Le personnel, à l'accueil affable, est à l'écoute des clients. Excellent rapport qualité-prix.

L'HIPPOCAMPE €€

2 Route du Palais
✆ +212 5 23 36 60 09
http://hippocampeoualidia.com
Chambre à partir de 1 350 DH, avec petit déjeuner. Il est conseillé de réserver en haute saison.

La terrasse ombragée de ce restaurant surplombant la plage est particulièrement agréable pour y boire un café ou un thé à la menthe. On apprécie le restaurant, son petit salon douillet avec cheminée et la qualité de son poisson, fruits de mer et crustacés. C'est aussi une jolie maison d'hôtes, dotée d'un jardin, d'une piscine et d'une agréable terrasse pour profiter pleinement du cadre. Les chambres et suites sont lumineuses, différentes options se présentent à vous, avec ou sans vue ! Les tarifs sont un peu élevés, mais la prestation reste de qualité.

CHEZ NADIA [ISSA BLANCA] €€

101 Oualidia Plage ✆ +212 6 70 75 18 61
Double à partir de 500 DH, petit déjeuner compris. A partir de 150 DH supplémentaires par personne pour la demi-pension.

Chez Nadia anciennement Issa Blanca est situé au calme, derrière les dunes et à deux pas de la plage. L'emplacement est particulièrement calme et agréable. Dès le réveil on peut profiter de la plage et de ses humeurs. L'accueil de Nadia est chaleureux et le personnel est aux petits soins. Les cinq chambres sont simples et propres, literie agréable et petite terrasse. Le restaurant sert une bonne cuisine, nous vous conseillons les produits de la mer, frais et bien cuisinés ; avec soupe de poisson, langouste, sole, fritures, un régal ! Une bonne adresse.

LA SULTANA €€€

Parc à huîtres n° 3, Oualidia
✆ +212 5 23 36 65 90
www.lasultanahotels.com
Chambre dès 5 000 DH, suite à partir de 6 400 DH, et appartement à partir de 8 700 DH.

En parfaite osmose avec l'exceptionnelle beauté de la lagune de Oualidia, La Sultana respecte scrupuleusement l'environnement du site. Lieu unique pour s'enivrer d'une nature forte et envoûtante où calme, sérénité et humilité s'unissent de façon passionnelle et réfléchie. Des chambres et suites aux prestations haut de gamme tant dans la décoration que dans le mobilier. Un jardin pieds dans l'eau, deux piscines ionisées, un lounge bar, des solariums avec brumisateurs, un spa et une restauration de qualité confirment l'excellent standing de l'établissement.

DES HUÎTRES LOCALES

Importées par les Français durant le protectorat, les huîtres marocaines produites dans des élevages sont d'excellente qualité. Ces fermes ostréicoles se trouvent entre El Jadida et Dakhla, mais la zone de production la plus réputée se situe à Oualidia. La société Ostréa, gérante de ces structures, exporte une partie de sa production, tout en fournissant de nombreux restaurants du pays. Les autorités soutiennent le développement de la production avec l'ambition d'atteindre les 7 600 tonnes par an (aujourd'hui 600 tonnes produites en moyenne par an). L'huître a même sa journée nationale, le 20 juin. Un rendez-vous annuel fixé pour dynamiser ce secteur prometteur.

L'OSTREA II €€

parc à huîtres n°007
✆ +212 6 64 49 12 76
Ouvert 7/7 de 12h30 à 23h30 et pendant le ramadan. Repas à partir de 250 DH.

Copie de l'Ostrea à Casablanca, ce restaurant appartient lui aussi à Jacques, qui détient également le parc à huîtres attenant. Ici par contre, l'établissement offre une vue panoramique sur la mer où l'on peut voir l'endroit où grandissent les huîtres qu'on retrouve dans l'assiette. Outre les coquillages et les crustacés, quelques spécialités à la carte : soupières d'huîtres à la ciboulette, araignée de mer ou encore fricassée de lotte à la bisque de crustacés, bref il y a du choix, c'est bon, c'est frais et on en redemande ! Egalement quelques chambres à l'étage.

SAFI ★★

La ville de Safi est contrastée. C'est à la fois un centre industriel et économique important à l'image de son port, le deuxième du pays pour la conserverie de sardines et des usines de phosphate. Safi est séparée en deux. D'un côté la vieille ville avec le souk, les remparts et les hôtels bon marché. De l'autre, la ville nouvelle, le centre administratif et les hôtels haut de gamme. Stations-service, banques et distributeurs, cinémas, poste, salons de thé se trouvent à proximité de la place de l'Indépendance. Occupée un court moment par les Portugais, elle en garde le fameux Qasr el-Bahr ainsi que ses magnifiques remparts qui encerclent le souk. La ville est également renommée pour ses poteries dont vous pourrez observer la fabrication dans le quartier éponyme. Elle n'est pas aussi touristique qu'Essaouira, mais elle mérite que l'on s'y arrête quelque temps. Seulement deux trains passent par Safi chaque jour, l'un tôt le matin et l'autre en fin d'après-midi. La gare est située à quelques kilomètres au sud du centre-ville. Possibilité d'y aller en bus locaux ou en taxi. Si vous désirez vous rendre à Casa Voyageurs, comptez environ 4 h de trajet. Si vous privilégiez le bus, la CTM propose 8 départs par jour au départ de Casa. Comme souvent, les hôtels bon marché sont tous situés près de l'entrée de la médina qui donne face à la mer. Les hôtels de catégories supérieures se trouvent plutôt dans la ville nouvelle. Côté restaurants, vous trouverez des gargotes servant d'excellentes sardines grillées du côté de la colline des potiers.

CATHÉDRALE PORTUGAISE

En venant du bord de mer et en empruntant l'axe principal de la médina, prenez à droite la première petite ruelle après la grande mosquée qu'on aborde par un passage sous voûte.
Fermé au public.

Construite au début du XVIe siècle, cette cathédrale a été démolie par les Portugais lors de leur départ. Elle se limite donc à une salle, c'est une vieille crypte très sombre. La voûte est ornée d'une gueule de lion. Seule chose marquante : cette chapelle construite par le maître Joao Luis est tout ce qui reste de la cathédrale de Safi construite en 1519 et dédiée à sainte Catherine. Ce site est l'unique œuvre de style gothique en Afrique du Nord, malheureusement en ruines. Le clocher est par ailleurs le vestige du minaret d'une mosquée, phénomène atypique.

COLLINE DES POTIERS ★

A l'extérieur des remparts.

Vous aurez du mal à la manquer. Tout d'abord parce qu'il y a de grandes chances qu'on vous aborde pour vous proposer une petite visite guidée dans l'entreprise familiale. Ensuite parce qu'une fois sorti de la médina, la colline se dresse devant vous, parsemée de fours et de poteries en train de sécher. Vous pourrez en observer la fabrication, la plupart du temps à l'air libre. Voilà l'occasion d'acheter de très belles pièces à un bon prix. Une curiosité à ne pas rater à Safi, qui est le premier centre africain et la première école de poterie du continent.

MÉDINA ET SES REMPARTS ★

© ATAMU RAHI - ICONOTEC

Construits par les Portugais, les remparts qui entourent la médina sont très impressionnants et atteignent leur hauteur maximale au niveau du Kechla, où l'on accède à une plateforme qui offre une jolie vue panoramique sur la ville et l'océan. Cette forteresse massive abrite également un musée consacré à la céramique. La médina, dont l'axe central est la rue du Souk, est la plus animée et, à certaines heures de la journée, il est même difficile d'avancer dans ce torrent humain bordé de petites échoppes et d'ateliers artisanaux.

KSAR EL-BAHR

Fermé au public.

Ksar el-Bahr signifie « château de mer » et offre une superbe vue sur l'océan. L'entrée est délicate : il faut passer par un souterrain où règne une odeur peu accueillante. On arrive alors sur la mer, où il est plus agréable de se promener dans ce fort à la Vauban, construit par les Portugais au XVIe siècle, puis restauré en 1963. Cet endroit n'est pas exceptionnel, mais l'air frais et le claquement des vagues à marée haute contre la muraille laissent de bons souvenirs. De la forteresse, on a également une très belle vue sur toute la médina.

PLAGE DE LALLA FATNA

Située à environ 9 km au nord de la ville, cette longue plage de sable doré est absolument superbe. Elle a su conserver son aspect sauvage, nichée en contrebas d'imposantes falaises, à l'abri du vent. Bien que calme et paisible, elle est néanmoins fréquentée par de nombreux campeurs, mais aussi des locaux qui viennent bronzer ou pêcher dans ce cadre magnifique. On vous déconseille cependant la baignade, car les eaux y sont agitées et les courants, parfois dangereux. C'est par contre un spot de surf très apprécié pour ses déferlantes.

PLAGE DE SOUIRA KEDIMA

Située à 33 km au sud de Safi, cette superbe plage de sable, où les vagues se cassent sur une digue naturelle laissant un bassin doux comme un lac, est occupée par de nombreuses petites huttes de pêcheurs. A proximité se dresse une forteresse en ruine construite par les Portugais et restaurée en pierres rouges. Il s'agit en fait d'un ancien couvent. Les lieux sont assez fréquentés l'été, d'où l'existence de quelques bars et d'un camping. Juste avant Souira Kedima, deux plages désertes qui méritent une halte même si le vent souffle fort.

CÔTE ATLANTIQUE

RIAD DU PÊCHEUR €€

1, rue des Crêtes
✆ +212 5 24 61 02 91
www.ryaddupecheur.com
Chambre double à partir de 700 DH, petit déjeuner inclus.

De ce beau riad surplombant la baie de Safi, la proximité de la mer se fait partout sentir. Les chambres, arborant pour chacune d'entre elles une décoration unique et parfois colorée, offrent une belle vue sur l'océan et le port de pêche. On y sert une excellente restauration à base de poisson frais, dans le patio verdoyant ou sur l'une des terrasses panoramiques. Confort et hospitalité garantis. En plus, une palette d'activités vous est proposée : surf, équitation, pêche, balade en bateau, sans oublier le hammam traditionnel.

CHEZ HOSNI €

7 bis, rue des Forgerons
✆ +212 6 60 05 23 23
Ouvert midi et soir, il est tout de même conseillé de passer un coup de téléphone avant de s'y rendre.

Cette petite gargote au cœur de la colline des potiers est une très bonne adresse. La carte met à l'honneur les poissons cuisinés selon les recettes traditionnelles marocaines, à l'instar du tajine de lotte ou de poissons farcis. C'est juste excellent et les portions sont en plus généreuses ! En dessert, ne manquez pas le tajine aux fruits caramélisés pour le plaisir des papilles. Hosni et son équipe sont en plus aux petits soins et le cadre est certes spartiate, mais authentique et chaleureux. A ne pas manquer si vous passez dans le coin.

KASBAH HAMIDOUCH ★

Située à près de 80 km au sud de Safi. Une fois passés Dar Caïd Hadji et l'oued Tensift, compter 2 km et prendre la piste sur la droite. Après 1,7 km de piste, on aperçoit sur la droite des remparts dentelés qui surplombent la rive gauche de l'oued, près de son embouchure. Ce sont les ruines d'une importante kasbah dont il ne reste plus grand-chose. Le tout se résume à un champ entouré de murs crénelés, et ponctués de quelques tours de garde. L'intérieur abrite une mosquée et plusieurs bâtiments en ruines. Cette imposante forteresse date du règne de Moulay Ismaïl, à la fin du XVIIe siècle. Le lieu reste intéressant pour sa nature et sa tranquillité.

MOULAY BOUZERKTOUN ★

À environ 25 km au nord d'Essaouira, en empruntant la route côtière de Safi, ce petit village de pêcheurs a conservé son caractère authentique. Il est dominé par une jolie mosquée immaculée et un mausolée, qui étonnent par leur position suspendue sur les falaises. Vous y trouverez quelques restaurants qui proposent des poissons et des tajines. Le village est réputé pour sa superbe plage encore sauvage qui fait le bonheur des surfeurs et véliplanchistes aguerris. On y trouve dorénavant plusieurs centres de kitesurf et de windsurf à proximité. Le vent soufflant assez fort, les vagues y sont hautes et puissantes, la prudence y est donc de rigueur.

KAOUKI KARMA SURF

✆ +212 7 77 19 64 19
kaoukikarmasurf.com
Long week-end d'initiation au surf dès 310 € en demi-pension.

Classé parmi les meilleurs windsurfers du monde, Boujmaa Guilloul a fait parler de lui au Maroc et à travers le monde. Accompagné de son équipe, il a lancé son club de windsurf, kitesurf et surf à Moulay Bouzerktoun, le spot rêvé des *wavesriders*. Les moniteurs, diplômés d'Etat, font preuve d'une pédagogie remarquable, tout en vous faisant partager leur passion. Le club dispense aussi ses cours à l'écart de la foule au bout de plage d'Essaouira. Possibilité de loger sur place, à Moulay, dans la maison du club, dans une ambiance détendue.

MAGIC FUN AFRIKA

Sur la plage
✆ +212 6 10 75 48 99
www.magicfunafrika.com
Ouvert tous les jours de 9h à 18h.
40 € les 2 heures de cours de SUP.
Chambre double 20 €/nuit.

Ce centre, présent également sur Essaouira, est dédié au windsurf et stand-up paddle, à la location et cours de surf, windsurf, kitesurf, et propose aussi des stages animés par des coachs venus de différents pays. Les cours sont assurés par une équipe de professionnels diplômés (FFV et IKO). Magic Fun organise également des séjours plus complets incluant hébergement, transferts, location de matériel et classes. Son café-resto offre une vue imprenable sur le spot et 5 chambres sont à la disposition des sportifs qui profitent de toutes les sessions.

ESSAOUIRA ★★★★

Cette ville portuaire, ancien port de pêche et récente station balnéaire, est assurément le plus agréable lieu de villégiature de la côte Atlantique. Construite sur une presqu'île, Essaouira présente un climat doux en toute saison. Les remparts de la médina offrent une balade inoubliable que prolonge une splendide plage de sable fin. La ville est petite et son aspect se rapproche de celui de la ville de Saint-Malo. En effet, l'architecte d'Essaouira participa aussi aux travaux de reconstruction de la cité bretonne ! Malgré ces points communs, si Essaouira est effectivement jumelée avec une ville en bord de mer, c'est avec La Rochelle.

Histoire

Essaouira a été l'un des premiers sites visités par les téméraires navigateurs qui, dès l'Antiquité, voguaient sur l'Atlantique vers l'Afrique noire. Les Phéniciens, qui occupèrent la région à partir du VIIIe siècle av. J.-C., avaient établi à quelques kilomètres de la ville actuelle l'un de leurs principaux comptoirs. C'est à partir de la conquête romaine, au Ier siècle apr. J.-C., qu'Essaouira devint l'un des plus célèbres ateliers de fabrication de la pourpre. Au début du XVe siècle, la ville tomba aux mains des Portugais qui décidèrent de fortifier la cité portuaire, appelée à cette période Mogador. Ils y exploitèrent la canne à sucre, très abondante alors dans la région. Il fallut attendre ensuite la bataille des Trois Rois, en 1578, où périt le roi du Portugal, pour que la cité soit à nouveau rattachée au royaume. Ce n'est qu'à partir de 1764 que l'Alaouite Sidi Mohammed ben Abdallah entreprit de restaurer et de développer la ville. Alors qu'Agadir se révolte contre le royaume et monopolise les échanges commerciaux, le sultan souhaite faire de Mogador une place maritime et militaire importante. Ce fut chose faite grâce à un prisonnier français, passé à la solde des Anglais, l'architecte Théodore Cornut. Elève de Vauban, il monnaya sa liberté contre les plans d'une nouvelle cité. Mogador devint alors Essaouira. Pour donner une âme à sa nouvelle cité, le sultan ordonna aux familles les plus riches et aux expatriés de s'installer à Essaouira, qui devint un temps la capitale diplomatique du pays. Peu à peu, Essaouira, la ville diplomatique, devint Essaouira la ville fastueuse : les négociants du roi développèrent un commerce florissant avec l'Europe qui ne cessa de croître entre le XVIIIe et le XIXe siècle.

L'essor commercial d'Essaouira fut freiné au début du XXe siècle par le protectorat, lorsque Lyautey décida de renforcer les ports de Casablanca et d'Agadir. Mais si le port marchand vit son activité baisser, la ville se dota de nouveaux quartiers à l'extérieur des remparts.

Sortir

Ah, les restaurants de poisson le long du port ! Orson Welles s'y encanaillait régulièrement et dégustait les sardines ou les maquereaux grillés midi et soir, paraît-il. Beaucoup de restaurants charmants, généralement avec voûtes de pierres et bougies sur tables, ont ouvert leurs portes ces dernières années. Ceux qui sont tenus par des Marocains proposent une cuisine traditionnelle, bien souvent d'excellente qualité. Beaucoup d'autres sont tenus par des Européens qui offrent des plats internationaux et traditionnels à des prix moins compétitifs. D'autres encore ont une décoration très luxueuse et des prix élevés, là on paie surtout le cadre.

Transports

Il est intéressant d'arriver directement à Essaouira. Les billets d'avion sont parfois moins chers, mais les vols sont beaucoup moins nombreux. Les compagnies Royal Air Maroc et Transavia sont représentées avec des vols depuis Orly, Marseille, Bruxelles et parfois Lyon et Charleroi. Le programme aérien étant soumis à des changements suivant la saison et l'exploitation, il est indispensable de consulter le site. Pour vous déplacer en bus, vous trouverez à la sortie de la médina par la Bab Doukkala, un panneau indiquant les différentes lignes de bus. Ne vous fiez pas aux horaires et demandez au chauffeur de les confirmer. Les voitures sont interdites à l'intérieur de la médina, mais vous trouverez de nombreuses agences de location à l'extérieur pour visiter les alentours. Pour les courses hors de la ville, les grands taxis bleus se trouvent à la gare routière de Bab Doukkala, au nord de la médina.

La ville aujourd'hui

Essaouira, station balnéaire de Marrakech, suscite indéniablement de l'engouement. Les Marrakchis y affluent en été ou le week-end, tandis que les véliplanchistes viennent nombreux lors des championnats du monde qui s'y déroulent ponctuellement. Le Festival de musique gnaoua attire un flot d'amateurs qui met la ville en effervescence. Ainsi, Essaouira se développe pour devenir une vraie destination touristique. Tout en espérant que cet élan ne nuise pas au quotidien des habitants ni à la beauté du site.

Vente de tissus dans la ville d'Essaouira.

GALERIE D'ART DAMGAARD ★

Avenue Oqba ibn Nafia
✆ +212 5 24 78 44 46
www.galeriedamgaard.com
Ouvert 7j/7 de 9h à 13h et de 15h à 19h.

Essaouira connaît ces dernières années un grand foisonnement culturel et une explosion de créations artistiques souvent autodidactes. Reprise en main par Alain Graffe (philosophe) et Claude Jadot (médecin), cette galerie soutient l'activité culturelle locale. La galerie Damgaard (du nom de son créateur critique d'art danois) vaut véritablement le détour, car on y expose peintures et sculptures réalisées exclusivement par des artistes souiris. A admirer parmi d'autres, les œuvres de Tabal, Maimoune, Berhiss ou encore Ouarzaz, qui ont déjà exposé en Europe.

GALERIE LA KASBAH

4, rue Tétouan
✆ +212 5 24 47 56 05
https://galerielakasbah.business.site
Ouvert tous les jours de 9h à 21h. Expédition des colis et transport gérés par la galerie.

Carrefour des artistes internationaux, cette galerie reste encore aujourd'hui un lieu incontournable de la vie culturelle d'Essaouira où de nombreux artistes du royaume exposent leur travail : céramiques, tissus, tapis, meubles, sculptures, brocante, artisanat et peintures. Elle a trouvé place dans un lieu chargé d'histoire, une ancienne maison de négociants datant du XVIIIe siècle. On aime s'y retrouver et prendre le temps d'échanger avec Kabir, l'heureux propriétaire, un homme passionné qui connaît son sujet. La terrasse offre une jolie vue sur la ville.

LA LILA DES GNAOUAS

Les Gnaouas sont les descendants des anciens esclaves venus d'Afrique noire, nombreux à travailler dans les fabriques de sucre de la région d'Essaouira jusqu'au XVIe siècle. Ces maîtres musiciens regroupés en grandes familles sont toujours très présents aujourd'hui. Certains sont aussi médiatisés, comme Mahmoud Guinea, et sont devenus célèbres grâce au festival des Gnaouas, qui se déroule chaque année en juin. A l'origine de ces représentations publiques et ces soirées de réjouissance, une cérémonie mystique dont le rituel est transmis de génération en génération : la fameuse lila. La lila est un rite de possession de tradition africaine, appelé derbebad, qui se déroule la nuit, comparable au rituel vaudou (Haïti). Ayant une fonction essentiellement thérapeutique, elle est généralement organisée par un particulier, conseillé par une talá (voyante), qui demande de l'aide pour un membre de sa famille malade. On n'échappe pas au sacrifice de l'animal (dbiha) ni à la préparation des rituels magiques. Commence alors la cérémonie des mlouk, au cours de laquelle des êtres surnaturels viennent « posséder » les adeptes qui leur sont voués au cours de diverses danses ; ils reconnaissent l'entité surnaturelle qui les habite à ce moment-là et la transe a lieu. Ils sont revêtus de tuniques et foulards bigarrés. Pour rythmer la lila, trois instruments de musique sont indispensables : le tambour appelé le ganga, les crotales, sortes de castagnettes en fer et le guembri, une petite guitare constituée de trois cordes.

ÎLES PURPURAIRES

On désigne ainsi l'ensemble des îlots (dont l'île de Mogador et celle du Pharaon) protégeant la ville de la houle, à quelques encablures du port. Vous pourrez accéder à la plupart d'entre eux en demandant aux pêcheurs du port de vous y conduire. Mais les visiteurs y sont rares, la passe étant dangereuse pour les embarcations et le spectacle, une fois sur place, relativement restreint : à part les oiseaux, vous n'y trouverez pas grand-chose. Selon la légende, les Berbères de Diabat emportaient leurs taureaux ou leurs moutons pour les sacrifier sur les îlots !

MELLAH ★

Au cœur du mellah, le quartier juif, se situe le souk des bijoutiers qui commence avec la rue Mohammed Zerktouni. C'est aussi dans cette pittoresque ruelle et jusqu'à Bab Doukkala, au nord des remparts, que vous verrez l'un des marchés les plus animés d'Essaouira. Tout autour se pressent de nombreux conteurs et des musiciens, essentiellement gnaouas. Lorsque Essaouira fut réorganisée selon les plans de Cornut, ce quartier abritait 17 000 juifs, soit la moitié de la population, vivant essentiellement du commerce des bijoux et des étoffes, fidèles à la tradition.

CÔTE ATLANTIQUE

ÎLE DE MOGADOR ★

© AUTHOR'S IMAGE

C'est sur cette île, peuplée de goélands et de faucons Eléonore, et devenue réserve naturelle ornithologique, qu'ont été découvertes les plus anciennes traces d'habitation du site d'Essaouira. Mogador, principale île de l'archipel des Purpuraires, abrita la grande fabrique de pourpre construite par le roi de Maurétanie, Juba II. Déserte depuis le siècle dernier, elle comporte les ruines d'une vieille prison construite par l'aïeul de Ben Abdallah, le sultan Moulay el-Hassan. La visite est interdite, à moins de parvenir à se faire délivrer un laissez-passer.

MUSÉE DES ARTS ET DES TRADITIONS POPULAIRES 🏛 ★

Derb Laalouj

✆ +212 5 24 47 53 00

Ouvert tous les jours, sauf le mardi, de 8h30 à 18h. Entrée 70 DH.

Le musée Sidi Mohammed Ben Abdallah est installé depuis 1980 dans une belle bâtisse seigneuriale, qui servit autrefois de mairie puis de Maison des Jeunes. Il regorge d'informations et de beaux objets ethnographiques : poteries, bijoux-amulettes, tapis et surtout une belle collection d'instruments de musique gnaoua. Sur deux étages, il offre un tableau très complet de l'histoire d'Essaouira et de sa région, sa culture et les traditions de ses habitants.

MÉDINA 🏛 ★★★

On entrait autrefois dans la vieille ville d'Essaouira par la porte de la Marine. Edifiée en 1769 par le sultan Sidi Mohammed ben Abdallah lors de la reconstruction de la ville, elle permettait de relier la cité aux quais d'embarquement tout en restant à l'abri des tirs des éventuels navires postés au large. Du haut de ses murailles à la Vauban, un point de vue englobe l'ensemble de la médina et le port. Bab el-Sebaa (la porte du Lion), à l'angle de l'avenue Mohammed V, marque l'entrée de l'ancienne kasbah, autrefois réservée aux logements de l'administration du sultan et des consuls européens. Perdez-vous délibérément dans les rues qui partent de cette place et allez à la découverte de cette médina peuplée de commerces et de galeries d'art. Les souks d'Essaouira sont dispersés au hasard des larges rues de couleur bleue et blanche. Revenez sur vos pas jusqu'à la Grande Mosquée : là débute la rue Sidi Mohammed ben Abdallah, principale artère commerçante avec l'avenue de l'Istiqlal qui lui est parallèle. Une animation constante règne dans ces deux artères qui abritent des ateliers d'artisans et où, derrière des monticules d'épices et de légumes, les marchands haranguent les passants. Plus loin, les rues se resserrent et la chaux blanche cède la place à un enduit ocre. De nombreuses façades arborent encore des grillages de ferblanterie dans le style andalou et portugais du XVIIIe siècle, et les portails en pierre de taille sont sculptés et ornés de zelliges. Près de la rue Mohammed el Gorry, la ruelle Siaghine abrite le souk des bijoutiers, aujourd'hui quelque peu tombé en désuétude, mais qui fut autrefois l'un des endroits les plus réputés pour ses joailliers juifs. On trouve encore quelques belles pièces ciselées en or et en argent en filigrane, mais les joailliers contemporains ne travaillent plus que l'argent, la plupart des bijoux provenant d'ailleurs. Le hasard de vos pas vous fera découvrir de nombreuses maisons ayant abrité des pages glorieuses de l'histoire en rappelant que le caprice du sultan l'avait conduit à bâtir de nouvelles villas à l'intention des ambassadeurs occidentaux. A l'angle de la rue Mohammed Diouri, par exemple, on peut découvrir une belle villa (qui abritait auparavant le consulat de France) où fit halte, en 1884, Charles de Foucauld. Dans cette même rue, à la place de l'actuel cinéma Sqala, se trouvait la Maison de l'Allemagne, plus exiguë et à l'intérieur de laquelle le consul prussien organisait des ventes aux enchères de marchandises avariées. Un patrimoine architectural à protéger.

CÔTE ATLANTIQUE

© MLENNY

La porte de la Médina, Essaouira.

PLAGE ★

Longue, belle et suffisamment vaste pour abriter le Tout-Marrakech en plein été. Si les touristes occidentaux connaissent encore mal ce petit coin de paradis, les touristes marocains, eux, y affluent. La plage est donc souvent bondée durant l'été. Si vous n'êtes pas pressé, dirigez-vous vers la sortie de la ville ou vers les dunes, c'est l'unique moyen pour être tranquille et profiter des lieux en toute quiétude. Les vents parfois violents qui s'engouffrent sur la presqu'île font de cette plage un spot connu des amateurs de kitesurf, surf et funboard.

REMPARTS ★

La couleur ocre des remparts d'Essaouira confère à cette ville des airs de cité bretonne abritant quelque repaire de corsaires. Deux styles de remparts coexistent, représentant les influences arabe et française. Les remparts de type chérifien, regardant vers l'intérieur des terres, sont faits de pierre enduite de crépi ocre et flanqués de créneaux carrés et d'un étroit chemin de ronde ; ceux de type européen, surplombant l'océan, sont maçonnés sans enduit et pourvus d'un chemin de ronde et de créneaux biseautés. Partout un panorama unique s'offre aux promeneurs.

PORT ★

Aménagé au pied des remparts et à l'extrémité de la longue plage de sable fin qui borde la ville, le port de pêche traditionnelle d'Essaouira a été pendant de nombreuses années le seul port du pays ouvert sur le commerce extérieur. Au XVIIIe siècle, Mogador est le centre maritime le plus important du pays. C'est ici que les Anglais débarquent pour introduire le thé. Si, dans le chantier naval, on construit encore quelques chalutiers en bois de teck et d'eucalyptus, selon les méthodes ancestrales essentiellement destinés à la pêche, c'est cependant pour son animation matinale que le port tient sa renommée. On y accède en franchissant le poste de douane. Dès les premières heures du jour, quand le vent réveille la ville endormie, les barques bleues s'entassent dans un désordre indescriptible autour des docks, et les poissonniers installent leurs étals. Le brouhaha sera à son comble quelques heures plus tard, quand les paniers remplis de poissons seront hissés sur le ponton et répartis entre les échoppes. La criée est le moment idéal pour déambuler, l'appareil photo en bandoulière, et déguster une de ces fritures de sardines ou de maquereaux, dans les effluves d'anchois ou de saurels fraîchement pêchés, au milieu du bavardage des femmes qui réparent les filets des matelots. Ne manquez pas non plus la sieste, aux heures chaudes de l'après-midi, lorsque les pêcheurs s'endorment recroquevillés dans leurs filets. L'accueil sera toujours chaleureux si vous prenez le temps de partager un thé. Au cœur de la vie des Souiris !

LA SKALA ★

Promenade à effectuer au crépuscule, afin de retrouver l'atmosphère grandiose de cette plateforme, cadre magique du fameux *Othello*. Le film d'Orson Welles, tourné en extérieur sur les remparts et sur la Skala, obtint en 1952 la palme d'or du festival de Cannes. Cette fortification armée du XVIIe siècle, plus grande que celle de la kasbah, servait à défendre le port des attaques extérieures. On peut encore voir sur les quatre faces des donjons, l'inscription « Barakat Mohammed », la devise de la cité invoquant la bénédiction du Prophète sur les habitants.

SKALA DE LA KASBAH ★

On y accède à partir de la place Moulay el-Hassan : prendre au fond à gauche, face à la porte de la Marine, la petite ruelle voûtée qui mène aux remparts.

Cette grande plateforme d'artillerie de 200 m de long, aux murs crénelés, domine l'océan et offre un point de vue superbe. Les canons de bronze datent de la fin du XVIIIe siècle et furent pris aux Espagnols. La plus belle vue est celle que l'on obtient en grimpant sur le bastion nord de la Skala : les îlots rocheux des sept Purpuraires s'égrènent à perte de vue. En redescendant, au-dessous de la Skala, surnommée la « Saint-Malo marocaine », on peut visiter les ateliers de marqueterie où sont fabriquées la plupart des pièces vendues dans les souks de la médina.

INSTITUT FRANÇAIS D'ESSAOUIRA

9, rue Mohammed Diouri
✆ +212 5 24 47 61 97
http://if-maroc.org/essaouira
Ouvert du mardi au samedi, de 9h30 à 12h30 et de 14h30 à 19h.

Un beau lieu d'exposition et de rencontres ! L'objectif premier de ce centre agréé pour la passation du TCFSO est d'enseigner la langue française, pour tous niveaux et à des prix raisonnables. Mais des conférences et des rencontres littéraires y sont également organisées. Tout au long de l'année, le patio de l'Institut est souvent animé par des festivals, des lectures théâtralisées, des spectacles divers ou des projections de films destinés à tous les publics.

AÉROPORT ESSAOUIRA MOGADOR

A 16 km d'Essaouira.
✆ +212 5 24 47 67 04
www.onda.ma
Taxi de l'aéroport à Essaouira : 150 DH.

Pour vous rendre à l'aéroport situé à 16 km de la ville, vous pouvez emprunter un taxi. Si vous ne souhaitez pas passer par Marrakech, il est intéressant d'arriver directement à Essaouira. Les billets sont parfois moins chers, mais les vols moins nombreux. Royal Air Maroc et Transavia sont représentés avec des vols depuis Orly, Marseille, Bruxelles et parfois Charleroi. Le programme aérien étant soumis à des changements suivant la saison, il est indispensable de consulter le site.

ARGANIER CARS

8, rue Hamadani
✆ +212 6 67 01 57 36
www.arganier-rentacar.com
Location à partir de 25 € par jour selon le véhicule. Les prix sont dégressifs en fonction du nombre de jours.

Cette société familiale est tenue par deux frères, Kamal et Yassine. Elle propose un large choix de véhicules, récents et bien entretenus, à des prix compétitifs. Le service est de qualité, géré par un personnel qualifié dans la location de voitures. Contre participation financière, la voiture peut être apportée et/ou remise aux aéroports de Marrakech, d'Agadir, d'Essaouira, de Casablanca ou même directement à votre hôtel. L'agence s'adapte aussi facilement aux horaires des clients. Bon rapport qualité-prix, prestations sérieuses.

ISFAOUN RENT A CAR

62, boulevard Mohammed- V
✆ +212 524 474 906
Pour une voiture berline comptez 300 DH/jour.

C'est l'agence de référence à Essaouira en matière de location de voitures et 4X4. Elle offre un service de qualité, tout en proposant des prix défiant toute concurrence dans la région. Voiture catégorie A à partir de 25 € par jour. Assurance tous risques sans franchise. Comptez autour de 200 DH supplémentaires si vous souhaitez un chauffeur. Les véhicules sont bien entretenus et en bon état. Location de quads également (balade de 2 heures : 450 DH) et de jet-skis pour les amateurs : 550 DH les 30 minutes, 1 100 DH l'heure. Un bon plan !

ATLANTIC HOSTEL €

34 Rue El Abbana
✆ +212 7 11 66 36 70
A partir de 50 DH la nuitée en dortoir.
Chambres doubles à partir de 260 DH.
Dîner : à partir de 60 DH.

Cette authentique auberge de jeunesse située dans la médina propose une prestation à petit prix pour les voyageurs bourlingueurs qui désirent partager leur séjour au sein d'une ambiance jeune et parfois agitée. Les dortoirs sont propres (si vous revenez d'un trip au Sahara, vous pourrez laver votre linge gratuitement) et l'accueil chaleureux. Les repas sont de bonne qualité et pris ensemble sur de grandes tables dressées, l'occasion pour la communauté de partager un moment convivial. Sur la grande terrasse, le bar est prometteur de soirées festives.

DAR NESS €

1, rue Khalid ben Oualid
✆ +212 5 24 47 68 04
www.darness-essaouira.com
Chambre à partir de 450 DH selon la période.

Tenue par un couple franco-marocain, cette maison d'hôtes dispose de six chambres et de trois petites suites fort agréables. Dès l'entrée, le patio agit comme un puits de lumière, les chambres donnent l'impression d'être ouvertes sur l'extérieur. Décorées simplement, elles offrent de l'espace et de très belles voûtes et d'autres ouvrages maçonnés. Les salles de bains sont ornées de carreaux de Safi. La terrasse, très bien aménagée avec sa cuisine d'été, bénéficie d'une superbe vue à deux pas de la place principale de la ville.

LA MAISON DU CINÉMA €

14 rue Laalouj
✆ +212 5 24 78 48 51
www.lamaisonducinema.net
Chambres avec petit déjeuner à partir de 40 € en basse saison. Ciné-Dîner à 100 DH le mercredi.

Ici, les chambres sont sobres mais agréables. Chacune porte le nom d'une vedette du 7e art, pour rester dans le thème évidemment. Aussi, au retour des vacances, vous pourrez vous vanter d'avoir passé la nuit avec Pénélope Cruz, Jodie Foster ou encore Marcello Mastroianni et Natasha Kinsky. Rien de moins ! Le restaurant, au rez-de-chaussée, vous donnera aussi l'occasion de revisiter le plateau télé, mais en beaucoup plus chic : le ciné-dîner, à tester si l'on est cinéphile. Le propriétaire fait preuve d'une grande gentillesse et d'un sens de l'accueil tout italien.

CÔTE ATLANTIQUE

La sqala de la ville d'Essaouira.

HÔTEL EMERAUDE €

228 rue Chbanat
✆ +212 5 24 47 34 94
www.essaouirahotel.com
Chambre double 40 € en septembre, petit déjeuner inclus.

Au cœur de la médina, cette demeure datant du XVIIIe siècle a été entièrement restaurée dans les règles de l'art. Les chambres disposées autour du patio sont simples mais cosy et agréables. N'hésitez pas à demander les chambres triples, elles sont plus spacieuses. Les deux solariums invitent à la détente et c'est ici que sont servis de copieux petits déjeuners traditionnels (possibilité de varier les plaisirs avec du muesli, des fruits, du fromage, etc.) qui ne vous laisseront pas sur votre faim. Un riad chaleureux avec une équipe aux petits soins.

RIAD L'AYEL €

28 rue Malek Ben El Morahhal
✆ +212 5 24 47 58 62
Chambres entre 60 et 80 €.
Petit déjeuner inclus.

Petit riad mais très bien placé dans un quartier calme de la médina, non loin de l'axe principal. Il propose cinq chambres cosy disposant de salles de bains privatives réalisées en tadelakt. Atmosphère familiale, orchestrée par Alain et son équipe qui ne lésinent pas en matière de disponibilité et de conseils avisés. Terrasse agréable pour le petit déjeuner et salon marocain avec cheminée et télévision pour les soirées hivernales. Coup de cœur pour la suite Moucharabieh avec un accès direct sur la terrasse très redemandée une fois qu'on y a goûté.

RIAD LES DEUX MONDES €

El Ghazoua
✆ +212 6 61 14 18 39
https://riadlesdeuxmondes.com
Comptez à partir de 700 DH la chambre.

On vient ici pour profiter du doux climat de la campagne d'Essaouira mais aussi de la piscine et des bons produits du potager. De formation naturopathe, Anne Gaëlle, aidée de son équipe, met un point d'honneur à cuisinier des produits issus de l'agriculture biologique. Elle organise également des séjours thématiques autour du yoga, du bien-être et de l'alimentation. Côté hébergement, les chambres offrent un excellent rapport qualité-prix, spacieuses et toutes équipées de salle de bain. Une adresse parfaite pour se reposer et se ressourcer en pleine nature.

SURF & CHILL HOSTEL €

16 rue d'Algérie
✆ +212 7 01 33 67 58
http://surfessaouira.com
7 nuits, 12h de cours de surf et 6h de yoga : à partir de 530 € par personne avec petit déjeuner et déjeuner.

Cet hébergement demeure avant tout une école de glisse. Aussi, pour les férus de la discipline, le riad propose plusieurs *packages* intéressants. Ceux-ci comprennent nuitées et temps de pratique (surf et kite), mais aussi des séances de yoga, de coaching ou de simples moments de détente. Les chambres sont spacieuses (simples à triples), toutes dotées de salle de bains. L'établissement se trouve à deux minutes du souk, des bars et des restaurants. La terrasse est très agréable : elle offre une jolie vue sur l'océan et la médina.

BAOUSSALA €€

Douar El Ghazoua
✆ +212 6 66 30 87 46
www.baoussala.com
Fermeture les deux 1ères semaines de décembre. Chambre double à partir de 110 €. Hammam, piscine chauffée.

A l'extérieur de la ville, au bout d'une piste de rocaille blanche, cet établissement est comme planté au milieu de nulle part. Est-ce pour permettre aux voyageurs de se repérer que Dominique a nommé sa maison d'hôtes *baoussala* (boussole en arabe) ? Le résultat est réussi et le riad s'avère être un joli port d'attache pour les vacances. Les chambres et suite arborent une décoration bohème et cosy. On apprécie aussi la cuisine ouverte sur un salon avec cheminée : les convives peuvent prendre part à la préparation des repas. Cela reflète bien l'esprit de la maison !

DAR LOULEMA €€

2, rue du Souss
✆ +212 5 24 47 53 46
www.riadloulema.net
7 chambres et une suite avec terrasse privée et vue sur mer, à partir de 70 €.

Cette guesthouse tenue par une Française est située au bord des remparts et offre une vue spectaculaire sur l'océan et la médina. Cela donnerait presque envie de prendre le large et c'est ce que l'on ressent dans la suite Belem, toute de bois vêtue, aux allures d'ancien navire. La décoration fait la part belle aux méthodes et matériaux traditionnels, sachant que le mobilier a été entièrement réalisé par des artisans locaux. Le point fort ? Un copieux petit déjeuner à la marocaine permettant d'envisager la journée de la meilleure façon possible.

DOMAINE DE L'ARGANERAIE €€

Km 8, Route d'Agadir
✆ +212 6 61 50 80 13 - www.essaouira-riads.com
Chambres à partir de 76 € en octobre.
Piscine chauffée.

Situé à quelques minutes d'Essaouira, le domaine de l'Arganeraie, c'est avant tout un terrain de plusieurs hectares avec neuf villas articulées autour d'une grande piscine chauffée. Ici, le luxe c'est l'espace et la tranquillité ! L'hôtel offre un bon rapport qualité-prix et convient parfaitement à des familles. Les villas ont la particularité de pouvoir se diviser en deux parties indépendantes (pour 6 personnes). Le domaine propose aussi un espace détente avec divers soins et hammam, ainsi que des cours de cuisine. Une adresse à découvrir.

GOLDEN BAIBAH €€

Akremoud
✆ +212 662 898 126
www.goldenbaibah.com
A partir de 500 DH la nuit.
Petit déjeuner dès 50 DH.

Golden Baibah bénéficie d'un emplacement exceptionnel, à proximité de l'océan et du village des pêcheurs et de son lagon. C'est un petit havre de paix convivial où vous serez totalement dépaysé, entouré d'un décor naturel exceptionnel. Les 4 chambres, propres et confortables, s'ouvrent sur la mer. La cuisine est familiale, à base des produits du terroir. Vous pourrez vous relaxer dans le hammam et le spa privatif ou profiter de nombreuses activités et excursions dans les alentours. Le jardin offre aussi un moment de détente agréable. Accueil chaleureux.

HÔTEL VENT DES DUNES €€

20, rue El Bakay
✆ +212 5 24 47 53 91
www.ventdesdunes.com
Chambre double à partir de 69 €.
Appartement Terrasse dès 124 €.

On reconnaît cette jolie maison située en bord de mer à son imposant bougainvillier. Guillaume, l'heureux propriétaire, a transformé les lieux en un établissement plein de charme, avec des prestations de qualité (piscine et spa) et un excellent rapport qualité-prix. Les 14 chambres sont confortables et adoptent parfaitement le style plage qu'on attend. Vous pouvez aussi opter pour l'appartement-terrasse qui se situe au niveau des jardins de l'hôtel. Bref, une jolie adresse à deux pas de la plage, pour tous les mordus de glisse et de farniente.

LES JARDINS D'ARGANE €€

Douar Lamsassa
✆ +212 6 22 26 28 61
www.lesjardinsdargane.com
Chambre double et suite à partir de 105 €.
Petit déjeuner inclus. Repas sur commande : autour de 20 €. Parking gardé.

Un petit coin de paradis à Essaouira, voilà ce que sont les jardins d'Argane. A 14 km de la médina, cette maison d'hôte garantit à ses visiteurs un séjour inoubliable. Dans l'une des 7 chambres de haut standing, vous goûterez le calme de cet endroit abrité des vents. Décorées avec raffinement, toutes possèdent un balcon extérieur. Possibilité de se restaurer sur place à l'heure de dîner. C'est une occasion idéale pour goûter une très bonne cuisine d'inspiration franco-marocaine. Un véritable refuge pour des vacances (presque) au bout du monde.

MADADA MOGADOR €€

5, rue Youssef el-Fassi
✆ +212 5 24 47 55 12
www.madada.com
Chambres à partir de 115 € et suites à partir de 175 €. Petit déjeuner compris.

Située dans l'ancien quartier juif, cette maison allie parfaitement le style oriental à la culture zen, avec un design épuré et moderne, dans un esprit loft, intimiste et raffiné. L'équipe offre toute l'attention rêvée et propose différentes activités qui combleront vos desiderata. Pour connaître tous les secrets de la cuisine marocaine, un atelier cuisine est à votre disposition, l'occasion de découvrir les astuces des chefs cuisiniers de la Table Madada, restaurant situé au rez-de-chaussée et qui saura convaincre les plus fins gourmets.

LA MAISON DES ARTISTES €€

19, rue Laâlouj
✆ +212 5 24 47 57 99
www.lamaisondesartistes.com
A partir de 70 € la chambre double, tarif spécial pour les voyageurs solos. Salle de massage.

Ce riad opte pour un style *arty* comme son nom l'indique. L'ameublement et la déco sont composés de pièces uniques chinées avec soin, conférant une ambiance cosy où les voyageurs aiment se retrouver. Pour la propriétaire, Isabelle, chaque chambre est un concept à part. Certaines d'entre elles offrent une vue sur la Sqala, ses canons et l'océan, même depuis la baignoire ! Quant à la suite et au loft, tout de bleu vêtus, ils vous donnent l'impression d'être sur un bateau. A noter : l'établissement dispose de la plus grande terrasse privée avec vue sur la mer !

LA MAISON RAYHAN €€

Commune d'Ida Ougourd ✆ +212 6 26 55 48 68
lamaisonrayhan-essaouira.com
Chambres et suites à partir de 85 € la nuit.
Petit déjeuner inclus. Compter autour de 20 € pour le menu.

Sur les hauteurs de la campagne environnante d'Essaouira se dresse fièrement la maison Rayhan. Ici, rien ne se perd mais tout se crée. Preuve en est, les chambres et suites décorées avec goût et dotées chacune d'une identité propre. La maison Rayhan, c'est également une table d'hôtes proposant des plats raffinés. En plus de la piscine extérieure pour vous relaxer, le sous-sol abrite un centre de bien-être avec hammam, salon de massage et salle de sport. Des cours de yoga sont également proposés, notamment depuis la terrasse d'où la vue est à couper le souffle.

MAMA LOVA €€

17 rue d'Agadir
✆ +212 687 730 026
www.mama-lova.com

Au cœur de la médina d'Essaouira, ce Boutique Hôtel & Restaurant comblera les voyageurs les plus exigeants avec ses prestations haut de gamme. Ce riad, à la fois intime et cosy, a été superbement aménagé pour le rendre confortable et esthétique, tout en préservant l'architecture du bâtiment. Les duplex et les suites sont superbes, décorés avec des matériaux traditionnels de qualité et dotés d'une literie douillette. Au restaurant, préparez-vous à une explosion de saveurs en bouche, avec une cuisine saine et gourmande. Depuis le rooftop, la vue est imprenable !

RIAD AL-ZAHIA €€

4, rue Mohamed Diouri
✆ +212 5 24 47 35 81
www.riadzahia.com
Chambres doubles entre 50 et 60 € selon la saison. Petit déjeuner inclus.

Il règne ici une atmosphère espagnole (normal puisque Clemente le propriétaire vient de Valencia), conviviale et sympathique. L'établissement dispose de deux salons de détente très agréables dotés de murs en torchis et d'une terrasse avec une magnifique vue sur la mer que l'on a du mal à quitter. Les chambres doubles, triples ou familiales sont équipées de tout le confort nécessaire, décorées avec beaucoup de soin et, comme souvent à Essaouira, avec toute la palette de l'artiste. Agrémenté d'un joli mobilier artisanal, le résultat est charmant.

RIAD BALADIN €€

9, rue sidi Magdoul
✆ +212 6 61 60 45 04
www.riadbaladin.com
Chambre double 90 € la nuitée en basse saison.

Le Riad Baladin s'est forgé une sérieuse réputation à Essaouira : on en parle souvent comme d'une adresse coup de cœur. Il faut dire qu'un accueil chaleureux et personnalisé est réservé à chaque hôte. Les dix chambres décorées dans un style épuré et unique sont habillées de bois, un résultat élégant qui séduit beaucoup. Le petit déjeuner est copieux et se prend sur la terrasse face à la mer, histoire de bien commencer la journée. Au coucher du soleil, le bain à remous dans le patio offre une séance détente avant le dîner... Une adresse hautement recommandée !

RIAD LYON MOGADOR €€

39 rue Ceuta
✆ +212 6 50 95 24 26
www.lyonmogador.com
Chambre double dès 75 € (exemple de prix mi-octobre). Réduction de 10 % en réservant sur le site.

Ce riad de charme du XVIIIe siècle situé au cœur de la médina a été repris par Camille et Jean-Charles. Ouvert à l'année, il dispose d'une terrasse avec une vue à 360° exceptionnelle sur l'océan et la médina, où sont servis de délicieux petits déjeuners, sous la surveillance affûtée des mouettes. Les chambres blanches de style beldi soigneusement décorées rendent hommage à l'artisanat marocain et toutes disposent de leur propre salle de bain. A la demande, on vous organise transferts, randonnées, hammam ou la prise en charge de vos bagages depuis la gare routière.

RIAD ZAHRA €€

90 quartier des Dunes
✆ +212 5 24 47 48 22
www.riadzahra.com
Chambre double standard 625 DH, chambre supérieure 720 DH. Petit déjeuner inclus. Possibilité de demi-pension.

Une vingtaine de chambres pour le riad de Xavier et Edith, situé près de la plage dans un quartier très calme. Décoration *beldi* et chambres confortables avec TV satellite. Un joli patio et une terrasse protégée du vent et aménagée en solarium au bord de la piscine complètent l'ensemble. Possibilité de restauration pour les non-résidents, soit au restaurant *Délices du monde*, qui propose une cuisine d'ici et d'ailleurs soit au *Zahra's grill*, restaurant en terrasse avec au menu, tapas et poissons frais. Accueil plus que chaleureux et très bon rapport qualité/prix.

TIGMIN EDEN €€

Village Ida Oughourd
✆ +212 6 78 96 19 77
www.tigmineden.com
Chambres doubles à partir de 80 €. Petit déjeuner inclus. Wifi. Possibilité de location en exclusivité.

Coup de cœur pour cette maison traditionnelle de campagne. Située au calme, à un jet de pierre du village d'Ida Oughourd, elle s'étend sur un magnifique champ d'arganiers, au milieu duquel trône une piscine. Cette demeure de trois chambres et de plain-pied, organisée autour d'un patio, reste néanmoins équipée de tout le confort moderne. Visites des souks d'Essaouira et de la cité impériale, découverte de coopératives d'huile d'argan, balades à dos de dromadaire ou à cheval, quad et *kitesurf* font partie des nombreuses activités proposées.

VILLA DABA €€

Douar El Ghazoua
✆ +212 6 50 02 20 05
www.villa-daba.com
Chambres doubles à partir de 75 € ; suites dès 90 €. Petit déjeuner inclus.

Idéalement situé à quinze minutes de la médina d'Essaouira, là où il fait bon vivre, Villa Daba se caractérise surtout par l'accueil de Bernadette et Didier. Ici, on vous reçoit avant tout pour le plaisir ! Les espaces communs sont colorés et les chambres spacieuses disposent toutes d'une terrasse. Le petit plus : en tant qu'ancien mareyeur, Didier prépare les produits de la mer comme personne d'autre... Un lieu de détente idéal pour les couples et la famille. Piscine chauffée, spa, hammam, salle de gommage et de massage assurent l'esprit vacances.

VILLA GARANCE €€

10, rue Eddakhil
✆ +212 5 24 47 39 95
www.essaouira-garance.com
Chambres à partir de 70 € selon la période, petit déjeuner compris.

Au cœur de la médina, ce riad bien conservé est chargé d'histoire. En effet, il fut construit en 1902 par le rabbin ben Shabbat, verrier de son état, qui cohabitait avec deux autres familles sur les trois niveaux. Actuellement la maison possède 10 chambres élégantes et une table d'hôtes. Celles donnant sur la rue offrent une vue lumineuse, ce qui est peu commun en médina. D'autres ont de beaux volumes, particulièrement appréciés des familles, avec cheminée. Enfin, quelques chambres sont nichées sur le toit pour les plus chanceux… promesse d'un délicieux séjour.

LE JARDIN DES DOUARS €€€

Douar Sidi Yassine
✆ +212 7 00 08 32 33
www.jardindesdouars.com
Chambres à partir de 200 € environ selon la période.

Au cœur d'un splendide jardin botanique, ce ksar d'hôtes abrite des chambres et suites ainsi que des villas dissimulées dans la végétation luxuriante. Récemment rénovées, les chambres mettent en avant un savoir-faire ancestral dans le respect de la tradition souiri. Des matériaux marocains, une décoration au raffinement certain. Nous sommes ici dans une de nos adresses coup de cœur. De la vaste terrasse, vous profitez de la vue sur les jardins avant de découvrir les deux superbes piscines chauffées. Le ksar offre également un spa et une belle table.

VILLA MAROC €€

10, rue Abdellah Ben Yassine
✆ +212 5 24 47 61 47
www.villa-maroc.com
Chambres à partir de 1 200 DH.

Cet hôtel regroupe quatre anciennes bâtisses du XVIIIe siècle. Aucune faute de goût, la décoration est raffinée : meubles anciens, murs blanchis à la chaux, boiseries bleues qui rappellent les ruelles de la médina. Le lieu recèle de petits salons dans lesquels il fait bon se délasser. Hammam privatif et salon de beauté oriental viennent compléter ce bel ensemble. L'établissement possède aussi une belle maison d'hôtes à la campagne, Les Jardins de Villa Maroc, dans les environs d'Essaouira. Il offre la possibilité d'y passer une « journée détente piscine ».

RIAD PERLE D'EAU €€€

64, rue du Koweit
✆ +212 5 24 78 54 00
www.riadperledeau.com
Chambres à partir de 95 €, suites à partir de 180 €. Petit déjeuner inclus.

C'est ce qu'on appelle être les pieds dans l'eau ! Ce magnifique riad, sur les remparts de la médina, offre une vue à couper le souffle depuis sa grande terrasse où vous dégusterez un petit déjeuner copieux. A marée haute, les vagues viennent se briser sous vos fenêtres. Mais aucune inquiétude, vous dormirez en paix, les chambres sont parfaitement insonorisées. Celles-ci sont décorées avec goût et élégance. L'accueil est très chaleureux et convivial, l'équipe fera tout son possible pour que votre séjour soit parfait. Une des meilleures adresses d'Essaouira.

DAR MAYA €€€

Rue d'Oujda
✆ +212 5 24 78 56 87
www.riaddarmaya.com
Chambre double à partir de 130 € en basse saison, avec petit déjeuner.

Ce luxueux boutique-hôtel est niché au cœur de la médina et dispose de cinq belles chambres. Dotée de murs en *tadelakt*, chacune d'entre elles possède une cheminée pour les soirées d'hiver. Quant aux salles de bains, elles sont recouvertes de marbre et disposent toutes d'une baignoire avec douche, chauffage au sol et chauffe-serviettes. Dar Maya associe avec élégance design moderne et tradition marocaine. La terrasse offre une vue imprenable sur l'océan et ce petit havre de paix tout confort n'est qu'à deux pas du souk et de la plage.

SALUT MAROC €€€

32, rue Ibn Rochd
✆ +212 5 24 47 55 60
www.salutmaroc.com
A partir de 125 € la nuitée. Spa et restaurant.

L'une des adresses les plus « arty » de Mogador et pas des moindres ! La maison d'hôte datant du XVIIIe siècle trône au cœur de la médina, adossée aux remparts et à sa batterie de canons portugais. Ici, rien n'est laissé au hasard. Chaque suite est un concept artistique qui nous immerge dans un univers spécial : fresque italienne, carrelage Art déco, mobilier contemporain et marocain, motifs islamo-berbères. Une esthétique éclectique entre baroque et *beldi*, un design aux diverses influences qui nous fait voyager, une adresse étonnante qui stimule les sens !

SOFITEL ESSAOUIRA MOGADOR GOLF & SPA €€€

Domaine Mogador
✆ +212 5 24 47 94 00
www.sofitel-essaouira.com
Tarifs en fonction des périodes de l'année. Comptez au minimum une centaine d'euros pour une chambre supérieure.

Entouré d'un parc forestier de plus de 600 ha, protégé par une dune naturelle spectaculaire et bordé par une plage vierge et sauvage, le Sofitel a bien pris ses marques dans le bastion souiri : 175 chambres et 28 bungalows, tournés vers l'océan. Une décoration habilement calquée sur la région : pierres sèches, bois grisés par la mer. Dans l'assiette, l'Atlantic se spécialise dans la pêche locale, tandis que le Café kasbah et l'Atelier aux arômes offrent une cuisine internationale.

SUITE AZUR HÔTEL €€€

4 Rue Oum Rabii, 44000 Essaouira, Maroc
✆ +212 5 24 47 61 28
www.suiteazur.com
Chambres et suites entre 90 et 300 €. Petit déjeuner inclus.

Véritable écrin de tranquillité et d'élégance en plein cœur de la médina, ce boutique-hôtel fait parler de lui ! Il aura fallu cinq ans de travaux à la méticuleuse propriétaire, Aziza, pour rénover ce riad, qui se démarque par sa décoration raffinée et contemporaine. Les 14 chambres et suites offrent un confort douillet et un espace spacieux, très agréable. Télévision et salle de bains avec baignoire sont présentes dans la majorité des chambres. Magnifique toit-terrasse doté d'une piscine, idéal pour les après-midi farniente.

VILLA DE L'Ô €€€

3 rue Mohamed Ben Messaoud
✆ +212 5 24 32 28 78
www.villadelo.com
Chambres et suites à partir de 180 € en basse saison.

Le raffinement et la délicatesse incarnés : telle est la définition de cet établissement. Ouvrant sur la baie d'Essaouira, la Villa de l'Ô a su revisiter un riad du XVIIIe siècle sans perdre son âme. Elle propose 12 chambres, dont la décoration mêle harmonieusement élégance et sobriété. Un patio magnifiquement arboré, garni de meubles de style donnera le ton à ceux qui auront la chance de franchir la lourde porte. Transfert au golf gratuit, service de baby-sitting, hammam, massages et un solarium complètent une offre de qualité.

LA MAISON DU CINÉMA €

14 rue Laalouj
✆ +212 5 24 78 48 51
www.lamaisonducinema.net
Ciné-dîner le mercredi : à partir de 110 DH. Début de la projection à 20h30.

Cette adresse fait partie des gros coups de cœur à Essaouira ! L'ambiance est chaleureuse et intimiste (le climat en ville supporte une bonne flambée même en été). Le concept est savoureux : un bon plat, un bon film et un prix tout doux. Simple mais original, malgré la rude concurrence de l'ex-Mogador. Idéal pour ceux qui s'endorment au ciné ou mangent toujours trop au restaurant. A la Maison du cinéma, l'équilibre est trouvé. La programmation offre un large choix de films, classiques ou récents et hétéroclites. On se tait maintenant, ça va commencer...

CÔTE ATLANTIQUE

© UCHAR

Ville portuaire d'Essaouira.

MANDALA SOCIETY €

46 Avenue de l'Istiqlal
✆ +212 6 44 54 10 24
www.mandalamaroc.com
Ouvert tous les jours sauf le lundi de 9h30 à 17h.

Etagères chargées de livres et d'objets glanés aux puces, bois et patines créent une atmosphère chaleureuse où l'on se sent comme dans un cocon familial. Le chat lové dans sa panière ne vous dira pas le contraire. Qu'est-ce qu'on y mange ? Une cuisine *healthy*, des *bowls* élaborés avec des produits de saison, la fraîcheur se retrouve au menu. Les becs sucrés apprécieront une petite part de tarte chocolat-citron accompagnée d'un café 100 % arabica. Bienvenue aux *végans* et autres défenseurs de la planète et merci à Birta, l'instigatrice islandaise de ce beau projet.

MEGA LOFT BY OTHMAN CHIC €

49, Av istiklal Hadada
✆ +212 6 13 98 19 87
Ouvert tous les jours non-stop de 11h à 23h30. Plat autour de 100 DH.

Mega Loft est un lieu convivial géré par une jeune équipe. Café, restaurant et galerie sur trois niveaux, le concept vient d'un jeune féru de déco qui n'a pas froid aux yeux et qui vous accueille dans un espace qui lui ressemble puisque ce sont ses créations qui tapissent les murs. Le lieu est étonnant, où chaises des années 70, affiches de cinéma et paniers berbères se côtoient en toute harmonie, bref un restaurant qui a du caractère. Au menu, des plats marocains et méditerranéens agrémentés d'énormes frites. Le Maroc version vintage !

PASTA BALADIN €

9 Rue Sidi Magdoul
✆ +212 6 78 41 92 74
www.riadbaladin.com/restaurant
Ouvert midi (12h-15h30) et soir (19h-22h30). Fermé le lundi. Plat entre 45 et 75 DH.

Idéal pour un repas sur le pouce, Pasta Baladin est le restaurant du riad du même nom situé au pied des remparts. Si vous vous lassez des tajines et autres couscous, rien de mieux que d'aller déguster un bon plat de pâtes, déclinées sous toutes les formes. Le restaurant adopte un style sobre et chic pour une cuisine simple et efficace. Au menu, différents types de pâtes avec un choix de sauces succulentes dont la fameuse carbonara. Les produits sont d'excellente qualité et les portions généreuses. Mention spéciale pour les *speccia* aux calamars.

PETITE ALGUE €

64, boulevard Mohamed V
✆ +212 5 24 78 48 28
Ouvert tous les jours de 12h à 1h.

Ce petit restaurant, situé sur la corniche Mohamed V, vaut en partie pour sa jolie vue sur l'océan. Au menu : des produits de la mer avec d'énormes plats de fritures, calamars, sardines, soles, coquillages et autres pêches du jour à la fraîcheur irréprochable. Les tarifs ne sont pas plus élevés que la plupart des restaurants spécialisés, avec la confiance en prime. L'établissement dispose aussi d'un bar à tapas, à l'étage. Le plus ? Le restaurant sert toute la journée si on a un petit creux, et reste ouvert jusque tard dans la nuit.

L'HEURE BLEUE PALAIS €€€

2, rue Ibn Battouta
✆ +212 5 24 78 34 34 - www.heure-bleue.com
Chambre double classique 240 € la nuit, Deluxe 300 €, petit déjeuner inclus.

Envie d'une parenthèse luxueuse dans un Relais & Châteaux ? À Essaouira, c'est possible, en mettant le cap sur le beau riad Heure Bleue. Vous aurez le choix entre les 33 chambres et suites climatisées, élégamment meublées et équipées de tout le confort attendu dans un établissement de prestige. Sa piscine sur le rooftop vous réserve une vue panoramique sur la mer et la médina et des moments de détente privilégiés. Un tour au spa, un dîner gastronomique, et l'expérience est alors complète.

LES PLANCHES €

La Corniche, Bd Mohammed V
✆ +212 6 34 61 48 42
Ouvert tous les jours de 10h à 23h (service continu). Comptez autour de 150 DH pour un déjeuner.

Aux Planches, on se retrouve quasiment les pieds dans l'eau, car le restaurant a littéralement pris place sur la plage. On y vient à toute heure de la journée pour déguster une boisson fraîche, prendre un bain de soleil sur les transats et bien évidement déjeuner avec une décoration à dominance boisée. Les prix sont vraiment bon marché (notamment car on n'y sert pas encore d'alcool) et on y mange une cuisine simple mais soignée. Au menu : grandes salades, burger ou une grillade du jour, tajines, pizzas ou encore un bon poisson du jour.

FOCUS

L'HEURE BLEUE PALAIS

UN HÔTEL DANS LE VENT, POUR VOIR LA VIE EN ROSE

A Essaouira, vivifiante et chargée d'embruns autant que d'histoire, celui qui souhaite conjuguer luxe et sérénité se dirigera les yeux fermés vers cet authentique palais. Résidence du caïd au XVIIIe siècle, il servit d'orphelinat avant d'être abandonné à son triste sort pendant 30 ans. Dès l'entrée, on est saisi par l'opulence des lieux, les matériaux nobles, le clapotis apaisant d'une fontaine, interprétation magnifiée des codes de l'architecture arabo-andalouse, le tout mis en valeur par le talentueux Studio K.O.

Les 33 chambres sont distribuées autour du patio arboré, illuminé le soir venu par des lanternes. Les influences orientale, africaine et portugaise forment un mariage heureux entre bois sombres, zelliges et cabinets d'écriture.

Le lounge-bar au cadre très glam révèle une atmosphère cossue. Les canapés Chesterfield invitent à la causerie tout en savourant un single malt, au son de quelques notes issues du piano à queue.

Les jours peu venteux, on optera pour un repas sur la terrasse, suivi d'une sieste au bord de la piscine, lieu de prédilection des fans de farniente. De là, on a une vue splendide sur la médina et les minarets qui ponctuent la ville et d'où s'échappe une litanie langoureuse cinq fois par jour.

Les gourmets se rendront à l'Oriental très intimiste, pour y déguster la cuisine du chef Ahmed Handour. Au menu, les médaillons de langouste tiennent haut la barre, de même que les légumes bio qui couronnent le couscous.

Le spa vient ajouter une touche de volupté aux prestations haut de gamme. Entre le hammam revêtu de tadelakt noir où sont réalisés gommages et massages à l'huile d'argan, et les soins prodigués par des mains expertes, tout est fait pour combler le corps aussi bien que l'esprit.

Label Relais & Château oblige, l'hôtel, qui fête ses 20 ans en juin 2024, coche toutes les cases du raffinement pour un séjour chic et décoiffant dans la ville des Alizés.

L'HEURE BLEUE PALAIS
2, rue Ibn Battouta
✆ +212 5 24 78 34 34
www.heure-bleue.com

© ERIC

© ERIC

© ERIC

LE PLATINIUM €

Avenue Al Aqaba
✆ +212 5 24 78 50 91
Ouvert tous les jours de 7h à minuit.
Formules petit déjeuner.

L'établissement est situé à quelques mètres de la plage. Vous aurez le choix entre la terrasse ensoleillée et abritée du vent ou la salle à manger décorée sobrement, mais tout de même chaleureuse. Une carte variée à petits prix qui propose salades, poissons, viandes ou encore pizzas. Il y en a pour tous les goûts. Egalement un menu du jour à un prix raisonnable. Possibilité d'emporter ses plats ou encore de se les faire livrer, une option intéressante pour s'organiser un pique-nique sur le sable. Service rapide et professionnel.

RESTAURANT OCÉAN VAGABOND €

Boulevard Mohamed-V – rond point Route d'Agadir
✆ +212 5 24 78 43 67
Ouvert du dimanche au jeudi 9h à 18h.
Nocturne vendredi et samedi.

Ce restaurant a une particularité : on déjeune les pieds dans l'eau sur la plage. La terrasse arborée est installée à l'abri du vent, ce qui est très agréable. Au menu, cuisine d'été, salades variées et sandwichs en tout genre, croque-monsieur, burgers, pizzas au feu de bois, plats du jour en journée et ardoise du bistrot. Vendredi et samedi soir, on pourra également choisir la plancha de poissons du jour, mais aussi des tapas. Belle sélection de vins.

LE SIROCCO €

15, rue Ibn Rochd
✆ +212 5 24 47 23 96
Ouvert tous les soirs, de 19h à 23h.
Repas à la carte à partir de 200 DH.

Ce qui a probablement participé au succès incontestable du Sirocco, c'est certainement la personnalité haute en couleur d'Annie, l'heureuse propriétaire des lieux, qui a le don de vous mettre tout de suite à l'aise. Le restaurant sert une excellente cuisine marocaine avec une touche française, à des prix tout à fait raisonnables, dans une salle à l'ambiance conviviale. De plus, des artistes viennent régulièrement animer la salle le week-end. Une adresse recommandée pour les familles ou groupes d'amis souhaitant passer une soirée en toute décontraction.

TARA CAFÉ €

5 rue Boutouil
✆ +212 6 87 88 00 12
Ouvert de 8h30 à 22h. Fermé dimanche.
Petit déjeuner dès 35 DH.

Situé sur une placette à l'orée du Mellah, ce tout petit établissement mérite vraiment des encouragements. Les plats proposés sont délicieux, l'accueil formidable et le rapport qualité-prix excellent. Selon votre envie, vous pourrez déjeuner dans une jolie petite salle ou sur la micro-terrasse ensoleillée. Chaque jour, l'ardoise propose une assiette végétarienne, des grillades à accompagner de salades fraîches, 2 plats du jour et une farandole de desserts. Quel que soit votre choix, le plat sera bien présenté, copieux et toujours subtilement épicé.

TRISKALA €

58 bis rue Touahen
✆ +212 6 43 40 55 49
Tous les jours de 12h30 à 15h30 et de 18h30 à 22h. Formule midi 3 plats à partir de 100 DH.

Au détour d'une ruelle de l'ancienne kasbah, on découvre ce restaurant à l'atmosphère unique. Les murs sont chargés d'histoire puisque la bâtisse date de 1783 et a servi d'ateliers de pêcheurs pour devenir une mission anglicane. La décoration surprenante et le cadre chaleureux donnent envie de s'attabler pour déguster une cuisine du marché bio et inventive faite à base de poissons ou de légumes. Le menu change au gré de la pêche du jour ou des végétaux de saison et le pain aux graines de fenouil et de lin, carottes et raisins secs sort des fours chaque matin.

BEACH AND FRIENDS €€

Boulevard Mohammed V
✆ +212 5 24 47 45 58
Ouvert tous les jours de 11h à 1h.
Plat à partir de 50 DH.

Ambiance jeune pour cet établissement installé sur la plage d'Essaouira. Sur fond de musique techno ou jazzy, vous pourrez grignoter des tapas, une salade, une pizza ou bien un hamburger en terrasse et vous installer sur un gros canapé rouge pour boire tranquillement votre café ou à l'heure de l'apéro sur un transat, les pieds dans le sable en regardant le coucher du soleil. L'établissement, qui est hautement fréquenté par les Français vivant à Essaouira est aussi réputé pour ses concerts *live*, organisés régulièrement en soirée.

DOMAINE DE L'ARGANERAIE €€

Imintagant-El Ghazoua

✆ +212 6 61 50 80 13 - www.essaouira-riads.com

Dîner 3 plats 220 DH, boissons non comprises.
85 DH pour les moins de 12 ans.

A quelques minutes d'Essaouira, le domaine de l'Arganeraie offre un cadre splendide et relaxant. Il s'étend sur plus de 3 hectares et abrite des arganiers centenaires, bougainvilliers et lauriers, entre autres espèces. Une escapade à la campagne qui ne se refuse pas, pour un déjeuner, un goûter ou encore un dîner au bord de la piscine chauffée. La cuisine aux influences marocaines et françaises se compose de produits frais du marché, pour des plats savoureux. L'accueil y est en plus chaleureux et professionnel. Que demander de plus ?

IL MARE €€

43 Rue Yamen

✆ +212 5 24 47 64 17

Ouvert tous les jours de 11h à minuit.
Happy hour de 15h à 17h.

Des terrasses qui surplombent la sqala, il est bien agréable d'écouter le *live band* qui sévit au bar le soir. La devise de la maison : *Live music and sunset !* Mais on peut aussi se régaler de poissons cuits à toutes les sauces, de pizzas au feu de bois, voire d'un plateau de fruits de mer extravagant avec langouste. Ce restaurant doté de multiples vues et d'espaces conviviaux a investi une maison ancienne et a été repris récemment par un nouveau gérant, hyper disponible pour ses hôtes. Un très bon moment assuré aux premières loges du spectacle de l'océan.

LE LOVE BY CARAVANE €€

5 rue du Qadi Ayyad

✆ +212 5 24 78 31 11

Ouvert du mardi au dimanche de 11h à 23h.
A partir de 70 DH les tapas.

Une belle adresse tant pour son ambiance joyeuse que pour la qualité des assiettes. Vous aurez le choix pour vous attabler entre la terrasse arborée ou les salons vintage, avec une déco toute de jaune et violet et composée entre autres d'objets chinés avec goût. Une carte « saveurs marines » avec des mets qui éveillent les papilles à l'instar du calamar entier, les sardines marinées ou l'araignée de mer gratinée façon Caravane, selon la pêche. Le tout sous la bienveillance de bouddha et des grosses lettres LOVE plaquées au mur... nous aussi on aime.

NOMADE €€

10 Rue Khabbazine

✆ +212 6 42 11 39 00

Ouvert tous les jours de 12h à 23h.
Compter environ 200 DH pour un repas complet.

Au détour d'une ruelle de la médina, voici une belle adresse où la cuisine marocaine est revisitée délicieusement. Des spécialités de la mer et de la terre, entre sucré et salé, sont servies dans une ancienne demeure familiale où la décoration allie harmonieusement tradition et modernité. On y déguste entre autres de la lotte rôtie à la sauce safranée, du filet de poulet au yaourt citronné et surtout une savoureuse mousse au chocolat à la pistache. Le toit-terrasse à l'abri du vent offre un cadre agréable pour le déjeuner. Le voyage tient toutes ses promesses.

O' BLEU MOGADOR €€

23, rue Bouchentouf

✆ +212 5 24 78 31 33

Ouvert du lundi au samedi de 19h à 21h30. S uggestions du jour à partir de 150 DH environ.

Caché dans une petite ruelle de la médina, cet établissement vous accueille dans un cadre intimiste et soigné. Tandis que vous siroterez un kir maison, le chef viendra en personne vous conseiller. Les plats évoluent régulièrement au gré des saisons, mais le fil rouge reste le poisson. Parmi les alléchantes suggestions : tajine d'huîtres d'Oualidia, daurade en croûte de fruits secs ou encore la lotte façon bourride et son aïoli de citron confit. C'est l'une des meilleures tables d'Essaouira, ce qui explique en partie la note, assez élevée pour la ville.

RIAD MALAÏKA €€

17, derb Zayan

✆ +212 5 24 78 49 08

http://riad-essaouira-malaika.com

Ouvert tous les jours de 18h à 22h.
Addition moyenne de 300 DH par personne.

C'est au détour d'une de ses ruelles pittoresques, nichée au cœur de la médina, que l'on découvre le Riad Malaïka et sa délicieuse table d'hôte. La carte se compose de produits terre-mer hyper frais, association qui fait redécouvrir les saveurs d'une pastilla aux pigeons, d'un tajine aux légumes ou encore d'un plat aux fruits de mer. Les desserts sont aussi généreux et exigeants, comme la malahbia ou la soupe d'agrumes. C'est bon, soigné et délicat, servi par un personnel attentif. Une invitation gustative à honorer les yeux fermés.

SALUT MAROC €€

32, rue Ibn Rochd
✆ +212 5 24 47 55 60
www.salutmaroc.com
Ouvert tous les jours midi et soir.

Toit-terrasse coloré à la vue imprenable sur l'océan et les remparts de la médina. C'est l'adresse art contemporain de la médina, située près des jardins Othello. On y mange les poissons du jour, des grillades au feu de bois, des salades bien fraîches et quelques spécialités marocaines. Tous les soirs, sauf le lundi, l'établissement accueille des concerts *live*. Face à l'océan, on aime s'installer sur le toit-terrasse de ce boutique-hôtel pour écouter un des groupes gnaoua/rock au coucher du soleil, avec un cocktail ou un verre de champagne à la main.

LA TABLE DES DOUARS €€

✆ +212 7 00 08 32 33
www.jardindesdouars.com
Tous les jours, midi et soir. Plats à partir de 15 €. Formule BBQ le dimanche midi dès 30 €. Sur réservation uniquement.

Si la réputation de ce ksar d'hôtes n'est plus à faire, c'est en grande partie dû aux charmes qui se cachent derrière la végétation luxuriante, l'architecture marocaine et la décoration raffinée. Nichée entre les piscines et les bassins, au milieu de centaines d'espèces végétales, se dresse la terrasse ombragée de la Table des Douars. Ici ou dans l'un des deux restaurants intérieurs, vous trouverez un grand choix de saveurs culinaires. Les ceviches du jour, filets de bœuf en croûte d'herbes et autres tajines de poulet au citron confit y sont fabuleux.

LA TABLE CHAMPÊTRE DE LA FROMAGERIE €€

Route côtière de Safi (km 1)
✆ +212 6 07 25 07 51
Ouvert à partir de 12h. Repas à partir de 190 DH.

Gagas du picodon, amoureux du crottin, transis du pelardon, dingues de la tomme ou de la pyramide cendrée... Cette adresse est pour vous. A la Fromagerie, vous goûterez à l'authentique fromage de chèvre souiri... et affiné en plus ! Le fromager, Abderazzak, est tout aussi haut en couleur que son produit. Si les lieux et les saveurs vous inspirent, vous pouvez rester déjeuner ou dîner pour un repas de ferme comme on les aime. La salle de restaurant sous la véranda est très belle.

TAROS €€

Place Moulay el-Hassan
✆ +212 6 75 62 95 99
Ouvert tous les jours de 11h à 2h. Gamme de prix large. Live band.

Le taros est le nom berbère de ce vent venu du nord, c'est aussi celui de ce café-restaurant très connu en ville. La terrasse, son principal atout, offre une vue somptueuse sur la place Moulay Hassan et les activités du port. Idéal le temps d'une pause et d'un rafraîchissement. L'établissement revêt trois ambiances : un gastronomique, un restaurant cosy et un bar à tapas et à huîtres. Le Taros est très fréquenté le week-end et pendant le festival Gnaoua ; il accueille aussi des expositions et programme régulièrement des animations *live* musique.

LA TABLE DE MADADA €€

7, rue Youssef el-Fassi
✆ +212 5 24 47 21 06
Ouvert tous les jours de 19h à 23h. Fermé le mardi. Comptez environ 300 DH.

Le restaurant du Madada Mogador accueille ses clients dans une ambiance tamisée et élégante, mais décontractée. La carte exprime une grande richesse de saveurs. Classiques marocains, produits de l'océan ou recettes plus exotiques : la chef Souad a plusieurs cordes à son arc. L'araignée de mer gratinée, les *linguines* au homard ou aux palourdes, la souris d'agneau sauce safran figurent ainsi à la carte, qui se veut gourmande et sans chichi, même si la présentation reste soignée. Certains soirs, c'est en musique (*live*) que vous dînerez.

THE LOFT €€

5, Rue Hajjali
✆ +212 5 24 78 44 62
Ouvert de 12h à 16h et le soir de 19h à 23h, fermé le mardi. Comptez environ 200 DH le repas. Pas d'alcool.

Un resto, un café et une galerie. La déco est décalée et se compose d'objets vintage des années 70, de meubles dépareillés, un méli-mélo de tables et de couleurs. Le Loft a su trouver sa place au sein de la médina, il propose une cuisine méditerranéenne, préparée avec des produits du marché. On apprécie l'ambiance intimiste et conviviale de l'endroit. A goûter absolument : une divine crème brûlée au safran. L'établissement est un peu dissimulé dans la médina : il est situé dans une petite ruelle derrière l'horloge. Etant victime de son succès, pensez à réserver !

UMIA €€

26 rue Skala
✆ +212 5 24 78 33 95
Ouvert tous les jours sauf le mardi.
Plats autour de 200 DH, apéritif à partir de 70 DH.
Des cactus accrochés aux murs, des théières en rang d'oignon, du style contemporain et de la couleur, pour une cuisine gourmande et savoureuse avec des produits du terroir et du marché, la pêche du jour et les spécialités locales. Bibi, la joyeuse propriétaire, nous fait goûter à sa cuisine méditerranéenne, mais pas seulement ! Vous trouverez aussi des plats français, mais aussi des préparations d'inspiration voyageuse. Inutile de parler du menu, car il évolue en permanence. Une excellente adresse déjà incontournable à Essaouira !

VILLA BELDI €€

Km 1 Route d'Agadir
✆ +212 5 24 78 48 04
https://villabeldi.com
Table d'hôtes. Plats entre 120 et 170 DH.
Menu enfant. Déjeuner de 12h à 16h.
Très belle propriété à l'entrée d'Essaouira jouissant d'un magnifique jardin et d'une belle piscine. L'intérieur n'a pas à rougir : les meubles précieux et les tableaux colorés habillent parfaitement cette demeure. La propriété est divisée en trois parties. Chaque villa dispose de son petit coin dans le jardin, ou encore sur la terrasse. La table d'hôte, quant à elle, met à l'honneur une cuisine inventive, à base de produits du marché, qui fera frétiller sans aucun doute les papilles. Un cadre idyllique qui exhale le parfum des vacances.

ZAHRA'S GRILL €€

Rue Amira Lalla Meryem, 90
✆ +212 5 24 47 48 22
Ouvert de 13h à 15h et de 19h à 21h30.
A partir de 130 DH le repas.
Situé au deuxième étage du riad du même nom, le restaurant offre une jolie vue sur la mer. Son point fort ? Sans conteste les produits de la mer frais et bien travaillés. Ici, la cuisine ouverte sur la salle vous laisse choisir votre poisson qui sera ensuite cuit à la braise pour rehausser toutes ses saveurs. On peut ainsi jeter son dévolu sur les plus belles prises du jour et se régaler une fois servi à table. On notera également quelques spécialités qu'on a du mal à trouver à Essaouira et qui font la renommée de l'établissement.

LA MAISON GOURMANDE

55, place du 11 Janvier
✆ +212 5 24 47 38 49
Ouvert tous les jours de 7h à 20h30.
A partir de 5 DH la pâtisserie.
Situé dans le quartier Borj, ce salon de thé a été repris par un couple de Français, Laurence et Xavier. À ceux qui appréciaient l'ancien établissement, pas d'inquiétude : les produits y sont tout aussi délicieux. Ce palais de Dame Tartine répond aux heures et aux goûts de chacun : des viennoiseries (version mini et maxi) et une grande variété de pains parfaits pour le petit déjeuner, des encas salés (pizzas, friands, quiches) pour la pause déjeuner, de bonnes pâtisseries et des crêpes pour le goûter. Un accès wifi est disponible dans la nouvelle salle.

PÂTISSERIE DRISS

10, rue El Hajjali
✆ +212 5 24 47 57 93
Ouvert tous les jours de 7h à 21h.
A toute heure, il y a toujours la queue devant cette minuscule boutique, et pour cause ! Un large choix de pâtisseries et de viennoiseries de toutes sortes, qui ont fait leur réputation. Pour choisir votre assortiment, préférez le matin. Les locaux comme les habitués se bousculent dans cette maison, fondée en 1928, si bien qu'en soirée il n'y a pratiquement plus rien dans la vitrine ! Des tables vous accueillent dans un joli patio ombragé dont les murs sont recouverts de photographies d'époque. Une balade dans le temps, gourmande et incontournable.

TAROS

Place Moulay Hassan
✆ +212 5 24 47 64 07
Ouvert tous les jours de 11h à 2h.
Voici un établissement multifacettes ! Restaurant, bar, *live band* et DJ tous les soirs : l'adresse est prisée de la jeunesse aisée et des artistes nomades. Elle est située dans une jolie bâtisse du XVIIIe siècle et surplombe le port pour offrir une jolie vue sur la mer sur sa grande terrasse sur deux niveaux. Le Taros accueille également une boutique d'artisanat et une bibliothèque. Un grand bar fait face à la scène où se produisent ponctuellement des spectacles de danse orientale. Ambiance sympathique pour terminer la soirée.

L'HUILE D'ARGAN

L'arganier, qui caractérise le Sud-Ouest marocain, est assez dense dans la province d'Essaouira. On trouve aussi ces arbres à l'est d'Essaouira, au nord sur la route de Casablanca, ainsi qu'au sud sur la route d'Agadir. La forêt d'arganiers se traverse sur une distance de 15 km, en arrivant par la route de Marrakech. Peut-être aurez-vous l'occasion d'observer des chèvres juchées au sommet de ces arbres dont elles sont particulièrement friandes. En effet, l'arganier est très convoité par les animaux : les dromadaires et les bovins en raffolent aussi. Ils avalent son fruit pour en digérer la pulpe et en rejettent le noyau qui est recueilli par le berger. C'est grâce à ce noyau que l'on peut extraire de son amande l'huile d'argan, au goût de noisette. Un étrange procédé, pour un résultat aux multiples bienfaits. L'huile est considérée comme l'huile diététique par excellence, plus riche en acide gras que le lait de la femme. Elle assaisonne les salades, fortifie les ongles et les cheveux, soulage les rhumatismes... Depuis 1998, trois coopératives féminines de la région d'Essaouira se sont regroupées sous le nom Targanine et tentent d'assurer une huile de qualité, afin de la valoriser et de la remettre au goût du jour. Les points de distribution des produits ne sont pas nombreux, hormis dans les souks. N'achetez jamais l'huile d'argan que vous proposent les vendeurs sur les parkings de la ville. La plupart du temps conditionnée dans des récipients en plastique, elle perd de ce fait l'essentiel de ses vertus.

L'ATELIER CAFÉ BOUTIQUE

Rue Mohamed ben Masoud

✆ +212 7 00 78 90 17

Ouvert tous les jours de 10h à 18h30.

Ce concept store/salon de thé au style industriel avec sa grande verrière et son mobilier à l'anglaise propose une sélection de produits haut de gamme allant de l'huile d'argan aux produits bio, en passant par des objets déco de bon goût : miroirs, linge de maison ou accessoires design... La boutique organise aussi des ateliers de cuisine et des dégustations. Carte gourmande pour le goûter : de très bonnes pâtisseries maison accompagnées de jus de fruits détox. Carte saine pour le déjeuner de midi : plats légers, soupes, quiches et salades.

BOHÈME OF MORROCO

Place Khaima - Chrib Atay

✆ +212 6 42 68 65 32

Ouvert du lundi au samedi de 10h à 19h.

Nostalgiques de l'âge d'or du macramé, cette boutique, nichée dans l'une des ruelles de la médina, est une dédicace. Décorations murales, paniers en osier ornés... le fil de coton écru est ici le roi. A Bohème of Morroco, on n'y trouve pas que cela évidemment : objets plus traditionnels de l'artisanat local tels tapis, vaisselle et têtes d'animaux en paille, objets chinés et créations originales s'y côtoient également. Dans ce concept-store, les standards « beldi » y sont parfois bousculés pour offrir de sympathiques objets. Une belle adresse.

GIPSY SURFER

1-3 rue de tétouan

✆ +212 5 24 78 32 68

www.gipsy-surfer.com

Ouvert tous les jours de 10h à 19h30.

Essaouira est le spot idéal pour découvrir les sports de glisse, surf, windsurf ou encore kite. Cette enseigne, qu'on trouve au cœur de la médina, vous propose du matériel de qualité pour profiter pleinement de votre séjour sportif : combinaisons, planches et divers accessoires indispensables pour la mer et la plage. Elle est le revendeur officiel de plusieurs marques de glisse célèbres. A savoir également que l'enseigne propose sa propre marque de vêtements fabriqués entièrement à Essaouira. Large choix et nouveautés tout au long de l'année.

HISTOIRE DE FILLES

Rue Mohamed Ben Messaoud

✆ +212 5 24 78 51 93

Ouvert tous les jours de 10h à 13h30 et de 15h à 19h30.

Dans ce concept-store tendance, Christelle Pailly nous dévoile sa vision de la mode et du chic à travers une sélection d'articles d'une soixantaine de créateurs marocains. Prêt-à-porter, accessoires, pièces uniques, produits cosmétiques et maroquinerie ; le choix est éclectique, raffiné et de qualité. Au fil des rencontres et des coups de cœur de Christelle, la boutique évolue, présentant à chaque fois des collections tout aussi étonnantes et singulières. Pour le plus grand plaisir des dames, mais aussi des hommes qui y trouveront de belles pièces ethniques.

MARIDADI

59, rue Koweit
✆ +212 6 14 26 83 74

Quand Essaouira se met à l'heure africaine, cela donne Maridadi, la première boutique dédiée aux produits artisanaux provenant de certains pays d'Afrique de l'Ouest. Une boutique pleine de couleurs et de wax, de vêtements pour adultes et enfants. Les motifs sont originaux et les coupes efficaces pour ces pièces cousues localement. Egalement de jolies décorations luminaires, des bijoux originaux à base de matériaux recyclés et bien d'autres créations. Les prix des vêtements sont acceptables pour une dernière folie de fin de vacances. A découvrir !

L'ATELIER MADADA

Rue Mohamed Ben Messaoud
✆ +212 7 00 18 90 17
www.lateliermadada.com

Sur réservation, atelier de cuisine à partir de 500 DH et atelier de pâtisserie orientale à partir de 220 DH.

Au rez-de-chaussée de la maison d'hôtes, dans un ancien entrepôt d'amandes, Madada Mogador a ouvert son atelier de cuisine marocaine. Par petits groupes et encadré par l'une des chefs de la Table de Madada, vous pourrez découvrir les secrets de la gastronomie marocaine. Une initiation aux délices de l'une des meilleures cuisines du monde. Cet atelier vous permettra d'apprendre à réaliser un repas traditionnel que vous pourrez facilement cuisiner à votre retour. Vous pourrez aussi déguster à l'occasion du déjeuner les mets de chaque participant.

AU PETIT BONHOMME LA CHANCE

30, rue Laalouj
✆ +212 6 66 01 45 02

Ouvert du lundi au samedi de 9h à 20h.

La boutique coquette d'Habiba comblera les voyageurs en quête de produits cosmétiques de qualité : savons, huile, ghassoul, gant de hammam, vous trouverez ici votre bonheur pour rendre votre peau toute douce. Si vous souhaitez vous faire tatouer au henné, vous êtes à la bonne adresse car Habiba est une artiste ! Habiba revendique l'usage de produits naturels, néanmoins préférez le henné marron au noir (ce dernier peut, de manière générale, se révéler hypo-allergisant).

AZUR & SPA

15, rue Khalid Ben Walid
✆ +212 5 24 78 57 94
www.azur-spa-essaouira.com

Ouvert tous les jours de 10h30 à 19h30. Hammam à partir de 120 DH. Massage et soin à partir de 350 DH.

Situé derrière le Café de France, ce spa propose un cadre aussi soigné que ses prestations. A savoir : une équipe professionnelle, accueillante et discrète, une belle palette de soins et de massages, à coupler avec une séance de hammam traditionnelle. Parfait pour se détendre et se refaire une beauté, le tout à des prix bien abordables. Sur place, se trouve également un salon de coiffure mixte avec barbier pour ces messieurs. A noter que le spa possède sa propre marque de produits. Sans doute l'une des adresses les plus sérieuses à tout point de vue.

TRANSMUSIC

1, rue Oujda
✆ +212 6 42 68 60 59

Ouvert tous les jours de 10h à 20h30 (sauf jours fériés).

Imed vous accueille dans son petit magasin de musique truffé de trésors : *riata*, *karkabou*, *gembri* ou encore percussion traditionnelle du Maroc ornée de symboles berbères avec des pigments naturels, pour n'en citer que quelques-uns. Ici, on traverse l'histoire du Maroc et de son métissage en découvrant ces instruments. Les plus chanceux pourront écouter un morceau de gnaoua en live joué par Imed qui partage sa passion avec générosité. Si vous voulez apprendre à fabriquer un instrument ou vous initier à en jouer, Imed organise aussi des ateliers.

COACHING VILLAGE

A 15 km d'Essaouira.
✆ +212 6 04 13 12 41
www.coaching-village.com

Stage coaching tout inclus, à partir de 600 € par semaine et par personne.

Envie de se remettre en forme, perdre du poids ou gagner en masse musculaire ? Ce centre dédié à la remise en forme et au bien-être propose des séjours et stages tout compris, dans un cadre naturel paisible, à seulement 15 km d'Essaouira. D'une semaine à 3 mois, les programmes sont adaptés à chacun des participants, avec des objectifs définis dès l'arrivée. Sur place, nombreuses infrastructures sportives pour des entraînements variés. Les repas sont sains et équilibrés, adaptés à vos besoins et préférences alimentaires. Ambiance conviviale et chaleureuse.

ESSAOUIRA GLISS CITY

Avenue Mohammed V
✆ +212 6 61 34 33 02
www.essaouiraglisscity.com
Stage de kitesurf, 6 h tous niveaux : à partir de 1 600 DH. Formule avec matériel.

L'une des meilleures adresses pour profiter du spot exceptionnel d'Essaouira. Planche à voile, surf, kite surf pour débutant ou confirmé. Hassan et son équipe assurent de très bonnes prestations à petit prix. L'équipe d'encadrants, professionnelle et à l'écoute, vous assure de passer un excellent moment d'apprentissage de la glisse. L'établissement loue également des kayaks de mer pour des balades dans la jolie baie d'Essaouira. Plusieurs formules incluant plusieurs activités, dont des balades à cheval et des cours de kitesurf. Accueil chaleureux.

A2A TOURS

Centre Commercial Bin Al Aswar, Numéro B5 Rue Ibn Khaldoun
✆ +212 6 00 63 61 60 - https://a2a.tours/fr
Aventure mixte de 7 jours dès 1 400 €.

Avec plus de 70 ans d'expérience dans le tourisme sur trois continents, cette agence réceptive conçoit des circuits d'aventure au Maroc depuis 2021. Entreprise d'explorateurs, elle souhaite partager ses aventures avec les voyageurs désireux de découvrir le Maroc d'une autre manière. Du buggy dans les dunes à la session de surf, en passant par des vols en hélicoptère et des ateliers pratiques pour produire du fromage frais ou de l'huile d'argan, l'équipe d'experts vous concoctera un programme personnalisé selon vos centres d'intérêt. Des aventures inoubliables.

INSTITUT FRANÇAIS D'ESSAOUIRA

9, rue Mohammed Diouri
✆ +212 5 24 47 61 97
http://if-maroc.org/essaouira
Ouvert du mardi au samedi, de 9h30 à 12h30 et de 14h30 à 19h.

Un beau lieu d'exposition et de rencontres ! L'objectif premier de ce centre agréé pour la passation du TCFSO est d'enseigner la langue française, pour tous niveaux et à des prix raisonnables. Mais des conférences et des rencontres littéraires y sont également organisées. Tout au long de l'année, le patio de l'Institut est souvent animé par des festivals, des lectures théâtralisées, des spectacles divers ou des projections de films destinés à tous les publics.

SIDI YASSINE

Avenue Akaba – Immeuble Jabbar
✆ +212 5 24 47 21 31
www.sidiyassine.com
Ouvert du lundi au vendredi, de 8h30 à 18h30.

Sidi Yassine est le nom de la marque de fabrique d'Ulysses Müller, entrepreneur originaire de Suisse et installé au Maroc. Il se consacre avec sa femme à la production d'huile d'argan, travaillant avec les plus grands groupes de cosmétiques pour offrir un produit haut de gamme. Chaque étape de la production est soumise à un contrôle strict, de la récolte des fruits à l'embouteillage. Deux lignes de produits bio sont proposées, deux huiles alimentaires, ainsi qu'une gamme cosmétique. Si vous voulez rapporter un produit de qualité, c'est l'adresse de référence.

OCEAN VAGABOND-BASE NAUTIQUE

Boulevard Mohammed-V
✆ +212 5 24 78 39 34

Située à même la plage, la base nautique de l'Océan Vagabond est bien connue à Essaouira. Vous y serez accueilli par une équipe jeune, dynamique et motivée. Des cours et location de surf, windsurf et kitesurf sont dispensés tout au long de l'année. La baie d'Essaouira, bien sécurisée, est parfaite pour s'initier à la pratique de ces activités. Pas de rochers, un vent relativement puissant d'octobre à avril... de quoi ravir les amateurs de kitesurf et windsurf.

TIKI SO BAR

Sofitel Essaouira Mogador
✆ +212 5 24 47 94 00
www.sofitel-essaouira.com
Ouvert tous les jours jusqu'à 1h du matin.
Happy Hour de 17h30 à 19h.

Situé à quelques minutes du centre-ville, le Tiki So Bar réserve à vos soirées une ambiance *lounge* chic et un cadre sophistiqué. Au cœur du Sofitel Essaouira-Mogador, le décor sobre et élégant, qui est signé Didier Gomez, dégage une atmosphère cosy. Service attentif et soigné. A l'heure de l'apéro, on apprécie sur la terrasse le coucher de soleil sur l'Atlantique, tout en sirotant un bon cocktail maison. Le lieu est animé régulièrement par des concerts *live* assurés par des artistes en tout genre. Ambiance chaleureuse et conviviale garantie.

FOCUS

A2A TOURS, UNE AGENCE EXPERTE

DES AVENTURES UNIQUES AU CŒUR DU MAROC AUTHENTIQUE

Située dans la charmante ville d'Essaouira, A2A Tours est l'une des principales agences réceptives pour les amateurs d'aventure. En mettant l'accent sur la splendeur naturelle et la richesse culturelle du Maroc, A2A Tours propose des aventures méticuleusement conçues par une équipe aux compétences exceptionnelles. Elle élabore des itinéraires réfléchis qui mettent en valeur les paysages contrastés et les monuments historiques du pays. Chaque aventure est soigneusement organisée pour assurer une expérience immersive, offrant aux voyageurs l'occasion d'explorer les trésors moins connus du Maroc. La sécurité est de la plus haute importance pour A2A Tours, et leur équipe de guides experts s'engage à respecter les normes de sécurité les plus élevées. Des protocoles de sécurité routière à l'équipement haut de gamme, chaque aspect de l'aventure est méticuleusement planifié pour assurer une expérience sécurisée pour tous les voyageurs. A2A Tours va au-delà des aventures authentiques en proposant des activités au cœur de l'artisanat local telles que la production d'huile d'argan et la cuisson traditionnelle du pain berbère. Ces expériences immersives permettent aux voyageurs de mieux s'imprégner du riche patrimoine culturel du Maroc. Quand il s'agit d'aventure, A2A Tours est prêt à tout organiser, des descentes de ski dans les montagnes de l'Atlas à une baignade dans l'océan Atlantique, d'un vol en hélicoptère aux sessions de surf. Avec des itinéraires personnalisés et des forfaits tout compris, les voyageurs peuvent adapter leur aventure à leurs intérêts et préférences. Préparez-vous à plonger dans une aventure extraordinaire avec A2A Tours et découvrez la beauté captivante du Maroc d'une manière que vous n'avez jamais imaginé ! Contactez dès à présent A2A Tours et laissez leur équipe expérimentée vous guider à travers une exploration inoubliable de cette terre enchanteresse.

A2A TOURS
Centre Commercial Bin Al Aswar,
Numéro B5 Rue Ibn Khaldoun
✆ +212 6 00 63 61 60
https://a2a.tours/fr

© VIKTOR

© VIKTOR

© VIKTOR

DAR SULTAN ★★

Le Royaume du Maroc a connu une grande variété de styles architecturaux et la visite d'un monument est un voyage assuré dans l'histoire. Difficile pourtant d'imaginer la splendeur du palais ensablé de Dar el Baida appelé désormais Dar Sultan. Inscrit en 2020 sur la liste du patrimoine national, il eut une importance primordiale dans l'histoire d'Essaouira sur plusieurs périodes. Pour y accéder, prenez la route d'Agadir sur 5 km, puis tournez à droite après le pont pour emprunter la piste de Tangaro (en mauvais état), sur 500 m. Tournez encore à droite, juste après une éolienne, sur l'embouchure de l'oued Ksob, en direction du village de Diabat, connu pour être autrefois le lieu de rencontres de tous les hippies de la planète. Le légendaire Jimi Hendrix serait tombé amoureux de ce palais aujourd'hui enseveli en grande partie dans le sable. Dar Sultan a été construit dans le style andalou, à la fin du XVIIIe siècle, par le sultan alaouite Sidi Mohammed ben Abdallah (1757-1790) passionné d'architecture et fervent défenseur du patrimoine, afin de recevoir en audience les consuls et les négociants installés dans la kasbah. Sous son règne, le commerce était florissant car il savait attirer les négociants européens en les exemptant de taxes douanières. Et les marchandises (tissus, épices, gommes, alun, dattes, plumes d'autruche...) s'échangeaient essentiellement à Mogador à partir de 1764. Des cinq pavillons meublés à l'européenne et aux plafonds ornés de boiseries richement sculptées, il n'en reste que les ruines d'un seul, sans doute le plus ancien. Au début du siècle dernier, le palais est occupé par Moulay Abderrahmane, gouverneur d'Essaouira (1822-1858), avant de devenir la résidence des hauts dignitaires de la cour en mission. Vers la fin du XIXe siècle, les étangs et la forêt de tamaris qui entouraient le palais disparaissent pour laisser place aux dunes. L'endroit offre un spectacle splendide lorsque le soleil se couche sur la baie. Les amateurs de dunes et les photographes aventureux feront quant à eux un détour jusqu'à la plage de Sidi Harraz. En quittant Dar Sultan, revenez sur vos pas jusqu'à Tangaro et empruntez la piste forestière sur votre droite (7 km). C'est un véritable champ de dunes, étendu à perte de vue, qui se présente à vous sur une dizaine de kilomètres, jusqu'au cap Sim. Pour compléter la balade vous pouvez aussi vous rendre à Borj el Berod, une curieuse tour de guet en ruines trônant sur les sables. Savourez l'instant, c'est magique !

SIDI KAOUKI ★★

Près du cap Sim, cette plage de sable fin, qui porte le nom de son marabout, est bordée de thuyas et d'arganiers. Ce très beau site est encore peu fréquenté par les touristes, mais pour encore combien de temps ? Les constructions avancent et gagnent un peu plus de terrain chaque année. En été, l'endroit, très exposé au vent, est dangereux pour les baigneurs, mais fait le régal des véliplanchistes et autres surfeurs (débutants s'abstenir !). Le vent y est tel, que le paysage de la plage est changeant, les dunes se forment et se déforment presque sous nos yeux, amateurs de belles photos, à vos appareils ! Les couchers de soleil y sont fabuleux.

MARABOUT DE SIDI KAOUKI ★

Face à l'océan, la tombe immaculée du marabout Sidi Kaouki est célébrée chaque année par les habitants de la région lors du traditionnel moussem du mois d'août. Une bâtisse plus récente, de plusieurs étages, se dresse à ses côtés. Ce guide spirituel est enterré là où il avait élu domicile à la fin du XIXe siècle. Son mausolée est aujourd'hui un endroit vénéré et réservé à la méditation. On y vient quand on a des soucis car le saint patron, inhumé sous la coupole blanche du marabout, détient le pouvoir de régler les problèmes quotidiens de ses fidèles.

AUBERGE DU MARABOUT €

Plage Sidi Kaouki
✆ +212 5 24 47 34 29
Suite 2 personnes avec vue sur la mer à partir de 400 DH hors saison, petit déjeuner inclus.

L'Auberge du Marabout est composée de 10 chambres spacieuses. Certaines ont vue sur la mer. N'hésitez pas à demander à visiter pour choisir celle qui vous plaît. La réception est immense, : elle dispose d'un grand patio qui fait office de salon, et aussi d'un coin bibliothèque. Un service de restauration est à votre disposition et compense l'absence d'établissements du village. Terrasse et espaces de détente vous tendent les bras. Une adresse sans prétention avec un bon rapport qualité-prix et un accueil plus que chaleureux.

BEDÔBLED €

Rue Sidi Kaouki
✆ +212 6 30 44 06 58
Cabane 2 places à partir de 550 DH ; familiale de 5 places 750 DH. Maisonnette en pierre 800 DH.

Connaissez-vous le *glamping*, contraction de glamour et camping ? Le gîte rural BedÔbled et ses cabanes en bois sur pilotis l'incarnent à merveille. Ces petites maisons perchées au milieu d'un champ d'arganiers et au-dessus de l'océan concilient confort et dépaysement pour vous initier en douceur à la joie d'une vie ***beldi.*** Cuisine et salle à manger, aménagées sous un préau, sont en libre accès pour permettre aux clients de faire leur popote. Un espace yoga est aussi à disposition. Idéal pour des vacances paisibles et une expérience de partage.

BLUE KAOUKI HÔTEL €€

Rue Sidi Kaouki
✆ +212 6 67 52 68 91
www.bluekaouki.com
Chambre double standard vue mer 710 DH. Suite à 910 DH. Petit déjeuner inclus.

Juste en face de la mer, le Blue Kaouki est l'un des hôtels les plus charmants de Sidi Kaouki. Épuré, moderne et raffiné, c'est l'endroit idéal pour les sportifs et les rêveurs, qui ne pourront que tomber sous le charme de cette plage immense. Dirigé depuis 2014 par Véronique et son fils Louis, venus tout droit du Canada, l'hôtel dispose de neuf chambres, d'un spacieux lobby et d'une terrasse sur le toit. On y prend son petit déjeuner, on s'y détend, on y admire le coucher du soleil, et parfois même on y scrute les étoiles… Un endroit où l'on revient forcément.

HÔTEL VILLA SOLEIL €

Plage de Sidi Kaouki
✆ +212 6 70 23 30 97
www.villasoleilmaroc.com
Chambres à partir de 45 € petit déjeuner compris.

Villa Soleil est une grande maison dotée de neuf chambres avec chacune sa petite cour individuelle, plus une suite de deux chambres dans la maison principale, avec un petit salon entouré d'une verrière et une terrasse de laquelle on apprécie la vue sur l'océan. Repas marocain et inventif sur commande. La décoration de l'hôtel s'inspirant d'un village méditerranéen est sobre, mais très originale et plaisante. Le bleu et blanc sont omniprésents à l'image de la région. Aussi atypique que sympathique ! Bel accueil de Marie, sa propriétaire.

CAP SIM BAY €€

Capsimbay Douar Ouassane
✆ +212 700 417 272
www.capsimbay.com

Vous aimez les animaux et souhaitez les aider, tout en profitant d'un séjour relaxant dans un cadre exceptionnel ? Chez Cap Sim Bay, c'est possible ! Les 4 chalets privés vous offrent un petit cocon douillet et intime, tout en participant au financement de ce sanctuaire qui accueille des chiens en détresse. Chaque logement dispose de sa propre piscine pour les beaux jours et de sa cheminée pour se réchauffer lorsqu'il fait plus froid. Vous êtes en plus à moins de 10 min à pied d'une superbe plage sauvage, très peu fréquentée. Que demander de mieux ?

CÔTE ATLANTIQUE

Sidi Kaouki.

DAV MAHAL ECO LODGE €€

1 Dav Mahal - Ouassen - Cap Sim - Essaouira
✆ +212 670 251 419
www.davmahal.com/fr
76 € la nuit (exemple de tarif en novembre).

Surplombant magnifiquement l'océan, cette maison d'hôtes écologique vous réserve un séjour relaxant, dans un cadre somptueux. La résidence principale se mêle harmonieusement à la nature grâce à ses grandes baies vitrées. Vous pourrez loger dans des dômes en terre crue, une cabane de pêcheurs ou des chambres douillettes à la déco beldi. Vous vous relaxerez dans un dôme d'eau, un hammam solaire, le bain à remous ou encore sur la terrasse avec vue sur l'océan. Nombreuses activités possibles parmi lesquelles la randonnée et le yoga.

REBALI RIADS €€€

✆ +212 5 24 47 35 69
www.rebaliriads.com
Chambre standard pour 2 personnes à partir de 130 €. Suite à partir de 155 €.

L'adresse la plus luxueuse à Sidi Kaouki. Ce projet, constitué de plusieurs petites villas et d'un riad de 18 chambres, a été mené à bien par un groupe d'investisseurs privés londoniens. Rien n'y manque, le cadre est exceptionnel et il faut bien avouer que le complexe s'y intègre remarquablement bien. Déco et agencement sobres et soignés, avec un confort répondant aux standards européens et une foule de petits services pour vous mettre à l'aise. Bref, une réussite à tous niveaux pour ceux qui recherchent le confort haut de gamme.

HÔTEL RESIDENCE LE KAOUKI €€

km 20 route d Agadir
✆ +212 6 40 24 54 89
lekaouki.com
A partir de 69 € par personne la chambre double, en demi-pension, avec salle de bain partagée.

Tout près de belles plages sauvages, cette maison familiale est un petit havre de paix où les voyageurs de tous horizons reviennent année après année. Les 9 chambres, dont une suite avec salle de bain privée, racontent toutes une histoire, avec une décoration différente pour chacune. Ici, pas de télévision mais un télescope sur la terrasse pour observer les étoiles et diverses activités proposées. La table d'hôtes est excellente, variant au fil des saisons.

CHEZ MERYEM €

Place des restaurants face à la plage
✆ +212 6 66 45 07 51
Ouvert tous les jours de 9h à 21h30.
Plats à partir de 40 DH.

Si Meryem ne cuisine pas, elle tricote. Mais c'est avant tout pour ses plats cuisinés maison avec des produits frais que cette restauratrice est réputée à Sidi Kaouki. La carte offre un choix varié, entre salades, grillades, tajines, pâtes et omelettes. On vous recommande le tajine aux figues et aux noix, succulent ! Egalement de bons desserts, entre crêpes, mousses au chocolat et salades de fruits frais. L'adresse est discrète : sur la place des restaurants, en face de la plage, elle se trouve tout au fond où un menu bleu est affiché.

WINDY KAOUKI €€

Suivre le panneau !
✆ +212 6 61 25 63 66
www.windykaouki.com
Appartements à 68, 73 et 83 € pour 2 personnes avec vue ou terrasse. Petit déjeuner compris.

Le charme à l'état pur ! Tino a restauré cette structure de 6 appartements dans les règles de l'art et en harmonie avec le paysage. Les appartements sont vastes, colorés et décorés avec beaucoup de goût. Un salon avec cheminée fait office de salle à manger mais chaque appartement est équipé d'une kitchenette. Belle piscine abritée du vent avec terrasse sur plusieurs niveaux, parking, garage. Idéal pour des amis ou un séminaire car Windy Kaouki peut être loué en intégralité. Une salle de yoga donnant sur la terrasse est aussi disponible ! Service aux petits soins.

LA MOUETTE ET LES DROMADAIRES €€

Plage de Sidi Kaouki
✆ +212 6 78 44 92 12
www.lamouetteetlesdromadaires.com
Chambre double 1 300 DH (tarif unique à l'année) hors taxes, avec petit déjeuner.

Située sur la place de Sidi Kaouki, c'est (presque) les pieds dans l'eau face à cette nature sauvage que vous apprécierez l'ambiance de bout du monde de La Mouette et les Dromadaires. La table propose de nombreuses spécialités de la mer. Les poissons sont frais et servis selon la préférence de chacun. Vous pourrez aussi déguster une savoureuse cuisine du marché, élaborée selon l'inspiration du jour, des plats végétariens ou les délicieuses huîtres de Dakhla.

AGADIR ET L'ANTI-ATLAS

Surnommée la perle du Sud-Ouest, Agadir est une station balnéaire moderne où il est agréable de poser ses valises dans l'un de ses hôtels luxueux. Entre farniente, sports nautiques, musées et découverte des alentours, elle offre de nombreuses possibilités d'excursions et d'activités. Au sud-ouest d'Agadir l'ensoleillée, se tient une région mystérieuse et peu connue, l'Anti-Atlas. Longue de 600 km, cette chaîne montagneuse est moins vertigineuse que sa grande sœur, le Haut Atlas. Cependant, ses massifs, le djebel Siroua (3 304 m) et le djebel Sagho (2 712 m) offrent des contrastes saisissants ainsi que de vastes espaces de verdure. Aride pour le premier, luxuriant pour le second, de belles randonnées sont en perspective au pays des Chleuhs. Ces Berbères à la langue originale possèdent une identité forte et vous accueilleront avec une sérénité hors du commun, dans les villages qui ont conservé tout leur cachet.

Agadir et l'Anti-Atlas
Tamri
IMOUZZER DES IDA OUTANANE
Idmine
TAGHAZOUT VILLAGE
TAGHAZOUT BAY
AGADIR
PARC NATIONAL DE SOUSS-MASSA
Océan Atlantique
Aït Amira
AÏT BAHA
Massa
Taskimgher
AGLOU PLAGE
TIZNIT
MIRLEFT
Reggada
IDA OUSSEMLAL
LEGZIRA
SIDI IFNI
Tioughza
Foum Assaka
BOUIZAKARNE
ABAYNOU
GUELMIM
ASRIR
PLAGE BLANCHE
Labyar
Targamait
ADAY
TAGHJIJT
AMTOUDI - ID AÏSSA
Aguerd Tamanart
TAGOUJGALTE
Fam El Hisn
Agoujgal
VALLÉE DES AMELN
TAFRAOUTE
OUMSNAT
TIOULIT
AGARD-OUDAD
Igherm
Talbourt
TAROUDANT
TIOUTE
Sdass
Oulad Berhil
TALIOUINE
Askaoun
DJEBEL SIROUA
TAGMOUT
TAZENAKHT
Agadir N'Tala
Tirguittine
AÏT-KIN
Tisfriouine
AMAZROU
FOUM ZGUID
TISSINT
TATA
TIIGGANE
AKKA
Oued Drâa
ALGÉRIE
50 KM

PAGES

276 ## ● ● RÉGION D'AGADIR

Ourlée par l'Atlantique, la région invite à la détente, aux sports nautiques et aux échappées au cœur de la civilisation berbère. Les surfeurs iront braver les vagues à Taghazout tandis que les amoureux de la nature s'émerveilleront au parc du Souss Massa. Entre sa belle plage et ses hôtels de luxe, Agadir sera la destination idéale pour le farniente. Pour plus d'authenticité, direction la cité médiévale de Taroudant.

AGADIR ★★★

276 Son climat exceptionnel, sa vaste plage de sable fin et ses hôtels haut de gamme, Agadir est une destination prisée des Européens qui y viennent prendre du bon temps. Avec ses allures de ville occidentale, elle séduit par son modernisme, ses restaurants en bord de mer et ses bars branchés.

288 **TAGHAZOUT BAY**

290 **TAGHAZOUT VILLAGE**

291 **IMOUZZER DES IDA OUTANANE ★★**

292 **PARC NATIONAL DE SOUSS MASSA ★**

TAROUDANT ★★

293 Comment ne pas s'attacher à cette cité médiévale, si authentique et accueillante ? Taroudant charme, séduit, envoûte par son atmosphère d'un autre temps. Il faut se perdre dans les ruelles pittoresques de sa médina pour sentir son histoire, mais aussi au souk pour rencontrer ses artisans locaux et ainsi s'imprégner de cette ville animée.

298 **TIOUTE ★**

299 ## ● ● RÉGION DE TIZNIT

De Tiznit, la route qui longe la mer jusqu'à Guelmim est superbe et permet de faire étape à Mirleft ou à Sidi Ifni, si la nuit vous surprend ou si votre planning y consent. Tout au long de cette route se succèdent les plus beaux paysages du Sud marocain : les larges plaines plantées d'arganiers, les contreforts de l'Anti-Atlas, des étendues désertiques, la côte atlantique et ses magnifiques plages.

TIZNIT ★

299 La capitale de l'argent exhibe fièrement ses bijoux au sein des nombreuses coopératives. La cité fortifiée offre aussi une balade pittoresque à travers ses ruelles paisibles de sa médina. En son centre, le Méchouar, une vaste place agréable et animée par les échoppes d'artisans, hôtels et restaurants.

301 **AGLOU PLAGE ★**

301 **MIRLEFT ★**

LEGZIRA ★★

302 Malgré l'effondrement de sa célèbre arche, cette plage sauvage reste toutefois l'une des plus belles du Maroc. Ceinte par des falaises rouges, elle est appréciée des visiteurs pour son calme et des surfeurs, pour ses belles vagues.

303 **SIDI IFNI ★**

304 **PLAGE BLANCHE ★★**

PAGES

304 **GUELMIM ★**

Considérée comme la porte du désert, Guelmim est une étape incontournable sur la route du Grand Sud qui mène à l'océan. Elle était d'ailleurs autrefois un centre important où se retrouvaient les caravaniers en route pour Tombouctou. La ville est aussi réputée pour ses bijoux en cuivre et en argent ainsi que pour ses articles en cuir.

305 **ABAYNOU ★**

306 **AÏT BEKOU ★**

306 **ASRIR ★**

306 **ASSA ★★**

306 **BOUIZAKARNE**

307 ●● RÉGION DE TALIOUINE

Cette région montagneuse est connue pour sa production de safran, dont Taliouine est la capitale marocaine. De mi-octobre à mi-novembre, les champs se réveillent tapissés de fleurs mauves ouvertes : un spectacle succinct mais saisissant. La région offre aussi de belles randonnées à travers les montagnes, notamment aux environs du djebel Siroua.

307 **TALIOUINE ★**

Outre la période de récolte du safran, Taliouine constitue une halte agréable le reste de l'année pour les amoureux de nature et d'authenticité. Ici, vous serez accueilli chaleureusement par les habitants du village, avec lesquels vous vous lierez facilement d'amitié. Vous pourrez sillonner de nombreux sentiers de montagne et découvrir un magnifique agadir.

308 **TAZENAKHT ★**

La ville mérite le détour pour admirer ses splendides tapis traditionnels. Ils sont tissés à la main par les femmes berbères, dont vous pourrez apprécier le travail. Le vieux village offre aussi une agréable balade à travers ses ruelles pittoresques.

308 **DJEBEL SIROUA ★★**

309 **FOUM ZGUID**

309 **TISSINT**

311 ●● RÉGION DE TATA

Au cœur d'un paysage aride se dévoilent des palmeraies verdoyantes où il fait bon séjourner. Vous y découvrirez, entre autres, les horloges à eau, ancien système de mesure du temps, dont le maître de l'eau vous dévoilera tout le fonctionnement. Les passionnés d'art rupestre pousseront jusqu'à Tiggane ou Akka pour admirer des gravures d'animaux bien conservées.

311 **TATA ★★**

Nichée au cœur d'une oasis verdoyante, la ville rose charme par ses multiples ksour et maisons berbères en pisé. Elle constitue un circuit agréable, hors des sentiers battus, à la découverte de peintures rupestres les plus anciennes du Maroc.

PAGES

313 ## ●● RÉGION DE TAFRAOUTE

Dans cette région pleine de charme, préparez-vous à en prendre plein la vue ! Au fil de votre route, vous découvrirez des paysages extraordinaires offrant des contrastes saisissants. À certaines heures de la journée, la roche rose dévoile toutes ses splendeurs. La région est aussi ponctuée de nombreux villages paisibles et authentiques qui méritent le détour.

TAFRAOUTE ★★

313 La capitale marocaine des amandiers est érigée au centre d'un cirque de montagnes de granit rose, qui envoûte dès le premier regard par ses teintes incroyables. Ne manquez pas en février le spectacle de la vallée fleurie d'amandiers. Saisissant !

TIOULIT ★★

316 Niché en haut d'une colline surplombant la vallée, Tioulit promet une visite hors du temps. Seules quelques familles résident encore dans ce petit village fortifié qui a gardé tout son cachet d'antan. Baladez-vous à travers ses ruelles pittoresques pour admirer ses jolies maisons.

AMTOUDI - ID AÏSSA ★★

317 Entre les falaises arides et les gorges imposantes se cache une petite merveille : le village d'Amtoudi. Il est niché au cœur d'une palmeraie luxuriante où il fait bon flâner entre les oliviers, arganiers et orangers. Les alentours réservent aussi des surprises, entre peintures rupestres et greniers collectifs.

AGADIR ★★★

Avec près de 420 000 habitants, Agadir est un centre touristique de première importance, qu'on pourrait comparer à l'une de ces stations balnéaires du sud de l'Europe. Le climat y est exceptionnel, avec 300 jours de soleil par an, un climat tempéré tout au long de l'année. La ville est, par ailleurs, l'un des premiers ports de pêche du Maroc. Complètement détruite en 1960 à la suite d'un tremblement de terre, la ville a été reconstruite avec un objectif avoué : le développement du tourisme. C'est un tourisme de masse qui s'est développé à Agadir. Deux options s'offrent à vous : passer des vacances familiales dans un hôtel de luxe avec quelques sorties, ou ne considérer Agadir que comme un point de chute, pour découvrir la région, des jolis villages de bord de mer à la Vallée du Paradis, en passant par les hauteurs et ses champs d'arganiers. C'est aussi le point de départ vers le Grand Sud !

Se loger

Nous vous conseillons de réserver pendant l'été, car les hôtels affichent souvent complet. Plusieurs hôtels de luxe bordent le front de mer, notamment avenue du 20 août. Toutefois, la plupart de ces hôtels sont réservés par les tour-opérateurs et affichent souvent complet pour les voyageurs individuels. Si vous vous y prenez à la dernière minute, sachez que les environs d'Agadir offrent de jolies propositions d'hébergement. Sinon, vous trouverez beaucoup d'hôtels à petit budget dans le quartier de Talborj, à côté de la gare routière. Les auberges de jeunesse à petit prix sont situées du côté de Taghazout, spot de surfeurs réputé à 15 km d'Agadir.

Se restaurer

Méfiez-vous, Agadir a beau se donner des allures de station balnéaire « moderne », on y dîne assez tôt et il peut être difficile de trouver un restaurant qui vous serve après 22h. Vous trouverez néanmoins toujours de la place, car la grande majorité des touristes séjournent à Agadir en demi-pension ou pension complète et vont peu dans les restaurants. Le quartier Talborjt est parsemé de petits restaurants de qualité plus ou moins égale. Vous trouverez place Lahcen une série de restaurants avec des menus bon marché. Sur la corniche, quelques restaurants se démarquent, offrant un bon rapport qualité-prix. Tous les grands hôtels possèdent des restaurants plus ou moins corrects, mais souvent assez chers.

Sortir

Si le Maroc n'est pas le pays dans lequel la vie nocturne est la plus excitante, deux villes font exception à ce manque de lieux dédiés aux noctambules : Marrakech... et Agadir ! Ce développement de la scène nocturne est en grande partie lié à l'afflux de touristes étrangers. De nombreux bars et discothèques se sont donc installés avec succès, attirant par le fait même une clientèle locale aisée de plus en plus nombreuse. Les Gadiris sortent tard et les bars commencent à se remplir à partir de 22h30 environ. Cependant, vous pourrez profiter ici de l'apéro, car certains bars proposent des happy hours, et d'autres offrent, comme en Espagne, une tapa avec la boisson. Les discothèques, elles, ne se remplissent pas avant 1h ou 2h du matin. Les grands hôtels possèdent tous des discothèques privées, à l'entrée payante.

Tourisme

Il n'est pas nécessaire d'aller bien loin pour trouver de belles plages. Celles du Sud sont dangereuses en raison des lames de fond et des rochers qui bordent la côte, aussi dirigez-vous vers le nord et les petits villages de la côte. Il faut attendre d'arriver à Aghroud, au km 27, pour trouver les plus belles plages. Un kilomètre après la sortie du village, une grande plage déserte fera votre bonheur. A 27 km d'Agadir, vous pouvez aussi découvrir la réserve animalière de Roukien. Sans aller aussi loin, vous pouvez aussi vous rendre jusqu'à l'embouchure de l'oued Souss, qui se situe juste à la sortie d'Agadir. Suivez la direction de l'aéroport et d'Inezgane, puis tournez à droite en direction des golfs. C'est gratuit, vous trouverez quelques panneaux explicatifs sur la faune et la flore locales, et c'est une jolie balade.

Transports

Pour les locations de voitures, deux endroits stratégiques : l'avenue Mohamed V et l'avenue des FAR. Les prix sont généralement les mêmes. Le kilométrage illimité est une règle que tous partagent. Enfin, les agences de chaînes internationales sont plus chères, mais elles bénéficient de garanties de sécurité liées à leur réseau. Pour vous déplacer, les taxis orange sont les taxis urbains qui ne peuvent pas sortir du périmètre de la ville. Pensez à négocier avant de monter dans le taxi pour éviter les mauvaises surprises car, la plupart du temps, le chauffeur n'utilise pas le compteur. Les taxis bleus sont les taxis interurbains ; ils relient Agadir aux principales villes de la région. Il existe deux gares routières, l'une dans le quartier Al Massira et l'autre, Abderrahim Bouabid.

ANCIENNE CASBAH ★

Entrée libre à la casbah, parking à partir de 5 DH.

De la ville d'avant le séisme, il ne reste que les ruines émouvantes de la casbah. En marchant sur ce qui est aujourd'hui une vaste esplanade nue où paissent les chèvres, on distingue par endroits les fondations de l'ancienne casbah, construite en 1540 pour résister aux Portugais, et autrefois grouillante de vie. Seul vestige, la porte d'entrée sur laquelle figure une inscription en flamand datant de 1745 : « Crains Dieu et honore ton roi » rappelant la présence du comptoir hollandais. Du haut de la colline, la vue sur l'ensemble de la baie est saisissante.

CROCOPARC

RN 8

✆ +212 5 28 29 79 31

www.crocoparc.com

Ouvert de 10h à 18h, jusqu'à 19h les samedis et dimanches. Adultes 85 DH ; enfants 55 DH (de 3 à 12 ans).

Dès l'entrée, une énorme mâchoire béante donne le ton. En effet, vous pénétrez dans l'unique parc à crocodiles du pays. Les initiateurs du projet sont passionnés par les reptiles, notamment le crocodile du Nil et le *Crodocylus Suchus* qui pullulait autrefois dans l'oued Draâ. Dans ce parc bien entretenu, ils sont au nombre de 350, observables sur 600 m de parcours avec ou sans guide. Le parc dispose également d'aires de jeux, d'un restaurant et d'un jardin botanique qui abrite quelque 300 espèces végétales et autres succulentes. Une sortie ludique.

LA MEDINA D'AGADIR

✆ +212 6 66 33 88 59

Ouvert tous les jours sauf le lundi de 9h à 18h30. Navette à partir de certains hôtels. Entrée 40 DH.

Construite en 1992 à Aghroud-en-Sergaou à l'initiative de l'Italien Coco Polizzi, cette médina reconstituée adopte les techniques architecturales traditionnelles et se fond parfaitement au sein du paysage en intégrant lac et fontaines. S´étendant sur un terrain verdoyant de 4,5 hectares, la « Médina d'Agadir » n'est pas une médina à proprement parler, il ne s'agit pas d'une vieille cité aux petites ruelles. Un amphithéâtre y a trouvé sa place au milieu des boutiques. Le lieu vise surtout à donner aux touristes un aperçu de ce qu'était une médina traditionnelle.

SOUK EL HAD ★

Boulevard Mohammed Cheikh Saadi

Fermé le lundi.

Un détour s'impose au souk El Had, l'un des plus grands du Maroc ! On y retrouve tous les produits du Sud, industriels, agricoles ou artisanaux. Les cuirs et les tapis sont confectionnés sur place, les bijoux proviennent de Taroudant et de Tiznit, les poteries de Safi. Mais plus qu'une étape shopping, le souk el Had est une véritable expérience culturelle. Ici, tous vos sens seront en éveil. Vous serez émerveillé par les jeux de couleurs des étals de fruits, de légumes, d'épices, de djellabas aux couleurs chaudes et scintillantes. À ne pas manquer !

AGADIR ET L'ANTI-ATLAS

© TONY4URBAN - FOTOLIA

Médina d'Agadir.

PORT DE PÊCHE ★

Agadir est l'un des plus importants ports de pêche du Maroc, considéré comme le premier port sardinier au monde. Depuis ses quais, sont exportées des milliers de sardines et autres poissons partout à travers le globe. À ce titre, la zone portuaire mérite une petite visite en matinée ou en fin de journée. Certaines parties du port sont envahies de vieux bateaux de pêche aux couleurs vives, les filets et les casiers ajoutent à l'impression de désordre qui y règne. Des chantiers sont disséminés un peu partout... Admirez donc les lignes pures de ces vieux chalutiers en bois en cours de restauration ! À côté de la halle aux poissons, des pêcheurs vendent leurs prises aux particuliers directement sur les quais, à des prix bas défiant toute concurrence. À l'intérieur de la halle, on assiste au joyeux spectacle des ventes à la criée. Les différents types d'acheteurs et de vendeurs se distinguent par leurs uniformes, chaque groupe ayant sa propre couleur : les restaurateurs sont en blanc, tandis que les exportateurs sont en rouge. L'activité bat son plein dès le matin entre 8h et 9h, le brouhaha dans la salle est alors à son comble et les négociations sont acharnées. Des tribunes sont prévues pour les observateurs qui bénéficient ainsi d'un emplacement idéal pour apprécier le spectacle. Il n'y a pas de droit d'entrée, et l'on peut s'installer où l'on veut, librement. Dans la zone portuaire, vous trouverez un grand nombre de petits restaurants de poissons pas très chers et bien souvent délicieux.

LA VALLÉE DU PARADIS

paradise valley

Traversée de villages authentiques marocains. Prenez la direction nord d'Agadir en direction d'Aourir.

La route file à travers les montagnes, de Aourir à Tizgui, déployant ses palmeraies autour de la rivière qui la borde. Le trajet est tout à fait accessible à une petite voiture. On prend le temps de s'arrêter pour apprécier les paysages puis de partager un moment avec les enfants qui sautent dans l'eau et crapahutent sur les rochers. Un peu plus loin, à notre tour de nous rafraîchir dans la rivière, avant d'élire l'échoppe de bord de route qui accompagnera notre pause où l'on dégustera un tajine ou simplement une orange pressée, littéralement les pieds dans l'eau.

EXCLUSIVE TRAVEL SERVICES MOROCCO

Rue Oued Ziz, Résidence Tifaouine

✆ +212 528 84 84 46

www.exclusive-morocco.com

Ouvert du lundi au vendredi de 9h à 12h et de 14h30 à 18h30.

Dans une ville baignée toute l'année dans le tourisme, l'agence a eu la bonne idée d'ouvrir ce bureau d'informations où vous trouverez tout ce dont vous avez besoin pour programmer des excursions à faire à Agadir et aux alentours, ainsi qu'un plan de la ville. L'agence vous aide également à concevoir votre séjour sur place : réservation d'hôtels, location de véhicules et excursions touristiques. L'équipe, à l'écoute et compétente, se fera un plaisir de vous concocter un joli programme.

INSTITUT FRANÇAIS

Rue Chenguit

✆ +212 5 28 84 13 13

www.if-maroc.org/agadir

Consultez la programmation.

Si vous séjournez plusieurs jours à Agadir, passez chercher le programme de l'institut ou regardez les manifestations prévues sur le site Internet. Chaque jour l'établissement offre aux curieux des spectacles de qualité (théâtre, concerts, ateliers débats, projections...). On peut également prendre des cours de langue arabe et berbère. Tout au long de l'année, de nombreux événements sont mis en place pour les francophones marocains ou les touristes curieux. Les projets innovants, notamment dans le numérique, sont régulièrement soutenus.

AGENCE IT'S 4 YOU TOURS

7 bloc A, complexe hôtel Le Tivoli, Bd 20 août
✆ +212 5 28 84 03 47
www.its4youtours.com

Cette agence de voyages, basée à Agadir, propose des circuits au départ de plusieurs villes touristiques. Plusieurs façons de découvrir le Maroc : minibus, 4X4, trekking, VTT, quad ou encore à pied dans la nature et même à dos de dromadaire dans le désert. Egalement un florilège d'activités sur Agadir : bien-être, visite de l'oasis de Tiout, soirée Fantasia, artisanat, surf... Et des locations de voitures et 4x4 au départ de Marrakech et d'Agadir. L'équipe, dynamique et motivée, s'adapte facilement à vos envies pour vous concocter le programme de vos rêves.

BEST RIDE TOURS

2 rue Ahmed Akhenouch
✆ +212 6 61 79 54 89
www.bestridetours.com
Ouvert tous les jours.
Réservations possibles par Whatsapp.

Cette agence a su nous séduire par la qualité de son accueil et de ses prestations, son professionnalisme et par sa flotte de véhicules parfaitement entretenus. Transferts, circuits, excursions diverses et mise à disposition sur Agadir, Marrakech, Casablanca... Chacune des demandes sera traitée avec attention par Bouchaib, homme polyglotte au parcours atypique, et qui maîtrise parfaitement son sujet, que ce soit pour un transfert de ville en ville, véhicule avec chauffeur ou pour une escapade d'un ou plusieurs jours. On recommande !

BO VOYAGES

Avenue Kéttani
✆ +212 5 28 82 92 30
www.bovoyages.com

Forte d'une trentaine d'années d'expérience, cette agence de voyages familiale, à l'accueil très sympathique, vous organise entièrement votre voyage, des billets d'avion aux réservations d'hôtels, en passant par les visites touristiques. Elle travaille dans tout le Maroc avec des guides locaux qui connaissent très bien leur région. L'agence dispose également de sa propre flotte de véhicules, que vous pourrez louer avec ou sans chauffeur. En passant par cette agence, vous obtiendrez de bons tarifs hôteliers dans plus de 1 400 établissements. Une agence fiable.

EXCLUSIVE TRAVEL SERVICES MOROCCO

Rue Oued Ziz, Résidence Tifaouine
✆ +212 5 28 84 84 46
www.exclusive-morocco.com
Agence de voyage qui fournit des expériences de découverte du pays. Consulter le site Internet.

Pour les amateurs d'émotions, tout le personnel compétent de cette antenne est à votre écoute pour vous assister dans la préparation de votre voyage. Que ce soit pour un séjour court ou long, l'agence propose des programmes personnalisés, hors des sentiers battus pour vous faire découvrir les richesses authentiques du Maroc. Exclusive Travel œuvre efficacement à travers tout le pays. Préparez-vous à vivre une expérience authentique, pleine de découvertes inattendues et de dépaysement.

SUN & SEA TRAVEL

Avenue Hassan II
✆ +212 5 2882891
www.sstmaroc.com
Disponible 24h/24 et 7j/7.

Agadir est une destination touristique prisée. Sun & See Travel, établi en 1996, est une référence dans le domaine du tourisme au Maroc. Ils proposent une large gamme de services à des prix compétitifs, des circuits qui combinent la visite des villes impériales, des voyages individuels sur mesure, des services pour les groupes et le tourisme d'affaires, des transferts et des excursions, ainsi que des activités sportives et d'aventure. Leur équipe spécialisée est prête à vous aider à réaliser votre projet de vacances, que ce soit en personne ou en ligne.

XTREEME TRAVEL

rue de la foire
✆ 212645792457
www.extreemetravel.com
Disponible 24h/24, y compris le dimanche.

Agadir offre une variété d'activités pour les voyageurs à la recherche d'aventure. Xtreeme Travel est un tour-opérateur généraliste qui propose des visites de la ville, des circuits extrêmes, des circuits privés et des excursions d'une journée. On peut réserver une demi-journée en VTT dans les environs, un circuit en 4x4 pour explorer le désert, une visite guidée d'Agadir avec transfert à l'hôtel ou une excursion dans la Vallée du Paradis avec hammam et massage. Quoi de mieux que de passer par une agence spécialisée pour éviter les désagréments ?

AGACITY CAR

Rue de la Plage
✆ +212 642 280 049
www.agacitycar.net
Compter à partir de 25 € par jour pour un véhicule économique. Tarifs dégressifs selon la durée de location.

L'agence propose à la location des voitures et 4x4 de toutes catégories pour pratiquer le tout-terrain. Agacity Car, c'est avant tout Jamal, son dynamique gérant. Sa réputation n'est plus à faire, il compte parmi les loueurs incontournables de la ville avec un des meilleurs rapports qualité/prix/service. Inclus dans le tarif, la dépose-récupération de la voiture à Marrakech et Casablanca, assurance tous risques. Les véhicules peuvent être loués pour deux jours, une semaine voire un mois : dans ce cas, des tarifs dégressifs très avantageux sont appliqués.

LPS CAR

6, avenue des FAR
✆ +212 5 28 84 41 07
www.lps-car.com
Location de voitures à partir de 20 € par jour, de 65 € les 3 jours et de 128 € la semaine (Logan, Clio, Lodgy).

C'est une petite agence en retrait de celle que vous pourrez trouver sur l'avenue Mohamed V, mais c'est avec gentillesse, sourire et professionnalisme que vous serez accueilli. Ici, l'équipe, sérieuse et réactive, est à votre écoute pour une prestation sur mesure, adaptée à vos besoins. Les voitures sont toutes récentes et bien entretenues, avec des tarifs de location très compétitifs. Comme la plupart des agences, le kilométrage est illimité, l'assurance multirisque incluse et la livraison de la voiture à l'aller et au retour gratuite. Une très bonne adresse.

MEXICANA TOURS

14, avenue des FAR
✆ +212 6 61 71 94 37
www.mexicana-tours.com
Location à partir de 30 € (2 jours minimum) pour une petite Sandero. Assurance tout risque et kilométrage illimité.

Sans doute l'une des meilleures agences sur Agadir ! Rien à redire, l'accueil de Momo est chaleureux et le professionnalisme à toute épreuve : disponibilité immédiate, assistance 7j/7, livraison et restitution possibles sans frais à l'aéroport d'Agadir et à Marrakech, parc bien fourni et entretenu. Une fiche d'état du véhicule se remplit à la remise des clés. Simplicité et grande prévenance de Mustapha et son équipe. Pas de pépin donc, et inutile de perdre son temps en négociations, les prix annoncés sont au plus bas toute l'année et défient toute concurrence.

LOUBAN HÔTEL RÉSIDENCE €

Avenue Mohammed VI
✆ +212 5 28 82 65 01
A partir de 250 DH la nuitée. Réduction à partir de 8 jours. Réception ouverte 24h/24. Wifi.

Face à la grande place El Amal, cet hôtel-résidence à petits prix jouit d'un emplacement central, près de nombreux commerces et à proximité de la plage. Il propose 33 chambres et studios, un peu désuets mais fonctionnels, qui sont répartis sur trois étages sans ascenseur. Les appartements disposent d'un coin cuisine avec frigo et d'un petit salon doté d'une télévision. Préférez pour des nuits plus paisibles les studios donnant sur la piscine de l'hôtel, ceux s'ouvrant sur l'avenue pouvant s'avérer bruyants. Petit déjeuner en supplément.

LA PETITE SUÈDE €

Avenue Hassan II
✆ +212 5 28 84 07 79
www.petitesuede.com
De 320 à 350 DH la chambre double avec petit déjeuner. Réduction à partir de la 3ème nuit.

Malgré un besoin de rafraîchissement, cet hôtel ancien reste une adresse bon marché pour une situation en plein centre-ville et à 10 min à pied de la plage. Environ vingt chambres modestes mais un peu vieillottes avec petite salle de bains. Une vaste terrasse, agréable pour prendre le petit déjeuner et écouter le ricanement des mouettes. L'hôtel propose un service de location de voitures ainsi que des vélos et le staff chaleureux et attentif saura vous conseiller en matière d'excursions dans l'Anti-Atlas. Wifi dans le hall d'entrée.

RIAD LES CHTIS D'AGADIR €

27 rue Houmane El Fetouaki
✆ +212 5 28 82 19 96
www.riadleschtisdagadir.com
Chambres à partir de 52 €. Réduction en réservant en direct.

Tenu par un couple de Français originaires de Lille, ce riad associe parfaitement la culture Chti à celle du Maroc. Un mélange explosif pour un pari réussi puisque l'accueil y est doublement chaleureux. Proche du souk, du centre-ville et de la plage, ce riad aux neuf chambres un brin kitsch reste confortable. Dans les parties communes comme dans les chambres, la propreté y est irréprochable. Il est judicieux de choisir les supérieures, en particulier celle à l'étage donnant sur l'extérieur. Hammam et transferts font partie des prestations proposées par la maison.

ADAN BEACH €€

Rue de la Plage Awrir 80000
✆ +212 5 28 31 42 36
https://adanbeach.ma
Appartement standard à partir de 600 DH la nuit.

Adan Beach Residence, Beach Front Apartments est un appart'hôtel idéalement situé en bord de plage, à quelques pas de Banana Point. L'établissement propose des hébergements confortables avec vue sur la mer, un restaurant, une piscine extérieure, un jardin et une terrasse. Certains logements sont climatisés et disposent d'un balcon et/ou d'un coin salon avec une télévision à écran plat. L'appart'hôtel propose également un service de location de voitures. Les plages d'Imourane et de Taghazout se trouvent à proximité, à 2,5 km et 3 km respectivement.

ATLANTIC HÔTEL €€

Avenue Hassan II
✆ +212 5 28 84 36 61
www.atlantichotelagadir.com
Exemple de tarif 80 € la chambre double avec petit déjeuner (novembre). Promotions sur le site Internet.

Compromis subtil entre authenticité et modernité, cet établissement intime et plein de charme vous donnera le sentiment d'un « nouveau chez soi », plongé dans une atmosphère de douceur et de sérénité. Du patio doté d'une agréable piscine au salon Khmissa invitant à un voyage culinaire savoureux, en passant par le bar lounge aux soirées musicales et le spa Rose des Sables, tout est fait pour que votre séjour soit une vraie réussite ! Pour votre confort, l'hôtel vous offre également l'accès à une plage privée sécurisée, à seulement 10 minutes à pied.

ECOLODGE ATLAS KASBAH €€

Tighanimine El Baz - Route d'Azrarag
✆ +212 6 61 48 85 04
www.atlaskasbah.com
Chambre double standard 115 €, single 87 € (ex. octobre). Piscine extérieure. Location de vélos.

Lauréat du trophée mondial du tourisme durable, cet écolodge est situé dans une grande kasbah, offrant une vue exceptionnelle sur les collines de l'Anti-Atlas, à 15 km d'Agadir. Il dispose de neuf belles chambres et trois grandes suites aux couleurs chaudes, faisant la part belle aux matériaux locaux, ainsi qu'une belle piscine extérieure. L'hôtel propose tout un panel d'activités, des cours de cuisine aux randonnées, en passant par le surf et le yoga. Une bonne adresse pour déguster un plat traditionnel composé de produits bio !

HÔTEL SUD BAHIA €€

Avenue des administrations publiques
✆ +212 5 28 82 11 25
www.bahia-city-hotel.hotels-agadir.com
Chambre à partir de 500 DH avec petit déjeuner. Wifi et bureau de change dans le hall d'entrée.

Ouvert depuis 1976, l'hôtel aurait besoin d'un bon rafraîchissement, mais les 246 chambres restent cependant correctes. Réparties sur quatre étages avec ascenseur, elles sont climatisées, dotées d'une télévision par satellite et s'ouvrent sur un balcon donnant au choix sur la mer ou la piscine de l'établissement. L'hôtel dispose d'un restaurant servant une cuisine traditionnelle et internationale, animé parfois par des groupes locaux. Egalement un bar à cocktails et une discothèque insonorisée. Un parking payant est disponible juste en face de l'hôtel.

NEW FARAH HÔTEL €€

Rue de la Foire
www.newfarahhotelagadir.online
Chambre double ou twin 42 € + taxes. Petit déjeuner non compris.

Situé en plein cœur d'Agadir, le New Farah Hôtel est un établissement qui offre un emplacement idéal pour découvrir la ville. À quelques encablures de la plage et de la marina, cet hôtel propose 47 chambres et appartements entièrement rénovés ainsi qu'une piscine. Les chambres sont décorées dans un style marocain et offrent des équipements tels qu'une TV à écran plat et un minibar. Certaines d'entre elles disposent aussi d'un balcon ou d'une terrasse. L'hôtel abrite le Sky, un restaurant panoramique ainsi qu'un café-snack à la piscine et un bar à chicha.

ODYSSEE PARK HÔTEL €€

avenue Mohamed V
www.odysseepark.com
Exemple de tarif : chambre standard vue sur parc 54 € la nuit (en novembre).

L'Odyssee Park Hotel propose des chambres décorées dans un style décontracté et chaleureux, avec une connexion Wi-Fi, une TV à écran plat et une terrasse. Les suites offrent également un salon séparé. Le petit déjeuner et le parking sont inclus dans le prix. L'établissement dispose d'un restaurant-bar, d'une piscine extérieure avec terrasse, d'un sauna et d'un jardin. Il offre également l'accès à une plage privée équipée de chaises longues et de parasols. On appréciera tout particulièrement l'emplacement de l'hôtel, à proximité du centre-ville et de la plage.

Forteresse d'Agadir.

PALAIS DES ROSES HÔTEL & SPA €€

Secteur Balnéaire, Baie des Palmiers Cité Founty
✆ + 212 5 28 84 94 00
www.palaisdesroses.com
Promotions sur le site.

Cet hôtel haut de gamme en bordure de la baie d'Agadir propose des chambres décorées avec chaleur et équipées d'une TV à écran plat, mini bar et coffre-fort. Certaines disposent également d'un canapé-lit et d'une terrasse aménagée. Les suites sont dotées d'une kitchenette et d'un salon en plus. L'hôtel possède trois restaurants, un bar, un court de tennis en terre battue, une salle de jeux, un spa avec hammams et thalasso, une salle de sport, des piscines extérieures et un kids club.

TIKIDA GOLF PALACE €€

km 7, Route de Bensergao
✆ +212 5 28 83 27 27
www.tikidagolfpalace.com
Chambre double autour de 160 € la nuit.

Le Palais du Golf de Tikida est un hôtel 5 étoiles entouré de nature et fonctionnel comme on peut les rechercher. Ses 60 suites climatisées comprennent une terrasse, un coin bureau, un vaste dressing et elles sont également équipées d'une connexion wifi et d'une TV à écran plat. Le Palais du Golf est pourvu de deux parcours de golf 18-trous qui laissent la possibilité et le loisir de vous initier à cette discipline ou de vous perfectionner. Pendant votre séjour, vous pourrez aussi profiter de la piscine, du jardin et du spa. Parfait pour combiner golf et repos.

PARADIS NOMADE €€

Douar Azrarag
✆ +212 6 71 12 15 35
www.paradis-nomade.com
Chambre berbère en dur 39 €/nuit, supérieure 74 €.

A quelque 15 kilomètres au-dessus d'Agadir, Emma et Choukry accueillent les voyageurs dans un havre de paix. Le Paradis Nomade est leur terrain de jeu au cœur d'un terrain de deux cents arganiers. Fondues dans ce joli paysage en terrasses, huit chambres coquettes avec vue sur les montagnes, des tentes berbères traditionnelles et en dur, aménagées pour 4 à 5 personnes, et perchées sur les hauteurs du terrain, d'agréables petites villas indépendantes où l'on se sent comme à la maison. Ambiance campagnarde et familiale au soleil.

VILLA DU SOUSS €€

✆ +212 6 66 27 34 34
www.villadusouss.com
Exemple de tarif en novembre : 75 € la chambre double avec petit déjeuner.

Dans cette superbe demeure aux 74 fenêtres située à seulement 10 min de l'aéroport d'Agadir, la famille de Mekki vit depuis les années 70. Son père en a fait un véritable havre de paix au cœur de 1,3 ha de terrain, peuplé de citronniers, d'oliviers et d'orangers. A l'intérieur, les pièces se succèdent autour du patio central où chaque porte, chaque fenêtre, chaque meuble est authentique, chiné au cours d'une vie. Les chambres ont les murs colorés, unis, et les plafonds explosent de couleurs et de formes dans le style du Haut Atlas : dépaysant à souhait.

RESIDENCE YASMINA €€

rue de la Jeunesse
✆ 212660011880
www.residenceyasmina.com
Appartement avec balcon : 43 € la nuit avec un couchage pour 5 personnes.

La Résidence Yasmina est un appart-hôtel 3 étoiles situé à seulement 5 minutes à pied du zoo de la Vallée des oiseaux et à 700 m de la plage d'Agadir. Certains appartements disposent d'une terrasse ou d'un balcon privés, et tous ont une kitchenette équipée, une salle de séjour séparée et sont ornés de zelliges. L'établissement propose une piscine extérieure, un jardin tropical, un salon d'inspiration marocaine et un toit-terrasse avec vue sur l'océan. Parking et wifi gratuits sont à disposition de la clientèle et viennent compléter l'offre.

DOMAINE VILLATE LIMOUNE €€€

Route de Taroudant, km 40
✆ +212 5 28 52 69 64
https://domainevillatelimoune.ma
A partir de 300 € la suite exécutive.

En pleine nature, cette ferme d'hôtes écotouristique est sans aucun doute notre adresse coup de cœur dans la région ! Amine a aménagé une partie du domaine familial qui s'étend sur 400 ha en un lieu d'exception avec parc animalier, piscine, terrain de foot, courts de tennis et salle de sport avec coach. Des belles suites, une villa privée et le restaurant La Table des Saveurs complète l'offre, dans ce cadre plus que relaxant. Amine, passionné d'animaux, a récupéré diverses espèces abandonnées, faisant de ce parc un beau parcours éducatif. A ne pas manquer !

HÔTEL TIMOULAY & SPA AGADIR €€€

Cité Founty F6, Baie des palmiers
✆ +212 5 28 23 42 20
www.timoulayhotel.com
Exemple de prix : chambre double supérieure 126 € (mi-décembre).

Situé en seconde tranche par rapport à la plage, le Timoulay a su trouver le bon équilibre architectural entre les dernières tendances design et la culture berbère. Toutes les chambres, très confortables, ont vue sur le jardin et la piscine d'eau salée. L'établissement possède aussi un Spa, offrant hammam, sauna, massage ou encore pédicure. Le personnel est parfaitement formé et très attentionné. A noter : l'hôtel est accessible aux personnes handicapées.

HYATT PLACE TAGHAZOUT BAY €€€

Route d'Essaouira
✆ +212 5 28 29 68 68
www.hyatt.com
Hôtel haut de gamme proposant des chambres de 120 à 260 € par nuit.

Le Hyatt a un emplacement exceptionnel. Situé sur les hauteurs de la côte entre Agadir et Taghazout, il dispose d'une vue à couper le souffle. On a l'impression que la piscine se jette dans l'océan. La marque, connue mondialement, s'offre donc un site hors du commun sur une côte prisée, avec une architecture moderne et une décoration épurée. La plupart des chambres donnent sur l'océan et le golf. Un établissement sans équivalent, pour le moment, sur ces 20 kilomètres de côte.

IBEROSTAR FOUNTY BEACH €€€

Cite Founty
www.iberostar.com
Formule all-inclusive 160 € + taxes, la nuit en chambre double avec bacon.

Le complexe hôtelier Iberostar Founty Beach est un 4-étoiles niché au milieu de jardins luxuriants bordés de palmiers, offrant un cadre luxueux en bord de mer. L'hôtel se trouve à proximité des quartiers fortifiés de la Médina et des ruines antiques d'Agadir Oufella. Les chambres sont contemporaines et disposent de toutes les commodités modernes telles qu'une TV à écran plat, une connexion wifi et un mini bar. Certaines chambres offrent une vue sur l'océan et un coin salon. Un club pour enfants est également à disposition pour passer un séjour des plus relaxants.

RIAD VILLA BLANCHE €€€

Baie des Palmiers
✆ +212 5 28 21 13 13
www.riadvillablanche.com
Exemple de tarif : 185 € en novembre, chambre Elégante vue sur le patio. Piscine extérieure. Parking.

Il aura fallu des années de dur labeur pour que ce projet prenne vie, et c'est en tout point réussi ! C'est même notre coup de cœur à Agadir. Spacieuses et élégantes, les chambres de ce boutique-hôtel situé dans la Baie des Palmiers s'articulent autour d'un beau patio. Meubles berbères ou chinés aux quatre coins du globe, le décor est somptueux et lumineux. Ajoutons à cela un personnel attentif, une cuisine raffinée et un spa de qualité (bain bouillonnant, piscine chauffée, sauna, hammam, salle de fitness) et l'on est sûr de passer un bon moment cocooning.

RIU TIKIDA BEACH €€€

Rte de L'Oued Sous S/N
✆ +212 5 28 84 54 00
www.agadirtikida.com
Entre 150 et 200 € la chambre double en « all inclusive », selon la période de l'année et la durée du séjour.

Une grande structure hôtelière de 233 chambres en bord de mer construite par les propriétaires du Golf du Soleil. Accès privilégié au golf, au centre de thalassothérapie, à la gigantesque piscine et à des chambres plutôt confortables. Très fréquenté par les groupes. Personnel très serviable et cuisine variée. Le genre de lieux prisé à Agadir où tout le confort est regroupé au même endroit. Accès à la plage en quelques foulées. Idéal pour les couples et les familles nombreuses désireuses de laisser leurs enfants gambader simplement.

TOMY FOOD €

Agadir Bay
✆ +212 6 61 48 65 39
Fast-food de qualité, ouvert de 8h à 1h du matin.

Au restaurant Tomy Food, vous retrouverez une grande carte composée majoritairement de plats occidentaux mais avec quelques spécialités locales. Un point de jonction entre la médina et le centre-ville, proche des quartiers touristiques et de la plage. Prix très abordables, et assiettes préparées avec soin. On y trouve des burgers de qualité, des tiramisus appréciables et toute une gamme de salades préparées rapidement. Une bonne adresse pour manger sur le pouce, sur une artère de passage entre plusieurs axes principaux de la ville.

CAFÉ RESTAURANT IBTISSAM €

Place Tamri

✆ +212 5 28 82 46 53

Ouvert tous les jours, de 10h à 22h.
Couscous royal 55 DH.

Sur une place paisible, au cœur du quartier de Talborjt, ce restaurant familial est apprécié des locaux comme des visiteurs. Plusieurs spécialités marocaines à la carte, dont tajines et couscous en veux-tu en voilà, brochettes de foie.... Proximité des flots oblige, on peut aussi y déguster du poisson frais : filet de merlan, sole grillée, lotte... Certaines spécialités telles la pastilla, le méchoui ou le poisson au four, doivent être commandées à l'avance. La terrasse, à l'ombre des parasols, invite à se poser au calme, le temps d'un repas simple mais bon.

LA LAMPARA €

Boulevard du 20 août

✆ +212 5 28 82 08 91

Ouvert tous les jours, de 8h à 22h.
A partir de 40 DH le plat.

Installé sur une jolie place à l'écart de la foule de touristes, ce restaurant sans prétention est une bonne option pour déjeuner ou dîner. Comme la tradition espagnole, la boisson est ici accompagnée d'une tapa maison. Côté cuisine, vous aurez un large choix de plats marocains, poissons, viandes et spécialités italiennes, de quoi combler les envies de chacun ! Vous pourrez vous attabler en terrasse ou dans la salle de restaurant. L'endroit est aussi agréable pour déguster une bière fraîche entre amis et faire une pause entre deux balades.

COSTA BELLA €

Rue de la Plage

✆ +212 6 04 40 87 22

Ouvert tous les jours de 8h à minuit.
Comptez entre 55 et 130 DH le plat.

Au milieu d'une pléthore de restaurants sur le front de mer, cette adresse se démarque par son service professionnel très agréable. Vous pourrez vous attabler en terrasse ou dans la salle de restaurant climatisée. A la carte, des saveurs ottomanes, marocaines et libanaises à des prix très abordables. On peut y commander des kebab, des tajines, du kabsa, du riz à la viande, entre autres plats consistants et copieux. Le cadre est paisible au petit matin pour savourer un bon petit déjeuner sur la terrasse, ombragée ou ensoleillée selon votre humeur du jour.

CHEMS AYOUR €€

Douar aïn Sidi Belkacem, Temsia

✆ +212 5 28 31 97 97

www.chems-ayour.com

Dîner et spectacle tous les jours à partir de 18h.
Compter autour de 400 DH par personne.

Au cœur de la vallée du Souss, à environ 25 minutes d'Agadir, Meryam et son équipe seront vos hôtes dans un cadre exceptionnel où se retrouvent les plus belles expressions du patrimoine marocain. Le dîner est servi sous des tentes caïdales, où les plats élaborés dans la plus pure tradition gastronomique marocaine s'enchaînent au rythme endiablé des troupes folkloriques venues des quatre coins du pays. Pour terminer en beauté, vous assisterez à un spectacle haut en couleur où s'exécutent acrobates, cracheurs de feu et danseuses du ventre, selon les jours. Magique !

CHEZ IMIM €

n1 Angle Avenue du 29 Fevrier et avenue Kenedy

✆ +212 5 28 82 56 33

Ouvert tous les jours de 7h à 23h.

Situé au croisement entre l'avenue Kennedy et celle du 29-février, face à la mosquée Hassan II, l'établissement est un point de passage idéal pour contempler le quartier. Malgré sa belle visibilité, repérable au loin, il se trouve tout de même écrasé par l'immense mosquée qui le surveille. Bénéficiant d'une terrasse à la vue imprenable sur le lieu de culte, on y retrouve le cœur battant de l'âme d'Agadir. Café et thé à la menthe se prennent avec plaisir en regardant la vie marocaine se déployer sous nos yeux. Possibilité de prendre des petits déjeuners.

LE FLORE €€

Rue de la Plage

✆ +212 5 28 84 88 39

Entre 50 et 190 DH le plat.
Ouvert tous les jours pour le service du midi et du soir, dernier service 23h30.

Parmi les dizaines de restaurants qui jouxtent le front de mer, nous privilégierons celui-ci pour son cadre familial et reposant et sa cuisine honnête. On l'apprécie également pour boire un thé l'après-midi lorsque le vent souffle à Agadir et que la séance bronzage est écourtée. La cuisine est variée (filet de bœuf, gambas grillées, plats végétariens...). A noter que les plats pourraient gagner en qualité notamment au niveau de la présentation, mais la variété des menus rattrape l'impression milieu de gamme que donne le restaurant.

PURE PASSION €€

Résidence N°02 m1 Complexe Marina
✆ +212 5 28 84 01 20
www.purepassion.ma
De 12h à 23h tous les jours.
Comptez environ 300 DH le repas.

Une adresse raffinée pour une cuisine gastro de haute volée. Parmi les réjouissances et pour vous donner l'eau à la bouche, on citera : le tataki de thon rouge, les pavés de saumon ou de bar ou encore le homard grillé. Les amateurs de viande auront eux aussi l'embarras du choix avec le tournedos Rossini, le carré d'agneau à la persillade et le rôti de magret de canard au miel et au gingembre. Les becs gourmands, quant à eux, trouveront leur compte dans ce cadre un brin sophistiqué, juste ce qu'il faut pour passer un bon moment, à deux ou entre amis gourmets.

RESTAURANT KHMISSA €€

Avenue Hassan II
✆ +212 5 28 84 36 61
www.atlantichotelagadir.com
Ouvert tous les jours de midi à 15h, et de 19h à minuit.

Niché dans l'hôtel Atlantic, ce restaurant à l'ambiance feutrée est une agréable surprise. Pour commencer, un moment de détente en musique autour d'un cocktail au bar, avant de se mettre à table pour y déguster une cuisine raffinée. On recommande le plateau de dégustation Khmissa, qui permettra de se faire une idée des différentes saveurs du terroir telles que *trid*, *hargma*, ou encore les lentilles au *khli*. Les amateurs de fruits de mer apprécieront le tajine de poulpe ou de moules séchées. Enfin les douceurs revisitées permettront de clore la soirée en beauté.

RESTAURANT SCAMPI €€

Avenue Hassan-II
✆ +212 5 28 84 40 54
Ouvert tous les jours de midi jusqu'à 23h, dernier service. De 150 à 200 DH par personne pour un repas.

Sur une terrasse ombragée de l'avenue Hassan-II, Scampi prend des airs de trattoria et propose une table variée, qui s'étend de la sole à la viande grillée, pour un prix toujours raisonnable. A noter que le couscous y est également de très bonne qualité. Le poisson reste le plat phare dans cette ville portuaire, l'occasion de déguster par exemple une daurade à la chair fine d'une fraîcheur extrême. Depuis des décennies, l'ambiance familiale qui y règne lui assure une excellente réputation en ville et lui offre une clientèle de proximité fidèle au rendez-vous.

LA TABLE DES SAVEURS €€

Route de Taroudant, km 40
✆ +212 5 28 52 69 64
https://domainevillatelimoune.ma
Ouvert tous les jours, de 7h30 à 23h. Plats à partir de 140 DH. Entrée du domaine 80 DH.

Formé en France, le chef marocain Younes Abella vous invite à un voyage culinaire plein de saveurs à travers une carte inventive, mettant en valeur les produits de la ferme. Le choix sera difficile tant tous les plats sont appétissants : wok de légumes et gambas, risotto à l'encre de seiche, tataki d'autruche, couscous aux 7 légumes… On regrettera peut-être le verre de vin pour accompagner certains plats, mais la carte propose de délicieux jus de fruits frais. Au restaurant ou en terrasse, le cadre est très relaxant. Brunch du dimanche avec spectacle de chevaux.

LA VILLA BLANCHE €€€

50 baie des Palmiers secteur cité Founty
✆ +212 5 28 21 13 13
www.riadvillablanche.com
Comptez entre 350 DH et 500 DH pour un repas complet.

Une très belle table à Agadir dans un cadre enchanteur. Le pari semble réussi pour cet établissement qui figure parmi les meilleures adresses d'Agadir. On retrouve ici une cuisine gastronomique très française (bouillabaisse, risotto à la truffe) et marocaine basée sur des produits régionaux et de saison. En bord de mer, les poissons sont bien évidemment à l'honneur, carpaccio ou encore filet de loup, le tout magnifiquement présenté. Une très belle carte de vins français et marocains accompagne dignement les mets. Service irréprochable !

PÂTISSERIE YACOUT

Avenue Des Forces Armees Royales
✆ 212 5 28 84 65 88
Pâtisserie fournissant de nombreux produits orientaux mais aussi des plats du monde.
Ouvert de 7h à 22h tous les jours.

Vous trouverez à cette enseigne un choix varié de pâtisseries marocaines et françaises, à emporter ou à déguster à une table du café du même nom qui juxtapose la boulangerie. Y sont vendus des gâteaux de toutes sortes, notamment aux amandes, mais aussi de délicieuses gaufres et les fameuses cornes de gazelles. Le tout, dans des présentations propres et soignées, pour le service à table au café attenant. La pâtisserie Yacout est un véritable paradis des papilles qui propose également quelques jus de fruits pour désaltérer les plus gourmands.

AL MOUGGAR LIVRES

Ave du Prince Moulay Abdallah
✆ +212 5 28 84 27 12
www.almouggar.com
Ouvert du lundi au samedi de 9h à 12h30 et de 15h à 19h30.

Pas de panique si vous avez oublié votre roman à la maison. Al Mouggar est l'une des librairies les plus courues de la ville. On y trouve de tout : des ouvrages classiques, les nouveautés de la rentrée littéraire, des auteurs maghrébins à découvrir, sans oublier les polars qu'on affectionne tellement en vacances. Les enfants ne sont pas en reste avec un rayon qui leur est entièrement dédié : ils y trouveront une collection de livres, de BD, de jeux et d'activités. Si vous ne trouvez toujours pas votre bonheur, on se charge de vous le commander.

LA CAVERNE D'ALI BABA

Quartier industriel, lotissement Al Faiz, parcelle 33, rue Oujda
✆ +212 5 28 84 88 80
Artisanat berbère ouvert tous les jours.

La diversité des arts historiques de la région (berbère, touareg et arabe) s'entasse proprement dans cet antre qui porte bien son nom. On se fraye un passage entre les miroirs aux somptueuses mosaïques, on évite une sculpture de cheval d'un mètre de hauteur, on s'enfonce sur la pointe des pieds pour atteindre les derniers trésors nichés au fond de la boutique. Ambiance féerique garantie. Un lieu où flâner tranquillement pour trouver un peu de fraîcheur au milieu de sa journée et peut-être rapporter un beau souvenir à la maison.

LIBRAIRIE AL YOUSSOUFIA

71, rue Tarfaya, bloc 1 n°3
✆ +212 5 28 84 06 42
Ouvert tous les jours sauf le dimanche de 9h à 13h et de 15h à 21h.

Librairie bien fournie, surtout en manuels scolaires, certes, mais si votre roman de plage touche à sa fin, vous y trouverez sans doute de quoi vous mettre sous la dent pour le restant de vos vacances. Fournitures de bureau et cartes routières y sont également disponibles en quantité. Une adresse où les touristes sont rares, et où toute une assemblée masculine s'affaire à la quête de votre bonheur. Correctement rangée et disposant de nombreux moyens de bagages, vous pourrez également pallier l'éventuelle casse de votre valise.

TARGANINE

33 Rue de Marrakech, Bloc 3
✆ +212 5 28 21 16 55
www.targanine.com
Production d'huile d'argan par une coopérative féminine. Ouvert de 9h à 12h30 et de 14h30 à 19h sauf le dimanche.

Targanine est une union regroupant six coopératives d'huile d'argan, soit au total quelque 130 coopératrices plutôt issues de la région du Souss. Les femmes produisent des huiles cosmétiques et alimentaires, ainsi que de l'huile de figue de Barbarie (riche en vitamine E), alliant méthodes traditionnelles et modernes. L'activité de l'union tend à s'inscrire dans une exploitation durable du peuplement d'arganier, en replantant des arbres. Accro à l'argan, vous avez la possibilité de commander les produits en étant à l'extérieur du Maroc via le site web.

JET SKI ACADÉMIE AGADIR

Plage d'Agadir
✆ +212 6 61 63 75 21
Institut de formation aux pratiques des sports motonautiques du Maroc.

Agadir, c'est le temple du jet ski. Et si c'était l'occasion pour vous de fendre l'océan en vous essayant à des sensations de vitesse sur la baie ? Adapté aux débutants comme aux professionnels, Jet ski académie propose des initiations de 30 minutes comme des balades de 3 heures, en toute sécurité. Pour des sensations encore plus fortes, le club organise d'autres activités ludiques comme le Flyboard ou la bouée tractée. Egalement des balades en bateau pour ceux qui préféreraient une sortie plus tranquille. Club sérieux et service professionnel.

SPA MUSÉE DE L'ARGAN

Avenue Moulay Youssef
✆ +212 5 28 84 87 82
Ouvert tous les jours de 10h à 21h.
Hammam traditionnel à partir de 150 DH.
Soins à partir de 200 DH.

Ouvert en 2006, ce spa est à l'origine un musée d'objets anciens conjugué avec un espace de détente et de soins. Dans cette ambiance chaleureuse et paisible, vous pourrez profiter de toutes sortes de soins : gommage, massage, manucure, pédicure... Le tout est réalisé avec des produits bio, mélanges d'huiles végétales et essentielles. Le spa travaille même avec une coopérative locale qui fabrique une huile d'argan de qualité. Egalement un hammam pour une détente totale. Plusieurs formules au choix. Equipe sympathique et professionnelle.

TAGHAZOUT BAY

A seulement 15 km au nord d'Agadir, Taghazout Bay est une destination en vogue, très prisée par les habitants d'Agadir qui viennent s'y loger. L'endroit est exceptionnel, avec ses longues plages magnifiques et ses collines plantées d'arganiers en toile de fond. Conçu de manière durable, Taghazout Bay abrite un ensemble hôtelier, des appartements en locations et de très bons restaurants. En plus de son golf et de ses superbes vues sur l'Atlantique, elle dispose d'un village de surf pour les amateurs et bientôt d'une académie de tennis. Au sein du village vacances, de nombreuses activités et animations sont également proposées aux familles.

TARGANT TAGHAZOUT BAY

✆ +212 661 087 373

www.targanttaghazout.com

Fermé lundi. Entrée à partir de 110 DH par personne.

Un musée ultra-moderne pour découvrir l'argan dans tous ces états. Ecrans, hologrammes, show immersif, vidéo wall, interactivité participative, vous n'êtes pas prêt de vous ennuyer ici, tout en apprenant plein d'informations intéressantes sur l'arganier. Inscrit au patrimoine de l'Unesco, cet arbre endémique de la région d'Agadir promet de dévoiler tous ses secrets culinaires, de beauté et autres. Pour compléter l'expérience, vous pourrez visiter un atelier de production, acheter des produits et surtout, vous délecter de mets délicats à base d'argan. A découvrir !

TAGHAZOUT BAY

✆ +212 5 30 67 58 28

www.taghazoutbay.ma

Voici la nouvelle station touristique à la mode près d'Agadir, construite dans le respect de l'environnement. Des hôtels de luxe aux appartements locatifs, en passant par ses restaurants à la cuisine délicate, son golf vallonné et ses installations sportives de qualité, tout a été réalisé pour vous offrir un séjour complet, diversifié et mémorable. Vous pourrez entre autres visiter la région, partir en randonnée, faire une session de surf ou tout simplement profiter de la plage ou des piscines des hôtels. Le tout dans un cadre superbe !

FAIRMONT TAGHAZOUT BAY €€€

Station Touristique, km 17

✆ +212 5 28 28 28 28

www.fairmont.fr

Chambre double à partir de 5 400 DH.

Ce *resort* de luxe s'étend sur 18 hectares le long de la baie de Taghazout, offrant des vues incroyables sur l'océan Atlantique depuis ses 153 chambres, suites et villas. Ici, c'est un sans-faute : le confort est optimal et les prestations de grande qualité. Le site est parfait pour un séjour détente, entre ses piscines surplombant la mer et son spa de 1 800 m². Plusieurs activités sont possibles depuis l'hôtel comme des cours de boxe, des excursions à vélo ou des sessions de surf. Trois restaurants aux cartes inspirantes vous accueillent pour des repas délicats.

Surfeurs à Taghazout.

HYATT REGENCY TAGHAZOUT €€€

Km 17 Route d'Essaouira
✆ +212 5 28 38 12 34
www.hyatt.com

Entre mer et montagnes, le Hyatt Regency Taghazout offre un cadre exceptionnel pour un séjour inoubliable. A deux pas du golf, les amateurs apprécieront sa situation privilégiée. Les chambres spacieuses, dont certaines avec de superbes vues sur l'océan, invitent à des moments relaxants dans un confort moderne. Entre les diverses excursions, activités et animations, vous ne vous ennuierez pas ! Mais accordez-vous des pauses relaxantes et prenez soin de vous au Spa. En plus, les 4 restaurants régaleront vos papilles par leur cuisine délicate. Parfait, non ?

RADISSON BLU RESORT TAGHAZOUT BAY SURF VILLAGE €€€

Station Touristique de Taghazout
✆ +212 5 25 08 30 00

Bungalows avec 2, 3 ou 5 lits et chambres triples. A partir de 86 € la nuit. Petit déjeuner inclus. Parking gratuit.

Situé en bord de mer, le complexe Sol House jouit d'un cadre splendide pour un séjour entre amis ou en famille dans des bungalows lumineux et modernes dont certains disposent d'une terrasse avec hamac et vue sur l'océan. Entre farniente au bord de la piscine, salle de gym, beach-volley, golf, sauna, académie de surf sur la plage ou encore sets de DJ le soir, vous trouverez sans nul doute votre séjour trop court pour pouvoir profiter de l'ensemble des activités proposées !

WHITE BEACH RESORT TAGHAZOUT €€€

✆ +212 5 28 38 49 49
https://whitebeachtaghazout.com

Ce superbe complexe propose des chambres luxueuses, au confort optimal. Certaines dévoilent des vues splendides sur la mer, d'autres sur la piscine ou le jardin. On s'y restaure dans l'un des trois restaurants, dont un délicieux italien, ou au snack près de la piscine. Les plus jeunes et les sportifs seront comblés avec diverses installations sportives (mini-golf, terrains de tennis et foot). Nombreuses activités sur place et animations en soirée. Prestations de grande qualité.

ALAIA SURF SCHOOL

Tawenza Square
✆ +212 6 64 08 53 28
www.alaia.ma
contact@alaia.ma

© SOUFIANE

Ce professionnel de surf passionné dispose de plusieurs écoles de surf à des prix abordables, installées dans des lieux d'une beauté exceptionnelle. Il possède aussi un magasin à Tawenza Square ainsi qu'une boutique en ligne où il vend toutes sortes de vêtements pour hommes, femmes et enfants ainsi que des combinaisons de surf. Il est le seul au Maroc à proposer les marques Quiksilver, Roxy, Billabong ou encore RVCA. On y trouve aussi de belles planches d'occasion et différents accessoires. Un arrêt incontournable pour les amateurs de surf.

MORIMOTO €€€

Km17 route d'Essaouira
✆ +212 5 28 28 28 28

A la carte. Sélection robata du chef 800 DH. Service jusqu'à 23h30.

Morimoto, c'est le grand pari d'amener les saveurs nippones signées d'un grand chef jusqu'aux portes du Grand Sud marocain. On ne peut qu'être ravi de cette proposition, surtout lorsqu'on connaît l'engouement du public envers cette cuisine d'un autre monde. Il faut aller à l'hôtel Fairmont de Taghazout, assez spectaculaire soit dit en passant, pour se régaler dans un cadre très chic. Difficile de choisir entre tempura, soupes miso au homard, fruits de mer toban yaki, maki, sashimi, sans oublier la sélection grill robata. Un moment de raffinement et de partage.

BLU BEACH TAGHAZOUT BAY

Km 16 Route

Ouvert tous les jours de 12h30 à 22h.

Coup de cœur pour le tout premier beach club du Maroc ! Ici, se réunissent touristes locaux, nationaux et internationaux pour profiter d'un spacieux espace, les pieds dans le sable, face à l'océan. Il se compose d'un restaurant aux mets copieux et de deux bars, dont le bar Amiral, construit tout en longueur, et un vaste espace piscine qui peut accueillir jusqu'à 400 personnes ! Le Blu Beach Taghazout Bay est voué également à accueillir des événements privés et régionaux comme des mariages, des festivals de musique et autres concerts.

TAGHAZOUT VILLAGE ...

Pour ceux qui recherchent l'authenticité et la tranquillité, le petit village de Taghazout est un joli port de pêcheurs et un paradis pour les surfeurs en hiver, situé à une trentaine de minutes en voiture d'Agadir. On y apprécie sa douceur de vivre et son climat agréable tout au long de l'année. Il ne faut pas confondre avec Taghazout Bay, la nouvelle station touristique où ont poussé de grands complexes hôteliers de luxe, à environ 4 km au sud du village. Ici, on trouve des auberges de jeunesse à petit prix et des restaurants sans prétention où il fait bon déguster des plats traditionnels. Rien à voir avec l'ambiance guindée d'Agadir.

GOLF TAZEGZOUT

Km 17 route d'Essaouira

✆ +212 671 818 189

http://tazegzout.com

Parcours 18 trous à partir de 650 DH.

Les amateurs de golf apprécieront sans aucun doute ce parcours de golf 18 trous surplombant l'océan Atlantique. Dessiné par Kyle Philips, une référence dans le domaine, il épouse parfaitement le site naturel, planté d'arganiers. Tout le long, les vues sur la mer sont splendides. Dans ce cadre naturel exceptionnel, les joueurs de tous niveaux affrontent les challenges, notamment des derniers trous. Depuis peu, un nouveau parcours de 9 trous se prolonge vers le bord de l'océan, offrant aux golfeurs une expérience ludique et complémentaire du 18 trous.

ORIGINAL SURF MOROCCO €

Tamraght Village

✆ +212 8 08 50 64 05

www.originalsurfmorocco.com

A partir de 34 € la chambre double.

Pack logement + nourriture + leçons de surf à partir de 75 € par jour.

Un petit hostel sympa tenu par Abdellah et son équipe. Pour des prix très raisonnables, vous pourrez vivre entièrement l'expérience d'un surf camp tenu par un professeur de surf et de yoga. L'établissement propose des chambres privées, mais aussi des chambres à partager, disposant de lits simples. La journée commence tôt, avec un petit déjeuner copieux, et s'organise tout autour des vagues, des leçons de surf et de la récupération par le yoga qui suit. Le bâtiment bénéficie d'une belle terrasse avec vue panoramique sur la baie de Tamraght.

PARADIS PLAGE RESORT €€

KM 26 Route d'Essaouira, Imi Ouaddar

✆ +212 5 28 20 03 82

paradisplage.com

Chambres et appartements à partir de 115 €.

Ouvert toute l'année.

Paradis Plage est l'endroit idéal pour passer un séjour détente. Spacieuses et lumineuses, les suites sont dotées de tout le confort nécessaire et disposent toutes d'une terrasse. Pour les voyageurs désirant plus d'intimité, les bungalows de plage en duplex sont particulièrement chaleureux et élégants. Le petit plus, l'accès direct sur la plage privée ! Villas et appartements sont aussi disponibles pour les familles ou les groupes. Le club de surf dispense des cours de bon niveau pour les novices, les confirmés eux pourront profiter des meilleurs spots.

IMOUZZER DES IDA OUTANANE ★★

Comptez environ 1 heure 30 de route depuis Agadir pour arriver aux cascades. D'Immouzer, on peut aussi rejoindre la route de Marrakech par une route de 47 km, ainsi que la route d'Essaouira. L'embranchement pour la route de l'asif Tamkrat ou vallée du Paradis, nom donné à la vallée par un riche Américain, part du village de Tamkrat, à 10 km d'Agadir. Une fois entré dans la vallée, vous apercevez sur le versant gauche de la montagne le village pittoresque d'Aourir avec sa mosquée et son marabout ; et sur le versant opposé, des cultures verdoyantes d'orge et de blé ainsi que des plantations d'amandiers et d'oliviers. Les espaces non cultivés sont parsemés d'arganiers. Le parcours prend ensuite les allures d'une véritable route de montagne : les virages en épingle à cheveux sont nombreux, la vallée se resserre, le paysage devient plus aride à mesure que vous prenez de l'altitude. Vous débouchez sur une vallée beaucoup plus accueillante que la précédente. La vue est fantastique. Au fond de la vallée, le soleil se reflète dans les oueds, et de la lisière d'une superbe palmeraie se détachent d'immenses parois de rocaille blanche et rose. Vous entrez dans la palmeraie en traversant un petit gué qui peut s'avérer dangereux en période de pluie. Sur la route, vous trouverez également des points de départ de deux itinéraires de balade à travers la vallée, signalés par des panneaux explicatifs. Comptez environ 3 heures aller-retour pour les deux balades. La route est goudronnée jusqu'en bas des cascades. Vous pouvez vous baigner dans les bassins naturels formés par de superbes chutes.

AUBERGE BAB IMOUZZER €

Route d'Imouzer
✆ +212 6 70 13 10 06
www.aubergebabimouzer.com
Chambre à partir de 200 DH.
Petit déjeuner non compris.

Située à environ 3 km de la vallée du Paradis, cette *guesthouse* est construite sur le flanc d'une colline au milieu d'une végétation luxuriante. La piscine et les terrasses offrent une splendide vue sur les environs. Les chambres sont simples, spacieuses et propres, dans un style un peu kitsch. Choisissez celles qui ont une vue du côté de la piscine avec balcon pour profiter du paysage. On apprécie aussi l'atmosphère paisible qui règne dans cette auberge de charme, en plus de son côté convivial. Plusieurs excursions possibles au cœur de cette nature sauvage.

HÔTEL DES CASCADES €€

✆ +212 6 14 28 62 34
Chambres doubles dès 540 DH.
Petit déjeuner autour de 50 DH par personne.
Menu du restaurant à partir de 130 DH.

C'est un bel hôtel dans un site extraordinaire où les chambres sont propres et confortables. De la terrasse, la vue est superbe et vous entendez en contrebas le fracas des chutes. En ce qui concerne la cuisine, la carte est française et variée. L'hôtel est équipé d'une belle piscine en bas des jardins ainsi que d'un court de tennis. La route est goudronnée jusqu'en bas des cascades. Vous pouvez vous baigner dans les bassins naturels formés par les trois superbes chutes, auxquelles les habitants de la région ont donné le nom de « voiles de la mariée ».

Imouzzer des Ida Outanane.

PARC NATIONAL DE SOUSS MASSA ★

En direction de Ksar Massa, vous arrivez au parc national de Souss Massa, situé à l'embouchure de l'oued Massa. Cette réserve naturelle, d'une superficie de 130 000 ha, abrite des mammifères, comme les mangoustes, chacals et gazelles, et des oiseaux, comme les faucons, cormorans et hérons. On part à la découverte de la faune saharienne à travers des réserves animalières : Roken et Arrouais, ainsi que deux secteurs côtiers. A visiter le matin et le soir, plutôt en hiver. Vers le sud, les arabisants apprécieront les inscriptions à même les montagnes : « Allah, Al Watan, Al Malek » (« Dieu, la Nation, le Roi »), rappel des piliers fondamentaux du royaume.

KSAR MASSA €€€

Plage Sidi Rbat
✆ +212 6 61 28 03 19
www.ksarmassahotel.com
Chambres à partir de 1 550 DH, petit déjeuner non compris.

Près d'une plage paradisiaque, cette maison d'hôtes propose une dizaine de chambres réparties autour d'une piscine et portant les noms d'oiseaux qui vivent dans la réserve de Souss Massa, mitoyenne de la maison. Excellente literie, linge de maison et draps personnalisés, douches originales, tadelakt et beaux volumes pour les chambres spacieuses. Quant aux villas, elles sont typiquement somptueuses, face à la mer. Côté bien-être, un spa Hammam avec piscine intérieure peut être réservé ainsi que les massages dispensés par une professionnelle. Excellente adresse.

KHAÏMA HÔTEL BIO DÉCOUVERTE €€

A Douira, sur la route entre Tiznit et Agadir.
✆ +212 6 36 39 85 22
khaimahotelbio.com
Tente à partir de 75 € par personne en pension complète.

Des tentes berbères confortables, des repas bio, avec, en toile de fond, la beauté de la côte atlantique : voilà ce qui vous attend au Khaima Hôtel Bio Découverte, à tout juste une heure d'Agadir. L'établissement est en autogestion à tous les niveaux, énergies renouvelables, eaux filtrées, matériaux naturels, déchets recyclés sur place... Propose également des séjours de 8 jours sur les thématiques : bien-être, course à pied, surf, pêche et découverte.

SURFBLED

Ksar massa
✆ +212 6 66 58 76 64
Etablissement d'apprentissage du surf ouvert tous les jours. Partenariat avec le Ksar Massa pour des prix spécifiques.

Booba est un passionné et a appris le surf tout seul. A force d'agilité et de persévérance, aujourd'hui les vagues n'ont plus aucun secret pour lui. Booba connaît la côte Atlantique par cœur et saura vous guider sur les meilleurs spots. Dans sa grotte sur la plage, accolée aux cabanes de pêcheurs, il crée en 2008 sa petite école de surf, à Sidi Rbat, une des plus belles plages du sud d'Agadir, authentique et sauvage. Il y dispense des cours pour les débutants et aussi pour les confirmés, le tout dans la bonne humeur ! Egalement des cours de bodyboard.

Ibis chauve du parc national de Souss Massa.

TAROUDANT ★★

À 80 km à l'est d'Agadir, Taroudant abrite environ 80 000 habitants. En entrant dans l'enceinte de la ville par l'une des quatre portes principales, vous plongez dans l'atmosphère du Moyen Âge. Taroudant a tout de ce qu'on peut imaginer d'une ville berbère du XVIe siècle, avec ses ruelles étroites, ses échoppes et ses murailles crénelées. À l'intérieur, pas de monuments historiques reflétant la grandeur des Saadiens, mais une petite ville active, et des ruelles encombrées qui n'ont pas encore été marquées par l'architecture occidentale. Ici, vous pourrez aisément errer dans les souks, ou visiter le quartier des tanneurs, à l'extérieur des remparts.

Histoire

Bâtie durant la période préislamique, Taroudant connaît son apogée au XVIe siècle, sous la dynastie des Saadiens. Ils y fondent une zaouïa d'hommes lettrés et font de la ville leur capitale pendant une vingtaine d'années avant de la délaisser pour Marrakech. Les Saadiens développèrent aussi l'agriculture dans la région, en intensifiant les cultures jusqu'à en faire la principale région agricole du Maroc. Taroudant devint un important centre commercial. En 1687, pour avoir soutenu un rival de Moulay Ismaïl, Taroudant est envahie et tous ses habitants sont massacrés par le frère du chérif, Ahmed ibn Mahrez. Elle retrouve de son prestige au XVIIIe siècle, quand un fils de Moulay Abdallah y est proclamé sultan. Pour renouer avec sa tradition de frondeuse, la ville accueille le sultan bleu, Idrissid el-Hiba, qui en fait son quartier général d'où il mène la lutte contre la ratification du traité de Fès en 1912.

Quartiers

Il est assez facile de se repérer à Taroudant. À l'intérieur des remparts, deux ou trois grandes rues traversent la ville, passant pour la plupart par l'une des deux places autour desquelles s'organise la vie de Taroudant. La place Assarag, à côté de la grande mosquée, regroupe la majorité des hôtels pour petits budgets, un centre de location de vélos, une poste, une pharmacie et de nombreux petits cafés. La place Talmoklate, quant à elle, centralise l'entrée des souks et dispose d'un parking gardé particulièrement pratique si vous arrivez en voiture. Vous trouverez de nombreuses banques, équipées de distributeurs, aux abords de la place Assarag, et le long des remparts sur la route Agadir-Ouarzazate.

KASBAH ★★

Gratuit.

© JAKUB KORCZYK - SHUTTERSTOCK.COM

Elle a été construite au XVIe siècle par les Saadiens, dans le but de se défendre contre les Portugais. Bien que située dans l'enceinte de la kasbah, l'hôtel Palais Salam (fermé temporairement) n'est accessible que par l'extérieur des remparts. Le reste de la kasbah se résume principalement à des ruines sans intérêt particulier. Avec ses créneaux et ses teintes ocre, elle est absolument superbe au moment du coucher du soleil. À côté de la kasbah, vous pourrez voir l'une des nombreuses résidences royales, le palais Dar el-Baroud, qui ne se visite pas.

PALAIS CLAUDIO BRAVO

Route de Tamaloukt - Agwidir
✆ +212 8 08 50 28 27
www.palaisclaudiobravo.com
A partir de 20 € par personne.
Visite + déjeuner à partir de 40 € par personne.

Né en 1936 à Valparaíso au Chili et mort en 2011 à Taroudant, Claudio Bravo était un artiste peintre hyperréaliste passionné du Maroc, il vécut à Marrakech et finit ses jours à Taroudant. Artiste reconnu, il a exposé ses toiles dans les galeries du monde entier. Une partie du Palais est aujourd'hui un musée avec de nombreux objets d'art qu'il a collectionné tout au long de sa vie, mais aussi diverses peintures. L'architecture du palais vaut elle aussi le coup d'œil, patio, fontaine et réplique miniature de la Ménara de Marrakech... Une visite à ne pas manquer.

REMPARTS ET GRANDE PORTE

Gratuit. Ouvert toute la journée. Majestueux le soir.

Vous entrez dans la ville par Bab El Kasbah, la porte principale de la ville. C'est une porte majestueuse composée de grandes arcades en pisé ocre. Vous y accédez par une longue allée entourée de part et d'autre par des remparts ocre sur lesquels alternent tours de garde, palmiers et bougainvilliers qui apportent fraîcheur et harmonie à l'ensemble. Sur la droite, vous longez la partie des murailles saadiennes qui entourent la casbah ; de l'autre côté, les murailles du XVIIIe siècle ceinturent le reste de la ville. En tout, les murailles sont longues de près de 8 km et sont percées de 5 portes monumentales. Vous vous croirez au Moyen Age ou dans un décor de cinéma. Vous imaginerez aisément les guerriers chérifiens bivouaquant dans les montagnes environnantes pour assiéger les Roudani barricadés derrière leurs murailles. Faites le tour des remparts en voiture, à vélo ou en calèche, si vous craignez d'abîmer votre véhicule sur la piste, pas toujours bonne. Par endroits, conjuguées avec les ravinements de l'oued qui longe les murailles nord, des poches de végétation abondante contrastent de façon extraordinaire avec les reflets aveuglants des remparts. Mais c'est au coucher du soleil que les remparts révèlent toute leur beauté, lorsque le crépuscule accentue leur couleur ocre. L'intérieur des murailles le soir peut constituer une balade romantique. La porte des remparts reste une étape incontournable, mais la montée des marches aboutit seulement sur une petite terrasse offrant un point de vue sur la Kasbah.

© AUTHOR'S IMAGE

SOUKS HEBDOMADAIRES

Tous les jours de 8h à 20h30.

Moins touristiques que ceux de l'intérieur des remparts. Un emplacement leur est réservé, à l'extérieur des remparts. Toutefois, nous recommandons d'arriver tôt pour profiter du spectacle. En effet, les hommes des montagnes et des villages environnants descendent avec leur marchandise qu'ils vont troquer ou vendre avant de faire leur marché hebdomadaire. C'est un lieu d'échanges important dans la région, particulièrement intéressant vers 10h, quand l'activité est à son comble, et que les moutons et agneaux courent au milieu des épiciers et des marchands de tapis…

RIAD DAR DZAHRA €

73, derb Aka
✆ +212 5 28 85 10 85
www.dzahra.com

1 pers Single : 430 DH ; 2 pers Double : 550 DH ; 3 pers Triple : 660 DH.

Près de la place Assarag, dans une ruelle de la médina, la porte massive bleu ciel de Dar Dzahra cache un charmant riad de 10 chambres, et Yves, un Breton amoureux d'anecdotes et énigmes en tous genres. Le riad se compose de vieux murs trois fois centenaires et d'une aile récente construite en pisé, dans le respect des traditions locales, d'une cour intérieure charmante et d'un bijou de petite piscine aux eaux turquoise et enfin d'un cuisinier qui ne recule devant rien pour satisfaire vos papilles. Vous en doutez ? Commandez un tandjilla-halouf, et vous saurez !

RIAD TAROUDANT €

243 avenue Al Qods
✆ +212 8 08 62 59 28

Chambre simple à partir de 350 DH, double à partir de 450 DH, familiale à partir de 650 DH. Petit déjeuner inclus.

Un charmant riad au sein de la médina et à proximité du marché berbère. Il est tenu par Sven, ancien voyageur franco-suédois, qui a posé ses valises à Taroudant, voilà plus de 10 ans maintenant. Les chambres sont jolies en tadelakt de couleur et au confort simple. Certaines donnent directement sur la petite piscine. L'ambiance y est familiale et intimiste, avec une équipe disponible. Sven propose également des excursions et des randonnées dans les environs, accompagné de guides locaux. Belle terrasse panoramique offrant une jolie vue sur la ville.

RIAD TAROUDANT DES PALMIERS €

Boulevard le Prince héritier Taroudant
✆ +212 6 69 69 79 93
Chambre simple à 150 DH, double à 200 DH, 300 DH avec salle de bains privée.

Construit dans un ancien couvent, ce riad dispose de grandes chambres un peu vétustes, aux prix modérés. On séjourne dans ce riad pour voyager utile car les recettes contribuent aux projets de l'association marocaine pour la protection de l'enfance. Dispose d'un service de restauration et d'une terrasse. On retrouve dans l'ambiance le côté un peu austère des anciennes maisons de nonnes avec des chambres répétitives et grandement fonctionnelles, où tout le superflu est éliminé.

DAR LOUISA €€

Derb Laafou 253
✆ +212 5 28 55 05 08
http://darlouisa.com
Fermé durant le Ramadan.
A partir de 110 € la pension complète par adulte, et à partir de 80 € pour les enfants.

Dar Louisa est une petite maison d'hôtes privée de 4 chambres, articulées autour d'un bassin et d'un magnifique patio verdoyant, œuvre des architectes paysagistes français, Ossart et Maurières. Le concept est étonnant pour le Maroc, la nuit est à prix fixe, et inclut tous les repas préparés avec soin par une équipe dévouée. Vous pourrez profiter d'un magnifique coucher de soleil sur les terrasses ou de différents massages bien exécutés. La propriétaire Louise est une passionnée d'art et vous recevra avec une bienveillance and a cup of tea of course !

DAR TOURKIA €€

Al Kassbah
✆ +212 5 28 85 45 76
www.dartourkia.com
A partir de 60 € la chambre double.
Petit déjeuner : à partir de 6 €/pers.
Autour de 20 € le repas/personne.

Cette ancienne bâtisse coloniale a une particularité : elle se situe à l'intérieur des remparts de la ville au cœur de la kasbah, ce qui en fait une adresse intime et chaleureuse. Toutes les chambres sont confortables et décorées avec soin, certaines donnent même sur la jolie piscine. Hammam, salle de massage et salon d'hiver avec cheminée pour cette kasbah qui a véritablement une âme. Bibliothèque et salle de projection, un lieu assez magique où la devise est : « Dans la ville, hors du monde »… Elle prend tout son sens une fois les portes franchies.

ECOLODGE LES TROIS PAONS €€

Zaouiat Sidi Daoud
✆ +212 7 67 48 74 62 - les-trois-paons.com
Chambre à partir de 68 €, suite à partir de 88 €. Petit déjeuner inclus. Dîner sur réservation, à partir de 12 €.

Derrière ce portail aux murs imposants se cache un véritable jardin d'Eden où serpentent de petits chemins bordés de fleurs, de cactus et autres agaves qui relient les différentes maisonnées en pisé isolées au milieu des oliviers et agrumes. Les chambres d'hôtes sont très spacieuses, savamment décorées et très confortables. Leur indépendance leur confère une grande intimité et un calme des plus reposants notamment pour profiter d'un petit déjeuner copieux servi sur votre terrasse privée ou au bord de la piscine. Excellent rapport qualité-prix.

LE JARDIN DES ÉPICES €€

Zidania
✆ +212 5 28 85 49 22
www.lejardindesepices.com
Chambres à partir de 50 €, petit déjeuner inclus.
Dîner sur réservation à partir de 14 €.
Parking sécurisé.

Une ambiance campagnarde et apaisante. Un jardin garni ombragé d'où s'échappent des effluves d'orange et les chants des oiseaux. Décorées avec goût, quatre chambres avec salle de bains et une très belle suite, toutes ouvertes sur le patio et la jolie piscine. L'une des chambres est accessible aux personnes à mobilité réduite. Petits déjeuners très copieux. Hammam et possibilité de massages et de soins traditionnels. Plusieurs activités extérieures proposées : balade à cheval, excursions à la journée, trek, tennis et VTT. Bonne adresse.

MAISON D'HÔTES LA TOUR DE TOILE €€

VIlage Dachra Ouled Brahim
✆ +212 6 61 51 17 52
60 € pour 2 personnes en bungalow, petit déjeuner inclus, 80 € en demi-pension et 100 € en pension complète.

Maison d'hôtes proposant 4 bungalows et 2 suites, au cœur de Ouled Brahim, à 19 km de Taroudant. Confortable et à la décoration sommaire, ambiance chaleureuse, ce sera un excellent point de départ pour découvrir les villages et habitants de cette magnifique région. Piscine. Personnel très agréable, courtois et bienveillant, toujours à l'écoute. La carte du restaurant est basique, mais propose tout de même les spécialités locales que l'on a hâte de découvrir.

PALAIS OUMENSOUR €€

Al Mansour Borj Oumensour Tadjount
+212 5 28 55 02 15
palaisoumensour.com

Chambres doubles à partir de 80 € et suites à partir de 120 €, petit déjeuner. Menu à partir de 18 €.

Idéalement situé dans le quartier animé de la médina de Taroudant, le palais Oumensour à l'architecture de styles andalou et arabe offre six belles chambres et six suites spacieuses, équipées d'une salle de bains et donnant toutes sur les jardins, la piscine, le bain bouillonnant, ou la terrasse. Hammam, massages et soins à votre disposition. Plusieurs salons cosy pour les soirées hivernales devant la cheminée. La maison d'hôtes a su mêler harmonieusement confort et élégance et se dote d'un excellent rapport qualité-prix. Peut-être un des meilleurs de Taroudant.

RIAD LE JASMIN €€

+212 6 64 90 57 00
riadlejasmin.com

132 € la nuit pour 2 personnes pour la chambre supérieure. 176 € pour la suite. 104 € pour la chambre standard double.

Situé à quelques minutes de Taroudant, dans un petit coin de paradis situé à l'écart, ce Riad est un vaste domaine offrant de nombreuses infrastructures de confort (Spa, Hammam). Durant les deux années éprouvantes du Covid au Maroc, l'établissement a profité de la période creuse pour embellir son patrimoine avec l'ajout d'une salle de fitness et d'un espace de réception moderne avec bar. La piscine concentre les clients au milieu de l'hôtel créant ainsi des liens entre eux. Enfin, le restaurant propose de bons plats, dont une pastilla au pigeon très fameuse.

RIAD AIN KHADRA €€

Route de l'aéroport d'Agadir Al Massira
+212 5 28 85 41 42 - https://riadainkhadra.com

Chambre supérieure à 650 DH.
Suite junior 870 DH.
Matelas supplémentaire : 100 DH.
Lit bébé sur demande : 50 DH.

Nathalie et Laurent vous accueillent dans cette charmante demeure. Le riad s'articule autour d'une belle piscine. En montant sur la terrasse, on se retrouve face à l'Atlas, confortablement installé dans le bain à remous. Le patio arboré abrite un grand restaurant, l'endroit idéal pour déjeuner ou encore dîner dans une ambiance feutrée... Les suites ont un accès direct sur le centre de l'hôtel ! Bref, comme on dit en Afrique, les pieds dans l'eau, la tête dans les nuages. C'est un lieu de repos et de détente avant tout qui marquera sûrement vos vacances.

RIAD MARYAM €€

140 Bab Targhount, boulevard Mohamed V
+212 6 66 12 72 85
www.riadmaryam.com

Comptez à partir de 60 € la chambre double avec petit déjeuner. Repas sur réservation, à partir de 20 € par personne.

A deux pas du centre-ville, cette belle maison appartient à la famille de Habib depuis près de deux siècles. Les six chambres s'articulent autour d'un grand patio luxuriant où règne le calme absolu. Préférez la suite, très agréable avec son salon, aux autres chambres qui auraient besoin d'un petit coup de neuf. Excellente cuisine traditionnelle tant sur le plan qualitatif que quantitatif. La propriétaire donne désormais des cours de cuisine. Jolie terrasse. Organisation d'excursions et location de vélos. Accueil familial et décontracté.

RIAD JNANE INES €€

Route de l'aéroport d'Agadir
+212 6 66 33 89 22

A partir de 780 DH la chambre double, avec petit déjeuner.

Loin de l'agitation des villes, ce magnifique riad est un petit havre de paix. Il a fallu cinq ans de construction, avec l'aide des artisans locaux, pour qu'enfin Moustapha voie ce rêve se réaliser. Le résultat est superbe et le confort au rendez-vous. Chambres de style berbère avec cheminée, piscine avec bain moussant, hammam... La suite nuptiale à l'étage est magnifique avec sa salle de bains à double entrée et sa terrasse panoramique. Et si vous tombez amoureux du riad, sachez que le lieu est à vendre, Moustapha souhaitant partir sur la route en camping-car !

RIAD TAFILAG €€

31 Derb Taffelaght
+212 5 28 85 06 07
www.riad-tafilag.com

Chambre à partir de 55 €, suite à partir de 78 € avec petit déjeuner. Compter autour de 15 € pour un repas.

C'est un endroit plein de recoins et de surprises, formé par cinq maisons traditionnelles réunies au cœur de la médina et des remparts. Un vrai labyrinthe où l'on aime se perdre et profiter de ses espaces détente, entre les deux bassins et les nombreuses terrasses. Les 14 chambres et suites sont très confortables, décorées avec goût par la maîtresse de maison. Personnel attentif. Coup de cœur pour la suite Djebel perchée au deuxième étage avec sa terrasse privative. Plusieurs excursions et balades possibles dans les environs.

DAR AL HOSSOUN €€€

Zraib Sidi Mbarek
✆ +212 5 28 85 34 76
www.alhossoun.com
Chambres à partir de 130 €, suites à partir de 180 €. Petit déjeuner inclus. Tarifs dégressifs selon la durée du séjour.

Au cœur d'une ancienne oliveraie, un Garden Lodge unique au Maroc, rénové dans un style contemporain et traditionnel par des artisans locaux, selon des techniques ancestrales et sous l'œil expert du propriétaire, Olivier. Les élégantes chambres et suites, réparties sur l'ensemble du domaine, ont chacune leur personnalité et offrent de belles vues sur les extérieurs. Dans ce havre de paix, il fait bon se perdre au milieu des jardins aux mille plantes, imaginés par deux architectes-paysagistes de renom, Eric Ossart et Arnaud Maurières. Piscines et Spa.

DAR ZITOUNE €€€

Boutarial el Barrania
✆ +212 5 28 55 11 41
www.darzitoune.com
Pour deux personnes, bungalows dès 120 € la nuitée. Tentes berbères de luxe : à partir de 120 €. Petit déjeuner inclus.

Vu de la route, le Dar Zitoune paraît un hôtel normal et relativement petit. Mais une fois passé le porche, s'ouvre un magnifique jardin de 1,5 ha, arboré d'agrumes et d'oliviers, où sont réparties chambres-bungalows et suites. L'établissement propose aussi des tentes berbères de luxe tout confort, articulées autour d'une piscine. Egalement sauna, hammam, bain bouillonnant et salle de fitness qui propose soins et massages. Vous y rencontrerez le propriétaire Marc, un Franco-Suisse très sympa, qui n'hésitera pas à plaisanter avec vous. Une étape incontournable !

CAFE LES ARCADES €

Place Assarag
✆ +212 5 28 85 23 73
Ouvert tous les jours de 6h30 à 22h30.

Situé au milieu de la place Assarag, ce café-restaurant offre un havre de paix bienvenu après avoir arpenté les rues étroites du souk. Bœuf, dinde et brochettes en viande ou tajines variés avec tomates et œufs. Des couscous végétariens sont aussi proposés. L'établissement se positionne comme une vitrine ouverte sur la place, permettant d'observer les Marocains dans leur quotidien et de s'immiscer un peu dans l'ambiance de la région. Egalement lieu de convergence des touristes, cette adresse permet de se diriger vers les différents points névralgiques de Taroudant.

COMPLEXE EL KASBAH €

Avenue Prince Héritier Sidi Mohamed
✆ +212 6 67 60 12 97
https://complexeelkasbah.ma
Ouvert 24h/24. Menu à partir de 90 DH.

Petit coup de cœur pour cet établissement populaire près des remparts, qui offre un cadre reposant et verdoyant. Etudiants, familles marocaines et touristes s'y réunissent autour d'un verre ou de plats variés, élaborés avec des ingrédients de qualité et cuisinés au charbon. Mention spéciale pour les pizzas cuites au feu de bois, si délicieuses ! A moyen terme, le lieu aimerait se transformer en un espace culturel avec expos, spectacles et lectures de contes. Espace de jeux aménagé pour les enfants et terrasse plus intime surplombant le site.

RESTAURANT LES ARCADES €

Place Al-Alaouyine
✆ +212 5 28 85 23 73
Ouvert tous les jours de 6h jusqu'à fermeture. Menu à partir de 90 DH. Wifi.

Situé sur la place principale depuis plus de quarante ans, ce restaurant familial est le point de rendez-vous de la gent masculine locale, notamment lors des matchs de foot où l'ambiance bat son plein. On y mange simplement, mais copieusement une bonne cuisine marocaine à l'ombre des parasols. On vous recommande le tajine berbère, spécialité de la maison. Parfois des chanteurs et des charmeurs de serpents viennent animer la terrasse pour le plaisir des touristes. Egalement un lieu agréable pour boire un verre en fin d'après-midi. Bon rapport qualité-prix.

RESTAURANT DAR AL HOSSOUN €€

✆ +212 5 28 85 34 76
www.alhossoun.com
Ouvert tous les jours de 12h30 à 23h. Compter autour de 420 DH pour un repas. Réservation recommandée.

Le choix est varié, entre cuisine méditerranéenne et spécialités marocaines ancestrales telles que le couscous royal, R'fissa, *tangia*, agneau ou poulet *medfouna*, tajines divers et variés, pastillas aux légumes ou poisson, fruits de mer, épaule d'agneau confite… Le tout concocté avec des produits bio et naturels pour des résultats raffinés. Des menus spéciaux sont aussi élaborés : sans gluten, sans produits laitiers, végétarien, végan... Sur demande on vous envoie un plan d'accès.

RESTAURANT DAR ZITOUNE €€

Boutarial El Berrania
✆ +212 5 28 55 11 41
www.darzitoune.com
Comptez environ 250 DH pour un déjeuner. Dîner autour de 350 DH.

Le restaurant de l'hôtel est réputé pour la qualité de sa viande. L'exigence de son propriétaire envers son restaurant y participe grandement. Les spécialités de la maison sont notamment le tartare de bœuf charolais ou encore le tatin de magret de canard fumé au foie gras. On peut aussi opter tout simplement pour un bon plat de pâtes ou quelques spécialités marocaines bien maîtrisées. Si vous êtes en manque de fromage c'est probablement le seul à pouvoir vous offrir quotidiennement un beau plateau ! Définitivement une étape gourmande incontournable à Taroudant !

CHEZ BARRI ZOUHAIR

Derb Chrif, numéro 10, coté hôtel sardine et église
Taroudant
✆ +212 6 26 36 20 13
Ouvert tous les jours.

Voilà un véritable artisanat berbère, avec de nombreuses poteries, des plats à tajine, des bougeoirs et des récipients pour les œufs à la coque d'une beauté envoûtante, avec de nombreuses formes soigneusement étudiées. On retrouve là l'essence du Grand Sud marocain, avec son goût de la confection à la main, et l'étendue des talents de tous ces métiers manuels. Vous pourrez également projeter un envoi de colis en France ou en Europe en fonction de la taille de votre achat. Plus qu'une boutique, cette adresse est une garantie de passer un bon moment.

TIOUTE ★

A 30 km de Taroudant, Tioute se présente comme un havre de paix où la nature semble reprendre ses droits avec ses 20 000 palmiers répartis sur plus de 1 000 ha. On y accède par une route en bon état qui traverse des plaines rocailleuses parsemées d'arganiers et entourées par les contreforts de l'Atlas. La lumière y est splendide au coucher et au lever du soleil. C'est ici qu'ont été tournées en 1952 nombre de scènes du film *Ali Baba et les 40 voleurs* et *Le Boulet* en 1999. Surplombant le village berbère de Tioute, la kasbah, vieille de quatre siècles, domine la vallée. Son charme a été flétri par la construction d'un restaurant panoramique et le tremblement de terre de 1960. De là, la vue y est superbe. Vous pouvez d'ailleurs en faire le tour à pied pour admirer la vue. Attention toutefois, c'est un peu périlleux. Derrière la kasbah se trouvent la tombe du rabbin Ben Sakin, seul vestige de l'ancien cimetière juif, et un ancien cimetière musulman qui descend sur la palmeraie. Pour visiter celle-ci en toute tranquillité, le mieux est d'arriver avant 10h. Pour rejoindre Tioute de Taroudant, suivez la route sur environ 8 km en direction de Marrakech, puis bifurquez à droite, roulez environ 11 km, traversez l'oued avant d'arriver à la kasbah de Freija, puis continuez en direction d'Irghem. Une route à droite, longue de 5 km, vous conduit jusqu'au village de Tioute. Si vous n'êtes pas véhiculé, vous pouvez prendre un taxi collectif depuis Taroudant (autour de 15 DH par personne) ou Agadir (environ 30 DH par personne). La course en taxi normal depuis Agadir vous coûtera 700 DH.

SPA DAR AL HOSSOUN

✆ +212 5 28 85 34 76
www.alhossoun.com
Ouvert tous les jours sur réservation uniquement. A partir de 250 DH pour un hammam, à partir de 450 DH pour un massage.

Plongez, l'espace de quelques heures, dans un moment de pure relaxation au cœur d'une oasis de verdure et de sérénité où l'architecture se mêle à la douceur de la végétation luxuriante de ce riad traditionnel et de ses deux piscines dont une est chauffée l'hiver ! Au programme, hammam, gommage, massages et tous soins esthétiques (soins du visage, enveloppements, épilation, manucure, pédicure...). Tous les soins sont effectués avec des produits bio, à base entre autres de plantes, de miel et de céréales. Effet « détente et détox » garanti !

PALMERAIE ★

Pour environ 50 DH, il est possible de la visiter à dos de mulet. Pour une visite à pied, c'est gratuit.

Deux sources provenant de la montagne, dont la source Bleue, irriguent la palmeraie. Celle-ci s'étend sur près de 1 000 hectares et compte environ 20 000 palmiers-dattiers. Cette propriété importante est répartie entre les habitants du village qui y cultivent entre autres des céréales (blé, orge, maïs...). Son système d'irrigation est très particulier, doté d'un long canal et de 16 moulins à eau. Près de la kasbah Tioute, les guides sont nombreux à attendre à la sortie du restaurant et n'hésitent pas à offrir les balades à des prix exorbitants...

TIZNIT ★

Le dicton dit : « Tiznit, passez vite », sous-entendu « ou vous perdrez tout votre argent ». En effet, Tiznit est connue comme la capitale de l'argent. Elle arbore fièrement ses bijoux et vous invitera sans doute à visiter ses nombreuses coopératives. Tiznit est une étape agréable sur la route de Sidi Ifni et le Grand Sud. Le centre est constitué d'une large place, le Méchouar, qui sert de gare routière et de parking, et où sont concentrés la plupart des hôtels et restaurants bon marché. De cette place, vous pouvez vous enfoncer dans les méandres de la médina qui se pare de toutes ses couleurs les jours de marché. La ville de Tiznit tient son nom d'une sainte femme, Lalla Zninia qui, selon la légende, se serait repentie de ses péchés. Dieu, en signe de pardon, aurait fait jaillir une source à ses pieds, Ain el-Kdim, la source Bleue. La ville actuelle date principalement de la fin du XIXe siècle et du début du XXe siècle. Elle est entourée de larges remparts, qui sont entrecoupés par 36 tours de garde et 9 portes. Cet ouvrage colossal, achevé en 1885, est érigé par Moulay Hassan afin d'affermir son pouvoir dans cette région en proie à une agitation volontiers frondeuse. Tiznit est aussi la ville où commence l'aventure d'El Hiba, le « sultan bleu ». Il s'y est fait proclamer sultan en 1912, en réaction contre le traité de Fès, et c'est de là qu'il mène sa lutte contre le protectorat. La ville de Tiznit a ainsi connu une expansion assez tardive et n'offre pas d'intérêt historique majeur, et c'est particulièrement cela qui la rend agréable.

COOPÉRATIVE BOUZERZE

143, rue Al Hamam Idzagri
✆ +212 6 68 58 56 23
Horaires variables en fonction des personnes présentes. Secteur informel.

Il s'agit d'une petite coopérative de 126 femmes qui fabriquent des tapis et des produits à base d'huile d'argan, l'une des spécialités du Grand Sud marocain. Les coopératives féminines existent au Maroc depuis près d'un demi-siècle et favorisent le développement financier d'habitantes parfois retirées de la vie économique de leur région. Souvent rurales, non diplômées, et disposant de temps, les actrices de ces coopératives trouvent là une façon de s'exprimer. L'adresse n'est pas facile à trouver. Téléphonez et on vous indiquera.

SOUKS ★

Ouvert de 9h à 18h, jusqu'à 20h en été.

Ils s'étendent du Méchouar jusqu'aux remparts sur lesquels s'appuie le souk des bijoutiers. Il paraît que les plus beaux bijoux du Sud, voire du Maroc, sont confectionnés ici. Vous y trouverez des poignards, des pendentifs, tous décorés à l'aide de pierres semi-précieuses et d'émaux. Ces souks ne présentent pas pour autant un attrait touristique exceptionnel. Nous vous conseillons plutôt de vous rendre près de l'ancienne mosquée où sont fabriqués les bijoux vendus dans les souks. Ici, des artisans pourront vous montrer les différents processus de fabrication.

© ELISA VALLON

Le marché de Tiznit, coloré et bien fourni.

SOURCE BLEUE ★

Rue El Bachaouia

Point d'intérêt patrimonial.
Gratuit, sans horaires d'ouverture.

La Source Bleue, également nommée « source de Lalla Zninia », figure parmi les curiosités recensées de Tiznit. Située au pied des remparts, sur une petite place, elle n'a de bleu que son nom. Son intérêt réside davantage dans la légende qui est à l'origine de son nom : il y a fort longtemps, une certaine Lalla Zninia (prostituée, dit-on) serait venue à cet endroit même pour implorer Allah de lui pardonner ses fautes. Il lui aurait alors signifié son pardon en faisant jaillir cette source. La défunte repose aujourd'hui à l'intérieur de la Grande Mosquée de Tiznit.

HÔTEL KERDOUS €€

Km 54

✆ +212 6 61 18 35 16

www.hotel-kerdous.com

En demi-pension dès 330 DH par personne.
Au restaurant, menu complet à la carte entre 80 DH et 100 DH.

Niché sur un promontoire, l'hôtel Kerdous bénéficie d'une très belle vue sur le paysage escarpé aux couleurs ocre de l'Anti-Atlas. 38 chambres (climatisées) confortables avec téléphone et télévision satellite pour un prix tout doux, une bonne cuisine à déguster en salle ou sur la terrasse panoramique, ascenseur et parking privé. L'établissement propose également des sorties à la découverte de la région de l'Anti-Atlas, en passant par Tafraout et Agadir, ou bien des promenades à la recherche des innombrables oiseaux du Parc Souss-Massa.

LE NID D'AIGLE €

Douar El Borje

✆ +212 6 58 45 82 23

www.nidaigle.com

Chambre en demi-pension 50 € par nuit et par personne.

Perché à 300 mètres de hauteur, la vue est ici imprenable. Spot très réputé des amateurs de parapente depuis la fin des années 1990, cet établissement a su faire une cure de jouvence : tout a été refait pour vous accueillir dans de superbes conditions dans l'une des 12 différentes chambres qui ont toutes vue sur l'océan. Outre le parapente (baptême 50 euros, accès au décollage 3 euros), vous pourrez profiter des environs à pied, à vélo, à cheval ou sur un quad. Un hammam et une piscine qui semble plonger dans le grand bleu à l'horizon viennent compléter l'offre.

RIAD JANOUB €€

193, rue de la Grande Mosquée

✆ +212 670 00 55 10

www.riadjanoub.com

A partir de 80 € la nuitée, petit déjeuner compris.
Comptez environ 15 € pour un repas complet.
Piscine chauffée. Wifi.

Au cœur de la médina, ce riad a été conçu selon l'architecture et les matériaux de construction traditionnels. Vous trouverez huit grandes chambres, chacune ayant son identité et ses couleurs propres, ainsi qu'une suite familiale dotée d'un lit double et deux lits simples. Egalement une jolie piscine chauffée et son espace détente, un jardin de cactus ainsi qu'un bar, un salon de massage et une bibliothèque. Priya et Aby, les propriétaires, vous accueillent chaleureusement et seront ravis de vous faire découvrir les endroits cachés des environs.

HÔTEL ASSAKA €€

Avenue Lalla Ablla

✆ +212 5 28 60 22 86

Avec petit déjeuner. Chambre simple dès 150 DH et double à partir de 225 DH.

Un hôtel classique. Les chambres sont spacieuses et équipées de TV et climatiseur. Les prix des trente-cinq chambres sont raisonnables. Bon accueil de Mohammed, toujours souriant et avenant. Les pièces sont correctes, décorées avec simplicité. Les salles de bains pourraient être réarrangées. La restauration de l'hôtel propose des plats typiquement marocains (couscous, tajines, soupes, brochettes) et sert rapidement. Enfin, des salons marocains permettent de s'installer et de se détendre en sirotant un thé pour préparer au calme la suite de son voyage.

A L'OMBRE DU FIGUIER €€

Rue Idzakri

✆ +212 5 28 86 12 04

Ouvert du mardi au dimanche de 11h à 23h.
Comptez à partir de 70 DH le plat.

C'est effectivement à l'ombre d'un beau figuier que l'on s'attable pour savourer une bonne cuisine marocaine revisitée, bercé par le chant des oiseaux. Ici, l'ambiance est familiale, agréable et l'accueil chaleureux. Au menu, tajine bœuf ou poulet coco, pastilla, tartare de bœuf, entre autres mets succulents. Les amateurs de légumes pourront, quant à eux, déguster les salades fraîches et autres plats à base de produits de saison. En dessert, on vous recommande le tiramisu maison, un vrai délice ! L'une des meilleures adresses de Tiznit.

AGLOU PLAGE ★

Plutôt que dormir à Tiznit, pourquoi ne pas choisir de se réveiller avec le bruit des vagues ? Aglou est l'une des plus belles plages du Maroc et a l'atout de posséder plusieurs bonnes adresses. Vous pourrez vous balader le long des côtes escarpées, prendre un cours de surf, visiter un village de pêcheurs ou vous prélasser face à la mer. Des grottes ont été creusées par des pêcheurs dans ses falaises, dont certaines ont été aménagées en logements touristiques. En sortant de la place du Méchouar à Tiznit, n'allez pas en direction de Sidi Ifn, mais prenez à droite. A 16 km de Tiznit, on parvient à Aglou Plage, charmant village aux maisons blanches.

VILLAGES DE PÊCHEURS ★

Village remarquable gratuit d'accès.

Vous devez ressortir d'Aglou Plage et remonter jusqu'au camping. Dos à la mer, une piste à votre gauche vous conduit à un premier village de pêcheurs, puis à des falaises où plusieurs dizaines de grottes aménagées sont habitées. Laissez votre voiture, puis descendez à pied sur la plage. Vous serez bien accueilli par les pêcheurs. En 4x4, vous pourrez continuer en suivant une piste parallèle au littoral pour atteindre Bou Soun où d'autres pêcheurs vivent dans des cavités rocheuses. La piste arrive à Massa puis à Tifnit, et rejoint l'axe goudronné Agadir-Tiznit.

CAMPING AGLOU PLAGE €

✆ +212 5 28 61 32 34

www.camping-aglou.com

260 places. Pour 2 personnes + emplacement + douche, 90 DH par jour. Dégressifs.

Un grand camping bien équipé, doté d'un accès piéton à la plage et d'une supérette. Le café-restaurant propose différents services notamment un self-service qui permet de choisir avec équilibre les doses de ses plats en fonction de ses envies et de sa faim du moment. Le camping propose des forfaits avec l'entrée du parc aquatique, de quoi ravir les plus petits. Les bungalows proposés sont en bon état, assez propres. En fonction de la période de votre arrivée, renseignez-vous, des activités collectives sont peut-être organisées.

MIRLEFT ★

Ne vous fiez pas aux apparences. Mirleft n'est pas une ville fantôme au bord d'une route. C'est une ville tranquille où l'on boit le thé dans les cafés de la rue principale, à l'ombre des arcades. Cette bourgade s'étire le long des collines qui descendent de l'ancien fort en ruine vers l'océan. Beaucoup d'Européens aisés sont installés entre Aglou Plage et Sidi Ifni, faisant de Mirleft un refuge pour routards, voyageurs et amateurs de surf. On présente Mirleft comme une destination pour surfeurs et hippies ; les rumeurs racontent même que Jimi Hendrix y aurait séjourné. Ne ratez pas le souk le lundi. Les logements y sont d'une très bonne qualité.

© TENKL - SHUTTERSTOCK.COM

Mirleft.

HÔTEL ABERTIH €

✆ +212 5 28 71 93 04

www.abertih.com

11 chambres, 400 DH pour deux personnes en bed & breakfast, 600 DH pour 2 personnes en demi-pension.

Chaleureux et aux petits soins, Damien est depuis des années à la tête de ce petit établissement au caractère intime et où chaque chambre est décorée différemment mais toujours avec un goût prononcé. Patios pour se détendre, terrasse pour admirer la vue. Excellente cuisine marocaine à prix tout doux. Une adresse qu'on ne se lasse pas de recommander. L'établissement se trouve à l'entrée du souk. Possibilité d'excursion en 4x4. On peut aussi venir vous chercher à l'aéroport, il faudra cependant prévenir à l'avance la réception.

© MIGEL - SHUTTERSTOCK.COM

Legzira.

RANCH LES 2 GAZELLES €€

Douar Sidi Boulfdail
✆ +212 6 66 26 66 86
www.les2gazelles.com

460 DH la chambre simple, 590 DH la double, petit déjeuner non inclus. Repas dès 150 DH. Cours d'équitation dès 200 DH.

Une maison d'hôte plus que charmante située en bord de mer. Chambres confortables et service de restauration convivial. Le centre équestre est situé sur la route entre Aglou et Mirleft. Il permet la pratique de l'équitation pour les plus confirmés comme pour les amateurs désireux de s'initier à ce sport qui a une grande place dans le cœur des Marocains. En tout, l'écurie dispose d'une vingtaine de chevaux et propose de nombreuses balades dans les environs dans des paysages totalement dépaysants. Un club géré par des passionnés.

LA KASBAH TABELKOUKT €€€

Km 4, route de Sidi Ifni
✆ +212 5 28 71 93 95
www.kasbah-tabelkoukt.com

Chambre de luxe à partir de 145 € en B&B. Mini suite à partir de 200 € en B&B.

Surplombant la mer, une luxueuse kasbah disposant de sept chambres toutes de styles différents. D'autres hébergements vous sont proposés au sein de petites maisons en pierre isolées et elles aussi avec terrasses. La déco est audacieuse et élégante, un mélange de style entre *british* et marocain, on vous laisse découvrir ! Nombreux espaces pour se détendre : bibliothèque, petit salon avec piano-bar, salle de séjour, piscine à débordement face à la mer... La table d'hôte, quant à elle, vous régalera de ses plats marocains à base de poisson. Une bonne adresse.

AU SOLEIL COUCHANT €€

Route de Sidi-Ifni
✆ +212 6 50 70 36 21

A partir de 500 DH la chambre double avec vue sur la mer. Parking gratuit. Wifi.

En bord de plage, une jolie maison d'hôtes avec restaurant sur place proposant des grillades et des pizzas. Les chambres sont simples, lumineuses et ont toutes une belle vue sur la mer. Pauline la Marocaine et Kader le Breton sont fort sympathiques, ils sont tombés amoureux de Mirleft et connaissent bien la région. Ils pourront vous orienter pour les visites et les activités à faire sur place. Le restaurant disposé sur la terrasse offre un magnifique panorama sur l'arche de Tagadir, l'endroit idéal pour manger un bout ou pour admirer le coucher du soleil !

LEGZIRA ★★

Considérée comme l'une des plus belles plages du Maroc, Legzira, qui se caractérisait par ses arches naturelles formées dans la falaise, a perdu en septembre 2016 la plus majestueuse d'entre elles. La deuxième, plus massive, est encore sur pied. Ce phénomène transforme l'un des plus beaux sites du Maroc, qui reste tout de même prisé des amateurs de beaux paysages. A 13 km de Sidi Ifni, sa plage sauvage est indiquée par un panneau sur votre droite. Sur la gauche, une petite piste accessible aux véhicules touristes se détache pour descendre jusqu'à la plage. Si vous désirez dormir sur place, de petits hôtels se trouvent en bord de mer.

SIDI IFNI ★

Les Espagnols se sont installés à Sidi Ifni en 1859, à la suite des guerres hispano-marocaines, et ont déclaré la ville capitale du Sahara occidental en 1934. Sidi Ifni doit son nom à un saint musulman, dont le monument commémoratif, érigé en 1936, est visible de l'ancien quartier administratif, à l'extrémité nord de la plage. Lorsque les Espagnols se retirent en 1969, la ville entame un long déclin. De capitale administrative d'une province coloniale, elle devient un petit port de pêche. De l'ancien quartier colonial espagnol, il ne reste que quelques bâtiments qui tombent en ruine. Il en résulte aujourd'hui une cité bâtie sur des plans de type européen, avec ses larges avenues bordées de palmiers, son esplanade aux lourdes balustrades de béton et ses bâtiments administratifs, reflets d'une splendeur passée. Découvrir cette ville vaut le détour pour son caractère singulier. Point d'échoppe dans ce quartier, ce qui peut donner au voyageur non averti l'impression d'entrer dans une ville fantôme. Mais ses petites ruelles aux maisons blanches et bleues se réveillent à la tombée de la nuit. Les habitants se baladent tranquillement, dans les parcs, s'installent sur les terrasses de café. Aujourd'hui, Sidi Ifni vit essentiellement des produits de la pêche qui sont vendus à Agadir et du tourisme qui tend à se développer. En effet, ses grandes plages de sable fin bordées de falaises attirent les surfeurs et les touristes en quête de tranquillité.

PLAGE DE SIDI IFNI

La plage s'étend sur 8 km de long avec des passages remarquables. Si vous êtes en forme et patient, vous pouvez prolonger la balade jusqu'à Legzira, situé bien plus bas, qui vous présentera ses rochers formant des arcs naturels tout à fait envoûtants. Vous trouverez également sur la route de petites échoppes pour boire un coup ou grignoter un bout face à la mer. La plage de Sidi Ifni offre un panorama sur les surfeurs venus profiter des excellentes conditions météorologiques de cette partie du Maroc, et chaque année, ils sont de plus en plus nombreux.

MAISON D'HÔTES XANADU €€

5, rue El Jadida

✆ +212 5 28 87 67 18 - www.maisonxanadu.com

Chambre double à partir de 550 DH, petit déjeuner compris. Repas du soir à partir de 165 DH.

Dans cette maison joliment restaurée par Sandrine et Patrick, les cinq chambres respirent la tranquillité. Chacune est décorée différemment, toujours avec énormément de goût, dans un style marocain (un coup de cœur particulier pour les salles de bains). Quant à l'accueil, il est comme on les aime, doux et souriant. Xanadu fait aussi table d'hôtes où les repas sont de véritables moments de convivialité et d'échanges intéressants. On peut aussi vous y organiser diverses excursions, balades et activités. Sans aucun doute la meilleure adresse de Sidi Ifni !

Sidi Ifni.

NOMAD €€

5 avenue Moulay Youseff
✆ +212 6 62 17 33 08
Ouvert du mardi au dimanche, de 12h à 15h30 et de 18h30 à 22h30. Fermé le lundi.

L'un des restaurants les plus réputés de Sidi Ifni. Au menu, une cuisine marocaine raffinée à base de produits frais : pastilla et araignée de mer à commander la vieille, gambas à la plancha et l'incontournable tajine de fruits de mer... Les amateurs de viande, quant à eux, craqueront pour le délicieux poulet au curry. Le tout servi de manière professionnelle, dans des quantités généreuses. Le cadre est en plus chaleureux et le personnel aux petits soins. Si vous cherchez la meilleure table de la ville, plus la peine de chercher, vous l'avez trouvée !

IFNI SURF

47 Avenue Moulay Youssef
✆ +212 6 62 53 37 17
www.ifnisurf.com
Chambre + petit déjeuner + dîner + surf : 1 personne à partir de 32 €/jour ; 2 personnes à partir de 37 €/ jour.

Ce club de surf propose des *packages* complets et dispose également d'une boutique d'équipement. Vous irez affronter les vagues en compagnie d'une équipe dynamique et passionnée. Les moins férus de surf pourront choisir entre de nombreuses activités variées : kayaking, cours de cuisine marocaine, excursions en 4x4 dans le désert, yoga... Vous pourrez aussi loger sur place, dans un des dortoirs ou dans une chambre privée. La maison d'hôtes est en plus située à deux pas de la plage, idéale pour aller surfer au petit matin. Ambiance conviviale et chaleureuse.

PLAGE BLANCHE ★★

Juste avant la sortie de Sidi Ifni, prenez à gauche la route pour Fort Bou-Jerif et la Plage Blanche. La route est goudronnée sur la totalité des 60 km. La Plage blanche est sans aucun doute l'une des plus belles plages du Maroc, s'étendant sur plus de 40 km le long de l'océan Atlantique. Souvent balayée par le vent, elle est située en face des îles Canaries. Pour l'instant, elle a conservé son côté sauvage, mais elle fait partie d'un vaste projet de développement touristique destiné à désengorger des zones comme Agadir. Le projet tarde à démarrer pour le bonheur des amoureux de la nature qui peuvent encore profiter de cette magnifique étendue de sable.

GUELMIM ★

La couleur ocre et la poussière qui dominent la ville font que Guelmim porte bien son nom. On l'appelle Al Bab Al Sahara, la porte du désert. Appelée jusqu'en 1981 Oued Noun, la ville tient son ancien nom d'une femme européenne, Nouna, chez qui les Touaregs avaient l'habitude de se ravitailler en eau. Aujourd'hui, Guelmim est un passage obligatoire sur la route du Grand Sud. Avec son climat tempéré dû à la proximité de l'Atlantique, c'est une étape agréable avant de partir à la conquête du désert. Guelmim est habitée par la tribu des Aït Moussa depuis le XVe siècle. Zone tampon entre le Sahara et la plaine du Souss, la ville s'impose rapidement comme une étape incontournable pour les caravaniers rejoignant Tombouctou. Guelmim se montre volontiers frondeuse face à l'autorité des colons espagnols ou français. A la veille de l'indépendance, elle sert de centre de commandement général de l'armée de libération du Sahara. Aujourd'hui, la région vit de l'agriculture et de l'élevage. L'artisanat tend à se développer avec l'arrivée des touristes. Il est d'ailleurs réputé pour ses bijoux en cuivre et argent, la confection et le travail du cuir. Pour s'orienter, mieux vaut garder en mémoire les directions géographiques des principaux axes que les noms donnés aux avenues. Ainsi par exemple, l'avenue Hassan II correspond à la route de Sidi Ifni ; l'avenue Mohammed VI à la route d'Agadir ; l'avenue du Prince Moulay Rachid à la route d'Abaynou, etc. Souk le samedi.

Pratique

La gare routière des bus et des grands taxis se trouve à l'extrémité de l'avenue Abeynou, sur l'ancienne route de Sidi Ifni, à 1 km au nord de la ville. De nombreux bus quotidiens desservent Agadir (4 heures) via Tiznit (2 heures), Tan-Tan (2 heures) ou Casablanca (9 heures). Des liaisons pour Dakhla via Laâyoune et Tarfaya sont aussi assurées quotidiennement par les compagnies de bus. Les moyens de transport les plus rapides, si vous n'êtes pas motorisé, sont les grands taxis. Ils desservent les mêmes destinations que les bus. Deux compagnies de bus partent de Guelmim pour traverser tout le Maroc, l'Espagne et arriver à Paris en deux jours et demi. Vous trouverez à Guelmim de très nombreuses petites rôtisseries et des cafés, notamment autour de la place Bir Anzarane. La place Hassan II regroupe aussi de nombreux cafés pour vous restaurer ou prendre un verre en observant l'agitation de la place.

SOUK AUX DROMADAIRES ★

Marché atypique. Tous les samedis.

Cela fait longtemps que le souk aux chameaux, réputé dans tout le Maroc, a perdu de son importance. Exception faite de la période du moussem qui se déroule le premier mercredi de juillet (moussem Sidi el-Ghazi). Le souk se tient tous les samedis, de 7h à 12h, à la sortie de la ville sur la route de Tan-Tan, dans un vaste enclos réservé à cet effet. Le souk est composé d'un immense marché aux fruits et aux légumes où vous trouverez betteraves, courgettes, aubergines, poivrons, tomates, coriandre, menthe, melons, oranges, pastèques, en quantité imposante.

FORT BOU-JERIF €

De Guelmim, emprunter la route de Sidi Ifni puis tourner à gauche en direction de la Plage blanche et suivre les indications ; prévoir environ 90 minutes de Guelmim.
✆ +212 6 72 13 00 17 - www.fortboujerif.com

660 DH par personne en demi-pension, chambre double en demi-pension à partir de 550 DH par personne.

Établissement situé entre le motel et l'ancien fort. Hébergement en *khaïmas* traditionnelles ou en chambres avec sanitaires communs, plus cinq chambres avec salle de bains et toilettes. Bonne restauration mêlant des produits locaux et quelques recettes européennes en plus. Pas mal d'activités proposées : balades à pied ou en VTT, pêche... Une bonne adresse proposant un logement atypique, entre confort, calme et exotisme. De surcroît, l'établissement dispose d'une piscine, ainsi que d'un bar à l'intérieur et d'un autre à l'extérieur.

LA MAISON SAHARAOUIE €€

Douar Tighmert
✆ +212 6 71 32 37 17

Chambre double en demi-pension à partir de 450 DH. Enfants de -10 ans : 1/2 tarif pour les repas et petit déjeuner.

Cette maison traditionnelle en terre de pisé est une ferme écologique située au sein du petit douar de Tighmert. Vous y croiserez donc toutes sortes d'animaux : chiens, chats, ânes, chèvres, poules, lapins... Elle propose six chambres simples avec salle de bains collective. Le respect de la nature et de l'environnement est l'un des principes fondamentaux de la maison, tri des ordures, toilettes sèches, récupération des eaux, fabrication du compost... La maison fait partie du label mode paysan. Visites, randonnées et excursions d'un à plusieurs jours.

VILLA BOUJOUF €€

Dans la palmeraie de Tighmert à 15 km à l'est de Guelmim. ✆ +212 5 28 77 39 79
www.villa-boujouf.com

Chambre double à partir de 700 DH, petit déjeuner inclus. Tarifs à la semaine -25 %. Repas à partir de 150 DH/pers.

Passionné de photographie et d'astronomie, François s'est installé dans cette villa avec sa femme marocaine, dans la palmeraie de Tighmert, à 15 km à l'est de Guelmim. Ils proposent sept chambres, belles et spacieuses, dotées d'un lit king size, et offrent de bons petits dîners gastronomiques. Le soir, quand les conditions le permettent, l'activité « astronomie » investit la terrasse. François dispose de matériel professionnel et les ciels nocturnes sont souvent exceptionnels. Votre hôte saura également vous guider à la découverte de la région.

ABAYNOU ★

A 15 km au nord-ouest de Guelmim, sur le flanc sud de l'Anti-Atlas occidental. A partir de là, empruntez la route de Sidi Ifni sur 3 km ; un panneau vous indique ensuite, sur la droite, la route menant à Abaynou, situé à 10 km. Abaynou est un lieu tranquille, qui est réputé pour sa source thermale aux vertus curatives, au milieu d'une oasis luxuriante, où vous pourrez effectuer d'agréables promenades. La station se compose de deux bassins, dont l'un est réservé pour les hommes et l'autre pour les femmes. Cette petite bourgade constitue une halte agréable. Elle est encore à l'abri des touristes et rabatteurs, mais très fréquentée par les camping-cars.

SOURCES D'ABAYNOU

A partir de 10 DH l'entrée.

Au milieu d'une oasis arborée de palmiers et d'oliviers, à une quinzaine de kilomètres au nord-est de Guelmim, ces sources thermales ont été découvertes en 2002. Ses eaux, riches en calcium, sodium et magnésium entre autres composantes, sont réputées pour leurs vertus thérapeutiques contre les problèmes de peau, les rhumatismes et l'asthme. L'eau sort de la source à une température de 38 °C et se déverse dans deux bassins. L'un a été aménagé pour les femmes, l'autre pour les hommes. Vous trouverez aussi sur place un service d'accueil, un hôtel et un camping.

AÏT BEKOU ★

L'immense palmeraie se trouve à une quinzaine de kilomètres de Guelmim, sur la route d'Assa. Vous pourrez apercevoir sur votre droite les superbes jardins d'une des nombreuses résidences royales ; évitez de vous en approcher de trop près ou de prendre des photos. L'endroit est reposant. Partout, des canaux d'irrigation et des murets de pisé délimitent les plantations d'orge, de maïs et autres cultures céréalières. Il faut traverser la palmeraie de bout en bout pour trouver la source autour de laquelle de nombreux enfants jouent tranquillement. La population de la région vit essentiellement de l'agriculture, notamment de la production de dattes.

ASSA ★★

A plus de 100 km au sud-est de Guelmim. La route qui y conduit passe d'abord à Fask puis traverse la charmante oasis de Targamait avant de franchir le col d'Amezloug à 772 m d'altitude. Assa est connue au Maroc pour être la ville aux 366 marabouts ! Mais Assa possède aussi en son sein un trésor, son ksar. Pour y accéder, c'est fléché à partir du centre-ville. Situé sur un promontoire, ce ksar est un parfait exemple de l'habitat traditionnel saharien. Certaines parties sont en ruine, mais d'autres sont heureusement restées en parfait état. La partie haute du ksar offre une vue splendide sur la ville et la palmeraie d'Assa. Un souk a lieu le dimanche.

ASRIR ★

A environ 13 km au sud-est de Guelmim. Sortez de Guelmim par l'est puis tournez à gauche en direction d'Assa ; après 4 km, prenez à droite vers Asrir. Passé l'oued Sayad, vous arrivez dans ce village au milieu de la palmeraie où ses maisons en pisé s'intègrent parfaitement dans le paysage. Il est le point de départ de plusieurs balades. Vous y trouverez aussi des produits à base de cactus tels des huiles et des confitures. Il faut savoir qu'il peut s'avérer difficile de trouver la bonne route, car, dans Guelmim, rien n'est indiqué. N'hésitez pas à demander votre chemin, tout en évitant de le faire dans le centre-ville, où les faux guides sont nombreux.

BOUIZAKARNE

A 40 km au nord de Guelmim, au pied des montagnes de l'Anti-Atlas, cette ville est connue pour ses nombreux arganiers. Il n'y a pas grand-chose à y faire, excepté visiter son souk du vendredi, sûrement l'un des plus hétéroclites du Maroc. C'est d'ici que vous pouvez aller vers Akka et les oasis de Tata en empruntant la route de gauche à l'intersection, en plein centre-ville, ou continuer sur Guelmim en tournant à droite. Bouizakarne est bien desservi par les grands taxis et les compagnies de bus. Juste avant Guelmim, le petit village d'Iguissel possède une jolie petite kasbah. Sachez qu'il y a des contrôles de police à l'entrée de la ville.

Asrir.

© MONIQUE POUZET - SHUTTERSTOCK.COM

Taliouine.

TALIOUINE ★

Au fond de la vallée du Zagmouzen, un affluent de l'oued Souss, Taliouine est une étape fort agréable entre Agadir et Ouarzazate. Taliouine, pluriel de *Talat*, « ruisseau » en berbère, tire son nom de l'affluence des ruisseaux qui se déversent dans la vallée. La végétation y est abondante et contraste avec l'aridité des montagnes alentour qui donne au site une teinte exceptionnelle. La ville ne compte qu'environ 5 000 habitants. Elle est avant tout connue pour sa production de safran, dont vous pourrez acheter quelques grammes à Dar Azaafaran ou au souk du lundi. La région offre aussi de jolies randonnées à travers les montagnes environnantes.

AUBERGE ASKAOUN €

Route de Ouarzazate
✆ +212 5 28 53 40 17
Chambre double à partir de 200 DH, petit déjeuner inclus. Restauration sur commande.

Voilà une adresse correcte à petits prix pour les baroudeurs de passage à Taliouine. En bord de route, l'établissement propose 25 chambres d'une capacité jusqu'à 5 personnes et deux appartements convenables. Certaines chambres disposent d'un balcon et d'une climatisation réversible, essentielle les soirs d'hiver. Hamid vous y réserve un accueil sympathique et pourra vous accompagner à la découverte des alentours. Lui et sa famille possèdent également le riad Taliouine Safran, situé en dehors de la ville, et qui offre des prestations de meilleure qualité.

COOPÉRATIVE SOUKTANA DU SAFRAN ★

Sur la route principale
✆ +212 5 28 53 44 52
Ouvert tous les jours de 8h30 à 18h30.

La plus ancienne coopérative de la ville. Safran et autres produits à base de safran. Possibilité de boire un thé. Le safran est considéré comme « l'or rouge » par beaucoup d'habitants du Maroc et de cette région en particulier. En effet, de nombreux emplois sont pourvus grâce à ce domaine économique, l'un des fleurons de l'industrie nationale. Dans la zone de Taliouine, ce n'est pas moins de 3 000 familles qui vivent des récoltes et de la commercialisation du produit.

MAISON D'HÔTES TIGMMINON €

Douar Ifri ✆ +212 6 70 88 94 61
A partir de 150 DH par personne la nuitée, petit déjeuner compris. Repas à partir de 50 DH.

A proximité de magnifiques greniers collectifs restaurés, cette maison d'hôtes est une étape reposante et authentique dont vous ne regretterez pas le détour. Najima, présidente de la coopérative Castour, et sa famille vous réservent un accueil des plus chaleureux. Quatre chambres vous sont proposées. Au rez-de-chaussée et avec salle de bains commune, elles s'articulent autour d'un vaste salon. S'y trouve également un salon marocain cosy et plus intime. La cuisine y est familiale et les portions généreuses. Belle terrasse sur le toit qui offre un joli panorama.

CHEZ SOUAD €

En direction de Ouarzazate, prendre la première à droite après Dar Azaafaran.
✆ +212 5 28 53 41 43
Chambre à partir de 200 DH la nuitée.
Repas sur demande, à partir de 50 DH.

Souad est un amour de Marocaine qui se pliera en quatre pour que votre séjour se passe le mieux possible au sein de sa famille. Elle dispose à l'étage de quatre chambres simples et propres, pouvant accueillir entre 2 et 4 personnes. Salle de bains, toilettes et cuisine communes. Vous y partagerez des moments inoubliables autour d'un verre de thé ou d'un dîner marocain copieux. Grande terrasse sur le toit où vous pourrez faire sécher votre linge, prendre un bain de soleil ou tout simplement passer de bons moments entre amis. Une bonne adresse.

ESCALE RANDO €€

✆ +212 5 28 53 46 00
A partir de 300 DH par personne en demi-pension.
Menu à partir de 110 DH.

Omar et Saïd, deux frères marocains, vous accueillent amicalement au sein de cette kasbah familiale rénovée, agencée autour d'un patio fleuri. Les cinq chambres sont simples, mais confortables, et les nuits si paisibles. En plus, la cuisine est excellente : petit déjeuner copieux, tajine, couscous… tout est fait maison, jusqu'à la délicieuse glace au safran proposée en dessert ! Omar et Saïd vous donneront de bons conseils pour découvrir la région, ils organisent aussi des treks et des excursions. Moments conviviaux et authentiques garantis !

GIE DAR AZAAFARAN

Route Nationale 10
✆ +212 5 28 53 40 42
www.darazaafarane-gie.com
Ouvert tous les jours de 9h à 13h et de 15h à 19h.
A partir de 35 DH le gramme de safran.

Voici un bon plan si vous souhaitez acheter du safran de qualité à des prix défiants toute concurrence. Ce Groupement d'Intérêt Economique regroupe une quarantaine de coopératives réunissant plus de 1 520 producteurs de la région. Ici, le safran est soumis à des contrôles drastiques en laboratoire avant d'être mis dans un pot scellé et numéroté. En l'achetant ici, vous contribuez en plus au développement des petits producteurs, puisqu'une partie des revenus leur est reversée. Egalement une exposition permanente sur les diverses utilisations du safran.

MOULID NID OUISSADAN - ARTISTE CALLIGRAPHE

BP 166
✆ +212 6 01 35 31 51
https://molidaz.blogspot.com
Ouvert tous les jours de 8h à 19h.

À Taliouine, ne manquez pas l'atelier de cet artiste. Se présentant comme poète, philosophe, calligraphe et humoriste, c'est avant tout un incroyable amoureux du genre humain qui vous accueille. En utilisant principalement des produits naturels, il fait renaître la calligraphie Tifinagh, perpétuant ainsi la tradition du peuple amazigh. Un marque-page avec votre prénom écrit à l'encre safranée vous est offert. Souvenir indélébile d'un artiste qui porte haut la tradition de ses ancêtres.

TAZENAKHT ★

La route qui sépare de 83 km Taliouine à Tazenakht est vraiment très belle. Une fois sorti de Taliouine, vous quittez rapidement les vallées verdoyantes de l'Anti-Atlas pour arriver dans la région du Skoutana, réputée pour ses tapis. La route grimpe vers le col de Tizi n'Taghatine, qui culmine à 1 886 m, puis celle-ci traverse un plateau avant de franchir le Tizi n'Ikhsane, qui domine à 1 650 m. D'ici, un splendide panorama se dévoile. De Tazenakht, vous pouvez facilement aller à Foum Zguid puis à Tata, ou bien à Ouarzazate en empruntant une belle route qui franchit le Tizi n'Bachkoum. Elle culmine à 1 700 m, une quinzaine de kilomètres après Tazenakht.

DJEBEL SIROUA ★★

Il culmine à 3 304 m au nord-ouest de Tazenakht. Ses abords peuvent faire l'objet de belles randonnées où vous ferez des rencontres authentiques dans les villages traversés. Plusieurs itinéraires sont possibles au départ de Tazenakht ou d'Anezal. Au km 19, une route sur la gauche permet de rejoindre Agdz, dans la vallée du Drâa, en passant par Bou Azzer et Aït Semgane n' El Gara. Au km 26, Zaouit Sidi Blal est la première oasis d'une longue série. A partir du km 47, les gués se succèdent au même rythme que les oasis. Ils sont tous praticables, sauf après de fortes pluies. Au km 47, le pont s'étant écroulé, le franchissement peut être délicat.

FOUM ZGUID

Située sur le seul passage facile permettant de franchir le djebel Bani, Foum Zguid est une ville agréable avec ses échoppes sous arcades et sa jolie palmeraie. Vous pouvez aussi visiter le douar surplombant la ville en empruntant la piste carrossable à droite au début de l'avenue principale. Souk le jeudi. Si vous circulez en 4x4, vous pouvez rejoindre Zagora par une assez bonne piste de 110 km, ou Tagounite, entre M'Hamid et Zagora, par une piste longue de plus de 140 km, plus délicate à cause du sable. Près du km 55, le lac d'Iriqui, asséché depuis la construction du barrage El Mansour Eddahbi, précède la zaouïa Sidi Abd el-Nebi, de peu d'intérêt.

BAB RIMAL €€€

✆ +212 6 41 91 65 74

Chambre double de 35 à 65 € par personne en demi-pension. Menu (midi ou soir) 18 €.

Bab Rimal est le seul hôtel de luxe du Sud marocain. Situé aux portes du désert, au milieu de la palmeraie de Foum-Zguid, il propose douze suites de luxe et neuf chambres confort. Trois types de chambres existent : andalouse, luxe et standard. Toutes sont impeccables et garantissent les meilleures dispositions pour ce type de tarifs. Piscine, cheminée, restaurant et lounge, une adresse qui a du goût ! Très bon accueil de la part de Naji. Des excursions en bivouac sont organisées à de très bons prix. Se renseigner à la réception.

TISSINT

A 69 km à l'est de Tata, cette jolie ville est dotée d'une belle palmeraie, où la vie s'écoule lentement, loin de toute agitation. Vous pourrez y visiter la maison de Charles de Foucault, qui a séjourné ici lors de sa reconnaissance du Maroc, avant de créer son célèbre ermitage et de mourir en Algérie, près de Tamanrasset. En sortant de Tissint, ne manquez pas les cascades d'eau salée d'Aqui. Celles-ci forment un réservoir où vous pourrez vous baigner, de préférence à l'autre plan d'eau où s'abreuvent les bêtes. On trouve aussi de nombreuses gravures rupestres dans les alentours. Sur l'avenue principale, nombreux petits restaurants locaux.

CASCADES D'AQUI ★

Site naturel. Gratuit.

En sortant de Tissint, sur la droite, une petite route conduit à un endroit magique. Des cascades d'eau salée forment un réservoir où vous pouvez vous baigner, de préférence à l'autre plan d'eau, plus petit, où s'abreuvent les bêtes. Ce sont des zones très populaires chez les Marocains, mais les touristes doivent s'en méfier pour des raisons sécuritaires. En effet, si se baigner ne présente pas de danger, les blocs de roches alentour doivent être observés avec méfiance, des accidents d'escalade improvisée se produisent chaque année.

Marché de Foum Zguid.

Paysage de l'Anti-Atlas, près de Tata.

TATA ★★

Tata la ville rose, nommée ainsi à cause des lauriers-roses bordant ses rues et de l'enduit rose des maisons, est une agréable petite ville construite en pisé au milieu de la palmeraie. Caractérisée par la diversité des paysages alentour, elle constitue un point de départ idéal pour visiter la région. Vous pouvez en effet découvrir les oasis de montagne et de désert ainsi que des sites de gravures rupestres. Ces randonnées peuvent se faire en une ou plusieurs journées. En venant d'Akka, après avoir passé la porte monumentale, un plan indique les sites touristiques de la région. Placée à la confluence de trois oueds, il fait bon y séjourner.

Histoire

Cette région était le carrefour des routes des caravanes qui avaient pour mission de conclure les échanges de marchandises entre le Maroc et l'Afrique subsaharienne. A certaines périodes, c'est par dizaines de milliers qu'eurent lieu les échanges de personnes entre Mali, Niger et Maroc. C'est pourquoi il est commun dans ces régions de retrouver d'anciennes peuplades d'origines tribales marocaines. Dans certains douars réhabilités, mais vieux de cinq à six siècles, il est facile de retrouver l'atmosphère familiale des patios avec les bruits et les odeurs de ces espaces introvertis apportant à chaque recoin l'identité communautaire. Aux alentours, vous pouvez parcourir la palmeraie ou découvrir une horloge à eau, lieu de rencontre où l'on vient échanger les nouvelles.

GROTTES D'OUM SALIT ★

A 7 km de Tata, sur la route de Tagmout.

Site naturel gratuit.

Juste avant de quitter le plateau pour entrer dans un massif montagneux, et juste avant une série de larges virages, se trouvent les grottes. On vous recommande de garer votre voiture au début de la piste presque invisible qui part sur votre droite puis de marcher environ 300 mètres à droite en direction de l'oued. Là, vous arrivez à une succession de grottes pourvues de surprenantes stalactites. L'endroit est très fréquenté le week-end par les familles marocaines qui viennent y pique-niquer et passer du bon temps. Un détour agréable !

DAR INFIANE €€

Douar Indfiane

✆ +212 5 28 80 21 04

www.darinfiane.com

Chambre double à partir de 79 €, en basse saison.

Belle casbah en pierre sèche, restaurée avec soin dans le respect des traditions locales, ce qui explique pourquoi certaines portes d'accès aux parties communes ou à la salle de bains sont très basses. Cette maison propose neuf chambres. De nombreux salons pour le repos, la détente ou la lecture. Une vue unique sur la terrasse pour admirer le coucher de soleil. Exemple réussi qui fait valoir les mérites d'un éco-tourisme intégré. Les propriétaires de Dar Infiane ont également un bivouac dans les montagnes, où vivent encore les nomades.

LE RELAIS DES SABLES €€

Avenue des F.A.R.

✆ +212 5 28 80 23 01

lerelaisdessables.com

Chambre simple 210 DH, chambre double 250 DH, mini-suite 400 DH. Petit déjeuner 25 DH, repas touristique 90 DH.

Cet hôtel a été rafraîchi il y a quelques années et le résultat est réussi ! Les chambres sont propres et l'accueil sympathique, toutes sont équipées d'un téléviseur, d'une clim, ainsi que d'un espace de bureau pour travailler ou simplement écrire les cartes postales de son voyage. Jardin fleuri et piscine sont plus qu'agréables. Bon rapport qualité-prix. Le Relais des Sables vous transporte dans une ambiance dépaysante, un univers calme et détonant à la fois. Vous trouverez un kiosque tout en bois décoré à la marocaine avec de nombreux coussins et canapés.

L'HORLOGE À EAU

D'origine très ancienne, l'horloge à eau sert à définir le temps pendant lequel les différentes parties de l'oasis seront irriguées. Ce laps de temps est déterminé par de vieux sages qui se réunissent en une « Assemblée des Anciens » et déterminent le droit de chaque famille. Son fonctionnement est simple : un récipient rempli d'eau, au milieu un bol en cuivre muni d'un trou par lequel l'eau pénètre ; une fois plein, le bol coule au fond du récipient. L'Ancien fait alors un nœud à une corde pour matérialiser une unité de temps. Lorsque le « droit à l'eau », quantifiable en nœuds sur la corde, d'une parcelle est fini, un homme dévie l'eau pour irriguer une autre parcelle.

AGADIR LEHNA ★

Ce village est une étape sympathique où il est agréable de se perdre dans ses ruelles semi-souterraines, d'un autre temps. Il est aussi réputé pour son cimetière ancien ainsi que son horloge à eau, qui fonctionne comme un sablier. Vous y arrivez par une route goudronnée à 3,5 km de Tata sur la route de Tagmout. Si vous continuez cette route et suivez son embranchement sur la droite à la sortie d'Agadir-Lehna, vous effectuerez une boucle au-dessus du village, avec une belle vue sur la palmeraie et Tata au loin, puis vous pourrez contourner toute la palmeraie en passant par les villages au sud de Tata. Un petit tour de quelques kilomètres bien agréable…

AÏT-KIN ★★

Une bonne piste de 9 km relie Tagmout à Aït-Kin. Pour visiter cette oasis et surtout son agadir, une autorisation est nécessaire, à demander au caïdat de Tagmout. C'est une simple formalité, gratuite et rapide, mais si vous vous présentez au gardien de l'agadir d'Aït-Kin sans ce papier, il ne vous laissera pas entrer. Et ce serait vraiment dommage, car ce bâtiment est somptueux, avec sa porte en bois sculpté, sa petite cour intérieure et ses greniers. C'est un des derniers agadirs encore en service au Maroc. Au km 5, sur la route d'Akka, prenez la route à droite vers Agoulize et sa cascade, Imitek et ses gravures rupestres, et Imaouine.

TAGMOUT ★★

Située à 45 km de Tata, la ville est facilement accessible grâce à une belle route goudronnée, qui continue ensuite jusqu'à Taliouine en passant par Igherm. Attention à ne pas rouler trop vite, notamment quand vous traversez les petits villages dans l'oasis, ou lorsque vous enchaînez les lacets dans les quelques kilomètres précédant Igherm. Notez également que plusieurs lieux du nom de Tagmout semblent exister dans la région, mais celui que l'on vous indiquera si vous demandez votre chemin à Tata sera certainement celui qui fait l'objet de ce chapitre. Avant d'arriver à l'oasis, qui est sans doute une des plus belles de la région, vous traversez une série de formations rocheuses impressionnantes dans lesquelles les strates se superposent en d'harmonieuses courbes. Cette oasis respire le calme et la tranquillité et constitue une halte agréable. De nos jours, il n'y a pas de problèmes majeurs relatifs à l'eau, de nombreuses sources pourvoient à ce besoin. Néanmoins, le maître de l'eau gère toujours grâce à une horloge à eau le temps pendant lequel chaque lopin de terre reçoit son quota d'eau. Sous ce climat saharien, on récolte des dattes, des olives et des amandes, et à l'ombre de ces arbres poussent de nombreuses variétés de légumes et de céréales. Nombreux pressoirs à huile sont encore en service. En revanche, le savoir-faire des artisans locaux, ferronniers et bijoutiers, est malheureusement menacé. Leur nombre va décroissant. Le souk a lieu ici le mardi.

TIGGANE ★★

A une dizaine de kilomètres, au sud-ouest de Tata. Un panneau marqué « IRN 150 103 » vous indique le chemin ; s'il a disparu, suivez les indications suivantes. A hauteur du village de Tiggane, situé à droite, suivez une bonne piste d'environ 800 m sur votre gauche, qui vous amène au sommet d'une crête. Une fois là-haut, continuez à pied en suivant la ligne de crête sur votre gauche et ouvrez bien les yeux : des gravures apparaissent au bout de quelques dizaines de mètres. Classé au titre des Monuments historiques du Maroc, le site est fameux pour ses images polies ou incisées qui représentent entre autres des antilopes, des bovinés et des éléphants.

AKKA ★

A près de 60 km à l'ouest de Tata, cette belle palmeraie est connue pour la qualité de ses dattes appelées « Bouskri ». Mais on y trouve également des figuiers, des pêchers, des grenadiers et autres cognassiers. En direction de Touzounine, à 500 m après Akka, prenez la piste à droite en direction de Tagâdirt et d'Aït Rahhal. Ces deux villages abritent deux ksour magnifiques. Quelques kilomètres plus loin, vous pourrez découvrir l'Agadir Ouzrou, un douar vieux de plus de 4 siècles. A 15 km se trouve le site de gravures rupestres d'Adrar N'Metgourine où figurent de nombreux bovidés. Il est situé à Sidi Abdellah M'Barek. Panneau indiquant « IRN 150 132 ».

TAFRAOUTE ★★

Ce village aux maisons rouges et blanches ne présente, en soi, rien d'exceptionnel. Néanmoins, Tafraoute a été construit au centre d'un cirque de montagnes de granit rose dont la beauté en fait un des lieux les plus magiques du Maroc. La lumière change les teintes de la montagne tout au long de la journée et atteint son apothéose au lever et au coucher du soleil. Tafraoute baigne alors dans une lumière rose enchanteresse. La végétation luxuriante dans les environs ajoute à la beauté du site qui est notamment superbe en février quand tous les amandiers sont en fleur. Mais, développement du tourisme oblige, les rabatteurs et faux guides sont nombreux.

Pratique

Les bus de la CTM relient Tafraoute aux principales villes des environs, notamment Agadir (5h), Tiznit (2h30), Marrakech (8h30) et Casablanca (13h). Les grands taxis suivent les mêmes itinéraires. La gare routière se trouve sur la place centrale. Côté shopping, rendez-vous du côté de la place de la poste pour trouver boutiques en tous genres avec artisanat berbère, bijoux, tapis, huile d'argan et autres souvenirs. Au souk, le mercredi, vous trouverez de jolies babouches berbères au bout rond. Baladez-vous dans les rues et installez-vous sur l'une des multiples terrasses de café ou de restaurant. Les environs sont magnifiques et les Gorges d'Aït Mansour à 40 minutes en voiture de Tafraoute valent le détour, sur la route vous pourrez découvrir les rochers bleus, œuvre de l'artiste belge Jean Vérame qui s'est amusé à peindre des rochers de granit, en 1985.

MAISON TIGMI OZRO €

Boulevard Mokhtar Soussi
✆ +212 6 99 91 69 79
Chambre double à partir de 20 €.

Tigmi Ozro, c'est un peu comme dormir chez l'habitant. Vous y êtes reçu de manière agréable par Bouchra et Dominique, un couple très sympathique. La petite maison dispose de deux chambres climatisées et impeccables ainsi qu'un appartement, idéal pour les familles. Les deux terrasses avec vue sur l'Anti-Atlas sont plus qu'agréables pour prendre les copieux repas. La cuisine est marocaine et le service aux petits soins, on s'y sent comme chez des amis. N'hésitez pas à leur demander les bons plans de la région, ils se feront un plaisir de vous les donner !

YAMINA €

Sur la route d'Agadir au km 5, suivre la piste partant de l'hôtel L'Arganier sur environ 1 km.
✆ +212 6 70 52 38 83
Autour de 250 DH par personne en demi-pension, moitié prix pour les enfants -12 ans.

Voici une petite maison d'hôtes berbère restaurée entièrement dans le respect des traditions, avec son plafond en palmier et arganier, et sa cage d'escalier qui est en fait une ancienne rampe d'accès… pour les ânes ! La cuisine est bonne, un savant mélange de spécialités locales, et de saveurs du monde. La pièce permet de s'installer sur des canapés afin de déjeuner ou dîner à la marocaine. La décoration est semblable à celle d'un vieux chalet de montagne des Alpes. On vous laisse découvrir cette adresse qui nous a beaucoup plu.

Tafraoute.

HÔTEL LES AMANDIERS €€

✆ +212 5 28 80 00 88
www.lesamandiers-hotel.com
Chambre simple dès 38 €, double dès 47 €, petit déjeuner autour de 4 €, déjeuner et dîner par personne environ 13 €.

Construit au sommet d'un tertre rocheux dominant la vallée, cet hôtel un peu imposant bénéficie d'une situation exceptionnelle. Ses chambres climatisées sont très propres et confortables, et celles qui donnent sur la vallée ont des vues magnifiques. De la piscine, très agréable en été, le panorama est aussi superbe. L'une des meilleures adresses de la région, qui offre un niveau de qualité des prestations au-dessus de la moyenne, et le tout, dans des prix en dessous du marché. En bref, une bonne affaire pour rester quelques nuits dans le coin.

L'ÉTOILE DU SUD €

Place centrale
✆ +212 5 288 000 38
Menu dès 90 DH. Ouvert de 12h à 22h environ.

Le décor est typiquement marocain, avec une kheima (tente berbère) et des poufs particulièrement confortables. On s'y installe avec plaisir, pour retrouver le mode de vie d'antan des caravaniers. Très fréquenté par les groupes, le nom de l'établissement fait référence à une étoile que les Touareg et autres nomades utilisaient pour se repérer dans le temps. D'ailleurs, de nombreux bijoutiers proposent souvent des colliers ornés de l'étoile du Sud. L'établissement est une référence dans la région, fort de plus d'un demi-siècle d'existence.

LE MARRAKECH €

Rue Annahada
✆ +212 6 23 28 49 79
Ouvert tous les jours de 12h à 15h et de 18h30 à 22h. Menu complet dès 75 DH.

Cuisine basique mais de qualité. L'accueil est engageant, et la terrasse ombragée garantit une certaine fraîcheur toute l'année, sinon il vous reste les ventilateurs de la salle ! Une bonne petite adresse sans prétention très fréquentée par les locaux qui viennent souvent prendre un thé ou déjeuner pour sortir de la cuisine de la maison. On y sert des plats typiquement marocains (tajines, couscous). La cuisine est familiale, faite dans la plus pure tradition marocaine. On s'y sent comme chez soi, dans une ambiance authentique.

ADAY ★★

Sur la route de Tiznit, le village d'Aday est caché au cœur de la palmeraie. Ce village surprend par la grandeur du site sur lequel il s'est développé. Des hauteurs du village, vous avez l'impression de vous trouver au milieu d'un cirque lunaire fait de rochers de granit rose aux formes les plus variées. En bas, la palmeraie, où se côtoient dattiers et amandiers, offre un spectacle digne d'une composition de maître. Tout ici est fait pour vous dépayser : les maisons aux tours crénelées, les rochers qui semblent être en carton, les femmes voilées de noir… Perdez-vous dans les ruelles et montez en altitude afin de jouir du paysage exceptionnel.

VALLÉE DES AMELN

Le long des routes abruptes de la vallée des Ameln se dresse une multitude de petits villages à l'architecture particulière et aux habitants ancrés dans leurs coutumes ancestrales et pourtant ouverts sur la civilisation moderne. Prenez la route qui part au nord de Tafraoute, en direction de Tioulit, sur 3,5 km. Arrivé à un embranchement, prenez la route de droite sur quelques mètres et arrêtez-vous. Là, observez la tête de lion qui se dessine en face de vous sur le flanc de la montagne, en direction du djebel Lekst. Continuez ensuite sur la même route dans la vallée des Ameln. Ici, la rudesse de la montagne s'atténue avec l'apparition, au fond de la vallée, d'une végétation luxuriante composée de dattiers, d'amandiers, d'arganiers et de champs d'orge et de maïs, entrecoupés par les méandres de l'oued Ameln. Parmi les innombrables petits villages qui bordent la vallée, citons celui de Sidi Abd el-Jebar qui possède une mosquée accrochée à flanc de montagne. La chaux qui la recouvre et sur laquelle le soleil se reflète lui donne un aspect sacré et contraste avec l'ocre des montagnes et le vert de la végétation luxuriante de la vallée. Vous pouvez aller vous balader à pied dans les villages à flanc de montagne, dont le village d'Imintizht qui s'y prête parfaitement. Dirigez-vous vers la mosquée, que vous laissez sur votre gauche, puis grimpez par les chemins escarpés qui mènent sur les hauteurs du village. De là, profitez du panorama exceptionnel qui s'offre à vous.

AGADIR ET L'ANTI-ATLAS

Village d'Aday.

OUMESNAT ★

Prendre la route de Tioulit, au nord de Tafraout, sur environ 6 km, jusqu'au village d'Oumesnat. Sur le bord de la route, vous verrez une indication mentionnant « Maison traditionnelle ». Là, au fond du village, vous avez la possibilité de visiter une maison ameln traditionnelle, avec son étable, ses moulins, son grenier, sa cuisine et ses chambres. On vous y expliquera, contre quelques dirhams, la façon dont vivaient les Ameln il y a encore quelques années. Sur la terrasse de la maison, tout en profitant d'une superbe vue, questionnez votre hôte au sujet de la position des ardoises de la terrasse ainsi que des marmites posées sur le toit des maisons.

LA MAISON TRADITIONNELLE 🛏 €

A 6 km de Tafraoute ✆ +212 6 61 51 37 93

Chambres à partir de 200 DH par personne en demi-pension.

Vous marcherez 400 mètres avant de découvrir cette maison d'hôtes à flanc de montagne. Au cœur des gorges, la vue est somptueuse. Les chambres sont simples et climatisées, l'accueil réjouissant. Vous déjeunerez sur la terrasse avec la palmeraie d'un côté et les gorges de l'autre ! Au sein de la maison, vous pourrez visiter le musée de M. Ahrass Abdeslam, où sont exposés outils et instruments du quotidien appartenant à ses aïeuls et découvrir aussi l'histoire de la région à travers ses récits passionnants. Une belle adresse pour un excellent rapport qualité/prix.

AGARD-OUDAD ★★★

Au sud de Tafraoute, un panneau indique, sur la droite, les rochers peints par le Belge Jean Vérame, en 1985. La piste est praticable par tous les véhicules en roulant lentement. Au milieu de ce plateau montagneux désertique se dresse une série de rochers aux teintes variant entre le bleu et le rouge, donnant au site une dimension étrange. Les adeptes du Land Art se réjouiront, les autres auront peut-être plus de mal à apprécier l'œuvre. Mais vous ne resterez certainement pas insensible à ce paysage où tous les éléments se confondent en parfaite harmonie. Bien des rochers évoquent des formes familières, notamment un « chapeau de Napoléon ».

TIOULIT ★★

Perché sur une butte qui domine la vallée, ce village fortifié du XIIIe siècle n'est plus habité que par quelques familles. Laissez votre voiture au parking et grimpez à pied au village. En arpentant les ruelles étroites et sinueuses, on découvre la prison et la tour de guet au-dessus de la porte d'entrée du village. Outre leurs fenêtres en fer forgé et leurs portes sculptées, les maisons possèdent des terrasses surplombant la vallée. Cet agadir chleuh est l'un des derniers bastions de résistance berbère contre les Français, découragés par la résistance des Chleuhs et levant le siège. Le village tombe néanmoins entre leurs mains en 1939.

Les rochers peints d'Agard-Oudad.

Tioulit.

AÏT BAHA ★★

Aït Baha est reliée à Agadir et à Tafraoute par des grands taxis et par des bus. Cette ville peut constituer un point de départ idéal pour rayonner autour d'Aït-Baha, notamment depuis l'ouverture d'une route goudronnée entre Aït-Baha, Lezzit, Aougnouz et Tanalt, retour par Tioulit sur la route classique. Ce circuit d'environ 120 km vous fait traverser des villages où rien ne semble avoir changé depuis des siècles, où les paysages sont de toute beauté et où les mœurs des habitants ne sont pas encore « polluées » par le tourisme de masse. Au détour de la route 105, un barrage alimente la ville en eau. Deux souks ont lieu le mercredi et le dimanche.

TAGOUJGALTE

Petit ksar, très endommagé. A une dizaine de kilomètres se trouve une bonne piste de 6 km suivie d'une route goudronnée qui vous mène à Amtoudi. Si vous voulez ménager vos amortisseurs, ignorez cette direction et continuez sur le goudron pendant 10 km, jusqu'à l'indication « Tainzirt » et « Amtoudi » distante de 30 km ; l'intégralité de cette portion est goudronnée. Toutefois, soyez prudent, car les ponts au-dessus des oueds sont régulièrement abîmés, voire détruits par les crues. Une déviation est mise en place lorsque le pont a été emporté. Dans tous les cas, roulez lentement car, souvent, on ne s'aperçoit de l'état du pont qu'au dernier moment.

IDA OUSSEMLAL ★

D'Ida Oussemlal, deux possibilités s'offrent à vous pour rejoindre Tafraoute. Vous pouvez continuer tout droit en passant par Izerbi, distant de 27 km. Cet itinéraire est plus long, mais vous découvrirez des villages authentiques. Sinon, vous pouvez prendre l'itinéraire plus classique sur votre gauche. Tiznit est alors à 42 km. La route quitte le plateau et s'engage dans une gorge où poussent de nombreux amandiers et arganiers, pour descendre ensuite dans la vallée de Tafraoute. Vous découvrez un panorama surprenant qui présente une gorge verdoyante, étroite et encadrée par de curieux massifs rocheux. Vous arrivez alors dans le bassin de Tafraoute.

AMTOUDI - ID AÏSSA ★★

Ne cherchez pas Amtoudi sur les cartes, vous ne trouverez pas. Par contre, si vous trouvez Id Aïssa, vous y êtes. Nous avons cru comprendre qu'Id Aïssa est le terme adopté pour la région, Amtoudi étant le nom de la localité. Explication donnée sous réserve. Amtoudi est un petit coin de paradis, coincé entre les montagnes, les palmiers, les oliviers, les arganiers et les orangers. C'est le point de départ de belles randonnées. Sans parler de la beauté saisissante des gorges au fond desquelles se situe Amtoudi, la fraîcheur de sa palmeraie, l'authenticité des villages et la richesse de la faune et de la flore qui font de ce village un site à découvrir.

IGOUDAR

Gratuit, sauf si vous optez pour un guide. Dans ce cas, comptez entre 5 et 10 €.

Du pluriel d'agadir, qui signifie grenier fortifié en langue amazighe, les igoudar sont les témoins d'une culture ancestrale des peuples de l'Anti-Atlas qui y déposaient leurs précieux biens (céréales, safran, bijoux, miel...) pour les protéger de leurs ennemis. Ces vestiges, dont plusieurs datent de près de 800 ans, sont pour certains en état de délabrement avancé, tandis que d'autres ont fait l'objet de restauration dans un souci de conservation du patrimoine. Le plus beau des igoudar se trouve à environ 45 minutes de marche d'Amtoudi. Il se voit d'ailleurs du village tout là-haut, là-haut. Attention, le gardien n'est pas là en permanence. On vous recommande de vous assurer qu'il est déjà sur place avant de monter si vous ne tenez pas à marcher pour rien. L'agadir d'Amtoudi, qui daterait du XIIe siècle, a la réputation d'être l'un des plus vieux du Maroc. La visite est instructive et on y apprend beaucoup sur la manière dont vivaient ces peuples. De là-haut en plus, la vue sur l'oued et la palmeraie y est splendide. Construit en pierres sèches, il a subi les outrages du temps, mais demeure néanmoins un endroit majestueux. Les familles ne viennent plus y déposer leurs biens de valeur depuis quelque temps déjà. Un dédale de ruelles, de grandes chambres avec des compartiments à l'usage bien précis, d'anciennes ruches, des tours de surveillance bien conservées font de cet endroit un superbe site. Un autre agadir sur le plateau est également en bon état contrairement aux trois autres des environs, hélas, très dégradés.

AGADIR ET L'ANTI-ATLAS

TAGHJIJT ★

Taghjijt correspond tout à fait à l'image que l'on a d'une oasis, un petit village paisible au milieu des palmiers. Sa proximité avec Amtoudi et la région de Tafraoute l'a relayé au second plan des routes touristiques. Mais Taghjijt ne se limite pas à une route que vous traverserez rapidement. En effet, le village est un peu en retrait et vaut la visite pour son magnifique souk en pisé, organisé sous des arches, et malheureusement abandonné dans les années 1980. La culture berbère y est très présente, notamment dans l'artisanat. Sur les hauteurs, en entrant dans la ville, vous apercevrez Dar Sultan, un ancien fort qui a appartenu à des Portugais.

Paysage de l'Anti-Atlas, entre Tata et Taghjijt.

L'OMBRE DE L'ARGANIER €

✆ +212 6 68 39 86 75

Couchage en tente collective à partir de 50 DH. Chambre à partir de 150 DH. Trek à partir de 400 DH par personne.

Cet établissement est idéalement situé à l'ombre des oliviers, des arganiers et des figuiers, au cœur de l'oasis en bordure de l'oued. Il offre de multiples options d'hébergement, dont des chambres avec douches chaudes et toilettes impeccables à l'extérieur, ainsi que deux autres chambres plus luxueuses avec une petite terrasse. Parties communes agréables, dont une bibliothèque. La cuisine servie est délicieuse. Organisation de promenades dans l'oasis, treks dans les environs, avec bivouacs. Une vraie adresse de charme intégrée au paysage rural d'Amtoudi.

CAFÉ RESTAURANT TARGUA €

RN 102 Entrée du Village Taghjijt

✆ +212 6 61 59 22 72

Ouvert de 6h à 23h. Fermé le vendredi. Salle climatisée.

Café-restaurant où l'on sert des spécialités marocaines et méditerranéennes pour quelques dirhams. Une télévision à l'intérieur installe l'ambiance marocaine avec les informations en continu en fond sonore. Des canapés à la marocaine permettent de comprendre le mode de vie de ces cafés, véritables institutions, la plupart du temps masculines, où les locaux viennent siroter le thé en racontant leur journée et en prenant des nouvelles de la famille. Les plats sont bien présentés, relativement bons. On y trouve d'excellentes dattes.

SAHARA

A l'image de ses paysages, le Sahara tient son nom d'un mot arabe qui signifie « le grand désert ». Encore aujourd'hui, le plus grand désert du monde, vaste de 8,5 millions de km², nourrit de nombreux fantasmes. Dont bien souvent, celui d'être vide de vie. Détrompez-vous, vous ne serez jamais seul dans le désert ! En une trentaine d'années, la population du Sahara a augmenté de plus de 5 millions d'habitants. De désert d'oasis, le Sahara s'est transformé en désert de vie avec des villes de plus de 100 000 habitants, comme Lâayoune. La plupart sont au bord de l'océan Atlantique, et dévoilent de belles plages, appréciées des amateurs de surf. En parcourant cette région si fascinante, vous vous sentirez l'âme d'un explorateur. Il faut rentrer sous les tentes nomades pour en sentir le parfum et comprendre que l'on y reviendra. Fabuleux Maroc dont on souhaite qu'il conserve longtemps son authenticité.

Los Sauces
Îles Canaries
San Cristóbal de la Laguna
Îles Canaries
Arrecife
Puerto del Rosario
Las Palmas de
Grande Canarie
Playa del Águila
Valverde
TARFAYA
LAÂYOUNE
LAÂYOUNE PLAGE
PORT DE LÂAYOUNE
Agti El Ghazi
Boukraa
Océan Atlantique
BOUJDOUR
Aftissat
Jraifia
Ntirift
Bir Anzarane
DAKHLA
EL ARGOUB
Gleibat El Foula
Imlili
AOUSSERD
Aghouinite
Bir Gandouz
Tichla
Zoug
Boulenouar
Choûm
LA GOUIRA
Nouadhibou

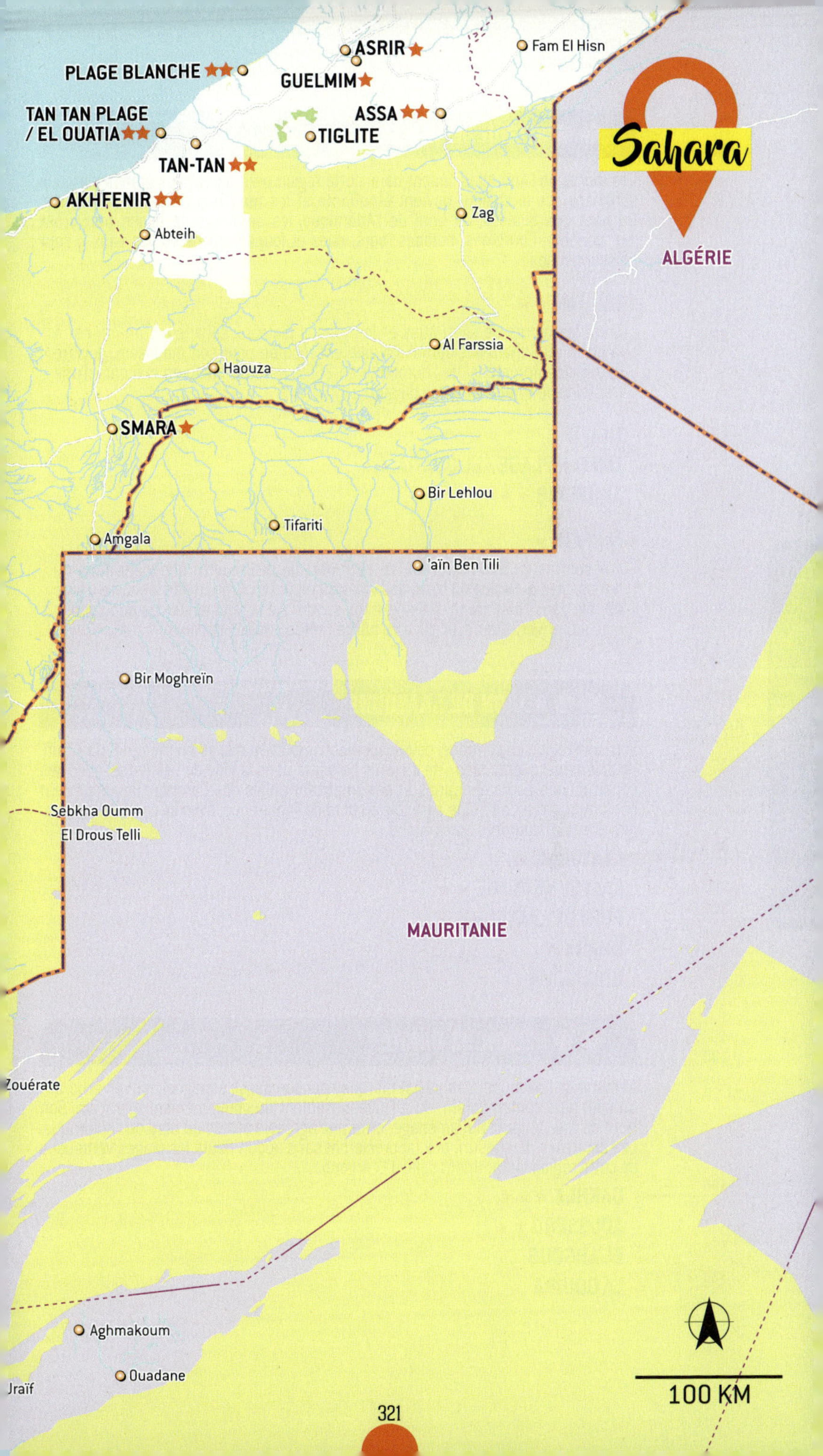

Sahara
ASRIR
PLAGE BLANCHE
GUELMIM
Fam El Hisn
TAN TAN PLAGE
/ EL OUATIA
ASSA
TIGLITE
TAN-TAN
AKHFENIR
Abteih
Zag
ALGÉRIE
Al Farssia
Haouza
SMARA
Bir Lehlou
Tifariti
Amgala
'aïn Ben Tili
Bir Moghreïn
Sebkha Oumm
El Drous Telli
MAURITANIE
Zouérate
Aghmakoum
Ouadane
Jraïf
100 KM

SAHARA

PAGES

323 ● ● RÉGION DE TAN-TAN

Les monts de l'Anti-Atlas cèdent dans cette région petit à petit aux grands plateaux sahariens. Ici, la chaleur devient étouffante et les tempêtes de sable fréquentes. Du haut des falaises, au bord de l'Atlantique, les amateurs de pêche trouveront leur bonheur. Courbines, dorades, bars, raies et loups mouchetés, les eaux y sont poissonneuses !

323 TAN-TAN ★★

Entre les monts de l'Anti-Atlas et les grands plateaux sahariens, Tan-Tan est à la porte du Sahara occidental. La ville est réputée pour son moussem, déclaré Patrimoine immatériel de l'humanité en 2005, qui rassemble en mai plus d'une trentaine de tribus nomades du sud.

326 TARFAYA ★

Aux confins du Sud marocain, ce petit port de pêche offre une visite hors du temps. Bien qu'isolée du reste des villes du royaume, la bourgade a pourtant joué un rôle dans l'histoire du pays, elle qui symbolise la résistance des populations face aux envahisseurs, et qui a vu naître l'aéropostale. A découvrir !

327 ● ● RÉGION DE LAÂYOUNE

Voici une région en continuel développement, impulsé par le gouvernement marocain. Vous le remarquerez bien vite en vous baladant dans la ville de Laâyoune, avec ses constructions contemporaines et son imposant palais des Congrès. Boujdour peut constituer aussi une étape agréable au bord de l'Atlantique, avec sa corniche aménagée et ses restaurants bon marché.

330 ● ● RÉGION DE DAKHLA

A l'instar de Laâyoune, Dakhla est marquée par son passé espagnol, tout en arborant un côté plus contemporain, dû à l'investissement du gouvernement marocain. Son front de mer, aujourd'hui aménagé, offre une agréable balade au bord de l'Atlantique. Les amateurs de kitesurf, eux, apprécieront sans aucun doute les plages venteuses de cette région, notamment celle d'El Argoub.

TAN-TAN ★★

La légende raconte que des Touaregs, s'étant arrêtés à un puits, soient tombés sous le charme du site et y aient fondé une ville. Aujourd'hui peuplée d'environ 80 000 habitants, elle tirerait son nom de la résonance du frottement métallique du seau contre les parois du puits... Tan-Tan pose la frontière entre les monts de l'Anti-Atlas et les grands plateaux sahariens. Seules deux chaînes de montagnes, l'Ouarkziz et le Zini, introduisent un peu de relief dans la région. C'est à partir de Tan-Tan que vous vous rendrez compte des caractéristiques climatiques de la région, telles les tempêtes de sable et la chaleur étouffante. La flore qui s'y est adaptée est principalement constituée d'arbrisseaux de taille courte au feuillage résineux ou visqueux. La ville de Tan-Tan n'a rien en soi d'exceptionnel. Elle reste toutefois une halte agréable et le point de départ de nombreuses excursions. Y séjourner permet de vous plonger dans le Sud marocain, où la culture urbaine et sédentaire n'est pas toujours bien intégrée dans les mœurs. Les deux statues de dromadaires qui vous souhaitent la bienvenue en sont une illustration. Ici, vous pourrez observer la vie marocaine du Sahara dans toute sa singularité, avec ses habitants coiffés de chèches bleus ou noirs recouvrant parfois une partie du visage pour se protéger du soleil. Mais aussi ses marchés, ses cafés, le chant des muezzins, et partout le sable et la poussière. La ville reste connue pour sa plage à 25 km du centre. Tan-Tan Plage, connue aussi sous le nom d'Ouatia, est dotée d'un port de pêche et de marchandises ainsi que de plusieurs infrastructures industrielles destinées au traitement du poisson.

Pratique

Ne faites pas le plein de carburant à Tan-Tan. En effet, à environ 65 km au sud sur la route de Tarfaya commence une zone où la plupart des produits de grande consommation sont exonérés de taxes, afin de favoriser le développement économique de la région. Profitez donc de cette situation pour remplir votre réservoir d'un carburant à moitié prix par rapport au reste du pays. Une exception. Si votre véhicule marche au sans-plomb, faites le plein ou faites bien attention d'avoir suffisamment d'essence, car les stations-service ne vendent que du gasoil. Il faut attendre le centre-ville de Laâyoune pour trouver du sans-plomb. Côté transport en commun, la ville est bien desservie, avec des liaisons quotidiennes avec Agadir, Laâyoune, Guelmim et Tiznit.

L'EMBOUCHURE OUED DRÂA

Facilement repérable sur une carte et un GPS.

C'est à 30 km au nord-ouest de Tan-Tan que le Drâa se jette dans l'océan Atlantique lorsqu'il n'est pas à sec. Le lit de cet oued se faufile tour à tour entre des falaises et des bancs de sable. L'océan peut remonter d'une dizaine de kilomètres à l'intérieur des terres lors des marées hautes. D'une beauté remarquable, l'embouchure fournit refuge et nourriture aux flamants roses, cormorans et autres oiseaux migrateurs. Son fragile écosystème attire les chacals, hyènes et chats sauvages, mais aussi les lièvres, perdrix et outardes.

GROTTES DE BOULMAGHAIR ★

A environ 25 km à l'est de Tan-Tan, en prenant la direction de M'Sied roulez sur une douzaine de kilomètres, puis prenez une piste à gauche en allant sur la route qui conduit à l'oued Drâa. Les grottes que vous y verrez ont été habitées par des hommes, et certaines d'entre elles servaient à abriter le bétail. Pas d'études sérieuses ni aucune gravure permettant de connaître les us et coutumes de ces habitants, mais le site est remarquablement bien conservé. Si vous êtes dans la région, il nécessite un détour pour aller y jeter un œil.

OASIS D'OUIN MEDKOUR ★

Site naturel totalement gratuit sauf si vous prenez un guide, dans ce cas, comptez sur une dizaine d'euros.

Dans l'arrière-pays, à une trentaine de kilomètres à l'est de Tan-Tan, se révèle au détour d'un col un paysage authentique, encore préservé des hordes de touristes. Non seulement l'oasis est superbe, mais elle abrite en plus les zaouïas et les tombeaux des marabouts de la grande famille de Sidi Abderahman Thali descendant de la tribu Yacout. Sur le même site, à quelques mètres de là, se trouve la Tombe du géant. La légende locale raconte qu'au XIIe siècle, les membres d'une tribu à la taille démesurée de 2,50 m habitaient sur ce site !

SAHARA

VOS PAPIERS !

Sahara occidental oblige, à partir de Tan-Tan, et ce jusqu'à la frontière mauritanienne, vous allez être arrêté une dizaine de fois par les autorités sur la route pour des contrôles d'identité. Pour gagner du temps, nous vous recommandons de faire une photocopie de la page du passeport où se trouve votre photo. Inscrivez-y votre profession, votre adresse, le numéro d'immatriculation de votre véhicule, votre date d'entrée au Maroc et le numéro tamponné par les autorités marocaines à la fin de votre passeport. Faites-en une dizaine de photocopies que vous remettrez aux autorités lorsque vous serez arrêté. Vous venez de gagner de 15 à 30 minutes à chaque poste !

OASIS DE BOUAALAGUA ★★

Site naturel gratuit.

En direction de M'Sied, cette magnifique oasis est située à environ 35 km à l'est de Tan-Tan et à une dizaine de kilomètres à l'est des grottes de Boulmaghair. Elle se révèle être en fait une succession de *guelta* (bassins) qui s'étendent sur plus de 500 mètres. L'étendue est parsemée de palmiers verdoyants et il est possible de se baigner dans certains points d'eau. Un véritable petit éden où il fait bon de prendre une bonne bouffée de fraîcheur. Si vous souhaitez profiter de ce cadre enchanteur, pensez à prendre un pique-nique.

OUED JRIFIA ★★

Site naturel gratuit.

A une trentaine de kilomètres au sud-est de la ville. Au milieu de magnifiques dunes mouvantes, s'étire l'oued Jrifia à l'intérieur duquel s'élèvent de nombreux arbres appelés *Talh*. Le site, qui est bien entretenu et prisé pour son sable fin, a la singularité de soigner les rhumatismes grâce à son climat sec. Cet endroit aux airs de savane aspire à être reconnu comme réserve naturelle par le gouvernement, lui qui est peuplé de plusieurs espèces animales, dont la gazelle et le chacal. Une pause fraîcheur et curative qui mérite le détour.

HÔTEL SABLE D'OR €

125 bis Boulevard Hassan II
✆ +212 5 28 87 80 69

Chambre double à partir de 360 DH, avec petit déjeuner. Réception ouverte 24h/24.

Petit hôtel en plein centre-ville avec des chambres qui sont propres et confortables. Elles disposent de télévision par satellite à écran plat, de la climatisation et de salles de bains privatives. Certaines sont situées du côté de la route, préférez celles de l'autre côté, plus au calme. Restaurant sur place, spécialisé dans les fruits de mer et les poissons. Personnel accueillant et à l'écoute. Un autre établissement qui porte le même nom se situe du côté de Tan-Tan plage, vous y trouverez des emplacements de camping ainsi que des bungalows.

KSAR TAFNIDILT €€

✆ +212 6 63 23 31 15
www.tafnidilt.com

Chambre double en demi-pension à partir de 75 €. Repas à partir de 18 €.

A 20 km avant Tan-Tan et avant Guelmin. Construit en bordure de l'oued Draâ, entouré de canyons, de dunes de sable, cet établissement bénéficie d'un site exceptionnel avec une vue panoramique sur la vallée. La construction, faite de galets de l'oued, de pierres taillées, de sable et de terre argileuse est superbe, tous ces matériaux provenant de la région permettent au ksar Tafnidilt de s'intégrer parfaitement au paysage. Hébergement en chambres dans un bâtiment en dur ou sous tentes bédouines. Une des meilleures adresses de la région.

TIGLITE

À une soixantaine de kilomètres à l'est de Tan-Tan. Ce douar caché dans l'un des derniers contreforts de l'Anti-Atlas a abrité Michel Vieuchange avant qu'il ne se lance à l'assaut des derniers 300 km de désert le séparant de Smara lors de son expédition en 1930. La maison où il a vécu, appelée « Maison d'Afkhen Lhassen », existe toujours même si elle est en assez mauvais état. Cette ville animée, peuplée de moins de 1 000 habitants, est une destination prisée pour ceux qui aiment sortir des sentiers battus. On y apprécie son atmosphère authentique et l'accueil chaleureux de ses habitants. De nombreux bivouacs sont organisés dans les environs.

TAN TAN PLAGE / EL OUATIA ★★

Malgré sa superbe plage, El Ouatia n'est pas encore un eldorado du tourisme de masse. Le front de mer aménagé incite à la promenade. Quelques établissements aux belles terrasses ombragées permettent de prendre un verre à quelques mètres de l'océan. Le port de Tan-Tan, grâce à la pêche et l'industrie agroalimentaire, fait travailler plus de 20 % de la population active de la province. Comme il est situé en zone militaire, vous devez laisser votre passeport à l'entrée pour le visiter. Sur la place centrale, des cafés à la position stratégique pour observer la vie locale et nouer connaissance, vous pouvez également vous y restaurer pour environ 30 DH.

LAGUNE DE NAILA ★★

Comptez à partir de 350 DH la journée de location de la barque.

La réserve de Naila offre une halte reposante dans votre périple. Le plus intéressant est de la découvrir en barque. Le nombre de barques disponibles étant limité, réservez d'avance votre excursion. Pour les amoureux de la pêche, vous pourrez partir à la recherche de courbines, bars mouchetés, loups, sars et tant d'autres... Pensez à demander votre permis à Akhfenir, vous pouvez vous procurer de la sardine pour les appâts de préférence à Tan-Tan ou Tan-Tan plage. Avec plus de 700 espèces migrantes observées, les ornithologues seront eux aussi aux anges !

LES 2 CHAMEAUX €

El Ouatia

✆ +212 6 18 49 06 81

Chambre double à 190 DH.
Chambres dortoirs à 90 DH le lit. Camping : 25 DH par personne, emplacement 20 DH.

L'établissement tenu par une Bretonne, Christine, et un Marocain, Abdul, se situe à l'entrée de la ville, les extérieurs ont été rénovés récemment, l'intérieur est impeccable. On sert des plats à base de... chameau mais aussi de poisson et enfin... des crêpes bretonnes à toute heure. Mariage réussi entre ses deux cultures marquantes et ce couple atypique. Le camping dispose de toutes les fonctionnalités nécessaires à la vie de nomade (sanitaires, emplacements, douches, etc.). Une adresse agréable pour une alternative de voyage.

COURBINE D'ARGENT €

Sur la route principale de Tan Tan à Tarfaya (à environ une heure de Tan Tan).

✆ +212 6 71 42 23 77

www.lacourbinedargent.com

Chambre double à partir de 50 € en demi-pension. La journée de pêche à partir de 45 €.

Une bonne adresse située en front de mer et un accueil prodigieux de Paul. L'établissement est composé d'un patio autour duquel s'organisent de jolies chambres qui respirent la douceur. Le restaurant, avec vue sur l'océan, sert une cuisine délicieuse : pastilla, couscous, tajine et diverses spécialités de poissons sortant tout juste de l'eau. Vous apprécierez l'ambiance simple, franche et animée de la table d'hôtes après une journée de pêche ou de balade près de la réserve de Naila. Excellents conseils de Paul pour organiser son séjour et découvrir la région.

AKHFENIR ★★

A 112 km au sud-ouest de Tan-Tan, ce village paisible est un vrai paradis pour les amateurs et professionnels de la canne à pêche. Il est réputé pour ses eaux poissonneuses recelant courbines, loups mouchetés, raies et dorades, entre autres espèces. Il offre aussi de splendides paysages, avec ses hautes falaises surplombant joliment l'Atlantique. C'est ici que vous devez obtenir une autorisation si vous désirez visiter et/ou pêcher dans la réserve de Naïla, site Ramsar protégé par l'Unesco. Cette formalité a pour objet d'assurer votre sécurité, le site étant extrêmement vaste. Ce document s'obtient à l'entrée d'Akhfenir, près de la maison du caïd.

CHEZ ERIC €

Quartier océan

✆ +212 6 72 89 87 22

Chambre double à partir de 520 DH par nuit, petit déjeuner compris. Repas à partir de 150 DH par personne.

Eric a ouvert son établissement en 2015, la maison d'hôtes est charmante et propose cinq chambres propres et confortables avec lit double et salle de bain spacieuse. Au restaurant, le patron en personne vous concocte de bons petits plats à base de poissons frais. Les amateurs de viande ne seront pas non plus déçus : la qualité est aussi au rendez-vous. La salle à manger et la terrasse offrent une jolie vue sur la mer. Il est vivement conseillé de réserver étant donné le peu d'offres sur Akhfenir. Plusieurs activités : pêche, promenades en bateau ou dans le désert.

HÔTEL SAHARA BEACH €€

Centre Akhfenir, Tarfaya 70073
✆ +212 5 28 76 65 00
www.hotelsaharabeach.com
Chambre double 400 DH.

L'hôtel Sahara Beach est un établissement familial qui offre un séjour agréable et confortable. Il dispose d'un parking gratuit et d'une connexion Wi-Fi haut débit et les chambres sont équipées d'une kitchenette, bien pratique pour les familles. Les activités pour les enfants sont d'ailleurs également proposées. Les clients soulignent également la flexibilité de la réception. L'établissement est facile à trouver et offre un environnement calme. Il est idéalement situé pour profiter de la lagune à proximité et constitue une étape intéressante pour les pêcheurs.

TARFAYA ★

Occupée par les Anglais à la fin du XIXe siècle, elle se nomme Villa Bens sous le protectorat espagnol qui prend fin en 1958. Tarfaya, sur le cap Juby, est à l'image de sa situation géographique : à l'écart de tout, en dehors du temps. Mais sa position stratégique dans le Sahara a conduit à sa désignation par Hassan II, comme lieu de rassemblement pour les 350 000 manifestants de la Marche verte, organisée en 1975. Au niveau de l'histoire du Maroc, elle symbolise la résistance héroïque des populations du Sud aux invasions européennes pendant le XIXe siècle. Elle marque aussi le début de l'aviation via la première compagnie aérienne qui a vu le jour en Europe grâce à l'entreprise toulousaine dont le fondateur est Pierre-Georges Latécoère. L'histoire de l'aéropostale est ainsi née à Tafraya. Cette ville de 7 000 habitants est un petit port de pêche (sardines, calmars, courbines, soles, etc.) d'une grande tranquillité. Elle est habitée par des militaires, des nomades sédentarisés et des descendants de colons espagnols mystérieusement attachés à cette ville d'un autre monde. Ici, l'espagnol prédomine sur le français que peu de gens parlent. En bus, les villes de Layaâoune, Dakhla, Agadir, Marrakech et Casablanca sont desservies tous les jours par les compagnies Supratours et CTM. Vous trouverez aussi de grands taxis qui relient les localités importantes de la région. Côté restauration, plusieurs cafés-restaurants proposent de bons tajines de poisson.

AÉROPOSTALE ★

www.memoire-aeropostale.com
Lieu de mémoire gratuit.

Le bâtiment de la Ligne Latécoère nous rappelle que Tarfaya a été un jour l'un des 10 relais de l'Aéropostale sur les 3 000 km de la ligne reliant Casablanca à Dakar. C'est ici qu'un de ses pilotes, Antoine de Saint Exupéry, mûrit sa réflexion sur la condition de l'homme et sa quête de l'infini, et rédige *Courrier-Sud* en 1928. Peu avant la plage et à quelques mètres de la caserne, remarquez le monument commémoratif de Saint Exupéry et de l'Aéropostale. Juché sur un petit piédestal, il représente un avion Bréguet en partance pour l'Atlantique.

CASAMAR ★

Casa Del Mar : site à observer au loin. Gratuit.

Construite sur un rocher de la baie de Tarfaya par Mac Kenzie, un ingénieur écossais, en 1886, pour en faire un comptoir commercial, la Casamar reflète l'étrange attirance qu'exerce ce site perdu entre mer et désert. Mac Kenzie ne profite pas longtemps de ce site car le commerce décline, puis les Espagnols l'édifient en fort. La Casamar rappelle que Tarfaya a été un centre important dans le commerce mondial et l'Aéropostale. Elle a été restituée au Maroc en 1895. C'est à l'extrémité du port, sur la plage, que vous aurez le meilleur point de vue sur la Casamar.

MUSÉE SAINT-EXUPÉRY ★

Avenue Mohamed V
✆ +212 6 61 07 74 88
https://lesamisdetarfaya.com
Ouvert du lundi au vendredi de 9h à 12h et de 13h à 17h. Sur rendez-vous le week-end. Entrée à partir de 40 DH.

Logé dans la Maison d'initiative, ce petit musée, inauguré en 2004, est dédié à la mémoire de l'auteur du *Petit Prince*. Saint-Exupéry passa deux ans de sa vie au Cap Juby (actuel Tarfaya) en tant que chef d'escale au sein de l'aéropostale. Durant son séjour, il trouva l'inspiration d'une grande partie de son œuvre littéraire. A travers des panneaux explicatifs et des photos, le musée retrace la vie du pilote et du fondateur industriel toulousain de l'aéropostal, Monsieur Latécoère. Une visite passionnante au cœur de l'histoire de l'Aéropostale.

LAÂYOUNE ★

Laâyoune, près de 220 000 habitants, n'a rien d'une cité historique. Elle a été créée de toutes pièces au bord de l'oued Sakia el-Hamra par les Espagnols à partir de 1932. Elle s'est développée autour de ses deux fonctions de ville militaire et minière, afin d'exploiter les importants gisements de phosphate alentour. Contrairement aux autres villes du Sahara, telles que Sidi Ifni ou Tarfaya, Laâyoune a largement profité de l'implantation marocaine dans la région depuis 1975. Son développement en tant que chef-lieu administratif a engendré nombre de constructions modernes et onéreuses. Le meilleur exemple est probablement la place du Méchouar, construite en 1985 à l'occasion de la venue d'Hassan II, avec son palais des Congrès et la cinquantaine de drapeaux marocains qui l'entourent. Le Sahara occidental est encore une région disputée entre les autorités de Rabat et le Front Polisario. Laâyoune, capitale supposée du Sahara, veut avant tout s'afficher « marocaine ». Les autorités ont poussé beaucoup de Marocains à venir travailler dans le Sud, notamment en les attirant avec des aides financières et des réductions fiscales. Une fois sur place, on se rend compte que la réalité est différente, que les Marocains du Nord installés à Laâyoune ne sont pas tous de riches entrepreneurs et que les Sahraouis ne sont pas obligés de mendier pour survivre. Une évidence cependant : les deux communautés ne se mélangent guère. Depuis 1991, l'ONU omniprésente prépare, par l'intermédiaire de la Minurso, la tenue d'un référendum (qui ne cesse d'être repoussé) pour arrêter le statut du Sahara occidental. A cela s'ajoutent des milliers de soldats marocains dans leurs casernes flambant neuves et les contrôles routiers des policiers, gendarmes et militaires. Le tout confère à la ville une atmosphère mystérieuse. L'importante présence policière et militaire dans le centre-ville n'en fait pas une ville idéale pour se balader. Choisissez de vous rendre dans le quartier de la place D'Cheira et de la rue Moulay Idriss Ier, plus populaire. Quelques plaques en espagnol et des noms de café rappellent l'époque coloniale. Il reste encore l'église, située en face de la mairie. Laâyoune est déserte le jour et se réveille à la tombée de la nuit, sans doute un héritage de l'époque espagnole. Lâayoune ayant été en 2010 le théâtre d'événements tragiques, renseignez-vous sur la situation avant de vous y rendre. Normalement, il ne devrait y avoir aucun problème de sécurité pour les touristes, mais il vaut mieux être vigilant. Le tourisme, axe de développement privilégié par le gouvernement, poursuit un essor difficile principalement lié au manque d'infrastructures hôtelières. Il suffit de se rendre à la plage pour le comprendre : la côte ne bénéficie d'aucune infrastructure hôtelière de qualité et paraît à l'abandon. Les hôtels de catégorie supérieure affichent souvent complet car ils sont réservés à 80 % par les forces armées de la Minurso, et comme il existe très peu d'hôtels de moyenne catégorie, il ne reste plus à la disposition du touriste qu'une myriade de petits hôtels. Une tentative a tout de même été réalisée pour donner à la ville des allures de vieille ville du désert, avec ces petites maisons carrées en béton recouvert de pisé, et surmontées de dômes dans les tons ocre.

ÉGLISE ESPAGNOLE

Avenue Hassan II

Magnifique vestige de la période espagnole au Maroc. Entièrement gratuit et ouvert tous les jours.

L'un des rares vestiges de l'époque espagnole. On trouve encore quelques plaques de nom de rue en espagnol, mais la majorité d'entre elles ont été changées et traduites en arabe et en français. L'église est aujourd'hui tout à fait ouverte et des célébrations s'y déroulent souvent. Les messes sont célébrées dans un système de roulements avec des prêtres à l'accent espagnol qui officient également à Dakhla et dans d'autres lieux du Sud. Les étrangers chrétiens de la mission de l'ONU à Laâyoune s'y retrouvent notamment tous les dimanches.

HÔTEL LA GRANDE GARE €

Boulevard Sidi Bouya Rue Jaber,

✆ +212 5 28 89 47 89

Chambre simple dès 160 DH, double à partir de 250 DH. Wifi. Pas de restauration sur place.

Hôtel assez récent, composé de 18 chambres, sobres et propres, à la décoration basique. Comme les constructions récentes ne sont pas terminées partout, cela dégage parfois l'impression étrange d'être sur un chantier. Malgré ce point négatif, on apprécie l'accueil pour une étape d'une nuit à Laâyoune ainsi que le personnel souriant et attentif aux demandes. L'un des rares établissements de ce niveau dans cette ville encore marquée par l'occupation onusienne et les tensions liées au différend international concernant le Sahara.

HÔTEL ZEMMOUR €

Avenue Oum Saad, place D'Cheira

© +212 5 28 89 23 23

Chambre simple dès 80 DH et chambre double à partir de 140 DH (négociable). Douches collectives.

Cet hôtel tenu par des Sahraouis est des plus corrects. Les chambres sont propres. Bon accueil. L'établissement est situé à deux pas de la place principale El Saad et son square qui constitue l'une des rares artères modernes de la ville. Ceci en fait un emplacement privilégié où l'on peut se promener le soir sans trop de risques. En soi l'hôtel est comparable à un hébergement de bord d'autoroute en France, avec des télévisions datant du siècle dernier. Les petits déjeuners sont servis à l'étage inférieur, dans le café appartenant à l'établissement.

HÔTEL AL MASSIRA €€€

Avenue Mekka

© +212 5 28 89 48 48

www.hotelalmassira.com

Chambre simple 1 000 DH et chambre double 1 300 DH. Promotions en basse saison. Petit déjeuner 60 DH, repas 180 DH.

Dans la même veine que les autres établissements hôteliers de la région, cet hôtel de 72 chambres dégage une allure imposante qui évoque le passé de cette ville, construite récemment par les incitations du Royaume dans le but d'étendre le territoire au sud. D'ailleurs, à l'intérieur d'Al-Massira une exposition sur la Marche verte rappelle cette période de l'Histoire marocaine. Les chambres sont un peu sombres. Dispose d'une piscine. Les tarifs semblent élevés par rapport à la prestation, mais il n'y a pas vraiment le choix à Laâyoune !

HÔTEL SALWAN €€

Avenue Essmara

© +212 5 28 98 28 89

Comptez à partir de 30 € la chambre. Carte bancaire non acceptée.

A proximité du centre-ville et de l'aéroport, cet hôtel sympathique et moderne bénéficie d'un emplacement idéal. Il propose des chambres spacieuses, très confortables et bien équipées. Néanmoins, les chambres restent un peu sombres et l'on vous conseille d'en visiter plusieurs avant de choisir la vôtre. Au restaurant, vous pourrez déguster des plats internationaux bien élaborés, à des prix tout à fait corrects. L'établissement organise également des excursions en 4x4 dans le Sud Sahara. Accès Wifi. Bon accueil et personnel attentif.

LA PERLA €

187 avenue Mekka

© +212 5 28 99 11 91

Poissons frais environ 50 DH à la carte. Paella à 100 DH pour 2 personnes.

Situé sur l'avenue principale de Laâyoune, le Boulevard de la Mecque, le restaurant La Perla est l'une des rares adresses de la ville à servir de la cuisine fraîche et relevée. Les plats sont essentiellement à base de poissons, pêchés à Laâyoune-Plage, à quelques kilomètres d'ici. Fort du passage de la colonisation espagnole, la carte est également riche de certains mets ibériques comme une généreuse paëlla pour une dizaine d'euros. Enfin, les traditionnelles et incontournables assiettes marocaines sont également présentes : tajines, couscous.

SAHARA

© MTCURADO

Laâyoune.

LAAYOUNE OFF ROAD

✆ +212 6 67 91 64 52

http://laayoune-offroad.com

Excursion en 4x4, à partir de 600 DH par personne (minimum 3 personnes).

Pour une expérience différente et ludique. Laayoune Off Road propose depuis 2010 des excursions en 4x4, moto, quad, Buggy, dans tout le Sud Maroc. Jean Richard et son fils Hugo connaissent le désert comme leur poche et vous amèneront à la découverte de paysages fabuleux. Que ce soit pour une journée ou plusieurs jours, l'agence s'adapte facilement à sa clientèle et pourra vous proposer des circuits à la carte, selon vos envies et votre budget. Elle pourra aussi vous conseiller sur l'organisation de votre séjour. Une équipe professionnelle et expérimentée.

LAÂYOUNE PLAGE ★★

Suivez la route en direction de l'aéroport, puis la route de Dakhla-Boujdour, et prenez sur votre droite après 17 km, juste avant une station essence ; 2 km avant d'arriver, vous traversez le petit village de Foum el-Oued, puis vous atteignez Laâyoune Plage. C'est une grande plage propre de sable fin, bordée de villas principalement occupées par les militaires en villégiature. A l'extrémité du front de mer, sur la droite, un parking non aménagé accueille des camping-cars. En longeant la corniche en direction du port, vous vous rendrez compte de l'état d'abandon de la côte. Néanmoins, la balade est très agréable, notamment au coucher de soleil.

PORT DE LAÂYOUNE ★

Le port est aussi connu sous le nom d'El Marsa. A 26 km au sud de Laâyoune, sur la route de Dakhla. Vestige de la présence espagnole, un immense tapis roulant, servant à convoyer le phosphate, traverse le désert sur plus de 100 km jusqu'au port de Laâyoune. L'ouvrage est impressionnant. A part ça, pas grand-chose à voir ni à faire. Ici, les activités principales sont le traitement et le conditionnement des produits de la mer ainsi que l'exportation du phosphate. Si vous apercevez des tentes noires et blanches en pleine rue, il s'agit de célébrations de mariage. Si vous vous approchez, vous ne prenez le risque que de vous faire inviter.

SMARA ★

Son climat de type saharien continental se caractérise par d'importantes amplitudes thermiques entre les températures diurnes et nocturnes. La pluie y est rarissime, mais lorsqu'elle tombe, elle occasionne beaucoup de dégâts. Il peut se passer 6 voire 8 ans, sans que le ciel n'ouvre ses vannes sur Smara. D'environ 60 000 habitants, la population regroupe des artisans, commerçants, fonctionnaires, agriculteurs et éleveurs. La ville est évoquée dans la littérature française, dont les carnets de voyage de Michel Vieuchange et le roman *Désert* de J.M.G Le Clézio. Il n'est pas facile de s'y loger, mais quelques hôtels sommaires pourront vous dépanner.

MOSQUÉE DE MA EL AÏNIN ★

Ruines gratuites.

Juste à côté de la zaouïa se trouvent les vestiges de cette mosquée qui n'a jamais été terminée. Initialement, elle devait comporter 81 piliers, mais ne subsistent qu'une vingtaine de ceux-ci et chaque pluie met à mal cet édifice. Vraiment dommage car les piliers et les arcades ayant résisté au temps sont de toute beauté. Pour les locaux, ce bâtiment est un symbole de la singularité de la ville, ayant résisté pendant des années aux tentatives d'invasion françaises, et au joug espagnol. Avec le temps, le lieu est devenu « la citadelle de la liberté ».

BOUJDOUR

La route menant de Laâyoune à Boujdour, rectiligne et relativement monotone, longe l'océan Atlantique sur 188 km. A l'origine Boujdour est un petit village de pêcheurs établi près du phare. Aujourd'hui, cette grosse bourgade, peuplée de plus de 50 000 habitants, s'est progressivement urbanisée pour devenir le chef-lieu de la province. Il passe ici seulement quelques milliers de voyageurs par an, autant dire que le tourisme est encore embryonnaire. Cependant, sa corniche offre une balade plus qu'agréable le long de la côte atlantique. Vous trouverez plusieurs petits restaurants servant une bonne cuisine, à la sortie de la ville en direction de Dakhla.

DAKHLA ★★★

Dakhla est la principale ville de la région Oued Eddahab-Lagouira, qui couvre environ 20 % du Maroc avec ses 142 865 km² pour une population d'environ 106 277 habitants. Le royaume a fortement aidé au développement de la ville dans le but d'asseoir la présence marocaine dans ce Sahara occidental dont les frontières n'ont toujours pas été entérinées par l'ONU. Cependant, Dakhla est isolée, Agadir étant à plus de 1 100 km. Les conséquences de cet isolement sont sensibles dans les domaines de l'éducation et de la santé. Les autorités mettent en place des synergies pour rompre cet éloignement, en développant entre autres des maisons de jeunes.

Climat

La région d'Oued Eddahab-Lagouira, frontalière de la Mauritanie, est extrêmement aride, balayée par des vents dominants de secteur nord-nord-ouest. Sur la façade atlantique, de rares pluies entretiennent un taux d'humidité (de 70 à 75 %) vital pour l'agriculture et l'activité pastorale. Les alizés maritimes et un courant froid venant des Canaries établissent les bases d'un climat tropical tempéré, les températures y sont agréables toute l'année allant de 17 à 25 °C. Dès que l'on se dirige vers l'est, les conditions changent, le taux d'humidité chute à 30 %, l'amplitude thermique entre la nuit et le jour, et entre les saisons s'accentue fortement, nous sommes en présence d'un climat continental aride. Le paysage est composé d'un plateau rocailleux de 300 et 500 m d'altitude, voire exceptionnellement 600 m.

La ville aujourd'hui

Les vestiges architecturaux qui subsistent reflètent l'empreinte espagnole, tels que ces bâtiments à l'entrée de la ville abritant des militaires marocains, ou bien ce fortin du XIXe siècle avec sa tour à échauguettes à côté de l'église. Progressivement, Dakhla se met en valeur. En témoignent ses maisons, jusque-là blanches et bleues comme l'océan, repeintes en ocre comme le désert. Le bord de mer, entre la wilaya et le sud de la presqu'île, est aussi touché par cette cure de jouvence, les vieux bâtiments ont été démolis pour faire place à un front de mer beaucoup plus esthétique.

Le tourisme à Dakhla est encore embryonnaire, mais ces dernières années la ville a su attirer de plus en plus de visiteurs. Elle est un paradis pour les amateurs de kitesurf pour apprécier la beauté du site. L'ouverture de la route transsaharienne en 2005 entre Tanger et Dakar a contribué également au désenclavement de ce lieu.

© ELISA VALLON

Comme un air de Cuba à Dakhla.

LA DUNE BLANCHE ★★

Site naturel gratuit.

A une quinzaine de minutes en 4x4 de la base « Dakhla Attitude », cette curiosité naturelle intrigue les scientifiques qui n'ont à ce jour aucune explication fiable sur ce phénomène. Au milieu de la baie, s'élève cette magnifique dune de sable d'un blanc immaculé, en forme de croissant, qui dévoile une lagune aux teintes bleues et vertes. A marée haute, elle devient une île accessible seulement en bateau. Elle est le paradis des crabes violonistes et des oiseaux, notamment des flamants roses, et fera le bonheur des photographes, offrant de superbes clichés !

L'ÎLE DU DRAGON ★

Site naturel gratuit.

Au large de la baie, avec un peu d'imagination, un dragon sort la tête de l'eau turquoise. La forme du rocher a donné son nom à cette petite île vierge. Il y a 100 ans, des Sahraouis pêcheurs vivaient sur l'île du Dragon, jusqu'à l'arrivée des Espagnols qui ont transféré ces habitants en ville. Aujourd'hui, l'île est complètement vierge d'humanité, habitée au sud par les colonies de flamants roses et autres oiseaux. Ses petites plages de sable blanc, doux comme du velours, et ses eaux transparentes qui se dégradent du bleu au vert offrent un moment d'exception.

SAHARA

LES PLAGES ★

Site naturel, totalement gratuit.

Entre océan et désert, la baie de Dakhla offre de longues plages de sable fin d'une grande diversité de couleurs. Les paysages, qui ont conservé leur aspect sauvage, y sont à couper le souffle. Les plages sont idéales pour poser sa serviette, elles qui sont bien abritées du vent et qui bénéficient d'un ensoleillement exceptionnel. Vous pouvez également vous y adonner aux plaisirs du surfcasting et d'autres activités nautiques telles que windsurf, kitesurf ou ski nautique. En remontant vers le nord, d'autres plages s'offrent à vous le long de l'océan.

SEBKHA D'IMLILI

Site naturel gratuit mais qui nécessite un guide pour y accéder.

A 130 km au sud-est de Dakhla, accessible en 4x4, voici l'une des zones humides les plus réputées du Maroc, pour ses paysages vierges s'étendant à perte de vue et ses nombreuses poches d'eau permanente en plein désert. Ces dernières sont habitées par différentes espèces singulières de plantes et de poissons, dont le Talapia de Guinée qu'on retrouve généralement en Afrique de l'Ouest. Certaines espèces, isolées dans les trous d'eau, s'adaptent à leur espace en changeant de forme ou de couleur. Une fois les pieds dans l'eau, c'est l'heure d'une *fish* pédicure !

LA SOURCE D'ASMAA

A partir de 15 DH par personne.

En plein désert, la source thermale d'Asmaa est encore préservée de l'affluence des touristes. Ces eaux chaudes avoisinant les 38 °C jaillissent d'un simple tuyau qu'on dirige vers vous. Attention, la pression étant assez forte, tenez bien vos maillots durant ce bain tonifiant ! On vous avoue aussi que l'odeur d'œuf putréfié qui s'en dégage n'est vraiment pas agréable, mais l'eau naturellement sulfureuse est connue pour ses vertus thérapeutiques, notamment pour les maladies de la peau et les troubles respiratoires. Une bonne raison de se laisser tenter !

CONSEIL RÉGIONAL DU TOURISME

Résidence Al Baraka - Avenue Al Walaa

✆ +212 6 60 74 08 00

Vous trouverez ici de nombreuses informations touristiques sur Dakhla et ses alentours. Pour obtenir un visa pour la Mauritanie à partir du Maroc, il faudra vous rendre à la frontière et en faire la demande, sauf si vous vous êtes préalablement rendu à l'ambassade à Rabat. Sachez qu'il est actuellement déconseillé de se rendre dans une grande partie de la Mauritanie compte tenu de la situation. Plus d'informations sur le site de l'ambassade de France.

DAKHLA ROVERS

Hay el Kassam II

✆ +212 6 36 80 85 15

http://dakhla-rovers.com

Excursions sur mesure, maximum 6 personnes. Programme courts de 1 à 2 jours et longs de 7 à 9 jours.

Avec Nico et Martina, de Dakhla Rovers, vous pourrez partir sans crainte, pour la journée comme pour quelques jours. Ce couple de baroudeurs italiens ne cesse d'arpenter le désert pour mieux vous y conduire. L'aventure commence là où les pistes s'effacent. A la croisée de troupeaux de dromadaires, vous aurez peut-être l'occasion de goûter à leur lait. Une fois les dunes atteintes. Asseyez-vous et écoutez ce silence. Une fois le bivouac monté pour la nuit, on s'installe autour d'un thé pendant que les keftas de dromadaire grillent sur le feu.

SAHARA

SAHARA SAILING ★★★

✆ +212 6 66 05 05 56
www.saharasailing.com
Excursions en bateau à partir de 70 € la demi-journée par personne.

Jacqueline et Neil ont créé en 2015 Sahara Sailing. D'origine anglaise, Neil a commencé à naviguer à 10 ans avec son père. En 2011, il revient de la Rochelle par l'océan Atlantique en 23 jours avec *Shibula*, un catamaran de 11 mètres. C'est sur ce joli navire que l'on vous propose d'embarquer. Un petit creux ? Le *carrot cake* est fait maison par Jacqueline. Pour le déjeuner, les grillades se font à bord, entre deux plongeons dans l'eau turquoise. Surtout, garder l'œil ouvert, car si vous êtes chanceux, vous croiserez la route de beaux dauphins à bosse.

AUBERGE DES NOMADES DU SAHARA €

PK 27
✆ +212 6 62 89 96 42
www.auberge-des-nomades-du-sahara.com
A partir de 45 € la nuit en pension complète + transfert aéroport A/R.

C'est un des premiers établissements tournés vers le kite de Dakhla. L'auberge propose des hébergements sous la forme de bungalows ainsi que des packs tarifaires. Située face à la lagune, l'auberge offre une vue splendide. Seule contrainte, devoir traverser la route pour atteindre l'eau. L'hébergement se fait en tente ou en bungalow. Pour l'apéro le soir, vous verrez que chacun a fait ses petites provisions à partager avec tout le monde, car l'établissement ne sert pas d'alcool.

LAGON ENERGY ECOLODGE, KITESURF €€

PK27 route d'El Argoub
✆ +212 6 13 03 78 61
lagonenergydakhla.com
Bungalow à partir de 135 € pour deux personnes.

© ISABELLE

Niché entre dune et lagune, au cœur d'un écosystème riche de plus de 5 000 végétaux, cet éco-hôtel d'exception ravira les amoureux de la nature. Il vous accueille dans 31 bungalows spacieux et chaleureux à l'atmosphère intime pour une immersion totale en plein désert. Le lieu s'articule autour d'une base nautique, d'un superbe spa, d'un beach bar, d'un potager, d'une salle de fitness et de yoga. Un séjour de luxe qui rime avec bien-être et détente.

DAKHLA ATTITUDE HÔTEL €€

11 Avenue Al Moukawama
✆ +212 5 37 85 56 74
www.dakhla-attitude.ma
A partir de 145 € la nuit par personne, comprenant pension complète et transfert à l'aéroport. Excursions, yoga, spa.

Avec ses deux campements sur la lagune, Dakhla Attitude jouit d'un emplacement rêvé pour les kitesurfeurs : isolé sur une longue et belle plage, non loin de la dune blanche et du speed spot. Il propose différents types de bungalows, plus ou moins spacieux, offrant tous une vue dégagée sur la lagune. Ici, vous vous ressourcerez au fil des activités en pleine nature. Au programme : yoga, kitesurf, catamaran et excursion en 4x4 dans le désert. Et pour plus de détente : l'équipe du Spa se tient à votre disposition pour un vrai moment de bien-être.

DAKHLA EVASION €€

PK 27
✆ +212 6 65 05 05 56
www.dakhla-evasion.com
A partir de 96 € la nuit en cabanon pour 2 personnes, en pension complète + transfert. Balade à cheval à partir de 20 €.

Face à la lagune, allongé au bord de la piscine, on ne distingue qu'à peine la route qui nous sépare de l'eau. Dakhla évasion, née d'une union franco-marocaine, vous propose des chalets, des bungalows ou des cabanons selon votre budget. Abrités du vent par les dunes de sable, tous sont joliment décorés et bien confortables. Et ici, au-delà des traditionnels sports nautiques de la lagune, vous pourrez profiter de belles balades à cheval, toujours accompagné d'un moniteur. Galopez à la rencontre des paysages et des oiseaux migrateurs, inoubliable !

DAKHLA SPIRIT €€

C26 Quartier Al Walla Kassam 1
+212 6 22 80 01 79
www.dakhlaspirit.com
A partir de 50 € par personne en tente. Et autour de 60 € par personne pour un bungalow double. Centre sportif.

Soufiane est un des premiers kitesurfeurs à avoir foulé le sable de Dakhla. C'est dans l'optique de garder cet esprit qu'il a monté le Dakhla Spirit. De la simple tente au bungalow supérieur pour se réveiller face à la mer, à chaque budget son option. Et toujours ce système de pension complète au buffet pour ne penser à rien et simplement déconnecter. Le camp surplombe la lagune et l'accès à la mer est direct. Une petite piscine jouxte le beach bar, où les moniteurs de kite s'invitent souvent à la fête le soir. Bonne ambiance !

DAKHLA WESTPOINT HÔTEL €€

Oum Lambouir +212 5 37 86 44 67
https://westpointdakhla.ma
En haute-saison, à partir de 170 € la nuit en bungalow. Spa, piscine. Centre sportif.

Le Westpoint ravira les surfeurs en quête de confort. L'endroit, plutôt calme, est aussi familial. Les chambres, construites à l'identique ou presque, comme de jolies cabanes au toit de paille, sont agréables. Espace ouvert, grand lit et salle de bains avec douche à l'italienne en tadelakt. Côté restauration, on mange très bien, installé sur la vaste terrasse qui donne d'abord sur la piscine, puis sur la mer au loin. Le centre sportif a un accès direct sur la plage pour aller surfer dès le matin. Spa, organisation de plongée, apnée, pêche.

HÔTEL ALBARAKA €€

Avenue Allal Ben Abdellah
+212 5 28 93 47 44
www.hotelalbaraka.com
Chambre double à partir de 75 €.

Jolies prestations et accueil chaleureux de l'équipe pour cet hôtel qui propose des chambres et des suites tout confort, parfois avec balcon. Un style simple et épuré comme on les aime. Le restaurant au niveau du toit-terrasse est très agréable, offrant une vue panoramique sur le front de mer. La carte met l'accent sur les produits de la mer, issus de la pêche du jour : huîtres, palourdes, crabes, araignées et langoustes. L'hôtel est bien situé, en plein centre, idéal pour ceux qui souhaitent profiter pleinement de la ville.

HÔTEL BUENAVISTA €€

Boulevard Mohammed V
+212 6 61 19 16 34
www.hotel-buenavista-dakhla.com
Avec petit déjeuner, chambre à partir de 969 DH et 1 200 DH avec vue sur la mer. Restauration sur place.

Cet hôtel moderne dispose d'une cinquantaine de chambres, mais aussi de plusieurs suites et de studios. Certaines chambres ont une vue agréable sur la mer qui justifie le voyage. Tout de blanc vêtu l'établissement dispose d'un restaurant et d'un bar pour passer des moments de qualité dans l'hôtel. D'autres activités sont au programme, kitesurf, pêche et safaris, toutes sur demande. Se renseigner à la réception. Enfin, les amateurs de farniente iront du côté de la piscine et de la plage privée à cinq minutes à pied de l'hôtel.

PK 25 €€

+212 5 37 86 45 05
www.dakhlapk25.com
A partir de 144 € la chambre double en basse saison. Centre sportif.

© ISABELLE

Face à son grand frère Dakhla attitude, PK25 est le premier boutique-hôtel de la lagune. On le reconnaît facilement grâce aux jolis toits de couleur de ses 32 bungalows. Chacun a vue sur l'île du Dragon de sa petite terrasse aménagée, et aussi directement de son lit ! Côté déco, on se réjouit grâce à Sonya Burger qui a jonglé avec goût entre tradition et modernisme, pour un résultat funky chic. A table, la grande pièce vitrée laisse la lagune faire office de tableau naturel, pendant que l'on se régale autour de très bons plateaux de poissons et fruits de mer.

LA CRIQUE HÔTEL ET SPA €€€

Western Sahara, Avenue Laargoub N 01 -718
✆ + 212 6 62 14 62 97
https://lacrique.ma
140 € pour une suite junior en basse saison/personne. 180 €/2 personnes. 350 € pour la suite royale.

Dormir à la Crique, c'est côtoyer le luxe avec un grand L. Tout est fait pour garantir un séjour sans encombre aux clients, et le séjour est pensé dans les moindres détails afin de satisfaire toutes vos attentes. Le restaurant « l'Ancre des Gourmets » propose des menus à la carte de très haute volée. Les chambres sont envoûtantes, avec une décoration offrant un sentiment de dépaysement qui n'omet en rien le raffinement. Les grandes baies vitrées plongeant dans la baie de la crique sont tout simplement... à couper le souffle.

LA TOUR D'ÉOLE €€€

PK 60 Route d'El Argoub
✆ +212 6 76 00 18 52
www.latourdeole.com
A partir de 240 € la nuit pour deux personnes en pension complète.

Entre océan et désert, un écolodge d'une vingtaine de chambres nichées dans des bungalows en bois, décorées avec soin en partenariat avec les artisans locaux. Spacieuses, avec une vue magnifique sur le lagon, elles offrent tout le confort du luxe, tout en respectant l'environnement. Côté sport, le kite se pratique à l'Océan Academy, où Bruna Kajiya, triple championne du monde de kitesurf, veille à la qualité des cours. Pour se détendre après l'effort, des cours de yoga, une salle de massages et thérapie ayurvédique ou un simple bain de soleil à l'abri du vent !

GLADYS €

4 avenue Tires
✆ +212 6 59 06 52 43
Ouvert tous les jours de 12h à 16h et de 19h à 23h. Fermé le dimanche midi.

Tenu par Aïcha, c'est la cantine locale où se retrouve le soir les jeunes surfeurs qui veulent se désolidariser de l'auberge l'espace d'un repas. On y retrouve également quelques locaux, businessmen ou expatriés en villégiature. Le midi c'est tajine ou plat du jour, brochette ou calamars… seule chose qui ne change pas : que des produits frais ! Une adresse que nous recommandons pour son ambiance familiale et décontractée, avec un service impeccable, souriant et courtois, et des plats toujours soigneusement préparés et joliment présentés.

CHEZ N'TIFI €

Boulevard Ahmed Ben Chekroun
✆ +212 6 35 98 23 70
https://chez-ntifi.business.site
Ouvert tous les jours de 9h à 1h du matin. Fermé mi-août à mi-septembre. Comptez entre 20 et 50 DH le plat.

L'endroit ne paye pas de mine, à quelques mètres derrière le souk, mais dans l'assiette : que du fait-maison ! Chaque mardi, pastilla de poisson, mercredi rfissa au poulet et vendredi couscous. La carte réserve bien d'autres délicieuses surprises comme le poulet gingembre et fines herbes ou le tajine de bœuf aux oignons. Le lieu est populaire auprès des locaux qui viennent s'y régaler à petits prix, dans une atmosphère familiale et chaleureuse. Sûrement le meilleur rapport qualité-prix de la ville. Excellent accueil des patrons.

RESTAURANT SAMARKAND €

Boulevard Mohamed V
✆ +212 5 28 89 83 16
Ouvert tous les jours de 8h à 23h. Plat entre 50 et 100 DH. Menu entre 90 DH et 200 DH.

Le cadre y est original et agréable, avec de petits box en fer forgé et en forme de verrière éparpillés sur une terrasse en front de mer. Le restaurant propose du poisson frais et une bonne cuisine marocaine avec salade, pastilla et couscous. Une carte variée certes, mais les commandes n'y sont pas toujours honorées, ce qui est vraiment dommage... Cependant, il reste le rendez-vous des locaux qui l'apprécient pour sa vue panoramique et son bon rapport qualité-prix. Terrasse paisible à l'étage. Également de bonnes pâtisseries.

LA MAISON DU BIEN-ÊTRE

Villa Cisneros, Western Sahara
✆ +212 6 36 30 63 29
https://mykarmictrip.wordpress.com
Sur rendez-vous. Les tarifs varient de 35 € à 50 €, en fonction du type de massage et de la durée.

Lors de son tour du monde, Cynthia s'est enrichie d'expériences et de techniques variées en termes de massage. Ce qui lui a permis de se perfectionner dans diverses méthodes. Elle a créé La Maison du bien-être et se déplace sur demande pour faire des massages ou donner des cours de yoga. Des massages aux huiles inspirés de massages traditionnels thaï, balinais, ayurvédique, chinois… Réharmonisation des chakras, ou encore massage basé sur des étirements et des appuis, qui se pratique habillé sur un matelas au sol, il y en a pour tous maux et tous les goûts.

© EDITH

© EDITH

© EDITH

OCÉAN VAGABOND €€

PK 27 route d'El Argoub
✆ +212 6 71 01 03 01
www.oceanvagabond.com

Tarif par nuit en bungalow est à partir de 184 € pour deux personnes en demi-pension, avec transfert aéroport.

Tenu par Sébastien, cet établissement figure parmi nos favoris à Dakhla. Pour sa vue imprenable sur la lagune bleu turquoise et pour sa structure constituée de bungalows en bois, éparpillés dans un grand jardin, tous décorés avec beaucoup de goût. Deux types de bungalows simples, propres et écolos. Océan Vagabond a obtenu le Label Clé verte. Le personnel est très pro, que ce soit au beach bar, au restaurant ou au centre sportif. L'ambiance est complètement détendue, ici les gens reviennent d'une année à l'autre, il faut réserver bien à l'avance.

© EDITH

© EDITH

DAKHLA DISCOVERY

10 bd Moussa Ben Nosair
✆ +212 6 71 79 06 33
A partir de 700 € la semaine tout compris : hébergement en pension complète avec un repas au parc à huîtres.

Aziz a créé cette petite structure en 2016, à la fois école de kite et maison d'hôtes. Dakhla Discovery propose des packs d'apprentissage du kitesurf dans une ambiance familiale. L'hébergement est en pension complète dans l'auberge, chambre avec une salle de bains privative, salon commun et terrasse commune avec vue sur la lagune. Des cours de yoga sont organisés sur le toit terrasse, ainsi que des massages en partenariat avec La Maison du Bien-Être. Si le vent ne souffle pas, ce sera toujours l'occasion d'un hammam, d'un tour en ville ou d'une excursion.

PLAGE TROUKE 25

Site naturel remarquable. Camping.

Les autorités ont aménagé cet endroit situé à 25 km de Dakhla au bord d'une plage magnifique. De nombreux camping-cars y séjournent, il semblerait que ce soit une des dernières aires officiellement gratuites, vous pouvez pratiquer ici la pêche, la planche à voile, le farniente et la spécialité du coin, le « safari coquillage » (pas besoin de vous faire un dessin !). La grande île juste en face du site est accessible à pied à marée basse. Les Marocains s'y rendent le dimanche en famille pour profiter d'un bon bain de mer dans ce spot merveilleux.

WHITE DUNE KITING

Kassam I
✆ +212 6 72 67 26 33
www.whitedunekiting.com
Ouvert tous les jours de 10h à 20h.
Location à partir de 40 € la demi-journée.

White Dune Kiting, c'est en quelque sorte une école de kite mobile pour un apprentissage à la carte en dehors des sentiers battus. Les moniteurs et monitrices, tous diplômés IKO, vous transmettront leur passion sur les meilleurs spots exclusifs de Dakhla. Ici, les leçons sont personnalisées et en petit groupe, pour progresser plus rapidement. Les normes de sécurité sont également respectées strictement. Location de matériel haut de gamme, perfectionnement, downwinders... Il y en a pour tous les niveaux et toutes les envies. Une bonne adresse !

AOUSSERD ★★

La région d'Aousserd n'est pas la plus belle du Sahara marocain, mais les amateurs d'authentique adoreront. Ici pas de superflu, uniquement le nécessaire (et encore, à ce sujet pensez large au niveau carburant, il n'y a ici pas de station). Aousserd était à l'époque des caravanes une étape relativement importante sur le parcours entre Atar en Mauritanie et Laâyoune. D'une grande importance stratégique pendant le conflit du Sahara, elle aspire aujourd'hui à retrouver tout ou partie de son lustre d'antan en misant notamment sur le développement du tourisme. Un grand nom de la culture locale a excellé notamment en poésie : Cheikh Mohammed El Mami.

EL ARGOUB

Environ 45 km après le PK 40, dernière localité, mis à part La Gouira qui ne figure pas sur la route transsaharienne, avant la frontière avec la Mauritanie. Le site offre une belle plage au sud de la lagune de Dakhla, fréquentée par les amateurs de kitesurf et de windsurf. Apprécié des sportifs en quête d'espace, le spot a été révélé par Rachid Roussafi, célèbre champion marocain de kitesurf. Les conditions climatiques sont idéales pour pratiquer ces deux activités, le spot étant balayé toute l'année par un vent régulier. Vous pourrez d'ici organiser des excursions en 4x4, observer de nombreux oiseaux ou simplement profiter de cette plage paisible.

LA GOUIRA

Une piste sur la droite mène à ce qui est, en principe, la dernière ville marocaine avant la Mauritanie. Nous disons bien en principe, car cet endroit ressemble plus à une ville fantôme, sous la garde des autorités mauritaniennes. Ses bâtiments de l'époque coloniale, aujourd'hui en ruine, sont peu à peu ensevelis sous le sable et seuls quelques pêcheurs tentent de survivre. Dans les années 90, le gouvernement marocain a essayé de faire revivre cette ville en investissant dans les infrastructures, mais il a vite découvert que le terrain n'est pas constructible. Elle est depuis laissée à l'abandon, abritant seulement un camp militaire mauritanien.

MARRAKECH

La Ville Rouge, si joliment surnommée, est une sentinelle aux portes du Sahara. Elle qui n'était au départ qu'une vaste palmeraie au cœur d'une plaine aride, a su s'imposer comme la capitale touristique du pays. D'ailleurs, comment ne pas succomber à sa kyrielle de jardins aux parfums enivrants, de marchés, palais et mosquées ? Participer à sa vie culturelle trépidante et admirer son riche artisanat d'art ? Marrakech concentre à elle seule une grande partie du Maroc, elle qui présente deux visages distincts. D'un côté, sa médina aux ruelles labyrinthiques qui grouillent d'habitants, d'artisans et de touristes. De l'autre, une ville plus moderne et cosmopolite, construite sous le protectorat français, avec ses enseignes de marques et ses complexes hôteliers rivalisant de luxe. Marrakech est une destination de choix, alliant dynamisme, élégance et authenticité, tout en affichant des allures intemporelles d'oasis au cœur de l'hiver.

VILLE NOUVELLE
JARDINS DE LA MÉNARA
Aéroport
300M

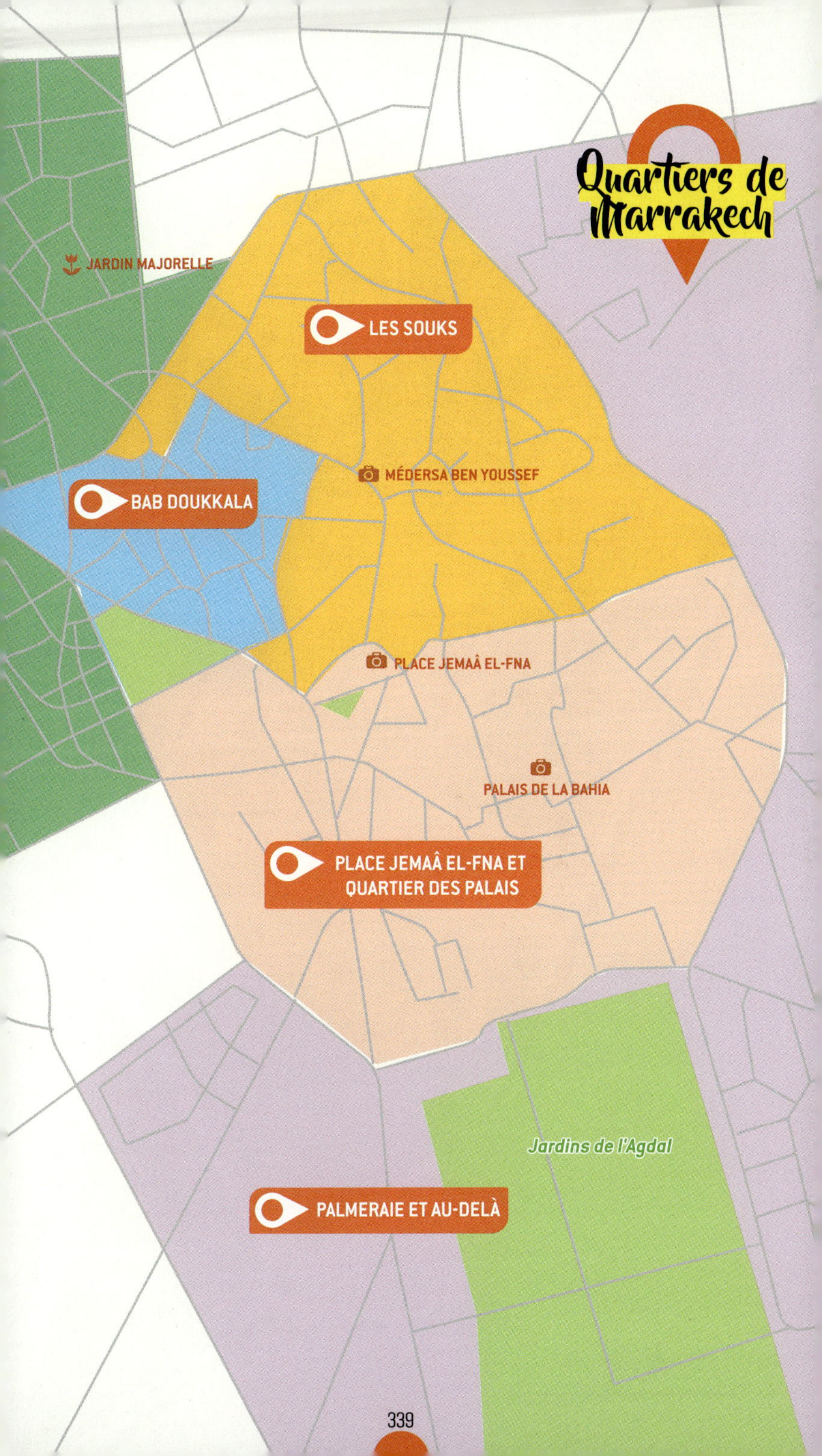
Quartiers de Marrakech
JARDIN MAJORELLE
LES SOUKS
MÉDERSA BEN YOUSSEF
BAB DOUKKALA
PLACE JEMAÂ EL-FNA
PALAIS DE LA BAHIA
PLACE JEMAÂ EL-FNA ET QUARTIER DES PALAIS
Jardins de l'Agdal
PALMERAIE ET AU-DELÀ

Cyber Parc Arsat Moulay Abdeslam
Rue Jebel Lakhdar
Boulevard Mohammed V
Avenue Fatima Zohra
TOBSIL
JARDINS DE LA KOUTOUBIA
Rue El Mouahidine
Rue Moulay Ismail
Rue Bani Marine
Rue Ibn Khaldoun
Rue Abou El Abbas Sebti
Parc Lalla Hasna
Avenue Houman El Fetouaki
Avenue Houman El Fetouaki
GRAND CASINO DE LA MAMOUNIA
MAMOUNIA
Bab Jedid
Rue Sidi Mimoun
Rue Oqba Ben Nafaa
RIAD GOLOBOY
Derb Sidi M'Barek
Ecole Bahia
Boulevard El Yarmouk
Jardins De La Mamounia
Rue Sidi Mimoun
Rue Lalla Rkia
Rue Essaadiyne
Rue
Ouled Ben Sebaa
Boulevard El Yarmouk
BAINS DE MARRAKECH
Bab Agnou
Avenue Guemassa
Rue Oqba Ben Nafaa
Boulevard El Yarmouk
300 M

Place Jemaâ el-Fna et Quartier des Palais
ZEITOUN CAFÉ
HÔTEL WISSAM
Derb Jdid
Trik Arset Loghzail
Rue Larassi
RIAD MARIANA
PLACE JEMAÂ EL-FNA
BLACKCHICH CAFÉ
DAR CHERIFA
Trik Tikhizrit
BAKCHICH CAFÉ
GARGOTES DE LA PLACE JEMAÂ EL-FNA
RIAD TAWARGIT
PEPE NERO
COURS DE CUISINE DU RIAD MONCEAU
BISTRO ARABE
Rue Riad Zitoun El Jedid
RIAD PIERRES ET SAVEURS SOLEIL
PÂTISSERIE DES PRINCES
RIAD MONCEAU
CASA LALLA
DÉJEUNER À MARRAKECH
DAR MIMOUN
RIAD LE CLOS DES ARTS
Riad Zitoun Lakdim
FAMILLE
Rue El Gondafi
ANGSANA RIADS COLLECTION
Rue El Moustachfa
Rue de la Bahia
Derb Lamnabha
Derb Jdid
Rue Riad Zitoun El Jedid
HÔTEL DU TRÉSOR
RIAD SWAKA
PALAIS DE LA BAHIA
Avenue Houman El Fetouaki
DAR ANIKA
RIAD DAR ONE
Derb Jamaa El Kibir
Riad Yamsara
Derb Manchoura
Derb Ch'mae
Derb Lahbasse
Derb Zemrane
Derb Al Harrate
Taoualat El Miâra
Rue Fandak
Jardin Sidi Hmed El Kamel
VIAVIA
AYA'S
KOSY BAR
et El Maach
Derb Touareg Berrima
Derb Saba
Derb Taleb
PALAIS EL BADI
Deer el Kheir
Derb Essada
Rue de Berrima
TOMBEAUX SAADIENS
Derb Si Hassi
la Kasbah
DAR BOUCHAIB
Tariq Sahrij Gnaoua
Rue de la Kasbah
Tariq Makhzen
CAFÉ CLOCK
CAFÉ CLOCK – ÉCOLE DE CUISINE
Derb Ladla
JARDINS DE LA MÉDINA
VILLA MAKASSAR

Avenue du 11 Janvier
GARE ROUTIÈRE DE
BAB DOUKKALA
Rue El
Derb Jdid
Place El
Mourabitene
Avenue des Nations Unies
PAILLOTE RESTAURANT
& JARDIN
RIAD KNIZA
Rue El Adala
Derb Jdid
Avenue Al Mallakh
Derb Zaouia
Derb Lahnec
Rue El-Adala
Avenue de Ouaqalla
100 M

Bab Doukkala
Derb Sidi Massoud
Derb Sidi Massoud
Derb Sidi Massoud
RIAD HARAKA
DAR ZELLIJ
DAR YACOUT
Derb El Boumba
Derb Ajama
Rue Sidi Ben Slimane
Rue El Gza
Rue Riad Laarous
Derb Sidi Bou Ameur
JARDINS DU LOTUS
SARSAR & ABDALLAH
Rue Riad Laarous
Derb El Halfaoui
BACHA 15
RIAD TARABEL
Route Sidi Abelaziz
RIAD B&B COMPTOIR DU PACHA
DAR MOHA
Arset Aouzal
MAISON
72 RIAD LIVING
Avenue Fatima Zohra
MAISON ARABE
Rue Dar El Bacha
Dar El Bacha

PETIT CHANTIER
Rue Mohammed El Bekal
Rue Rahlal Ben Ahmed
Rue Abdelouahab Derraq
Rue Abdelouahab Derraq
Rue Erraouda
Rue Ibn Zaidoun
Rue de l'Hopital
Rue Allal Ben Ahmed
Rue Ibn Sina
Rue du Pacha
Rue Ibn Aicha
Boulevard Mohammed Abdelkaraim el Khattabi
PETIT CORNICHON
MEDLOC
Avenue Yacou
CASANOVA
Boulevard Mohammed V
NAJM CAR
Rue Yougoslavie
Rue Moulay Ali
L'AUBERGE ESPAGNOLE
DIWANE HÔTEL & SPA
Boulevard Mohammed Zerktouni
Rue Loubnane
Rue Halab
ANDRÉ LE CHAPELIER
GRAND SOCCO
AL FASSIA
MENZIL EL FAN
Rue Tariq Bnou Ziad
68 BAR À VIN
CAFÉ DU LIVRE
MARRAKINE
GALERIE BIRKEMEYER
LOFT
RADISSON BLU HOTEL
Rue Sourya
MAMMA MIA
PÂTISSERIE AL-JAWDA
L'ORIENTALISTE
Rue Mohammed El Bekal
Rue El Imam
Boulevard Mohammed VI
Boulevard Mohammed Abdelkaraim el Khattabi
GALERIE DES TANNEURS
BAGATELLE
AL BAHRIYA
GRAND CAFÉ DE LA POSTE
Boulevard
Boulevard Moulay Rachid
Rue Mauritanie
Rue Hassan Ben M Barek
Avenue Hassan II
Rue Cadi Ayad
Marrakech
RN 8
Rue Cadi Ayad
Jnane El-harti
SUPRATOURS
AVENTURE BERBÈRE
200 M

Ville nouvelle
MUSÉE YVES SAINT-LAURENT
Rue Yves Saint Laurent
16 KAWA
JARDIN MAJORELLE
BOUTIQUE DU JARDIN MAJORELLE
33 RUE MAJORELLE
HÉRITAGE BERBÈRE
PALMA
Avenue Prince Moulay Abdullah
Rue Mekka
Avenue Yacoub El Mansour
Rue Wadiaa
Avenue Yacoub El Mansour
Rue Bata
Mansour
Avenue d'El Jadida
RN 8
Boulevard de Safi
Rue Khalid Ben El Oualid
COBRATOURS
Rue Ibn Toumert
Rue Sourya
Avenue du 11 Janvier
GARE ROUTIÈRE DE BAB DOUKKALA
Place El Mourabitene
Rue Ibn Toumert
Avenue des Nations Unies
PAILLOTE RESTAURANT & JARDIN
RIAD KNIZA
Rue Khalid Ben El Oualid
Avenue des Nations Unies
16 CAFÉ
Rue Zellaqa
O A LA BOUCHE
Rue Badr
Rue Sebou
OMNI TOURS
Rue El Mahjoub Ermiza
Avenue Al Mallakh
Rue El Adala
DINO
Rue Oum Errabia
Boulevard Mohammed V
Rue Yakoub El Marini
Rue Mohammed el-Mellakh
Avenue de Ouagalla
Rue Ell Mahjoub Ermiza
Rue El Adala
Rue Ibn Hanbal
Rue Moulay el-Hassan
Boulevard Mohammed V

RIAD NASHIRA & SPA
Rue El Gza
Derb Sidi Bou Ameur
Derb Chérif
Rue Riad Laarous
JARDINS DU LOTUS
Rue Riad Laarous
BACHA 15
Rue Assouel
Derb Zaouia Lahdar
Rue Amesfah
KUI-ZIN
JARDIN
MÉDERSA BEN YOUSSEF
RIAD TARABEL
Rue Dar El Bacha
DAR MOHA
TERRASSE DES ÉPICES
JARDIN SECRET
CAFÉ ARABE
Souq Qatarine
KAFÉ MERSTAN
THE MOORISH
Dar El Bacha
Souk des Teinturiers
CAFÉ LE BOUGAINVILLIER
EQUITY POINT HOSTEL
Souq Souafine
HAMMAM MOUASSINE
RIAD HERMES
TABLE DU PALAIS (PALAIS LAMRANI)
Souk Nejarine
BLOOM
CAFÉ DES ÉPICES
TERRES D'ÉVEIL
Rahba Lakdima
Derb Mouassine
NOMAD CAFÉ
Rue Sidi El Yamani
Traverse Des Ksour
ALNOUR
Rue El Ksour
Soulkat Laksour
Souk Semmarine
Derb Boukili
ZEITOUN CAFÉ
TOBSIL
Trek El Koutoubia
Rue des Banque
JARDINS DE LA KOUTOUBIA
PLACE JEMAÂ EL-FNA
GARGOTES DE LA PLACE JEMAÂ EL-FNA
BAKCHICH CAFÉ
100 M

Les souks
CATANZARO
QUARTIER DES TANNEURS
Ruelle El Haj Bourhim Moukef
Chariâa Sidi Fekhar
Derb Mdami
Rue Bab Dbagh
Derb Timja
Trik Sidi Bouharba
TERRASSE LA MEDERSA
TROU AU MUR
FOUNDOUK
MUSÉE DE MARRAKECH (PALAIS MENEBHI)
Deb Sabaatou Rijal
Derb Lakaar
DAR HANANE
Taoialet Issebtiyenne
Rue Ben Saleh
Derb Djdid
Zankat Sidi Soussane
Rue Azbezd
Derb El Kebbaj
AUTHENTIQUE NOMADE MAROC
Derb El Hajama
Derb Hidada
Derb El Kébir
Rue Ben Saleh
Derb Sidi Boulabada
Derb Doula
Derb Dabachi
Derb El Ferranne
Derb N'Kob
Trik Arset Houta
Derb Annour
Derb El Boumba
Derb Cherrata
Rue Larassi
RIAD MARIANA
Trik Arset Loghzail
Derb Sidi Ben Aissa
Derb Jamaa El Kibir
Derb Dabachi
Derb El Hejra
HÔTEL WISSAM
BLACKCHICH CAFÉ
Derb Chemaa
Derb Chorfa
Trik Tikhizrit
RIAD TAWARGIT
DAR CHERIFA
PEPE NERO

SE REPÉRER SE DÉPLACER

Voiture, bus et taxis, il existe différents moyens de transport pour se déplacer à Marrakech. Mais avant tout, la médina, quasiment interdite à la circulation, se découvre à pied ou en calèche en en faisant le tour. Vous pourrez vous balader et découvrir les principaux monuments facilement, tout en esquivant habilement scooters et vélos. Le réseau de bus, géré par la compagnie Alsa, est très bien développé et vous trouverez aisément les différents arrêts. Ce transport est une bonne solution pour éviter les taxis sur les longs trajets par exemple. A savoir que ces derniers ne sont autorisés à prendre que trois personnes, et il arrive à certaines heures que les taxis passent devant vous sans s'arrêter. Outre les cars de ligne climatisés et le taxi collectif ou privé pour découvrir le reste du pays, la voiture de location reste une solution assez pratique. Le train, quant à lui, ne dessert que le nord du Maroc.

MARRAKECH

AEROPORT MARRAKECH MENARA

5 km du centre-ville

✆ +212 5 24 44 79 10

Bus n° 19 : à partir de 30 DH. Navette toutes les 20 minutes. Prix des petits taxis : 80 DH.

Un aéroport doté d'un terminal complètement réaménagé et résolument novateur, plutôt original ! Actuellement, il est désormais possible pour les personnes attendant ou accompagnant les voyageurs de passer les premiers portiques à l'entrée de l'aéroport et de pénétrer dans le hall. A l'arrivée, pour atteindre votre lieu de séjour, vous aurez le choix entre le bus ou le taxi – dont les tarifs sont réglementés – qui prennent une quinzaine de minutes pour rejoindre le centre-ville.

GARE FERROVIAIRE (ONCF)

Avenue Hassan-II

✆ 22 55

www.oncf.ma

La gare ONCF de Marrakech se reconnaît à sa magnifique façade. Située dans le quartier de Gueliz, elle est desservie par plusieurs lignes de bus ALSA. Si vous prétendez rejoindre les villes du nord, Casablanca, Rabat ou Tanger, le train reste un moyen économique de vous déplacer. Par contre, les villes au sud, comme Laâyoune, ne sont pas desservies par le train. Le personnel de la gare est à votre disposition pour tous renseignements. La gare dispose d'un commissariat de police, de snacks et restaurants, guichets bancaires, Wifi et toilettes gratuits.

ALSA MARRAKECH / TRANSPORT EN COMMUN

Kiadat Saada, Rte d'Agadir, Askedjour

✆ +212 5 24 33 52 70

www.alsa.ma

Le bus pour l'aéroport n°19 coûte 30 DH et circule de 6h à 23h15 tous les jours.

À votre arrivée à l'aéroport, vous pouvez prendre le bus n°19 pour rejoindre le centre de l'ancienne ville ou la nouvelle. La ligne dessert plusieurs sites phares de Marrakech : Bab Doukkala, Gueliz, l'Hivernage, la gare ferroviaire et Jemaâ el-Fna. Il circule du lundi au dimanche, comptez entre 20 et 40 minutes d'attente au maximum. Pour le retour, idem sauf les horaires. N'hésitez pas à consulter le site Internet afin de visualiser le réseau de transport Alsa.

GARE ROUTIÈRE DE BAB DOUKKALA

Bab Doukkala

✆ +212 5 24 43 39 33

En sortant de la médina par Bab Doukkala, on arrive à la gare routière, un vaste bâtiment rectangulaire moderne, entouré d'un gigantesque parking. Inaugurée en 1982, elle a remplacé l'ancienne gare routière autrefois située sur la place Jemaâ el-Fna. C'est dans le hall que les voyageurs achètent les billets. Chaque compagnie, dont celles de Supratours et CTM, possède un guichet et propose différents trajets. Attention : aucun billet n'est délivré à bord des autocars.

SUPRATOURS

Avenue Hassan II - Gare ONCF
✆ +212 5 24 42 17 69
www.supratours.ma
Ouvert de 9h à 19h. Aller simple Marrakech/Essaouira, à partir de 90 DH.

Supratours est la compagnie de cars dépendant de l'ONCF, équivalent marocain de la SNCF. Avec plus de 60 agences réparties dans tout le pays, elle dessert de nombreuses destinations au Maroc notamment Essaouira avec plusieurs départs par jour. Cars confortables et, en général, ponctuels. N'hésitez pas à consulter le site Internet, vous y trouverez toutes les informations nécessaires à la préparation de votre voyage et il est possible d'acheter votre billet en ligne. L'achat est également réalisable directement aux points de vente.

MEDLOC

75 rue Ibn Aïcha
✆ +212 5 24 43 57 57
www.medloc-maroc.com
Exemple 40 € la Fiat Panda en juillet/août.

Cette agence propose à la location des voitures et 4x4 de toutes catégories et de différentes marques pour pratiquer le tout-terrain. L'agence Medloc, c'est d'abord Bayo, son dynamique gérant, installé à Marrakech depuis plusieurs décennies. Sa réputation n'est plus à faire et il fait probablement partie des loueurs avec un des meilleurs rapports qualité/prix/service. Inclus dans le tarif, la dépose-récupération de la voiture à Marrakech, assurance tous risques. La plupart des voitures sont climatisées. Les véhicules sont récents et parfaitement entretenus.

EUROPCAR

63, boulevard Zerktouni
✆ +212 5 24 43 12 28
www.europcar.ma
Agence ouverte du lundi au samedi de 8h30 à 19h et le dimanche de 8h30 à 12h.

On ne présente plus cette agence française, implantée dorénavant dans 135 pays, dont le Maroc qui ne fait pas figure d'exception. L'agence de location de voitures dispose de plusieurs antennes à travers le pays, notamment à Marrakech, Casablanca, Agadir, Fès, Tanger et Ouarzazate, entre autres points de location. De la voiture citadine au 4X4, elle propose plusieurs catégories de véhicules bien entretenus, à des tarifs un peu plus élevés que certaines agences pour garantir une bonne prestation. Des réductions sont cependant fréquentes sur le site internet.

NAJM CAR

Angle de l'avenue Mohamed-V et rue Mohamed El Baqal
✆ +212 5 24 43 79 09
www.najmcar.com
A partir de 19 €/jour. Devis sur le site.

Située en plein Guéliz, cette agence vous accueille 7j/7 toute l'année. Vous pourrez louer toutes catégories de voiture, de la Hyundai en passant par le monospace, avec possibilité de sièges adaptés pour les enfants. Si votre location dépasse les 6 jours, Najm Car assure gratuitement la livraison ou le rapatriement de la voiture dans un rayon de 300 km autour de Marrakech. Extrêmement professionnel, tarifs raisonnables, Najm Car est une agence où l'on peut se rendre les yeux fermés. A noter que les véhicules sont livrés avec le plein.

M.L.B LOCATION

Avenue Mohammed VI
✆ +212 6 77 90 78 08
www.mlb-location.fr
Ouvert de 7h à 19h.

On dispose ici d'une large gamme de véhicules adaptés à toutes vos envies. De la berline au minibus en passant par les 4x4 pour une virée dans le désert, Farid et son équipe – disponibles 24h/24 – proposent des tarifs défiant toute concurrence avec kilométrage illimité, assurances tous risques ainsi qu'une option de rachat de la franchise qui vous évitera d'avoir à sortir votre carte bancaire au moment de régler la caution à la prise du véhicule. L'agence propose également des excursions pour vous accompagner durant votre séjour au Maroc.

ZIGZAG CAMPER

Douar Oulaad Bellaguid
✆ +212 6 24 66 36 70
www.zigzagcamper.fr
Location de camping-car à partir de 92 € par jour.

Louer un camping-car tout confort (avec assurance) était chose quasi impossible il y a quelques années. Aujourd'hui, Jessy et son équipe ont relevé le défi et le pari semble réussi. Des camping-cars tout neufs pouvant accueillir jusqu'à 5 personnes sont à votre disposition pour une découverte sans limite du pays. La destination s'y prête parfaitement, on trouve de nombreux campings un peu partout. Et pour cause : il n'existe pas de réglementation particulière sur le stationnement des camping-cars. Idéal pour les familles et les groupes !

À VOIR / À FAIRE

Marrakech est la destination culturelle du pays par excellence, conservant précieusement sa myriade de trésors. Elle ouvre ses portes à tous les férus d'architecture, d'histoire, de nature et, plus encore, à tous les curieux qui souhaitent la découvrir. Rien que sa médina nous plonge en un instant dans son passé glorieux, de la mosquée Koutoubia, emblème de la ville, jusqu'au somptueux palais de la Bahia, en passant par les tombeaux Saadiens, unique vestige d'une dynastie remarquable. Sans parler de ses souks frénétiques, de son quartier des tanneurs et des nombreux musées. Quant à la place Jemaâ El Fna, halte incontournable des touristes et habitants, elle bouillonne de vie, offrant une concentration joyeuse des traditions berbères. La ville nouvelle n'est pas en reste avec ses beaux jardins invitant à la contemplation et ses musées d'art. Marrakech se dévoilera au fil de votre séjour, elle qui sait si bien charmer ses visiteurs.

DÉLÉGATION RÉGIONALE DU TOURISME

137, Avenue Mohammed-V – Place Abdelmmoumen Ben Ali
✆ +212 5 24 43 61 31

La Délégation régionale du tourisme joue un rôle avant tout administratif. Certes, vous pourrez vous y procurer un plan et quelques informations de base, mais pas grand-chose de plus. Elle héberge le service « contrôle et qualité » qui délivre aux établissements touristiques, après visite et examen de dossier, la reconnaissance officielle d'exercer. Un établissement peut avoir reçu l'autorisation « économique » d'exister mais ne pas être reconnu par les services touristiques.

ANANDA VOYAGES

29, rue Yougoslavie
✆ +212 5 24 43 00 20
www.ananda-voyages.com

Organisation de trek, circuit 4x4 dans tout le Maroc. Package trekking journée (2 personnes) à partir de 120 €.

Ananda Voyages s'est spécialisée dans les excursions trekking au départ de Marrakech. Son gérant, Mohamed, est un passionné de montagne et guide officiel depuis de nombreuses années. Autant vous dire que la région n'a plus de secret pour lui. Plusieurs excursions sont proposées, telles que la kasbah de Telouet et le ksar d'Aït Ben Haddou, les cascades d'Ouzoud, la découverte d'Essaouira, des circuits de marche dans le Haut Atlas, des périples dans le désert et dans la vallée de l'Ourika... Elle organise aussi des team building et des séminaires pour les sociétés.

AMAZIGH MAROC

Rue de Yougoslavie, n° 3
✆ +212 6 62 53 00 08
www.amazighmarruecos.com/en

Exemple : 4 jours Merzouga à partir de 344 €.

Cette agence de voyages a été créée en 2011 par l'Espagnole Carmen et son associé marocain. Ils ont tous deux pour but de faire découvrir tous les aspects du Maroc aux voyageurs les plus curieux. Vous pourrez partir en circuit tout compris plus classique comme le grand sud marocain à des prix très compétitifs ou opter pour un circuit aventure, sportif ou encore sur mesure. Au programme, plusieurs jours de dépaysement total en plein désert du Merzouga ou encore celui de l'Erg Lihoudi. Ou bien on se met en mode culture en choisissant les Villes Impériales.

AUTHENTIQUE NOMADE MAROC

✆ + 212 6 96 34 65 55
www.authentiquenomade-maroc.com

Circuit Marrakech Zagora 2 jours : à partir de 180 € par personne selon la période.

Fanny et Hassan partagent la même passion pour le Maroc, pays d'adoption de l'une, pays natal de l'autre. Leur agence est née en 2009, et c'est un peu comme partir avec de bons amis ! Sauf que le duo connaît tous les bons plans pour vous faire découvrir ce pays aux multiples contrastes. Excursions et séjours à la carte selon vos envies, en 4x4 dans les environs de Marrakech et plus loin, dans le Sud, etc... Sur le site vous trouverez notamment des circuits 4 jours/3 nuits assez intéressants, tant sur le temps passé au désert que sur les étapes.

AVENTURE BERBÈRE

Avenue Hassan II
✆ +212 5 24 42 07 36
www.aventure-berbere.com
Excursion 2 jours à partir de 80 € par personne sur la base de 4 participants.

Gérée par une équipe franco-marocaine et agréée par le ministère du Tourisme marocain, cette agence est spécialisée dans l'organisation de voyages sportifs et de voyages à la carte. Sa connaissance approfondie des massifs montagneux et des déserts, sa flotte de véhicules modernes, son équipe de guides professionnels spécialisés, et sa capacité à vous garantir une réponse rapidement font d'Aventure Berbère un contact privilégié pour les passionnés d'aventures. Basée à Marrakech, elle a aussi des antennes entre autres à Fès, Agadir, Ouarzazate, et dans le Grand Sud.

BIG BUS TRANSPORT

Bureau N° 1, immeuble n 1, Rue AbuBakr Al Siddik
✆ + 212 6 61 38 51 01
www.bigbus-marrakech.com
Exemple d'excursion : journée à l'Ourika à partir de 350 DH.

Agence de transport touristique et de location, on ne présente plus Big Bus comme acteur majeur et partenaire fiable en matière de déplacements. Najib et son équipe se plieront en quatre pour répondre de façon personnalisée à vos envies de visites et de découvertes. Que ce soit pour des séjours en montagne, un trekking dans le désert ou simplement une excursion à Ouarzazate, voire même un transfert de l'aéroport, forts d'une grande expérience et de professionnalisme auxquels s'ajoute une gentillesse spontanée, vous ne repartirez que satisfaits.

LES PETITES EXPERIENCES

✆ +212 6 43 89 95 35
www.lespetitesexperiences.com
Atelier cuisine avec 3 plats : 80 €/personne sur une base de 2 personnes. Durée 6h.

© LESLIE

En créant cette agence, l'objectif de Leslie était avant tout de montrer un autre visage du Maroc, celui de sa population si généreuse, des scènes de la vie quotidienne, des villages des vallées voisines et des festivités... Sans parler des expériences à partager avec les locaux plutôt que s'en tenir à la simple observation. Les offres vont d'une initiation aux coutumes spécifiques du Ramadan, une visite guidée de la médina *by night*, un atelier cuisine à la maison, un hammam de quartier... Une vraie plongée dans ce qu'il y a de plus authentique. Pari réussi !

COBRATOURS

28, rue Ibn Toumert
✆ +212 5 24 43 21 08
www.cobratours-maroc.com
Du lundi au vendredi de 8h30 à 17h et le samedi de 8h30 à 12h30. Circuit sur mesure.

Cobratours est une agence agréée par le ministère du Tourisme, qui opère au Maroc depuis plus de 30 ans, fondée par Alessandra Bravin, Docteure en préhistoire, passionnée de peinture rupestre et d'archéologie, fine connaisseuse du désert. C'est donc tout naturellement qu'elle a orienté l'offre de son agence vers ses thématiques de prédilection. Avec elle, vous découvrirez un autre visage de Marrakech et ses alentours... et à un autre rythme. Alessandra prône en effet le *slow travel* ! Si toutefois cela ne vous convenait pas, on vous crée un voyage sur mesure.

JLM ORGANISATION

✆ +212 6 61 08 55 50
www.4x4-raid.com

Sécurité, compétence et souplesse d'organisation caractérisent cette entreprise. Jean-Luc et son équipe vous proposent de découvrir le Sud marocain et l'Atlas en organisant pour vous des raids avec bivouacs et des circuits touristiques. Le rayon d'action de cette agence est très vaste, la région de Ouarzazate bien sûr, mais aussi Merzouga, Zagora, Marrakech, Essaouira... Elle vous propose des raids organisés mais modulables et des circuits à la carte. JLM Organisation peut satisfaire les demandes provenant d'individuels, de petits groupes ou d'entreprises.

ESCAPADE MAROC

✆ +33 6 16 02 25 32
www.escapade-maroc.com
Excursions en 4X4 privé. Formule journée ou de 3 à 15 jours personnalisables.

© SOPHIE

Spécialiste du Grand Sud Marocain, Escapade Maroc propose des excursions à la journée ou des circuits en 4x4 ou minivan, à la carte et accompagnés d'un chauffeur-guide francophone, au départ des grandes villes du Maroc pour un dépaysement et une immersion totale au contact de la population locale. À personnaliser selon vos envies : villes impériales, montagnes de l'Atlas, villages berbères, dunes du Sahara, séjours en riads, bivouac et hébergements traditionnels alliant charme et authenticité. Belles rencontres et bonne humeur en perspective.

MAROC EN LIBERTÉ

57 rue el Jahed
✆ +212 6 66 30 50 01
www.marocenliberte.com
Excursions à la journée dans les environs à partir de 25 €.

Si vous désirez sortir des sentiers battus, découvrir les alentours de Marrakech ou vous laisser tenter par les dunes ou un circuit dans les villes impériales, voici une équipe sérieuse et dynamique qui saura vous concocter un périple sur mesure en s'adaptant à vos envies. Ici, on vous propose séjours et circuits accompagnés à la carte, sur mesure, en voiture, 4x4 ou minibus. D'autres excursions dans la région sont proposées à des prix raisonnables. Pour toute question, demande de devis, contactez directement Dominique qui se fera un plaisir de vous aiguiller.

MOUNTAIN SAFARI TOURS

64 Lotissement Laksour - route de Casa
✆ +212 6 61 24 20 34
http://mountainsafaritours.com
Exemple excursion à Imlil avec guide à partir de 80 € par personne sur la base de 2 personnes.

Cette agence de voyages, agréée par le ministère du Tourisme, est attentive et à l'écoute. Vous ne savez pas quoi faire ni où aller en priorité ? Comptez sur leur expertise. Ils vous proposeront d'originales (et parfois d'insolites) randonnées pédestres, équestres, à dos de dromadaire ou de mulet, en 4x4 ou en VTT, à votre guise. Leur but est de vous offrir la plus grande variété de sorties et de paysages possible. Sans oublier de très bonnes prestations en toute sécurité, et pour ne rien gâcher, l'accueil est empreint de gentillesse.

NOMADE EXPERIENCE GROUP

22 Les Orangers
✆ +212 6 61 68 34 65
www.nomadexperiencegroup.com
Excursion de 3 jours dans le désert du Merzouga 450 € par personne (4x4, hébergement, balade à dos de dromadaire).

Nourdine est à la tête de cette agence qui a ouvert ses portes il y a déjà quinze ans. Originaire lui-même du grand sud, il connaît la région saharienne sur le bout des doigts. C'est donc naturel qu'il se soit spécialisé dans les déserts : celui de Zagora, du Mergouza et tous ceux qui font vibrer notre imaginaire. La culture et la vie des Sahraouis, il en parle en grand connaisseur, ayant travaillé comme guide local pendant de longues années. A la tête d'un petit groupe d'agences spécialisées, il trouvera forcément le voyage qui vous sied le mieux.

OMNI TOURS

220 Avenue Mohammed V
✆ +212 5 24 42 16 60
www.omni-tours.com
Quad dans le désert d'Agafay : 40 €/heure.

Parmi les piliers du tourisme au Maroc, Omni Tours opère depuis des dizaines d'années et s'est offert une belle réputation sur Marrakech et Agadir avec notamment du sur mesure et/ou des organisations de circuits en petit groupe. Elle propose également des circuits trekking ou parapente, des balades à vélo ou en quads et des sorties ornithologiques. Le sympathique Said, responsable de l'agence, répondra à toutes vos demandes d'information. On recommande chaudement surtout pour vos circuits dans le désert au départ de Marrakech.

SAHARA DESERT CREW

Portes de Marrakech
✆ +212 6 62 54 13 00
www.sahara-desert-crew.com
Guide dans les dunes désertiques, chauffeur et excursions à travers le Maroc.

Youssef est issu d'une famille de nomades qui se déplaçaient à la recherche de nourriture pour leurs animaux (chameaux, chèvres et ânes). Le temps passant, la famille s'est installée dans un petit village près du désert et Youssef s'est lancé dans le tourisme en 1999, en tant que chamelier, chauffeur puis guide dans le Sahara et aujourd'hui à travers tout le pays. Il vous invite à la découverte du Maroc en son agréable compagnie, en particulier dans le désert (région de Zagora, Erg Chebbi...). Une agence qu'on recommande vivement.

SAHARA EXPERIENCE

Av. Hassan II, Koutoubia center II 1er Etage, Bureau n°5 ✆ +212 6 61 77 67 66
www.sahara-experience.com
Excursions au départ de Marrakech à partir de 65 € ; tour dans le désert à partir de 195 €.

Cette agence est spécialiste des circuits désert et montagne, son expérience vous permettra de découvrir les plus beaux sites du Maroc. Les excursions, bivouacs, trekkings vous sont proposés à la carte et s'adaptent parfaitement à vos désirs ainsi qu'à votre budget. Plusieurs parcours sont proposés sur tout le Maroc : Casablanca, villes impériales, découverte du Moyen-Atlas en mountain bike, bivouac à l'Agafay, randonnées au Toubkal, plus haute chaîne de montagnes d'Afrique du Nord, excursions dans le désert... Une multitude de choix s'offre à vous !

TAMOUNTE TREKKING

Avenue Yacoub El Mansour
✆ +212 6 61 33 22 86
www.guide-randonnee-maroc.com
Exemple de tarif : 25 €/personne la journée dans la vallée de l'Ourika.

Cette agence propose des circuits personnalisés, en famille ou entre amis. Grande diversité d'excursions authentiques, à la découverte des paysages marocains, à partir d'une journée, s'inscrivant dans une démarche éco-solidaire avec les populations locales et s'engageant dans la protection de l'environnement. Pour le désert, plusieurs formules au départ de Ouled Driss–M'Hamid. Des circuits adaptés aux familles sont aussi proposés. Plusieurs excursions à la journée et dans les environs également : vallée de l'Ourika, Toubkal, cascade d'Ouzoud...

HABTI VOYAGE

159 Boulevard Mohamed 5, Guéliz, Marrakech
✆ +212661159067
www.habtivoyage.com

Présente depuis 1978 à Marrakech et disposant de bureaux dans différentes villes du Maroc, cette agence de voyages est une valeur sûre ! Spécialisée dans tous types de voyages, elle saura satisfaire toutes vos envies et vos besoins en matière de déplacements, réservations d'hôtels ou location de voitures. Son équipe de conseillers experts vous aidera à la conception de votre séjour, tout en vous garantissant le meilleur rapport qualité-prix. Les circuits sont adaptés en fonction de votre budget et vos goûts, afin que vos vacances soient mémorables !

© HABTI

© HABTI

TERRES NOMADES

Avenue Moulay-Abdellah
✆ +212 5 24 42 04 32
www.terresnomades.com
Voyage à thème, bien-être, culture.
Consulter le site Internet.

Spécialiste du voyage d'aventure et de la randonnée pédestre au Maroc, cette agence tournée vers l'écotourisme assure l'organisation de treks dans l'Atlas, des randonnées dans le désert et le Sud marocain entre palmeraies et oasis perdues, à la rencontre des derniers nomades. Egalement, parcours dans le sud du Maroc en 4x4 ou en VTT, avec hébergement dans des lieux authentiques. Elle participe également au développement du tourisme rural au Maroc, à travers l'association Anergui, à laquelle elle reverse 2 % de ses bénéfices.

TRANSFERT MARRAKECH

Boulevard el Mansour Eddahbi
✆ +212 6 67 54 57 85
www.transfert-marrakech.com
Transfert aéroport Menara jusqu'au centre-ville 15 € par personne.

En plus d'organiser de simples (mais néanmoins pratiques) transferts à votre arrivée à l'aéroport, cette agence dynamique se charge de vos excursions. Au programme, les classiques nuits dans les déserts de Zagora ou Merzouga, ou plus près de Marrakech, la vallée de l'Ourika ou Asni. Mais pourquoi ne pas se laisser tenter par des découvertes plus insolites et moins touristiques comme le lac Lalla Takerkoust ou la kasbah de Telouet. Quelles que soient vos envies, vous aurez l'embarras du choix, mais surtout un accompagnement pro pour vous balader l'esprit léger.

TREK BERBÈRE AVENTURE

358, Hay Bahja
✆ +212 6 66 02 95 83
http://berbereaventure.com
650 € par semaine sur la base de 6 participants.

Trek Berbère Aventure réunit les compétences de 4 guides diplômés, sous la houlette de Mohammed. Tous sont originaires de la Vallée heureuse, du côté d'Aït Bougmez, l'un de leurs terrains de jeu de prédilection, qu'ils vous feront découvrir avec grand plaisir. Diplômé en biologie, Mohammed vous guidera aussi dans la découverte de la faune et de la flore locales. De nombreuses randonnées dans les Moyen, Haut et Anti-Atlas peuvent également être organisées, ainsi que dans le Sahara. N'hésitez pas à faire part de vos envies, l'accueil est chaleureux et cordial.

VISAGES DU MAROC

✆ +212 6 67 45 64 27
www.visagesdumaroc.com
Exemple 8 jours ascension du mont Toubkal à partir de 450 € sur une base de 2 personnes.

Partez à la découverte du Maroc hors des sentiers battus à travers des programmes conçus par Hassan, guide de montagne et désert – attesté par le Centre de formation aux métiers de montagnes – et passionné par son pays. Il propose d'aller au cœur de ses terres en immersion dans les villages berbères. Selon les saisons, vous pourrez être en bivouac sous tente ou en gîte chez l'habitant. Visages du Maroc offre une belle alternative pour découvrir le pays sous un jour nouveau ! En VTT ou en rando, Hassan saura trouver le programme parfait adapté pour chacun.

VOYAGEURS SOLIDAIRES

✆ +212 6 68 51 35 45
www.voyageurs-solidaires.com

Voyageurs Solidaires vous propose de découvrir le Maroc authentique loin des sentiers battus. L'équipe organise des voyages sur mesure chez l'habitant (en demi-pension ou pension complète, en ville et/ou à la campagne) en toute saison et dans tout le Maroc. Abdelilah et son équipe veulent développer les rencontres entre voyageurs et populations, dans le respect des échanges et coutumes locaux, afin de promouvoir un tourisme équitable et durable. Ils se son engagés sur la voie de l'écotourisme des années avant que cela ne devienne une tendance.

ALSA BUS TOURISTIQUE

✆ +212 5 24 33 52 70
www.alsa.ma
Comptez environ 190 DH pour les deux circuits, valable 48h. Bus toutes les 20 min.

Le « bus rouge » est de retour à Marrakech. La navette touristique de la compagnie Alsa, désormais 100 % électrique, permet de suivre deux circuits : le tour historique, qui se compose de 18 arrêts à travers la nouvelle ville, et le tour Palmeraie qui part du centre en direction de cette dernière et qui comprend 13 arrêts. Le tour dure environ 1 heure. Le principe est de s'arrêter dans les quartiers que vous désirez visiter et rejoindre la navette pour continuer la visite. Leur cadence est d'environ toutes les 20 minutes. Accès aux PMR.

LE JARDIN DE L'AGDAL

Ouvert les vendredis et dimanches après-midi. Entrée libre.

Un verger de 400 ha planté d'oliviers et de plusieurs variétés d'arbres fruitiers : tel est ce jardin créé au XIIe siècle. Devenu un temps une sorte de décharge publique, il fut réaménagé sous la dynastie alaouite : Moulay Abdehrrahmane lui redonna un visage décent tandis qu'Hassan Ier l'entoura d'une enceinte fortifiée. Outre les pommiers, figuiers et amandiers parmi lesquels il fait bon se balader, vous verrez deux grands plans d'eau au centre du jardin. C'est ici que les troupes almohades apprirent à nager avant de débarquer en Andalousie !

PALAIS EL BADI ★

37 rue Touareg Arest
✆ +212 524378163
Ouvert tous les jours de 9h à 17h.
Entrée : 70 DH par personne.

El Badi, l'Incomparable, a été créé pour commémorer la défaite des Portugais lors de la Bataille des Trois Rois. En 1578, Ahmed le Doré ne lésine ni sur les frais ni sur le temps pour mener à bien l'entreprise : il fait appel aux meilleurs artisans espagnols et destine El Badi aux fêtes royales. En 1672, le souverain alaouite Moulay Ismaïl démantèle le palais pour enrichir les résidences de Meknès. Ne s'agissant que de ruines, il faut s'imprégner de l'histoire et se concentrer sur la cour immense pour imaginer les 360 salles du palais dans sa splendeur d'antan.

LA KOUTOUBIA ★★

Avenue Mohamed-V
Accès intérieur réservé aux musulmans.

Depuis neuf siècles, ce chef-d'œuvre de l'art hispano-mauresque domine la Ville rouge. Lors de la prise de la ville par les Almohades, en 1147, le sultan Abd el-Moumen entreprit de rétablir une doctrine ferme de l'islam et de doter sa capitale d'une mosquée symbolisant ces valeurs. Mais peu après l'inauguration, on réalisa que la mosquée n'indiquait pas la direction de La Mecque ! Il ordonna sa destruction et commença l'édification de celle qui veille aujourd'hui sur Marrakech. La Koutoubia doit son nom au souk aux livres qui se tenait autrefois à ses pieds.

QUARTIER DU MELLAH ★

On arrive au Mellah en quittant la place des Ferblantiers par la droite, c'est-à-dire en tournant le dos au palais El Badi et en laissant le minaret de la Koutoubia sur sa gauche : on débouche alors dans la rue Riad Zitoun el-Jdid.

Dès 1558, la population juive de Marrakech fut rassemblée dans ce quartier de 18 ha sur ordre du sultan saadien Moulay Abdallah, qui ne plaisantait pas avec les mélanges de populations et de religions. Aujourd'hui, une petite communauté juive de 200 personnes environ y vit toujours en bonne harmonie avec ses voisins musulmans. Il est possible de visiter la synagogue du Mellah et son cimetière. Trois souks couverts se tiennent au Mellah : le souk aux épices, aux tissus et celui des bijoux. Une soixantaine de commerçants travaillent principalement l'or.

La Koutoubia.

PALAIS DE LA BAHIA ★★★

Rue Riad Zitoun Jdid
✆ +212 5 24 38 91 79
www.palais-bahia.com
Ouvert tous les jours de 9h à 17h.
Entrée : 70 DH par personne.

Ce palais de conte des *Mille et Une Nuits* mérite vraiment le détour. Il fut érigé à partir de 1880 par le grand vizir Sidi Moussa pour sa favorite (*Bahia* signifie « belle »), parmi ses 24 concubines officielles. La plus grande partie des travaux eut lieu sous les ordres de son successeur Ba Ahmed. Une fois terminé, le palais dépasse en richesse tous les monuments du royaume, et l'on dit que le jeune roi, Moulay Abd el-Aziz, en sera fort contrarié (ce qui explique peut-être l'ordre de pillage de la Bahia en 1900 !). L'ensemble est érigé de façon un peu chaotique (architecturalement parlant) et de plain-pied afin, dit-on, de favoriser les déplacements du grand vizir Ba Ahmed, dont l'embonpoint légendaire rendait les mouvements problématiques. L'architecte local, El-Hadj Mohammed ben Makki el-Misfoui, inspiré par l'art andalou, construit le palais en plusieurs étapes et le termine au terme de sept ans de travail. Comme il faut bien relier entre elles les nouvelles ailes du palais, la demeure du grand vizir prend l'aspect d'un véritable labyrinthe, sans ordonnancement précis. L'une des salles de réception, aux splendides boiseries en bois de cèdre des environs de Meknès, est transformée à partir de 1912 en salle du conseil par Lyautey lors de ses séjours à Marrakech. La salle d'honneur est dotée d'un plafond remarquablement sculpté en bois de cèdre de l'Atlas, peint et enluminé par les plus grands artisans de Fès. La cour d'honneur voisine fait 80 m². Pavée de marbre de Carrare et entourée d'un déambulatoire aux colonnes peintes et ornées de zelliges, elle faisait office de harem au temps du grand vizir. Elle donne aussi accès au jardin mauresque planté d'orangers, de cyprès, daturas et jasmins. De ce grand riad, un point de vue superbe permet de découvrir le nord de la médina et les montagnes de l'Atlas. Dans la cour d'honneur, comme dans les patios fleuris, se trouvent de multiples vasques à jet d'eau en marbre de Meknès. Les nombreuses salles de réception sont tapissées de faïence de Tétouan et surmontées de plafonds en cèdre de l'Atlas. Les *moucharabiehs* (ces fameux grillages de bois placés devant les fenêtres et permettant de voir sans être vu) qui ornent la partie supérieure de la pièce sont en stuc et en plâtre, tandis que les vitraux sont faits de verre importé d'Irak (uniques au Maghreb). Abandonnez-vous à la rêverie pendant cette visite en imaginant ces 150 pièces richement meublées et décorées de tapis, de fauteuils en bois de cèdre, de poufs et de canapés chatoyants, de lits à colonnes et de teintures…

TOMBEAUX SAADIENS ★★

rue de la Kasbah
✆ +212 5 24 37 81 63
Ouvert tous les jours de 9h à 16h45. 70 DH l'entrée pour les visiteurs étrangers.

Les mausolées des princes de la dynastie saadienne, qui a régné sur Marrakech et le Maroc pendant 125 ans, sont construits à la fin du XVIe siècle par Ahmed le Doré. Ils doivent embellir la koubba où reposent les dépouilles de son père, Moulay Abdallah, de son grand-père, Mohammed ech-Cheikh, fondateur de la dynastie saadienne, ainsi que du sultan marinide Abou el-Hassan, inhumé ici en 1359. Ces tombeaux sont l'unique vestige de la grandeur d'une dynastie dont l'attachement au développement des arts et des relations diplomatiques avec le reste du monde valut à Marrakech une partie de sa renommée au-delà des mers. Ahmed el-Mansour, à qui la ville doit déjà la construction du palais El Badi, veut faire de ces mausolées les chefs-d'œuvre de l'art marrakchi. Décorés de damiers de zelliges multicolores, bordés d'arabesques, voûtés de stalactites de stuc et ornés de marbre d'Italie, ces tombeaux sont d'une telle beauté que lorsque Marrakech tombe entre les mains des Alaouites, en 1654, le sultan Moulay Ismaïl, pourtant enclin à raser tout ce qui évoquait le faste de ses prédécesseurs n'ose pas y toucher. Il décide seulement de les entourer d'une enceinte où seuls quelques fidèles pourront pénétrer par une porte dérobée, située dans la mosquée de la Kasbah. L'existence des tombeaux saadiens n'a été révélée au public qu'en 1917. Un couloir d'accès est percé à côté de la mosquée afin de permettre aux non-musulmans d'admirer cet ensemble architectural en parfait état de conservation où reposent 66 membres de cette illustre dynastie. Juste après l'entrée, se trouve la salle de prière. A l'origine, elle n'était pas destinée à recevoir des tombes. Vous découvrirez un bel oratoire divisé en trois nefs par quatre colonnes de marbre blanc. A gauche, le mihrab, est enchâssé dans un décor raffiné. En face de ce dernier, une belle porte donne accès à la grande salle funéraire, également appelée la salle des Rois. C'est au centre de cette salle que repose Ahmed le Doré, mort de la peste en 1603. 12 colonnes de marbre de Carrare soutiennent la superbe coupole en bois de cèdre sculpté et parsemé d'or. Autour de lui, reposent les membres de sa famille et 3 de ses successeurs. Sur la droite, la salle des Princes contient les tombes des enfants. Dans le jardin, reposent, serviteurs et épouses. La cour, où se trouvent les tombes des serviteurs de la dynastie, vous mène à un second mausolée, couvert de tuiles vernissées vertes, et dédié à Lalla Messaouda, la mère de Ahmed le Doré, qui fut inhumée ici en 1591 dans un sarcophage de marbre blanc sculpté.

© PAVLIHA

PLACE JEMAÂ EL-FNA ★★★★

Médina

Le cœur de la ville, l'endroit le plus animé de Marrakech, l'une des plus célèbres places du Maghreb, la place Jemaâ el-Fna est tout cela et bien plus encore… Incontournable, quelle que soit l'heure de la journée, elle est le point culminant du pèlerinage touristique. Mais plus qu'une simple place publique, Jemaâ el-Fna s'est depuis longtemps imposée comme le carrefour initiatique de Marrakech. Elle est le lieu le plus vivant de Marrakech où se rassemble touristes et locaux !

Histoire. A l'origine, cette place faisait office de place de Grève : c'est là que l'on décapitait les criminels et que l'on exposait publiquement, sur un mur clouté, les têtes des rebelles ou des voleurs. De cette cruelle coutume popularisée par les Alaouites, la place tient son nom actuel qui signifie « l'assemblée des Morts », « la réunion des Trépassés », ou encore « la place du Néant »… Une appellation lugubre que plus rien ne justifie aujourd'hui, quoi qu'en disent les conteurs de la place, qui prétendent que, certains soirs, les âmes des suppliciés reviennent hanter ces lieux. Jusqu'à l'inauguration, en 1982, de la nouvelle gare routière située près de Bab Doukkala, la place Jemaâ el-Fna était le point de départ des grands taxis et des cars à destination des autres villes. Une sorte de vaste souk, pourvoyeur de tout et de n'importe quoi, s'était installée alors sur la place, représentant une sorte d'extension des souks bien ordonnés de la médina. Cette présence permanente de marchands ambulants avait, certes, pour effet de dynamiser la vie de la place, mais aussi de nuire considérablement à l'harmonie commerciale des souks officiels. Dans les années 1990, la place est fortement menacée : on parle d'y construire un parking souterrain. En 1997, l'écrivain catalan Juan Goytisolo, tombé littéralement amoureux de Marrakech, tire la sonnette d'alarme ! Afin de préserver l'ensemble des richesses culturelles et artistiques qui caractérisent le lieu, il fait venir des experts de l'Unesco à Marrakech et crée une association pour la sauvegarde de la place Jemaâ el-Fna. A la fois cœur névralgique de la ville, symbole du brassage social et point de rencontre essentiel entre les deux versants de la Marrakech, cette place est surtout un écrin où se joue quotidiennement l'expression du patrimoine immatériel marocain (contes, musique, danses, chants, gastronomie, folklore). Sa reconnaissance internationale est proclamée le 18 mai 2001 lorsque l'Unesco inscrit son nom sur la Liste très sélective des biens classés patrimoine oral et immatériel de l'humanité.

LE JARDIN SECRET ★

121, rue Mouassine
✆ +212 5 24 39 00 40
www.lejardinsecretmarrakech.com/fr
Ouvert tous les jours de 9h30 au coucher de soleil. 80 DH l'entrée, 40 DH pour les -24 ans. Visite de la tour : 40 DH.

Cette demeure date de la dynastie saadienne et s'inscrit dans la tradition des palais arabo-andalous. Restaurée il y a quelques années, elle se veut un véritable témoignage de l'art et de l'architecture islamiques. Aujourd'hui, le Jardin secret est constitué d'un jardin exotique composé de plantes du monde entier et d'un jardin islamique. Tous deux ont été conçus par le paysagiste Tom Stuart Smith. Le lieu est une belle initiative culturelle au cœur de la médina. Une librairie ainsi qu'un café vous accueillent au cœur de ce bel édifice.

MUSÉE DE MARRAKECH [PALAIS MENEBHI] ★

Place Ben Youssef
✆ +212 5 24 44 18 93
www.museedemarrakech.ma
Ouvert tous les jours de 9h à 12h puis de 15h à 18h30. Entrée 70 DH.

Ce musée est installé dans un des plus beaux palais de la ville impériale, construit à la fin du XIXe siècle et entièrement restauré à l'identique par le collectionneur Omar Benjelloun. Dans la cour d'entrée, le petit patio et le hammam, vous pourrez découvrir des œuvres contemporaines tandis que le grand patio est dévolu au patrimoine marocain. Le musée abrite souvent des projections de films, des concerts et représentations théâtrales. Petite librairie, plutôt bien fournie.

QUARTIER DES TANNEURS ★

Accès par Bab Debbagh.
Accès libre.

Sacs, poufs, babouches... tout le cuir que vous admirez dans les souks vient d'ici. Même si le quartier des tanneurs de Marrakech n'est pas aussi impressionnant que celui de Fès, il mérite la visite, ne serait-ce que pour se familiariser avec ce long processus de transformation. Vous comprendrez les méthodes ancestrales qui permettent aux peaux de se transformer en pièces de cuir souple. Les odeurs y sont fortes, un bouquet de menthe vous sera proposé à l'entrée. En ressortant, c'est certain, vous ne regarderez plus votre futur achat en cuir de la même façon !

MÉDERSA BEN YOUSSEF ★★★

Kaat Benahid
Tous les jours de 8h à 17h. Entrée 50 DH.

Assurément, l'un des plus beaux monuments de Marrakech, la médersa Ben Youssef a longtemps été considérée comme l'école coranique la plus somptueuse du monde arabe. Lorsque l'on pénètre dans cette large enceinte, par une porte aux lourds battants de bronze, impossible de ne pas être impressionné. Fondée au milieu du XIVe siècle par le sultan marinide Abou El-Hassan, la médersa Ben Youssef n'était à l'époque qu'une petite école de théologie. Vers 1565, le prince saadien Moulay Abdallah la fit reconstruire et embellir, transformant ainsi ce qui n'était qu'un édifice sans importance en un bâtiment dont la renommée allait franchir les montagnes et gagner les pays voisins. Les chapiteaux de la salle de prière ainsi que le linteau de cèdre sculpté de la porte d'entrée relatent la reconstruction de la médersa par les Saadiens. A la fin des années 1960, la médersa, désaffectée, est fermée aux fidèles et au public. Ce n'est que depuis 1982 que des travaux de restauration permirent aux voyageurs de découvrir ce chef-d'œuvre de l'art marocain. Son architecture, d'inspiration marinide et andalouse, se révèle dans toute sa majesté lorsque le soleil éclaire de ses rayons ce vénérable lieu d'étude et de prière. La décoration des salles est un harmonieux mélange de marbre et de bois de cèdre, de stuc et de mosaïque. L'entrée se fait par un étroit couloir de mosaïques et de poutres. La cour intérieure est un vaste et profond rectangle, dallé de marbre et orné au centre d'un grand bassin à ablutions, extrêmement sobre. De part et d'autre de la cour, deux galeries déambulatoires pourvues de massifs piliers soutiennent des linteaux de cèdre sculpté. Au fond de la cour, dans l'axe de l'entrée, la salle de prière est protégée des regards profanes par l'un des plus beaux portails ouvragés du Maroc. Divisée en trois parties par deux rangées de fines colonnes, la salle de prière est surmontée d'une coupole en forme de pyramide faite en bois de cèdre. Le mihrab est décoré de versets tirés du Coran, sculptés sur plâtre. Au rez-de-chaussée et à l'étage se trouvent les 132 chambres réservées aux étudiants de la médersa. C'est un vrai labyrinthe ! A une époque, l'école compte jusqu'à 900 élèves entassés dans ces petites cellules donnant soit sur la cour centrale, soit sur les sept patios intérieurs. C'est dans ces chambres que les étudiants vivent, étudient, dorment et mangent. Lorsqu'on les visite, on ne peut s'empêcher d'être transporté dans le passé et ému de se trouver si près de l'intimité de ces étudiants d'un autre temps.

Médersa Ben Youssef.

JARDIN MAJORELLE ★★★★

Rue Yves Saint-Laurent
✆ +212 5 24 31 30 47
www.jardinmajorelle.com
Ouvert tous les jours de 8h à 18h, dernier accès à 17h30. Accès jardin à 150 DH.

Envoûtement : tel est le terme qui qualifie au mieux le jardin Majorelle. La beauté de ses plantes exotiques comme l'inventivité de leur agencement font de ce lieu une invitation à la contemplation. Ce havre de paix et de verdure fut créé dans les années 1920 par le peintre français Jacques Majorelle, botaniste et grand amateur de la flore marocaine. Arrivé à Marrakech en 1917 pour y soigner sa tuberculose, Majorelle parcourut le pays, croquant les scènes de la vie quotidienne, avant de réaliser le plafond du restaurant de l'hôtel Mamounia et d'acquérir cette propriété. C'est autour de sa villa-atelier, conçue en 1931 par l'architecte Paul Sinoir, qu'il fera planter les essences les plus rares, issues du terroir marocain ou d'endroits plus exotiques : bougainvilliers, bananiers, palmiers, bambous géants, yuccas, philodendrons, géraniums, entre autres espèces. À la mort de Majorelle, en 1962, le jardin tomba à l'abandon et la végétation luxuriante fut presque entièrement replantée par les nouveaux propriétaires des lieux : le binôme Yves Saint-Laurent et Pierre Bergé. Plus de 300 espèces de plantes poussent désormais, en terre ou dans de vastes pots surréalistes très colorés. YSL se servira des couleurs comme d'une palette créative et c'est d'ailleurs dans le jardin que reposent les cendres du couturier, décédé en 2008. Aux heures chaudes, le jardin Majorelle se peuple de visiteurs venus chercher un brin de fraîcheur près des innombrables vasques et bassins où s'épanouissent papyrus et nénuphars. L'ancien atelier du peintre, attenant à une pergola meublée dans le plus pur style Art déco et aux murs d'un bleu roi surprenant (le fameux bleu Majorelle), est aujourd'hui transformé en un petit musée d'Art berbère, après avoir longtemps été un musée d'Art islamique. Inauguré en 2011, ce musée de 200 m² regroupe les collections personnelles de Pierre Bergé. Fasciné par la culture et l'art berbère, il a réuni ici quelque 600 objets acquis lors de ses différents voyages, du Rif jusqu'au Sahara. Le visiteur est invité à découvrir la culture des Imazighen (Berbères) au travers de quatre salles thématiques. Cartes, cartels explicatifs (en français, anglais et arabe), photographies, films d'archives et documents audiovisuels accompagnent la scénographie du parcours. La sortie du musée se fait par la petite librairie qui propose une belle sélection d'ouvrages portant sur cette culture. Les revenus générés par la fondation ont permis la construction du musée Yves Saint-Laurent, situé juste à côté, inauguré en 2017 par la princesse Lalla Salma.

JARDINS DE LA MÉNARA ★★★

Avenue de la Ménara
www.jardin-menara.com
Ouvert tous les jours de 9h à 17h. Entrée libre. Baignade interdite.

Avec son bassin majestueux, ce jardin de 100 ha offre une promenade romantique incontournable surtout en fin de journée et est sans doute l'un des plus visités de Marrakech avec celui de l'Agdal. Nombreuses sont les légendes qui courent sur l'histoire du bassin de la Ménara : ce serait l'endroit où l'Almoravide Abou Bekr, fondateur de la ville, enterra le butin amassé au cours de ses campagnes ou même un vaste cimetière où reposent les ossements des maîtresses du sultan Moulay Ismaïl. Concrètement, la fonction originelle du bassin était de stocker l'eau des pluies et des montagnes et d'irriguer les cultures et les plantations d'oliviers. De nos jours, le bassin, d'une surface de 200 m environ, continue de se remplir grâce à un système hydraulique très ancien. Dans ses eaux se reflète le ravissant pavillon de la Ménara érigé par les Saadiens en 1866 pour faire office de résidence. Sa toiture verte pyramidale qui se reflète dans les eaux, avec en arrière plan, les montagnes enneigées de l'Atlas, constitue une image de carte postale, sans doute la plus belle de la ville. De nos jours, outre les photographes amateurs et les touristes, c'est le lieu préféré des familles qui viennent y pique-niquer le week-end à l'ombre des oliviers, ainsi que des amoureux qui peuvent profiter d'un moment relaxant seuls à l'abri des regards et du tumulte de la ville. On les voit parfois jeter du pain aux carpes qui vivent dans le lac. A l'entrée du bassin, se trouvent diverses petites échoppes où l'on peut se désaltérer ou boire un thé.

MUSÉE YVES SAINT-LAURENT ★★

Rue Yves Saint-Laurent ✆ +212 5 24 29 86 86
www.museeyslmarrakech.com
Ouvert tous les jours, sauf le mercredi, de 10h à 18h. Dernier accès à 17h30.

Ouvert depuis 2017, le musée Yves Saint-Laurent ne désemplit pas. Hommage à la passion du génial créateur pour la Ville ocre, il propose des dessins et croquis, des accessoires de mode et surtout des robes ! Les modèles présentés témoignent de l'intarissable créativité de l'artiste. Mouvements, couleurs, coupes, textures... YSL y sculptait les étoffes et ouvrait pour les spectateurs. Le musée comprend aussi une salle d'exposition temporaire, un auditorium, où est notamment projetée une rétrospective de la vie du styliste, une librairie et un restaurant.

Jardin Majorelle.

JARDIN ANIMA ★★

Route de l'Ourika, km 27
✆ +212 5 24 48 20 22
www.anima-garden.com

Ouvert tous les jours de 9h à 18h. 12 € pour les adultes. 6 € de 6 à 12 ans. Fermé pour la fête de l'Aïd el Kebir.

Situé sur la route de l'Ourika, voici une excellente raison pour s'échapper de la « ville ocre » et profiter d'une journée au cœur d'un jardin botanique de plus de deux hectares. Une escapade qui permet de découvrir les œuvres gigantesques et colorées d'André Heller, à l'initiative de ce petit paradis verdoyant peuplé de curiosités. En toile de fond, l'Atlas et ses courbes enneigées offre le cadre idéal pour apprécier les paysages spectaculaires mettant en scène botanique et objets artistiques. Une invitation à la contemplation qui ne saurait se refuser.

MACAAL ★

Al Maaden - Sidi Youssef Ben Ali
✆ +212 6 76 92 44 92
macaal.org

Ouvert du mercredi au dimanche de 10h à 18h. Entrée : 40 DH. Gratuit pour les étudiants et les -12ans.

« Le Maroc a une place stratégique, à la fois porte d'entrée et de sortie de l'Afrique. Le musée a vocation à tirer partie de cette position pour montrer toute la diversité artistique du continent », ainsi Janine Gaëlle Dieudji, directrice des expositions, résume-t-elle la mission du très récent musée d'Art contemporain africain installé au golf Al Madeen. Le défi est relevé : les œuvres présentées sont de grande qualité et diversifiées, la scénographie, transformée à chaque nouvelle programmation, se joue des codes des expositions classiques.

MUSÉE DE LA PALMERAIE ★

Dar Tounsi, Route de Fès
✆ +212 6 61 09 53 52
www.benchaabane.com

Ouvert tous les jours de 9h à 18h. Entrée 50 DH, gratuit pour les moins de 9 ans.

Abderrazzak Benchaâbane et l'équipe de sa Fondation ont ouvert ce musée d'art contemporain en 2011, dans un ancien douar et au milieu d'un jardin de 2 ha. Aujourd'hui, il fait partie des institutions artistiques de la ville. Ici, l'art et la nature dialoguent en permanence. D'anciens bâtiments agricoles en pisé abritent une exposition permanente d'une cinquantaine d'artistes contemporains marocains. Des ateliers d'art plastique ou encore de soutien scolaire ont aussi été mis en place en direction des enfants les plus démunis qui habitent les douars environnants.

PARC DE SCULPTURES AL MAADEN

Sidi Youssef Ben Ali
✆ +212 676 92 44 92
www.macaal.org

La visite accompagnée d'un médiateur culturel (de 30 à 50 minutes) est gratuite et sur réservation.

Une exposition de sculptures monumentales sur un terrain de golf faisant partie du Al Maaden Resort. Le parc est un projet original et qui titillera les plus curieux, il est soutenu par la fondation Alliance et présente les œuvres d'artistes venus du monde entier. Les golfeurs auront le loisir de les admirer durant leur parcours ; pour les autres, des visites sont organisées avec un médiateur culturel. Se renseigner auprès du musée d'Art contemporain africain Al Maaden (Macaal).

MUSÉE POUR LA CIVILISATION DE L'EAU AU MAROC ★

route de Casablanca
✆ +212 5 243 130 075
www.museeaman.ma

Ouvert tous les jours de 9h à 19h. Entrée : 45 DH adultes, 10 DH étudiants.

A l'entrée de la Palmeraie, vous ne pourrez pas le manquer ce bâtiment un brin Art déco. Ouvert au public en 2017, le musée Mohamed VI pour la civilisation de l'eau au Maroc – dit musée Aman – en impose. Et la roue à aube sur le parvis ne vous trompera pas ! Le musée offre un espace d'exposition permanente de 2 000 m² sur trois niveaux, dont chacun est dédié à une approche spécifique de l'eau. Le postulat, c'est le rapport que la civilisation marocaine entretient avec l'eau, mais aussi la fine maîtrise technique développée au fil des siècles pour l'apprivoiser. Comme le cheminement de l'eau depuis les montagnes de l'Atlas jusqu'à la plaine, la visite s'effectue de haut en bas. On (re) découvre d'abord les propriétés scientifiques de l'eau, à grand renfort de panneaux illustrés et d'installations interactives, qui conviennent particulièrement bien aux enfants. Au niveau inférieur, les ressources hydriques du pays et les enjeux sociétaux et environnementaux qui en découlent sont détaillées. La dimension spirituelle et rituelle est aussi abordée. L'eau est en effet très présente dans l'Islam et l'on apprend que les habous (institutions relatives à la propriété foncière) en assuraient la redistribution jusqu'à l'instauration du protectorat. Cela explique la tutelle du ministère des Habous et des Affaires islamiques sur le musée. Les *jemaas*, associations coutumières, intervenaient également dans la gestion quotidienne, car il s'agissait d'une préoccupation pour toute la communauté. Le dernier niveau est consacré au patrimoine (*seguias*, *khettaras*), différent selon les époques mais aussi les lieux, et évolutions techniques en matière d'hydraulique.

Avec ce musée, à la scénographie « cosmique », le Maroc fait le choix de l'avenir, œuvre à la sensibilisation des jeunes générations. Malgré quelques redondances dans les éléments présentés, il n'en demeure pas moins digne d'un grand intérêt. Et il vaut le coup de prendre sa motivation à deux mains pour s'aventurer hors de la médina.

▸ **Marrakech au fil de l'eau.** Si vous souhaitez poursuivre sur la thématique de l'eau, la ville recèle de nombreux exemples de la gestion de cette ressources à travers les âges. A l'orée de la médina, côté sud-est, les jardins de l'Agdal, comme ceux de la Ménara, témoignent des moyens mis en œuvre pour contenir et stocker l'eau. Enfin, les fontaines Mouassine et Chrob ou Chouf rappellent la place de ces nombreux points d'accès à l'eau au cœur des quartiers.

SE LOGER

De l'hôtel au riad en passant par l'appartement en location, l'offre de logements à Marrakech n'a cessé d'augmenter ces dernières années. Une large gamme de solutions se présente à vous pour passer un séjour plus que satisfaisant avec le plus souvent des tarifs commençant autour de 40 € la nuit en chambre double. La plupart des hôtels d'un certain standing se trouvent situés en dehors de la médina, dans le quartier de l'Hivernage, de la Palmeraie et de Guéliz. Les notions de haute et de basse saison varient selon les établissements. En général, la basse saison se situe du 15 juin au 15 septembre, quand il fait très chaud à Marrakech, mais elle peut aussi concerner d'autres périodes de l'année, notamment le mois de janvier. Ce sont surtout les 4 et 5-étoiles et les maisons d'hôtes qui pratiquent ce système de tarification, les autres affichant un prix unique, parfois négociable, toute l'année.

EQUITY POINT HOSTEL €

80 derb El Hammam
✆ +212 5 24 44 07 93
www.equity-point.com
Dortoir entre 21 et 25 € par personne selon le nombre de lits, taxes incluses. Chambre double 75 €.

Grande maison de style arabo-andalou datant du XVe siècle entièrement rénovée par une société espagnole, ce beau riad non loin du Jardin Secret est désormais un hostel convivial où se mêlent des voyageurs de tous horizons. Des dortoirs de quatre à huit lits (mixtes ou non) vous seront proposés ainsi que des chambres individuelles pour plus de privacité. Du rooftop, une vue superbe s'offre à nous et on peut y siroter un verre ou faire des rencontres. Cerise sur le gâteau, l'établissement dispose d'une piscine accessible toute l'année et l'Internet est gratuit.

HÔTEL DU TRÉSOR €

77 Riad Zitoun Lakdim
✆ +212 5 24 37 51 13
Chambres environ 100 € la nuit.
Piscine chauffée, terrasse avec vue, et salon TV.

Dans cette petite rue perpendiculaire à Riad Zitoun Lakdim, les hôtels traditionnels se succèdent. Ici point de riad, mais cela ne signifie pas que la surprise n'est pas au rendez-vous. Osez pousser la porte, vous découvrirez parfois quelques perles. C'est le cas de l'hôtel du Trésor – le bien-nommé. Les chambres, inspirées de personnages célèbres, avec leur décoration hétéroclite, ressemblent à celles d'une maison de poupée coquette et rétro. La touche marocaine : les grandes portes peintes, les plafonds, l'architecture. Et la cuisine, bien sûr (sur commande).

HÔTEL WISSAM €

51 rue Kennaria
✆ +212 5 24 39 08 21
https://wissam.morocco-ma.website/en
Chambre double à partir de 35 €.
Petit déjeuner en supplément.

Installé à deux pas de la place Jemaa el-Fna, cet hôtel, qui bénéficie d'un emplacement idéal, est une bonne adresse pour les voyageurs à petit budget. Il dispose d'une vingtaine de chambres très simples et propres, toutes avec climatisation et télévision et une salle de bains privée. Elles sont agencées autour d'un grand patio lumineux et verdoyant. Vous pourrez aussi y prendre votre petit déjeuner en toute tranquillité, avec comme seul bruit de fond le chant des oiseaux. Un accueil sympathique et chaleureux vous est réservé.

MANZIL LA TORTUE €

Km 12 route de Ouarzazate - Douar Gzoula
✆ +212 6 61 95 55 17
Tente double à partir de 800 DH la nuit ; chambre 1 100 DH avec petit déjeuner.

Tranquillité, c'est le maître-mot de Grégory, Joaquim et Vincent, qui ont repris l'établissement Manzil la Tortue en 2016. Situé à 15 km de Marrakech, l'endroit est idéal pour se mettre au calme le temps d'une journée au bord de la piscine ou de quelques nuits sur place. Les chambres et tentes sont de bon goût, avec un confort de base. Le restaurant offre une carte marocaine et internationale que l'on déguste en terrasse. Pour vraiment couper, le wifi n'est disponible que dans les parties communes. A la place, on lit, on parle, on dort ou on se fait masser.

ANGSANA RIADS COLLECTION €€

Derb Abbes El Fassi Riad Zitoun Jdid
✆ + 212 6 78 96 60 66
www.angsana.com
Chambre à partir de 170 € selon la période. Petit déjeuner inclus.

Au cœur du centre historique de Marrakech, Angsana Riads Collection regroupe 6 riads, certifiés Clé Verte. et ornés d'œuvres d'art traditionnelles. Les chambres climatisées offrent toutes le confort moderne, à la fois spacieuses et cosy, et certaines maisons d'hôtes sont pourvues d'un bassin en extérieur voire d'un bain à bulles pour vous rafraîchir. Le personnel est très accueillant et discret. Durant votre séjour, vous pourrez bénéficier des soins du Spa et déguster une cuisine marocaine traditionnelle au restaurant du Riad Si Saïd.

BARCELÓ PALMERAIE €€

Route de Fès, km 6
✆ +212 5 24 39 38 00
www.barcelo.com
Chambre double 1 450 DH la nuit en septembre, petit déjeuner buffet inclus.

Situé au cœur de la Palmeraie, à 14 km de l'aéroport, le Barceló Palmeraie est un peu éloigné du centre-ville, mais l'hôtel met à disposition des navettes gratuites pour le centre de Marrakech. Surtout, on peut presque tout y faire sans en sortir. Le domaine s'étend sur 17 hectares verdoyants au milieu de palmiers et d'oliviers, avec lac et piscines extérieures. Les 252 chambres, dont 16 suites, offrent tout le confort nécessaire et sont toutes dotées d'une terrasse ou d'un balcon. L'hôtel compte aussi trois restaurants pour varier les plaisirs.

CASA LALLA €€

16 Riad Zitoun Lakdime
✆ +212 5 24 42 97 57
www.casalalla.com
Exemple de prix 130 € la nuitée début octobre. Restaurant ouvert pour le dîner à partir de 20h, fermé le dimanche.

Situé près de la place Jemâa el-Fna, le riad Casa Lalla mêle architecture traditionnelle et influences contemporaines. Il dispose de huit belles chambres, dotées de tout le confort nécessaire. Profitez du bassin à remous ou du hammam avant d'aller boire un thé sur la terrasse ou au coin de la cheminée. Casa Lalla est aussi une table d'hôtes-restaurant avec une belle réputation. Dans un cadre intimiste on y déguste une cuisine gastronomique marocaine mêlée à quelques accents français. Le service est soigné pour rendre votre séjour des plus agréables.

DAR HANANE €€

9 Derb Lalla Azzouna
✆ + 212 5 24 37 77 37
www.dar-hanane.com
Chambres à partir de 100 €, détails et prix sur le site.

Tout près de la médersa Ben Youssef, cette maison d'hôtes de six chambres a été rénovée avec goût, mettant à l'honneur confort moderne et design marocain, et s'articule autour d'un paisible patio central ombragé par des orangers. Les chambres, de bonne taille, présentent des tons feutrés et sont égayées de détails colorés allant des tissus à rayures et des couvertures à pompon jusqu'aux tapis berbères. On peut se prélasser dans le bhou ou boire un verre sur la terrasse qui est l'une des plus hautes du quartier, tout en admirant la vue sur l'Atlas.

DIWANE HÔTEL & SPA €€

24 Rue de Yougoslavie
✆ +212 5 24 43 22 16
Exemple de tarif : 930 DH en août pour une chambre double, petit déjeuner inclus.

L'hôtel Diwane à Marrakech, tout le monde connaît ! On ne pourrait bénéficier d'un meilleur emplacement au cœur de Guéliz. Proche des restaurants, de l'avenue Mohammed V, du Carré Eden et de toutes les attractions, cet hôtel, qui date un peu, mais auquel on accorde un charme désuet, permet de sortir à toute heure sans dépendre d'un véhicule. Après l'effort, le réconfort, sur un transat au bord de sa grande piscine où l'on appréciera de se reposer, ou pourquoi pas au spa pour une détente méritée. Parfait pour ceux qui recherchent un service hôtelier traditionnel.

DOMAINE DE TAMESLOHTE €€

km 15 Route d'Amizmiz
✆ +212 6 66 64 45 80
www.domainedetam.com
Tarif moyen pour une chambre double 120 € petit déjeuner inclus, selon la saison. Privatisation possible.

Sur 1,5 ha planté d'arbres fruitiers, d'oliviers et de palmiers, Emmanuelle vous accueille au sein de cet établissement familial composé de 15 suites équipées et de bungalows berbères (non climatisés mais frais). A disposition : piscine, bain à remous, salle de massage, terrain de pétanque, jeux pour enfants... Nul doute que ces derniers apprécieront la présence des ânes, des poules et lapins. Pour alimenter ses hôtes, le domaine peut ainsi compter sur des œufs frais et des légumes du potager. Bref la campagne à quelques encablures du tumulte de la ville.

L'ESCALE DE MARRAKECH €€

49 rue oued El Kebir
✆ +212 5 24 30 80 81
www.escaledemarrakech.com
Suite à partir de 140 € la nuit.

L'Escale de Marrakech, c'est avant tout un riad hors de la médina, dans un quartier paisible et résidentiel. On est ici dans un véritable palais mauresque en plein cœur de la ville nouvelle. L'établissement dispose de suites et chambres spacieuses, équipées de salles de bain, climatisation et télévision. Et pour vous détendre, une très belle piscine intérieure chauffée avec jeu de lumières, buses massantes et nage à contre-courant. Location de voiture possible et parking devant le riad. L'établissement organise également diverses excursions.

LES RABATTEURS

Ce sont des chauffeurs de taxi, des réceptionnistes, des faux guides (ou des vrais quelquefois) et des Marocains qui trouvent là une source de revenus. Ils vous conseilleront loueur de voitures, restaurant ou hôtel et, dès que vous aurez tourné le dos, ils passeront voir le patron pour récupérer un minimum de 30 % de commission. Certains établissements se prêtent à la combine, d'autres y sont hostiles. Les affaires proposées par un rabatteur ne sauront être de bonnes affaires puisque le montant de leur commission aura augmenté votre prix d'achat. Par conséquent, achetez seul et refusez fermement lorsqu'un chauffeur de taxi souhaite vous faire découvrir un établissement.

MARRAKECH

RIAD B&B COMPTOIR DU PACHA €€

218 Arset Aouzal Rd
✆ +212 6 48 68 70 66
Environ 120 euros la nuit. 2 nuits minimum.

Le Comptoir du Pacha, c'est avant tout une personne, Didier, son propriétaire, qui s'est donné corps et âme pour faire de ce riad une belle maison et table d'hôtes de qualité dans un cadre soigné. 4 suites, chacune avec son thème : Afrique, Maroc, Sahara (Touareg), Amazigh (Berbères)... L'établissement a connu quelques transformations qui l'ont considérablement embelli, conservant l'esprit authentique et traditionnel en ajoutant l'intimité du haut de gamme !

RIAD DAR ONE €€

19 Derb Jamaa El Kabir – Hay Salam
✆ +212 6 00 02 13 81
www.riad-dar-one.com
Chambre double à partir de 100 €, petit déjeuner inclus. Transfert à l'aéroport offert à partir de trois nuits.

Voilà une maison raffinée et chaleureuse. La déco sobre et moderne, pour une ambiance « cosy-chic », se mélange aux matériaux traditionnels marocains pour un résultat étonnant. Un soin particulier a été apporté à tous les détails. Cette maison offre différents espaces de détentes, salon, patio et terrasse et des chambres spacieuses. Par temps frais vous pourrez vous lover dans le salon près de la cheminée, par temps de chaleur la grande terrasse ombragée vous offrira le plaisir d'une sieste ou de profiter de la vue imprenable sur le quartier des palais.

RIAD GOLOBOY €€

Derb Mbark
✆ +212 6 08 89 33 53
www.riadgoloboy.com
Exemple de prix : 107 € la chambre double en été. Petit déjeuner inclus.

Ce boutique-hôtel allie architecture traditionnelle et couleurs de l'arc-en-ciel avec subtilité. C'est d'ailleurs un peu la signature de cet établissement de 15 chambres. Goloboy, qui signifie « bleu » en russe, enchante par sa couleur dominante qui se mélange délicatement aux autres teintes tantôt pastelles tantôt vitaminées. Les chambres, toutes agréables, ont toutes leur identité propre. La terrasse, avec son bain à remous, offre une vue imprenable sur les montagnes de l'Atlas... Et l'on peut aussi se rafraîchir dans la piscine du patio.

RIAD HARAKA €€

49, derb El Karma - Derb Sidi Ahmed Soussi
✆ +212 5 24 38 53 18
riadharakamarrakech.com
Chambre double 113 €.

L'équipe du Riad Haraka réserve à la clientèle un accueil discret, mais très chaleureux. Le vaste patio de l'entrée dispose d'un bassin et de salons à la marocaine. La déco sobre et élégante met en valeur l'artisanat marocain : portes en bois sculpté, lustres et appliques en fer forgé... Les chambres disposent de tout le confort et profitent d'une luminosité agréable. Quant à la grande terrasse arborée, c'est l'endroit idéal pour parfaire son bronzage ou prendre ses repas. Le riad dispose aussi d'un hammam pour parfaire la détente.

RIAD HERMES €€

58 Derb Snane - Mouassine
✆ +212 6 22 06 75 06
www.riadhermes.com
A partir de 80 € par nuit pour 2 personnes avec petit déjeuner.

A moins de cinq minutes à pied de la place Jemaâ el-Fna, ce riad de charme offre un bon rapport qualité-prix. Il propose six chambres de différentes catégories, toutes confortables. L'établissement est également doté d'une terrasse panoramique avec piscine, hammam et restaurant de spécialités marocaines. Des soins du corps et un vaste choix de visites guidées et d'excursions dans la région complètent entre autres l'offre de la maison. Belle terrasse sur le toit. Le personnel est en plus à l'écoute des clients et très agréable.

RIAD LE CLOS DES ARTS €€

50 Riad Zitoune Jdid – Derb Tbib
✆ +212 6 61 72 70 93
Exemple de prix : 217 € la chambre double en juin.

Une adresse réputée pour l'accueil chaleureux que vous réservent les propriétaires, Giorgina et Massimo, qui vivent au Maroc depuis plusieurs années. Ils ont d'ailleurs réussi à faire de ce riad l'une des références de Marrakech. Le Clos des Arts se compose de deux patios communiquant via un joli salon, au rez-de-chaussée. Un agencement atypique qui ajoute une touche originale à la maison d'hôtes. Chaque chambre propose une décoration soignée. Un hammam chauffé à l'énergie solaire et un salon de massage détendent les visiteurs. Piscine sur le toit.

RIAD LE RIHANI €€

52 Derb El Arsa
✆ +212 5 24 38 37 66
www.riad-rihani.com
A partir de 106 € la nuit (en basse saison) en fonction du type de chambre, petit déjeuner inclus.

L'établissement se caractérise par un patio avec un très grand bassin où l'on peut même nager ! Les chambres et suites sont toutes décorées de manière unique. Vous pouvez bénéficier d'un transfert depuis l'aéroport avec un thé de bienvenue, corbeille de fruits et de pâtisseries marocaines dans la chambre, bouquet et pétales de roses, bain parfumé et bougies pour commencer un séjour romantique. Esthéticienne et masseuse sont à votre disposition à la demande pour un soin dans le tout nouveau spa de 80 m². Possibilité de se restaurer le soir sur place.

RIAD MARIANA €€

13 derb el-Boumba
✆ +212 5 24 38 73 37
www.riadmariana.com
Chambres et suites à partir de 88 € hors saison. Hammam traditionnel et soins.

Ce joli riad datant du XIXe siècle est une petite perle. Le patio lumineux est habillé d'un bassin rafraîchissant ; cet espace de détente contraste agréablement avec l'agitation de la médina. Le style des chambres allie parfaitement tradition et modernité : spacieuses et confortables, elles disposent d'un salon avec cheminée. La terrasse, quant à elle, est l'endroit idéal pour déjeuner et profiter de la vue sur l'Atlas. N'hésitez pas à vous restaurer sur place, la table d'hôte vous concocte de délicieux plats typiquement marocains. Un lieu vraiment charmant !

RIAD PIERRES ET SAVEURS SOLEIL €€

10 Derb Boutouil, Kennaria
✆ +212 7 02 55 15 20
www.pierres-et-saveurs-soleil.com
Chambres à partir de 69 € chambre Rubis. Petit déjeuner inclus. Wifi.

Situé dans le trépidant quartier de Zitoun Jdid, cet établissement arbore un style contemporain et des tons naturels apaisants. Les deux espaces spa et la salle de massage, sur la terrasse brumisée, le sont tout autant ! Les chambres, « Ebène », « Ivoire », « Rubis », « Jade » ou « Malachite », sont décorées avec beaucoup de goût et sont confortables. Chacune dispose d'une salle de bains en marbre ou tadelakt. L'atmosphère y est familiale et l'on s'y sent comme chez soi.

RIAD SAMSARA €€

6 derb El Aarsa
✆ +212 5 24 37 86 05
www.riad-samsara.net
Chambre double Olivia 127 €, petit déjeuner compris.

Le Riad Samsara est un bijou au cœur de la médina. Situé à Bab Tahgzout, là où la vraie vie marocaine bat son plein, le quartier vous plonge dans le pittoresque de la médina. Jacqueline, la propriétaire, a restauré ce riad il y a quelques années et c'est avec finesse, précision et élégance qu'elle lui a redonné une âme. L'art et la tradition sont au rendez-vous, avec un style beldi qui ne laisse rien au hasard. Les chambres-suites à l'étage sont spacieuses et vous offrent tout le confort. Milouda et son équipe sont aux petits soins. Un véritable havre de paix !

RIAD SIMON €€

110 Derb Dabachi
✆ +212 6 66 53 66 00
Chambre double à partir de 350 DH avec petit déjeuner. Plat sur commande à partir de 70 DH.

Simon, un Marocain très chaleureux, vous accueillera, avec sa sœur Wafa et son frère Abdoul, comme si vous étiez un membre de leur famille. Dès l'arrivée, vous vous sentirez comme chez vous dans ce riad familial qui jouit d'un emplacement privilégié près de la place Jemaa el-Fna. Les 6 chambres possèdent chacune leur propre cachet, dans un style marocain très soigné. La terrasse offre un espace de détente agréable et l'une des chambres y a un accès direct. Vous pourrez avec Wafa faire des courses au marché pour cuisiner avec elle un délicieux tajine. A découvrir !

RIAD TAWARGIT €€

68 derb Jdid, douar Graoua
✆ +212 5 24 37 80 78
www.riadtawargit.com
Chambre double autour de 80 € selon la période.

Ce joli riad, niché dans les ruelles pittoresques de la médina, se démarque par son élégance et son style épuré. L'ambiance y est reposante. Le patio aux teintes claires dispose d'un bain bouillonnant et jouxte une charmante alcôve qui fait office de bibliothèque. À l'étage, les chambres sont soigneusement décorées, les murs en tadelakt apportent une touche chaleureuse, chaque chambre est différente et révèle un charme particulier. L'équipe du riad est aux petits soins et la cuisine est juste excellente. Une adresse raffinée, comme on les aime.

RIAD SWAKA €€

53, Derb Reguragin - Riad Zitoun Jdid
✆ +212 5 24 39 06 75
www.riadswaka.com
Tarifs à partir de 90 € la nuit avec le petit déjeuner.

Niché dans l'un des meilleurs quartiers de la médina, le riad Swaka offre 7 chambres plutôt *king size* pour la plupart. La particularité de l'établissement est d'être adossé au jardin du Palais Bahia, incontournable à Marrakech. On y accède donc facilement en voiture ou en taxi. L'établissement a été repensé et décoré par l'architecte Quentin Wilbeau, lui offrant une belle authenticité orientale, des literies bien moelleuses et un service qui honore le Maroc. En fin de journée, on pourra se relaxer dans le bassin sur la terrasse, un vrai régal !

LA VIE EN ROSE €€

Km 14 route de l'Ourika
✆ +212 6 93 08 17 36
www.lavieenrose-marrakech.net
2 nuits minimum 240 € (exemple de prix en novembre). Petit déjeuner inclus.

La Vie en Rose porte bien son nom ! Cette charmante maison d'hôtes est nichée dans un parc verdoyant de 5 hectares. Elle offre tout le confort pour un séjour détente, piscine, terrasse, restaurant, ateliers cuisine, massages et soins esthétiques. Les passionnés d'équitation seront aux anges, puisque cette maison d'hôtes est l'un des meilleurs clubs équestres de la région. Moderne et design, la villa, ancienne maison du pacha, opte pour un style épuré et élégant. Une adresse recommandée pour les voyageurs en quête de calme et d'authenticité.

RIAD TARABEL €€

8 Derb Sraghna
✆ +212 5 24 39 17 06
www.tarabelmarrakech.com
Chambre à partir de 230 €, petit déjeuner compris.

Demeure d'exception au style colonial, le riad de Tarabel se dévoile au bout d'un derb caché à quelques pas du palais Dar El bacha. Une fois la portée poussée, nous voilà plongés dans un univers du style Second Empire et de l'architecture arabo-andalouse. Une décoration et un univers qui invitent au voyage et à la rêverie avec ses photos anciennes, ses gravures et ses objets chinés aux quatre coins du monde. Deux beaux patios, une piscine et un remarquable Spa nous offrent également une belle échappée dans ce lieu hors du temps. Un coup de cœur !

72 RIAD LIVING €€€

72 Arset Awzel
✆ +212 5 24 38 76 29
www.riadliving.com
Chambre double à 250 € par nuit en août (exemple de prix). Deux nuits minimum à certaines périodes.

Un petit tour improvisé en Italie grâce à Stefania et Giovanna qui sont les maîtresses de maison de ce riad enchanteur. Ou plutôt de ce palais, car cette maison d'hôtes a été conçue entre les murs d'un ancien palais datant des années 20, propriété d'un ami du célèbre pacha El Glaoui. On est aussitôt impressionné par les dimensions hors du commun des lieux. Pas moins de 13 chambres allient architecture marocaine à une touche italienne, donnant un résultat audacieux, mais élégant. En d'autres termes, comment vivre la *dolce vita* à Marrakech.

BELDI COUNTRY CLUB €€€

Km 6, Route de Barrage. Cherifia
✆ +212 5 24 38 39 50
http://beldicountryclub.com
A partir de 2 000 DH la chambre double avec petit déjeuner.

C'est dans une oasis de 15 hectares que le Beldi Country Club vous accueille. Champs de roses, piscines à l'ombre des oliviers, terrains de tennis avec en toile de fond les montagnes de l'Atlas... Ce n'est pas une adresse comme les autres, c'est un douar, un petit village à la marocaine avec ses murs en terre de pisé, ses jardins luxuriants et ses terrasses confinées. Le domaine déploie 29 suites où le style épuré allie avec élégance modernité et *beldi*. À l'heure de la dégustation, la cuisine raffinée séduira les plus gourmets. Au Beldi, le glam est dans le pré.

DAR ANIKA €€€

112 Riad Zitoun Kedim
✆ +212 524 391 751
www.riaddaranika.com
Environ 200 € la nuitée. A vérifier selon la période.

A l'orée de la place des Ferblantiers, on n'a pas trouvé plus pratique pour se faire déposer en taxi ou charger ses bagages. Dar Anika n'en demeure pas moins un petit trésor méconnu des visiteurs francophones. On ne peut que le regretter, car à peine franchi le seuil, il en émane une atmosphère de paix et de bien-être, que viennent renforcer les attentions charmantes d'un staff très à l'écoute. La terrasse permet, quant à elle, l'observation discrète où l'on peut « voir sans être vu » et nous invite à nous prélasser sur l'un de ses transats. Farouchement tentant.

DAR RHIZLANE €€€

Avenue Jnane El Harti
✆ +212 5 24 42 13 03
www.dar-rhizlane.com
20 chambres et suites à partir de 230 € suivant la saison. Spa et piscine.

Dar Rhizlane n'est pas un hôtel ni un riad, c'est un subtil mélange des deux où le luxe et l'intimité font bon ménage dans cette belle bâtisse bourgeoise. Le second bâtiment, la villa Rayanne, offre, lui, une architecture plus moderne et épurée. Le jardin est une véritable splendeur où se côtoient orangers, palmiers, jacinthes et bougainvilliers. Si vous n'avez pas la possibilité de passer la nuit, vous pourrez dîner dans l'une des meilleures tables de Marrakech (La Mimouna) ; la chef Hamid revisite les classiques d'une cuisine marocaine et internationale.

DOMAINE DES REMPARTS HÔTEL SPA €€€

Km 4, route de Fès
✆ +212 5 24 32 70 60
www.domainedesremparts.com
Suites avec petit déjeuner à partir de 160 €.

Le Domaine des Remparts est une véritable oasis de fraîcheur. L'architecture s'inspire des ksours berbères, mêlant respect des traditions et influences contemporaines. Les suites de l'hôtel, élégantes et modernes, sont réparties au bord des deux piscines perdues dans un luxuriant jardin. Pour les gastronomes, le restaurant propose une cuisine marocaine de très grande qualité. Ne reste plus qu'à vous prélasser au spa. Une expérience unique à seulement 4 km de Marrakech.

LES JARDINS DE LA KOUTOUBIA €€€

26 rue de la Koutoubia
✆ +212 5 24 38 88 00
www.lesjardinsdelakoutoubia.com
Chambre à partir de 185 €, suite à partir de 260 €. Tarifs différents selon la saison.

L'hôtel vous offre ses fastes et ses lumières, au pied du célèbre minaret. Ces 108 chambres entièrement équipées offrent, pour la plupart, une vue sur un délicieux patio et l'une des 3 piscines de l'hôtel. Le spa regroupe un centre de fitness, des hammams, salles de massages et de balnéothérapie. Trois restaurants complètent l'offre de ce somptueux petit palais, avec notamment la table indienne (les Jardins de Bala) qui prend place sur le toit de l'hôtel. Pour un dîner romantique !

LES JARDINS DE LA MÉDINA €€€

21, derb Chtouka ✆ +212 5 24 38 18 51
www.lesjardinsdelamedina.com
Chambre double à partir de 1 500 DH selon la saison, petit déjeuner compris.

Un hôtel dont la réputation n'est plus à faire. Les chambres s'articulent autour d'un magnifique jardin : entre palmiers, jacarandas et orangers se nichent des espaces détente où, à part le chant des oiseaux, rien ne devrait troubler votre quiétude. Très bonne table, piscine lovée dans le jardin, hammam et espace bien-être proposant des soins originaux. Un endroit certes luxueux, mais sans prétention, plein d'élégance et de surprises, qui a les labels « Clef verte » et « Hôtels de Charme & Caractère Luxury ». Assurément l'une des adresses les plus inspirantes.

JNANE TAMSNA €€€

Douar Abiad
✆ +212 5 24 32 84 84
www.jnanetamsna.com
A partir de 205 € la nuit, petit déjeuner inclus. Day Pass 480 DH avec déjeuner et piscine.

Niché dans la palmeraie, Jnane Tamsna est né d'une histoire d'amour entre architecture, décoration et botanique. Le domaine de trois hectares offre notamment un somptueux jardin où la notion de « botanique aguerrie » prend tout son sens avec oliviers, palmiers centenaires, bougainvilliers et bien d'autres. Les chambres spacieuses et confortables dans un registre minimaliste sont, quant à elles, réparties au sein de plusieurs bâtiments à arcades jaune vif, laissant cette agréable sensation de se sentir quasiment seul au monde. Une adresse hors du temps à découvrir.

KASBAH LE MIRAGE €€€

Douar Ouled Messaoud - Ouahat Sidi Brahim
✆ +212 5 24 31 44 44
www.kasbahlemirage.com
Chambres à partir de 600 DH la nuit.

L'hôtel de 26 chambres est niché au fin fond du douar Ouahat Sidi Brahim à une trentaine de minutes de Marrakech. Pour ceux que le calme rassure, vous êtes à la bonne adresse ! Accueil chaleureux et ambiance feutrée. Les chambres donnant sur le patio sont plus sombres, mais elles sont aussi les plus fraîches en cas de chaleur. Les clients peuvent se restaurer sur place de plats marocains ou méditerranéens. Piscine en terrasse. Plusieurs prestations annexes sont proposées : hammam et massage, cours de cuisine, organisation d'excursions...

LA MAISON ARABE €€€

1, derb Assehbe
✆ +212 5 24 38 70 10
www.lamaisonarabe.com
Prix très variables selon la période : chambres à partir de 84 € en juillet-août jusqu'à 550 € pendant les fêtes.

Les chambres et suites de cette somptueuse adresse sont d'une qualité rarement surpassée. Mais surtout, vous serez conquis par la décoration qui déploie tout le faste de l'Orient et se mâtine d'une touche coloniale. Les objets, meubles, tentures, lampes, tableaux sont d'un goût exquis : on se sent environné d'art, de beauté et de confort. Un dédale de couloirs richement décorés vous mènera au charmant petit patio, aux différentes salles de restaurants, à la bibliothèque, à la terrasse-restaurant en bord de piscine et enfin, au magnifique spa.

LA MAMOUNIA €€€

Avenue Bab Jdid
✆ +212 5 24 38 86 00
www.mamounia.com
Chambres à partir de 600 € la nuit.

Considéré comme l'un des symboles de la Ville Rouge, la Mamounia au nom si évocateur, est bien plus qu'un simple palace élégant et feutré, mais un monument historique aux murs chargés d'histoire. Pour rester dans la page, l'emblématique hôtel s'est offert un énième lifting signé des architectes d'intérieur Patrick Jouin et Sanjit Manku qui ont tenu le pari de réveiller une belle endormie tout en préservant son âme. A défaut d'y séjourner, on peut toujours déambuler dans son immense parc de 8 hectares. De quoi raviver vos goûts de luxe.

OASIS LODGES €€€

Km 4 route d'Amizmiz
✆ +212 5 243 68540
www.oasislodges.net
Suite vue sur jardin autour de 300 € la nuit.

Vous voici dans un petit havre de sérénité mêlant exotisme et confort où vous vous sentirez comme chez vous. Séparés les uns des autres, les lodges vous plongent dans des espaces luxueux, décorés de meubles artisanaux et d'authentiques objets d'art. L'intérieur est lumineux grâce à leurs grandes ouvertures et hauts plafonds. Chaque lodge possède son jardin privatif à l'abri des regards indiscrets et certains ont même leur propre cheminée pour les soirs d'hiver. Sur place, vous pourrez profiter de nombreuses activités ludiques, sportives ou de bien-être.

PALMERAIE ROTANA RESORT €€€

Circuit de la Palmeraie
✆ +212 5 24 33 43 43
www.palmeraieresorts.com
Chambres et suites à partir de 1 100 DH la nuit. Offres promotionnelles et formules sur le site Internet.

Avec 3 hôtels pour une capacité de 650 chambres, le groupe Palmeraie Resorts est un l'un des mastodontes de la Ville Rouge. Au sein du complexe hôtelier, les vacanciers ont le choix entre des ambiances différentes. Pour goûter à la vie princière, direction le Palmeraie Palace. A l'hôtel du Golf, l'ambiance est plus *trendy*, les chambres y sont lumineuses et agréables mais sans réel cachet. Enfin, les 11 chambres de l'Hôtel du Golf Rotana offrent davantage d'intimité sans sacrifier le raffinement dû au standing revendiqué (5-étoiles pour les trois établissements).

RADISSON BLU HÔTEL €€€

166-176 avenue Mohammed V
✆ +212 5 25 07 70 00
Chambre standard à partir de 165 € avec petit déjeuner.

Jouxtant directement le Carré Eden, le Radisson offre une prestation haut de gamme, une déco moderne et cosy. Ses 193 suites design sont dotées d'une technologie moderne (Wifi rapide, TV LED, clim) nécessaire à un séjour tout confort et disposent d'un balcon et d'une terrasse. L'hôtel vous invite aussi dans ses diverses installations, à savoir une salle de fitness, un spa, une piscine-aquarium extérieure, sans oublier un concept store branché, la pâtisserie et le fleuriste au rez-de-chaussée. Que ce soit pour un séjour loisir ou business, on n'en bougerait plus.

RIAD MONCEAU €€€

63, derb Jamaa- Riad Zitoun Lakdim
✆ +212 5 24 42 96 46
www.riad-monceau.com
A partir de 1 600 DH la chambre standard hors saison et 3 000 DH la suite junior.
Menu autour de 350 DH.

Ce riad vous garantit un séjour des plus romantiques. Une fois la lourde porte en bois franchie, vous serez accueilli dans un patio arboré de palmiers entourant un superbe bassin piscine. Les neuf chambres détiennent toutes une atmosphère aussi singulière que raffinée. La terrasse superbement aménagée en rotin et fer forgé dispose d'un solarium surplombant les toits de la ville. À La Pergola, sur le rooftop, vous pourrez goûter une cuisine marocaine décalée comme le hamburger à la tanjia ou encore un tajine à la tomate caramélisée au sésame.

RIAD NASHIRA & SPA €€€

16 Diour Saboune
✆ +212 5 24 39 06 03
www.riadnashira.com/fr
Chambres à 290 € la nuit en novembre.
Petit déjeuner inclus.

Si vous cherchez le charme d'un riad avec un service haut de gamme, voici une des adresses insolites de la médina. Dans un décor élégant et épuré, le riad Nashira offre une belle piscine extérieure, un restaurant gastronomique, une terrasse panoramique et un spa avec piscine en sous-sol. Les 16 chambres sont spacieuses, avec lits *king size* et service attentionné. Le soir venu, en hiver, la cheminée du salon ou un feu de bois sur la terrasse vous réchaufferont. Solide réputation pour l'établissement, on parle même d'un des 20 plus beaux riads de la médina...

SOFITEL MARRAKECH PALAIS IMPÉRIAL €€€

Rue Haroun Errachid
✆ +212 5 24 42 56 00
https://sofitel.accor.com
Chambre double Luxury vue remparts à partir de 300 € au Palais impérial (exemple en août).

Non loin de la place Jemaâ el-Fna, deux hôtels Sofitel partagent un très bel espace arboré, agrémenté de deux piscines extérieures. Le premier hôtel joue la carte de la tradition et de l'hospitalité marocaine. Le second, celle du *cocooning*, avec une décoration art contemporain zen et un accès direct au spa So Spa. Quatre restaurants, deux bars, garderie, coaching, shopping, spa, salle de sport, cave à vins, service Limousine, salon de beauté, cours de cuisine, night-club...

VILLA MAKASSAR €€€

20 derb Chtouka, Kasbah
✆ +212 5 24 39 19 26
www.villamakassar.com
Chambres et suites à 170 € la nuit (exemple en septembre). Piscine, spa et restaurant, bain à remous sur la terrasse.

Ce riad boutique-hôtel haut de gamme offre 10 chambres et suites avec un raffinement certain. Il aura d'ailleurs fallu plus de cinq années de passion pour faire de ce riad une adresse coup de cœur à Marrakech. Le propriétaire, passionné des années 20 et collectionneur, entremêle avec goût l'Art déco et le style oriental. Chaque chambre et suite, ornée délicatement d'objets et de meubles, porte le nom des grands maîtres qui ont inspiré la décoration : vous dormirez donc sous l'influence de Paul Jouve, Mondrian ou encore Alexandre Rodtchenko.

VILLA NOMADE €€€

7, Derb El Martstane - Zaouia El Abbassia
✆ +212 5 24 38 50 10
www.lavillanomade.com
Chambres environ 207 € la nuit.
Petit déjeuner inclus, hors taxe de séjour.

Du nom de célèbres ethnologues, explorateurs, médecins-missionnaires... les chambres de la Villa Nomade, dans le quartier populaire Bab Taghzout, font d'une nuit un véritable voyage. Pour accéder à cet élégant riad, il vous faudra passer « ce petit derb » qui finit sa course dans un écrin parfaitement entretenu : un lieu hybride, à la fois maison d'hôtes, boutique, restaurant, et spa. La maison a conservé toute l'âme du siècle dernier, et offre de nombreux espaces insolites. Une adresse pleine de charme dans un quartier atypique de Marrakech.

SE RÉGALER

Marrakech est touristique, et pour une fois, cela constitue un atout : pour répondre à la demande des visiteurs friands en bons petits plats, de nombreux restaurants marocains ont ouvert. Certes, il faut faire le tri, mais parmi ces derniers se cachent de vraies merveilles. Vous y dégusterez entre autres tajines, couscous et pastillas pour terminer avec un thé à la menthe et de succulentes pâtisseries, qui font la réputation du pays. Mais surtout, ne manquez pas le fameux *tanjia marrakchia*, la spécialité locale qui ravira vos papilles. Marrakech étant une ville de plus en plus cosmopolite, vous trouverez également sur la carte de certains établissements, des plats venus d'Italie, de France ou d'Asie et des mélanges de saveurs, aussi étonnants que gustatifs. Des gargotes de la place Jemaâ-el-Fnaa aux restaurants gastronomiques les plus fins, les prix varient néanmoins du tout au tout. A vous de choisir selon le budget et les envies.

Marché à Marrakech.

BAKCHICH CAFÉ €

5 rue des Banques

✆ +212 6 61 48 86 92

Ouvert tous les jours de 9h à 23h (hors ramadan). Comptez environ 60 DH pour un tajine ou un couscous.

Dans un joyeux mélange de couleurs, ce tout petit café fun ouvert depuis 2012 est convoité par les jeunes voyageurs et à juste titre. Particularité des lieux : son atmosphère d'inspiration africaine à la décoration originale à base d'objets recyclés, mêlant tables en bois, banquettes, poufs en sacs de grains ainsi qu'une grosse boîte aux lettres française trônant au milieu de la salle. Sur fond musical, bien agréable pour siroter un thé ou un smoothie d'avocat ou encore avaler un encas sur le pouce, entre deux balades dans le quartier.

LE BISTRO ARABE €€€

63 derb Jamaa- Riad Zitoun Lakdim

✆ +212 5 24 42 96 46

www.riad-monceau.com

Ouvert de 12h à 23h.

Compter environ 350 DH pour un repas.

A quelques encablures de la célèbre place Jemaâ El Fna, le très chic Riad Monceau abrite aussi le Bistro Arabe, l'adresse où œuvre la célèbre cheffe Myriam Ettahri qui décomplexe les codes de la gastronomie marocaine. Ici, finis les menus imposés, place à la bistronomie orientale, une cuisine s'appuyant sur une carte courte, des petits plats précis et efficaces qui revisitent la cuisine maghrébine, mâtinés d'influences internationales. Pour parfaire l'ambiance cool, à partir de 20h, le trio Jazz fait entendre ses sonorités envoûtantes.

BLACKCHICH CAFÉ €

1 derb Nakouss

✆ +212 6 61 48 86 92

Ouvert tous les jours de 12h à 22h30.

Plats à partir de 70 DH. Réservation conseillée.

Le Backchich a désormais un petit frère, baptisé le Blackchich Café. Mêmes propriétaires, un peu plus restaurant que café, l'établissement ne diffère pas seulement d'une lettre. En effet, la carte fait la part belle à la cuisine sénégalaise, propose aussi quelques spécialités libanaises et des plats berbères oubliés comme les cheveux d'ange à la cannelle. Du concept initial, on retrouve cependant la déco originale et *arty*, l'ambiance décontractée, l'accueil jeune et chaleureux et les prix abordables. Idéal pour les dîners à deux en terrasse.

CAFÉ CLOCK €€

224 Darb Chtouka

✆ +212 5 24 37 83 67

www.cafeclock.com

Tous les jours ouvert de 8h à 23h, selon la programmation. R'fissa 80 DH. Couscous Boohloo 90 DH.

Mike Richardson, l'heureux propriétaire, vous propose un espace chaleureux mêlant ses deux passions, la cuisine et la pratique artistique avec, comme horizon, la promotion de la culture marocaine. Ici, l'art culinaire se mélange à l'art du conteur ou encore à celui du musicien gnawa. Non, ce n'est pas un dîner-spectacle, c'est avant tout un espace culturel et artistique basé sur l'échange et la rencontre. Au menu, une carte éclectique avec comme spécialité le burger à la viande de dromadaire, mais aussi jam sessions, contes traditionnels et expositions.

CASA LALLA €€

16 Riad Zitoun Lakdime

✆ +212 5 24 42 97 57

www.casalalla.com

Ouvert tous les soirs, à partir de 20h.

Plats entre 160 et 240 DH.

Casa Lalla a la particularité d'avoir été l'un des premiers riads à proposer à la fois des chambres et un restaurant. Depuis lors l'établissement s'affiche toujours comme une référence. Dans un cadre intimiste et romantique, on dîne dans les petits salons ou le patio. Deux menus au choix : le marocain avec une pastilla croustillante ou encore la traditionnelle Tangia marrakchia, ou bien l'international avec le Saint-Pierre en habit d'or, pour ne citer qu'eux. La carte est large et change régulièrement pour un plaisir sans cesse renouvelé.

DAR MIMOUN €€

1, derb Ben Amrane

✆ +212 5 44 44 33 48

www.darmimoun.com

Ouvert tous les jours de 8h à 23h.

Petit déjeuner marocain entre 8h et 11h.

Plats à la carte de 80 à 130 DH.

Trois fois centenaire, ce riad familial porte le prénom de son actuel propriétaire. Si son patio arboré s'est prêté à maints tournages, il fut aussi le cadre de vie du Glaoui, illustre pacha et ancêtre du maître des lieux. Les appétits modérés se délecteront d'un tajine Makfoul à l'agneau fleurant bon la cannelle. Les plus gourmands apprécieront un menu tradition complet. Installé dans le salon marocain, on gage que l'atmosphère un peu surannée vous siéra. Et lorsque la musique traditionnelle s'en mêle, certains soirs, c'est encore mieux !

UN DÉJEUNER À MARRAKECH €

2/4 douar Graoua - Kennaria
✆ +212 5 24 37 83 87
www.undejeuneramarrakech.com
Service en continu de 11h à 23h. Ouvert tous les jours. Repas autour de 250 DH.

Un Déjeuner à Marrakech est l'un de ces établissements discrets qu'on adore et chose rare au sein de la médina, on y sert de l'alcool. Le lieu ne désemplit pas et pour cause : la cuisine est subtile, la patronne disponible, le service attentif, la décoration imaginative et les prix corrects. La carte bistronomique fusionne saveurs marocaines et techniques de cuisson empruntées à la cuisine française. Les plats phares de la carte, à l'image du *mrouzia* de bœuf, éveillent les papilles et appâtent autant les locaux que les touristes.

PEPE NERO €€

17, derb Cherkaoui - Douar Graoua
✆ +212 5 24 38 90 67
www.pepenero-marrakech.com
Dîner uniquement de 18h à 23h30. Réservation obligatoire. Fermeture hebdomadaire le lundi.

La philosophie de ce restaurant ? Offrir une gastronomie irréprochable à des prix tout à fait raisonnables, et c'est pari réussi ! Le décor dans le riad Al Moussika est magnifique, la cuisine l'est tout autant. Car Khalid, le chef, qui a fait ses classes en Italie puis à Londres, concocte ses plats avec inventivité et amour. Vous aurez donc le choix entre une carte marocaine ou italienne que vous pourrez mêler à loisir. Un soin particulier est apporté aux ingrédients de base qui proviennent de deux fermes bio. Un lieu d'exception qui coche toutes les cases.

GARGOTES DE LA PLACE JEMAÂ EL-FNA €

Place Jemaâ el-Fna
Fonctionnent chaque soir de 19h à minuit.

Installez-vous directement au stand que vous avez élu. Lors de la commande, mettez-vous d'accord sur les tarifs parfois farfelus (même s'ils sont renseignés sur la carte) sans omettre d'évoquer les quantités ! L'idéal est de prendre quelques entrées frugales et de goûter différents plats en partageant les portions. Attention, ici tout est payant : le pain, les olives et la concassée de tomate déposée automatiquement. Les conditions d'hygiène sont respectées et l'expérience garantie.

VIAVIA €

3 Rue Fandak
✆ +212 8 08 51 77 71
https://viaviamarrakech.com
Ouvert de 11h à 23h tous les jours.
Salades composées à 90 DH, smoothies et jus frais maison autour de 50 DH.

C'est l'histoire d'un couple belgo-marocain, Lotte et Rachid, qui ne se laisse pas démonter : alors que Marrakech est en sommeil profond à l'image du monde entier en cette mémorable année 2020, ils ouvrent un café-restaurant ! Qui plus est, résolument tourné vers le tourisme durable. Résultat : une jeune adresse bien sympathique qui fait parler d'elle car l'accueil est chaleureux, le cadre plaisant et les murs livrés à la disposition d'artistes peintres qui y exposent régulièrement leurs œuvres... à emporter en souvenir, pourquoi pas ?

LES JARDINS DE LA MÉDINA €€€

21, derb Chtouka
✆ +212 5 24 38 18 51
www.lesjardinsdelamedina.com
Déjeuner de 12h à 15h, dîner de 19h30 à 22h30. Environ 450 DH pour un menu complet du soir, hors boissons.

La cuisine des Jardins de la Médina est fine, savoureuse et élaborée. Offrant une gastronomie française mâtinée d'influences marocaines, le restaurant bénéficie d'une bonne réputation sur Marrakech. Le cadre est splendide : dans un immense patio-jardin arboré au bord de la piscine. Egalement une belle cave à vins et de bons digestifs. A noter : les Jardins de la Médina proposent des soirées à thèmes (les « Jeudis Musicaux » et les « Dimanches magiques »), ainsi qu'un espace bien-être avec hammam, massage et autres prestations.

ZEITOUN CAFÉ €€

107 place Jemâa el Fna
✆ +212 5 24 42 75 70
www.zeitouncafe.com
Ouvert tous les jours de 9h à 1h du matin, service continu, pas de réservation.

Depuis 2017, le Zeitoun Café a pris ses quartiers. Succès pour ses terrasses chauffées l'hiver et brumisées l'été, qui offrent une vue imprenable sur la place Jemaâ El Fna. Le choix au niveau des rafraîchissements, jus, smoothies, mais aussi cocktails de fruits est large et original. En été, on se laisse tenter par le surprenant concept de la glace à papa, nuage sucré et fraîcheur garantis ! Victime de son succès, le Zeitoun Café a ouvert deux autres restaurants, l'un près des Tombeaux Saadiens, l'autre sur l'avenue Mohammed V, dans le quartier de Guéliz.

LE CAFÉ ARABE €€

184, rue Mouassine
✆ +212 5 24 42 97 28
www.cafearabe.com

Ouvert tous les jours de midi à 1h du matin, jusqu'à 3h le samedi soir. Tajine à partir de 130 DH.

Plusieurs ambiances coexistent, à vous de choisir ! Un premier petit salon plutôt branché vous permet de profiter de confortables canapés en cuir. A l'ombre des orangers décorant le patio, on peut déguster des entrées telles que des briouats de légumes ou des bruschettas à la mozzarella ! L'avantage, c'est que l'on peut aussi venir ici pour siroter un verre en toute tranquillité, sur fond de musique orientale ! La terrasse devient magique au moment du coucher du soleil, mais aussi très peuplée. La carte des vins est fournie, le choix des plats varié, *what else* ?

DAR CHERIFA €€

8 derb Cherfa Lakbir
✆ + 212 5 24 42 65 50
http://dar-cherifa.com

Plats à la carte à partir de 40 DH. Restaurant ouvert tous les jours de 10h à minuit, sauf mercredi jusqu'à 19h.

Rencontres littéraires et vernissages ont pour cadre le Dar Cherifa qui s'est imposé comme lieu de culture et d'échanges. Mais on peut aussi simplement choisir de déjeuner dans cette belle demeure du XVIe siècle restaurée avec une magnificence digne des *Mille et Une Nuits*. La carte propose quelques délices inspirés des cuisines traditionnelles arabo-andalouses : tajine berbère à l'huile d'argan ou mrouzia au gigot d'agneau ; les végétariens trouveront aussi leur bonheur avec le couscous aux légumes sautés. Un moment de pur plaisir dans un cadre enchanteur.

CAFÉ DES ÉPICES €

75, rahba Lakdima
✆ +212 5 24 39 17 70
www.cafedesepices.ma

Ouvert dès 9h pour le petit déjeuner, jusqu'à 23h en service continu.

Vous êtes fatigué par l'animation intense des souks, vous êtes chargé parce que vous avez craqué pour des couvertures ou des poufs ? La pause s'impose dans ce lieu calme et ventilé. Ici, vous pourrez grignoter un sandwich ou boire un mocktail dans un décor épuré, fait de canapés, de sièges en osier et de tables rouges laquées. L'établissement compte également deux terrasses très accueillantes, dont celle du toit-terrasse qui vous attend avec parasols et chapeaux de paille. Le rapport qualité-prix est excellent, le personnel est serviable, souriant et rapide !

LA FAMILLE €

42, riad Zitoun Jdid
✆ +212 5 24 38 52 95

Ouvert uniquement pour déjeuner de 12h à 16h. Repas autour de 250 DH (plat, dessert, boisson). Fermé le dimanche.

Un restaurant-cantine qui enchantera les fans de *veggie* avec une carte proposant une cuisine fraîche dans un havre de paix ! Le menu change tous les jours en fonction du marché : dips accompagnés de pain *zaatar*, salades, gâteaux maison sont servis au milieu d'un jardin peuplé de vigne et de figuiers à l'ambiance résolument méditerranéenne avec ses arches blanchies à la chaux, désirée par Stéphanie, la propriétaire. Au sein du restaurant, un petit coin shopping : colliers pampille, paniers en osier, chemins de table et tabourets style *beldi*, entre autres !

CAFÉ LE BOUGAINVILLIER €

33 rue Mouassine
✆ +212 5 24 37 80 67

Ouvert tous les jours de 10h à 22h. Couscous autour de 90 DH.

Niché dans un joli patio vêtu de bougainvilliers et de mobilier rose, cet établissement compte une vingtaine de tables en fer forgé et en zelliges, faisant face à un mur végétal sur lequel coule une jolie fontaine. Le soir, il est très agréable de dîner, à la lumière des bougies, dans le salon doté de confortables canapés. Ce lieu calme et frais offre un bon rapport qualité-prix, des plats copieux et un accueil charmant. Vous y dégusterez entre autres un délicieux couscous aux 7 légumes. Une bonne adresse que l'on recommande à toute heure de la journée.

LE FOUNDOUK €€

55, souk Hal Fassi
✆ +212 5 24 37 81 90
www.foundouk.com

Ouvert de 19h à minuit. Fermé le mercredi. Comptez 350 DH à la carte pour un repas complet.

Ce superbe restaurant est niché, comme son nom l'indique, à l'intérieur d'un foundouk. Sa décoration est sobre, en stucs, céramique et bois, agrémentée d'un mobilier contemporain. Cuisines marocaine et internationale avec entre autres, un pageot farci à la *chermoula* ou encore une salade de magret fumé et un curry vert. Belle terrasse avec vue sur les toits de la vieille ville et les cimes enneigées de l'Atlas. Une adresse à découvrir absolument, tant pour la qualité de sa gastronomie que pour son cadre (fleurs, fontaine murale...).

LE JARDIN €€

32, souk El jeld Sidi Abdelaziz
✆ +212 5 24 37 82 95
https://lejardinmarrakech.com
Ouvert tous les jours de 10h à 23h.
Repas 250 DH environ.

Dans un foundouk du XVIe siècle, l'homme d'affaires Kamal Laftimi, maître des lieux, a gagné le pari de composer une atmosphère de quiétude végétale, à la croisée du bistrot rétro et d'une luxuriante oasis dans les dominantes de vert émeraude. La cuisine est métissée, avec des plats typiquement marocains comme la tanjia servie en amphore, mais aussi plus classique et rapide comme un simple club sandwich/frites. Devenue une étape incontournable pour les artistes, créateurs ou les *people*, cette adresse est idéale pour une pause rafraîchissante entre deux visites.

LES JARDINS DU LOTUS €€

9 derb Sidi Ali ben Hamdouch
✆ +212 5 24 38 73 19
Ouvert tous les jours de 12h à 19h.
400 DH environ le repas.

A quelques pas de Dar el Bacha, hyper *girly* avec ses tons poudrés de vert et de rose : voici le Jardin du Lotus. Un peu caché au fond d'un *derb* (ruelle) mais la présence rassurante d'un voiturier met fin au suspens. Le rideau s'ouvre et c'est l'effet « waouh », l'on se retrouve face à une cour transformée en jardin avec son carré d'orangers, un bassin encadré de cactus géants et de murs végétaux et d'adorables petits salons parsemés tout autour. La surprise se retrouve aussi dans la cuisine *healthy* et savoureuse de la chef Clarisse Jolicœur. Irrésistible !

KAFÉ MERSTAN €

2, rue Souk Chaaria Kaat Benahid
✆ +212 5 24 38 67 65
www.kafemerstan.com
Ouvert tous les jours entre 12h à 22h.
A la carte entre 40 et 90 DH.

C'est dans une déco *beldi* traditionnelle marocaine que l'on profite d'une pause au cœur de la médina pour se rafraîchir et déguster l'une de ces spécialités locales : briouates, pastilla au poulet ou encore tajine aux légumes. La terrasse du rez-de-chaussée constitue un petit espace calme bien appréciable, celle du deuxième, quant à elle, offre le spectacle des passants. Une adresse très prisée, idéale pour faire un break mérité après les longues déambulations dans la médina. On ne s'étonne pas de son succès avec un tel capital sympathie.

KUI-ZIN €

12 rue Amsafah
✆ +212 5 24 39 09 84
www.kui-zin.com
Ouvert tous les jours de 10h à 22h30.
Comptez en moyenne 200 DH pour un repas complet, boisson comprise.

Depuis une dizaine d'années, le Kui-Zin propose une carte aux diverses influences. Si la cuisine marocaine y est prépondérante à travers les tajines, couscous, pastilla ou encore la tanjia, l'Italie n'est pas loin. Il se trouve que Kenza Assri, d'abord chef en cuisine et bras droit du gérant Hassan Amjahdi, y a vécu quatorze années durant. De quoi déclencher *l'amore della pasta* ! Un groupe de musique à résonances traditionnelles régalera tout en douceur vos oreilles pour parfaire la soirée, à apprécier en terrasse, à la lueur des étoiles.

NOMAD CAFÉ €€

1, derb Aarjane
✆ +212 5 24 38 16 09
Ouvert tous les jours de 12h à 23h. Plat à partir de 100 DH ; menu complet autour de 250/300 DH.

Faisant partie du club des restaurants dits *trendy*, le Nomad café revisite avec modernité la tradition marocaine, que ce soit dans le design des espaces et du mobilier, ou au niveau du menu. La table se démarque par ses accompagnements et ses assaisonnements toujours surprenants, des associations gustatives qui nous font redécouvrir des plats typiquement marocains, mais modernisés avec une insistance toute particulière sur les produits frais... Depuis la terrasse, vous apprécierez la vue imprenable sur les toits de la médina.

SINGULIER PLURIEL MARRAKECH €€€

Bab Aylan
www.singulierpluriel.com
Ouvert uniquement sur réservation le soir.
Adresse exacte tenue secrète. Menu à partir de 350 €.

Pas de menu, pas d'adresse, mais de la passion et du talent. Voici une adresse qu'on a plaisir à vous dévoiler quasiment en exclusivité. Le chef étoilé Benjamin Collombat et sa compagne vous proposent une expérience culinaire et sensorielle d'exception dans un riad en plein cœur de la médina. La soirée commence dès votre prise en charge par l'équipe à Bab Aylan, pour vous conduire au riad où seuls quelque 8 privilégiés prendront place pour une soirée gastronomique hors norme.

LA TABLE DU PALAIS [PALAIS LAMRANI] €€

63, rue Sidi El Yamani
✆ +212 5 24 38 50 51
www.palaislamrani.com
Ouvert de 12h à 14h30 sauf le mercredi, le soir de 18h30 à 21h30.

C'est au sein du somptueux Palais-Riad Lamrani que l'on trouve cette jolie table. Jardin arboré, fontaine en mosaïque, le soir les lanternes s'allument pour une ambiance tamisée... Au menu, une carte qui change toutes les semaines selon l'humeur du chef El Ghassany, avec une cuisine internationale et marocaine dans un cadre merveilleux chargé d'histoire. Mention spéciale pour la pastilla de sardine ou encore la tanjia Marrakchie, le tout pour un très bon rapport qualité-prix.

TERRASSE DES ÉPICES €€

15, souk Cherifia
✆ +212 5 24 37 59 04
www.terrassedesepices.com
Service tous les jours entre 12h et 15h30 et 18h30 et minuit. Comptez autour de 400 DH pour un repas hors boissons.

Une excellente adresse qui offre une carte fusion revisitée. La raviole à la tanjia est incontestablement le plat signature de la maison. On se régale également avec quelques plats marocains bien travaillés ou encore de quelques spécialités internationales comme les spaghettis *alle vongole*. Esprit décontracté, simple. Le projet a pris forme sur une très grande terrasse dominant la médina et s'articulant autour de petits espaces intelligemment disposés. Victime de son succès, dommage que l'adresse ait lourdement augmenté ses prix : réservation conseillée.

TERRASSE LA MEDERSA €

4, souk Ahl Fes
✆ +212 5 24 39 07 19
Ouvert tous les jours, de 10h à 22h.
Brumisateurs en terrasse et en rez-de-chaussée.
Tajine entre 50 et 80 DH.

La cuisine comme à la maison « parce que les plats ne sont jamais aussi bons que préparés de cette façon », se plaît à dire Younes, gérant du restaurant les Terrasses de la medersa. Sa spécialité : le couscous royal et sa *t'faya* (sauce aux pois chiches, raisins secs et oignons caramélisés). La convivialité, son maître-mot, se retrouve jusque dans la décoration, simple, mais chaleureuse. La terrasse, qui a bénéficié d'un rafraîchissement, est située juste en face de la medersa Ben Youssef et de la mosquée. Les amateurs d'architecture arabo-andalouse seront comblés.

THE MOORISH €

166 Rue Mouassine
✆ +212 6 61 88 28 61
Ouvert tous les jours midi et soir.
Plats à partir de 60 DH.

Un des derniers-nés de la rue Mouassine aux prix doux, installé au cœur des souks de Marrakech. On vient ici pour y déguster un très bon café ou l'un de ses plats fraîchement préparés : salades, briouats, couscous, burgers, pizzas, pâtes ou falafels. Les inspirations culinaires viennent des cinq continents pour le plaisir des papilles, mais surtout de Méditerranée – les patrons sont grecs –, le tout servi dans une déco épurée. Le service est assuré non-stop en salle ou sur le toit-terrasse. A découvrir si vous vous promenez dans les parages.

LE TOBSIL €€€

22 derb Moulay Abdallah ben Hessaien
✆ +212 5 24 44 40 52
Ouvert tous les soirs sauf le mardi de 19h30 à minuit, menu dégustation à 650 DH.

C'est probablement l'endroit idéal pour les amoureux, l'ambiance y est feutrée et chaleureuse. Fréquenté par de nombreuses personnalités, le *Tobsil* (qui veut dire *l'assiette* en arabe marocain) vous propose de déguster une cuisine traditionnelle composée de produits du marché. Ici, pas de carte mais un menu unique qui change régulièrement (pastilla, tajine d'agneau, poulet ou encore coquelet), comprenant une entrée, deux plats, un dessert et du vin marocain. Le décor et le dîner aux chandelles raviront sans doute les amoureux en quête du Marrakech romantique.

LE TROU AU MUR €€

39 Derb el Farnatchi
✆ +212 5 24 38 49 00
www.letrouaumur.com
Ouvert tous les jours de 12h30 à 15h et de 18h30 à minuit, sauf le mardi. Méchoui 165 DH.

Le Trou au Mur est une table unique en son genre en ceci qu'on y déguste des plats marocains, très difficiles, voire impossibles à débusquer ailleurs en ville. On aura le choix entre des suggestions internationales mais aussi des plats marocains traditionnels, à l'image du poussin farci ou de l'excellente *tanjia*, typique de Marrakech ! Le tout est servi dans une élégante salle garnie de tableaux anciens ou alors sur l'agréable terrasse de l'étage... Une adresse différente permettant de goûter à quelques-uns des secrets gastronomiques les mieux gardés du Royaume.

DAR MOHA €€€

81, rue Dar El Bacha

✆ +212 5 24 38 64 00

www.darmoha.ma

Ouvert tous les jours de 12h à minuit. Menu spécial dîner à 650 DH (hors boisson) ou à la carte.

Cette ancienne demeure du secrétaire du pacha Glaoui fut plus tard la résidence du couturier Pierre Balmain, qui l'aménagea avec goût et la dota notamment d'une superbe piscine aux motifs incas, située dans un jardin planté de bananiers et de caoutchoucs. Cette prestigieuse maison est aujourd'hui devenue l'une des meilleures adresses pour fins gourmets et amateurs d'une cuisine marocaine raffinée : couscous, tajine demi-coquelet ou au loup de mer, mais aussi de délicieuses grillades. Une belle carte de grands crus marocains est suggérée.

DAR YACOUT €€€

79, rue Sidi Ahmed Soussi

✆ +212 5 44 38 29 29

www.daryacout.com

Ouvert uniquement le soir du mardi au dimanche de 20h à 22h30. Menu dégustation fixe à 700 DH, boissons comprises.

L'ancienne table préférée du roi Hassan II accueille encore parfois le roi actuel et d'autres VIP et célébrités. Excellente cuisine marocaine – sans doute l'une des meilleures tables de la ville, cadre de rêve, très bon service. Ici on dîne selon les traditions : si vous venez à plusieurs, il faudra donc vous accorder sur votre choix, car le plat est le même pour toute la table. La terrasse offre une vue somptueuse sur la médina et la Koutoubia et l'ambiance est assurée par un duo arabo-andalou et de la musique gnaoua. A découvrir... si vous en avez les moyens.

DAR ZELLIJ €€€

1 kaasour Sidi Ben Slimane

✆ +212 5 24 38 26 27

www.darzellij.com

Ouvert tous les jours, sauf le mardi, de midi à minuit. Menu à 350 DH ou à la carte à partir de 55 DH.

Petit bijou du XVIIe siècle restauré à l'identique, ce symbole du repas gastronomique par excellence mériterait presque le double classement à l'Unesco. Que vous soyez installé dans le cadre ravissant du patio ou au cœur de la terrasse panoramique, le moindre plat des trois menus (gargantuesques) prendra des allures de tableau appétissant. Au menu : pastilla au poulet, tajine de poisson aux petits légumes et couscous berbère aux 7 légumes. Pour le dessert, n'hésitez pas à tester la pastilla au lait ! Un repas hors du temps, dans un cadre plus que romantique.

MA MAISON €€

64 Arset Aouzal Bab Doukkala Medina

✆ +212 6 49 07 14 98

www.mamaisonmarrakech.com

Pizza autour de 120 DH. Licence alcool. Fermé le lundi.

Cet établissement a ouvert ses portes dans le quartier bien connu de Dar el Bacha. Il vous faudra atteindre le bout du petit derb qui y mène pour apercevoir l'entrée du riad. Forts du succès de leur première adresse, le fameux café Kif Kif, les propriétaires se sont lancé le pari d'offrir une cuisine italienne raffinée et abordable, le tout dans le cadre charmant qu'offre cette maison traditionnelle. On dîne autour du patio où les plantes commencent déjà à grimper un peu partout ou sur la terrasse ensoleillée près des jeunes oliviers.

LA MAISON ARABE €€€

1, derb Assehbe

✆ +212 5 24 38 70 10

www.lamaisonarabe.com

Compter 250 DH pour un plat au restaurant Les Trois Saveurs et 550 DH pour le menu dégustation.

On ne présente plus cette demeure somptueuse, à la fois typiquement marocaine et aménagée à l'occidentale. Trois ambiances au choix : dans la première, un restaurant marocain avec un menu unique et gastronomique. Deuxième option, dans un cadre raffiné avec bougies et photophores autour de la piscine, le restaurant Les Trois Saveurs propose une belle carte de plats asiatiques, européens et marocains tels que brochettes de poulet tandoori ou encore du bœuf au fenouil. Enfin, le bar où déguster des tapas en écoutant le pianiste. Bref une belle soirée en perspective.

RIAD KNIZA €€€

34 derb l'Hotel, Bab Doukala

✆ +212 5 24 37 69 42

www.riadkniza.com

Ouvert midi et soir. Réservation nécessaire. Menu à 49 €.

Ce riad sert l'une des meilleures cuisines marocaines de la ville. Au menu, vous pourrez trouver : un assortiment de salades marocaines, des briouates, un tajine ou un couscous, une pastilla au poulet, une pastilla sucrée, des pâtisseries marocaines et du thé. Le tout est, bien entendu, délicieux, raffiné et servi par un personnel qui est aux petits soins. Le menu est unique, mais vous pourrez tout de même choisir entre deux plats (tajine ou couscous). Une adresse destinée aux gourmands et qui ne vous laissera pas sur votre faim !

16 CAFÉ €€

Place du 16 Novembre
✆ +212 5 24 33 96 70
www.16cafe.com

Ouvert tous les jours de 7h à minuit. Plat à partir de 140 DH.

Au milieu des grandes enseignes de magasins, le 16 Café est devenu un lieu de rendez-vous entre copines. Ce salon de thé s'est forgé au fil du temps une belle réputation : certains disent même qu'on y trouve les meilleures glaces à la ronde. Le chef pâtissier a clairement amené avec lui son savoir-faire français. En plus des traditionnels mille-feuilles et tartelettes, l'établissement offre une restauration de qualité acceptable, avec comme point fort les petits déjeuners qui sont copieux. Un endroit bien placé pour une pause gourmande, à toute heure du jour.

AL FASSIA €€

55, boulevard Zerktouni
✆ +212 5 24 43 40 60
www.alfassia.com

Ouvert tous les jours, sauf le mardi, pour déjeuner et dîner. Compter entre 280 et 350 DH pour un repas complet.

Sans nul doute, Al Fassia est LA référence en matière de cuisine marocaine raffinée à Marrakech et cela depuis 1987. Son décor étudié, sa cuisine élaborée, son personnel essentiellement féminin, pour un service tout en délicatesse, en font un lieu assez magique. Les salades marocaines, toutes aussi exquises les unes que les autres, les tajines sucrés-salés vous mettront l'eau à la bouche et contribueront à un plaisir gustatif mémorable. Les clients ne boudent pas non plus la seconde adresse, dans la zone de l'Agdal, arborant une ambiance plus moderne.

LE 68 BAR À VIN €€

68, avenue de la Liberté
✆ + 212 5 24 44 97 42
www.le-68.com

Ouvert tous les jours de 17h30 à 2h du matin. Bouteilles de vin à partir de 200 DH.

Ce bar à vin à l'ambiance festive propose plusieurs centaines de références de vins du monde entier. Ambiance industrielle et tamisée avec tonneau en guise de tabouret, luminaires en bouteille de vin et banquettes confortables, le ton est donné. A la carte, une cuisine française à la bonne franquette avec tartiflette ou tartines bien garnies. Pour l'apéritif, des planches sont proposées avec charcuteries et fromages français. Ne perdez pas de vue qu'un fromage français de qualité est ici un luxe, cela fait forcément grimper la note.

BAGATELLE €€

103, rue de Yougoslavie
✆ +212 5 24 43 02 74
www.bagatelle-marrakech.com

Ouvert du lundi au dimanche de 12h à 15h et de 19h à 23h. A partir de 250 DH pour un menu complet à la carte.

On est ici dans un lieu chargé d'histoire, celle de la famille de Serge Blanc-Collomb, propriétaire et petit-fils d'Hélène Collomb qui créa ce restaurant en 1949. Et ça se ressent : dans la déco d'époque qui n'a pas vraiment bougé, dans la carte aussi. Ici, cuisines française et marocaine ont fait un beau mariage. Selon l'envie du jour, on peut aussi bien déguster un foie de veau persillé ou de la langue sauce gribiche qu'un tajine *beldi* ou *kefta*. Une belle adresse dans la pure lignée des grandes brasseries hexagonales où le service se fait efficace et discret.

AL BAHRIYA €

75 bis av. Moulay Rachid
✆ +212 6 61 56 86 58

Ouvert tous les jours de 12h30 à minuit. Repas 100 DH.

Le restaurant Al Bahriya, en plein cœur de la fourmilière du Guéliz, propose une carte de poissons et fruits de mer relativement diversifiée au bon rapport qualité-quantité-prix. Malgré sa localisation en bordure d'une rue passante, la terrasse, où s'attablent en travées commensaux locaux et étrangers, est la plupart du temps bondée. Le service s'effectue sans chichi et assez rapidement. Pour une expérience vraiment locale, en tant que touriste avisé, porté par l'ambiance populaire, faites comme tout le monde, n'hésitez pas à manger avec les doigts !

CASANOVA €€

7 avenue Yakoub el-Mansour
✆ +212 5 24 42 37 35

Ouvert tous les jours de 12h à 15h et de 19h30 à minuit. Compter environ 250 DH pour un repas complet.

Sans aucun doute, vous êtes catapultés en Italie à peine franchi le seuil. Odeurs caractéristiques de *pizze* au feu de bois, *pasta*, *antipasti* et *tutti quanti* sont évidemment à la carte allègre et généreuse de ce restaurant installé depuis près de 15 ans dans une villa du centre-ville. Le cadre est sobre, mais pas désagréable pour autant, avec son patio arboré et rafraîchissant pour les chaudes soirées d'été. On ressent le côté un tantinet désuet de l'établissement, mais il demeure une valeur sûre destinée aux amateurs de cuisine italienne !

CATANZARO €

Rue Tarik Ibn Ziad
✆ +212 5 24 43 37 31
www.catanzaro.ma

Ouvert du lundi au samedi de 12h à 15h et de 19h30 à 23h. Facture moyenne 250 DH.

Catanzaro fait partie des quelques vieux établissements de la ville qui n'ont pas bougé d'un pouce et qui inondent de nostalgie ceux qui fréquentent Marrakech depuis longtemps. Idéal pour un déjeuner traditionnel aux saveurs de l'Italie, on prend place dans un décor rustique aux nappes à carreaux rouge et blanc. Dans un cadre pareil, un très vaste choix de pizzas à la carte s'impose, mais on a également le loisir d'y manger des plats classiques qui fleurent bon la Botte : saltimbocca alla romana, calzone, raviolis au fromage, antipasti et autres valeurs sûres.

L'AUBERGE ESPAGNOLE €€

Angle Ibn Tarik Ben Ziad et Moulay Ali
✆ +212 5 24 45 89 13

Ouvert tous les jours de 17h à 2h.

Ce restaurant fédère un public à la fois sportif, grâce à la rediffusion de tous les grands événements en direct à l'instar de la Coupe du monde de football, et branché. Du mercredi au samedi soir, un *live band* vient réchauffer l'atmosphère de cet établissement qui revisite les standards de la cuisine espagnole. La carte, sans grande surprise, propose principalement des tapas, au demeurant très appétissants. Le comptoir est fiché en plein milieu de la salle, histoire de renforcer l'ambiance d'estaminet espagnol et de favoriser la proximité aux heures d'affluence.

LA CUISINE DE MONA €

5 résidence Mamoune 115B
✆ +212 6 18 13 79 59

Menu entier de mezzés : 150 DH par personne. Assiette végétarienne 110 DH. Ouvert de 11h jusqu'à 23h.

Ce mini restaurant haut en couleur et super convivial est tenu par une Libanaise mariée à un Marocain. Derrière les fourneaux, la pétulante Mona vous concocte ses plats familiaux généreux, qu'elle tient de sa grand-mère. Vous pourrez déguster un succulent lunch végétarien ou vous essayer à un mezzé d'une dizaine d'assortiments, dans la plus pure tradition de la Bekaa : houmous, falafel, rissoles, kebbé, jawaneh et salade fatouche..., pas moins de 40 plats. Tout est bon, épicé et parfumé à souhait, bref une adresse qui fait voyager.

LE LOFT €€

18 rue de la Liberté
✆ +212 5 24 43 42 16
www.restaurant-loft.com

Ouvert tous les jours de 12h à 23h. Plats et formule du midi à 150 DH. Sélection de vins français.

Décor à mi-chemin entre un loft new-yorkais et une brasserie parisienne avec ses murs en brique longés de banquettes, ambiance décontractée, cuisine française simple : le Loft fait partie de ces adresses marrakchies où l'on vient et revient pour savourer une cuisine du marché qui se renouvelle chaque jour ou tout simplement pour boire un café au comptoir. Au menu, des plats traditionnels « made in France » comme les cuisses de canard confites, un filet de bœuf grillé ou le hachis parmentier, très plébiscités par les expats de l'Hexagone.

GRAND CAFÉ DE LA POSTE €€

A l'angle du boulevard El-Mansour Eddahbi et de l'avenue Imam-Malik
✆ +212 5 24 43 30 38

Ouvert tous les jours de 8h à 1h sans interruption. Repas environ 350 DH. Soirées musicales (voir programme).

Un café-restaurant aux allures de brasserie chic et rétro. De grands miroirs, des bougies pour une ambiance ultra-tamisée, des meubles époque coloniale, une *playlist jazzy* et une clientèle d'habitués : le Grand Café de la Poste est un lieu mythique au cœur de Marrakech ! On y déguste une cuisine bistronomique bien française, comme l'andouillette artisanale grillée. Mais on y vient aussi pour boire un verre de vin à l'occasion de soirées jazz. A vrai dire, le Grand Café de la Poste est devenu THE spot de Guéliz, incontournable !

MAMMA MIA €

18 rue de la Liberté
✆ +212 5 24 43 44 54
www.restaurant-mammamia.com

Ouvert 7j/7 de midi à minuit.
Pâtes à partir de 80 DH, pizza 70 DH, sur place ou à emporter. Salle climatisée.

Décoration sobre et élégante des trattorias napolitaines, four à bois, pizzaïolo ayant vécu en Italie, la pasta en partie faite maison... l'adresse italienne de Guéliz a trouvé la bonne recette. Le service sérieux, mais convivial permet à Mamma Mia d'attirer une clientèle locale, marocaine ou d'expatriés, friande de la cuisine de la patrie de la *dolce vita*. A la carte on trouve un large éventail de spécialités, du carpaccio de bœuf au risotto à la crème de truffe, en passant par la traditionnelle escalope milanaise et, bien évidemment, les sempiternelles *pizze*.

L'O A LA BOUCHE €€€

4 rue Badr
✆ +212 6 66 38 31 33
www.loalabouche.ma
Ouvert de 12h à 15h et à partir de 19h le soir. Menu spécial déjeuner à 190 DH.

Un chef étoilé, j'ai nommé Hervé Paulus, associé au jovial Denis que vous verrez sur tous les fronts, cela donne l'O à la Bouche. Tout ici évoque la fraîcheur extrême, des touches colorées [vert artichaut et aubergine] des murs, jusqu'aux produits dans les assiettes. Le menu aligne une cuisine de terroir sublimée, avec un je-ne-sais-quoi d'original. Des plats alsaciens en référence au pays du chef : pied de cochon, baeckeoffe de homard et foie gras... nos papilles sont en constante effervescence. Une adresse chic et fantaisiste qui promet un beau voyage gustatif.

L'ORANGERIE & LAWRENCE BAR €€€

Rue Harroun Errachid
✆ +212 5 24 42 56 00
Comptez environ 570 DH pour un repas complet. Ouvert tous les jours pour le dîner.

Le restaurant de l'hôtel Sofitel offre un cadre intimiste et élégant. Ici, on dîne aux beaux jours sur la terrasse face à la piscine, devant les splendides jardins de l'hôtel et les montagnes de l'Atlas. Idéal pour un repas aux chandelles. Dans l'assiette, vous découvrirez une cuisine gastronomique française et marocaine habilement conjuguée. On se laisse tenter par la terrine de foie gras en entrée suivie d'un couscous à la semoule aérienne, par exemple.

LE PALAIS JAD MAHAL €€€

10 Rue Haroun Errachid
✆ +212 5 24 43 69 84
https://palaisjadmahal.com
Ouvert tous les soirs à partir de 19h30. A partir de 510 DH pour un repas [hors boisson]. Réservation conseillée.

Vous cherchiez le palais des Mille et une nuits, vous y voici ! Ce lieu festif mêle inspirations marocaines et indiennes. Ambiance *lounge* et intimiste dans un éclairage tamisé malgré le volume des salles. L'établissement offre un espace de restauration, ainsi qu'un bar et une scène, sur laquelle se succèdent musiciens et danseuses. La cuisine d'inspiration marocaine, française et thaïlandaise se revendique « world food ». Les prestations se veulent haut de gamme, mais c'est surtout le lieu où se côtoient classe aisée marrakchie et casablancaise et Occidentaux.

LA PALMA €

46 avenue Yacoub el Mansour
✆ +212 5 24 29 36 93
www.lapalmacaffe.com
Ouvert de 8h à 23h tous les jours. 20 DH pour 2 boules de glace. Pizza à partir de 35 DH.

Tout beau, tout... frais ! Une fraîcheur qu'on ressent aussitôt, à peine la porte franchie de ce petit coin d'Italie au Maroc. On se retrouve devant pas moins de 20 parfums de crèmes glacées maison : difficile alors de faire son choix ! D'autant plus que tout ici est artisanal. On y va pour sa tarte tiramisu, la glace à l'avocat ou la divine stracciatella, mais aussi pour y déjeuner. Farandoles de pâtes fraîches et un large choix de pizzas préparées selon les règles de l'art par le chef ayant fait ses classes en Italie, vous propulseront au pays de la botte.

LE PETIT CHANTIER €

42 Rue Mohamed el Baqqal
✆ +212 5 24 20 02 20
Tous les jours de 12h à 1h du matin. Sur place ou à emporter.

Manger à la fois des grillades et des plats *healthy* dans une ambiance jeune et décontractée ? C'est possible au Petit Chantier qui a ouvert ses portes en 2018 au bout de la fameuse rue El Baqqal aux multiples snacks. Au menu : viandes cuites au four à la braise, pâtes et bar à salades, à composer soi-même avec outre la base, 6 ingrédients au choix, plus le topping, le tout servi copieusement dans de gros bols en bois. La décoration est, comme son nom l'indique, axée sur un esprit « chantier de construction », mais rassurez-vous, les travaux sont finis !

LE PETIT CORNICHON €€€

27, Rue Moulay Ali
✆ +212 5 24 42 12 51
http://www.lepetitcornichon.ma
Ouvert de 12h à 15h30 et de 19h à 22h30. Fermé samedi et dimanche. Côte de bœuf pour 2 personnes : 800 DH.

Défi relevé dans la création de cette table bistronomique de Guéliz, au style contemporain dominé par des bleus intenses. Il faut s'attendre à une cuisine française [ce qui se traduit par une fréquentation assidue des expats] qui se veut inventive, présentée sous forme d'assiettes à partager et composée de produits frais du marché. Au menu, on note une dominante crustacés avec l'araignée de mer et le homard façon street-food... en sandwich ! A noter la réjouissante carte des vins de plus de 300 références qui séduira les amateurs.

AL MAADEN GOLF MARRAKECH €€

Al Maaden Golf Marrakech ✆ +212 5 24 40 40 01
www.almaadengolfresort.com
Ouvert tous les jours de 12h à 16h. A la carte. Autour de 200 DH le plat.

Vue imprenable sur l'Atlas, quiétude d'un des plus grands golfs de Marrakech et une cuisine raffinée abordable : voilà la promesse de l'établissement. On vient ici déjeuner notamment sur la grande terrasse entourée de grands bassins d'eau où sont étendues de belles sculptures contemporaines. On se régale de quelques plats internationaux bien travaillés comme un filet de bœuf aux cèpes, une belle salade de poulpe ou encore un club sandwich. L'adresse est également assez connue des Marrakchis pour leur brunch gargantuesque du dimanche.

EL KARMOUSSA €€

Circuit de la Palmeraie
✆ +212 5 24 36 87 66
Ouvert tous les jours de 12h30 à 22h30. Autour de 350 DH pour un repas avec entrée, plat et dessert.

L'inspiration rococo de la décoration du restaurant marocain du Palmeraie Resorts se mêle à la fine cuisine locale, parfois revisitée, pour une expérience culinaire chic et gourmande. A la carte, vous aurez le choix entre des plats sortant de l'ordinaire à l'instar du couscous de quinoa aux sept légumes, ou plus traditionnels comme le tajine de poulet au citron ou de sardines. Et inévitablement, à la fin du repas, les plus gourmands se demanderont s'il ne resterait pas quelques *mhancha* à la glace à l'amlou... Une belle adresse.

LA PAILLOTE RESTAURANT & JARDIN €€

Km 4 route d'Amizmiz
✆ +212 663 879 605
www.lapaillote.ma
Ouvert du lundi au vendredi de 20h à minuit et le week-end de 12h à minuit. Plats à partir de 115 DH.

Un lieu unique à seulement 4 km de Marrakech, qui émoustillera vos papilles par sa cuisine raffinée. Ici, rien n'est laissé au hasard : la qualité première des produits, la décoration dans l'assiette, la justesse des cuissons ainsi que le service, impeccable. Laissez-vous tenter, à l'ombre des oliviers ou dans une salle élégante, par le suprême de volaille en brochettes marinées, les tagliatelles aux trois poissons ou encore le délicieux carré d'agneau. A ne pas manquer !

LE PASTA COSY €€

Circuit de la Palmeraie
✆ +212 675 48 01 86
www.palmeraieresorts.com
Ouvert du mardi au dimanche de 12h à 15h30 et 18h30 à 22h30. Pizza à partir de 80 DH.

Finalement, vous prendriez bien un *chouia* d'Italie lors de votre séjour marocain ? Au Pasta Cosy, c'est possible. La carte a été puisée dans tous les grands classiques italiens : antipasti, carpaccio, pizza, risotto, pâtes al dente et ravioli, sans oublier les desserts, dont la traditionnelle panna cotta et un appétissant tiramisu fraise-pistache. Pas de mauvaise surprise dans des revisites improbables. Cerise sur le gâteau, la vue imprenable sur les *greens* du Palmeraie Rotana Resort avec peut-être en prime un beau coucher de soleil… la dolce vita, quoi !

LA TERRASSE DU GOLF €€

Circuit de la Palmeraie
✆ +212 5 24 33 43 43
www.rotana.com
Bar ouvert de 7h à 22h30. Restaurant de 12h30 à 22h30. Plat du jour 120 DH.

Au sein du Rotana de la Palmeraie, cet espace est un havre de paix, loin de l'agitation frénétique de la ville. Que ce soit pour savourer un snack sur le pouce, boire un verre ou manger un plat du jour, cette terrasse ombragée promet un moment tranquille. La carte de style brasserie conviendra à tous les appétits : du *poke bowl* à l'entrecôte/frites en passant par la salade César ou les sandwichs chauds ou froids à créer sur mesure, si l'on a envie d'improviser... Après une partie de golf, la visite s'impose alors comme une évidence.

VAMOS €€

boulevard Mohammed VI
✆ +212 6 42 55 52 55
www.vamos-marrakech.com
Ouvert tous les jours de midi à 1h. Formules dégustation à partir de 230 DH.

Adresse d'allure branchée, qui fait des tapas espagnols sa spécialité. Points positifs : la jolie déco et le confort, le service attentionné, le rapport prix/quantité et la présence le soir d'un chanteur en *live*. Le très bon gaspacho et l'originale compote de dattes associée à du camembert pané sortent du lot. Ce restaurant peut se révéler être une bonne destination si on loge non loin, dans la zone touristique de l'Agdal et que l'on veut assister à des retransmissions sportives ou que l'on envisage de poursuivre sa soirée dans l'un des clubs voisins.

FAIRE UNE PAUSE

Que ce soit dans l'après-midi pour une pause entre deux visites ou le soir pour décompresser devant un verre de vin ou une bière, Marrakech offre un large choix d'endroits agréables pour boire un verre en famille, à deux ou entre amis. À l'heure du goûter, vous ne pourrez pas échapper à un moment gourmand dans l'un de ses salons de thé où résister aux pâtisseries alléchantes exhibées serait un terrible sacrifice. Vous pourrez les accompagner du traditionnel thé à la menthe, d'un café ou d'un jus de fruits bien frais. L'heure de l'apéro sera propice à s'installer sur l'un de ses rooftops pour siroter un cocktail signature, tout en admirant les vues imprenables sur la Ville Rouge, notamment au coucher du soleil. Après dîner, rendez-vous dans l'un des bars branchés et chics de la ville où se retrouve la jeunesse marocaine. L'atmosphère conviviale et chaleureuse qui y règne pourrait bien vous embarquer jusqu'à la fermeture...

16 KAWA

Rue Yves Saint Laurent
✆ +212 613 39 63 25
www.16cafe.com
Ouvert tous les jours de 9h à 20h.

Repris par l'équipe du 16 Café, le 16 Kawa est aussi soigné et élégant que son grand frère. Une ambiance colorée pour un snack léger et savoureux. Au menu, des wraps, des salades et aussi une étonnante carte de smoothies à base de fruits et légumes de saison. Les gourmands ne sont pas en reste, les macarons et pâtisseries maison sont tout aussi délicieux. On s'installe sur la terrasse brumisée l'été, qui mène aussi au concept store voisin en profitant du wifi, le temps d'une pause bien méritée. Mention spéciale pour les glaces aux parfums orientaux.

LE BÔ & ZIN

Route de l'Ourika, km 3,5
✆ +212 5 24 38 80 12
www.bo-zin.com
Ouvert tous les jours à partir de 20h.
A partir de 250 DH pour une bouteille de vin.
Plat à partir de 180 DH.

Haut lieu des nuits marrakchis, ce restaurant lounge-bar à la fois chic et décontracté attire chaque week-end aussi bien les résidents que les visiteurs mis au parfum : dans un décor plein de bon goût, entre le jardin tropical garni d'un joli bassin, la pergola et les salons tamisés avec cheminée, l'ambiance, d'abord soul et R&B puis plutôt hype, est assurée par un DJ présent chaque soir. On y vient aussi bien pour manger de délicieux plats asiatiques que pour siroter des vins ou des cocktails avant d'enflammer le dancefloor. Ambiance garantie.

LE CAFÉ ARABE

184, rue Mouassine
✆ +212 5 24 42 97 28
www.cafearabe.com
Ouvert tous les jours de 10h à minuit, service restauration en continu de 12h à 23h.

Adresse emblématique à Marrakech, le Café Arabe est l'endroit idéal pour une pause détente ou boire un verre si vous vous trouvez dans les souks. Que ce soit pour déguster un café dans le patio traditionnel ou déjeuner en terrasse avec une vue sur les toits de la médina, le cadre est magique et envoûtant ! Vous y dégusterez une cuisine italienne et marocaine savoureuse à l'instar de la pastilla de poulet ou le filet de bœuf au poivre vert. Pour le dîner, pensez à réserver à l'avance car le rooftop est particulièrement prisé.

CAFÉ DU LIVRE

44, rue Tariq Ibn Ziad
✆ +212 5 24 44 69 21
Ouvert du lundi au samedi de 11h à minuit.
Fermé le dimanche.

Envie de bouquiner en sirotant un verre ? Tel est le concept de cet établissement qui plaira sans conteste aux bibliophiles. Situé au premier étage d'un bâtiment, le Café du Livre propose un coin bibliothèque avec de nombreux ouvrages à feuilleter, emprunter ou à acheter, pour certains. De l'autre côté de la salle, de petites tables et banquettes confortables pour grignoter un morceau tout en profitant du wifi gratuit. Carte de tapas, sandwiches et une formule entrée-plat ou plat-dessert. Une adresse sympathique à découvrir tout au long de la journée.

DINO

Avenue Mohammed V

✆ +212 5 24 43 98 88

Ouvert 7j/7 de 9h à 23h.

Depuis sa création en 1978, Dino garde la pole position en matière de crèmes glacées à Marrakech et sa réputation n'est plus à faire. Sur l'avenue Mohamed V, il est même devenu un repère géographique, c'est pour dire ! Il faut croire que depuis l'origine, les recettes n'ont pas changé, ou presque, et cela pour la grande joie des nostalgiques. Fidèle à ses valeurs, le glacier propose des parfums classiques et traditionnels, mais aussi certains plus innovants, jouant sur un grand savoir-faire et c'est déjà pas mal. On fond de plaisir !

PÂTISSERIE AL-JAWDA

11, rue de la Liberté

✆ +212 5 24 43 38 97

Ouvert tous les jours de 8h à 20h30.
A partir de 160 DH le kilo.

On découvre chez la très célèbre Madame Halami toutes les saveurs et les subtilités de la pâtisserie marocaine, incontestablement une des meilleures adresses de Marrakech. Les cornes de gazelle sont croquantes et moelleuses à souhait et ce n'est pas la seule gourmandise pour laquelle on succombe. On n'hésite pas à goûter aux créations maison comme les *feqqas* à la crème fraîche et à l'anis délicat, idéales à l'heure du thé. Al-Jawda propose aussi de délicieux jus frais et des services de traiteur. Une pause gourmande comme on les aime.

LE KOSY BAR

47, place des Ferblantiers

✆ +212 5 24 38 03 24

www.kosybar.com

Ouvert tous les jours de 11h à 1h du matin. Repas autour de 250 DH. Cocktail à partir de 90 DH.

Il porte bien son nom tant l'endroit joue la carte du douillet et de l'intimiste ! L'entrée est superbe, avec sa fontaine murale et ses roses qui baignent ! Sa terrasse est idéale au moment du coucher du soleil avec sa vue sur la Koutoubia. Qui plus est, l'endroit sert de nombreux apéritifs, plusieurs vins marocains et internationaux ainsi que les classiques cocktails. Une carte légère le midi, plus élaborée le soir, permet de s'y restaurer dans un cadre apaisant et convivial. Le spot étant devenu convoité, il est préférable de réserver.

PÂTISSERIE DES PRINCES

Passage Prince Moulay Rachid

✆ +212 5 24 44 30 33

Ouvert tous les jours de 7h30 à 22h30.
Pâtisseries au poids : 200 DH le kilo sauf cornes de gazelle à 230 DH.

On ne présente plus cette institution qui trône en plein milieu de la grouillante rue des Princes menant directement sur la célèbre place. Les cornes de gazelles et autres pâtisseries orientales sirupeuses à souhait (chebakias, feqqas, baklawa, makrout, etc) aux parfums d'anis et de fleur d'oranger sont à acheter au poids. L'endroit parfait pour s'approvisionner en douceurs à mettre dans les bagages. Quant aux glaces aux parfums plus évocateurs les uns que les autres, à déguster sur place ou à emporter, on s'en met plein le cornet !

NOMAD BAR

Route de Bab Atlas

✆ +212 5 29 98 00

Ouvert tous les jours à partir de 18h.

Au sein du somptueux Palais Namaskar digne des 1 001 nuits, le Nomad Bar occupe le toit de l'hôtel. La vue sur la mer de palmiers est juste éblouissante, surtout au moment où le soleil se couche, on ne pourrait exiger spectacle plus magique. Côté réjouissances, on optera pour l'un des nombreux cocktails signature qu'on peut accompagner de tapas en tout genre. Et on profite de la musique ambiante, parfois même rythmée par le son d'un DJ. Enfin pour jouer les princes d'un soir, les férus de chichas pourront s'adonner sans complexe à leur passion.

SO LOUNGE

Rue Haroun Errachid

✆ +212 6 56 51 50 09

Ouvert tous les soirs de 19h30 à 4h30.
Compter autour de 500 DH pour un repas complet au So Good (jusqu'à 23h30).

Voici l'un des lieux « hype » prisés par l'élite marocaine, aussi sympa pour boire un verre que pour danser sur des rythmes endiablés. Le So Lounge réunit trois ambiances : le So Nice, en terrasse, pour *chiller* autour d'un cocktail, d'une assiette de tapas, au rythme des mix du DJ résident ; le So Good, abritant un restaurant gastronomique marocain, français et asiatique, où le dîner se fait en musique avec la formation *Soul collective* ou, le mercredi, avec un groupe de musique et danse orientales ; le So Fun, pour *clubber* jusqu'au bout de la nuit...

(SE) FAIRE PLAISIR

Mode, artisanat, produits du terroir, objets déco... les adeptes du shopping seront servis à Marrakech ! Outre sa médina foisonnant d'échoppes traditionnelles et d'une multitude de souks hauts en couleur où tout le meilleur de l'artisanat marocain est représenté, la ville a vu fleurir dans le quartier de Guéliz des centres commerciaux modernes, accueillant les plus grandes enseignes internationales. Vous trouverez également de nombreuses boutiques de prêt-à-porter tout le long de l'avenue Mohammed V et sur la Place du 16 novembre. Et en parcourant un peu plus ce quartier, vous découvrirez des boutiques originales de créateurs, designers et même des galeries d'art. N'oublions pas non plus le quartier industriel de Sidi Ghanem qui s'est métamorphosé ces dernières années en une zone shopping tendance où l'on trouve les plus belles adresses de concept-stores et de showrooms foisonnant de créations originales.

ALMAZAR CENTRE COMMERCIAL

Route de l'Ourika
✆ +212 5 24 44 58 84
www.almazar.ma
Ouvert de 8h30 à 23h.

Un peu excentré de la ville, ce mall propose des boutiques mais aussi des espaces de loisirs. Sans oublier les salles de cinéma situées à quelques mètres de là. Accessoires de mode, vêtements, chaussures, pour tous âges et tous les goûts, mais également un grand supermarché français, des magasins de décoration, d'électroménager, un mégastore et un étage consacré à la restauration. Un parking est à disposition au sous-sol, de même que le wifi diffusé dans l'enceinte du mall.

ENSEMBLE ARTISANAL

Avenue Mohammed V
✆ +212 5 24 44 35 03
Ouvert du lundi au samedi de 9h00 à 19h00, fermé le dimanche.

L'ensemble artisanal présente une vaste série de boutiques répertoriées par profession : c'est le domaine des dinandiers, ferblantiers, armuriers, artisans du bois, du cuir ou de bijoux, sans oublier les marchands de tapis... Tous ces artisans sont diplômés d'Etat, ce qui est une garantie de qualité. Ils proposent des objets au rapport qualité-prix souvent intéressant. Ce qui est particulièrement vrai pour les petits objets de maroquinerie. Ici, pas besoin de faire l'effort de marchander : les prix sont fixes ! Les objets du souk, mais sans l'agitation.

DAR BOUCHAIB

7, Derb Baïssi Kasbah Boutouil
✆ +212 5 24 38 18 53
www.complexeartisanal.com
Ouvert tous les jours de 9h30 à 20h.

Ici pas d'artisans à l'œuvre, il s'agit d'une sorte de méga supermarché de 8 000 m² avec escalator. L'endroit est plutôt kitsch comme le prouvent les deux statues équestres qui vous accueillent à l'entrée. Néanmoins, nous vous mettons au défi de ne pas dénicher le produit convoité, car on trouve vraiment tout ce qui se fait en matière d'artisanat. Des rayons croulant de verres à thé, poufs, babouches, photophores, et tutti quanti. Tout est étiqueté et les prix sont fixes, bien pratique si on a peu de temps pour acheter ses cadeaux ou si on déteste négocier.

M AVENUE

M avenue
✆ +212 5 24 39 09 30

On l'attendait depuis longtemps ! L'ouverture de M-Avenue a enfin eu lieu. De chaque côté d'une avenue longue de 500 mètres, se déploient, de part et d'autre, des magasins aux enseignes internationales et prestigieuses, des restaurants, des cafés et l'hôtel flambant neuf de Cristiano Ronaldo. Un complexe inédit de 3 000 m² tourné vers la culture est également sorti de terre, ainsi qu'un auditorium proposant des parcours digitaux immersifs permettant de découvrir la ville sous de multiples facettes. Au-delà du simple shopping, c'est une destination *lifestyle*.

LE 33 RUE MAJORELLE

33, rue Yves Saint Laurent
✆ +212 5 24 31 41 95
www.33ruemajorelle.com
Ouvert tous les jours de 9h à 19h.

Pour les mordus de shopping ou tout simplement les curieux, le 33 rue Majorelle est un incontournable ! Ce concept store sur deux étages, regroupe plus d'une centaine de créateurs, pour la plupart marocains. Ce lieu chic et design présente un portrait de la mode au Maroc plutôt original entre bijoux mobiliers, tapis, accessoires, produits de soins, vêtement de créateurs... Une adresse facilement repérable face aux Jardins Majorelle, à découvrir absolument. Les collections et les stocks sont renouvelés régulièrement. Au 33, la mode a désormais un chiffre fétiche.

ALNOUR

19, Derb Moulay El Ghali
✆ +212 524 39 03 23
www.alnour-textiles.com
Ouvert en continu de 9h30 à 19h30 tous les jours.
Pochette 190 DH.

Fondée en 2013, cette association d'utilité publique a pour objectif d'offrir un métier à des femmes handicapées n'ayant pas eu la chance de recevoir une éducation. En rejoignant l'atelier de broderie, ces femmes gagnent ainsi leur vie de manière indépendante et sont collectivement responsables de la vie de l'association. Vous trouverez ici un joli choix de linge de table, de vêtements mixtes, ainsi que de la layette. Le tout en tissus 100 % naturels (coton, lin), brodés ou crochetés à la main, avec la possibilité de passer une commande personnalisée.

L'ORIENTALISTE

11-15 rue de la Liberté
✆ +212 5 24 43 40 74

Parmi les boutiques de souvenirs les plus sérieuses de Marrakech se trouve l'Orientaliste situé rue de la Liberté en plein centre-ville. Impossible d'en sortir sans avoir acquis un petit objet local raffiné qui trouvera toute sa place dans les valises. Qu'il s'agisse d'un sac, de la faïence bleue marocaine, d'un bijou berbère, d'une affiche publicitaire ancienne, d'un menu objet décoratif, ou bien d'une bougie parfumée à la rose ou au jasmin, le bon goût et la qualité sont notables, de quoi nous faire craquer. Le tout made in Morocco bien sûr.

ANDRÉ LE CHAPELIER

Angle rue Med El Bakkal- Avenue Mohamed V
✆ +212 6 75 44 05 33
Ouvert de 10h30 à 19h du lundi au samedi.
A partir de 500 DH pour un panama.

Visiter la boutique d'André Le Chapelier vaut la peine, ne serait-ce que pour rencontrer son propriétaire, un personnage haut en couleur, plutôt volubile et bien sûr, passionné de chapeaux. Cet artisan-créateur fabrique lui-même ses couvre-chefs : des panamas ou façon panamas souples et légers comme il se doit, à partir de paille tressée et importée d'Amérique centrale, ainsi que des chapeaux de feutre, des bérets et des capelines. Il est désormais possible de les trouver à la boutique 33 Majorelle. Une façon résolument chic de se protéger du soleil.

L'ÉPICERIE FINE & CO

Boulevard Mohamed VI
✆ +212 5 24 39 01 00
www.lepiceriefineandco.ma
Ouvert tous les jours de 10h à 20h.

Tout fait envie lorsqu'on entre dans cette épicerie fine, il faut dire que le choix est vaste. Pas moins de 330 références de vins sont à la vente. Les grands crus français mais aussi des vins du monde, Chili, Australie, Californie, le fleuron en matière de production vinicole. Ajoutons à cela un corner de gins avec une trentaine de marques différentes et les truffes, le caviar et les cigares qui arrivent en tête des produits de luxe. Enfin, la maison offre une belle sélection de produits fins, tels que miels, huiles, vinaigres, moutardes... et un rayon frais.

ATELIER 44

44 rue Tariq Bnou Ziad
✆ +212 5 24 20 14 89

C'est à première vue une boutique, mais on y vient aussi pour se faire une beauté des mains ou des pieds, se faire masser, le tout dans un cadre qui diffère des salons de beauté classiques. Côté shopping, l'Atelier 44 donne carte blanche à de jeunes créateurs, ce qui explique les collections éclectiques et originales, et le peu d'exemplaires de chaque modèle. Gandouras, petites robes, tuniques élégantes jusqu'aux créations de couturiers marocains signées Art/c, le choix est large. Pour peaufiner son look, on craque pour les sacs en wax pleins de fantaisie.

AYA'S

11 bis, Derb Jdid
✆ +212 6 61 46 29 16
www.ayasmarrakech.com
Ouvert tous les jours, sauf le dimanche, de 10h à 17h. Ou sur RV.

Coup de cœur pour la magnifique boutique de Nawal El Hriti. Les adeptes du shopping haut de gamme en resteront bouche bée : chaque caftan, tunique ou gandoura est une œuvre d'art tissée à la main. Les matériaux sont nobles, les couleurs éclatantes et les finitions parfaites. Native du Mellah et très attachée aux traditions marocaines, la créatrice travaille exclusivement avec des artisans de la ville qu'elle tient à rémunérer correctement. Les prix sont certes onéreux mais ici on ne lésine ni sur la qualité ni sur le respect des petites mains.

BLOOM

43 place des épices
Ouvert tous les jours de 10h à 20h.

Minuscule boutique de la place des épices, Bloom se transformera vite en malle au trésor pour l'adepte de sacs à main qui sommeille en vous. En raphia, cuir, daim, toile, coton crocheté ou tricoté, à paillettes ou à fleurs, sophistiquées ou décontractées, les besaces de la styliste Nadège Arnaud satisferont tous les goûts. Et si vous ne trouvez pas votre bonheur, Nadège sera à l'écoute de votre inspiration pour vous créer le sac de vos rêves. D'ailleurs, la créatrice vous accueille elle-même pour vous dispenser avec plaisir tous ses conseils.

GALERIE BIRKEMEYER

169 rue Mohammed el Beqal
✆ +212 5 24 44 69 63

Au Maroc, le cuir a toujours été une filière dynamique alliant savoir-faire ancestral et matériaux de qualité. Est-il encore nécessaire de présenter ce magasin qui fait partie des plus connus de la ville ? Amateurs de belle maroquinerie haut de gamme, nul doute que vous y trouverez votre bonheur. Le choix est vaste en matière de vêtements en cuir ou en peau, sacs, accessoires, chaussures ou encore des bagages qui donnent envie, à eux seuls, de prendre un avion. Les produits étant soigneusement conçus, on peut donc acheter les yeux fermés.

LE GRAND SOCCO

39 Rue Mohammed el Beqal
✆ +212 5 24 43 01 08
Ouvert du lundi au samedi de 9h30 à 19h30.

Le Grand Socco est l'une des adresses bohème-chic préférées de ces dames. Des savons d'Alep aux parfums d'ambiance, de la robe longue hippie, en passant par les boucles d'oreilles et les accessoires, on trouve un tas de petites merveilles promptes à égayer nos sens, nos yeux et nos placards. Les djellabas cousues main et les longues tuniques dérivées sont dessinées par la fondatrice de la boutique en personne, Mounia Berger, qui nous propose également ses coups de cœur pour d'autres créateurs marocains. Tout est facile à porter et il y en a pour tous les goûts.

HÉRITAGE BERBÈRE

Rue Yves Saint Laurent
✆ +212 5 24 30 88 41
www.heritageberbere.com
Ouvert tous les jours de 10h à 18h30.

Poussez la porte de cette boutique et vous plongerez aussitôt dans un véritable voyage olfactif. Délaissant les techniques de l'industrie, les créateurs de la marque ont opté pour un procédé manuel utilisant des formules concentrées, macérées puis filtrées au buvard. Les eaux de toilette sont réalisées à partir de thé vert marocain, de fruits et/ou de fleurs, les eaux de parfums se déclinent en version féminine ou masculine. Musc, poivre, figue, bergamote ou encore un mélange d'herbes aromatiques, à vous de choisir le caractère de votre prochain sillage.

SISSIMOROCCO

366 Sidi Ghanem
✆ +212 6 15 22 65 20
www.sissimorocco.com

Une marque dans l'air du temps pour des collections uniques et bohèmes, qui sont renouvelées tous les six mois. Sylvia Pissard, la créatrice, a choisi Marrakech pour la qualité de ses artisans. Coussins, tentures, sacs et pochettes de soirée imprimés avec des portraits de femme berbère ou d'animaux, étoles et tuniques brodées main. Des accessoires qui ne se refusent pas, qualité et originalité garanties, fabriqués entièrement à la main. Vous pouvez jeter un œil sur le site Internet avant de vous rendre en boutique. Une belle adresse !

LE SPA DES JARDINS DE LA MÉDINA

21, Derb Chtouka Kasbah
✆ +212 5 24 38 18 51
www.lesjardinsdelamedina.com
Ouvert tous les jours de 10h à 20h.
Hammam à partir de 250 DH. Différentes formules sont proposées en ligne.

Poussez les portes des Jardins de la Médina et laissez-vous transporter dans un univers unique fait de calme et douceur où l'espace bien-être occupe naturellement une place centrale. On y trouve un spa, deux hammams, trois cabines pour les massages et les soins du corps, une cabine pour les soins des pieds et mains ainsi qu'un barbier. L'espace propose des soins dans la pure tradition orientale et bien d'autres merveilles sensorielles à découvrir.

GALERIE DES TANNEURS

Boulevard Moulay Rachid
✆ +212 5 24 42 34 11
www.galeriedestanneurs.com
Ouvert tous les jours de 9h à 19h30. Fermé le dimanche après-midi.

Spécialisée dans le travail du cuir, la Galerie des Tanneurs est une des références à Marrakech en matière de maroquinerie et de sur mesure. Bagages, vêtements, chaussures, sacs et accessoires, il y en a pour tous les goûts ! Les articles peuvent même être faits sur mesure ou reproduits à l'identique en 48h et dans l'un des 150 coloris que compte le nuancier. La qualité reste le maître mot de l'enseigne, qui s'est forgé une très belle réputation, et qui possède désormais une autre boutique à Majorelle près des jardins et rue Mouassine à deux pas du Café Arabe.

TERRES D'ÉVEIL

141 place des Épices
✆ +212 6 73 46 02 09
www.terredeveilmaroc.com
Ateliers savon et cosmétiques naturels : à partir de 700 DH la demi-journée.

Premier magasin de Rachid Jaafari, naturopathe, londonien d'adoption (pour y avoir vécu 25 ans, après s'être formé à l'École lyonnaise des plantes médicinales), la boutique-atelier déborde de produits végétaux en tout genre : huile d'argan, miel, huiles essentielles... Il partage avec joie ses connaissances et répond à vos besoins en vous confectionnant « une potion » sur mesure. Tel un bon pédagogue, il propose aussi un atelier pour composer soi-même ses cosmétiques bio. Terre d'éveil c'est aussi un centre de bien-être dans le quartier Sofia, route de Targa.

BOUTIQUE DU JARDIN MAJORELLE

Rue Yves Saint Laurent
✆ +212 5 24 29 86 67
www.jardinmajorelle.com
Tous les jours de 8h à 18h.

C'est tout l'univers Majorelle que vous retrouvez dans cette boutique magistralement mise en scène par le styliste Bernard Sanz et dont les couleurs rappellent le maître YSL. Voilà une belle adresse shopping très chic pour choisir un cadeau élégant ou se faire plaisir. Au choix : des bougies ou encore des vêtements de Shantung de soie et de la maroquinerie de haute qualité comme l'avait souhaité Pierre Bergé en pensant cette boutique. Les coussins en cuir brodés sont exceptionnels.

BACHA 15

15, avenue El Glaoui
✆ +212 6 68 03 56 21
Ouvert tous les jours 10h à 22h (hors Ramadan), sauf le vendredi.

Une petite boutique tenue par Youssef et Tarik qui ont craqué pour la poterie traditionnelle de Tamegroute, village situé dans la vallée du Draâ. Connu pour sa bibliothèque des ouvrages de facture précieuse, il l'est aussi pour ses céramiques d'un vert caractéristique. « L'argile utilisée à Tamegroute contient naturellement du cuivre », indique Youssef. L'émail en est lui aussi chargé. La boutique propose plusieurs objets du quotidien, de la petite coupelle au vase. De jolies couvertures et étoffes tissées attirent aussi le regard. L'accueil est agréable.

CHABI CHIC

ZI Sidi Ghanem
✆ +212 5 24 38 15 46
www.chabi-chic.com
Showroom à Sidi Ghanem, de 9h à 13h et de 14h à 19h, fermé le dimanche. Vente en ligne.

Plus qu'une boutique ou un showroom, ici il nous vient comme une soudaine envie de mettre une touche orientale élégante à son intérieur. Un véritable concept *lifestyle* revisitant l'artisanat marocain de façon éminemment moderne. Vaisselle en verre recyclé, tebsis et tajines, accessoires de déco, produits de beauté, épicerie fine, bijoux et petit mobilier en cannage... chaque collection aborde un thème et développe une esthétique chic et 100 % artisanale made in Morocco. On succombe forcément. Autres boutiques à Majorelle au 33 rue YSL et au Beldy Country Club.

LA GALERIE DES TANNEURS...

OU LA MAROQUINERIE DE LUXE DANS LA PEAU !

Qui dit Maroc, dit cuir ! Quel visiteur a pu échapper aux souks des tanneurs et leurs cuves colorées, que ce soit à Fès ou à Marrakech, pour ne citer que les plus pittoresques. En effet, il s'agit là d'une tradition ancestrale et le pays continue à travailler le cuir de façon traditionnelle.

Qui d'autre pour représenter cet artisanat que la Galerie des Tanneurs ? Depuis 1990, cette maison évoque à elle seule la qualité des articles sans jamais nuire à l'accessibilité. Distribuées dans ses 5 boutiques (Guéliz, Majorelle, la médina, la très chic M.Avenue et la toute dernière adresse, le Sofitel), les collections incarnent le chic et la sophistication.

Les créations, pour hommes et femmes, vont du prêt-à-porter (d'une souplesse incroyable), jusqu'à la maroquinerie et aux accessoires (sacs à main élégants, ceintures), en passant par les chaussures. Parmi les milliers de boutiques de la ville ocre, la marque fait figure de valeur sûre et offre une qualité constante depuis sa création.

Plus de 280 personnes participent à l'aventure, en particulier les artisans qui démontrent leur savoir-faire à chaque étape, du montage au piquage, assurant la réalisation intégrale des pièces. En allant dans la boutique de Guéliz, la maison mère, il est d'ailleurs possible de visiter l'atelier.

Pour répondre à la demande, comme pour œuvrer dans la continuité de la dynamique et de la passion, la maison se lance désormais dans le mobilier et la décoration d'intérieur. Prochainement, un showroom ouvrira ses portes à Sidi Ghanem, où l'on aura l'occasion de voir des merveilles de créativité où le bois rencontre le cuir : cadres photo, consoles ou têtes de lit se revêtent de cette matière noble, devenant des pièces uniques.

Le cuir traverse les modes mais reste indétrônable. A la Galerie des Tanneurs, on est sûr d'acquérir un produit fait main et durable qui revendique avec fierté le « made in Marrakech ».

GALERIE DES TANNEURS

Boulevard Moulay Rachid
✆ +212 5 24 42 34 11
www.galeriedestanneurs.com

© HASSAN

© HASSAN

© HASSAN

CÔTÉ BOUGIE

Lot n°457, Q.I Sidi Ghanem
✆ +212 5 24 33 57 64
www.cotebougie.com
Boutique ouverte du lundi au vendredi de 9h à 12h30 et de 14h à 18h, et le samedi de 9h à 13h.

A l'origine du succès, Saida Kadiri, qui a décidé de travailler les bougies de façon artisanale et appliquée, savoir-faire transmis aujourd'hui à l'équipe qui travaille dans les ateliers. Souvent copiés mais jamais égalés, ce sont les précurseurs de la plupart des modèles de bougies que vous trouverez un peu partout dans le souk, mais qui ne sont pas du tout de la même qualité. Ne vous méprenez pas, vous ne pourrez acheter les bougies (produites à partir de cire de soja garantie sans OGM) qu'à la boutique dans la zone industrielle ou online.

SARSAR & ABDALLAH

264, souikat Bab Doukkala
✆ +212 6 97 10 43 88
Plaques peintes format standard autour de 120 DH.

Dans cette petite échoppe de Souikat Bab Doukkala, Sarsar et Abdellah donnent à voir leur art. L'un peint sur toile, l'autre sur plaque de métal, détournant avec parfois un brin de second degré et d'humour des scènes de la vie quotidienne marocaine. Plus souvent, des métiers ou des archétypes sont représentés dans un style naïf et coloré. On peut apercevoir d'autres plaques du même type çà et là dans la médina, mais celles-ci semblent de bonne facture. Les prix peuvent être négociés, mais il faut savoir s'arrêter au bon moment.

LÉON L'AFRICAIN

24, QI Sidi Ghanem - Route de Safi
✆ +212 5 24 33 61 32
www.leonlafricain.com
Ouvert de 8h30 à 12h30 et de 14h à 18h, sauf le dimanche.

Cet atelier de verrerie est passionnant, surtout si vous avez la chance d'en croiser le propriétaire, qui explique avec beaucoup de pédagogie son travail et son art. Chez Léon l'Africain, référence à un diplomate et explorateur d'Afrique du nord, le verre n'est pas soufflé mais coulé dans de grands moules et cuit dans d'étranges fours, afin de donner naissance à des formes très originales. Certes, la cabine de douche en spirale n'est pas très pratique à ranger dans ses bagages, mais la vaisselle l'est nettement plus... Un atelier qui vaut le détour.

CAFÉ DU LIVRE

44, rue Tariq Ibn Ziad
✆ +212 5 24 44 69 21
Ouvert tous les jours de 11h à minuit, fermé le dimanche.

Librairie ou café ? Les deux mon capitaine ! Dès l'entrée, on note de nombreux ouvrages en anglais, en français ou en allemand, sur les étagères ou les tables. Ils sont neufs ou d'occasion, le choix est large et le rayon Maroc (romans, photos, poésie, contes, etc.) s'avère lui assez conséquent. Et comme son nom l'indique, cette enseigne est aussi un café. Vous avez donc la possibilité de vous lover dans un fauteuil avec un chocolat chaud, un jus ou même un cheeseburger sans oublier votre livre... Le lundi soir est consacré à des quizz en anglais, *why not ?*

MARRAKINE

60 rue de Yougoslavie
✆ +212 6 64 83 26 97
www.marrakine.com
Ouvert du lundi au samedi de 10h à 19h.

Des tapis... des tapis... et encore de tapis, le tout chiné par la propriétaire Alix, installée au Maroc depuis plusieurs années. Marrakech a donc trouvé sa nouvelle adresse shopping en plein Guéliz dans cette toute petite boutique. La sélection offre une belle vitrine du savoir-faire marocain et une palette de styles variés et de matières travaillées. Acheter chez Alix c'est aussi la garantie d'un prix fixe, qui semble cher, mais juste (ici on rémunère honorablement ses fournisseurs). Ici comme ailleurs, on vous propose de gérer les envois en Europe facilement.

MENZIL EL FAN

55, boulevard Zerktouni
✆ +212 5 24 44 67 92
www.acr-edition.com
Ouverte du lundi au samedi de 9h à 12h30 et de 15h à 19h.

Cette librairie spécialisée dans les livres d'art se fait discrète, au fond de l'allée qui mène au restaurant El Fassia, mais pleine de trésors pour qui aime l'art et la lecture. L'accueil est doux et chaleureux. A Menzil el Fan (littéralement *Pour l'art des Hommes*) on trouve pléthore de beaux livres, tous dédiés aux arts, comme son nom l'indique. Mais aussi un fonds fourni sur la ville de Marrakech, quelques cartes culturelles de certaines régions marocaines, ainsi que des reproductions de bonne facture d'artistes contemporains marocains.

BOUGER & BULLER

En tant que capitale touristique, Marrakech se devait bien de développer une palette d'activités bigarrées pour accueillir ses hôtes comme il se doit. Et le pari est réussi puisque la ville dispose de toutes les infrastructures nécessaires aux loisirs les plus courants et même ceux les moins imaginables. Des parcours de golf de renommée internationale aux spas les plus luxueux, en passant par les parcs aquatiques les plus funs et les ateliers de cuisine, de poterie ou de cosmétique dispensés par des professionnels, vous trouverez sans aucun doute l'activité qui vous correspond. Et pour ceux qui souhaitent découvrir Marrakech autrement, des activités hors des sentiers battus sont aussi proposées. Balades à dromadaire, en quad ou en buggy, randonnées, accrobranche, tir à l'arc, visites en *side-car* et même vols en montgolfière au-dessus de la Ville Rouge, laissez-vous tenter par l'une d'entre elles, vous ne le regretterez pas !

AL MAADEN GOLF RESORT

Sidi Youssef ben Ali
✆ +212 5 24 40 68 00
www.almaadengolfresort.com
Réception ouverte toute l'année 7j/7 de 8h à 18h.

On adore ce golf à l'environnement spectaculaire, ponctué de sculptures monumentales. A quelques minutes du centre-ville, on se retrouve dans un parc verdoyant de 72 hectares offrant un panorama sur les sommets de l'Atlas couverts d'un blanc manteau l'hiver. Le parcours assez stratégique, mais néanmoins accessible à tous, a été conçu par l'écossais Kyle Philips : départs en surplomb, fairways vallonnés viennent compléter les 104 (et pas moins) obstacles et bunkers jalonnant le parcours. Au bout de l'effort, le réconfort, avec le brunch du restaurant Al Mirat.

MANZIL LA TORTUE

Km 12 route de Ouarzazate - Douar Gzoula
✆ +212 6 61 95 55 17
Ouvert tous les jours. Déjeuner-piscine autour de 350 DH avec boissons. Réservé aux adultes.

La piscine est juste impressionnante : l'étendue d'eau qui s'offre à vous chez Manzil la Tortue, à 20 minutes de Marrakech, mesure pas moins de 400 m². Et ces transats de chaque côté qui ne cessent de vous appeler... Vous ne vous en relèverez que pour aller prendre votre déjeuner sous la pergola du restaurant, avec au choix, un menu marocain ou une carte internationale plus classique. Ensuite, si la fatigue d'avoir tant nagé vous guette, vous pourrez toujours vous détendre le temps d'un massage. Vraiment, les vacances sont dures !

LES CAVALIERS DE L'ATLAS

Douar Oumnas
✆ +212 6 72 84 55 79
www.lescavaliersdelatlas.com
Balade d'une demi-journée à partir de 700 DH.

Rien de tel que de découvrir les charmes de la campagne au pied des montagnes, du lac de Lalla Takerkoust ou du désert d'Agafay du haut d'un ami à 4 pattes ! Le centre équestre des Cavaliers de l'Atlas organise tout de A à Z : prêt de l'équipement, un accompagnement expérimenté ; le transfert depuis votre hôtel est même inclus dans le prix des prestations. Plusieurs forfaits sont proposés, entre simples balades de 1h30 à celles qui comprennent soit le goûter, soit le déjeuner avec accès à la piscine. Une activité ludique à ajouter au dépaysement.

CIEL D'AFRIQUE

Avenue Abdelkarim El Khatabi
✆ +212 5 24 43 28 43
www.cieldafrique.info
A partir de 2 400 DH par personne pour un vol classique dans une nacelle partagée.

Un vol en montgolfière au gré du vent pour découvrir le Maroc vu du ciel ? Voilà l'occasion de vous évader sans effort. Le vol dure environ 1h mais il faut compter un total de 3h30 pour l'excursion. Une équipe bien rodée vous prendra en charge directement à votre hôtel et vous serez briefés par l'aérostier avant le départ qui se fait au nord-est de la palmeraie au lever du soleil. Pour vous remettre de vos émotions, un petit déjeuner berbère est servi sous la tente traditionnelle prévue à cet effet. Expérience contemplative assurée.

OASIRIA

Km 4, route d'Amizmiz, Chrifia
✆ +212 5 24 38 04 38
www.oasiria.com

Ouvert à l'année de 10h à 18h. Entrée 270 DH adulte, 170 DH enfant. Navette et parking gratuits.

Sur un espace de 10 ha, ce parc aquatique propose de nombreuses activités telles qu'une piscine à vagues, une autre couverte et chauffée, des descentes en bouée sur des fleuves imaginaires, un terrain de beach-volley, des terrains de padel, de multiples toboggans au nom de serpents, un mur d'escalade au-dessus d'un bassin, des spectacles et animations, un espace bien-être... Les plus : sans conteste, la verdure omniprésente qui rafraîchit et apaise l'atmosphère, mais aussi les divers espaces créés. Possibilité de se restaurer sur place. Super journée en famille !

LE HAMMAM

Historiquement, le hammam constitue l'antichambre de la mosquée, où l'on vient se purifier avant d'aller prier. Dans le hammam public, ne soyez donc pas surpris si les salles sont plutôt basiques niveau déco. Comme à la piscine, on apporte ici tongs, shampooing, savon sans oublier le gant de crin, le savon noir et le ghassoul en copeaux indispensables au grand décrassage. Une fois la peau bien habituée à la température, on s'enduit de savon noir, on laisse reposer puis on vous frotte vigoureusement pour éliminer les peaux mortes. Le ghassoul est ensuite utilisé en gommage corporel ou en masque capillaire. Une fois rincé, on ressort rouge vif mais avec une peau de bébé.

TERRES D'AMANAR

Douar Akli, route d'Asni, km 38
✆ +212 5 24 43 81 03
www.terresdamanar.com

Ouvert tous les jours de 10h à 17h. Parcours aérien 165 DH.

Ce parc de loisirs est idéal pour passer une journée en pleine nature. En bref, les Terres d'Amanar offrent un large panel d'activités aux grands comme aux petits : activités sportives, culturelles ou tout simplement pauses bien-être, qui permettent de redécouvrir les éléments naturels et de s'y confronter ; parcours santé, piscines, randonnées pédestres, à dos d'âne ou à cheval offrent des moments de relaxation privilégiés tandis que les ateliers de cuisine ou d'initiation à l'artisanat local permettent de partager des expériences inédites.

DE LA TÊTE AUX PIEDS

✆ +212 6 65 98 82 75

Séance collective ou individuelle, 2h30 : 150 DH/personne. Prêt de bâtons.

Qu'on ne se leurre pas, nul besoin de gagner les pistes de l'Atlas pour pratiquer la marche nordique venue tout schuss de Finlande. Alexia s'est passionnée pour cette activité et a vite gagné ses galons de coach certifiée. Elle propose des séances de la fameuse marche pratiquée avec des bâtons et accessible à tous. L'occasion de découvrir Marrakech autrement, de façon insolite en sillonnant jardins et parcs de la ville ou de lever le voile sur une Palmeraie buissonnière, ses douars et son peuple, en toute discrétion, en alliant sport et joies de la rencontre.

LES BAINS DE MARRAKECH

2 derb Sedra ✆ +212 5 24 38 14 28
www.lesbainsdemarrakech.com

Ouvert tous les jours de 9h40 (début des soins à 10h) à 19h. Fermé au mois d'août. Soins signature entre 500 et 1500 DH.

Ce palais de 1 800 m² dédié au bien-être connaît une telle renommée qu'il s'est encore agrandi pour le confort de ses visiteurs. Ses secrets ? Une gamme étoffée de prestations réalisées avec des ingrédients 100 % naturels, le tout dans un décor féerique. Bain aux sels de romarin parsemé de pétales de roses, vrai gommage aux grains de bigaradier, massage du visage à l'huile chaude : soin unique ou combiné, la magie opère. Les formules sont proposées sous forme de signatures avec des soins au choix (bain, boue, soin du visage, hammam, massage) allant de 1h à 4h.

HAMMAM MOUASSINE

rue Sidi El Yamani
✆ +212 6 63 46 39 98
hammammouassine.business.site

Ouvert tous les jours jusqu'à 22h. Entrée des hommes à gauche de la fontaine. Formule beldi : 150 DH. Massage en sus.

Malgré son histoire (il date du XVIe siècle), vous voilà dans un véritable hammam de quartier. Exit le glamour et le décorum, mais on en ressort brillant comme un sou neuf ! Aussi, laissez votre maillot de bain dans le panier fourni à l'entrée et venez comme vous êtes : nu et décomplexé. Côté femme, après la vapeur, le gommage est sensationnel et très professionnel. Le geste est maîtrisé : ni trop fort ni pas assez, idem pour l'application du ghassoul qui rend la peau douce. Une authenticité que vous ne retrouverez pas dans les spas plus standardisés.

MARRAKECH

LE SPA DES JARDINS DE LA MÉDINA

21, Derb Chtouka Kasbah
✆ +212 5 24 38 18 51
www.lesjardinsdelamedina.com
Ouvert tous les jours de 10h à 20h.
Hammam à partir de 250 DH. Différentes formules sont proposées en ligne.

Poussez les portes des Jardins de la Médina et laissez-vous transporter dans un univers unique fait de calme et douceur où l'espace bien-être occupe naturellement une place centrale. On y trouve un spa, deux hammams, trois cabines pour les massages et les soins du corps, une cabine pour les soins des pieds et mains ainsi qu'un barbier. L'espace propose des soins dans la pure tradition orientale et bien d'autres merveilles sensorielles à découvrir.

TERRES D'ÉVEIL

141 place des Épices
✆ +212 6 73 46 02 09
www.terredeveilmaroc.com
Ateliers savon et cosmétiques naturels : à partir de 700 DH la demi-journée.

Premier magasin de Rachid Jaafari, naturopathe, londonien d'adoption (pour y avoir vécu 25 ans, après s'être formé à l'École lyonnaise des plantes médicinales), la boutique-atelier déborde de produits végétaux en tout genre : huile d'argan, miel, huiles essentielles... Il partage avec joie ses connaissances et répond à vos besoins en vous confectionnant « une potion » sur mesure. Tel un bon pédagogue, il propose aussi un atelier pour composer soi-même ses cosmétiques bio. Terre d'éveil c'est aussi un centre de bien-être dans le quartier Sofia, route de Targa.

ATELIERS D'AILLEURS

✆ +212 6 62 16 60 26
www.ateliersdailleurs.com
Réserver 48h à l'avance ; à partir de 49 € par atelier.

Cours de poterie, dinanderie, mosaïque, bijouterie, zellige, tadelakt, vannerie, cuisine, fabrication de babouches ou de tam-tam... Ateliers d'ailleurs propose pléthore d'activités à Marrakech et dans les environs. Des formules pour les familles sont proposées, les séances durent entre 2 et 5 heures. Le principe est simple : un artisan vous explique les secrets de son métier, puis vous passez à la phase pratique. A votre tour de vous exprimer et de créer ! Un façon bien agréable de mieux connaître l'artisanat local et de le soutenir.

CAFÉ CLOCK - ÉCOLE DE CUISINE

224, Derb Chtouka
✆ +212 5 24 37 83 67
www.cafeclock.com
Atelier culinaire d'une journée 600 DH/personne.

Le Café Clock est un espace interactif et convivial qui permet de mieux connaître la culture marocaine, avec une programmation au carrefour des arts marocains. Son école de cuisine vous propose de découvrir les techniques et les recettes de grand-mère à travers l'enseignement de la cuisinière en chef. Sous sa houlette, vous préparerez un menu complet, soupe, entrée, plat principal et dessert. Les boissons sont offertes pendant le cours qui dure de 5 à 6 heures limité à 8 personnes.

COURS DE CUISINE DU RIAD MONCEAU

7-8 derb Chaabane Riad Zitoun Lakdim
✆ +212 5 24 42 96 46
www.riad-monceau-restaurant.com
Atelier de 10h à 13h30 déjeuner inclus : gastronomie marocaine 500 DH.

Dirigés personnellement par le chef Rachida Sahnoune, et dispensés dans un espace dédié, récemment aménagé grâce à l'agrandissement du riad, les ateliers sont organisés par petits groupes de 4 personnes maximum. Deux ateliers sont proposés, l'un autour de la gastronomie marocaine, l'autre autour de la pâtisserie marocaine et l'art du thé à la menthe. Après avoir terminé votre recette, vous la dégusterez en la comparant aux autres. Une expérience agréable dans un cadre privilégié.

LAMSATY

Sidi Ghanem
✆ +212 6 49 45 50 80
www.lamsatyhandmade.com
Cours d'initiation de 2 heures (10h-12h ou 16h-18h) Prix forfaitaire : 250 DH par personne. Réservation obligatoire.

Et si pendant votre séjour, vous en profitiez pour vous initier à un loisir créatif ? C'est ce que vous propose Karima, artisan céramiste, et ses sœurs, qui vous accueilleront dans leur nouvel atelier pour vous initier à l'art de la poterie : à votre tour de prendre en main l'argile et lui donner la forme désirée en toute liberté. Les cours s'adressent aussi aux enfants, à partir de 4 ans... Lamsaty propose également des ateliers de broderie sur sacs. Une idée originale de sortie familiale qui plaira aussi bien aux petits qu'aux grands !

SORTIR

Si de nombreux touristes viennent à Marrakech pour découvrir la place Jemaâ el-Fna, les souks, le palais de la Bahia et tout ce passé assimilé à la Ville Rouge, d'autres ne mettent pas un orteil dans ces endroits et viennent exclusivement à « Kech », comme certains la surnomment, pour profiter de sa vie nocturne. Le week-end, Casablancais et Rabatis aisés font 3 à 4 heures de route pour rejoindre la cité impériale et ainsi profiter de ses discothèques, de ses bars branchés, ou simplement pour louer un grand appartement dans la palmeraie avec des amis et y jouer au poker. Marrakech est indéniablement la ville de la fiesta au Maroc ! Et même si ce côté jet-set ou fêtard ne vous attire pas particulièrement, il serait dommage de repartir de Marrakech sans l'avoir expérimenté. Indéniablement, la vie nocturne fait partie de l'identité marrakchie et l'ignorer vous empêcherait de prendre le pouls de la ville.

LE THEATRO

Es Saadi Marrakech Resort
✆ +212 6 64 86 03 39
www.theatromarrakech.com
Ouvert de 23h30 à 5h du matin.
Entrée à 300 DH tous les soirs.

Inaugurée en 1952 comme partie intégrante du premier casino du Maroc, cette salle s'est vite imposée comme une étape incontournable de la tournée marocaine des grands artistes du Music Hall. Dans les années 70, les voix de Charles Aznavour, Maurice Chevalier ou Joséphine Baker y ont résonné. Désormais, les clubbeurs s'y ruent pour passer une soirée onirique. Privilégiez le samedi soir : l'ambiance est à son comble avec DJ et spectacles féeriques inspirés par les mondes du cirque, de la danse contemporaine et du théâtre. Musique « open format » tendance hip-hop.

FANTASIA

La fantasia est un spectacle typiquement marocain : les cavaliers, vêtus de leurs plus beaux atours, mènent une charge héroïque, montés sur leurs fidèles destriers, accompagnés des youyous des femmes de l'assistance et de l'odeur de poudre (le baroud) que répandent les moukkalas, ces longs fusils incrustés de pierreries... La fantasia, on l'a compris, signifie donc « divertissement ». Si vous n'avez pas la chance d'en voir lors de festivités, vous pourrez toutefois assister à une fantasia en contactant n'importe quelle agence de voyages sur place : la plupart du temps, la reconstitution vous plonge dans le décor d'une tente de caïd pour un dîner-spectacle haut en couleur.

LE COMPTOIR DARNA

Avenue Echouhada
✆ +212 5 24 43 77 02
www.comptoirmarrakech.com
Restaurant ouvert de 19h à 1h, club et patio jusqu'à 3h du matin. Menu à 450 DH. Dress code smart casual.

Le Darna, c'est l'histoire d'un trio père-fils, figures emblématiques du monde de la nuit. On y vient pour dîner ou siroter un cocktail entre amis, à demi allongé sur les banquettes du patio ou à l'intérieur, lovés sur des fauteuils en cuir. La décoration design du restaurant réparti sur deux niveaux (grand comptoir au rez-de-chaussée, cheminée à l'étage) mêle harmonieusement l'Orient et l'Occident. L'endroit mise sur la convivialité, n'oublions pas que *darna* signifie chez soi. Au-delà de la qualité du repas, les spectacles s'enchaînent jusqu'au bout de la nuit !

L'EPICURIEN

Rue Ibrahim El Mazini
✆ +212 6 63 05 57 04
www.essaadi.com

Un des lieux magiques de la ville ocre pour le côté « entertainment ». Une programmation DJ et live show de qualité pour revivre les incontournables du moment. Un casting artistique qui n'a plus à faire ses preuves, la présence de nombreux Marrakchis en est la preuve. Un chariot de cocktails colorés, voire même flambés (ne manquez pas celui au caramel), préparés devant vous tel un spectacle. Côté restauration, des plats à base de produits frais (côte de bœuf ou araignée de Oualidia) et une cuisine ouverte jusqu'au petit matin. La nuit est à vous !

FANTASIA CHEZ ALI

Route de Casablanca
✆ +212 5 24 30 77 30
www.chez-ali.com
Soirée (accès, dîner et spectacle) : 3 tarifs au choix à 500, 600 ou 700 DH selon le menu.

L'entrée grandiloquente du complexe fait un peu penser aux *Mille et Une Nuits* dans la version Disneyland, avec tout ce décorum en carton-pâte abritant les boutiques de souvenirs ! Mais la soirée vaut le déplacement des grands et ravira assurément les enfants : l'ambiance est magique et l'on plonge vite dans un autre monde... Le repas, très copieux mais pas franchement mémorable, se compose, selon la formule, d'un méchoui et de divers plats traditionnels. La fantasia, proprement dite, commence avec défilé d'artistes : cavaliers, danseurs...

ENIGMA ESCAPE GAME

Domaine de Chrifia
✆ +212 5 24 37 36 75
www.enigma-escapegame.com
Ouvert tous les jours de 10h à 23h.
Tarif dégressif à partir de 300 DH par joueur.
7 joueurs maximum par partie.

Trois, deux, un, c'est parti ! Vous avez une heure pour résoudre une série de mystères qui vous conduiront à une ultime quête : votre évasion. Pas d'inquiétude, ici, tout est factice y compris votre captivité ; vous vous trouvez à Enigma, la première *escape room* de Marrakech. Cette salle de résolution d'énigmes grandeur nature permet aux joueurs de se friser les méninges autour de trois scénarios différents. Si Enigma s'aligne sur les prix français pour ce type de prestations, c'est un petit plaisir que vous ne regretterez pas.

MEYDENE

M Avenue
Du lundi au samedi de 10h30 à 22h30.
Tarif adulte 100 DH. Enfant de 4 à 12 ans 60 DH.

Unique en son genre à Marrakech, il s'agit d'un parcours immersif qui plaira à toutes les générations et qui convient parfaitement aux enfants. Une expérience inédite, pédagogique et ludique certes, mais aussi poétique voire magique. Grâce à ce parcours en 5 étapes, à travers des effets visuels, vous verrez la ville sous un autre angle, celui des habitants de souche, des *derbs* cachés, jusqu'aux paysages de montagne, les jardins et les patios des riads... L'expérience finit dans la bien nommée Salle des Merveilles mais... on ne va pas tout dévoiler.

GRAND CASINO DE LA MAMOUNIA

Avenue Bab Jdid
✆ +212 5 24 33 82 00
www.grandcasinomamounia.com
Service voiturier, bar et restaurants.
Tous les jours de 14h à 6h du matin. Les tables de jeu ouvrent à 21h.

Pour qui est déjà addict, ou pour qui veut découvrir le monde du jeu, voilà un luxueux casino, avec, en prime, un service excellent. Forcément, car nous sommes ici sous l'aile de la Mamounia. 150 machines à sous et 20 tables de jeu, autant de promesses pour passer une soirée fun sous le signe de la chance. Tous les soirs, des tournois de poker y sont organisés. Le lieu abrite aussi un bar ouvert dès l'après-midi et le restaurant Palme d'Or proposant des buffets thématiques.

BILLARD LE CERCLE

29 rue Ibn Aicha
✆ +212 6 61 28 57 90
Ouvert de lundi au samedi de 12h à 1h du matin et le dimanche de 14h à 1h du matin.

Une dizaine de tables de billard, des portraits des plus grandes stars de la musique... Ambiance décontractée au Cercle, initialement pensé comme un lieu de sociabilisation pour les Marrakchis actifs. Après plus de cinq ans d'existence, bilan : « Nous réussissons à fédérer des habitués autour de notre concept de café-billard. Des amitiés et des relations de travail sont nées », se réjouit Roni, le maître des lieux. Depuis peu, c'est aussi plus de confort pour les joueurs, puisque toutes les tables ont été remplacées par des modèles professionnels.

MARRAKECH PAINTBALL

Sidi Abdellah Ghiat
✆ +212 6 68 66 80 06
www.marrakechpaintball.com
A partir de 12 ans. Entrée : 160 DH pour 100 billes, ; 390 DH pour 500 billes.

L'établissement est constitué de trois terrains (gazon et terre) avec différentes configurations et des obstacles mobiles, afin de rendre chaque partie unique. Affûtez votre esprit de stratégie et d'équipe, votre résistance, parez-vous de votre bonne humeur et ne reculez devant aucun obstacle ! Des événements et journées d'intégration peuvent être organisés. Pour s'y rendre, suivre la route de Fès, l'espace est situé en face de souk Sebt Ben Sassi. Des grands taxis et des bus sont disponibles au départ de Bab Doukkala, moyennant quelques dirhams par personne.

PASSEPORT

HAUT-ATLAS

De la vallée de l'Ourika aux superbes cascades d'Ouzoud, en passant par la vallée du Zat, cette région étonne par l'incroyable diversité de ses paysages et la grande richesse de sa biodiversité. Au départ de Marrakech, vous pourrez la découvrir au travers de petites excursions ou en circuit continu ponctué de différentes étapes. Les randonneurs se feront un plaisir d'emprunter les sentiers muletiers pour admirer des panoramas bucoliques. Et les plus aguerris relèveront le défi de grimper au sommet de la plus haute montagne d'Afrique, le djebel Toubkal. En hiver, les chutes de neige sont abondantes et peuvent se poursuivre jusqu'en mai, ce qui fera le bonheur des amateurs de sports d'hiver qui rejoindront la station d'Oukaïmeden. Cette région est aussi propice à la découverte de la culture berbère : elle recèle des petits villages, perdus dans les montagnes, où le temps semble s'être arrêté.

Nzalat Laadam
Lakhoualqa
Oulad Imloul
Ouled Dlim
Sidi Bou Othmane
30 KM
Tamelelt
Tamansourt
Tensift
Jaidate
MARRAKECH ★★★★
A 3
Oulad Sbah
Ait Ourir
DÉSERT D'AGAFAY
douar Ait Daoud
TAMESLOHTE ★
Tidili Mesfioua
OURIKA
TADDERT
Tishki
Lalla Takarkoust
TAHANAOUT ★
BARRAGE DE LALLA TAKERKOUST – OUED N'FIS ★★
VALLÉE DE L'OURIKA ★★
Moulay Brahim
AMIZMIZ
OUKAÏMEDEN
Taskourt
OUIRGANE ★
ASNI
VALLÉE DU ZAT
Agouim
IMLIL ★★
Anerni
PARC NATIONAL DE TOUBKAL
Imaghoudene Adkki
TARGA
Taghrat
Tiggart
TIN-MAL ★★
TALAAT N'YACOUB ★
Affalla-n-Oufra
Ait Qalla
TIZI N'TEST ★★★
AREMD / AREMPT ★★
Sidi 'Ali Ou Brahim
Tawrirt-n-Ait Masriy
Askaoun
DJEBEL SIROUA ★★
Aoulouz
Talet Nouchen
Oulad Berhil
Oued Ibourk
Amassine
TAGMOUT ★★
Tazarat
TALIOUINE ★

Ait Aatab
VERS IMILCHIL ★★
El Kelâat Es-Sraghna
Bni Hassane
CASCADES D'OUZOUD ★★
Jbiel
Foum Jemaa
Azilal
Haut-Atlas
Tanant
Ouaoula
El Attaouia
Toubdirt
Demnate
Zemrane
Tabant
Douar 12
Ait Wahmane
Iguer n ´ousaka
Ait Tamlil
Tassaout
Imzilen
idsi
Aguerd
TIZI N' TICHKA
TELOUET ★★
Anmiter
VALLÉE DE L'OUNILA
Ghassate
TISSELDAY ★
Ankhsa
Timtdit
SKOURA ★★
AÏT BEN HADDOU ★★★★
Kchait
Imzoughene
TIFOULTOUTE ★★★
OUARZAZATE ★★
FINT ★★
Tamazirte
AGDZ ★
TAMNOUGALTE ★
Boughrar
TAZENAKHT ★
Tasla
Ougrid

Des vallées verdoyantes à la plus haute montagne d'Afrique, cette partie au sud de Marrakech présente des paysages divers, tous aussi pittoresques les uns que les autres. Vous y trouverez de nombreuses possibilités d'excursions, de loisirs en pleine nature et même des sports d'hiver à seulement 75 km de Marrakech.

Il est très plaisant de sillonner la vallée, ponctuée de petits villages berbères ayant gardé tout leur cachet d'authenticité. Vous y dénicherez des produits artisanaux, confectionnés selon des méthodes traditionnelles ancestrales. L'occasion également de sympathiser avec les populations.

Cette bourgade de campagne est réputée pour ses poteries traditionnelles dont une coopérative regroupe une cinquantaine d'artisans. Vous aurez un large choix d'articles lors du souk animé et coloré du vendredi. Tameslohte abrite aussi deux zaouïas, interdites aux non-musulmans.

La plus haute station d'hiver du continent africain s'enorgueillit de sa vingtaine de pistes skiables tous niveaux. Parfait en hiver pour dévaler les pentes enneigées sur une paire de skis ou une luge de fortune. La station a en plus conservé tout son charme de village de montagne et il est très agréable d'y séjourner.

Vallée de l'Ourika.

PAGES

Tizi N'test.

413 **TALAAT N'YACOUB ★**

413 **TIN-MAL ★★**

TIZI N'TEST ★★★

413 La route en lacets, qui relie Marrakech à Taroudant, offre des sensations vertigineuses. Il faut avoir l'estomac solide pour l'emprunter, mais les paysages sont à couper le souffle. Le village, perché à 2 000 mètres d'altitude, dévoile également un panorama fabuleux sur la vallée verdoyante du Souss.

VALLÉE DU ZAT ★★

414 Passage autrefois emprunté par les caravaniers pour rejoindre le sud, la vallée du Zat a conservé toute son authenticité, elle qui est peu fréquentée par les touristes. Elle abrite plus de 80 villages berbères, où l'accueil est chaleureux et sans arrière-pensée.

415 **TIZI N'TICHKA**

415 **TADDERT**

415 **TELOUET ★★**

417 **TISSELDAY ★**

417 **VALLÉE DE L'OUNILA**

●● À L'EST DE MARRAKECH

418 À près de 160 km à l'est de Marrakech, les chutes vertigineuses d'Ouzoud seront parfaites pour une escapade nature. En chemin ou du côté d'Imilchil, vous découvrirez de jolis villages berbères en pisé, à l'accueil très authentique.

CASCADES D'OUZOUD ★★★

418 Au cœur du Moyen Atlas, cette série de cascades impressionnantes se déverse sur près de 100 mètres de hauteur. Pour profiter du site, n'oubliez pas de prendre un pique-nique, l'endroit est très agréable. La route qui y conduit offre de splendides panoramas et de belles haltes.

421 **IMILCHIL ★★**

VALLÉE DE L'OURIKA ★★★

Cette excursion, d'une soixantaine de kilomètres, passe à travers l'une des vallées les mieux préservées du Maroc. La route, sinueuse, est très bonne jusqu'à Setti Fatma. Cette pittoresque promenade peut être combinée avec une excursion vers l'Oukaïmeden, la plus importante station de ski marocaine. Quitter Marrakech par Bab Ighli, au sud des remparts. Aghmat, km 29. Arrivée à Aghmat, petite bourgade populaire, qui borde en périphérie l'ancienne cité. Elle fut autrefois une ville indépendante puissante avant d'être conquise et dévastée en 1060 par les Almoravides installés à Marrakech. Peu à peu, la population émigra vers la Ville rouge, pour revenir à Aghmat à l'époque des Almohades. Les sultans mérinides firent d'Aghmat un centre coranique important en dotant la ville d'une médersa. Aghmat devint alors un centre marchand de première importance, sur la route du Sud, et fut le point de départ de nombreuses expéditions commerçantes à destination du Soudan et du Niger. Les vestiges d'une mosquée et d'un palais, mais surtout, d'un hammam réputé, l'un des plus vastes et plus anciens de tout l'islam occidental, témoignent de la splendeur passée de la cité médiévale. km 40. Sur votre gauche, superbe point de vue dominant la vallée. La route se poursuit à travers le pays berbère. Peu à peu, elle prend de l'altitude, laissant derrière elle de nombreux villages de pisé accrochés à la colline. Sur la route goudronnée, vous verrez de plus en plus de marchands de minéraux – plus ou moins authentiques – de poteries et de fossiles. À partir de là, la route se rétrécit et s'élève en lacets au-dessus de l'oued Ourika dont on aperçoit en contrebas les rochers bruns, tranchant avec le vert des environs et le rouge des falaises de grès et de latérite. Aghbalou, km 43. Ne manquez pas le souk aux tapis berbères qui sèchent sur de grands palans. Au prochain croisement à droite, la route mène vers l'Oukaïmeden. km 52. La route est maintenant à la hauteur de l'oued Ourika. Des deux côtés s'étendent vergers et cultures de tomates et de pommes de terre. La route traverse ensuite le petit village d'Ighref, dans le lit de l'oued. Village agréable, organisé autour de la route principale et des innombrables gargotes qui la bordent. km 60. La route reprend de l'altitude, et le lit de l'oued s'écarte de plus en plus. De nombreux ponts de bois permettent aux villageois de ne pas être coupés du reste du monde et de regagner Ighref. Bifurcation vers le djebel Yagour, l'une des principales montagnes de la région, culminant à 2 728 m. Avant de vous lancer sur le chemin muletier qui vous mènera vers le djebel, prenez un guide local qui vous montrera le site préhistorique du Yagour. Une halte est possible au village de pisé d'Anameur, une merveille qui semble surgie des temps féodaux. Vous arrivez ensuite au lieu-dit d'Oulmès. La localité doit ce nom à une petite source d'eau gazeuse qui y jaillit. Setti Fatma, km 65. Cet endroit marque la fin de la route goudronnée et le terme de cette excursion. Le village n'a rien d'exceptionnel, sauf le jeudi (jour de souk) et lors du traditionnel moussem. Après avoir dépassé la zaouïa Mohamed, le sentier vous mène vers les sept cascades de l'Ourika, point fort de cette visite. Vue somptueuse sur la vallée et au nord sur le massif de l'Angour (3 268 m).

NECTAROME - JARDIN BIO-AROMATIQUE ★★★

142, Tnine Ourika
✆ +212 5 24 48 21 49
www.jardin-bioaromatique-ourika.com

Ouvert de septembre à mai de 9h à 17h et de juin à août de 9h à 18h30. Entrée : à partir de 20 DH.

Dans ce jardin bio-aromatique d'un hectare, vous découvrirez une cinquantaine d'espèces de plantes aromatiques, médicinales et ornementales cultivées en grande partie dans la région. Situé à 840 m d'altitude, il a été créé en 1998 par deux frères marocains passionnés de plantes et de cosmétiques. Des visites sont organisées pour apprendre à connaître ou reconnaître ces différentes plantes et mieux se familiariser avec leur usage médical, aromatique ou encore cosmétique.

LA SAFRANIÈRE DE L'OURIKA

Ferme Boutouil Takateret km 34, Tnine Ourika
✆ +212 5 22 48 44 76
www.safran-ourika.com

Tous les jours de 8h à 18h, sauf jours fériés. Dès 7h tout le mois de novembre (floraison). Participation 20 DH/pers.

Un site magnifique pour découvrir l'histoire et la culture du safran, cultivé depuis une dizaine d'années dans la vallée de l'Ourika. Un petit musée vous explique les techniques culturales de cet or rouge ainsi que ses usages d'antan et d'aujourd'hui. Dans la boutique, on peut effectuer quelques achats : du safran (bien sûr) mais aussi de l'huile d'olive safranée, des plantes aromatiques, des huiles essentielles. Un environnement très agréable où l'on se promène avec plaisir.

AUBERGE LE MAQUIS €

Aghbalou (km 45)
✆ +212 5 24 48 45 31
auberge-lemaquis.com
Chambre double avec petit déjeuner, à partir de 58 €. Réduction pour les enfants de -12 ans. Menu à partir de 11 €.

Dans cet ancien repaire de chasseurs des années 40, vous serez accueillis par l'avenante Saida qui propose 10 chambres agréables mais sans extravagance. Toutes dotées d'une salle de bains, elles sont aussi chauffées en hiver. Un vaste jardin cultivé avec passion par la propriétaire, une piscine impeccable, un hammam viennent compléter l'expérience. Le plus : une très bonne cuisine avec mention spéciale pour le tajine d'agneau aux coings caramélisés, des conseils adaptés aux randonneurs et une très belle vue sur la vallée. *What else* ?

HÔTEL TOP OURIKA €

Km 47 Route de l'Ourika
✆ +212 6 34 67 56 56
Chambre double à partir de 400 DH.
Wifi, climatisation, télévision dans les chambres, parking privé.

Ce petit Bed & Breakfast en pleine nature est une adresse agréable et à petit prix. Le jardin arboré traversé d'une rivière dispose d'une terrasse qui fait office de salon et salle à manger. Les chambres et suites sont dotées d'un confort basique, elles sont cependant spacieuses et disposent toutes d'une salle de bains. Certaines d'entre elles offrent de jolies vues sur la montagne et la rivière et bénéficient d'un coin salon avec cheminée. Sur place, un service de restauration propose une bonne cuisine locale. Jolie piscine et accueil souriant.

OBORDELO €

Km 59 Route de l'Ourika
✆ +212 6 61 22 97 55
www.obordelo.com
Chambre double à partir de 270 DH avec petit déjeuner ; possibilité de demi-pension.

Martine vous recevra avec une gentillesse toute particulière dans cette petite maison d'hôtes composée de quatre chambres décorées avec simplicité et meublées par les artisans locaux. Les prestations s'adaptent à tous les budgets. Les voyageurs en sac à dos pourront occuper la petite chambre à moindre prix (lit double, salle de bains privative, mais toilettes en commun avec le restaurant). Chambre standard et petites suites disposent toutes de leurs sanitaires privatifs et d'une vue sur la montagne. Organisation de randonnées dans le Parc national du Toubkal.

LES RÉSIDENCES DU DOMAINE €€

Route de l'Ourika, km 9
✆ +212 6 97 69 76 96
www.lesresidencesdudomaine.com
Tarifs selon la période de réservation.
Autour de 900 DH la suite standard en août.

Le domaine se compose de villas et suites agencées autour d'une jolie piscine, elles sont toutes dotées de deux chambres, d'une cuisine et d'un salon. Les teintes sont chaudes et le confort est au rendez-vous. Le mobilier issu de l'artisanat local apporte une touche authentique au lieu : banquettes marocaines, tables et chaises en bois sculpté... N'hésitez pas à visiter plusieurs chambres pour le plaisir, elles sont toutes différentes. Une adresse des plus agréables !

La vallée de l'Ourika.

KASBAH BAB OURIKA €€€

Tnine Ourika

✆ +212 6 68 74 95 47

www.kasbahbabourika.com

Chambres à partir de 1 650 DH.

Perché sur une colline, ce très joli ksar *éco-friendly* (production d'énergie solaire, légumes bio du potager) ne défigure en rien le site magnifique surplombant la vallée de l'Ourika, la vue sur la chaîne de l'Atlas est juste magique. Les chambres spacieuses et confortables disposent toutes d'une terrasse, une invitation à se délecter devant ce paysage dont jamais on ne se lasse. Jardins et nature environnante promettent d'agréables balades bucoliques. Une très bonne adresse pour respirer l'air pur et se sentir seuls au monde...

LA MURAILLE DE L'OURIKA €

Route de l'Ourika, km 35

✆ +212 5 24 48 20 25

www.muraille-ourika.com

Ouvert tous les jours de 9h à minuit.
Salades entre 40 et 60 DH, tajine à 95 DH.

Un large choix de plats pour ce restaurant qui offre une vue splendide sur la vallée. Au menu salades, sandwiches, soupe marocaine (harira) et entrées froides. Pour les plus affamés, grillades au feu de bois ou encore tajine au kanoon (genre de barbecue en terre qui donne un goût succulent au tajine qui a mijoté des heures), le tout avec le magnifique pain berbère Tafernout, fait maison s'il vous plaît ! Une bonne adresse pour se régaler dans une ambiance familiale avec cette idée bien marocaine de partage, et sans se ruiner ! Bessaha !

CHEZ LARBI €€

Route de l'Ourika, km 46

✆ +212 6 61 34 23 92

www.chezlarbiourika.com

Ouvert à midi tous les jours, le soir sur réservation. Comptez autour de 150 DH le repas.

C'est pour beaucoup, et de loin, le meilleur restaurant de toute la vallée. L'accueil est chaleureux et aux petits soins grâce aux patrons Larbi et Taoufik qui savent recevoir. Leur devise parle d'elle-même : « Ici le client n'est pas roi, le client est un ami. » Vous déjeunerez en terrasse dans un jardin coloré ou dans un salon où vous vous sentirez comme à la maison. Au menu, quelques délicieux plats devraient ravir vos papilles : pastilla, tajine de bœuf aux coings sont un vrai régal. Un bel espace verdoyant, à ne pas manquer si vous êtes de passage.

TAMESLOHTE ★

Autrefois centre religieux très important, Tameslohte est aujourd'hui une bourgade campagnarde, peuplée de près de 20 000 habitants. Nichée dans la plaine, elle est joliment entourée d'orangeraies et d'oliveraies. Ses deux zaouïas, interdites aux non-musulmans, furent édifiées par le chérif Abdallah ben Hussein el-Hassani, qui fonda la ville en 1566. La légende raconte que ce chérif, considéré comme un saint homme, maîtrisait 366 sciences ! Aujourd'hui, la poterie est l'une des activités principales de la ville. Une coopérative achemine sa production une fois par semaine vers les souks de Marrakech. Un souk pittoresque anime la ville le vendredi.

LE CAZAR €€€

Douar el Aïn

✆ +212 5 24 48 35 36

www.lecazar.com

Chambre à partir de 130 €.

Niché au sein d'un parc de plus d'un hectare peuplé d'oliviers, de palmiers et de bougainvilliers récemment réagencé, le Cazar est une adresse de standing située à proximité de Tameslohte. La forteresse jouit d'un cadre privilégié et révèle les beautés de l'Atlas. Les chambres à l'étage offrent une vue agréable sur le parc arboré, les autres au rez-de-jardin sont dotées d'un patio ombragé avec accès direct à la piscine. La plus grande suite Nokta dispose d'une grande terrasse privative, idéale pour profiter du site et se détendre autour d'un verre de thé.

TERRE DES ÉTOILES €€€

Km 25, Commune d'Agafay, Kaida d'Ait Imour

✆ +212 5 24 44 73 75

www.terredesetoiles.net

En demi-pension pour 2 personnes, à partir de 1 500 DH.

Le *lodge* vous propose un campement en bivouac dans une oasis au cœur du désert. Le projet de ce camp, qui a vu le jour en 2012, se fonde sur le respect de l'environnement. Une partie des légumes utilisés au restaurant provient du potager cultivé en permaculture, grâce à des panneaux solaires, l'infrastructure est autonome en électricité et la moitié des 18 *lodges* est équipée de toilettes sèches, ce qui n'enlève rien au confort. Intéressant pour se déconnecter durant deux ou trois jours, à vivre comme une expérience dépaysante.

BARRAGE DE LALLA TAKERKOUST - OUED N'FIS ★★

A 38 km au sud de Marrakech, cette bourgade de près de 4 000 habitants est construite au bord du barrage du même nom, offrant un plan d'eau de 7 km de longueur où il est agréable de se prélasser. Le barrage en lui-même, qui portait à l'époque le nom de Barrage Cavagnac, a été mis en service en 1935 dans le but d'irriguer la plaine fertile du Haouz et pour la production d'énergie hydroélectrique. L'ingénieur Cavagnac n'aura jamais vu son œuvre achevée, mort trois ans avant son inauguration. Vous y verrez inscrite la devise « Dieu, la Patrie, le Roi ». Son nom actuel est un hommage à une femme marabout réputée pour son pouvoir de guérison dont la *zaouia* (édifice religieux rassemblant une confrérie) a disparu, enfouie sous les eaux lors de la construction du barrage sur l'oued N'Fis. Le lac a pris des allures mystiques, devenu une source de nombreuses légendes pour les populations locales. Aujourd'hui, c'est un spot apprécié des touristes, largement fréquenté le week-end par les habitants de Marrakech qui viennent y chercher un peu de fraîcheur, avec l'Atlas en toile de fond. Il est possible d'y pratiquer de nombreuses activités telles que des balades à dos d'âne, le jet-ski, le wakeboard, le flyboard. Dans un autre genre sportif, des agences organisent des excursions d'une journée en quad ou en buggy jusque sur ses rives. Cependant, si vous comptiez y faire trempette, sachez que la baignade est officiellement interdite.

BARRAGE ★★

Construit sous le protectorat entre 1929 et 1935, le barrage permet l'irrigation de 5 000 ha dans la plaine du Haouz ; il produit annuellement 10 millions de kWh et retient, sur un lac de 7 km de longueur, 52 millions de m^3 d'eau ! Mais cela n'impressionne guère les véliplanchistes qui, en été, viennent s'offrir une pause sur ce généreux plan d'eau. Il est même possible de louer des jet-skis pour slalomer sous les yeux encore ébahis des vieux du village. Ce dernier, très pittoresque, est construit à flanc de colline, et ses rues sont en forte pente.

HAUT-ATLAS

LE FLOUKA 🛏 €

Barrage Lalla Takerkoust
✆ +212 6 64 49 26 60
www.leflouka-marrakech.com
Chambre double à partir de 75 €, avec petit déjeuner.

Ici, au Flouka, calme et douceur sont les maîtres mots. L'espace extérieur s'articule autour d'un grand bar et d'un restaurant face au lac, avec l'Atlas en toile de fond. Idéal pour boire un verre, déjeuner ou dîner dans un cadre idyllique. L'hôtel dispose de 15 chambres et suites tout confort avec salle de bains privée, télé et cheminée. Chacune d'elles est dotée d'une petite terrasse privative et confinée. Un petit havre de paix où l'on aime se rendre pour une ou plusieurs nuits, ou juste pour profiter du cadre. Piscine chauffée de novembre à mars.

JNANE TIHIHIT 🛏 €€

Douar Makhfamane
✆ +212 6 70 96 59 70
http://jnane-tihihit.com
Chambre double à partir de 97 €, chambre triple à partir de 140 €. Repas à partir de 15 €. Petit déjeuner inclus.

Près du barrage de Lalla Takerkoust, Jnane Tihit est une ferme d'hôtes construite et tenue par un couple belge adepte du *home made*. De jolies chambres dans des petites maisons en pisé vous sont proposées à la location, offrant une vue exceptionnelle sur le Haut Atlas. Vous y aurez tout le confort au milieu d'une campagne où vaches, chevaux, poules et cochons se côtoient. Vous retrouverez les produits de la ferme et les légumes du jardin dans votre assiette. Des balades dans les environs et des ateliers ludiques pour enfants sont organisées.

LA KASBAH BELDI €€

Lac de Lalla Takerkoust
✆ +212 5 24 38 39 50
http://kasbahbeldi.com
Formule demi-pension à partir de 1 750 DH pour une personne et 2 250 DH pour deux.

Un havre de paix au pied de l'Atlas. Autrefois la kasbah était une ferme, aujourd'hui elle vous accueille au sein d'un cadre privilégié à 50 minutes de la trépidante Marrakech. Une escapade qui vous fait profiter d'un paysage hors du commun ! 19 chambres et 9 lodges élégants et confortables au milieu de 15 hectares de nature. Le site est construit avec les matériaux traditionnels de la région et dans le respect des techniques ancestrales. Spa, piscines (dont une chauffée), potager et écuries (chevaux et poneys) feront le bonheur des voyageurs en quête de douceur !

RIVE DU LAC €€

Quartier Amzough El Kabli
✆ + 212 6 61 10 59 34
www.lavilladulac-marrakech.net
Chambres doubles 77 € (exemple de prix en octobre). Restauration sur place.

Au cœur d'une campagne peuplée d'eucalyptus et peupliers, la Villa du Lac, qui s'appelle désormais Rive du lac, se compose de six chambres au style rustique et d'une maison élégante, douillette et intimiste, avec grand jardin et terrasse. Le service est agréable. La piscine dotée d'une vue superbe sur le lac (dans lequel il est interdit de se baigner) et son cadre sont les principaux intérêts de la formule « Pool day », qui inclut un déjeuner plutôt classique. En soirée, ne ratez pas la splendeur du coucher de soleil sur le lac.

LE RELAIS DU LAC €

✆ +212 6 61 24 24 54
Entrée à partir de 60 DH, plat à partir de 120 DH. Ouvert 7j/7 uniquement pour le déjeuner.

Face au lac et aux montagnes de l'Atlas, c'est dans un cadre magique que vous pourrez profiter de votre repas à l'ombre des paillotes. Nathalie et son équipe vous accueillent dans une ambiance décontractée pour vous faire déguster une cuisine familiale. Le choix de grillades est conséquent : bœuf, agneau, sardines... à moins que vous ne préfériez un tajine. Après avoir profité des transats et d'une sieste digestive, de nombreuses activités s'offrent à vous : balade à cheval sur les rives, quad, buggy ou encore partie de pétanque... ça fleure bon la France !

DÉSERT D'AGAFAY

Aux portes de Marrakech, le désert d'Agafay est un joyau naturel qui commence à être connu des touristes. On se croirait presque au Sahara, avec ses vagues de dunes ocre et blanches qui s'étendent sur plusieurs centaines de kilomètres au pied des montagnes du Haut-Atlas. A la différence qu'il est couvert de pierres et de rocailles. Au cœur de ce reg, on découvre une magnifique oasis d'environ 7 hectares, plantée d'oliviers, de vignes et d'eucalyptus. Surnommée l'oasis enchantée, c'est un petit havre de fraîcheur et de tranquillité. Nichés au creux des dunes, quelques villages berbères survivent dans cet environnement inhospitalier.

OXYGEN LODGE €€

A 15 km du centre d'Agafay.
En direction de Douar Larissa.
✆ +212 6 11 31 11 89
www.oxygenlodgeagafay.com
Tente double à partir de 252 €.
Transfert possible à partir de Marrakech.

Ce lodge de charme invite à une expérience inoubliable au cœur de ce désert de pierres. Ses 6 tentes aménagées avec goût offrent un confort douillet, avec un espace salon et une salle de bain avec douche. Elles sont pourvues d'un poêle à chauffer pour les soirées froides d'hiver ainsi que d'une terrasse ombragée dévoilant un superbe panorama sur la piscine à débordement et les dunes ocre. La cheffe, Amal, vous régalera de spécialités marocaines, parfaitement cuisinées. Plusieurs activités sur place : balade en chameau, vol en montgolfière, quad, buggy, yoga...

INARA COLLECTION €€€

Agafay
✆ +212 5 24 20 50 70
https://inaracollection.com
Chambre Deluxe : 586 € la nuit. Repas 400 DH à la carte, à partir de 550 DH en tente privée.

Inara Collection regroupe trois expériences : un ensemble de tentes de grand luxe où l'on peut passer la nuit, un restaurant et enfin un espace permettant l'organisation d'événements pour les groupes. En plein désert d'Agafay, Inara Camp n'est pas un bivouac comme les autres. Vous avez le privilège de dormir dans un cadre de rêve, avec une vraie literie, une salle de bain et tout le confort digne d'une princesse. Viennent s'ajouter des prestations telles qu'une piscine, un concierge qui sera aux petits soins et moult activités. Le dépaysement est total.

SCARABEO CAMP €€€

Désert d'Agafay
✆ +212 6 62 80 08 23
www.scarabeocamp.com
Environ 250 € pour une suite supérieure (50 m²) en demi-pension (base 2 personnes).

Vue à 360° sur l'Atlas, voilà une des promesses de Scarabeo. Ce campement offre une expérience unique et romantique. Les 15 tentes (50 m²) disposent d'un lit king size au beau milieu de ce petit désert. Les hébergements comprennent une prise électrique, une salle de bain et des toilettes, et une décoration où l'univers du voyage est à l'honneur. Au matin, vous sera servi votre petit déjeuner avec le pain marocain fait minute. Le soir à la lueur des bougies, vous pourrez déguster un dîner local. À noter, l'équipe a ouvert un nouveau camp plus exclusif à 5 km de là.

LES TERRASSES D'AGAFAY €€

M'Hamid Agafay
✆ +212 524205070
www.lesterrassesdagafay.com
Ouvert tous les jours. Réservation en ligne.

Pas moins de 50 tentes se répartissent sur ce camp situé au beau milieu du désert de pierres d'Agafay. En matière de campement, on est loin de s'imaginer un tel confort qui est sa vocation première : 25 m², un vrai lit king size, une salle de bain équipée, des toilettes privées, l'électricité, des tapis, le tout dans des nuances d'ocre rappelant le désert... un luxe surprenant. Le bleu de la piscine vient renforcer la magie, un vrai délice dans un tel environnement. Et pour qui a déjà réservé un hôtel, on peut toujours venir y déjeuner et passer la journée.

DUNES ET DÉSERT

Village N'Khila
✆ +212 6 61 53 96 39
www.dunesdesert.com
Tous les tarifs sont sur le site. Exemple 1 journée de quad : 220 € avec repas en bivouac.

Pour découvrir l'authenticité du désert d'Agafay, niché dans une oasis de palmiers près de Marrakech, cette agence propose des expériences uniques en journée ou demi-journée, telles que des excursions en buggy, quad, balades à dos de dromadaire et des randonnées. On profite aussi de délicieux couscous ou tajines, servis à l'ombre des palmiers. Facilement accessible, on l'atteint par ses propres moyens ou l'on opte pour la navette. L'équipe professionnelle et chaleureuse s'engage à faire passer des journées mémorables dans un cadre exceptionnel.

AMIZMIZ

Peuplée de 3 000 âmes, cette bourgade marque les confins sud de la plaine du Haouz et s'enorgueillit de sa gendarmerie royale. Le mardi, jour du souk, on y vend de belles poteries et de l'huile d'olive pressée dans la région. Côté architecture, il n'y a pas grand-chose à signaler sinon la zaouïa, interdite aux non-musulmans, les ruines d'une petite kasbah et un mellah. C'est le début d'une mauvaise piste rocailleuse qui mène vers les forêts de noyers de l'autre côté du Haouz. Une autre piste, tout aussi mauvaise, permet de regagner la route du Tizi n'Test par Aouzzer et Asni : ne s'y risquer qu'à condition d'être en 4x4 et d'avoir le plein d'essence.

AUBERGE BENIJA €

✆ +212 6 61 24 27 11
Chambre double à 500 DH en demi-pension.

Située dans le petit village berbère de Tnirt, dans les hauteurs, cette auberge est une adresse à petit prix. Le site vous permet d'apprécier le paysage spectaculaire de la chaîne de l'Atlas et constitue un très bon point de départ pour découvrir la région et ses beautés. Les chambres simples et confortables sont dotées de salles de bains avec eau chaude. Un hammam traditionnel a été ajouté et des massages y sont prodigués sur demande. L'auberge et son responsable Lahcen, plein de bonhomie, vous immergent dans une atmosphère familiale réconfortante.

KASBAH IGOUDAR €€

Route Amizmiz-Marrakech km 42
(7 km avant amizmiz),
✆ +212 6 63 77 89 44
A partir de 800 DH, selon la saison et la chambre. Fermeture en janvier.

Au cœur d'un important domaine agricole, cet hôtel vous propose chambres et suites tout confort. L'élégance discrète de cette kasbah aux teintes claires reste fidèle au style marocain. Tissus, voiles et drapages de fabrication locale habillent les chambres et en font de véritables cocons. Le spa complète les activités proposées sur place, telles la salle de sport, le billard, le ping-pong et bien évidemment, la piscine. Dans un écrin verdoyant, elle vous permettra de profiter de la quiétude des lieux, dominés par les montagnes du Haut Atlas. Paradisiaque !

TAHANAOUT

Le bourg s'accroche à près de 1 000 m d'altitude et inaugure un paysage sinueux. La route est entourée de massifs disparates : les uns boisés, les autres pelés et presque lunaires, d'autres encore ravinés par les vents, tandis qu'à l'horizon les plus hautes montagnes arborent un chapeau de neiges éternelles l'hiver. Toute la route du Tizi n'Test est marquée par cette diversité de tons et de couleurs : grès noir, roches rouges et vert céladon, sable clair, autour d'une verdoyante vallée… De chaque côté de la route, de nombreux douars aux couleurs ocre et rouge s'accrochent aux montagnes ou se logent dans le lit de l'oued Reraïa omniprésent en contrebas.

ASNI ★

A une vingtaine de kilomètres au sud de Tahanaout. Enfoncée dans le cirque de Tamarout à 1 200 m d'altitude, Asni ne présente pas d'intérêt particulier hormis un souk, le samedi matin, où les paysans des hameaux avoisinants viennent vendre ou troquer leurs produits et leur artisanat. Cependant, elle offre un cadre paisible, encerclé par les montagnes du Haut Atlas. Autrefois, Asni était le point de départ pour les excursions du mont Toubkal, mais elle est aujourd'hui délaissée au profit d'Imlil, qui se développe. Depuis Marrakech, vous trouverez des grands taxis à la station de Sidi Mimoun pour Asni, mais aussi une ligne de bus Alsa.

TERRES D'AMANAR €€

Domaine d'Amanar
✆ +212 5 24 43 81 03
www.terresdamanar.com
Tente écolodge à partir de 116 €.

Terres d'Amanar est un site exceptionnel situé dans une réserve naturelle d'énergie, à deux pas du Toubkal et à 30 minutes de Marrakech. Une invitation pour découvrir les différentes facettes de la culture berbère mais aussi un terrain de jeu pour grands et petits, avec de multiples activités de plein air proposées (VTT, poterie etc...). L'hébergement propose des tentes *écolodges* confortables et construites avec des matériaux naturels. Le cadre permet de profiter pleinement des paysages de l'Atlas et de ses villages berbères. A ne pas manquer !

ALSA MARRAKECH

✆ +212 5 24 33 52 70
www.alsa.ma
Liaison régulière entre Marrakech et Tahanaout par la ligne 35.

Alsa est la compagnie qui assure les transports en commun sur la ville de Marrakech, mais aussi sur toute la région du Haouz. Elle assure la liaison régulière entre Marrakech et Tahanaout avec la ligne 35. Les bus partent en majorité de la gare routière de Marrakech, à la station de Bab Doukkala. Toutefois, il faut savoir que toutes les bourgades ne sont pas desservies par ce moyen. Par exemple, pour rejoindre les communes de Ouirgane ou encore celle d'Imlil, vous devez vous arrêter à Asni et prendre un grand taxi collectif pour rejoindre votre destination.

DAR EL FELLAH €

35 Route Moulay Brahim
✆ +212 6 61 16 62 02
Repas à partir de par 130 DH personne.

Dar El Fellah, à la sortie de Tahanaout, est une grande ferme d'hôtes entourée de montagnes, idéale pour recevoir de grands groupes. Le cadre est vraiment très agréable et il a le mérite d'être l'un des seuls restaurants du village. La nourriture à base de produits bio est correcte, mais préférez les tajines aux grillades (ration un peu maigre pour le prix). L'accueil est courtois, professionnel et relativement rapide, mais sans grande chaleur. Vous y trouverez aussi des produits du terroir, des animaux et des jeux pour les enfants.

KASBAH TAMADOT €€€

✆ +212 5 24 36 82 00
www.kasbahtamadot.virgin.com
Chambres et suites à partir de 460 € en basse saison et de 550 € en haute saison, petit déjeuner compris.

Une superbe villa baroque domine les vallées environnantes, autrefois l'ermitage d'un richissime antiquaire italo-américain, tombé fou amoureux des lieux. Depuis, cette demeure a été rachetée par Richard Branson en personne, qui en a fait une résidence touristique de luxe. Piscine à débordement, tennis, spa, salle de gym… il ne manque rien à ce domaine qui devient féérique la nuit ! L'atmosphère est glamour, les chambres spacieuses, le jardin magnifiquement paysagé. Alors si votre budget vous le permet, c'est bel et bien là qu'il vous faut séjourner !

IMLIL ★★

Aux portes du parc national du Toubkal, ce hameau de montagne est connu des sportifs et autres randonneurs qui viennent faire l'ascension du *djebel*. On commence toutefois à y voir débarquer de plus en plus de curieux. Si vous venez en voiture, garez-vous à l'entrée du village, histoire de gagner à pied la petite place ombragée, à partir de laquelle sillonner le village. À 1 800 m d'altitude, on y respire un air vivifiant et très pur. Pour ceux qui ne sont pas véhiculés, il y a une autre solution : de Marrakech (64 km), prendre le bus local jusqu'à Asni avec un départ quasiment toutes les heures de Bab Rob, et ensuite un taxi collectif jusqu'à Imlil. Le village affiche un visage très campagnard typiquement berbère, à explorer en une journée ou deux. On peut prévoir de visiter aussi les hameaux voisins entourés de noyers en prenant un peu de hauteur. Une large sélection de petites auberges, modestes pour la plupart, vous tend les bras si vous souhaitez prolonger le séjour. Envie de faire un vrai trek ? N'hésitez pas à consulter le bureau des guides sur place et à vous faire accompagner dans cette aventure. Une excursion permet de vous rendre au marabout Sidi Chamharouch, à condition de prévoir de bonnes chaussures de marche pour crapahuter en toute sécurité sur les sentiers muletiers pierreux. Vous traverserez vergers et petites cascades. En hiver, la prudence s'impose car la région est régulièrement touchée par les inondations.

Tourisme

Le village est le point de départ idéal pour les excursions à destination du djebel Toubkal, la plus haute montagne d'Afrique du Nord, dont le sommet culmine à 4 165 m. Les principales excursions mènent là où seuls les marcheurs et les trekkeurs exercés peuvent se rendre : le refuge du Nelter (5 heures de marche, 3 150 m) ou, plus proche, le refuge de Tachdirt (3 heures de marche, 2 350 m). Du Nelter, on part pour le lac d'Ifni. Comptez au moins 2 jours, au cœur du Parc national de Toubkal. La piste traverse le Tizi Ouamoums, et redescend jusqu'au lac d'Ifni, réputé pour ses eaux pures. Pour des randonnées plus faciles, la vallée de l'Azzaden constitue un bon début : 3 heures pour atteindre sans forcer le col du M'Zik, à 2 500 m, puis descendre jusqu'aux bergeries d'Azib Tamsoult. Le lendemain, balade de 2 heures jusqu'aux cascades d'Iroulidene, puis retour vers Imlil en contournant la montagne.

ATLAS MOUNTAINS GUIDE ☛

✆ +212 6 70 34 17 14
https://atlasmountainsguide.com

Cette agence, axée sur le tourisme durable, propose de bons treks en mettant l'accent sur une approche communautaire et conviviale. Au programme : ascension du Toubkal, découverte des petits villages berbères alentour, trekking et balades en VTT à l'assaut des sommets, le tout en comptant sur le professionnalisme de guides compétents rodés à l'exercice. Plus original encore, n'avez-vous jamais imaginé passer 4 jours, voire une semaine, à parcourir les pentes enneigées de l'Oukaimeden, chaussés de skis ? C'est ici que ça se passe !

AUBERGE ZARATOUSTRA €

Sur la piste qui mène au Douar Tamatart. Traverser le pont à la sortie du village, dépasser l'école.
Le gîte se trouve à 350 m sur la droite du chemin.
✆ +212 6 61 74 09 68 - www.zaratoustra.com
Chambre trek à partir de 11 € par personne ; chambre double à partir de 16 € par personne.

Un beau gîte, près du centre d'Imlil. Il dispose de quatre chambres doubles et de quatre studios. Les terrasses au pied du Djebel Toubkal offrent une vue panoramique sur la montagne. Les chambres sont agréables et la cuisine est particulièrement soignée. Zohra et Jean Habib, son fils, vous réservent un accueil convivial, à l'image de leur auberge. Amoureux du Toubkal, ils prodiguent de bons conseils pour découvrir la région. Pour l'anecdote, Zohra a été la première femme du Maroc à faire l'ascension du Toubkal ! Un endroit dépaysant, une belle rencontre.

BERBER FAMILY LODGE €

Douar Aguersioual
✆ +212 6 61 43 35 28
www.berberfamilylodge.com
Chambre double : à partir de 300 DH petit déjeuner inclus.

Mohammed a ouvert cette petite maison d'hôte joliment décorée afin d'aider sa famille et son village à se développer. Dans une parfaite authenticité et avec générosité, il offre sept chambres, équipées de douches (avec eau chaude) et toilettes. Guide touristique depuis plus de 20 ans, il se fera un honneur de vous accompagner lors de vos excursions : randonnées et nuit chez l'habitant dans d'autres vallées, cours de cuisine berbère (possibilité de transfert depuis Marrakech) ou encore visite de la coopérative féminine locale où l'on tisse des tapis.

HAUT-ATLAS

Le village d'Imlil.

DAR IMLIL €€

✆ +212 6 61 95 26 19
www.darimlil.com
Chambres à partir de 700 DH.

Un emplacement privilégié en plein centre du bourg d'Imlil. Après l'effort de deux volées de marches, vous serez récompensés par un accueil que l'on sent spontané et on vous apportera le thé dans un patio fleuri en attendant de vous présenter votre chambre. Toutes joliment décorées, certaines ont une terrasse, d'autres la vue sur la petite piscine de l'établissement. D'une manière ou d'une autre, on profite du toit-terrasse pour s'y détendre, manger ou simplement rêver. Impossible de se lasser de cette vue plongeante sur le village ou sur les montagnes proches.

LA KASBAH DU TOUBKAL €€€

Au-dessus du village d'Imlil (à 10 minutes de marche).
✆ +212 5 24 48 56 11
www.kasbahdutoubkal.com
Chambre double et suites à partir de 185 €, hammam et boissons incluses.

La vieille kasbah du caïd Soukhani appartient désormais à Mike, un voyagiste britannique qui l'a totalement restaurée alors qu'elle était en état d'abandon. La vue sur la vallée est splendide, tout comme le jardin aménagé. Cet hôtel perché tel un nid d'aigle, dispose aussi d'un hammam dans une petite dépendance, de grands salons collectifs, dont deux avec mezzanine, où partager des moments de convivialité ou juste lire un bon bouquin, et bien sûr d'une terrasse ensoleillée. L'instant magique ? La vue et le silence à l'heure du thé !

RESTAURANT SOLEIL €

Centre d'Imlil, à côté du parking
✆ +212 5 24 48 56 22
www.hotelsoleilimlil.com
Repas à partir de 70 DH, hors boisson.

Sur la grande terrasse, au calme, vous pourrez déguster au soleil salades marocaines, tajines, brochettes et couscous face aux montagnes en sirotant un verre de thé brûlant. Un restaurant fréquenté par les locaux et par les marcheurs, car il est situé stratégiquement dans le centre-ville au bord de la rivière. Si bien qu'il constitue le point de rendez-vous de nombreuses randonnées dans la région. On est loin de pouvoir attribuer des étoiles à l'établissement, mais la nourriture est bonne et le personnel fort accueillant, à l'image des Berbères de la vallée.

OUKAÏMEDEN ★★

Excursion agréable en hiver, à 75 km de Marrakech. La station d'Oukaïmeden est la station de sport d'hiver la plus haute d'Afrique, à 3 000 mètres d'altitude, et dispose d'une vingtaine de pistes skiables. La station de l'Oukaïmeden a le charme des petites stations, mais est envahie de vendeurs en tout genre. Sur la route, de petits restaurants d'altitude servent d'excellents repas. De la promenade au trekking, sans oublier le ski alpin et les raquettes à neige, les possibilités sont nombreuses. Les passionnés de préhistoire ne manqueront pas les peintures rupestres du site. Attention ! En hiver la route est glissante et plutôt dangereuse.

SITE D'OUKAÏMEDEN ★★

Animaux, chasseurs et armes, figurant sur de nombreuses gravures rupestres, sont à voir sur ce site habité à l'époque préhistorique. Demandez à un habitant du village, il se fera un plaisir de vous les montrer. L'Oukaïmeden est la partie la plus à l'ouest du Parc national des gravures rupestres inauguré en 1994. Du côté de l'Igountar, on trouve l'un des sites connus par sa concentration de peintures. Le parc comprend le djebel Yagour, où vous pouvez voir de nombreux motifs géométriques de l'âge de bronze. Il s'étend jusqu'à la province d'Azilal, à l'est.

CHEZ JUJU €€

Auberge de l'Anghour
✆ +212 5 24 31 90 05
www.hotelchezjuju.com
Chambre double à partir de 550 DH en été et à partir de 900 DH en hiver.

Chez Juju est une auberge avec une vue sur les montagnes de l'Oukaïmeden à couper le souffle. Les chambres, de la standard à la luxe, sont équipées du chauffage central et de l'eau chaude, certaines ont une terrasse. Si vous n'aimez pas la frisette, pas de chance, ici c'est ambiance chalet de montagne jusque dans les assiettes. Au menu : quiche lorraine, pâté maison ou cassoulet à la saucisse de volaille fumée, tartiflette... La cuisine marocaine n'est pas en reste pour autant. Chez Juju existe depuis 1946 et demeure la seule auberge de la station.

STATION DE SPORTS D'HIVER ★

L'Oukaïmeden, station de sports d'hiver depuis 1947, possède le télésiège le plus haut d'Afrique (3 275 m !) et six téléskis. La saison officielle de ski démarre autour du 15 décembre et s'étale jusqu'au 30 avril, mais si la neige persiste au-delà, vous pouvez skier en signalant votre présence au Club alpin français. En été, le télésiège est ouvert chaque week-end et permet d'admirer un panorama extraordinaire. A noter, aucun service de sécurité des pistes ni de secours.

OUIRGANE ÉCOLODGE €

Emprunter la perpendiculaire à la R203, en face de la route qui mène à l'Oliveraie de Maghira.
✆ +212 6 68 76 01 65
www.ouirgane-ecolodge.com
Chambre double à partir de 500 DH. Repas environ 150 DH. Wifi, piscine, climatisation.

Cette petite maison d'hôtes offre des chambres coquettes à prix raisonnables. Les légumes du potager, irrigués en goutte à goutte, sont utilisés pour la cuisine. L'eau est chauffée grâce à l'énergie photovoltaïque, les produits de toilettes fournis sont biodégradables et l'établissement cherche à réduire sa production de déchets. Cela peut paraître un peu mince si l'on choisit cet hébergement selon des exigences strictement écologiques. Mais Rome ne s'est pas faite en un jour… L'accueil est agréable et des randonnées en autonomie ou guidées sont proposées.

AREMD / AREMPT ★

Ce village très bien préservé est LE départ des trekkings en direction du mont Toubkal. Calme et pur, il est connu des alpinistes et des marcheurs, mais encore peu fréquenté par les touristes. En quête de calme et de verdure, c'est l'endroit rêvé. On y va pour prendre un bon bol d'air et se balader encerclé par l'Atlas. Pensez à prendre des provisions, il n'y a rien à Arempt ! A partir d'Imlil, on peut emprunter une piste en voiture mais à pied, comptez environ 45 minutes. A une dizaine de kilomètres d'Arempt, la route descend après un petit col en pente douce à travers des collines de grès rouge, offrant l'un des plus beaux moments du voyage.

AUBERGE CHEZ MOMO II €€

Km 61 m, centre Ouirgane
✆ +212 5 24 48 57 04
www.aubergemomo.com
Chambre double à partir de 750 DH avec petit déjeuner. Repas 140 DH environ.

Conformément à ce que l'on trouve dans cette vallée, l'auberge Chez Momo, 2e du nom, offre un cadre idyllique pour qui aime se retrouver au cœur d'une nature sauvage et en retrait du rythme effréné de la ville. Depuis la piscine, on devine le lac et partout les fleurs diffusent un doux parfum. La bâtisse joue la carte traditionnelle du point de vue architectural avec son style douar que l'on retrouve dans les parties communes, mais les chambres (toutes équipées de cheminées) affirment elles aussi leur classicisme marocain. Un endroit parfait pour la *dolce vita*.

OUIRGANE ★★

Ouirgane est accroché à flanc de colline, à 1 000 m d'altitude, au milieu d'une nature verdoyante. Le village, très frais, représente une halte agréable lors des grosses chaleurs. Toute proche, une réserve naturelle de mouflons occupe plusieurs hectares. Pour les amoureux de nature, de silence et de grands espaces, Ouirgane est un lieu de villégiature idéal, situé à seulement 60 km de Marrakech. Les grands taxis sont rares à Ouirgane, les stations se trouvant à Asni ou Tahanout. Il vous faudra donc rejoindre l'une de ces deux villes, à proximité les unes des autres. Vous pouvez aussi demander un grand taxi à votre auberge pour continuer votre parcours.

LA BERGERIE €€

Km 59, route de Taroudant
✆ +212 5 24 48 57 16
www.labergerie-maroc.ma
Chambre double standard à 750 DH en août.

Cette superbe bâtisse en pisé, construite en matériaux traditionnels, est située au sein du parc du Toubkal. Le site est nommé Douar Lazib, qui signifie « l'endroit où l'on emmène le troupeau ». L'environnement est unique, doté d'un jardin avec piscine et vue panoramique. Idéal pour de vraies vacances à la campagne, avec tout le confort. Les chambres sont vastes et décorées dans un style rustique, avec salle de bains individuelle, cheminée ou poêle à bois, terrasse et jardin privatifs. Elles ont subi la patine de l'âge mais demeurent fonctionnelles.

KSAR SHAMA €€

Lieu dit Marigha
+212 5 24 48 50 32
www.ksarshama.com
Chambre double standard 75 €, petit déjeuner inclus. Cheminée dans toutes chambres.

Construit au milieu de 13 hectares et près de 1 200 oliviers, ce petit coin de verdure adopte parfaitement le style berbère, auquel se mêle une touche de modernité. Le domaine de Ksar Shama est un hôtel de 23 chambres (de la simple au bungalow) offrant un service de restauration, une piscine, mais aussi un spa. La nature brute contribue fortement à la beauté et à la quiétude du lieu. Sur place, des activités pour ne pas s'ennuyer : pétanque, foot et possibilité d'organiser des randonnées pédestres ou avec des mulets, sous la direction d'un guide chevronné.

DOMAINE DE LA ROSERAIE €€€

Km 60, route de Taroudant Val d'Ouirgane
+212 5 24 43 91 28 - www.laroseraiehotel.com
Chambre standard à 1 530 DH. Suites junior et ambassadeur à 1 800 DH.

Le nom de cet hôtel ne ment pas, les roses embaument l'air. Les amoureux de botanique et les romantiques éprouveront un plaisir certain à déambuler dans le vaste jardin arboré de 25 ha. Le Domaine de la Roseraie compte 42 chambres. Si les chambres standards restent sobres et sans grande fantaisie, la suite ambassadeur se révèle vraiment ravissante. Les trois piscines invitent à la détente, juste après s'être dépensé sur l'un des deux courts de tennis ou avoir trotté sur le dos de l'un des chevaux du centre équestre. Belles balades à faire dans les villages.

TIN-MAL ★★

Pour grimper jusqu'à Tin-Mal, à une centaine de kilomètres de Marrakech, il faut s'armer de patience car la route qui serpente dans la montagne est longue et parfois en mauvais état. Quelques vestiges de remparts rappellent que cette bourgade était autrefois fortifiée. Quant à la mosquée de 1148 dévastée par le séisme de septembre 2023, c'était l'une des seules du Maroc à être ouverte aux non-musulmans. Le minaret avait inspiré celui de la Koutoubia, à Marrakech, érigée, elle aussi, par Abd el-Moumen. La kasbah de Tin-Mal n'est peut-être pas la plus belle, mais elle mérite tout de même le détour. C'est ici que s'est développée, voilà 800 ans, la dynastie almohade qui, depuis Marrakech, va régner sur tout le Maroc. Aujourd'hui, Tin-Mal est toujours vénérée comme le foyer spirituel de la région. L'édifice, construit en pierres et en bois, relève d'une importance historique, spirituelle et symbolique majeure. Il avait été rénové grâce au concours de l'Unesco et fait encore aujourd'hui l'objet de bien curieuses légendes. On prétend que c'est ici, sur le lieu même où Ibn Toumert a été déclaré père fondateur du mouvement almohade, que sont cachés les somptueux trésors dont les sultans ont dépouillé Marrakech. Quoi qu'il en soit, lors de leur prise de Tin-Mal, au XIIIe siècle, les Mérinides pillèrent la ville et profanèrent les tombeaux des sultans de la dynastie almohade, par simple vengeance ou espoir secret de découvrir le butin.

TALAAT N'YACOUB ★

A 125 km au sud de Marrakech, ce hameau, peuplé de plus de 7 700 habitants, est situé dans la province d'Al Haouz. Il fut pendant longtemps un lieu de rassemblement pour les bergers habitant les nombreux douars et ksours des environs. Cette commune ne dispose pas de centre urbain, mais possède comme chef-lieu le village d'Amegdoul, situé à une soixantaine de kilomètres au sud. Un peu à l'extérieur du village, les ruines d'une casbah du XVe siècle, érigée en hommage au Mahdi, dominent la vallée et surplombent l'oued. Loin des sentiers battus par les touristes, ce hameau constitue un petit havre de paix et de tranquillité, où l'accueil est avenant.

TIZI N'TEST ★★★

Du sommet du Tizi n'Test, une superbe vue se découvre sur la vallée du Souss, 2 000 m plus bas. Au loin, par temps clair, à l'horizon de la steppe plantée d'arganiers, on distingue Taroudant. Même en été, le vent est souvent glacial sur le belvédère où la roche est aiguisée comme une lame de rasoir. Plusieurs cahutes de vendeurs s'insèrent dans le paysage, mais n'enlèvent rien à la splendeur du site. A ce point, deux solutions pour regagner Marrakech : refaire la route en sens inverse ou continuer jusqu'à Taroudant où vous reprendrez la route P40. Vous pouvez faire demi-tour pour redescendre vers le Test, vous n'êtes alors qu'à 135 km de Marrakech.

VALLÉE DU ZAT ★★

S'il est un endroit qui donne l'impression d'être figé, comme hors du temps, c'est bien cette vallée du Zat, qui a pu conserver son authenticité jusqu'à aujourd'hui en se tenant à l'écart des grands circuits. Ici, la vie se déroule de manière simple et authentique, préservée. À seulement une petite heure de route de Marrakech, on se retrouve plongé en pleine nature, à la campagne, submergé par cette vague de verdure inattendue qui recouvre le fond de l'oued. C'est là qu'on croisera, tantôt le paysan sur son âne au retour du grand souk hebdomadaire, tantôt un groupe de femmes frottant joyeusement le linge dans la rivière pendant que les enfants barbotent. Les paysages pour rejoindre Tighdouine sont à couper le souffle, au fur et à mesure que l'on grimpe sur les doux versants des contreforts de l'Atlas. De chaque côté, accolés aux flancs de la vallée, des douars séculaires en pisé rouge se détachent de la roche aux teintes grises ou vert pâle et s'étirent sur les berges. Le panorama sur les noyers et les genévriers thurifères est omniprésent et l'admiration permanente. L'on vient ici pour se régénérer, dans un calme quasi absolu, loin (mais pas tant que ça) de la frénésie de Marrakech, et rencontrer des villageois non encore blasés par l'invasion en masse des touristes comme c'est le cas dans la vallée voisine de l'Ourika. L'on vient pour faire de la randonnée, à pied ou sur un mulet qu'on louera pour quelques piécettes. On peut même prévoir un séjour de plusieurs jours pour s'imprégner de la vie berbère en dormant chez l'habitant, et rejoindre différents villages, visiter une coopérative de femmes qui confectionnent de la broderie ou bien le village des potiers de Talatast.

Pour accéder à la vallée, prendre la route direction Ouarzazate jusqu'au bourg de Aït Ourir, qui aborde l'oued Zat et marque la fin de la plaine du Haouz. Si c'est un mardi, vous profiterez de l'ambiance du souk hebdomadaire *Tlat n'lmi n Zat* qui reçoit très peu de touristes. De la route, vous aurez une belle vue sur les hautes murailles crénelées de la kasbah. En arrivant à Aït Ourir, deux possibilités s'offrent à vous à l'entrée du village : à gauche, c'est direction le centre-ville et tout droit, c'est une rocade qui franchit une première fois le Zat pour vous conduire ensuite dans la vallée. km 36 : laissez la belle route qui file tout droit à Ouarzazate pour emprunter la petite route goudronnée sur la droite, direction Tighdouine. Elle serpente au milieu des plantations d'oliviers et de verveine, de tomates ou d'oignons. Au printemps, les taches des lauriers roses en fleur confèrent à l'endroit une beauté supplémentaire et contrastent avec les massifs verdâtres des peupliers. km 52 : Tighdouine, dernier bourg avant l'entrée véritable dans la vallée. À une demi-heure à pied, vous accéderez à la source de Sidi El Wafi, découverte en 1990, dont l'eau minérale pétillante délicieuse guérirait les problèmes d'estomac. Ces sources (7 au total) constituent une escapade prisée des familles marocaines qui y passent la journée et déjeunent dans les petites gargotes conviviales à proximité. Faites comme eux et prévoyez des bouteilles vides afin de les remplir de cette eau magnifique aux vertus curatives. Le cas échéant, sachez qu'on en vend sur place. Et pour parfaire l'expérience, on se laisse tenter par un thé hautement aromatisé à base de plantes, pas moins de vingt-cinq, dixit l'herboriste.

La région, si abondante en couleurs, ne manque pas d'atouts et d'autres pistes permettent de découvrir une vallée différente, moins encaissée mais tout aussi attractive. Le village d'Ouinimzen par exemple qui apparaît superbe accroché à son versant de montagne et où le temps semble s'être arrêté. Celui de Tizirt avec ses maisons agrippées à la pente, et entouré de noyers. Enfin le village d'Ansa à 2 000 m d'altitude qui marque la fin d'un itinéraire potentiel de balade. Les plus courageux monteront jusqu'au col de Tanofti à 2 300 m par un sentier muletier. La vue sur le plateau permotriasique du Yaggour est spectaculaire et récompense vos efforts. Ces hauts pâturages sont parcourus depuis des millénaires par les pasteurs qui remontent vers les terres fertiles et sont parsemés d'*azibs* (bergeries) qui reçoivent en été un nombre impressionnant de caprins. C'est là que l'on peut découvrir des images rupestres gravées sur des dalles gréseuses, dont la richesse patrimoniale est incontestable. Sur une vingtaine de sites recensés, on peut admirer figures géométriques, roues solaires, haches, animaux et bœufs domestiques sans oublier des humanoïdes représentés armés, témoignage d'une occupation attestée depuis la fin du néolithique.

À nous, visiteurs de passage, de tout faire pour que ces villages et ces vallées conservent leur âme. En respectant quelques règles élémentaires, comme celle de s'habiller décemment ou de ne pas photographier une personne sans son accord, vous contribuerez au développement des lieux sans nuire au fragile équilibre de la vie sociale et des communautés berbères.

TIZI N'TICHKA

Tizi n'Tichka (en berbère « col des pâturages ») est le col le plus élevé du Maroc. Malgré les vents frais qui soufflent sur ces versants, de vastes prairies aux allures de steppe fournissent d'excellents alpages, l'été, pour les troupeaux. Au printemps, les bergers des villages situés de l'autre côté de la vallée gagnent alors les refuges pour y passer la saison chaude. Le sommet du Tizi n'Tichka marque la séparation entre les provinces de Marrakech et d'Ouarzazate. Vous pouvez vous restaurer à l'auberge située entre deux marchands de minéraux, elle est recommandée par une enseigne rouillée du *Guide des gastronomes français*, en place depuis… 1939 !

TELOUET ★★

Ce gros village paisible, situé à 1 800 m d'altitude, jouit d'une situation géographique exceptionnelle : le versant sud de la colline est composé de fertiles vergers, tandis que l'oued Imarene permet la culture de fruits et de légumes en abondance. Le village n'a pas vraiment d'intérêt, à l'exception de la vue qu'il offre sur les montagnes accidentées et la belle vallée qu'immortalisa Jacques Majorelle lors de ses voyages à dos de mule dans la région. Le paysage est encore plus impressionnant au printemps, quand on peut admirer, derrière la silhouette de la casbah du Glaoui, les taches blanches, laissées par les dernières neiges, sur le djebel Ghat.

TADDERT

Pas grand-chose à signaler dans ce petit village, où l'on voit plus de moutons et de pasteurs que de touristes. Un vaste parking marque le lieu de halte de la plupart des grands taxis qui font le trajet entre Ouarzazate et Marrakech. Après Taddert, la route grimpe dans la montagne, découvrant de hautes falaises et de profonds ravins. La vallée de l'oued Rdat disparaît pour laisser place à un paysage aride et pierreux. Juste avant d'arriver au sommet du col, on peut voir la télébenne qui transportait le manganèse extrait des mines d'Imini, situées dans la vallée, un peu plus au sud, et évitait ainsi les inconvénients du col, bloqué pendant l'hiver.

OUNILA TREK ☛

✆ +212 6 76 66 89 82

www.ounila-trek.com

Tarifs : 700 DH pour une demi-journée (sur la base de 2 personnes).

Ali Ahdadi connaît la vallée de l'Ounila comme sa poche. Au fil de années, il s'est spécialisé dans les circuits autour de Télouet en direction d'Aït Ben Haddou. Durant une randonnée avec lui, sûr que vous ne vous ennuierez pas, Ali se présentant lui-même comme un grand bavard. Il s'avère surtout passionné par les peintures de Jacques Majorelle et le territoire qu'il vous donne à découvrir, ainsi que par les rencontres et échanges avec les visiteurs. Féru de littérature, il maîtrise parfaitement le français, appréciable pour les explications durant la promenade.

Poterie à Taddert.

Kasbah de Telouet.

KASBAH DU GLAOUI ★

On accède à la kasbah du Glaoui en poursuivant la route sur 1 km après le village.

Entrée 20 DH.

On entre dans la kasbah par une porte voûtée qui débouche sur ce qui était autrefois la cour d'honneur où étaient données les fêtes folkloriques en hommage à la beauté des femmes du harem. A gauche, la vaste salle à manger du pacha conserve son plafond en bois de cèdre, tandis que de petites fenêtres grillagées laissent entrevoir un beau panorama sur les maisons du village. En face se trouve la salle à manger, plus étroite, entièrement close, qui était réservée aux épouses légitimes du Glaoui et remplissait, ainsi que la salle attenante, la fonction de harem. A droite, une petite pièce, la chambre à coucher où Thami el-Glaoui rendit l'âme en 1956. La décoration intérieure, d'inspiration andalouse, a énormément souffert du temps, mais les sculptures de stuc et de plâtre qui ornent les plafonds, les zelliges qui courent sur les colonnes et les chapiteaux rappellent, avec la belle sobriété des poutres apparentes, que cette kasbah fut le théâtre d'éblouissantes et fastueuses fêtes à une époque où la puissance des Glaouas s'étendait au-delà de Marrakech ! On raconte que plus de 300 des meilleurs ouvriers, venus de tout le royaume, ont travaillé pendant trois ans à la décoration du palais. Le plus surprenant est de voir aujourd'hui ce somptueux fantôme, perdu au milieu du bled, qui s'effrite inexorablement. De la terrasse située au dernier étage, on domine les ruines de la kasbah primitive ainsi que la grande cour d'honneur, construite en extension de la première kasbah, devenue par la suite un caravansérail.

AUBERGE TELOUET €

Traverser le village et continuer environ 500 mètres en direction de la kasbah dans le virage.

✆ +212 5 24 89 07 17 - www.telouet.com

300 DH par personne en demi-pension (dîner et petit déjeuner).

Au sein du village, l'auberge Telouet vous accueille à la frontière du Grand Sud marocain. Avec 13 chambres, il s'agit maintenant plutôt d'un hôtel. Toutes disposent d'une salle de bains et de la climatisation. Pour les repas à la belle saison, direction les tentes berbères situées devant la kasbah. En hiver, ils sont servis au restaurant de l'hôtel. Plusieurs animations sont proposées sur demande. Excursions et randonnées sont possibles durant tout votre séjour grâce à la présence d'Ali, un guide officiel et truculent, jamais à court de bons mots.

KASBAH TIGMI'N'OUFELLA €€

Village Anguelz

✆ +212 661 235953

Chambre double avec petit déjeuner à partir de 40 €.

Située à 10 km de Telouet en direction de Ouarzazate, la kasbah dispose de trois chambres. Cette adresse familiale, tenue par Lahoucine et sa femme, se démarque par son côté intimiste, au cœur du village d'Anguelz. Les chambres sont spacieuses et décorées de façon originale. A la sensation de dormir chez l'habitant, s'ajoute celle de pénétrer l'antre d'un artiste. A table, une cuisine généreuse. Des balades sont organisées pour découvrir les environs et ses villages pittoresques. Une adresse du bout du monde où apprécier une réelle immersion.

TISSELDAY ★

Pour ceux qui souhaitent poursuivre leur chemin jusqu'à Aït Benhaddou ou Ouarzazate, une halte à Tisselday, petit village berbère typique du Haut Atlas, près d'Ighrem N'Oudgal s'impose. Vous y trouverez quelques restaurants sans prétention, mais qui servent une délicieuse cuisine familiale, et deux hôtels corrects. Dans ses environs, vous admirerez le col le plus élevé du Maroc, qui culmine à 2 260 mètres d'altitude. Il offre un panorama splendide sur les hautes crêtes du djebel Tistouit et du djebel Bou Ouriou, et de belles randonnées qui feront le bonheur des amateurs. Vous pourrez aussi visiter le grenier fortifié du village d'Ait Oaziz.

MAISON D'HÔTES IROCHA €

✆ +212 6 67 73 70 02

www.irocha.com

Chambre double à partir de 690 DH avec petit déjeuner, suite à partir de 900 DH. Repas à partir de 150 DH.

Cette maison traditionnelle perchée à flanc de colline offre un panorama féerique sur la vallée et les ruines d'un ancien palais glaoui. Ahmed, natif du village, vous accueille chaleureusement et vous fait découvrir avec grand plaisir les traditions berbères. La décoration est soignée. On se sent chez soi. On aime la cuisine maison et le joli hammam traditionnel. Visite des villages des environs de Ouarzazate (dont le lieu de tournage du film *La Colline a des yeux*), trekking dans l'Atlas et farniente autour de la piscine. Les prix restent élevés pour la région.

VALLÉE DE L'OUNILA

Avant que le col du Tichka ne soit praticable, c'est par cette piste splendide que passaient les caravanes qui, de Ouarzazate, se dirigeaient vers Marrakech. La piste suit le cours de l'oued Ounila à partir de la magnifique kasbah d'Anminter. Se faire accompagner ou se faire dessiner l'itinéraire qui permet de rejoindre Aït Benhaddou, 50 km plus loin, car il y a de nombreux croisements et pas la moindre indication. km 10. Au départ de la kasbah du Glaoui. Arrivée au village d'Anminter. La côte, difficile à grimper, est souvent encombrée de vaches et de poules. De l'autre côté du monticule, il faut rouler dans l'oued sur environ 300 m et la piste débute sur votre gauche, un peu plus loin. km 12. Angliz. km 14. Prenez le pont qui se trouve à votre gauche, puis continuez tout droit vers Touracing dont on aperçoit les toits en contrebas, dans l'oasis qui borde l'oued. km 18. A partir de là commence une succession d'oasis. Dans chaque oasis, une kasbah aux remparts crénelés en pisé rouge entoure la mosquée du village : Agaha, Tizgue, Tarakoucht. km 24. Oasis de Tigirt : époustouflant. km 31. Azmerou. km 45. Village de Tamdart. km 48. Aït Benhaddou. Lac de Tamda (2 167 m). Il faut environ 4 heures de marche, au départ de Télouet, pour rejoindre le lac. On remonte l'oued Ounila jusqu'à sa source, en empruntant ce qui autrefois était le prolongement de la route des caravanes vers le nord, le Tizi n'Télouet. Le paysage devient de plus en plus pierreux et austère. Au lac, un refuge permet de continuer plus loin, vers le massif du M'Goum.

HAUT-ATLAS

© LEONID ANDRONOV - FOTOLIA

Vallée de l'Ounila.

CASCADES D'OUZOUD ★★★

Les cascades d'Ouzoud font partie des chutes d'eau les plus hautes du Maroc et se situent à 1 600 m d'altitude au cœur du Moyen Atlas. Vous pouvez envisager une promenade de 350 km (aller-retour) à travers la chaîne de montagnes la plus convoitée du pays et l'un des sites les plus fascinants de l'Atlas marocain. Jusqu'à Demnate, la route est étroite, mais bonne et ne présente pas un intérêt particulier. Après Demnate, le paysage devient de plus en plus agréable. Prévoyez de partir tôt le matin, mais si possible en semaine pour éviter les foules. Il est possible de rejoindre les cascades en transport en commun en prenant le bus qui va à Azilal ou un grand taxi à la station de Bab Doukkala. Demandez au chauffeur de s'arrêter au rond-point des Cascades, puis un taxi pour les derniers kilomètres.

▸ Km 0. Bab Doukkala. Prenez la direction de Fès.

▸ Km 15,3. Oued el-Hadjar.

▸ Km 16,5. Prenez à droite, au carrefour vers Sidi Rahal, la route 210.

▸ Km 46. Joli petit village de pisé, au milieu d'une oliveraie.

▸ Km 50. Sidi Rahal. Bourgade sans importance, pourvue d'une station hydroclimatique. La zaouïa de Sidi Rahal est située sur la rive droite de l'oued R'dat, et abrite les reliques du saint homme qui aurait tari par une seule prière les crues de l'oued considéré dans la région comme l'un des affluents de l'Enfer ! Souk le vendredi.

▸ Km 58. Tazzerte a été autrefois une ville importante, propriété du Glaoui de Marrakech qui y a fait construire quatre kasbahs, aujourd'hui en ruine. Souk le lundi.

▸ Km 65. Quittez la route principale et offrez-vous une promenade pittoresque en prenant, sur votre droite, la direction du barrage Moulay Youssef.

▸ Km 76. La route se prolonge jusqu'au village d'Agadir bou Acheïba, autre petit douar de pisé rouge.

▸ Km 77. Barrage Moulay Youssef sur les rives du village de Timinoutine. Le site est agréable, mais la nage est interdite dans le lac artificiel des Aït Aadel. La route se prolonge, plus étroite, avant de s'achever dans un cul-de-sac. Faites demi-tour.

▸ Km 89. Retour sur la route principale.

▸ Km 121. Demnate. Située à 960 m d'altitude, cette bourgade surplombe une vallée verdoyante. Suivez la route principale qui pénètre dans la ville, près de la porte principale, où de nombreux commerces et bazars offrent une animation permanente. La route grimpe sur la droite vers la kasbah, protégée par un vaste rempart et par des douves. Face à la kasbah, une vaste place tient lieu de marché. Vous y trouverez notamment de magnifiques poteries, une spécialité de Demnate qui est vendue à travers tout le pays. L'autre spécialité locale est la *mahia*, un alcool de figue qui affiche vaillamment 40°. Poursuivez sur la route, toujours en grimpant en lacets à travers la cédraie en direction du pont naturel d'Imi n'Ifri, le long de l'oued Mehasseur. Superbes panoramas sur Demnate en contrebas et, à l'horizon, sur la plaine du Haouz.

▸ Km 130. Pont naturel d'Imi n'Ifri. En berbère, la « porte du gouffre ». Il s'agit d'une monumentale arche creusée par l'oued dans le roc. Sous cette voûte, peuplée de choucas et d'oiseaux de nuit, pendent des centaines de stalactites qui forment un spectacle impressionnant. Garez votre véhicule sur la petite place. Vous descendez vers la grotte en prenant, sur la gauche, un sentier escarpé. Environ 30 minutes plus tard, vous parvenez à la grotte d'où s'écoule l'oued : juste le temps qu'il faut pour que votre guide vous raconte l'une des nombreuses légendes qui courent au sujet de la formation de ce pont naturel. Lors du moussem qui se tient le 14e jour suivant l'Aïd el-Kebir, juifs et musulmans sacrifient leurs animaux dans le lit de l'oued Mehasseur. Si le cœur vous en dit, poussez un peu plus loin en voiture sur la route principale, à gauche au-dessus du pont. La route traverse ici un vaste plateau désertique et rocailleux, qui offre un paysage presque lunaire. Parmi les roches, peut-être découvrirez-vous quelques gravures rupestres ou – comme l'assurent les habitants du coin – quelques empreintes de pattes de dinosaure.

▸ Km 139. Retour à Demnate. Sortez de la médina par la porte principale et continuez tout droit à travers la ville nouvelle sur la route de Tanant.

▸ Km 147. Bifurquez à droite, vers Azizal et Beni Mellal en reprenant la route S502.

▸ Km 152. Agréable petit village sur les bords de l'oued Lakhder.

▸ Km 163. Tanant. Bourgade administrative sans grand intérêt si ce n'est le panorama, splendide, sur les djebels Ghat et Azourki. La route traverse une série de plateaux désertiques, le pays d'Entila où des douars fortifiés témoignent d'une présence humaine.

▸ Km 177. Sur la droite, bifurcation vers le barrage Moulay-Hassan-Ier. La route qui y mène, plus étroite, traverse une colline verdoyante peuplée de villages de pisé rouge foncé.

A l'angle des deux routes se trouve un souk de campagne pittoresque où les bergers des montagnes viennent se ravitailler à dos d'âne.

- Km 186,5. Au beau milieu d'une plaine entourée de montagnes, prenez sur la gauche la route étroite en direction d'Ouzoud. Vous découvrez des montagnes plus verdoyantes dont les cimes sont revêtues de forêts.

- Km 188. Sur la droite, superbe kasbah de pisé rouge.

- Km 202. Arrivée sur le parking des cascades d'Ouzoud. Commencez la visite en empruntant le sentier à droite et suivez les cascades au bruit ou en longeant les petits cours d'eau de l'oued Ouzoud venus des montagnes et utilisés par les habitants pour moudre le grain et fabriquer l'huile : de nombreux moulins à eau sont construits à cet endroit dans de petites cabanes. Selon les saisons, les cours d'eau peuvent emporter les petits ponts de bois ou recouvrir les sentiers pédestres. Plus l'on progresse et plus la végétation se fait dense et l'on parvient enfin au bord du canyon de l'oued El-Abid. Poursuivez la descente vers les rives en suivant le chemin de terre qui part vers la droite. On passe alors à travers une oliveraie ponctuée de caroubiers qui laissent pendre leurs gousses emplies d'une pulpe sucrée que les locaux adorent. La forêt, sur cette rive, est peuplée de sangliers mais surtout de singes magots, bruyants et chapardeurs. Ils possèdent une capacité d'adaptation à l'environnement extraordinaire, attentifs aux restes de méchoui ou de soda abandonnés par les touristes. Sur la rive opposée, de nombreuses grottes naturelles abritent des gravures rupestres. La descente sur les bords de l'oued s'accompagne d'un panorama superbe. La baignade doit se faire avec prudence, surtout au printemps lorsque les eaux de la cascade sont grossies par la fonte des neiges. Si l'on parvient à traverser la rivière pour rejoindre l'autre rive, un escalier taillé dans le roc, glissant et glaiseux, ramène au parking. Tout au long du parcours, de nombreuses gargotes voisinent avec les marchands de souvenirs. On peut aussi faire l'aller-retour par le sentier rive gauche.

LES SOURCES DES CASCADES ★

Un peu avant l'entrée du village, suivre la piste qui part à droite en face d'une école.

Voici un site de baignade et de *farniente* très agréable pour passer l'après-midi après avoir découvert les cascades. Les sources d'Ouzoud sont d'ailleurs bien connues des familles marocaines. Après avoir posé la voiture, vous devrez longer l'oued Tissakht à pied ou à dos de mule. Vous ne mourrez ni de soif ni de faim, car quelques vendeurs ont ici aussi investi la « plage ». Malgré tout, le coin reste joli et naturel. L'eau des multiples petites retenues est très fraîche et limpide. Les enfants grelottent, mais s'en donnent à cœur joie, tout comme les adultes.

LE VILLAGE MEXICAIN

Un peu avant l'entrée du village, petite route sur la gauche, juste après le Palais d'Ouzoud. Montée sur environ 10 minutes.

Il paraît qu'à une époque indéterminée, un voyageur venu du Mexique a visité le village et noté une troublante ressemblance avec un *pueblo* de son pays natal. Ne cherchez donc pas des traces de culture maya, il n'y en a pas. Au demeurant, Tanagmelt est un bel exemple de village berbère, construit dans un enchevêtrement de ruelles pittoresques. La vie s'écoule paisiblement : la volaille *beldi,* fringante, occupe la rue, des mules sortent parfois des maisons et les enfants font des longueurs dans la fontaine, non loin de maman lavant le linge. Le Maroc, quoi !

CAMPING AUBERGE-ZEBRA €

A environ 1 km avant le village.
✆ +212 6 66 88 74 08
www.campingzebra.com
Ouvert toute l'année. 100 DH pour un grand emplacement, douche chaude incluse. Animaux admis. Piscine payante.

Ce camping mignon offre 13 emplacements ombragés pour camping-car et tente. Le prix comprend les voitures mais pas l'électricité. Le camping Zebra comporte aussi d'agréables bungalows au confort variable, de la simple chambre double sans sanitaire au logement pour 5 avec salle d'eau, clim et télévision. Quelques jeux ont été installés, ainsi qu'une piscine hors-sol. Machine à laver disponible, eau chaude aux lavabos pour la vaisselle, tri de tous les déchets. Salle de restauration (cuisine internationale) et terrasse agréables. Très bon accueil.

HAUT-ATLAS

Les Cascades d'Ouzoud.

CAMPING LA NATURE €

Une fois sur la place à l'entrée du village, dirigez-vous vers la droite comme pour aller en haut des cascades. Descendez trois marches vers l'Espace cascade blanche.

A partir de 30 DH la nuit pour deux en tente + 5 DH pour la douche. Paillote à la journée : à partir de 30 DH. Parking.

Ce camping offre des emplacements pour tente (ne vous attendez pas à une aire organisée où vous serez séparés de vos voisins par une épaisse haie !) et surtout des paillotes parfaitement ombragées que l'on peut louer à la journée. Ambiance familiale et authentique. De nombreux touristes marocains s'y installent pour pique-niquer. Entre midi et deux, il est fréquent que l'endroit fleure bon le tajine ou que fument les grillades, avant que finisse de bouillir l'eau du thé. Le plus : le camping dispose d'un accès direct à un point de baignade avec petit torrent.

CAMPING LE PANARD €

✆ +212 6 68 61 56 97

https://campinglepanard.wordpress.com

200 DH par nuit et par personne en demi-pension (dîner et petit déjeuner)

Les voyageurs à petit budget qui aiment bivouaquer, camper ou encore dormir en hamac et à la belle étoile seront ravis de passer quelques jours au Panard. Les tentes berbères et chambres offrent néanmoins la possibilité d'un vrai lit. Les repas sont délicieux et sont préparés sur demande. Les soirées s'animent autour d'un feu tout en musique. Le site est isolé au bord de l'*oued* et à l'écart de l'agitation des établissements plus formels. Ici on est au cœur de la vallée sauvage avec vue sur les cascades. Une adresse conviviale que nous vous conseillons vivement !

HÔTEL CHELLAL €

✆ +212 5 23 42 91 80

www.hotelchellalouzoud.com

Chambre à partir de 250 DH la nuit. Parking public gardé proche de l'hôtel.

C'est le plus grand hôtel au pied des cascades d'Ouzoud (des Moulins en langue amazighe), simple et efficace. Les 13 chambres sont décorées façon locale (murs de couleurs et couvertures à rayures) et dotées d'une salle de bains et seules deux d'entre elles ne sont ni climatisées ni chauffées. Possibilité de se restaurer sur la jolie terrasse extérieure, arborée et ombragée. Ne manquez pas le site des chutes bien sûr, avec les petits macaques qui s'y promènent en toute liberté. Et la région d'Azilal, dominée par le vert omniprésent, préservée, hors du temps.

LE PALAIS D'OUZOUD €€

✆ +212 6 61 33 92 86

www.palaisdouzoud.com

Chambres en bungalow à partir de 62 € la nuit. Restauration à la carte.

Situé un peu avant l'entrée du village et la joyeuse émulation touristique liée aux cascades, le Palais d'Ouzoud est un établissement paisible, idéal pour se ressourcer. Les dix chambres doubles en bungalows sont sobres, mais agréables et spacieuses. Méthodes de construction et décoration traditionnelles berbères ont été respectées pour un résultat qui se révèle harmonieux et bien intégré. Un grand jardin et la piscine apportent de la fraîcheur au lieu et offrent une vue magnifique sur les montagnes. Toute l'équipe est disponible et aux petits soins.

RIAD CASCADES D'OUZOUD €€

Chemin des moulins Azilal

✆ +212 6 62 14 38 04

www.ouzoud.com

Chambre double à partir de 550 DH, petit déjeuner inclus.

Ce beau riad dominant l'oued est la seule possibilité confortable d'hébergement proche des cascades. De style rustique, il propose 9 chambres confortables, avec salle de bains et cheminée. Celles qui sont situées sur la terrasse disposent d'une vue panoramique. Il est très agréable de déjeuner sur la terrasse d'où l'on surplombe les plus hautes cascades du Maroc (110 m), bercé par le bruit des chutes d'eau. Possibilités d'excursions et d'activités sportives autour de la cascade d'Ouzoud, accompagné sur demande par Mouloud l'un des rares guides fiables du secteur.

IMILCHIL ★★

Imilchil, situé à 2 200 mètres d'altitude, est composé d'une vingtaine de villages berbères dont les maisons en terre battue sont accolées à la rivière Assif Mellou. Ce hameau, perdu au cœur des montagnes du Haut Atlas, est connu pour le moussem des fiancées qui se déroule fin septembre dans le village voisin d'Aït Hddidou Ameur. Les jeunes filles et garçons de la région viennent y célébrer leurs fiançailles. Le village est envahi par les habitants et les touristes venus en masse. La musique à fond, un brouhaha perpétuel dans une odeur de bétail et de nourriture berbère, le tout constituant la toile de fond d'un des moussems les plus célèbres du Maroc.

PASSPORT

OUARZAZATE ET SA RÉGION

Il s'agit certainement de la région la plus étonnante et la plus dépaysante du Maroc. Pour commencer, Ouarzazate, chef-lieu de la province, dévoile de fascinants paysages désertiques qui ont servi de décors à de nombreux films, dont *Lawrence d'Arabie* et *Game of Thrones*. En s'enfonçant dans la région, on s'émerveille devant la vallée des Roses puis devant les impressionnantes gorges du Dadès. Il faut ensuite continuer vers l'est pour vivre une expérience inoubliable au cœur du désert. Des dunes de Merzouga aux déserts noirs et caillouteux de la région comprise entre Rissani et Zagora, l'émerveillement est sans fin. Dans cette région, l'alternance des paysages donne le tournis, à tel point qu'on se croirait parfois en Australie, Nouvelle-Zélande et même en Afrique subsaharienne. Mais à l'approche des petits villages en pisé, souvent nichés au creux d'un oued verdoyant, on se rappelle qu'on est bien au Maroc.

Bejaad
Aït Ishaq
Kasba Tadla
El Borouj
Barrage Al Massira ★★
Tanougha
Aghbala
Beni Mellal
IMILCHIL ★★
Ouaouizaght
El Kelâat Es-Sraghna
CASCADES D'OUZOUD ★★★
Azilal
Toujodine
Tamelelt
Aït Hani
Demnate
M'SEMRIR ★★
Tabant
Ait Ourir
GORGES DU DADÈS ★★★★
TINGHIR ★★★
Ait Tamlil
Tisguine
TADDERT
BOUMALNE DU DADÈS ★★★
TELOUET ★★
TIZI N' TICHKA ★★
Anmiter
Aguerd
EL-KELÂA M'GOUNA ★
Kalaat M'Gouna
VALLÉE DE L'OUNILA
VALLÉE DU ZAT ★★
TISSELDAY ★
SKOURA ★★
AÏT BEN HADDOU ★★★★
Tagemout
TIFOULTOUTE ★★★
OUARZAZATE ★★
NKOB
FINT ★★
TAZZARINE
DJEBEL SIROUA ★★
Tamayousste
AGDZ ★
TAMNOUGALTE ★
TAGMOUT ★★
TAZENAKHT ★
Anti-Atlas
Bouzeroual
Foum El Oued
ZAGORA ★★
AMAZRAOU ★★
TAMEGROUTE ★
TINFOU ★
Fezouata
TAGOUNITE
AMAZROU ★★
FOUM ZGUID
Tagounite
TISSINT
OUM LAALEG
ERG LIHOUDI ★★
ERG CHEGAGA ★★★
Lac Iriki
M'HAMID ★
Bounu
Oued Drâa

Ouarzazate et sa région
Taourirt Chouha
Boumia
MIDELT
Tounfite
Gourrama
Bni Tadjite
Er-Rich
Tissraouline
Aït Bou Akki
VALLÉE DU ZIZ ★★
Ksar Tazougart
Assoul
ER RACHIDIA ★★
Boudnib
GOULMIMA
Aoufous
Ifegh
TINEJDAD ★★
Oued Gheris
ERFOUD
agoudim nikhrtane
RISSANI ★★
ALNIF
Tazoulaite
MERZOUGA ★★★
Taouz
Ramlia
Oum-Jrane
ALGÉRIE
50 KM

PAGES

PAGES

445 **GORGES DU DADÈS ★★★★**

La route en lacet grimpant aux gorges du Dadès dévoile des paysages singuliers et fascinants, méritant quelques arrêts pour s'imprégner de cette atmosphère envoûtante. Arrivé aux gorges, le spectacle est tout aussi impressionnant. Prenez un bon bol d'air frais et savourez ce moment.

446 **M'SEMRIR ★★**

447 ●● GORGES DU TODRA

Bien que très touristiques, les gorges du Todra méritent cependant le détour. Nous vous recommandons de passer la nuit au pied de ces impressionnantes montagnes. Les amateurs de randonnées iront à la rencontre des nomades, vivant provisoirement dans les grottes nichées au sommet. Quant à la roche abrupte, elle sera un terrain d'aventures vertigineuses pour les passionnés d'escalade.

447 **TINGHIR ★★★**

Attenant à l'une des plus belles palmeraies du Maroc, Tinghir est une bourgade très agréable, dévoilant un côté moderne. Sa visite est l'occasion de jolies balades au cœur de cet environnement luxuriant qui s'étend jusqu'aux gorges de Todra.

449 **TINEJDAD ★★**

Ce village authentique constitue une halte agréable si vous êtes de passage dans les environs. Ses musées sont riches et très complets, offrant une vue d'ensemble sur la culture nomade. Son ksar et sa palmeraie méritent également une visite.

450 ●● RÉGION D'ER RACHIDIA

Loin des circuits touristiques, la région peut néanmoins constituer une étape agréable sur la route de Fès ou de Ouarzazate. La vallée du Ziz, qui s'étend sur près de 300 km, est l'occasion de belles balades au cœur d'une végétation luxuriante. Les campeurs en quête de tranquillité pourront passer quelques nuits près de la source bleue de Meski où règne une ambiance conviviale.

450 **ER RACHIDIA ★★**

Voici l'exemple type de la ville administrative marocaine, avec ses larges avenues et ses commerces bien rangés. Bien que sa visite présente peu d'intérêt, elle peut constituer un point de chute parfait et paisible pour visiter les alentours.

450 **GOULMIMA**

450 **MIDELT**

451 **VALLÉE DU ZIZ ★★**

453 ●● D'ERFOUD À ZAGORA

Depuis la vallée du Drâa et la région, nous voici au cœur de la région de Merzouga, sans être obligés de passer par Ouarzazate. L'itinéraire traverse Alnif et Tazzarine, entre les belles palmeraies. La N12 est également dorée tout comme Zagora, qui possède une juste valeur et un trajet jusqu'à N'Kob, qui peut désormais constituer un point de départ idéal pour la découverte de la région.

453 **ERFOUD**

PAGES

455 **RISSANI ★★**

Berceau historique de la dynastie alaouite, Rissana recèle dans ses environs plus d'une centaine de kasbahs. C'est aussi la dernière ville avant de vous aventurer dans le désert. L'occasion de faire quelques achats et le plein d'essence avant de partir.

456 **MERZOUGA ★★★**

Des dunes, des dunes et des dunes à perte de vue ! Ce désert de sable subjugue par son atmosphère si singulière, notamment au lever ou au coucher du soleil, où le lieu devient absolument magique. Le site est très touristique, et l'endroit a vu pousser une multitude d'auberges au bord de cet erg présaharien.

460 **ALNIF**

460 **TAZZARINE**

460 **NKOB**

462

●● RÉGION DE ZAGORA

Entre montagnes arides, oasis luxueuses et dunes de sable, cette région au sud de Ouarzazate fascine par ses paysages variés. Passer une nuit dans le désert est une expérience incomparable, les lumières créant une atmosphère enveloppante. Avant votre excursion dans le désert, nous vous recommandons de visiter Zagora pour découvrir les vestiges d'un autre temps.

© ASTALOR - ISTOCKPHOTO.COM

Dromadaires dans les dunes d'Erg Chegaga.

PAGES

462 ZAGORA ★★

Carrefour de cultures, Zagora a joué un rôle important au cours de l'histoire du Maroc, elle qui était le point de rencontre des caravanes pour Tombouctou. Elle constitue une halte agréable et ses alentours offrent de nombreuses possibilités d'excursions, notamment pour admirer des peintures rupestres bien conservées.

465 AMAZRAOU ★★

Cette bourgade, au sud de Zagora, offre une jolie escapade au bord de la palmeraie. Ne manquez pas l'ancien mellah et son dédale de ruelles et de galeries souterraines. Ici, les ânes se baladent en semi-liberté, et les enfants courent dans la rue. Authentique !

466 TAMEGROUTE ★

Cette jolie palmeraie est connue pour sa célèbre zaouïa, fondée au XVIe siècle. Elle conserve le tombeau d'un grand savant où viennent se recueillir de nombreux pèlerins. Le village abrite aussi un centre artisanal où sont réalisées de belles poteries.

466 TINFOU ★

466 TAGOUNITE ★

466 M'HAMID ★

468 ERG LIHOUDI ★★

Les dunes de sable se dévoilant devant vous, vous voici aux portes du désert saharien. Ici, les tentes khaïma sont les maisons traditionnelles des nomades. Laissez-vous tenter par une nuit dans le désert, mais couvrez-vous bien !

468 ERG CHEGAGA ★★★

Dépaysement total garanti au cœur de ces dunes de sable, s´étendant sur plus de 40 km. En 4x4 ou dromadaire, profitez de ces paysages fantastiques se modelant au gré du vent. Et pourquoi ne pas se laisser tenter par une nuit à la belle étoile ? Les levers et couchers de soleil sont superbes !

468 OUM LAALAG

469 ●● VALLÉE DU DRÂA

De Zagora à Agdz, la route serpente le long de l'oued Drâa, qui était autrefois le plus long fleuve du Maroc. Ce fleuve, qui se noie à certains endroits dans les sables du Sahara, a donné naissance à l'une des plus belles palmeraies du Maroc, longue de plus de 200 km. On y découvre de nombreuses kasbahs, dont certaines méritent le détour comme celle d'Oulad Atmane, à 35 km avant Agdz.

469 TAMNOUGALTE ★

Capitale historique de la tribu des Mezguita, cette bourgade fortifiée conserve fièrement l'un des plus anciens ksour de la vallée du Drâa. Baladez-vous dans son labyrinthe de ruelles étroites et galeries souterraines, ponctuées de jolies places.

470 AGDZ ★

OUARZAZATE ★★

En berbère, *ouar* signifie « sans » et *zazate* « les bruits », Ouarzazate serait donc la cité sans bruit. Un nom pas tout à fait adapté à cette ville d'environ 70 000 habitants, souvent considérée comme un carrefour des routes du Sud. Avant l'entrée de la ville, les studios Ecla et Oscar se succèdent, aux couleurs de Cléopâtre. Ouarzazate est une cinéphile. Fierté pour le peuple de toute la région de Ouarzazate, les gens se font un plaisir de vous citer les films qu'ils ont vu naître près de chez eux. Même si aujourd'hui l'industrie du cinéma s'essouffle dans la région, la ville a accueilli, depuis les années 1960 avec *Lawrence d'Arabie*, de nombreux grands films. En 2014, les équipes de *Game of Thrones* sont elles aussi venues profiter du décor. Ouarzazate, ville de sable aux portes du désert. Ses grandes avenues dessinent les contours d'un centre vivant, où l'on vient marchander la nuit, se balader sur la place principale Almowahidin ou dans les ruelles alentour. Le vieux Ouarzazate est à quelques minutes, direction le musée du cinéma. En face, la kasbah Taourirt a ouvert à la visite plusieurs de ses pièces. Cette ancienne kasbah du Glaoui est d'un grand intérêt architectural et c'est une des seules de la région à être aussi bien entretenue. Quartier historique et typique, on se perd volontairement dans ses ruelles ombragées menant à de jolies placettes. Au bout des *zgag*, couloirs de terre et de paille, quelques maisons d'hôtes pointent leur nez, chaleureuses et décorées avec beaucoup de goût. On se laisse alors porter par le sud, la chaleur des paysages et des habitants. Et Ouarzazate devient bien plus qu'une ville de passage.

Histoire

Il semblerait que les premiers habitants sédentarisés ici ont été les Berbères, suivis ensuite des Africains noirs et des Juifs. En l'an 681 de l'ère chrétienne, l'introduction de l'islam, par l'intermédiaire de Okba Ibnou Nafia, scelle le sort de la région à celui du reste de la nation. Les habitants accueillent cette religion avec un enthousiasme grandissant partagé par l'ensemble de la population. Sous la dynastie idrisside, la région noue des liens commerciaux avec la rayonnante Sijilmassa, aujourd'hui en ruine. A la faveur de l'essor de Ouarzazate, Abdellah Ibn Yassine fonde la dynastie almoravide. La ville confirme sa vocation commerciale sous le règne des différentes dynasties, notamment sous la dynastie saadienne, quand El-Mansour entreprend, au départ de Ouarzazate, une expédition vers le Soudan, couronnée de succès. Ce voyage sera suivi d'un fort accroissement des échanges transsahariens. Mais la disparition d'El-Mansour en 1603 et la déviation des routes vers le littoral atlantique au profit des Européens entraînent la région dans une impasse économique qui a pour conséquence la division du pouvoir politique et le développement de l'influence des zaouïas. A la suite de la nomination du fils de Moulay Ismaïl, Moulay Sherif Wali, les habitants de Ouarzazate se rallient à la cause alaouite, à laquelle ils renouvellent régulièrement allégeance. La dynastie alaouite sait entretenir cette relation grâce à de nombreuses visites dans la région. A deux reprises, en 1966 et 1972, Hassan II y exerce ses talents de monarque unificateur des foules, et l'attachement du souverain à Ouarzazate se traduit par l'émancipation de la région dans les secteurs de l'agriculture, du tourisme et aujourd'hui de l'énergie solaire, ce qui lui permet de poursuivre son développement économique et social.

Pratique

L'avenue Mohamed V est la principale artère de la ville. Vous y trouverez pharmacies, téléboutiques, cybercafés, librairies, agences de voyages et location de voitures, restaurants, stations essence et banques. Vous trouverez aussi un supermarché bien fourni, y compris en produits européens et alcools. Il n'y a pas de présence consulaire à Ouarzazate, qui dépend de Marrakech. Le souk de Ouarzazate se tient le vendredi à Douar Chems, le mardi à Sidi Daoud et le samedi près de Inzbiatene, de l'autre côté de l'oued. Grand souk le dimanche dans le quartier industriel El Hay el Mohamadi.

MUSÉE DU CINÉMA

Boulevard Mohamed V
✆ +212 5 24 89 03 46
Ouvert tous les jours du lever au coucher du soleil. Tarif à partir de 30 DH par personne. Gratuit pour les -7 ans.

Ouvert depuis juillet 2007 à l'occasion de la fête du trône, ce musée reflète bien la volonté du gouvernement et de la municipalité de faire de Ouarzazate l'un des plus grands lieux de production cinématographique de la planète. S'étendant sur deux hectares, il est situé dans un ancien studio de tournage créé par des Italiens en 1981 et retrace l'histoire des studios de Ouarzazate et des grands films tournés en ces lieux. Vous y verrez entre autres la salle des décors utilisés dans le film *Aladdin 2*, tourné en 2017 dans la région.

KASBAH DE TAOURIRT ★★

Ouvert tous les jours du lever au coucher du soleil. Entrée payante, à partir de 20 DH par personne.

Classée au patrimoine mondial de l'Unesco, la kasbah de Taourirt date du XIIe siècle. Elle est connue pour avoir été l'une des résidences du puissant pacha de Marrakech, Thami el Glaoui. Parce qu'ils avaient offert un banquet à Moulay Hassan et ses troupes affamées, les Glaouis obtinrent le commandement du Sud Sahara, ce qui marqua le début de leur ascension fulgurante. Seigneurs de guerre, ils augmentèrent leur influence jusqu'à devenir des acteurs majeurs des relations avec le protectorat français. Thami el Glaoui est dans les années 1940 connu dans toute l'Europe surtout pour le faste de ses fêtes et la splendeur de ses palais. C'est également un puissant homme d'affaires ayant un monopole sur de nombreux commerces. La position stratégique de la kasbah Taourirt au confluent de deux fleuves (Ouarzazate et Dadès) amène Thami el Glaoui à l'occuper. La kasbah fut rachetée par la municipalité de Ouarzazate dans les années 1970. Aujourd'hui, on peut visiter cette magnifique kasbah en partie restaurée. Attention cependant aux nombreux guides munis de leur titre officiel qui vous proposeront leurs services à l'entrée. Ils ne sont pas tous fiables et ne connaissent généralement pas leur sujet, en dehors du discours qu'ils ont appris par cœur pour accéder au statut de guide. Cette visite est la seule incontournable de la ville ; cependant, ne vous attendez pas à de grandes salles aux décors somptueux, il n'y en a pas. Quelques salles méritent toutefois de vous y arrêter, telle la salle du Pacha, absolument superbe.

STUDIOS DE CINÉMA ATLAS ★

Route de Marrakech, km 4.
✆ +212 524 88 22 23 - ouarzazatestudios.com

Ouvert tous les jours, visite guidée en petits groupes. Départs toutes les 45 minutes. Entrée à partir de 80 DH.

Les studios de cinéma de l'Atlas ont connu de nombreuses stars ainsi que de nombreux films à succès, notamment *Astérix et Obélix Mission Cléopâtre* d'Alain Chabat dont la plupart des décors sont encore sur place. Mais aussi des scènes de *Ben-Hur*, de *Game of Thrones*, des *Joyaux du Nil*, avec Michael Douglas, de *Gladiator* avec Russel Crowe ou encore *Babel*, avec Brad Pitt. Il vous appartiendra de vous approprier les paysages en vous remémorant les scènes de vos films préférés. Prévoir au moins une demi-journée. Ouarzazate est, depuis les années 1960 et le tournage de *Lawrence d'Arabie*, un lieu privilégié par les réalisateurs de l'industrie cinématographique. Le cinéma a eu depuis lors une influence considérable sur l'économie de la région. Près de 100 000 personnes de la région vivraient directement ou indirectement du cinéma. Avec ses paysages désertiques et lunaires et son niveau d'ensoleillement toute l'année, la région offre des atouts incontournables à cette activité. Situés à 3 km à l'ouest de Ouarzazate, vous reconnaîtrez les studios grâce aux immenses pharaons postés devant l'entrée. Créés en 1983 en plein désert, Atlas Corporation Studios sont les premiers studios de cinéma du Maroc et s'étendent sur une superficie de 30 ha. Les studios sont ouverts au public et vous pourrez pénétrer dans le « César Palace » ou dans le temple tibétain du film *Kundun*, de Scorsese, en toute liberté. Une équipe de 45 personnes travaille à son entretien. Certains studios sont fermés aux visiteurs en période de tournage.

© STÉPHAN SZEREMETA

Décors des studios de cinéma de Ouarzazate.

BIVOUAC SOUS LES ÉTOILES

Avenue Mohamed V
✆ +212 5 24 84 61 75
www.bivouacsouslesetoiles.org
Nuit à M'Hamid dès 35 € ou à partir de 45 € à Chegaga.

Cette agence, qui a plus de 10 ans d'expérience, propose des bivouacs dans le désert. Originaire de M'Hamid, Hassan connaît par cœur la région et vous en parlera avec une vive passion. Vous aurez le choix entre deux campements au cœur de l'Erg Chegaga (un standard et un de luxe, avec une prestation de grande qualité) et l'un à M'Hamid (qui offre un très bon rapport qualité-prix). Bivouac sous les Étoiles vous propose aussi des randonnées dans le désert ou dans les montagnes, selon vos envies et votre budget. Une valeur sûre !

DÉSERT ET MONTAGNE

Douar Talmasla Tarmigt
✆ +212 5 24 85 49 49 - www.desert-montagne.ma
Consultez le site internet pour choisir votre excursion. Ouvert de 9h à 18h tous les jours de la semaine.

Zineb et Jean-Pierre, tombés amoureux des paysages variés du Maroc, sont les spécialistes des grandes expéditions : de plusieurs semaines à plusieurs mois, ils proposent différents parcours, randonnées à dos de mulet dans l'Atlas, méharées dans le désert de Chegaga. Des excursions à thèmes sont aussi développées, comme la découverte des gravures rupestres au sein de la vallée du Drâa. Chaque année au mois de mai, Jean-Pierre et son équipe accompagnent la transhumance d'une famille nomade du village de Aït Atta pour rejoindre le Haut Atlas à plus de 2 600 m.

OUARZAZATE ET SA RÉGION

© STARCEVIC

Ouarzazate.

DESERT DREAM

4 rue El Mansour Dahbi
✆ +212 6 68 96 17 96
www.sahara-desert-dream.com

Agnès et Allal travaillent depuis 2004 pour vous offrir une expérience unique et personnalisée de vos séjours et excursions au Maroc. Bénéficiant de partenaires expérimentés avec lesquels ils travaillent en continuité, ils disposent de bureaux aux portes du désert. Ils proposent de nombreux circuits et excursions au départ des grandes villes du Maroc telles Casablanca, Fès, Ouarzazate et Marrakech. Chaque demande sera traitée avec une attention particulière pour répondre au mieux à vos attentes. Ici, tout (ou presque) est possible.

SAHARA EXPERIENCE

✆ +212 6 61 77 67 66
http://sahara-experience.com
Dès 22 € le transfert depuis l'aéroport.
Autour de 60 € la journée dans la vallée de l'Ourika.

Sahara Experience est spécialiste des circuits désert et montagne, leur expérience vous permettra de découvrir les plus beaux sites du Maroc. Les excursions, bivouacs, trekkings sont proposés à la carte et s'adaptent au budget de chacun. Les amateurs de randonnées iront à la découverte de la plus haute chaîne de montagnes d'Afrique, le Toubkal, en compagnie de guides professionnels. Les amoureux du désert découvriront la beauté des paysages dunaires qu'offre le Sahara. Plusieurs surprises sont au programme : bain de sable, veillée musicale et chants sahraouis...

TOUAREG EXPEDITION

1575 hay alwahada ✆ +212 6 62 15 30 23
www.touareg-expedition.com
Excursions à la journée, 4x4 avec chauffeur, circuits à la carte. Tarif oscillant entre 80 et 130 € la demi-journée.

Partez à la découverte du grand Sud marocain authentique et de ses splendides paysages avec Touareg Expédition. Que vous soyez en groupe ou en individuel, Youssef, enfant de la vallée du Drâa, et son équipe de professionnels, vous conduira en 4x4 depuis Marrakech ou Ouarzazate, jusqu'aux fins fonds du désert. Envie d'aventure, de circuits sur mesure, de tourisme équitable, un large choix d'excursions vous est proposé, adaptées à vos envies d'évasion. Vous pouvez y associer du trekking, quelques nuits en bivouac dans le désert ou des balades à dos de dromadaires.

YOUSSEF AIT BADI

6 hay sidi hssain benacer
✆ +212 6 61 34 80 98
www.ouarzazate.com/aitbadi
Transport touristique. Disposition de 4x4 Toyota caractéristique des routes dans le sable.

Excursions, circuits à la demande, nuit en bivouac, simple voiture avec chauffeur pour la journée... « Tout est possible » selon Youssef, qui a créé sa petite agence de transport touristique dans le but de promouvoir sa région bien-aimée. Vous pourrez découvrir avec lui les merveilleux paysages du Maroc comme les gorges du Dadès, la vallée des Roses, la palmeraie de Skoura, les dunes de Chegaga ou encore l'oasis de Fint, entre autres excursions. Bienveillant et fin connaisseur des lieux, les voyages avec Youssef sont une valeur sûre !

OURAM CAR

161 Complexe commercial Tiflite
✆ +212 662 649 322

Basé à Ouarzazate, Ouram Car est une agence de location de voiture sérieuse en qui vous pourrez avoir une totale confiance. Elle dispose d'une flotte de voitures neuves et de qualité qui sont dotées des dernières technologies. Elles sont sécurisées et assurées pour un voyage confortable et en toute sécurité. A bord d'une de ces voitures, vous pourrez librement découvrir le Maroc à des prix abordables. L'agence livre en plus dans toutes les villes du pays ainsi que dans tous les hôtels et aéroports du Maroc. En somme, un bon plan !

ECOLODGE LA PALMERAIE €

Village de Tajda
✆ +212 6 76 66 60 64
Chambre double ou tentes berbères, à partir de 250 DH, Chambre standard à partir de 300 DH, bungalow à partir de 480 DH.

Une adresse qui s'inscrit dans une démarche écologique et responsable au cœur de la palmeraie. Calme et nature sont au rendez-vous. Réveillé par le chant des oiseaux, dès le matin vous pourrez saluer paons, chevaux, chèvres... Plusieurs alternatives à petits prix s'offrent à vous, tentes berbères spacieuses, chambres, cases africaines ou encore maisons berbères. Nouveauté 2023 : une grande baie vitrée sur le jardin avec vue panoramique sur la palmeraie. Les atouts en plus ? La séance de henné traditionnelle ou encore les cours de cuisine marocaine.

HÔTEL AMLAL €

24-25 rue du Marché
✆ +212 5 24 88 40 30
www.hotelriadamlal.com
Chambre simple à 483 DH, double à 590 DH, triple à 752 DH et quadruple à 860 DH.

Tenu par une famille marocaine, ce petit hôtel du centre-ville est une bonne référence dans sa catégorie. Un accueil dynamique et enjoué. C'est propre, la cuisine y est bonne et le fait qu'il soit un peu en retrait par rapport à l'avenue Mohammed V en fait un endroit calme. Chambres typiques marocaines avec de nombreux ornements de mosaïques sur les murs et de belles pièces de tapisseries au sol. La piscine, superbe, invite à la détente et au farniente. Wifi avec haut débit. Climatisation. Possibilité d'avoir des lits king size.

HÔTEL AZOUL €

Avenue Mohamed V
✆ +212 5 24 88 30 15
A partir de 440 DH la chambre double et de 640 DH la suite (2 à 4 personnes).

A quelques pas du centre-ville, cet hôtel est tenu par deux gérants dynamiques et accueillants, Ali et son frère, originaires de Ouarzazate. Les huit chambres et quatre suites, toutes équipées et avec salle de bains privée, donnent sur un patio arboré et la décoration privilégie l'utilisation de tadelakt et le bois peint et sculpté. Petit plus : la belle terrasse depuis laquelle on peut admirer la vallée de Ouarzazate. Possibilité de se faire masser ou de faire trempette dans le bain bouillonnant. Excursions organisées pour visiter les environs.

CHAMBRE D'HÔTE LE JARDIN DE YUDA €€

Douar Zaouit Sidi Ahmed
✆ +212 6 61 24 79 83
www.lejardindeyuda.com
40 € pour une personne avec petit déjeuner compris. 70 € pour deux personnes. 15 € le repas.

Se rendre au jardin de Yuda, c'est plus que trouver un hébergement, c'est vivre une expérience pluri-sensuelle. L'odorat se met en éveil dès l'arrivée, avec les arbres fleuris qui dégagent leurs parfums sur le bord de la route. La vue, le bord de l'oued, les montagnes, la nature, partout, offrent aussi une impression de sérénité. Le toucher n'est pas en reste avec la fabrication de pain ou le tissage de tapis. Mais surtout, c'est le silence qui règne qui fait de ce détour un voyage.

DAR DAÏF €€

Douar Talmasla
✆ +212 6 61 57 64 05
www.dardaif.ma
Chambre à partir de 40 €, suite à partir de 96 €. Menu à partir de 15 € par adulte.

Dans cette superbe casbah restaurée de façon traditionnelle, les propriétaires ont su préserver un certain art de vivre, et il y règne une parfaite tranquillité. Etablissement engagé dans l'écologie. Patio central arboré avec sa fontaine, jolie piscine et plusieurs terrasses avec vue sur le lac de Ouarzazate et la chaîne de l'Atlas. La table vous fait goûter une cuisine raffinée, l'occasion de découvrir la cuisine marocaine traditionnelle du Sud, pastilla au pigeon et aux dattes, brochettes de chameau haché, tajine de courge et nombreuses spécialités maison.

DAR FARHANA €€

En direction de Zagora, prendre à droite au feu de signalisation, après la station Oilybia.
✆ +212 6 62 15 30 35 - www.dar-farhana.com
Chambre double en demi-pension à partir de 350 DH par personne. Repas complet à partir de 140 DH. Parking.

Un petit havre de paix, situé dans un quartier paisible de Ouarzazate. Tenue par Karim et sa famille, la maison d'hôtes propose 6 chambres colorées, simples et bien entretenues, avec salle de bains privée. Plusieurs espaces pour se relaxer dont une belle terrasse fleurie au deuxième étage, offrant une jolie vue sur le Haut Atlas. Coup de cœur pour le jardin, très luxuriant, offrant une bouffée de fraîcheur, près de la piscine. Le restaurant panoramique sert une cuisine marocaine savoureuse. Accueil chaleureux et hôtes disponibles.

DAR RITA €€

39 rue de la Mosquée
✆ +212 6 54 16 47 26
www.darrita.com
Chambre double à partir de 50 € la nuit au rez-de-chaussée.

Légèrement excentré, le riad est une bonne option pour un séjour relaxant, respectant l'environnement. Rita et João vous y accueillent dans leur univers ethnique-chic aux couleurs du Maroc. Comme un clin d'œil aux riads de Marrakech, qui, il y a quelques années, n'existaient pas dans le sud du pays. En plus d'être divinement bien décorées, les chambres disposent de tout le confort nécessaire. Dans une démarche écologique, Dar Rita est membre du label « It's a green green world », panneaux solaires, composte, tri sélectif... Un vrai établissement engagé.

HÔTEL OSCAR €€

Route de Marrakech, km 5
✆ +212 5 24 88 22 12
www.oscarhotelbyatlasstudios.com
Chambre simple à 450 DH, double à 600 DH. Suite junior à 1 000 DH. 1 200 DH pour une suite à thème. Repas à 135 DH.

Collé aux studios de cinéma Atlas, l'Oscar a longtemps été l'hôtel des stars du grand écran, en tournage à Ouarzazate. Puis la ville s'est développée, les hôtels de luxe se sont multipliés, et les stars sont allées en centre-ville. L'Oscar n'est pas exceptionnel mais la nouvelle direction de l'hôtel s'efforce de lui redonner une seconde jeunesse. L'accueil est charmant, les chambres sont confortables. Petite cour intérieure avec une piscine agréable. La soixantaine de chambres de l'Oscar est souvent réservée par les techniciens des différents tournages.

MAISON D'HÔTES DAR ELNATH €€

✆ +212 5 24 88 41 67
Chambre double à partir de 40 € avec petit déjeuner.

Dans l'ancien quartier juif de la médina, Nathalie et Aziz vous accueillent dans leur charmante maison d'hôtes. Tous les deux sauront partager de bons moments avec vous. Deux des quatre chambres ont un accès à la terrasse où vous pourrez prendre votre petit déjeuner. Et sachez que vous foulez là-haut les pavés du tournage de *Prince of Persia*. Propres et décorées avec goût, les chambres ont chacune leur couleur et leur salle de bains privée. Ici, une philosophie : détente et humour !

ROSE VALLEY HÔTEL €€

Lotissement Billad Alkhir
✆ +212 5 24 88 25 25
ouarzazaterosevalley.com
Chambre double à partir de 500 DH, avec petit déjeuner. Taxes non incluses. Menu à partir de 100 DH.

Face à la gare routière, cet hôtel ouvert en 2017 bénéficie d'une situation idéale pour ceux qui se déplaceraient en transport en commun. Les 50 chambres climatisées, d'une capacité maximum de 4 personnes, sont réparties sur trois étages (sans ascenseur). Elles sont lumineuses et bien tenues, avec une literie confortable et télévision par satellite. Buffet varié au petit déjeuner et menu copieux au restaurant. Piscine dans la cour intérieure qui a le mérite d'être là. Le personnel est en plus aux petits soins, que demander de plus !

LE BERBÈRE PALACE €€€

55 rue Al-Mansour Ad-Dahbi
✆ +212 5 24 88 31 05
www.berberepalace.com

Sur les hauteurs de Ouarzazate, cet hôtel 5 étoiles est le plus luxueux de tous. Il dispose de 250 chambres, duplex, appartements et suites décorés dans le style berbère et d'une piscine gigantesque. Les bungalows, avec leurs petites terrasses privatives, sont les plus agréables. L'hôtel est doté de plusieurs restaurants dont un servant une excellente cuisine marocaine. On retrouve un peu partout dans l'hôtel des décors des grands films tournés à Ouarzazate, et parfois même des stars dans les parages ! Un personnel attentif, avec un directeur des plus dynamiques.

LE TEMPLE DES ARTS €€€

173-174 Rue Al Bouhayra
✆ +212 5 24 88 88 31
www.templedesarts-ouarzazate.com
A partir de 165 € la chambre double avec petit déjeuner. A partir de 300 € la suite royale Cléopâtre.

A quelques minutes à pied du centre-ville, dans une rue résidentielle, l'hôtel est un vrai musée. A l'effigie du septième art, il offre sept chambres luxueuses, chacune dédiée à un film tourné dans la région. De la chambre des Amants de Mogador à la suite Cléopâtre, ce sont les artisans des décors cinématographiques qui ont travaillé sur cette « œuvre d'architecture », avec le producteur Ahmed Darif – l'un des propriétaires – pour vous offrir d'exceptionnelles nuits d'acteurs ! Ici, le service est aussi soigné que la décoration fine et dorée. Piscine et spa.

LES POISSONS SACRÉS €

HC37+RV4, R703, Tinghir.
✆ +212 6 67 46 57 90
Ouvert tous les jours de 8h à 0h.

Voilà une adresse qui reflète parfaitement l'âme de la région. On s'y arrête presque par hasard, lors d'une journée d'escapade au milieu des regs rocailleux. L'accueil est en tout point chaleureux, assuré par un Abdellah attentif et souriant qui se démènera pour vous apporter votre repas frais, à l'ombre. Si les menus sont basiques, la salade marocaine est faite avec tradition, soigneusement présentée. Des logements sous tentes existent également pour prolonger la soirée et l'étendre dans la nuit. L'un de nos coups de cœur de 2024.

RESTAURANT SNACK EL BAHJA €

Avenue Mohammed V
✆ +212 5 29 86 37 86
Ouvert tous les jours, de 8h à 23h. Plat à partir de 15 DH.

Voilà un restaurant populaire, en plein centre-ville, où manger sur le pouce de bonnes brochettes et grillades, cuites à ciel ouvert. Spécialiste des grillades, vous pourrez aussi y commander des tajines, des viandes aux pruneaux ou encore un délicieux poulet au citron. Ici, on s'attable en terrasse autour de tables partagées, l'occasion de faire connaissance avec ses voisins ! Victime de son succès, à midi, le restaurant est prisé, mais les places se libèrent facilement.

CHEZ DIMITRI €€

22 avenue Mohamed V
✆ +212 5 24 88 73 46
Plat du jour à partir de 60 DH. Carte à l'ardoise qui change régulièrement. Repas complet à la carte à partir de 120 DH.

Ouvert depuis 1928, le Dimitri jouit d'une solide réputation à Ouarzazate. Les lieux ont d'abord servi de station essence, supermarché, salle de danse, poste, avant de se reconvertir en restaurant. Parmi les photos accrochées aux murs, beaucoup racontent cette histoire. Même Antoine de Saint-Exupéry a déjeuné ici ! Le restaurant porte le nom de son fondateur, d'origine grecque, l'un des « pères » de la ville. La carte propose une très bonne salade Dimitri et de délicieux confits ou magrets de canard. Pour une soirée tranquille autour d'un bon repas.

KASBAH TAFARNOUT €€

74 Avenue Mohamed V
✆ +212 6 61 086 549
Ouvert tous les jours de 7h à minuit.
Plats entre 40 DH et 100 DH.

Ici les spécialités sont marocaines, le cadre accueillant et le service aux petits oignons. De délicieux tajines, des grillades savoureuses et de copieux couscous sont à déguster en prenant de la hauteur sur la ville, installés sur une des deux agréables terrasses, offrant de jolies vues sur Ouarzazate. Egalement des plats de pâtes et de bonnes pizzas pour changer des plats locaux. Et sachez que la kasbah Tafarnout sert aussi des petits déjeuners marocains avec de délicieuses crêpes. Personnel souriant et attentif. Une adresse qu'on recommande.

LE MANAR DU SUD €€

✆ +212 6 73 26 24 94
www.restaurant-manardusud.com
Créatif et original. Ouvert tous les jours, prix raisonnables entre 10 et 20 €.

Dans ses salons marocains ou sur sa terrasse ombragée avec vue panoramique, le Manar du Sud vous attend pour déguster les spécialités berbères. Au menu, les plats populaires du Maroc : tajines, couscous, pastilla... Vous y trouverez aussi un choix varié de brochettes de viande et aussi des plats de spaghettis. En dessert, des délicieuses cornes de gazelle ou une salade de fruits de saison, très rafraîchissante. L'endroit peut être aussi une halte agréable pour siroter un bon thé à la menthe, après avoir crapahuté dans les ruelles de la kasbah Taourirt.

RESTAURANT DOUYRIA €€

Avenue Mohamed V
✆ +212 5 24 88 52 88
Ouvert tous les jours de 11h30 à 15h et de 18h30 à 23h. Plat à partir de 60 DH.

Voilà un endroit typique tout près de la kasbah Taourirt, où vous pourrez déguster des spécialités locales comme le tajine de dromadaire ! Cet établissement s'articule sur plusieurs étages et bénéficie d'une terrasse avec une vue agréable. Un excellent rapport qualité-prix, une décoration design du restaurant qui mêle harmonieusement l'Orient et l'Occident, des assortiments de briouates farcis, du chèvre frais des femmes du village et en dessert une délicieuse glace à l'argan... Bref, le choix est vaste et vous n'avez plus vraiment de raison d'hésiter.

JO RIDING COMPANY

douar tabounte - Tarmigte
✆ +212 6 49 56 10 56
www.jo-riding-company.com
Organisation de raids à partir de 5 cavaliers inscrits. Prix variants en fonction des parcours.

Joël est un vrai amoureux des chevaux. Instructeur d'Etat, diplômé de l'Ecole nationale d'équitation de Saumur, et l'heureux propriétaire de 50 chevaux et de 25 dromadaires. Il travaille en partenariat avec les studios de cinéma installés à Ouarzazate auxquels il loue ses animaux. Il organise également des voyages d'une semaine à travers le désert. Tout est compris : hébergement, assistance, ravitaillement... La distance moyenne parcourue est de 30 km par jour. Des hébergements rustiques mais enchanteurs alternent avec des lieux plus confortables.

SOPHIE LUXURY SPA

7 Av. Moulay Rachid
✆ +212 661 379 271

Visiter un hammam marocain traditionnel est une expérience inoubliable, mais cela peut être intimidant pour les visiteurs la première fois. Ce forfait spa propose un hammam typique dans un cadre luxueux, avec des thérapeutes experts en spa pour que votre visite soit aussi relaxante que possible. Profitez d'un sauna et d'un gommage au savon noir, suivis d'un massage de 50 minutes à l'huile d'argan et d'un soin du visage. Vous vous sentirez complètement rajeuni. Vous pourrez aussi profiter d'une manucure ou d'une pédicure et même d'un brushing.

SPA LALY

Avenue Moulay Rachid
✆ +212 6 00 50 60 80
Dans la plus pure tradition marocaine.
Ouvert tous les jours de 9h à 21h sauf le dimanche, ouverture à 10h30.

Spa créé et tenu par une équipe de jeunes femmes aimables et dynamiques. Sourires garantis. On vous propose hammam, massages, soins du corps, coiffure, épilation... Tout est pensé dans la plus pure tradition marocaine : on vous bichonne aussi avec le gommage, la manucure et la pédicure. Centre de beauté avec transition pièces chaudes et humides, dans cet établissement situé au cœur de Ouarzazate dans la partie haute, en face de la Banque populaire. L'esthétique s'étend également sur les compétences de coiffure et de soins des cheveux.

TIFOULTOUTE ★★★

A une dizaine de kilomètres de Ouarzazate, ce village berbère traditionnel est connu pour sa kasbah, plusieurs fois utilisée comme décor dans les films. Vue de l'extérieur, c'est une kasbah imposante en excellent état. Cependant, l'intérieur vous paraîtra certainement décevant. Construite en 1776, elle appartenait aux descendants du Glaoui, qui l'ont laissée à l'abandon. Elle abrite aujourd'hui un restaurant. De la terrasse de la kasbah, une vue somptueuse se déploie sur toute la vallée de l'oued Ouarzazate bordé de ses palmiers dattiers. Des cigognes, animaux sacrés au Maroc, y ont bâti des nids impressionnants par leur taille et leur solidité.

AÏT BEN HADDOU ★★★★

Aït Ben Haddou se trouve à une dizaine de kilomètres de Taborahte, bourgade située sur la route menant à Marrakech. Deux kilomètres avant l'entrée du village, un petit promontoire le long de la route offre une vue splendide sur l'ensemble du ksar, l'oued Ouarzazate et les cultures maraîchères. Le Ksar, inscrit au Patrimoine mondial de l'Unesco depuis 1987, a été l'objet de travaux de restauration. Il est bâti sur la rive gauche de l'*asif* (la vallée), à flanc de colline. Sa situation exceptionnelle lui a valu d'être le principal lieu de tournage de films tels que *Lawrence d'Arabie*, *Jésus de Nazareth*, *Gladiator* ou encore *Games of thrones* en 2014.

KSAR D'AÏT BEN HADDOU ★★★★

L'un des plus beaux lieux du Maroc, tout simplement. Ouvert tous les jours.

Inscrit au patrimoine mondial de l'Unesco depuis 1987, le ksar d'Aït Ben Haddou est l'un des ksour les mieux conservés de la vallée de l'Ounila. Il a été l'objet de nombreux travaux de restauration. Le ksar, style d'habitat traditionnel présaharien, est bâti sur la rive gauche de la vallée de Mellah, à flanc de colline. Sa situation exceptionnelle lui a valu d'être le principal lieu de tournage de films tels que *Lawrence d'Arabie*, *Jésus de Nazareth* ou *Gladiator*. Ce village fortifié aux habitations collectives compte deux entrées principales : l'une à l'est, l'autre à l'ouest. Comptez au minimum deux heures de visite pour arpenter les ruelles étroites et profiter pleinement du site, pensez d'ailleurs à prendre une bouteille d'eau avec vous. Au sein des remparts, des maisons d'un ou deux étages et des tighermin de trois à quatre étages. Pour visiter le ksar, vous n'avez pas nécessairement besoin d'un guide. En revanche, n'hésitez pas à demander des renseignements aux habitants du village, moyennant quelques dirhams bien sûr ; certains vous feront visiter leur demeure. Chaque porte, chaque cour intérieure recèle son trésor architectural, et les terrasses en haut des bâtisses offrent de superbes vues sur le village et l'oued en contrebas. La mosquée, en terre, comme le reste du village, n'a plus de minaret à cause de la pluie. Le ksar de Aït Ben Haddou est très fréquenté par les touristes, et aussi par les marchands de souvenirs, c'est pourquoi il est recommandé de vous y rendre aux heures creuses (le matin tôt, le soir tard).

Aït Ben Haddou.

LA FIBULE D'OR €

✆ +212 6 02 97 61 25

La chambre double en demi-pension dès 500 DH.

Cet établissement tenu par trois frères est une charmante petite adresse. Les petites chambres avec salle de bains épousent parfaitement le style traditionnel berbère. Vous pouvez aussi choisir de dormir en tente berbère sur le toit-terrasse d'où la vue sur la vallée est fabuleuse. L'ambiance est familiale et détendue. Accueil adorable et cuisine traditionnelle au rendez-vous. Le gérant est un grand amateur de running et propose de nombreux parcours dans les environs avec des levers parfois très tôt mais qui valent le coup !

RIAD AIT BEN HADDOU « RABH » €

Centre Ait Benhaddou Ait Zineb
45000
✆ +212 6 67 04 38 58
www.riadaitbenhaddou.com

A partir de 500 DH la nuitée.

A environ 10 minutes à pied de la kasbah, cette maison d'hôtes vous ouvre chaleureusement les portes de son riad, construit en respectant la tradition marocaine avec des matériaux locaux. Elle dispose de 10 chambres et suites élégantes, décorées avec le sens du détail. Le riad offre un espace spacieux préservant l'intimité de chaque hôte, dans un environnement paisible. La table d'hôtes invite à se délecter d'une cuisine locale délicieuse dans un salon marocain ou sur la terrasse.

IROCHA €€

Village de Tisselday
✆ +212 6 67 73 70 02
www.irocha.com

Chambre à partir de 690 DH la nuitée, suites à partir de 900 DH. Petit déjeuner compris.

Maison traditionnelle en terre de pisé située dans les hauteurs de Tisselday, petit village berbère. Ahmed, natif du village, vous réserve un accueil chaleureux et vous fera découvrir avec passion les traditions berbères de son hameau. Les chambres sont agréables et le style soigné. Chez Ahmed on se sent comme à la maison ! La cuisine typiquement marocaine est savoureuse. Au programme : visite des villages berbères, trekking dans l'Atlas, cours de cuisine et farniente autour de la piscine ou dans le hammam traditionnel. Accueil familial et authenticité garantis.

KASBAH ELLOUZE €€

Tamdaghte
✆ +212 5 24 89 04 59
www.kasbah-ellouze.com

90 €/2 pers. en DP en chambre double, 70 €/1 pers. en DP en chambre single, 128 €/2 pers. en DP en suite double.

Kasbah aménagée en maison d'hôtes par Michel et Colette, anciennement hôteliers et restaurateurs en France. Quartier encore préservé du tourisme de masse tout en étant à proximité d'Ait Ben Haddou. Sept chambres standard et trois suites familiales, piscine extérieure chauffée de mi-mars à mi-novembre, quatre dromadaires pour les balades autour de Tamdaght, avec visites de greniers collectifs, grottes troglodytes... Possibilité également de louer entièrement la belle maison berbère jouxtant l'établissement. Dépaysement garanti.

KASBAH LA CIGOGNE €€

Douar Tamedakhte
✆ +212 5 24 89 03 71
kasbah-cigogne.com

Ouvert toute l'année. Chambres d'hôtes à partir de 55 € la nuit. Taxe de séjour en supplément.

La kasbah présente un avantage majeur : son emplacement ! Loin de l'agitation et de la multiplication des structures hôtelières présentes sur le site. Ici, le calme est roi. La maison d'hôtes est nichée au cœur du village pittoresque de Tamdaght, entourée de vieilles kasbah traditionnelles. Elle propose des hébergements relativement simples, mais toutes équipées de salle de bains privative. On peut siroter un verre sur le toit-terrasse et profiter d'une vue imprenable sur la vieille kasbah du Glaoui de Tamdakhte, ou encore flâner autour de la piscine du patio.

LA KASBAH RAYANE €€

Douar Itelouane ✆ +212 6 61 61 36 62
www.kasbahrayaneaitbenhaddou.com

Chambres à partir de 80 € la nuit, petit déjeuner inclus. Appartement à partir de 120 €.
Taxes de séjour non incluses.

La kasbah est située en bordure de l'oued à Itélaouane, village à quelques encablures en voiture du Ksar d'Ait Benhadou. La piscine extérieure vous offre une vue spectaculaire sur la vallée et le site archéologique, surtout au moment du coucher de soleil. Les couleurs ici sont uniques au monde ! Pour séjourner, cinq chambres et un appartement sont à votre disposition, avec tout le confort moderne. Le personnel est chaleureux et aux petits soins. L'établissement offre également des services et excursions pour une après-midi quad ou d'équitation, trekking, etc.

MAISON D'HÔTES DAR EL HAJA €€

✆ +212 6 26 07 74 13

Chambre double à partir de 600 DH. N'hésitez pas à appeler en arrivant pour qu'on vienne vous chercher.

Au cœur du village fortifié d'Ait Ben Haddou, une fois la magnifique et imposante porte poussée, on entre dans l'univers du Dar El Haja : pierre apparente, couleurs et paillettes façon berbère. Sur plusieurs étages, les salons de la maison sont nichés dans la pierre, les terrasses offrent une vue incroyable sur la vallée, l'oued et le Ksar. Les neuf chambres, toutes confortables, sont chacune équipées d'une salle de bains avec douche. Le plus ? La salle de restauration dans la grotte !

KSAR IGHNDA €€€

Douar Asfalou

✆ +212 5 24 88 76 44

www.ksarighnda.com

Chambres doubles à partir de 150 €, suites à partir de 185 €. Petit déjeuner inclus.

Niché au cœur de l'oasis, ce ksar a su respecter le charme de l'architecture typique du Sud. Décorées avec goût, les 62 chambres et suites (différentes !) s'articulent autour d'un jardin patio et sa jolie piscine chauffée. Une multitude d'espaces détente font de cette adresse un lieu très personnel où l'on se sent tout de suite bien. Au restaurant, une carte bien maîtrisée, avec une cuisine d'ici et d'ailleurs. Magnifique Spa et salle de cinéma. Pascal, perfectionniste dans l'âme, a voulu faire de cette adresse une étape incontournable. Le pari semble remporté.

CAFE RESTAURANT TIGHREMT €

En face de la kasbah

✆ +212 6 39 19 86 75

Ouvert tous les jours. Simple et pas cher. Tajine de poulet dès 50 DH.

Quand on arrive de la route principale, au niveau de la mosquée, il faut s'enfoncer toujours tout droit en direction de la rivière, et descendre l'escalier pour arriver sur la superbe terrasse d'Abdeljalil, propriétaire du café restaurant Tighremt. On commande un jus d'oranges pressées et une délicieuse omelette berbère préparée par Samira, sa femme. Une pause agréable avec vue panoramique sur le Ksar, et les enfants qui tendent la main aux touristes pour les faire traverser la rivière en échange de quelques dirhams. Bel accueil.

RESTAURANT KASBAH ISFOULA €€

Douar Asfalou

✆ +212 5 24 88 59 55

https://lastf3.wixsite.com/isfoula

Plats à partir de 150 DH. Chambre double à partir 450 DH, petit déjeuner compris. Piscine.

Benoît et Stéphanie, vos hôtes et couple de cascadeurs à leurs heures perdues, vous accueillent chaleureusement dans ce restaurant situé à proximité de la palmeraie. Vous pourrez déguster une cuisine marocaine avec, entre autres, un tajine de dromadaire ou une pastilla de pigeon, sans oublier quelques plats européens comme le magret de canard au miel. Le cadre est raffiné, l'ambiance souvent au rendez-vous. Spa également disponible pour les amateurs de soins.

FINT ★★

A 15 km de Ouarzazate, l'oasis de Fint, qui signifie l'oasis cachée en berbère, offre un véritable dépaysement. La verdure ici contraste avec les couleurs sombres des rochers jalonnant les plateaux de l'Anti-Atlas. Accessible de préférence en 4X4, mais aussi en petite voiture. L'endroit est plus ou moins fréquenté selon les saisons. L'oasis est composée de villages aux maisons traditionnelles, d'un oued, de plantations et de montagnes. On trouve au sein de la palmeraie de nombreux arbres fruitiers : amandiers, citronniers et dattiers. Plusieurs espèces d'oiseaux ont fait leur nid : merles, faucons pèlerins, hirondelles. Un petit coin de paradis.

LA TERRASSE DES DÉLICES €

Douar Fint

✆ +212 5 24 89 18 93

www.terrassedesdelices.com

Chambre double à partir de 450 DH, petit déjeuner inclus. Plat à partir de 40 DH. Réservation conseillée le soir.

Cette auberge familiale et bien tenue permet une agréable retraite au cœur de la culture berbère. On y trouve quinze chambres simples, mais soignées et trois espaces de restauration dont un salon avec cheminée centrale pour les soirées hivernales. La gastronomie est typique du Sud marocain, avec, par exemple, la soupe harira et un pain réalisé par les locaux, qu'on déguste avec un filet d'huile d'olive. Autre délice : la jolie terrasse dotée d'une piscine qui surplombe l'oasis et donne son nom à l'endroit ! Accueil chaleureux de Rachid et sa famille.

ECOLODGE OUED NOUJOUM €€

Oasis Tiguirt
✆ +212 6 61 21 27 97
http://ouednoujoum.com
Bivouac standard à partir de 120 € par nuit.

Dans le cadre d'un projet associatif et participatif, cet écolodge ne cède pas à la tentation de la piscine et du confort énergétique. Hébergement en tente berbère bien aménagée, une trentaine de lits doubles ou simples. L'ensemble est géré dans un souci réel de tourisme solidaire et écologique : cuisine bio, recyclage de l'eau, pain fabriqué sur place, achat des produits locaux... Un lieu de repos et d'isolement, ce magnifique bivouac respecte l'environnement et l'authenticité des traditions marocaines des environs. Accueil très chaleureux du propriétaire.

SKOURA ★★

A 40 km de Ouarzazate, l'oasis de Skoura est une importante palmeraie de 25 km². Elle peut faire l'objet d'une halte plus ou moins longue. On a choisi d'y prendre le temps. C'est selon nous l'intérêt majeur de la destination. Nous parlons bien sûr de la palmeraie, la ville qui s'étend le long du goudron ne présente aucun intérêt majeur, mais est rassurante pour faire le plein de matériel. Pour les aventuriers dans l'âme, ceux qui ne réservent jamais à l'avance, c'est une destination facile, parfaite pour les débutants. Elle peut s'avérer enrichissante pour y étudier l'art des rencontres, la magie de la nature, et les sensations de bout du monde.

ROYAL GOLF ★★

A près de 20 km de Ouarzazate, en direction de Boumalne du Dadès, se trouve le Royal Golf de Ouarzazate. N'espérez pas y taper quelques balles : le golf n'existe pas. Cela fait des années que sa construction est prévue sans que rien ne se passe. Peut-être, l'an prochain, les travaux commenceront... Le site en porte pourtant le nom et, sur les bords du barrage El-Mansour Eddahbi, la vue est absolument superbe. De la berge, vous pouvez apercevoir une ancienne casbah en ruine, sur une petite île au milieu du lac ; derrière, la chaîne du djebel Sarhro ferme le paysage de ses 2 152 m de haut. De superbes villas ont été construites au bord du lac.

JANATES RIAM AVENTURE

Ksar el Kabbaba, El kabbaba
✆ +212 6 61 98 04 49
www.janatesriam.com
Ouvert toute l'année. Excursion à dos de dromadaire dès 700 DH la demi-journée.

Si la palmeraie de Skoura est en elle-même une très belle attraction, vous pourrez rapidement en faire le tour. Viendra alors l'envie de changer le quotidien de vos vacances. Nuits en bivouac dans le désert, excursion en quad, balades à dos de dromadaire ou encore repas au cœur de l'oasis, Janates Riam propose des tours et excursions hors des sentiers battus qui vous permettent d'aborder la région d'un point de vue totalement différent. Autant dire qu'avec cette agence, c'est l'Aventure qui vous attend au coin de chaque... palmier !

BARRAGE EL-MANSOUR EDDAHBI

Prendre la P32 puis 13 km plus loin, emprunter la piste à gauche sur une dizaine de km.

Construit en 1971, le barrage El Mansour est une référence en matière de construction hydraulique. D'une hauteur de 70 m, il retient 560 millions de mètres cubes d'eau, contrôlant le débit du plus long fleuve du pays, le Drâa. Sa fonction est de réguler la distribution d'eau améliorant ainsi l'irrigation des parcelles des habitants. Le barrage a donné naissance au lac éponyme, devenu un site important pour de nombreuses espèces comme le héron cendré, le huppé, le fennec ou la loutre.

NOMAD' ATTITUDE

Lot II – Maison N°47
✆ +212 5 24 85 22 81
www.nomadattitude.com
Ouvert de 8h à 17h30 du lundi au jeudi.
Ouvert jusqu'à midi le vendredi.
Fermé samedi et dimanche.

Cette agence de voyages agréée est dirigée par Xavier et Vanessa, un couple franco-belge qui connaît bien le Maroc. Amoureux de la région, ils ont tous les deux fait du Grand Sud leur spécialité. Au programme : des circuits à thème originaux dont des réveillons dans le désert ou des séjours plus classiques sur mesure dans le grand sud Marocain. Via cette agence, ce sont des circuits loin de la masse touristique qui vous attendent et qui s'adaptent à tous les budgets. Une adresse hors des sentiers battus pour un Maroc authentique, une adresse recommandée.

KASBAH AMRIDIL ★★

500 m après la kasbah Ben Moro et un large tournant sur la droite, prendre une piste qui part sur la gauche. Continuer jusqu'à l'oued Dadès.
✆ +212 5 24 85 22 79

Ouvert au public du lever au coucher du soleil. A partir de 40 DH par personne.

La kasbah d'Amridil figure sur les anciens billets de 50 dirhams. Elle a été construite à la fin du XVIIe siècle par Sidi Mohammed Nassiri, un maître du Coran, et appartient toujours aux descendants du fondateur. A l'origine, la kasbah était une zaouïa où les principes de l'islam étaient enseignés. C'est dans ce lieu magique qu'ont été tournées certaines scènes de *Lawrence d'Arabie* et *d'Ali Baba et les 40 voleurs*. Sa façade richement travaillée est de toute beauté et l'intérieur renferme un musée avec monnaies d'or, costumes traditionnels et manuscrits.

© JOHN COPLAND / SHUTTERSTOCK.COM

AUTHENTIK SKOURA - LES BASSATINES €

Douar Boumahchad
✆ +212 6 23 34 99 51
Chambre double à partir de 50 €.

Cette jolie kasbah est un petit havre de paix. Le jardin arboré doté d'une piscine est l'endroit idéal pour se prélasser. Les chambres climatisées décorées dans le style marocain sont coquettes. Le petit déjeuner copieux peut être servi sur la terrasse offrant une jolie vue ou du côté jardin dans un univers champêtre, minéral et végétalisé. Au restaurant, vous dégusterez tantôt des plats locaux, tantôt des spécialités françaises. Des excursions sont proposées à la carte toute l'année.

KSAR EL KABBABA - KASBAH D'HÔTES €€€

Douar El Kabbaba el Khamsa
✆ +212 6 61 98 04 49
http://ksar-elkabbaba.com
Double standard à partir de 1 800 DH, suites à partir de 2 300 DH, petit déjeuner inclus.

Séjourner au Ksar, c'est un peu voyager entre la tradition et la modernité au cœur de la palmeraie. Vous y trouverez des suites spacieuses et élégantes, ainsi qu'un vaste jardin aux mille essences doté d'une grande piscine et d'un restaurant marocain. La nuit tombée, c'est un tout autre visage que nous offre la propriété, le halo des bougies dégageant une ambiance romantique qui vous poussera peut être à profiter du spa-hammam-bain à remous, ou encore d'un massage... sous les arbres !

KASBAH AÏT ABOU €

Palmeraie de Skoura
✆ +212 5 24 85 22 34
Chambre double à partir de 40 €.
Demi-tarif pour les enfants de -13 ans, gratuit pour les -6 ans. Prix dégressifs.

Une adresse où il fait bon se perdre, à condition de savoir où l'on met les pieds : le cœur de la palmeraie de Skoura. Si vous venez juste pour passer la nuit, prévenez le plus tôt possible le très sympathique Mohamed. Côté chambres : il y en a six, réparties dans cette bâtisse de 1837 de 6 étages ! Vous pourrez aussi dormir dans une tente berbère, installée dans un splendide jardin de 47 ha. L'équipement ? Un lit, des draps propres, des toilettes à l'européenne, une douche en tadelakt. Un cadre simple, mais enchanteur, en dehors du temps !

CHEZ TALOUT €

Ouled Arbia
✆ +212 6 68 24 76 74
www.cheztalout.com
Plats entre 300 et 800 DH.

Une table d'hôte au sein d'un cadre exceptionnel, avec vue sur la vallée de m'Goum, Tassaout et Tichka. Salade, poisson, et autre mets cuisinés à la marocaine, un régal et des prix attractifs. Un personnel souriant et attachant. La jolie piscine est à disposition, l'occasion de se rafraîchir et de passer un moment agréable dans un établissement pensé avec goût. L'accueil d'Abdel est chaleureux et sincère. Une bonne adresse avec une terrasse ombragée, et un hammam traditionnel pour se relaxer après une longue journée de visite dans la région.

KASBAH AÏT BEN MORO €€

Douar Taskoukamte
✆ +212 5 24 85 21 16
www.kasbahaitbenmoro.com
A partir de 70 € la suite standard avec petit déjeuner. Repas bio 15 € par personne.

Une superbe casbah du XVIIIe siècle restaurée par Juan et transformée en maison d'hôtes pour le plaisir des touristes. La grande kasbah tout en pisé est composée de chambres simples d'une grande élégance. Une jolie terrasse avec bassin et jardin. Vous pourrez vous y restaurer. Une petite porte au bout du jardin mène directement à l'oasis. Service impeccable et accueil très chaleureux. Restauration sur place. L'ambiance féerique donne le sentiment de dormir dans un décor de cinéma. Des activités sont également proposées. Se renseigner à la réception.

RESTAURANT LA KASBAH €

A gauche, en venant de Ouarzazate
✆ +212 5 24 85 20 78
Ouvert tous les jours de 8h à 22h.
Menu complet à partir de 80 DH.

Restaurant servant une très bonne cuisine locale, à déguster au calme sur une terrasse ombragée, en retrait de la route principale. Couscous et tajines berbères ou légumes sur commande. C'est propre, bon et copieux, particulièrement le tajine. Une curiosité, le fromage de chèvre produit par une coopérative de femmes dans la palmeraie de Skoura. Par ailleurs, propositions de plats végétaliens. Une adresse avec beaucoup de charme qui fait le bonheur des papilles et incite souvent les clients à revenir. Le tout, dans un cadre irréel qui a inspiré de nombreux films.

EL-KELÂA M'GOUNA ★

Au bord de l'oued Dadès, sur environ 15 km, c'est une succession de petits villages surplombant la palmeraie. L'air y est plus frais, à plus de 1 400 m d'altitude. Vous êtes ici dans la vallée des Roses et au début de la route des mille kasbahs. El-Kelâa M'Gouna est le principal centre de production d'eau de rose du Maroc. Le trajet d'El-Kelâa à Boumalne est cependant décevant. En effet, des constructions récentes le long de la route cachent la palmeraie et les kasbahs. Pour découvrir la vallée, il vaut bien mieux prendre les chemins de terre qui serpentent au milieu de la palmeraie. El-Kelâa est également le point de départ de nombreuses randonnées.

Rose de El-Kelâa.

ASSAFAR TREKKING

Ait Khair - Ait Ouassif
✆ +212 6 62 13 21 92
www.assafartrekking.com

Pour les amateurs de trek sportif et culturel. Aziz vous fera découvrir avec passion le Haut Atlas central et l'Anti-Atlas (Massif M'Goun, Vallée des roses, Jebel Saghro...) en passant par les oasis, la rencontre avec les nomades et les routes des transhumances. Il propose aussi des circuits en VTT, en 4x4, méharées dans le désert de Merzouga et des balades à cheval, en partenariat avec d'autres agences locales. Des balades différentes, s'adaptant aux désirs de chaque voyageur, conçues par un vrai professionnel et guide officiel.

KASBAH ITRAN €

vallée des roses
✆ +212 6 62 62 22 03
www.kasbahitran.com
Chambre de 26 à 46 €, petit déjeuner compris. Possibilité de demi-pension.

Depuis la Kasbah Itran, la vallée des Roses est à vos pieds. Située sur les hauteurs de El-Kelâa, cette petite auberge propose de dormir dans l'une des dix chambres traditionnelles berbères. Intime, tranquille et authentique. Des petites terrasses sont aménagées dans toute la casbah, desquelles on ne se lasse pas de la vue sur la vallée. Itran signifie étoile, en berbère. L'occasion de se reposer, de contempler le ciel et de prendre le temps d'apprécier les paysages colorés face à vous. En somme, une belle adresse à découvrir.

HÔTEL-RESTAURANT ROSE €

Damaskina
✆ +212 5 24 83 68 68
Menus entre 90 et 150 DH.

Ne ratez surtout pas ce petit restaurant, situé après l'ex-pont d'Almou et en bordure de l'oued. La cuisine servie y est excellente et la terrasse donne sur tout l'oued. L'auberge est installée dans un beau jardin de roses, et on peut également y dormir à des prix raisonnables dans l'une des chambres doubles avec salle de bains. La pastilla est la spécialité de la maison. Bon accueil d'Hamed, toujours très cordial. L'établissement bénéficie d'un emplacement stratégique prompt à découvrir facilement les multiples trésors cachés aux alentours.

BOUMALNE DU DADÈS ★★★

Juste avant Boumalne-Dadès, le petit village de Souk el-Khemis abrite le Bureau des guides de la vallée des Roses, qui coordonne les activités des guides de montagne de la région. Il se trouve sur votre gauche, juste en arrivant. Quant à Boumalne du Dadès, c'est une grosse bourgade de plus de 30 000 habitants et le centre administratif le plus important de la région. Elle est située au croisement des chemins menant aux gorges du Dadès, à la vallée des Oiseaux et à la vallée des Roses. C'est une ville tout en hauteur, qui surplombe la vallée et offre des vues absolument superbes sur les rives verdoyantes du Dadès et les montagnes environnantes.

Boumalne du Dadès.

AUBERGE CAFÉ RESTAURANT TAMAZIRTE €

Avenue Mohammed V

✆ +212 6 68 88 65 64

En chambre collective avec douche extérieure, 120 DH/personne. Possibilité de dormir sur la terrasse pour 50 DH.

Bonne adresse pour petits budgets. Etablissement sans prétention qui fournit les services élémentaires comme les douches chaudes, les toilettes propres ainsi que des tables pour restauration. On y entre à la dernière minute pour y retrouver le charme des voyages d'hier où le décor atemporel semble s'être suspendu dans le temps. Plusieurs pièces conviviales et communes où l'on troque son confort habituel pour retrouver un peu d'authenticité sur un bout de canapé, un thé à la main.

AUBERGE LE SOLEIL BLEU €

Route de Tinghir

✆ +212 7 77 14 20 55

Chambre simple dès 40 €, double autour de 55 €. Petit déjeuner compris.

Un site exceptionnel, un peu à l'extérieur de la ville et loin de son agitation. De la terrasse de l'auberge, où vous pouvez prendre les repas, vous dominez toute la vallée. Le dépaysement est garanti, et vous aurez le sentiment de pleinement profiter de vos vacances. Une auberge de qualité où l'on se sent chez soi avec un personnel aux petits soins qui prendra le temps de vous raconter les histoires de la région. Possibilité de coupler avec des prestations comme des sorties à dos de chameau ou des nuits dans les dunes sous les étoiles.

AUBERGE MIGUIRNE CHEZ ALI €€

km 14 Route des Gorges du Dadès

✆ +212 6 68 76 38 04

auberge-miguirne-dades.com

Chambre en demi-pension à partir de 380 DH/personne. Suite familiale à partir de 1 410 DH en demi-pension.

Très jolie auberge offrant de magnifiques vues sur les gorges et la vallée ! Les chambres sont décorées de manière traditionnelle. La cuisine est savoureuse et l'accueil chaleureux. L'auberge est idéalement située pour explorer la région. De nombreuses randonnées sont organisées et il est possible entre autres de vivre l'expérience chez les nomades en dormant une nuit dans une grotte ou à la belle étoile. L'établissement propose également des locations de VTT pour 80 DHM par jour.

KASBAH PERLE DU DADÈS €€

Rejoindre le haut du village de Boumalne du Dadès puis prendre la piste à droite.

✆ +212 5 24 85 05 48

www.perledudades.com

Chambre double à partir de 66 €, petit déjeuner compris ; suite à partir de 110 €.

L'histoire commence par la rencontre d'une kasbah en ruine et d'un couple de deux Français : Jean-Michel et Françoise... Après 8 ans de travaux, c'est un paradis de la détente qui voit le jour. Le couple a su donner une âme aux seize chambres de la maison : toutes différentes, elles sont agencées et décorées avec soin, jouent avec les couleurs et les objets déco. Côté accueil, le couple et toute l'équipe aiment la rigolade et le travail bien fait. Faites leur confiance, ils sauront vous mettre à l'aise. Réservation recommandée. Une adresse exceptionnelle.

© SAIKO3P - SHUTTERSTOCK.COM

Les gorges du Dadès.

KASBAH TIZZAROUINE €€

Route de Tinghir
✆ +212 5 24 83 06 90
www.tizzarouine.com
Pour 2 personnes, en B&B : chambre troglodytique autour de 450 DH, suite dès 560 DH.
Menu dès 120 DH.

Isolée au milieu de nulle part. Cette grande propriété sur plus de 2 hectares garde un certain charme. Les chambres sont spacieuses, originales, et la literie est en bon état. Les troglodytiques offrent un confort plus rudimentaire, plus propices à la méditation, mais qui, en revanche, restent fraîches même en été. Grande piscine et nombreux salons pour se détendre ou lire. Le restaurant, pourvu d'une cheminée pour les soirées d'hiver, sert une cuisine de qualité, à base de produits frais. Organisation d'excursions à pied, à VTT ou en 4x4. Accueil charmant.

XALUCA DADÈS €€€

GPS : N 31 22 271 W 005 58 572.
✆ +212 5 35 83 00 60
www.xaluca.com
Chambre double standard à partir de 900 DH, suite à partir de 1 400 DH. Espace détente en supplément.

Les hôtels Xaluca font partie d'une chaîne gérée par un binôme maroco-espagnol et se sont spécialisés dans l'accueil des groupes de touristes. Ce complexe bénéficie d'un superbe emplacement sur les hauteurs de la vallée du Dadès. Il offre 106 chambres tout confort, décorées de manière subtile avec des objets provenant d'Afrique noire. Confort indéniable. Piscine avec bain à remous, terrasse solarium de pierres naturelles, Spa, salle de fitness, terrains de tennis et pétanque, plusieurs restaurants, excursions. Accueil souriant et professionnel.

GORGES DU DADÈS ★★★★

Les gorges du Dadès sont plus sauvages que celles du Todra, victimes de leur succès. Si vous devez choisir, pariez sans hésitation sur les gorges du Dadès. Elles partent de Boumalne où l'oued Dadès croise la N10 en direction de Tinghir. La route qui mène aux gorges nécessite une bonne heure en voiture. Vous traversez d'abord le centre de la zaouïa el-Bhir, puis Tiyilt. Vous croiserez ensuite sur votre gauche une ancienne casbah du Glaoui. Le relief s'élève ensuite au fur et à mesure de l'avancée dans les gorges, et la route devient de plus en plus escarpée, dominant le Dadès. Les gorges ont conservé tout leur caractère traditionnel et, en dépit du développement du tourisme, la route qui mène de Boumalne aux gorges est très habitée. Vous arrivez ensuite au pied d'une falaise, qu'une route à pic permet de gravir. C'est le véritable début des gorges. Le point de vue du haut de la falaise sur la vallée est extraordinaire. A la tombée du jour, le soleil s'y engouffre et l'inonde d'une lumière magique. La route redescend ensuite en pente douce jusqu'à la partie la plus impressionnante des gorges. De chaque côté de l'oued, les falaises se rapprochent pour ne plus laisser passer qu'un faible filet de lumière. Au fond des gorges, il y a juste assez de place pour le lit du Dadès et une petite allée de béton permettant de continuer la route pour profiter de ce spectacle grandiose. Vous aurez l'impression en passant dans ce défilé que la montagne va engloutir la voiture mais, à l'autre bout, une vallée accueillante s'offrira alors à vos yeux.

GUIDE MOHAMED AIT KHOUYA

✆ +212 6 50 71 41 85

Entre 500 et 1 000 DH selon le nombre de participants.

Mohamed connaît parfaitement la région, natif des gorges il vous fera découvrir des paysages fabuleux. Selon votre niveau et vos envies vous pourrez découvrir les canyons impressionnants du Dadès et autres merveilles de la nature comme les « doigts de singe » ou encore « les têtes hippopotames », de surprenantes formations rocheuses qui témoignent de la richesse géologique des Gorges du Dadès. Les aventureux pourront partir en excursion sur plusieurs jours et dormir sur des camps de nomades bergers au cœur de la vallée. Pour des aventures passionnantes !

LA VALLÉE DES FIGUES €

A 18 km de Boulmane Dadès

✆ +212 6 72 64 55 44

Chambre simple à partir de 350 DH en demi-pension, double à partir de 600 DH. Repas à partir de 100 DH par personne.

Voilà une petite adresse sympathique tenue par Brahim et sa famille qui offre une vue magnifique sur les pattes de singe. Au total, douze chambres sommaires, mais bien tenues dont une chambre familiale dotée de deux salles de bains et d'une cheminée. Egalement une grande terrasse pour dormir à la belle étoile. Côté restaurant, on déguste une savoureuse cuisine locale préparée par la mère de Brahim. Sa spécialité ? L'agneau aux figues, un vrai délice ! Le lieu se prête aussi pour boire un verre, sur la belle terrasse qui surplombe la vallée. Excursions possibles.

AUBERGE CHEZ PIERRE €€

Douar Aït Ouffi

✆ +212 5 24 83 02 67

http://chezpierre.org

Avec petit déjeuner, chambre double à partir de 69 €. Appartements à partir de 148 €. Menu à partir de 22 €.

Une très belle kasbah en pisé surplombant la vallée. La construction suit les courbes de la falaise, ainsi la kasbah s'articule sur différents niveaux. Les chambres sont soignées et lumineuses et disposent d'un petit coin terrasse. Une piscine au milieu d'arbres fruitiers pour se rafraîchir. Le cadre vaut vraiment le détour. Le restaurant vous réserve lui aussi des surprises avec une carte de mets variés revisitant la cuisine locale. L'accueil des propriétaires originaires du village est plus que chaleureux. Un voyage qui à coup sûr vous donnera envie de revenir.

LE RIAD DES VIEILLES CHARRUES €€

Aït Oudinar

✆ +212 6 70 63 41 76

riadvieillescharrues.net

Autour de 250 DH par personne.

Petit hôtel kasbah à l'architecture en pisé. Une décoration alignée sur le style berbère, salons intérieurs, terrasse au dernier étage, cuisine correcte. L'auberge porte le nom du festival de musique breton par son directeur. Un clin d'œil à la Bretagne digne de l'accueil chaleureux de Said et Aziza. D'ailleurs, dans leurs caractéristiques, Marocains et Bretons portent en eux le sens de l'accueil et la chaleur du cœur, des valeurs que l'on retrouve tout à fait dans cet établissement !

M'SEMRIR ★★

On peut continuer aisément par une route goudronnée jusqu'à M'Semrir. Le spectacle des méandres du Dadès se faufilant entre les gorges est exceptionnel. C'est certainement la meilleure façon de visiter la vallée, loin des circuits touristiques. M'Semrir marque aussi la fin de la route carrossable pour les voitures, et un demi-tour s'impose. Sur la route M'Semrir, au km 60 ne manquez pas la Tortue du Dadès, un phénomène géologique surprenant qui vaut le détour ! Si vous êtes en 4x4, vous pouvez continuer vers Imilchil, au nord, ou bifurquer vers l'est pour rejoindre les gorges du Todra. Le mieux est d'être accompagné par quelqu'un de la région.

© DORINSER - SHUTTERSTOCK.COM

M'Semrir.

Gorges du Todra.

TINGHIR ★★★

Bâtie le long de l'oued Todra, à 51 km de Boumalne, cette grosse bourgade est plantée au milieu d'une palmeraie d'une densité surprenante. A un peu plus de 1 000 m d'altitude, elle bénéficie d'une situation exceptionnelle. Sa palmeraie figure parmi les plus belles du Maroc, la végétation y est vraiment luxuriante et les cultures abondantes. Les possibilités de balades y sont nombreuses : vous pouvez vous perdre et traverser les 25 km de palmeraie qui mènent jusqu'aux gorges du Todra. En lisière de la palmeraie, vous devez visiter la casbah des Sénégalais et la casbah des Juifs, qui offrent des vues superbes. Sur les hauteurs est perchée l'ancienne casbah du Glaoui, aujourd'hui en ruine. Le moment le plus propice à la promenade est la fin d'après-midi. Rougies par le soleil, les montagnes font, avec le vert de la végétation, un contraste saisissant. En centre-ville, les rabatteurs et autres guides sont nombreux à proposer la visite des gorges ; il suffit de décliner simplement. Le souk vaut la peine ; il se trouve derrière la rue Hassan II et la place Zaïd Ouhmed. Les gorges du Todra sont impressionnantes, même si le tourisme de masse lui a fait perdre de son charme. C'est par ailleurs une région qui enchantera les fans d'escalade. Les compagnies de bus proposent des liaisons quotidiennes avec Marrakech via Ouarzazate, Er-Rachidia, Erfoud et Rissani. Ces trajets sont aussi possibles en grand taxi. Par ailleurs, vous pouvez traverser la vallée des Oiseaux et vous rendre directement à N'Kob, via Ikniouin. Le trajet se fait sur piste en bus bondé, et dure environ 7 heures.

GORGES DU TODRA ★★

Un rendez-vous indispensable pour les amoureux de la nature.

Un grand classique de tout voyage au Maroc. Les gorges sont vraiment superbes. Elles s'étendent depuis Tinghir jusqu'au village de Tamtatouchk, mais la partie la plus spectaculaire se trouve à Tizgui, à 14 km de Tinghir. A cet endroit, deux gigantesques murailles de granit rose se font face sur près de 300 m de hauteur, laissant juste à l'oued Todra de quoi loger son lit et aux touristes un petit chemin pour passer. Contrairement aux apparences, les voitures passent. L'eau est d'une limpidité absolue, et vous pouvez remonter le cours de l'oued lors de belles excursions dans le Haut Atlas. Juste avant et après l'entrée des gorges, quelques hôtels invitent à s'attarder dans la splendeur du site, bien que l'invasion du béton dans cette merveille de la nature soit regrettable. Vous pouvez faire de l'escalade sur les larges parois abruptes des gorges, mais nous vous recommandons, pour des raisons de sécurité, d'apporter votre propre matériel. Après les gorges, le goudron continue jusqu'à Tamtatouchk, où des auberges commencent à s'implanter, et même jusqu'à Aït Hani, à 52 km de Tinghir. Cars de touristes et nuisances des constructions incessantes à l'intérieur même des gorges gâchent un peu le spectacle... mais sont la preuve de sa valeur ! Nous vous conseillons donc de visiter les gorges le matin tôt ou en fin d'après-midi. Un Français, Julio, qui tient la maison d'hôtes Secret Garden, organise des sorties escalade et loue du matériel en excellent état. Il a créé une via ferrata et rééquipe beaucoup de voies dans le secteur.

POTERIES DE HARA

A 25 km de Tinghir. Pour se rendre au village de Hara, situé au cœur de la palmeraie, un véhicule est indispensable. Le village n'étant pas indiqué, il faut se faire accompagner par un guide.

Comptez à partir de 75 DH pour la demi-journée.

C'est dans ce village qu'est fabriquée une grande partie des poteries en vente dans la région (plats à tajine, cendriers, plateaux...). Le village lui-même est magnifique. Les maisons, construites en pisé ou peintes dans des couleurs variant du rouge à l'ocre, sont splendides, les ruelles sont étroites, des enfants jouent dans les rues et les touristes sont quasi absents. Il règne ici une atmosphère de calme et de sérénité qu'il faut veiller à ne pas troubler. Le village est parcouru de canaux d'irrigation qui desservent une multitude de petites parcelles où l'on cultive de l'orge, de la luzerne, du maïs et du blé. Elles prennent des teintes fluorescentes lors des fins d'après-midi qui précèdent les récoltes. Partout, de hauts palmiers dattiers ponctuent le paysage. La visite de la poterie est intéressante, c'est un travail familial où chacun a un rôle précis et dont chaque étape doit être scrupuleusement respectée. Pas de tour ni de four électrique, il faut pédaler pour donner une forme à l'argile, avant de la cuire dans un four en terre au fond du jardin. De même, la terre est préparée et filtrée avec soin avant d'être mise à reposer dans un petit bassin, à côté des tours. Il n'y a pas vraiment de magasin, et toute la production est achetée par les marchands de Marrakech, après avoir été peinte et décorée par une des familles du voisinage. Une expérience unique, authentique et originale... Vous devez retourner à Tinghir avant la tombée du jour ; car vous risquez de vous perdre la nuit au milieu de la palmeraie.

TAMTATOUCHT

Petit village perdu au charme détonant.

A près de 35 km de Tinghir, se trouve une jolie petite bourgade isolée. Sur la route, villages nomades et kasbah en pierre sont à découvrir. A l'entrée du village de Tamtatoucht, l'auberge Amazigh tenue par Hamid est l'endroit idéal pour profiter du cadre somptueux de cette vallée habitée par les berbères nomades. Nous voici dans un espace-temps bien différent... Hamid propose de nombreuses excursions dans les environs : mines de sel au cœur de la montagne et randonnées pédestres ou encore à dos de mules. Une escale dépaysante !

MAISON D'HÔTE VALENTINE €

Km 13

✆ +212 5 24 89 52 25

Comptez environ 300 DH pour une chambre double avec petit déjeuner.

Situé en retrait par rapport à la route, cet établissement est une petite adresse sympathique. Vous y serez reçu par le sympathique Abdul, et sa famille. La vue sur l'oued, la vallée et les gorges est très belle depuis la terrasse, offrant un cadre végétal et naturel tout à fait dépaysant. Choisissez les chambres à l'étage, celles du rez-de-chaussée n'ont pas de vue. Possibilité de louer des VTT, d'organiser des randonnées et aussi d'apprendre à cuisiner. Comptez seulement une dizaine de minutes pour rejoindre les gorges à pied.

A SECRET GARDEN €

Tizgui

✆ +212 6 49 91 95 04

A partir de 30 € la chambre double avec petit déjeuner.

Julio, également à l'origine de la Via Ferrata dans les gorges de Todgha, vous accueille chaleureusement dans son jardin secret. Une modeste et jolie maison d'hôtes, nichée entre les montagnes, qui propose des chambres propres et lumineuses. Certaines bénéficient d'un balcon s'ouvrant sur la vallée verdoyante et les montagnes. Repas copieux et conviviaux autour d'une grande table commune. Les amateurs d'alpinisme, d'escalade, ou autres sports de haute montagne sont au bon endroit : Julio vous prodiguera ses conseils avec plaisir et passion !

DAR AL MADINA €€

Avenue Mohamed V

✆ +212 6 99 20 05 97

www.riadatinghir.com

A partir de 60 € la chambre double, avec petit déjeuner. Repas à partir de 10 € par personne.

En plein centre-ville, cet hôtel familial offre un bon rapport qualité-prix. Réparties sur trois étages, les onze chambres climatisées sont confortables et propres, à la décoration minimaliste. Préférez celles s'ouvrant sur la ville, notamment les deux chambres du dernier étage, plus paisibles et offrant une jolie vue sur la palmeraie. Le restaurant, tapissé de jolies mosaïques, sert une cuisine marocaine copieuse, à petits prix. Au sous-sol, vous trouverez un salon plus intime où il est possible de fumer la chicha. Accueil avenant.

DAR AYOUR €€

Ait Baha
✆ +212 6 72 52 12 51
www.darayour.com
A partir de 60 € la chambre double en demi-pension. Gratuit pour les moins de 6 ans.

Cette ancienne kasbah bénéficie d'un emplacement paisible au bord de la rivière Todgha. C'est un vrai petit labyrinthe où l'on découvre au fur et à mesure les différents espaces détente. Les 20 chambres sont colorées et agréables, dotées d'une salle de bains avec eau chaude. Sur le toit, deux grandes terrasses panoramiques offrent une vue insaisissable sur les montagnes. Elles sont parfaites pour prendre le petit déjeuner ou admirer le ciel étoilé la nuit tombée. Également un jardin avec piscine. Cuisine copieuse, accueil avenant et possibilité d'excursions.

HÔTEL LA KASBAH LE PETIT NOMADE €€

Sortez de Tinghir en direction des gorges du Todra. Au village d'Ichmarine, prenez à gauche et roulez encore 300 m. ✆ +212 0 6 68 49 58 38
www.kasbah-petitnomade.com
A partir de 57 € la nuit, petit déjeuner inclus.

La kasbah est idéalement située et offre une vue agréable sur la palmeraie, calme et sérénité sont au rendez-vous. Trois charmantes chambres donnent sur le patio et le jardin. Les espaces communs adoptent le style berbère avec élégance. La table de la Kasbah vous propose une bonne cuisine marocaine avec des plats raffinés, préparés avec soin. Un parking gardé est disponible pour votre véhicule. Accueil chaleureux des propriétaires, qui n'hésitent pas à s'assurer de votre bonheur.

CHEZ MICHELE €€

Aït Ourjdal
✆ +212 5 24 83 51 51
www.chez-michele.com
Restaurant gastronomique ouvert jusqu'à 22h.

Il s'agit de la même maison que l'épicerie chez Michèle à Tinghir et que le camping situé à Goulmina. Au menu : gésiers de canards confits, magret de canard sauce miel, côte de bœuf aux morilles et îles flottantes… Ce ne sont que quelques-unes des spécialités de ce restaurant qui fera ravir vos papilles. On y sert aussi de la très bonne cuisine marocaine dans un salon européen au rez-de-chaussée ou dans un salon traditionnel à l'étage. Michèle et Ahmed, les propriétaires, ont aussi ouvert en ville une pâtisserie-salon de thé.

TINEJDAD ★★

Cette bourgade d'environ 40 000 âmes se trouve à 52 km de Tinghir. Sur la route depuis Tinghir, on aperçoit des ruches pour la culture du miel. Outre son ksar, Tinejdad est intéressante pour ses musées pittoresques. D'origine Amazighe, Tinejdad signifie « celle des oiseaux », une jolie explication pour une oasis où se réfugient nombre d'espèces. À la sortie de Tinejdad, vous quittez la route principale qui mène à Goulmima et à Er-Rachidia. Près d'Erfoud, remarquez les immenses cratères. Il s'agit de Ketara, un système d'irrigation qui permet de puiser de l'eau à plus de 25 m de profondeur. Quelques nomades y expliquent le fonctionnement moyennant finance.

MUSÉE LES SOURCES SACRÉES, LALLA MIMOUNA

✆ +212 5 35 78 67 98
Entrée dès 50 DH. Ouvert de 8h30 à 18h.

Cet écomusée plein de surprises est un hommage à la culture berbère de l'ensemble du Maroc. Zaïd Abbou, peintre et calligraphe, ne se lasse pas d'en raconter l'histoire et de guider les visiteurs à la découverte des manuscrits, des objets en cuir, terre ou argent et des tissus et vêtements qui racontent son pays. C'est une succession de 9 petits musées thématiques installés dans une immense enceinte, « un musée en plein air qui abrite des musées cachés », selon Zaïd.

ASSOCIATION DES AMIS DU ZAT

Centre Arbi'a Tighdouine
✆ +212 5 24 43 62 51
A partir de 250 DH pour une journée avec un guide. Possibilité de louer une mule.

Cette association œuvre pour le développement durable de la vallée. Elle propose notamment aux touristes de concocter des randonnées pour découvrir les environs. De la balade tranquille à la randonnée sportive, tout est possible, sur des séjours de 2 à 5 jours. Une excellente façon de joindre l'utile à l'agréable, puisque vos interlocuteurs connaissent le coin comme leur poche et qu'en passant par Les amis du Zat, vous participez au financement de projets essentiels pour les environs.

ER RACHIDIA ★★

Chef-lieu de province, Er-Rachidia est l'exemple même de la ville administrative. Ses larges avenues ont été construites pendant le protectorat français par la Légion étrangère. La ville est peu tournée vers le tourisme, comme en témoigne le réel manque d'infrastructures hôtelières. Néanmoins, il y règne une certaine animation qui s'explique par la présence d'une université. L'axe principal est l'avenue Moulay Ali Cherif, où la plupart des hôtels et commerces se trouvent près de la gare routière. Quand on revient du sud, on a l'impression de retrouver la civilisation. En sens inverse, elle est un point de départ idéal pour diverses excursions.

MAISON D'HÔTE ZOUALA €

Route du Sahara
✆ +212 5 35 57 81 82
Chambre double autour de 400 DH avec petit déjeuner et de 500 DH, diner + petit déjeuner.

Dans le village tranquille de Zouala, près de l'oued Ziz, dans un superbe environnement d'arbres et de verdure. Petites chambres très simples habillées dans la pure tradition berbère, toutes sont maintenant climatisées. Belles balades en perspective dans la palmeraie. Très bon accueil de Said, un natif de la ville, et actuel gérant de cette maison familiale. Spécialité : le tajine marocain. Vous y serez au calme, loin du tumulte des grandes artères urbaines. Possibilité également de faire des randonnées en 4x4 ou à dos de dromadaire.

HÔTEL LE RIAD €€

Route de Goulmima
✆ +212 5 35 79 10 07
www.hotelleriad.com
Chambre double à partir de 800 DH. Réservation en ligne.

Ce grand hôtel dispose de 30 suites spacieuses et propres, d'une piscine, d'un bar à cocktails, de deux restaurants, d'un parking surveillé jour et nuit. L'accueil du gérant est sympathique. Piscine, jardin et joli salon. Service de restauration sur place. Les salons sont dans le ton hispano-mauresque et décorés sommairement mais avec beaucoup de goût. Possibilité de prendre une navette jusqu'à l'aéroport. N'hésitez pas à déambuler dans le jardin au milieu des allées de roseraies et au parfum de jasmin, ornementé de fontaines.

KASBAT AFERDOU €€

Route de Goulmima
✆ +212 5 35 57 01 10
https://kasbataferdou.com
A partir de 650 DH la chambre double, et dès 1 000 DH pour la suite. Repas à partir de 130 DH.

Construit dans un style kasbah alliant tradition et modernité, cet hôtel peut être une étape agréable si vous êtes de passage à Er Rachidia. Il est situé en bord de route, à près de 3 km du centre-ville, dans un environnement au calme. Les chambres impeccables offrent le confort nécessaire, avec salle de bains privée avec baignoire, télévision à écran plat et climatisation réversible. Le hall est superbe, décoré traditionnellement avec zelliges, plâtre et bois sculpté. Le jardin arboré est doté d'une belle piscine pour un moment détente au soleil. Accueil correct.

GOULMIMA

Cette ville de 17 000 habitants est située à environ 60 km d'Er-Rachidia sur la route de Tinghir. De là, on peut rejoindre facilement Erfoud par une route goudronnée. C'est une magnifique oasis, de plus de 100 000 palmiers, totalement en dehors des circuits touristiques qui mérite d'être visitée par les amoureux d'authenticité. Elle est arrosée par l'oued Ghéris qui prend sa source dans le Haut Atlas central et abrite des cultures vivrières et céréalières. Outre vous perdre dans sa palmeraie, vous pourrez aussi visiter son ksar. Si vous souhaitez y passer la nuit, vous y trouverez quelques hébergements décents ainsi qu'un joli camping, avec piscine.

MIDELT

A la jonction des chaînes du Moyen Atlas et du Haut-Atlas oriental, Midelt est un petit village de montagnes authentique, niché à plus de 1 500 mètres d'altitude. Il arrive d'ailleurs souvent en hiver que la neige recouvre sa végétation composée de sapins, cèdres, chênes et oliviers. Vous découvrirez une petite ville accueillante, vivant du commerce des pommes et des minéraux. Son intérêt réside surtout dans sa situation : c'est le point de départ idéal pour découvrir les environs et organiser des randonnées dans ses forêts luxuriantes où vivent des macaques de Barbarie. C'est aussi le seul endroit où vous pourrez loger dans le coin.

RESTAURANT 7 €€

RN13
✆ +212 6 36 03 68 68
www.restaurant7.ma
Plats à partir de 50 DH.
Chalets entre 400 et 1 200 DH la nuitée.

Sur la route de Merzouga ou Fès, ce complexe touristique est une bonne option pour s'arrêter déjeuner. A proximité d'une station-service, le restaurant, s'étalant sur plusieurs salles et terrasses, propose une carte variée. Les plus curieux pourront goûter au tajine de dromadaire, copieux et savoureux. En plus des tajines, on peut se régaler de plats classiques, d'une assiette de spaghettis et de tacos. L'établissement dispose aussi de dix chalets tout équipés et bien entretenus. Une belle piscine invite à se rafraîchir l'été. Organisation d'excursions.

RIAD VILLA MIDELT €€

1 place Verte
✆ +212 5 35 36 08 51
Chambre double dès 50 € selon la saison, suite autour de 70 €, petit déjeuner inclus.

En plein cœur des oasis de Midelt, à près de 1 500 mètres d'altitude, ce riad est décoré de façon traditionnelle, avec 6 chambres et 4 suites confortables, à la marocaine. Bon accueil. Les chambres sont assez spacieuses et généralement propres. Toutes disposent d'une salle de bains privatisée ainsi que d'un système de climatisation. Vous pouvez demander à la réception l'organisation d'activités comme la visite du cirque de Jaffar, des anciens villages berbères, ou de l'inévitable saut à Merzouga pour y contempler les dunes magnifiques.

RESTAURANT RIHAB €

Avenue Zlaqa Atman Oumoussa
✆ +212 5 35 36 02 74
Ouvert tous les jours de 7h à 17h.
Dîner sur réservation. Menu autour de 100 DH.

Voici un restaurant bon marché fréquenté par les touristes en route pour le désert de Merzouga ou pour la ville impériale de Fès. On déjeune sur une terrasse en bord de route ou dans une salle sans charme particulier. La carte propose des menus à base de tajines, brochettes, pizzas, couscous ou omelette, avec en entrée une soupe ou une salade marocaine et un petit bout de gâteau en dessert. Un thé, sans grande saveur, vous est servi en digestif, avant de reprendre la route. Le service, en anglais, est expéditif et impersonnel.

MINÉRAUX ET FOSSILES RIFKI

83 route de Meknès
✆ +212 6 63 62 89 59
Ouvert tous les jours.
Tarifs grossistes et détaillants.
Livraison possible partout dans le monde.

Des boutiques de minéraux, il n'y a que ça à Midelt, mais c'est celle-là notre préférée, pour la gentillesse de M. Rifki et la qualité de ses produits. Bijoux, lampes, photophores, produits en sélénite, fossiles, pierres précieuses, objets de décorations en gypse et autres minéraux trouvent ici leur place. On retrouve certains de ces produits dans les boutiques de Marrakech à des tarifs plus élevés. Il vaut donc mieux les acheter ici et ainsi participer au développement de la région.

VALLÉE DU ZIZ ★★

En quittant Er-Rachidia vers Midelt, la route longe les côtes sinueuses du lac de retenue du barrage Hassan Addakhil, qui porte le nom du premier Alaouite arrivé dans le Tafilalet en 1266. Les contreforts de l'Atlas d'une couleur rouge flamboyant y plongent dans une eau vert émeraude. Vous arrivez ensuite au village d'Ifri où se dresse une kasbah de toute beauté avant de passer sous le tunnel Foum Zaabel, ancien tunnel du Légionnaire. Les parois de la vallée se resserrent alors, donnant l'impression qu'elles ont été façonnées par une main de maître. Le contraste entre l'aridité des versants de la montagne et les berges du Ziz est exceptionnel.

MAISON VALLÉE DE ZIZ €

✆ +212 6 61 53 31 93
www.maisonvalleeduziz.com
A partir de 600 DH la chambre double en demi-pension. Buffet du midi, à partir de 100 DH par personne.

Sur la route entre Er Rachidia et Erfoud, cet hôtel jouit d'un emplacement stratégique, à près de 4 km du superbe panorama sur la vallée du Ziz. D'ailleurs, il est situé au bord de la palmeraie, où le jardin donne directement accès, parfait pour des balades à l'ombre. L'établissement dispose de neuf chambres correctes, dont nous vous recommandons celle située sur la terrasse du premier étage. Il est tenu par deux frères marocains, Moha et Said, dynamiques et très arrangeants, qui organisent aussi des excursions dans la région. Jolie piscine.

Vallée du Ziz.

ERFOUD

A l'origine, Erfoud était une garnison française, installée en 1917 afin de « pacifier » le Sud-Est marocain. Elle présente donc l'aspect d'une cité administrative, avec de grandes avenues bordées de tamaris, dont les deux principales sont les avenues Moulay Ibrahim et Mohamed V, qui se croisent perpendiculairement au niveau de la poste. Ville de 10 000 habitants, Erfoud ne présente guère d'autre intérêt que d'être le point de départ idéal vers Rissani, ce berceau de la dynastie alaouite, ou des excursions dans le désert autour de Merzouga. Sur la route de Er-Rachidia, vous trouverez de nombreux petits musées de fossiles, qui sont en réalité des marchands. A quelques kilomètres d'Erfoud, les kasbahs de Al Jofr et Maadid, sur la droite, peuvent être de bonnes visites. Passage obligé pour se rendre à Rissani et Merzouga, Erfoud dispose d'une multitude d'hôtels de plus ou moins bonne qualité. La plupart d'entre eux se trouvent sur l'avenue Mohamed V. D'autres sont sur la route qui rejoint Rissani. Depuis que les hôtels et maisons d'hôtes se sont multipliés aux pieds des dunes de l'erg Chebi, Erfoud est de plus en plus délaissée par les touristes, qui préfèrent aller directement à Merzouga. La région d'Erfoud et Rissani a une spécialité culinaire, la *medfouna*, sorte de pizza recouverte, fourrée à la viande et aux oignons. De nombreux bouis-bouis bordent l'avenue Mohamed V sur pratiquement toute sa longueur. Si vous pensez pouvoir faire confiance à leurs cuistots et leur confier votre estomac, vous pourrez vous y restaurer à bas prix.

Transports

Plusieurs départs quotidiens pour Fès via Er-Rachidia et pour Marrakech via Ouarzazate, par les bus CTM. Quelques autres compagnies, comme Supratours, proposent des voyages en bus depuis Erfoud. Départ place des Far, qui est aussi la place des grands taxis. Vous trouverez des bus pour Tinherir, Ouarzazate, Marrakech, Meknès et Fès. Pour rejoindre Merzouga à partir d'Erfoud, deux possibilités : avec un 4x4, vous pouvez rejoindre Merzouga par une piste d'une bonne quarantaine de kilomètres, sans passer par Rissani, mais par Derkaoua, les 20 premiers kilomètres sont goudronnés, la suite étant une piste balisée. Si vous n'avez qu'un véhicule de tourisme, il est préférable d'emprunter la route goudronnée passant par Rissani. Sur cette route, de nombreux panneaux indiquent la piste à prendre pour rejoindre les hébergements situés le long de l'erg.

BORJ EST ★★

Suivre le panneau indiquant « Dunes de sable », à partir du centre d'Erfoud. Après avoir traversé le Ziz, à la sortie de la ville, prendre la première piste sur la gauche, menant directement au sommet du borj. Du centre d'Erfoud, compter 10 minutes en voiture ou 45 minutes à pied.

Patrimoine naturel remarquable. Totalement gratuit.

Du haut de ce rocher, qui domine à la fois la ville et la palmeraie, le panorama est absolument magnifique, dévoilant un paysage de contrastes saisissants. La palmeraie de Tizimi, qui avec son million de palmiers figure parmi les plus importantes du Maroc, s'étend à perte de vue le long des oueds Ziz et Rheris. Au loin, se distinguent les premières dunes de sable, qui prennent une teinte rosée au coucher du soleil. Au sommet du rocher se dresse un ancien fort français, aujourd'hui occupé par l'armée marocaine. Les plus courageux pourront s'y rendre à pied.

ESCALIER CÉLESTE, SPIRALE D'OR ET CITÉ D'ORION ★

Plaine de Marha

Dès 150 DH la visite.

Hannsjoerg Voth, artiste allemand né en 1940, a débuté ses travaux de l'*Escalier céleste* en 1980, ceux de la *Spirale d'or* en 1993 et de la *Cité d'Orion* en 1998. Ces trois sculptures gigantesques se dressent en plein désert dans la plaine de Marha, près de l'oasis de Fezna. Impossible de donner une idée fidèle de l'impression laissée par ses œuvres, à la fois folles et géniales. L'accès étant assez difficile, mieux vaut s'y rendre en 4x4 ou à moto.

MUSÉUM FOSSIL

Km 6 Route de Rissani

✆ +212 5 35 57 68 74

Ouvert tous les jours de 7h au coucher du soleil. Entrée grtuite.

Musée privé tenu par Brahimi passionné par les fossiles. Il possède une collection impressionnante qui témoigne du patrimoine géologique du Maroc. De par sa position extrême, située entre deux grandes surfaces d'eau (Océan Atlantique et Méditerranée), renforcé par ses grandes chaînes de montagnes de l'Atlas, le Maroc est un joyau pour les passionnés de minéraux. La géologie, qu'est-ce que c'est ? C'est avant tout la mémoire de la Terre, et l'histoire qu'elle raconte donne quelques clés pour comprendre le rôle des hommes sur cette planète. Une visite instructive.

Escalier céleste, spirale d'or et cité d'Orion.

FERME AUBERGE MERZANE €€

A 14 km d'Erfoud en direction de Merzouga sans passer par Rissani.
✆ +212 6 62 64 07 87
Fermé en juillet et août. Chambre double à partir de 60 €, petit déjeuner compris. Compter autour de 450 € les 7 nuits.

Une jolie construction en pisé. Agnès et Etienne vous accueillent avec chaleur dans leur établissement réalisé autour d'un beau jardin et de deux bassins. Cinq chambres agréables à la décoration spécifique avec une terrasse privée et des couchages sous tentes avec possibilité de repli en cas de vent. Superbe salle à manger avec dalles en pierre pour déguster le plat du jour mitonné avec les légumes du jardin ! Etienne se fera un plaisir de vous initier à la connaissance des fossiles, nombreux dans la région. Accueil excellent. Adresse à découvrir.

PALM'S HÔTEL €€

A 5 minutes du centre-ville d'Erfoud et à 30 minutes des dunes de Merzouga.
✆ +212 6 66 91 45 52
www.palmotel.ma
Chambre single : 957 DH.
Chambre double : 1 357 DH. Suite royale : 3 250 DH, Suite junior double : 1 587 DH.

Un hôtel club confortable de 120 chambres : belle piscine, chambres spacieuses avec vue sur cette dernière ou sur la palmeraie. Tout est d'une propreté irréprochable. Avec son architecture sur un seul niveau, le Palm's s'intègre plutôt bien au paysage. Parties communes agréables, avec un grand hall de réception et un billard. Également, un bar bien achalandé, deux restaurants, un snack près de la piscine, un salon avec cheminée. Plusieurs infrastructures : Spa, massage, accès Internet. Établissement fréquenté par les groupes. Très bon accueil.

MAISON BOUTCHRAFINE €€

Ksar Merzane
✆ +212 6 70 18 25 39
Ouvert tous les jours pour le service du midi et du soir, de 12h à 23h. Menu à partir de 15 €. Réservation conseillée.

A 12 km d'Erfoud, une adresse authentique perdue au milieu de nulle part. Au menu, une cuisine marocaine et berbère originale, composée de produits locaux et de saison. Le cadre vaut le détour pour la vue panoramique sur les dunes d'Erg Chebbi depuis la terrasse. Excellent service et repas copieux. Pensez à appeler avant de vous y rendre. L'établissement fait aussi maison d'hôtes, les tarifs sont un *chouia* élevés, mais la prestation reste de qualité... Jolie piscine et excursions dans le désert. Bel accueil d'Hassan et son équipe, aimables et volontaires.

MAROC FOSSILES KASBAH

Route de Rissani
✆ +212 6 61 09 21 38
Ouvert tous les jours de 8h à 18h. Possibilité d'envoi en Europe.

Sur la route du désert, voici un plaisant arrêt où vous en apprendrez plus sur les fossiles et découvrirez les ateliers d'artisans qui les transforment en jolis objets de décoration, avant de déambuler dans les salles d'exposition où vous pourrez acheter quelques souvenirs, à prix fixes. Jolies tables et fontaines en marbre fossilisé, pierres semi-précieuses, fossiles polis et sculptures en pierre, vous risquez de ne pas repartir les mains vides ! On sent le côté commercial du lieu, mais la visite est assez intéressante pour mieux connaître le monde des fossiles.

RISSANI ★★

C'est la dernière ville avant la plaine aride, traversée par un bon goudron qui vous conduira jusqu'au pied des dunes. Une halte à faire pour profiter des bourgades peu touristiques. Si vous voyagez avec votre véhicule, l'une des trois stations des abords de la ville pourra vous dépanner si vous comptez sur votre bonne étoile. En bus jusqu'à Erfoud, comptez bien 20 minutes. Il y a des navettes toutes les 2 heures environ. Des liaisons sont aussi assurées vers Tinghir. Il n'y a pas de bus pour Merzouga, mais le trajet peut se faire en taxi collectif. Vous pouvez rejoindre Rissani depuis Marrakech ou Ouarzazate avec les compagnies CTM et Supratours.

Tourisme

Rissani est le berceau historique de la dynastie alaouite. La ville en a conservé une fierté ainsi que de nombreux monuments. On ne dénombre pas moins de 132 kasbahs dans les environs de Rissani. Un circuit touristique d'une vingtaine de kilomètres permet de visiter les alentours de Rissani et une partie de la palmeraie. En venant d'Erfoud, il est signalé dès l'entrée de Rissani, à droite. La route est goudronnée sur l'intégralité de cette boucle, mais se trouve dans un assez mauvais état. Même en l'absence de panneaux, vous suivez facilement la route, sans risque de vous perdre. Environ 3 km après le début du circuit, prenez une route qui part sur votre droite en direction de Tinrheras. Le ksar de Tinrheras est juché sur un piton rocheux qui offre une vue exceptionnelle sur la palmeraie, avec, au nord-ouest, les sommets du Haut Atlas et, au sud-est, le désert et les premières dunes de l'erg Chebbi. La vue vaut vraiment le détour. De retour sur le circuit, après avoir traversé le Ziz à gué, vous arrivez au ksar d'Oulad Abdelhalim. Avec sa porte d'entrée monumentale, c'est l'un des plus beaux du Tafilalet. Malheureusement, l'intérieur est en grande partie détruit ; il reste toutefois quelques bâtiments qui ont gardé des vestiges de plafonds peints. Plus loin, le circuit passe par le ksar Akbar, du sultan Moulay Abdul Raman, en piteux état. Vous arrivez ensuite au mausolée de Moulay Ali Sherif. Mieux vaut faire ce circuit tôt le matin ou en fin d'après-midi pour profiter de la lumière et de la fraîcheur de la palmeraie. De nombreuses habitations bordent ce circuit, et le seul contact avec l'extérieur des populations est cette route que les autorités ont vite qualifiée de « touristique ».

MAUSOLÉE MOULAY ALI CHERIF ★

Mausolée Moulay Ali Chrif

Entrée gratuite pour ce tombeau mémorable.

Construite en 1666, la chambre funéraire est de toute beauté. Le mausolée de Moulay Ali Cherif, un des fondateurs de la famille Alaouite qui a régné sur Tafilalet durant la seconde moitié du XVIIe siècle, a subi plusieurs restaurations. En 1997, la réfection des sols, mosaïques et plafonds a été confiée à des artisans fassis tandis que les charpentiers de Meknès ont rendu aux portes leur splendeur. La zaouïa est aujourd'hui un lieu de pèlerinage et sert d'hébergement aux pèlerins.

© MILOSK50 - SHUTTERSTOCK.COM

© STEVE ESTVANIK - SHUTTERSTOCK.COM

SIJILMASSA ★

L'entrée des ruines se trouve à 300 m des portes de la ville, de part et d'autre de la route.
Point d'intérêt gratuit. Mérite le détour.

L'entrée des ruines se trouve à 300 m des portes de la ville, de part et d'autre de la route. On ignore la date exacte de la fondation de cette fabuleuse cité, que le géographe El Bekri, du XIe siècle, fait remonter à l'an 140 de l'Hégire (792 de notre ère). Du IXe au XIe siècle, Sijilmassa est la capitale, le foyer religieux des Berbères zénètes et le centre économique d'un royaume indépendant, limité au nord et au sud par l'Atlas et le désert, à l'est et à l'ouest par le Drâa et le Ziz. Important centre caravanier entre le Maroc, le Mali, le Soudan ou le Niger, Sijilmassa assure le commerce de denrées précieuses, comme le sel, les dattes, les étoffes, et l'or ainsi que d'autres métaux. Avec une population de 100 000 habitants et formée de 600 kasbahs, elle est même la rivale directe de villes comme Fès ou Marrakech. Mais la cité suscite beaucoup de convoitises, et elle est conquise par les Almoravides vers 1055, qui continuent l'activité commerciale. On ignore les raisons de la disparition de Sijilmassa, mais on sait qu'elle est mise à sac en 1362 par des nomades arabes. Lorsque Léon l'Africain s'y rend en 1550, il ne reste déjà de la ville que ruines et vestiges d'une splendeur passée. Supplantée par Rissani, elle est définitivement détruite et rasée au XIXe siècle. Une fois sur le site, on a du mal à imaginer que c'est là le berceau d'une civilisation dont l'influence s'est étendue sur toute l'Afrique du Nord. Une étape qui passionnera sans aucun doute les amateurs d'archéologie et d'histoire !

SOUK

Se tient toutes les semaines, le mardi, le jeudi et le dimanche. A ne pas manquer.

Ce souk, le plus important du Tafilalet, se tient les mardi, jeudi et dimanche. Il est divisé par secteurs : souks aux dattes, aux épices, aux ânes, aux moutons ou encore aux étoffes. Cet ensemble très coloré s'enfonce profondément dans la ville. Vous y trouverez aussi de nombreux artisans, et notamment des bijoutiers et des maréchaux-ferrants qui battent le fer à l'ancienne. Le spectacle est saisissant et mérite que vous visitiez la ville un jour de marché. Sachez que les dattes de Tafilatet sont réputées comme étant les meilleures du Maroc. A goûter absolument !

MERZOUGA ★★★

Si vous passez dans le Sud-Est marocain, ne manquez pas Merzouga. Vous y découvrirez des dunes de sable à perte de vue, au cœur de l'erg Chebbi, premier véritable erg présaharien. De l'autre côté des dunes, s'étend un désert de rocailles qui mène à la frontière algérienne. Ces dernières années, le site a connu un développement spectaculaire, dont témoigne la multiplication des auberges au pied des dunes. Dès la sortie de Rissani et de sa palmeraie, les dunes apparaissent, Merzouga étant à 34 km de Rissani. L'erg Chebbi se trouve à l'ouest de cette route, de laquelle partent des pistes banalisées en direction des dunes. On peut s'y rendre avec un véhicule de tourisme, car les pistes sont aplaties et peu sablonneuses. Vous pouvez aller jusqu'aux pieds des dunes en véhicule, puis monter jusqu'à leur sommet à pied. Comptez une bonne demi-heure de marche. Les levers et les couchers de soleil y sont inoubliables. Avec les jeux d'ombre et de lumière créés par les dunes, le sable prend une teinte rougeâtre dont les nuances varient à l'infini. Malheureusement, le site est pris d'assaut par les rabatteurs et vendeurs en tout genre. Soyez ferme envers tous ceux qui vous aborderont. Bien que le tourisme soit leur principale source de revenus, l'accueil y est encore chaleureux. De construction récente, le village de Merzouga était autrefois un lieu de campement des caravanes. On raconte que les noyaux de datte laissés par les nomades ont donné naissance à la palmeraie. Avec le temps, l'endroit est devenu accueillant, un peu à l'écart de la civilisation, parfait pour la sédentarisation des nomades.

Se loger

Plus de 50 hôtels et maisons d'hôtes sont disséminés le long de l'erg Chebbi. Les hébergements sont indiqués sur la route goudronnée qui sépare Rissani de Merzouga. Il suffit d'attendre le panneau de votre hébergement pour bifurquer sur la gauche et suivre une piste balisée. Suivez bien les indications pour arriver à l'hôtel ou à la maison d'hôtes. Par ailleurs, pensez à réserver pour savoir où aller avant d'arriver. Si vous êtes perdu, allez vers les dunes et la première maison d'hôtes, puis demandez la direction de votre hébergement. La plupart des adresses que nous avons sélectionnées se trouvent près des dunes avec des vues inoubliables. Attention, certaines se situent sur une piste d'une bonne quarantaine de kilomètres en partant d'Erfoud, qui ne passe pas par Rissani, mais par Derkaoua.

Tourisme

Le bain de sable est une pratique très ancienne dans la région, destinée à lutter contre les rhumatismes et contre tous les petits inconvénients de santé pouvant survenir à partir d'un certain âge. En juin, juillet et août, entre 13h et 16h, au moment où le soleil est à son zénith, on creuse un trou à même le sable. Le « patient », à jeun depuis le petit déjeuner, s'allonge dans le trou. Un assistant le recouvre de sable, en laissant émerger la tête, qu'il protège du soleil, et lui donne régulièrement à boire. Après 2 ou 3 heures, le patient sort de son trou, s'enveloppe dans une couverture, rentre chez lui et se repose pendant une heure. Ensuite, il prend une douche et une collation. Cette thérapie est très répandue dans la région de Merzouga.

Transports

Un bus Supratour part chaque jour de Marrakech le matin pour arriver le soir. Également un départ chaque jour de Ouarzazate, comptez une dizaine d'heures pour rejoindre Merzouga. Des bus relient également deux fois par jour Merzouga depuis Rissani. Il est possible de faire le trajet en taxi collectif à partir d'Erfoud ou de Rissani. Pour ceux qui voyagent en petite voiture de location, nous vous déconseillons de sortir des routes goudronnées. Si votre hôtel est à l'écart, il est possible qu'il faille prendre des petites pistes ensablées. Si c'est le cas, il est préférable de contacter l'établissement pour qu'on vienne vous chercher, ou vous faire accompagner par un guide qui connaît la zone.

ERG CHEBI ★

Paysage remarquable.
Étape indispensable du Grand Sud Marocain.

Le plus grand erg pré-saharien s'étend sur 13 km de long et 5 km de large dont la dune la plus élevée atteint 150 m d'altitude. Ici, vous pourrez vous balader à dos de dromadaire ou prendre un bain de sable aux vertus curatives. Pour quelles maladies ? Un peu toutes ! Plusieurs auberges proposent de « skier » sur les dunes. Attention, ici point de remonte-pente ni de carte neige, et les remontées successives peuvent se révéler éprouvantes. Mais le mieux reste le plus simple : vous pouvez assister aux superbes couchers ou aux levers du soleil du haut des dunes.

LAC DAYET SRJI

Site naturel totalement gratuit.
N'est visible qu'en hiver.

A 2 km seulement du centre de Merzouga. Le lac Dayet Srji s'étend parfois sur 5 km, lors des hivers humides. Attention : cette résurgence de l'oued Ziz est malheureusement souvent à sec. S'il y a de l'eau, en hiver vous pourrez y voir de grandes colonies de flamants roses et de canards sauvages qui font la curiosité des touristes ou des photographes animaliers. Du bord du lac, la vue sur la palmeraie et les cultures est superbe, elle offre un moment de détente hors des circuits ou des hôtels, un véritable havre de paix naturel.

DAR GNAOUA

route Ramlia, N13
Ouvert tous les jours jusqu'à 22h.
Participation libre.

Une belle occasion de découvrir la culture Gnaoua. Dar Gnaoua qui signifie « la maison des gnaoua » est une halte agréable, l'endroit idéal pour profiter d'un thé. Au sein de l'établissement quelques photos et instruments sont exposés, mais l'intérêt est ici d'assister à une vraie démonstration, une dizaine de Gnaouis vous accueillent avec des chants traditionnels. Ils vous feront traverser l'histoire des Haratins, esclaves subsahariens exportés aux Maghreb à l'époque de l'esclavage triangulaire. Une expérience mystique à ne pas manquer.

OASIS D'HASSI LABIAD

Visite libre.

A 8 km au nord de Merzouga, le village d'Hassi Labiad, plus tranquille que Merzouga, abrite une belle oasis en plein désert où il est agréable de se balader à la fraîcheur de l'eau et des palmiers. C'est l'exemple même d'une oasis communautaire où chaque foyer possède une parcelle cultivable. Les terres sont irriguées par un système ingénieux qui communique avec toutes les parcelles. Chaque foyer a un temps délimité pour l'eau chaque semaine afin d'arroser ses plantations. Légumes, fruits et plantes aromatiques poussent ici en plein désert !

AUBERGE CAFÉ DU SUD €

Ras el Erg
✆ +212 6 70 76 11 06
www.hotelcafedusud.com

Chambre double à partir de 65 €/personne, suite à partir de 80 €/personne, bivouac à partir de 105 € en demi-pension.

Cette auberge a conservé un caractère simple qui lui donne vie et charme. Au pied des dunes, elle offre une vue imprenable et s'autorise le luxe d'une petite terrasse les « pieds dans le sable ». Chambres avec ou sans climatisation, certaines décorées dans un style saharien. Piscine avec vue sur les dunes. Restaurant exceptionnel, cuisine délicieuse. Excellent accueil de Moha et ses frères, à tel point qu'on finit par adopter cette grande famille… Possibilité de bivouacs et d'excursions en dromadaire jusqu'à Zagora. Très bonne adresse.

AUBERGE KASBAH AZALAY €€

Avant d'arriver à Merzouga-centre, sur la gauche.
✆ +212 6 68 66 34 84
www.kasbahazalay.com

A partir de 700 DH pour 2 personnes en demi-pension ; suite en demi-pension à partir de 1200 DH.

Petite maison d'hôtes située légèrement en hauteur avec une vue sublime sur les dunes. Des chambres simples, bien entretenues, avec salle de bains en tadelakt de couleur et décoration personnalisée. On appréciera de prendre un thé assis confortablement entre des coussins douillets du petit salon marocain tout en regardant le paysage. Accueil plein d'humour et de gentillesse de Youssef et son équipe. Bonne restauration traditionnelle (pizza berbère). Une très bonne adresse à deux pas des dunes. Possibilité de dormir en bivouac au pied de la dune Erg Chebbi.

BERBER CAMP MERZOUGA €€

Ksar Hassi labieq
✆ +212668252380
www.berbercampmerzouga.com

Voilà un camp de bivouac dans le désert qui remplit toutes les conditions d'un établissement de ce standing, en rajoutant en prime quelques prestations excitantes comme le surf sur le sable ! Une expérience incroyable qui reste unique à vivre. Vous pourrez également engager un guide pour une journée ou davantage, en fonction, de vos besoins. Des formules pour rejoindre la côte d'Essaouira ou Chefchachouen sont possibles. Une façon de s'immerger dans la culture berbère traditionnelle et de partir à la conquête du mode de vie des nomades.

DIHYA DESERT CAMP €€

✆ +212 7 00 53 45 37
dihyadesertcamp.com

Entre 150 € et 300 € en demi-pension, selon saison et nombre de jrs. Balade à dos de dromadaire et sandboarding inclus.

A 13 km de Merzouga, au cœur des dunes de l'Erg Zniqi, ce fabuleux campement en plein désert offre une escapade magique sous les étoiles, dans une atmosphère chaleureuse et intimiste. Les 10 tentes de luxe mêlent confort et tradition avec élégance. Elles sont équipées de l'électricité solaire et disposent de douches à l'italienne avec eau chaude. Les repas marocains, concoctés avec des produits frais, sont servis dans une khaima spacieuse, au milieu du camp. Les nuits sont féériques, sous un ciel parsemé d'étoiles et au son des chants nomades autour du feu.

KSAR BICHA €€

✆ +212 5 35 57 71 13
www.ksarbicha.com

Chambre en demi-pension : double à partir de 80 €. Menu à partir de 10 €. Bivouac à partir de 60 € en demi-pension.

Vieille maison restaurée en pisé. Belles parties communes, avec un salon marocain et une salle à manger européenne. Grande piscine et superbe terrasse où vous pouvez dormir sous la tente. Les 18 chambres doubles et familiales possèdent douche et toilettes et sont très agréables. C'est propre, et l'accueil d'Ali et de Youssef, propriétaire également de Merzouga Désert, est délicieux. Organisation de bivouacs ordinaires et de luxe dans le désert. Belle piscine et jardin de palmiers. L'établissement propose des cours de pilotage dans les dunes. Bonne adresse.

LES PORTES DU DESERT €€

Route de Taouz
✆ +212 5 35 57 79 30
www.lesportesdudesert.com

Chambres à partir de 390 DH, suites à partir de 550 DH la nuit, petit déjeuner inclus.

Situé à 20 min de marche du centre de Merzouga, facilement accessible en bordure de route, l'établissement porte bien son nom avec ses 21 chambres et suites avec vue sur les dunes à perte de vue. Les chambres sont spacieuses et propres, les repas sont copieux et de très bonne qualité. En revenant d'une excursion à dos de dromadaire, il fait bon flâner dans les jardins, parfois ensablés, et piquer une tête dans la belle piscine pour se rafraîchir. Iddir et son équipe sont à l'écoute et peuvent organiser pour vous des bivouacs et des circuits en 4 x 4 !

© AUTHOR'S IMAGE

Les dunes de Merzouga.

MERZOUGA DESERT CAMPS €€€

✆ +212 6 61 77 67 66
www.merzougaluxurydesertcamps.com
Bivouac à partir de 70 € par personne.

C'est au milieu des dunes, au cœur du Sahara que le camp principal est situé. Les 5 tentes spacieuses pouvant accueillir 10 personnes sont toutes équipées d'une salle de bains privée, d'éclairage solaire et de meubles artisanaux. Le style beldi de chaque tente adopte une couleur différente. Les voyageurs désirant une ambiance plus intimiste choisiront le plus petit campement situé à une heure de dromadaire du camp principal. Suites, salons *chill-out* et hamacs sont nichés dans les dunes. Excursions organisées sur plusieurs jours. Location de quad et de buggy.

RESTAURANT CHEZ IBRAHIM €

Kser El khamlia Taouz ✆ +212 6 66 14 71 61
Ouvert tous les jours de 10h à 17h. Dîner sur réservation. Menu dès 100 DH. Pizzas et méchouis sur commande.

En bord de route, ce restaurant traditionnel est une belle halte pour un déjeuner au frais ou sur la terrasse ensoleillée avec une vue imprenable sur les dunes du Sahara. On y mange les meilleures pizzas berbères du désert, la spécialité de la maison, à commander à l'avance. Ici, ce sont les femmes qui sont aux fourneaux. Salades, tajines, brochettes, couscous, pizzas et autres plats locaux, tout est frais, bien concocté et savoureux. Parfois, Ibrahim, le patron, élabore lui-même les plats, notamment lors des méchouis organisés. Service rapide et attentionné.

LE DÉPÔT NOMADE

A côté de Kasbah Mohayut
✆ +212 6 48 88 67 06
Toutes sortes de prix pour ce bazar réputé. Prix à négocier fermement. Ouvert tous les jours à partir de 8h.

Un incontournable si vous désirez faire des achats à Merzouga. Vous trouverez de tout, orfèvrerie, bijoux berbères, vêtements traditionnels, lampes, tapis, couteaux, sabres… Vous pourrez vous y faire expliquer les secrets des tapis berbères et touaregs autour d'un bon thé à la menthe. Le bâtiment, à l'architecture traditionnelle, abrite un beau panel de l'artisanat de diverses tribus berbères et bédouines. Les tapis sont les chefs de file de cette boutique originalement achalandée où le savoir-faire oriental se retrouve dans la beauté des tissus.

MAISON LA DUNE DORÉE

✆ +212 6 62 05 99 89
Ouvert tous les jours.

Si vous n'avez pas le temps de passer à Agadir et ses alentours, vous pourrez faire ici le plein de produits à base d'argan. Savons, shampooings, crèmes, huiles et gels douche, vous trouverez une gamme complète de cosmétiques certifiés, de bonne qualité. Le patron, Moha Sardin, collabore avec des associations et travaille avec plusieurs coopératives de femmes afin de développer leur indépendance. La boutique est bien achalandée, avec des prix affichés. On trouve aussi des produits à base d'eau de rose, du henné 100 % végétal et quelques habits traditionnels.

MERZOUGA DÉSERT

BP 40
✆ +212 6 50 03 14 56
www.merzougadesert.com
Comptez 25 € pour une méharée, 30 € pour une session de surf sur le sable, 120 € pour une excursion en 4x4.

Anciens nomades du désert qui se guidaient à la lumière des étoiles, Ali et sa famille sont devenus des références dans le milieu des tours et sports mécaniques. Vous voulez de l'adrénaline ? Grimpez donc la plus haute dune de l'Erg Chebbi en 4x4 avec Ali, pilote confirmé. Envie de vitesse ? Faites virevolter le sable du Sahara en prenant le contrôle d'un buggy. Sans oublier l'incontournable tour à dos de dromadaire au coucher ou lever de soleil. Equipe d'une gentillesse exceptionnelle, et d'un professionnalisme à toute épreuve, un véritable coup de cœur.

ALNIF

A 109 km d'Erfoud, vous tomberez sur la palmeraie d'Alnif et son village, qui peut aussi servir d'étape. Autre voie d'accès, par la bonne piste qui vient de Tinghir. Cette ville, le long de la route vers Zagora, fera le bonheur des passionnés d'histoire, d'archéologie et de géologie, et aussi celui des simples curieux. La région d'Alnif regorge de fossiles, et notamment de trilobites. Si certains font penser à d'horribles monstres, les trilobites sont en réalité l'un des ancêtres de l'homme. Ils peuplaient les océans de l'ère primaire avant de céder la place aux dinosaures puis à l'être humain. Dans les environs, on trouve aussi des gravures rupestres.

NKOB

30 km après Tazzarine, voici Nkob et son cortège de vieilles kasbahs. Située à 1 050 m d'altitude, entre les vallées du Ziz et du Drâa, la ville peut constituer un point de départ parfait pour la découverte des environs. On pourra visiter le désert de la Hammada, les pâturages du djebel Saghro et les canyons du djebel Amoum. La région fera également le bonheur des amateurs de gravures rupestres, et vous pourrez faire facilement des randonnées pédestres, à dos de dromadaire et des circuits de VTT ou de 4x4. De nombreuses carrières de marbre, de fossiles et des mines d'or et d'argent peuvent également être visitées. Vous pouvez y dormir le soir et ce, avec plaisir, car Nkob bénéficie d'hôtels qui valent vraiment de vous y attarder. Nkob est connue dans la région comme la cité aux 45 kasbahs, un record au Maroc. Déambuler dans les ruelles de la ville, puis dans l'oasis est un plaisir, notamment très tôt le matin quand arrivent les premiers *fellahs*, ou en fin d'après-midi, avec la lumière qui fait briller la couleur ocre des casbahs. Un bus relie Nkob à Zagora tous les jours, au petit matin. Un bus venant de Rissani, via Alnif et Tazzarine, s'arrête à NKob plusieurs jours dans la semaine. Ce sont des petits bus locaux, dont les horaires sont aléatoires. On peut également arriver à NKob depuis Boumalne-Dadès et Tinghir par piste, via Ikniouin. Le trajet se fait en bus depuis Tinghir, environ sept heures avec de nombreux arrêts sur le chemin. Un bus CTM fait la liaison entre Tazzarine, NKob, Ouarzazate et Marrakech.

TAZZARINE

A 67 km au sud-ouest après Alnif, vous traversez Tazzarine. Cette petite bourgade, d'une population d'environ 3 000 habitants, pourrait bien devenir l'une des étapes du Maroc touristique de demain. Après un long virage à flanc de montagne, la route débouche sur le cours d'un oued au bord duquel se dressent quelques kasbahs au milieu d'une palmeraie. La ville elle-même n'a pas vraiment d'intérêt, mais la nature l'a dotée d'un environnement tout à fait fascinant. C'est un paysage de plaines rocailleuses sur lesquelles se dressent des pics rocheux d'aspect magique. On peut rejoindre aujourd'hui Zagora depuis Tazzarine par une belle route goudronnée (N12).

KASBAHS ★

Nkob est la ville aux 45 kasbahs (comprenez citadelle en français). Parmi celles-ci, on peut visiter celle de Tighremat, située à côté de l'hôtel Baha Baha. Traducteur arabe-français pour l'administration pendant de nombreuses années, Moha Laghmamy s'est installé dans cette kasbah que son père a fondée en 1952. Il vous guidera avec entrain et vous amènera dans des couloirs sans lumière avant d'atteindre la terrasse. N'oubliez pas de passer jeter un coup d'œil au salon, donnant sur le patio, qui a conservé son plafond original.

AUBERGE CAMPING OUADJOU €

✆ +212 5 24 83 93 14

aubergeouadjou.com

Chambre simple à partir de 22 €, double à partir de 40 €. Tente berbère dès 15 €.

Située à la sortie de la ville, une auberge camping tout à fait correcte, malgré l'entrée peu engageante. En effet, un beau jardin se cache derrière les remparts ainsi qu'une belle piscine. L'auberge propose sept chambres convenables dont certaines disposent d'une salle de bains privée, ainsi que des tentes berbères confortables pouvant accueillir jusqu'à quatre personnes. Vous pourrez également louer des emplacements pour caravanes, camping-cars et tentes. Beaucoup d'excursions et activités proposées dont des cours de cuisine et des randonnées dans les oasis.

AUBERGE BASSOU €€

Talat nw akiwne

✆ +212 6 58 38 52 91

www.aubergebassou.com

Avec petit déjeuner, chambre double à partir de 43 €. Repas à partir de 10 €. Emplacement caravane dès 8 €.

Dans le Hamada (désert de pierres), cette auberge dispose de neuf chambres agréables au style berbère, dotées de salles de bains. Elle propose aussi une vingtaine d'emplacements de camping, dont une dizaine est pourvue d'électricité. Le restaurant sert des spécialités locales, cuisinées avec des produits bio. On apprécie le jardin pour un moment de détente. Des cours de cuisine, de tissage et de musique ainsi que des excursions (balades à dos de dromadaire) dans les environs vous sont proposés. Egalement des séjours de relaxation et de méditation.

AUBERGE ENNAKHILE SAGHRO €€

A l'entrée de la ville en venant de Tazzarine.

✆ +212 5 24 83 97 19

A partir de 38 € pour une chambre simple avec salle de bains commune en demi-pension. Autour de 55 € pour une double.

Cette kasbah est un très bon endroit où passer la nuit. Tout est très propre et agréable. Magnifique vue sur la palmeraie depuis la terrasse-piscine et depuis certaines chambres. Espace arboré avec des tables à l'avant de l'hôtel pour siroter un thé ou lire tranquillement. Vous aurez le choix entre une chambre coquette dans l'auberge et une chambre cosy avec balcon dans l'hôtel : à vous de voir ! Trois espaces de restauration : la tente nomade en rez-de-chaussée, la terrasse pour le petit déjeuner et le restaurant intérieur, chaleureux et idéal pour le dîner.

KASBAH BAHA BAHA €€

✆ +212 5 24 83 97 63

www.kasbahabaha.com

Chambre double à partir de 34 €.
Hébergement sous tente à partir de 20 €.
Plats à partir de 5,50 €.

Remise minutieusement en état par le propriétaire, Brahim El Ouarzazi, cette kasbah familiale est bâtie en pisé et sa toiture est faite de roseaux et de bois de palmiers dattiers. Lits en feuilles de palmier tressées et couvertures de laine tissées, tadelakt. Les repas, à base de produits bio, et le pain fait sur place, sont servis soit dans l'une des salles à manger, dont une sur la terrasse panoramique, soit sous tentes berbères autour de la piscine en forme de cruche. A Baha Baha, tout se fait dans le respect des populations locales et de l'environnement.

Nkob.

ZAGORA ★★

Zagora est située aux confins de la luxuriante vallée du Drâa, sur la piste des caravanes vers Tombouctou. Sa richesse et sa diversité restent encore trop peu connues et le territoire préserve des paysages somptueux. Son patrimoine architectural n'est pas en reste, une invitation dans le temps qui nous fait voyager, entre kasbah et ksour et nous raconte l'histoire d'une région au carrefour des cultures. C'est la dernière véritable ville avant le désert et les dunes de Tinfou, à une bonne vingtaine de kilomètres. D'ici, de nombreuses possibilités s'offrent à vous ; la région regorge de gravures rupestres, encore bien préservées. Si la ville a servi de centre administratif pendant le protectorat, l'oasis est habitée de longue date. Les Almoravides y étaient présents dès le XIe siècle, comme en témoignent les vestiges d'une forteresse au sommet du djebel Zagora. Elle est aussi le berceau de la puissance saadienne qui, au XVIIe siècle, s'étendit sur le Sous, le Maroc, puis atteignit Tombouctou. La ville a ainsi toujours eu un rôle à jouer au cours de l'histoire du Maroc et, aujourd'hui, son développement rapide a suscité la création d'une circonscription administrative. La ville recèle un grand nombre de curiosités pour le voyageur, car elle est tout d'abord la porte du désert et des excursions dans le Grand Sud. Depuis 2009, elle se développe à grande vitesse, et mène un projet d'aménagement le long de l'oued Draâ, axe principal qui structure la ville. En direction de M'Hamid, vous trouverez la zone hôtelière avec des hébergements au confort appréciable.

Pratique

Si vous venez de Rissani et de Merzouga, vous pouvez rejoindre Zagora sans remonter vers Erfoud puis Ouarzazate. Nous vous conseillons d'emprunter cet itinéraire qui passe par Alnif, et Tazzarine, sur une route goudronnée qui file dans le désert. Une route qui n'existe que pour vous, car vous ferez plusieurs kilomètres sans croiser personne. Si vous venez de Ouarzazate, vous traverserez la vallée du Drâa, qui est aussi magnifique, mais que vous apprécierez d'autant plus que vous venez du désert… La plupart des hôtels de la région organisant des excursions, vous trouverez forcément quelque chose qui vous convient dans l'éventail des possibilités proposées. De même, adressez-vous au personnel de votre hôtel si vous désirez les services d'un guide pour visiter la région, les hôtels et auberges travaillent avec des guides de qualité qui sauront vous faire découvrir la région dans de bonnes conditions.

DJEBEL ZAGORA ★

A 5 km au sud de la ville.

Point de vue remarquable.

Son sommet offre un beau panorama sur la vallée du Drâa. Sur les flancs du piton rocheux subsistent les vestiges d'une forteresse, bâtie en 1056, à l'époque de l'occupation de la vallée du Drâa par le Berbère Abou Bekeur. Attention, l'étroite piste en corniche qui y mène est assez dangereuse. Pour vous y rendre, laissez votre véhicule en face de l'hôtel La Fibule, sur la route de M'Hamid, après un grand virage sur la droite. En face, un escalier taillé dans la pierre marque le début du sentier qui mène au sommet. A pied, comptez environ 1h de marche.

MUSÉE DES ARTS ET TRADITIONS DE LA VALLÉE DE DRAA

Tissergate

✆ +212 6 10 19 00 28

A partir de 25 DH l'entrée.

Ouvert toute l'année de 8h30 à 19h.

Votre guide Boujemaa vous expliquera avec enthousiasme les différents sujets de ce musée rustique : l'utilisation de l'eau dans la Vallée, les outils de fabrication des épices, les coutumes des tribus berbères de la Vallée du Drâa, la médecine traditionnelle, les armes, les poteries, l'artisanat, la chambre mortuaire... Le musée est installé dans la kasbah Ziwana, qui fait aussi maison d'hôtes. Prévoyez au moins une heure pour cette visite passionnante.

QUARTIER AMEZROU

Quartier historique de Zagora.

C'est au pied du Djebel Zagora que se situe la bourgade d'Amezrou, point de passage à l'époque du commerce transsaharien. Ici transitaient les richesses venues du Sahara et de l'Afrique subsaharienne jusqu'à la moitié du XXe siècle. Ne manquez pas la visite du ksar d'Amezrou, village fortifié du XVIIIe siècle. Depuis les années 50, de nouvelles demeures ont été construites autour de ces maisons traditionnelles habitées par les Juifs. Au bout d'une ruelle, se trouve une synagogue. Il est possible de la visiter contre quelques dirhams.

ACACIA VOYAGES

Hay Draa

✆ +212 6 72 73 24 62

www.desertmaroc.com

Ouvert tous les jours de 7h à 22h.

Agence familiale de nomades, natifs du désert, spécialisée sur le Sud marocain. Amine et Younès vous accompagnent dans des excursions d'exception, à la découverte de la culture et des valeurs marocaines. Ils proposent des circuits sur mesure, loin des sentiers battus dans le désert marocain et selon vos envies, qui s'adaptent au budget de chacun, de deux à sept nuits, avec randonnées à dos de dromadaire, trekking et circuits en 4x4 au départ de Marrakech, Ouarzazate, Zagora, Fès ou Agadir. Nuits en bivouac ou en riad. Un voyage authentique.

CARAVANE CIMES & DUNES

4 Avenue Allal Ben Abdellah B.P 266

✆ +212 6 24 55 35 09

www.trekkingdaysmorocco.com

Issu d'une longue lignée de nomades Imazighen (berbères), Brahim Nait Hamou est un guide touristique certifié avec plus de 30 ans d'expérience à son actif. Ayant développé une connaissance accrue du désert en suivant des guides nomades à la recherche de ses racines, il propose des randonnées dans le désert et la vallée du Drâa sur plusieurs jours à la manière de ses ancêtres pour faire découvrir aux visiteurs l'histoire et la riche culture des nomades berbères. Les séjours sont personnalisables pour satisfaire toutes vos envies. Des aventures fantastiques !

KARIM SAHARA

Hay Mansour Dhabi

✆ +212 6 10 09 86 65

www.karimsahara.com

Ouvert toute l'année. Tarifs dès 100 € pour deux jours, autour de 150 € pour trois. Promotions sur le site Internet.

Départ de nombreuses excursions dans le désert de Chigaga ou dans celui de Zagora à dos de chameau, ou en 4x4. Départs des villes d'Hamid, de Ouarzazate, de Marrakech ou encore d'Agadir. Plusieurs formules permettent de modeler son voyage sur mesure, sur un jour ou sur plusieurs, selon vos envies. L'agence adapte son offre en fonction des groupes, des familles ou des couples. Le plus ? De nombreuses offres promotionnelles – souvent très intéressantes – sont affichées régulièrement sur le site. N'hésitez pas à y jeter un œil !

KASBAH ZIWANA €

Kssar Tissargat

✆ +212 6 61 34 83 88

Compter autour de 300 DH par personne en pension complète. Bivouac, à partir de 450 DH par jour et par personne.

Vous arriverez dans cette kasbah rénovée en traversant les authentiques ruelles de l'ancien village fortifié de Tissergate, puis vous pénétrerez dans un endroit où règnent le calme et la sérénité. Le lieu est situé à proximité immédiate du musée d'Histoire de la vallée du Drâa. Bel accueil de Naji Azizi et son équipe. Joli patio et chambres traditionnelles, deux restaurants, terrasses avec vues sur la palmeraie et le ksar. Préférez l'une des deux chambres installées sur le toit-terrasse. Randonnées possibles dans le désert. Une bonne adresse dans la région.

AUBERGE CHEZ ALI €

Avenue Atlas Zaouite El Baraka

✆ +212 5 24 84 62 58

http://chezali.net

Bungalow à partir de 180 DH, chambre double à partir de 250 DH.

Chez Ali est une très bonne adresse en raison de son magnifique jardin intérieur où vous croiserez sans doute quelques paons et n'hésiterez pas à plonger vous rafraîchir dans la grande piscine. Vous pourrez vous restaurer à l'ombre d'une végétation luxuriante. La cuisine est de qualité. Pour l'hébergement, trois types de chambres sont proposés. Les deux bungalows en pisé sont installés au cœur même du jardin. Ils conviendront bien aux amateurs de nature et de simplicité. Si vous recherchez davantage de confort, optez pour les chambres standard, climatisées.

RIAD ALHOUDAJ €

Km14 route de ouarzazate

✆ +212 6 61 52 97 28

www.riadalhaoudaj.com

Chambre double à partir de 50 €.

C'est au cœur d'une palmeraie luxuriante que se trouve cette maison d'hôtes ouverte en 2017 par Ahmed, personnalité connu de tous, s'impliquant activement dans le développement de la région de Zagora. Cette petite bourgade nous offre une escale hors du temps au rythme de la vie locale. Ahmed vous accueille chaleureusement au sein de sa demeure construite dans les règles de l'art traditionnelle. Cette grande bâtisse composée d'une dizaine de chambres, spacieuses et soigneusement meublées est un havre de paix, jardin luxuriant et piscine extérieure...

RIAD SOLEIL DU MONDE €

Amezrou
+212 6 61 68 71 31
www.riadzagora.net
Dès 25 € par personne en Bed & Breakfast.
Autour de 11 € le repas complet.

Nichée au cœur de la palmeraie, cette maison d'hôtes est parfaite pour un séjour reposant. Houcine, professeur et coordinateur des projets de développement locaux, et sa famille vous accueillent dans la plus pure tradition marocaine. Les chambres, sobrement décorées, offrent tout le confort nécessaire et certaines disposent d'un balcon avec vue sur le jardin et la piscine extérieure ou sur la palmeraie. Service de table d'hôte dont les produits de saison sont cueillis à même le potager. Idéal pour les couples et les familles.

KASBAH ASMAA €€

Dans la palmeraie, à la sortie de Zagora en direction de M'Hamid.
+212 5 24 84 75 99
Chambre double dès 50 €, petit déjeuner compris, suite autour de 120 €. Menu à partir de 13 €.

Bâti en pisé, sur les plans d'une casbah traditionnelle, cet hôtel chaleureux a beaucoup de cachet. Il dispose de petits patios frais, d'un jardin de roses, de bougainvilliers et d'hibiscus et d'une piscine particulièrement agréable en été. Des terrasses offrent une vue superbe sur la palmeraie et le djebel Zagora. Les chambres, climatisées, sont très propres et confortables, la décoration est colorée, riche en mosaïques et tapis. Organisation de bivouacs à Tinfou, M'Hamid et Chegaga. Une bonne adresse qui allie confort à l'européenne et charme marocain.

KASBAH MARABOUT €€

Sur la piste Zagora-Merzouga.
A 2h de route de Zagora.
+212 6 63 69 20 43 - kasbahmarabout.com
Chambre double/twin : 70 €.
Tente nomade double : 50 €.
Menu déjeuner ou dîner : 10 €/personne.

Un superbe hôtel au cœur du désert, qui se confond parfaitement avec le paysage, et avec tout le confort nécessaire. Les chambres cosy sont décorées dans un style berbère typique et avec l'aide d'artistes marocains assez connus comme Mounat Charrat. Egalement 14 tentes entièrement équipées pour un séjour plus authentique. Nombreuses activités proposées : balades, sorties en 4x4 ou quad... Pour la petite histoire, l'hôtel porte ce nom car un marabout est enterré à 500 mètres de là. Accueil pro et chaleureux, en français, de Cindo, un Portugais francophone.

KASBAH SIROCCO €€

A la sortie de Zagora, franchir l'oued. A la bifurcation, suivre la piste de gauche sur 50 m pour parvenir à l'établissement.
+212 5 24 84 61 25 - www.kasbah-sirocco.com
Chambre double à partir de 880 DH, petit déjeuner compris. Dîner à partir de 150 DH. Hammam, spa et massage.

Les seize chambres et quatre suites sont climatisées, et toutes disposent d'une salle de bains impeccable. Le restaurant propose une cuisine savoureuse. Le bar au bord de la piscine est bien agréable, idéal pour l'apéritif au coucher de soleil. Vous apprécierez la fraîcheur de cet endroit, à l'ombre des palmiers. La maison organise des bivouacs, des méharées, des trekkings et des circuits culturels avec déjeuner chez l'habitant. De plus, le propriétaire, Gilles, est un ancien du Paris-Dakar, il connaît la région comme sa poche et organise des circuits 4x4.

© JULIAN SCHALDACH - SHUTTERSTOCK.COM

Mosquée de Zagora.

LA PERLE DU DRAA €€

Hay Amzrou
✆ +212 5 24 84 62 10
www.perledudraa.ma
Chambre double à partir de 41 €.

Très bel établissement doté d'une grande piscine avec bassins pour enfants et d'une belle terrasse donnant sur les montagnes de Zagora. Idéal pour les familles et les groupes, les tarifs sont abordables et les prestations de qualité. Dix chambres accessibles aux personnes à mobilité réduite. Au restaurant, vous retrouverez les classiques de la cuisine marocaine et quelques plats internationaux. L'établissement organise aussi des excursions dans le Parc national de l'Iriqui et propose des départs depuis Ouarzazate, Mhamid et Marrakech.

AZALAI DESERT LODGE €€€

Douar Tissergate
✆ +212 6 61 16 43 94
www.azalailifeexperience.com
Ouvert de septembre à mai.
Pour 2 personnes en demi-pension, chambre dès 1 900 DH. Suite : 2 450 DH.

Azalai Desert Lodge propose une prestation haute-gamme avec un lodge et un campement luxueux dans le désert. Le lodge situé au cœur de la palmeraie est agencé de façon à ce que chaque chambre profite de cette vue sauvage et reposante. Les propriétaires de la demeure ont choisi l'artiste R. Delène Bartholdi pour mettre en scène chaque élément. Résultat : une décoration raffinée qui ne laisse rien au hasard. Le style colonial de la maison raconte l'histoire de ces artistes du désert, de Saint-Exupéry à Matisse en passant par Laurence d'Arabie.

PALAIS ASMAA €€€

A proximité de la Kasbah Asmaa (mêmes propriétaires). Plan téléchargeable sur leur site Internet.
✆ +212 5 24 84 75 55
Chambre double dès 50 €, suite autour de 120 €, petit déjeuner compris. Menu à partir de 15 €.

C'est un véritable palais, depuis la somptueuse piscine entourée de palmiers et du bar, on peut admirer les montagnes avoisinantes. Un cadre enchanteur. L'architecture de cette immense casbah en pisé est superbe, tout comme la décoration des 90 chambres, des 5 suites et des parties communes entièrement réalisée avec des matériaux traditionnels qui forment un tout très agréable. Attention, ne vous attendez pas par contre à des chambres d'un confort 4-étoiles. Deux restaurants, de cuisine internationale et marocaine, organisation de bivouacs.

CAFÉ RESTAURANT ENNAHDA €

Avenue Mohammed V
✆ +212 6 67 34 47 81
Ouvert tous les jours de 8h à 0h. Cuisine marocaine à partir de 30 DH par personne.

Idéalement placé sur l'avenue principale de Zagora, ce petit restaurant sans prétention vous offre un large choix de plats typiques marocains (couscous, tajines). Une bonne adresse pour se restaurer rapidement et sans se ruiner. Populaire, il rassemble aussi de nombreux habitants de Zagora venus perpétuer la tradition du thé marocain, de discuter en sirotant un café, et de s'éterniser en regardant les badauds traverser la ville. Parfait pour faire une halte dans une journée d'achats de souvenirs dans l'artère principale de cette porte du désert.

AMAZRAOU ★★

Ce village offre une visite fort intéressante, notamment avec son impressionnant mellah. L'étroitesse des ruelles accentue la hauteur des remparts. Vous apprécierez de vous promener entre les palmiers et les dunes de la palmeraie le long du Drâa. Les derniers juifs sont partis d'Amazraou en 1958, et le village est aujourd'hui peuplé par les Draoui, des nomades originaires du Soudan. Ici, contrairement à la pratique habituelle, la porte ouest était utilisée par les juifs et la porte est par les musulmans. A l'intérieur, l'ancienne synagogue est en ruine. Plus loin, le taghadirt, ancien poste de guet, surplombe la vallée, offrant des vues imprenables.

DAR TIZIRI €€

✆ +212 6 16 22 14 56
www.dartiziri-zagora.com
A partir de 80 € la nuitée. Dîner dès 22 €.
Balade dans la palmeraie dès 40 € par personne.

Aux portes du désert, cette charmante maison d'hôtes en pisé et en bois est un petit havre de douceur où vous serez accueillis chaleureusement par Emmanuelle et Mohammed, un couple franco-marocain avenant. Les 5 suites sont élégantes, décorées de manière traditionnelle. La table d'hôtes ravit les papilles par une délicieuse cuisine marocaine, concoctée avec les produits de saison. Piscine, terrasse panoramique, joli salon... Egalement possibilité d'aller tester le hammam du village ou de faire des excursions dans la palmeraie, à Zagora tout proche ou le désert.

TAMEGROUTE ★

A 18 km de Zagora, cette palmeraie abrite une zaouïa célèbre, fondée au XVIe par le théologien Ahmed Ali Ansari Al Tamegroute. Le tombeau du grand savant, Mohammed Ibn Nasir, fondateur de la confrérie des nasiriya, se trouve dans l'enceinte de la mosquée. Le trajet Tamegroute-Zagora peut se faire en bus ou en taxi collectif. Il n'y a pas de panneau indiquant le village. En venant de Zagora, vous apercevez sur la gauche une grande mosquée au toit vert : vous y êtes. Les visiteurs peuvent visiter le patio extérieur de la mosquée, mais les non-musulmans ne pourront pénétrer dans la zaouïa. La bibliothèque est située dans la rue principale de Tamegroute.

ÉCOLE CORANIQUE ET BIBLIOTHÈQUE ★★

Ouvert seulement deux jours par semaine : le mercredi et le dimanche.

C'est en revenant de La Mecque, au XVIIe siècle, que Mohammed Ibn Nasir a fondé l'école coranique (*madrassa*) de Tamegroute, ainsi que sa célèbre bibliothèque. Cette dernière abrite près de 4 000 ouvrages sur des sujets aussi variés que le droit coranique, l'astrologie, la médecine, l'histoire, la poésie, la théologie, la philosophie et l'interprétation du Coran, ainsi que des dictionnaires turc-arabe ou des recueils de poésie berbère écrits phonétiquement en arabe.

TINFOU ★

Tinfou est plutôt un lieu-dit. On y vient pour admirer les premières dunes du Sahara marocain, culminant à 120 m. Elles n'ont pas vraiment d'intérêt et sont envahies par des touristes que des cars déposent au pied des dunes. Sur votre droite en venant de Zagora, subsistent quelques kasbahs, qui prennent une couleur orangée au coucher du soleil. Après Tinfou, la route s'éloigne du Drâa. Elle franchit les crêtes tranchantes du djebel Bani et redescend dans les plaines désertiques du désert de la Hammada. Témoignage de la fertilité perdue de cette région, les gravures rupestres attestent qu'il fut un temps où les berges du Drâa étaient cultivées.

TAGOUNITE ★

Petit village encore authentique pouvant constituer une halte avant de continuer vers M'Hamid. Quelques kilomètres après Tagounite, la route s'élève pour franchir le col de pierre noire du Tizi Beni Semane, qui culmine à 747 m d'altitude. Arrêtez votre véhicule au col, retournez-vous et ouvrez grand les yeux : la vue sur la Hammada et l'immense oasis de Tagounite, le Ktaoua, est fantastique. La route redescend ensuite vers les plaines désertiques entrecoupées des oasis, avant d'arriver au village d'Oulad Edriss. Entouré par les sables, il présente une belle kasbah, au cœur d'une palmeraie. Il vous reste alors environ 8 km pour rejoindre M'Hamid.

M'HAMID ★

Vous atteignez à M'Hamid l'extrême limite de la civilisation marocaine, c'est la fin des routes goudronnées, la fin des lignes électriques et téléphoniques. A 45 km de la frontière algérienne, ce petit village, d'environ 7 000 habitants, est authentique et vivant. Ici, l'expérience du désert est à seulement 10 km, dans l'erg Lihoudi, ou plus loin, dans l'erg Chegaga, à environ 50 km. On notera que plusieurs tribus vivent à M'Hamid : les Bédouins, près de la palmeraie, les Berbères, à la sortie de la ville, et les Sahraouis. Vous aurez ici vos premiers contacts avec le Sahara, le plus grand désert du monde, qui s'étend sur une zone de 8 millions de km², de la mer Rouge à l'Atlantique et de l'Atlas au Soudan. Si M'Hamid est à deux pas du Sahara, il n'est pas au pied des dunes comme à Merzouga, et il est plus raisonnable de passer par un guide pour aller dans le désert. Des bus de la compagnie CTM desservent M'Hamid (orthographie Lamhamide Ghozlane) pour les villes suivantes : Ouarzazate, Zagora, Marrakech. Depuis la place centrale de M'Hamid, vous trouverez les taxis et bus locaux qui vont vers Zagora et d'autres villes alentour. Les souks, variés et colorés, se tiennent tous les lundis. Le souk de M'Hamid est aussi un centre important du commerce de dromadaires. Sans égaler Merzouga et sa cinquantaine d'auberges, M'Hamid ne manque pas d'hébergements possibles. Même si de nombreux projets existent, le village est encore épargné par l'industrie du tourisme de masse. Pourvu que ça dure !

BIVOUAC SOUS LES ÉTOILES €

✆ +212 5 24 84 61 75
bivouacsouslesetoiles.org
Transport en 4x4 120 €/jour, 6 personnes par 4x4. Camp Erg Chegaga luxe 120 € par personne en demi-pension.

Hassan est un passionné du désert ; il y est né. En compagnie de Danièle, une Française, il souhaite développer un tourisme « écologique et équitable » pour mieux faire découvrir le désert et ses secrets. Il vous emmènera en bivouac jusqu'où il pourra vous faire entendre les dunes hurlantes, phénomène dû au son que le sable émet avec le vent. Vous aurez le choix entre plusieurs campements : celui de M'Hamid, à prix doux, offre un très bon rapport-qualité prix. Deux autres bivouacs se trouvent au cœur de l'Erg Chegaga. Un coup de cœur.

DAR AZAWAD BOUTIQUE HÔTEL & LUXURY CAMP €€

Douar Ouled Driss
✆ +212 524 848 730
www.darazawad.com
De 60 à 160 € la nuit selon la chambre.

Dar Azawad est une oasis de rêve, située à proximité du désert de M'Hamid. À l'intérieur, une végétation luxuriante, une agréable piscine chauffée et des chambres confortables, personnalisées et décorées avec goût dans le style marocain. Dans le centre thermal, vous pourrez bénéficier d'une gamme de soins et découvrir des techniques de relaxation. Les chambres sont incroyablement agencées, dans un ton juste, alliant le confort de la modernité au respect des traditions.

MA BONNE ÉTOILE €€

A environ 8 km à l'est de M'Hamid.
✆ +212 5 24 84 84 98
www.riadmabonneetoile.com
Chambre simple à partir de 40 € et double à partir de 50 €, petit déjeuner compris. Repas à partir de 10 €.

Au cœur du désert, vous vous ressourcerez au riad Ma Bonne Etoile. De là, partez à la découverte des nomades et de leurs traditions à votre rythme, à dos de dromadaire, en 4x4 ou à pied. Sept chambres avec salle de bains, un jardin, une piscine, des terrasses et une cuisine saine. A noter que la propriétaire Roselyne s'engage dans une démarche de tourisme solidaire à travers plusieurs actions qu'elle mène avec la population locale, 5% du prix de votre séjour est reversé à l'association « Intilak pour l'action culturelle », association dont elle est membre active.

HÔTEL DE CHARME CHEZ LE PACHA €€

Bp 42 Jnane le Pacha Bonnou - M'Hamid El Ghizlane Zagora
✆ +212 524 84 82 07
http://chezlepacha.com
A partir de 70 € la chambre bungalow.

Au cœur d'une palmeraie sauvage, coin serein et très naturel, dirigé et coiffé par un staff compétent. Lieu de départ pour le Sahara marocain, cet hôtel de charme dispose de différents types d'habitation, de la tente nomade à la suite luxueuse. Très bonne ambiance, piscine et gastronomie marocaine délicieuse. De multiples infrastructures sont mises en place comme un bassin pour les enfants, un spa avec bain de vapeur, une salle de fitness, un hammam ainsi qu'un salon de beauté.

© STÉPHAN SZEREMETA

Campement berbère sur les dunes de M'Hamid.

KASBAH AZALAY €€€

✆ +212 5 24 84 80 96

www.azalay.com

Prix des chambres variant entre 65 € et 150 € en fonction des tailles.

La grande bâtisse climatisée propose des prestations haut de gamme. Les 38 chambres, spacieuses et très bien décorées, comportent de belles salles de bains en zelliges. Les 4 suites et la suite royale semblent, elles, tout droit sorties d'un conte des *Mille et une Nuits*. Egalement un bar, un restaurant et un magnifique spa comportant une belle piscine intérieure. L'établissement est envoûtant, dernier pallier avant de pénétrer dans le désert. Son calme et sa tranquillité le placent directement dans les adresses où les vacances prennent tout leur sens.

ERG CHEGAGA ★★★

A une cinquantaine de kilomètres de M'Hamid, ce désert est l'un des plus grands ergs du Sahara marocain, avec l'Erg Chebbi. Ses dunes s'étendent sur plus de 40 km de long. Certaines d'entre elles atteignent même jusqu'à 300 mètres d'altitude. Pour vous y rendre, vous devez impérativement faire appel à des agences spécialisées, et les moyens de locomotion possibles sont soit le dromadaire, soit le 4x4. Si vous vous y rendez avec un véhicule motorisé, prenez le temps d'y passer ne serait-ce qu'une nuit en bivouac, sous les étoiles, afin de profiter des couleurs du lever et du coucher du soleil, qui vous laisseront des souvenirs inoubliables.

ERG LIHOUDI ★★

C'est le premier véritable champ de dunes du Sahara accessible à partir de M'Hamid. On les surnomme aussi « les dunes du Juif », à cause d'un juif qui est allé y finir sa vie. Le 4x4 est recommandé, et il est préférable d'être accompagné d'un guide. Sur place, vous pourrez dormir dans les tentes khaïma, habitations traditionnelles des nomades, qui y sont installées en permanence. Prévoyez des vêtements chauds, car il fait très froid la nuit. Attention à ne pas rater votre réveil, car c'est au lever du soleil que les lumières sont les plus belles. Le relief des dunes crée alors un jeu d'ombre et de lumière qui donne lieu à des paysages fantastiques.

OUM LAALAG

S'étendant sur 15 ha, cette oasis est entourée d'un mur érigé par une agence de tourisme, ce qui effectivement ne correspond pas obligatoirement à l'idée que nous nous faisons d'une oasis, même si elle reste accessible par une porte d'entrée. Avant la construction de ce mur, l'oasis était fréquentée par des touristes et leurs accompagnateurs dont le civisme n'était pas la qualité première. Résultat, poubelles et détritus jonchaient le sol… Que l'irresponsabilité de certains conduise à une prise de conscience ne nous choque pas plus que cela et, puisqu'il faut choisir entre la bêtise et l'action préventive, même assortie d'un mur, nous n'hésitons pas !

Les dromadaires sur la route de Erg Chegaga.

© CORNFIELD - SHUTTERSTOCK.COM

Le village de Tamnougalte.

TAMNOUGALTE ★

C'est ici que furent tournées de nombreuses scènes du film *Un Thé au Sahara*. Le village de Tamnougalte était la capitale de la tribu des Mezguita, importante tribu berbère. Le ksar servait à défendre la vallée du Drâa contre les invasions de pillards. Tamnougalte était un centre stratégique des routes des caravanes entre Marrakech et Tombouctou. Vous apercevrez, sur votre gauche et en hauteur, une première kasbah. C'est là où s'étaient installés les militaires à l'époque coloniale. Plus loin, la kasbah du Caïd est très bien entretenue, et vous vous égarerez dans ses couloirs avec plaisir. La vue depuis les terrasses de la kasbah est superbe.

KSAR TAMNOUGALTE

Compter autour de 20 DH l'entrée.

Ce ksar témoigne de la puissance des Berbères et de leur pugnacité pour défendre leur territoire contre les nomades et autres tribus intéressées par la source d'eau de l'oued Draâ. C'est l'un des ksour les mieux préservés de la région, bien qu' il se dégrade de jour en jour. D'ici, la vue sur la vallée, la palmeraie et le massif Rissani est tout simplement magique ! La balade au sein de ce dédale de ruelles vaut le détour, l'une des portes en contrebas du ksar débouche sur la palmeraie ! Une visite à ne pas manquer pour les amateurs d'Histoire, mais pas que !

BAB EL OUED €€

Ksar Tamnougalt
✆ +212 6 84 67 80 51
www.ecolodgemaroc.com
Chambres doubles à partir de 85 €.
Restauration à partir de 18 €.

Voici une adresse originale. Un jardin palmeraie d'un hectare rassemblant un nombre incroyable d'arômes ainsi qu'un potager bio d'où sont issus les fruits et légumes pour les repas. Depuis 2016, le domaine s'est agrandi et dispose d'une ferme pédagogique. Autour de la piscine, dix écolodges indépendants avec salle de bains construits en terre de pisé, bois de palmier et beijmat, épousant la forme d'une tente traditionnelle berbère. Egalement deux tentes salons pour se protéger des fortes chaleurs en buvant un thé. Une excellente adresse.

KASBAH ITRANE €€

A 6 km d'Agdz en venant de Zagora, à proximité du Bab el Oued.
✆ +212 5 24 83 71 03
www.kasbahitran.com
Chambre double à partir de 26 €, avec petit déjeuner.
Gratuit pour les enfants de -6 ans.

Situé en face de la première kasbah, cet établissement est en réalité au cœur de la palmeraie, ce qui lui offre un cadre magnifique. Les autres atouts de la kasbah résident dans sa belle piscine entourée par les montagnes et ses nombreuses terrasses à différents niveaux. Treize chambres avenantes au confort simple. La majorité d'entre elles dispose d'une salle de bains et d'une terrasse privée s'ouvrant sur la vallée. Possibilité d'excursions en VTT et de visite de la vieille kasbah. L'établissement est d'un bon rapport qualité-prix. Bon accueil.

AGDZ ★

Agdz est une ville qui demande de prendre le temps. Le temps de s'asseoir, prendre un thé, flâner dans le marché aux légumes et écouter les histoires qu'on vous raconte. Car de prime abord, la ville ne présente aucun attrait. Peu de touristes font une halte sur la route entre Zagora et Ouarzazate, et beaucoup traversent Agdz en pensant qu'elle ne se résume qu'à la place centrale de la Marche verte. La kasbah du Caid Ali mérite aussi un détour pour son histoire. Agdz marque le début de la vallée du Drâa et de ses palmeraies aux mille kasbahs. Son principal attrait réside dans le surprenant djebel Kissane qui surplombe la ville à 1 569 m d'altitude.

OASIS D'AÏNESS ★

La nature dans toute sa splendeur.

Sur la route de Tazenakht, une piste nécessitant un 4x4 permet d'atteindre cette superbe oasis, encore préservée des méfaits du tourisme de masse. Les potagers en escalier suivent le cours d'un petit torrent. Faites-vous conseiller par un guide local pour trouver le bout de terre amenant sur place. Vous êtes alors au cœur du Maroc profond, celui des déserts rocailleux et arides, loin de l'image d'Epinal des superbes dunes de l'Erg Cherbi ou de Chegaga. Un vrai contact avec le quotidien des locaux, fait de rudesse, et au bout du compte, de poésie.

BARRAGE RABAT ★

Juste avant la casbah du Caïd Ali, prendre la piste, accessible uniquement en 4x4, qui part sur la gauche sur 10 km environ.

Gratuit, ouvert tous les jours.

Au Maroc, et particulièrement dans le Sud du Royaume, les barrages sont un sujet déterminant, parce que l'eau est l'un des plus grands enjeux d'avenir pour la stabilité du pays. Ainsi de nombreux ouvrages d'art lancés par l'Etat visent à accroître l'indépendance hydraulique afin d'assurer une bonne gestion des cultures. Le projet, baptisé : « programme national d'approvisionnement en eau potable et d'irrigation 2020-2027 » vise à drastiquement augmenter la capacité des barrages. Celui situé à Agdz, qui fait la fierté des locaux, est l'un des plus avancés.

CASCADES DE TIZGUI ★

Point de vue remarquable.

En direction de Ouarzazate, une douzaine de kilomètres après Agdz, sur la droite, une bonne piste part vers les cascades de Tizgui, la route est indiquée. Vous pourrez vous baigner dans un des petits lacs qui leur donnent naissance. La piste est praticable par les voitures de tourisme. Comptez environ 30 minutes de piste, puis vous verrez le village un peu plus bas, n'allez pas dans sa direction, mais prenez la route à gauche qui mène à un « parking ». Garez-vous là, prenez à pied le petit chemin à gauche. Vous voici arrivé dans un petit coin paradisiaque !

KASBAH TIMIDARTE €

Douar timidarte

✆ +212 6 68 68 00 47

www.kasbahtimidarte.com

Chambre simple à partir de 18 €, chambre double à partir de 24 €. Petit déjeuner inclus. A partir de 8 € le repas.

Au sein de l'oasis verdoyante de Timidarte, la maison d'hôtes kasbah Timidarte est née d'un projet associatif. Composée de neuf chambres, toutes arrangées avec soin, la kasbah a été rénovée dans le respect de l'architecture locale traditionnelle avec des murs en pisé, des murs enduits de tadelakt, des chambres de différentes tailles pour s'adapter à la configuration originale. La kasbah propose un panel assez large d'activités : randonnées dans la palmeraie, cours de cuisine, initiation au henné, poterie, tissage… Un très bon rapport qualité-prix.

KASBAH OULAD OTHMANE €€

Douar Oulad Othmane

✆ +212 707 49 20 80

Dès 540 DH la chambre double avec petit déjeuner. A partir de 350 DH la demi-pension par personne.

Kasbah caïdale en mur de terre et en pisé restaurée selon les traditions et avec soin, elle date du XVIIIe siècle, un petit bijou ! La décoration marocaine est authentique. Dix chambres réparties autour d'un patio sur deux étages. Un salon marocain, un solarium et une piscine. L'hôtel a l'atout d'être à proximité d'un douar (petit village) en terre de pisé dont certaines parties sont en ruine, encore très peu fréquenté par les touristes mais aussi au cœur de la palmeraie. À deux pas vous pouvez également visiter une kasbah en ruine.

ORGANISER SON SÉJOUR

Le Maroc étant un vaste pays aux distances assez longues, il convient de bien préparer son itinéraire, surtout si vous voyagez seul, pour gagner du temps sur place et ne manquer aucun point d'intérêt. Outre le billet d'avion et les hôtels, qu'il faudra réserver en avance notamment si vous voyagez en haute saison, il convient aussi de louer votre véhicule en amont, si vous souhaitez plus de liberté pour découvrir le pays. Pour ceux qui emprunteraient le bus ou le train, pensez à acheter vos billets au moins 48h à l'avance. Le Maroc est connu pour être une destination abordable pour toutes les bourses, mais votre budget peut très vite être dépassé particulièrement dans les grandes villes touristiques, entre le logement, les restaurants et les visites guidées. Bien que nombreux Marocains soient francophones, outre leur langue locale, dans le nord et dans le sud du pays, l'espagnol est le plus courant.

PRATIQUE

ORGANISER SON SÉJOUR

ARGENT

La monnaie du Maroc est le dirham. Les billets sont de 20 DH, 50 DH, 100 DH et 200 DH. Les pièces sont de 0,10 DH, 0,20 DH, 0,50 DH, 1 DH, 2 DH, 5 DH et 10 DH. En décembre 2023, 1 € = 10,98 DH. Sur place, le plus simple est de diviser tout par dix pour avoir une idée du prix en euros.

BUDGET / BONS PLANS

Sans être un pays cher, le Maroc n'est pas un paradis pour fauchés. Le gouvernement y a favorisé un tourisme pour nantis dans le but de faire entrer des devises, d'où les nombreux hôtels de grand standing dans les régions touristiques.

- **En mangeant et en dormant dans les petits établissements**, on peut vivre avec 200 DH par jour.
- **Un séjour dans un établissement de classe moyenne**, avec un repas par jour dans un restaurant agréable et un autre dans une gargote, vous reviendra à 800 DH par jour.
- **Avec un hôtel de catégorie supérieure**, en prenant un repas à l'hôtel et un autre dans un bon restaurant de la ville, il vous faudra compter 1 100 DH.

PASSEPORT ET VISAS

Pour séjourner au Maroc, un passeport valable au moins trois mois après la date d'entrée sur le territoire vous sera demandé à la frontière, y compris si vous partez en voyage organisé par une agence, la carte d'identité nationale seule ne suffisant plus.

Bonne nouvelle pour les voyageurs : la fiche de police à l'entrée et au départ du Maroc a été supprimée en 2019, ce qui facilite les passages en douane.

PERMIS DE CONDUIRE

Il est possible de conduire au Maroc avec un permis français. Si vous le souhaitez, vous pouvez le présenter avec un permis international, que vous pourrez obtenir auprès de la préfecture de votre domicile gratuitement. Si vous voyagez avec votre propre véhicule, sachez que la carte grise est obligatoire.

SANTÉ

N'hésitez pas à consulter votre médecin pour recevoir des conseils avant votre voyage. Vous pouvez aussi vous adresser à la société de médecine des voyages du centre médical de l'Institut Pasteur au ✆ 01 45 68 80 88 (www.pasteur.fr/fr/sante/centre-medical) ou vous rendre sur le site du ministère des Affaires étrangères à la rubrique « Conseils aux voyageurs » (www.diplomatie.gouv.fr/voyageurs). En cas de maladie ou de problème grave durant votre voyage, consultez rapidement un pharmacien puis un médecin.

VACCINS OBLIGATOIRES

Aucun vaccin n'est obligatoire pour se rendre au Maroc. Cependant, ceux contre l'hépatite A et B, et la typhoïde sont recommandés.

SÉCURITÉ

Depuis plusieurs années, les autorités marocaines ont pris des mesures importantes pour lutter contre le terrorisme et assurer la sécurité des touristes. Il convient toutefois d'être vigilant dans les lieux publics et les rassemblements, et d'éviter de voyager seul dans les zones reculées ou isolées. Le soir, évitez de vous balader dans les lieux désertés par la foule. Dans les grandes villes, il est déconseillé la nuit de porter des objets de valeur afin d'éviter les vols. Pour connaître les dernières informations sur la sécurité sur place, consultez la rubrique « Conseils aux voyageurs » du site du ministère des Affaires étrangères : www.diplomatie.gouv.fr/voyageurs.

DÉCALAGE HORAIRE

Depuis 2018, le Maroc ne change plus d'heure et reste à son heure d'été toute l'année (GMT+1). En hiver, il est donc la même heure à Paris et à Rabat. En été, lorsqu'il est midi à Rabat, il est 13h à Paris. Mais attention, durant le Ramadan, le Maroc change d'heure et passe sur le fuseau horaire GMT+2.

LANGUES PARLÉES

La langue officielle est l'arabe. L'arabe littéraire (fousha) est la langue des écoles et des savants, tandis que dans les rues et les villages, les Marocains parlent un arabe dialectal. Le berbère, deuxième langue du pays, diffère d'une région à l'autre. Dans les provinces du Sud, les Sahraouis parlent le hassaniya, proche de l'arabe littéraire.

Le Maroc est le 6e pays francophone au monde. Le français y est enseigné dès l'école primaire.

Vous aurez donc peu de difficultés à vous faire comprendre, surtout auprès des jeunes, à l'exception peut-être du nord du Maroc où l'espagnol est souvent davantage usité que le français. Plus vous vous dirigerez vers le sud et les régions isolées, moins on parlera français.

COMMUNIQUER

Pour téléphoner à l'intérieur du pays, il est intéressant d'acheter une carte sim locale que vous trouverez facilement à l'aéroport ou dans les boutiques de téléphonie. Il existe trois principaux opérateurs au Maroc : Inwi, Orange et Maroc Télécom qui proposent différentes offres intéressantes. Vous pourrez en plus convertir votre crédit en données internet. Si vous voyagez à l'intérieur du pays, vous pouvez vous munir d'une deuxième carte sim afin de pouvoir jongler avec les réseaux et aussi avec les offres. Pour contacter votre famille ou amis à l'international, WhatsApp est une solution pratique et peu coûteuse pour appeler ou envoyer des messages. Il est possible aussi de télécharger l'application Skype, et de recharger du crédit pour appeler vos proches sur les fixes. Sachez également que la plupart des hôtels et riads disposent du wifi, ce qui est bien pratique pour rester en contact avec les siens.

ELECTRICITÉ ET MESURES

Les prises de courant sont de type français et le système métrique est d'usage au Maroc.

BAGAGES

Bien que le Maroc soit réputé pour être un pays chaud, pensez tout de même à vous munir d'un ou deux pulls, que vous apprécierez en altitude, au bord de l'océan Atlantique et dans les bus parfois climatisés ainsi que d'un sac de couchage chaud si vous avez prévu de bivouaquer. Selon les régions et les saisons, vêtements chauds, imperméables et coupe-vent pourront également être utiles. Malgré la chaleur parfois pesante, n'oubliez pas que vous êtes en pays musulman. Il peut en effet s'avérer peu convenable d'arborer des shorts, des jupes ou des décolletés trop provocants. Gardez également une tenue présentable, quels que soient l'endroit et la chaleur. Enfin, en cas de trek et de bivouac, bâton de marche, gourde, couteau de poche et lampe frontale pourront également vous servir.

LES PHRASES CLÉS

Bonjour, je voudrais réserver un billet aller/retour pour…
...مرحبا، اود حجز تذكرة مفردة/عودة إلى

J'ai raté mon avion. Je voudrais échanger mon billet s'il vous plaît.
.لقد فوت موعد طائرتي،<> اريد تغيير التذكرة من فضلك

Mon vol est très en retard. Ma correspondance sera bien assurée ?
لقد تاخرت طائرتي للغاية. هل ساتمكن من اللحاق برحلتي الترانزيت؟

Mes bagages ont été égarés, à qui dois-je m'adresser ?
لقد فقدت حقائبي، من المسؤول الذي يجب أن أتحدث إليه؟

Louez-vous des voitures avec chauffeur ?
هل لديك تأجير سيارات مع السائق؟

Je n'ai presque plus d'essence. Où se trouve la station-service la plus proche ?
لقد أوشك وقود السيارة على النفاد. اين توجد أقرب محطة وقود؟

S'Y RENDRE

Il est assez simple de se rendre au Maroc sans passer par une agence ou un tour-opérateur. Avec plusieurs aéroports internationaux répandus sur son vaste territoire, le Maroc offre le choix de la destination et aussi du prix du voyage. En vous y prenant à l'avance et en voyageant avec une compagnie low cost, vous pouvez trouver des allers-retours à 90 €. Sinon, comptez entre 180 et 300 € pour un vol Paris-Marrakech. De nombreux hébergements disposent d'un site internet et il vous sera ainsi facile de réserver en ligne, par mail ou par WhatsApp. Idem pour la plupart des agences de voiture. Pour visiter les sites ou partir en randonnées, il est conseillé d'être accompagné d'un guide local. Attention toutefois au sérieux de la personne, beaucoup s'improvisent guides, mais ne sont en fait que de simples villageois. Vous pouvez également passer par une agence qui vous mettra en contact avec un guide officiel.

AIR EUROPA

✆ 01 42 65 08 00

www.aireuropa.com

Cette compagnie aérienne espagnole, qui a été fondée en 1986, propose des trajets entre l'aéroport d'Orly et celui de Marrakech, avec une correspondance à Madrid. Membre de l'alliance SkyTeam, elle opère des liaisons en partenariat avec Air France. Les vols sont réguliers et partent relativement à l'heure. Un service de « Priority Boarding » est disponible au moment de la réservation pour ceux qui souhaitent éviter les files d'attente à l'enregistrement des bagages ou bien à l'embarquement (moyennant un supplément de 10 euros).

EASYJET

✆ 09 77 40 77 70

www.easyjet.com

Cette compagnie aérienne *low cost* à l'image jeune et dynamique propose, en s'y prenant bien à l'avance, des tarifs intéressants pour Marrakech et Agadir. Départs possibles depuis Paris-Charles-de-Gaulle et de plusieurs villes de province (Lyon, Toulouse, Bordeaux, Nice...). Si vous prévoyez d'enregistrer un bagage en soute, le plus simple est de faire l'enregistrement en ligne et de faire l'impression papier de votre billet ou de passer par l'application mobile. Possibilité de réserver activités et visites guidées à Marrakech sur le site.

AIR FRANCE

✆ +33 9 69 39 36 54

wwws.airfrance.fr

Réservez en ligne ou par téléphone.

La compagnie française, qui existe depuis 1933, est synonyme de qualité, de service et de confort. Sa flotte est majoritairement constituée d'Airbus âgés d'une dizaine d'années. Pour le Maroc, Air France propose au départ de Paris, plusieurs vols directs et quotidiens pour Casablanca (3h de trajet), des vols directs et quotidiens pour Rabat et à destination de Marrakech. Il est aussi possible de partir depuis d'autres villes de France (Bordeaux, Lyon, Marseille, Nice, Strasbourg, Toulouse, etc.). Une correspondance ou un trajet en train est alors requis.

ROYAL AIR MAROC

38, avenue de l'Opéra

✆ 08 20 82 18 21

www.royalairmaroc.com/fr-fr

Royal Air Maroc est la compagnie nationale du Maroc. Elle propose au minimum 4 vols quotidiens directs entre Paris (aéroport d'Orly) et Casablanca, un vol entre Paris et Agadir, au minimum 2 vols quotidiens directs pour Marrakech, et un vol quotidien direct pour Rabat. Egalement des liaisons pour Tanger, Fès, Ouarzazate et Oujda. Les départs peuvent s'effectuer également depuis plusieurs villes de province, Nantes, Bordeaux, Lyon, Nice, Marseille, Toulouse et Montpellier. Comme c'est une compagnie nationale, vous avez moins de risques de retard en haute saison.

L'ASSURANCE VOYAGE, LE MEILLEUR MOYEN POUR PROTÉGER SA SANTÉ À L'ÉTRANGER

avec le DR CÉDRIC RAMAUT, directeur médical d'Allianz Travel

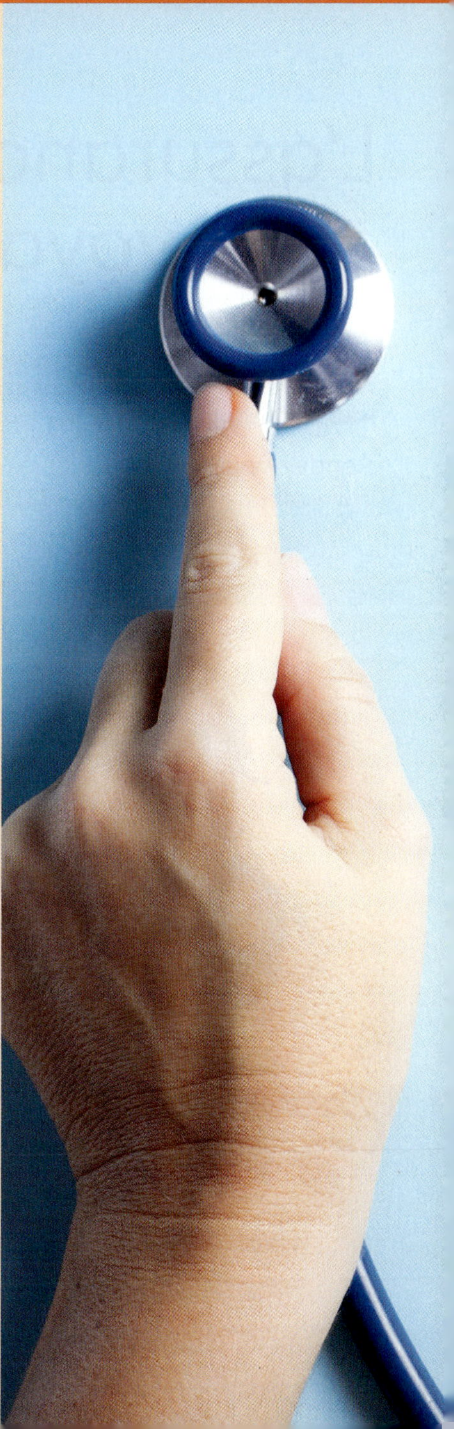

En cas de souci de santé sur place, que faut-il faire ?

Si l'on se trouve dans une situation urgente (accident grave, morsure d'animaux...), il est conseillé d'appeler les numéros d'urgence locaux. Une fois à l'hôpital, appeler son assisteur pour déclencher les procédures de prise en charge.

Est-il possible d'entrer en contact avec un professionnel de santé en cas de besoin ?

Allianz Travel dispose d'un service de téléconsultation médicale accessible en visio qui permet de s'entretenir avec un médecin 24h/24, 7 jours sur 7. La consultation se fait en français et des conseils sont donnés sur les démarches à effectuer. Une ordonnance peut également être délivrée.

S'agissant des frais médicaux, est-on forcément couvert par son assurance maladie et sa mutuelle à l'étranger ?

La sécurité sociale fonctionne uniquement dans les pays avec lesquels la France a passé des accords. Il faut pour cela demander sa carte européenne d'assurance maladie (CEAM). La sécurité sociale et la mutuelle couvriront alors les frais médicaux à l'étranger à hauteur de leur propre barème sous certaines conditions. Il est malgré tout conseillé de souscrire une assurance voyage, car la prise en charge des frais ne sera pas la même qu'en France.

Quel est le meilleur moyen de voir ses frais médicaux pris en charge ?

Dans les pays hors Europe, il est recommandé de souscrire à un contrat d'assistance avec un bon niveau de couverture des frais médicaux. Il est également important de choisir un assureur disposant d'un important réseau international dans le domaine médical.

En cas de problème médical, le rapatriement est-il prévu dans le contrat d'assurance ?

Oui, la majorité des contrats d'assurance voyage prévoit le rapatriement mais il n'est toutefois pas systématique. L'état de santé du patient peut nécessiter une hospitalisation / une immobilisation sur le lieu de séjour. Si le patient peut être traité sur place, l'assisteur l'orientera vers un médecin ou une structure médicale adaptée localement, et ce jusqu'à ce qu'il puisse à nouveau de voyager et rentrer chez lui.

RYANAIR

✆ 08 92 56 21 50

www.ryanair.com

Ryanair propose un vol quotidien pour l'aéroport de Marrakech au départ de Beauvais. Egalement 2 à 3 vols par semaine pour Fès, Rabat, Nador, Oujda et Tanger. Les vols décollent de Beauvais (avec des navettes à Paris, Porte Maillot). On aime souvent ses prix, ses conditions de voyage un peu moins. Pour vous rendre au Maroc sans supplément, par exemple, il vous faudra maintenant voyager avec un sac qui se place sous le siège passager. Mais ces conditions de transport mises à part, il faut reconnaître à Ryanair des rotations intéressantes à prix très doux.

TRANSAVIA

✆ 08 92 05 88 88

www.transavia.com

Filiale low-cost de la compagnie Air France/KLM, Transavia assure, au départ de Paris Orly-Sud, des vols directs depuis Paris-Orly vers Marrakech, Agadir, Essaouira et Oujda. En basse saison, vous pouvez prendre vos billets d'avion jusqu'à 10 jours avant le départ sans réelle augmentation de prix. Plutôt bon à savoir pour un séjour de dernière minute. En général, les vols ont peu de retard (sauf en haute saison) et le service est correct. En vol, aucune boisson offerte mais possibilité de petit déjeuner ou de collation payants. Bon rapport qualité-prix.

VUELING

✆ 08 99 23 24 00

www.vueling.com

Une compagnie qui propose des tarifs compétitifs pour Marrakech, Tanger et Agadir au départ des aéroports de Paris-Orly et Paris-Charles-de-Gaulle (pour Marrakech, plusieurs vols par jour en haute saison, avec correspondance). En basse saison, on trouve des tarifs intéressants. Des départs sont aussi possibles (selon la période de l'année et via Barcelone) depuis Marseille, Nantes ou Lyon. L'un de ses principaux avantages est la totale transparence du tarif : le trajet affiché sur le site web comprend déjà votre bagage à main. Les avions sont assez confortables.

AÉROPORT DE PARIS-ORLY

✆ 39 50

www.parisaeroport.fr/orly

Situé à quinze kilomètres au sud de Paris, l'aéroport d'Orly permet de rejoindre plusieurs destinations internationales. Il constitue donc une très belle alternative pour les voyageurs du monde entier. Côté transferts, il vous faudra compter environ une quarantaine de minutes de trajet pour gagner Paris (via les RER B ou C ou les navettes). Une fois la capitale atteinte, vous pourrez prendre le train à la gare de Lyon ou de Bercy. Autrement, si vous préférez la voiture, l'autoroute A6 est tout à côté, ainsi que l'A5 (pour gagner Sens).

AÉROPORT DE PARIS CROISSY-CHARLES-DE-GAULLE

✆ 39 50

www.parisaeroport.fr

Situé à 23 km au nord-est de Paris, l'aéroport Roissy-Charles de Gaulle était le 2e d'Europe et 10e du monde pour le trafic passagers (72,2 millions en 2018). L'aéroport CDG compte trois terminaux ; les terminaux 1 et 2 accueillent les compagnies internationales, alors que le terminal 3 est consacré aux vols charters. À terme, un nouveau et gigantesque terminal, le T4, devrait permettre à l'ensemble de passer la barre des 100 millions de passagers.

EASY VOLS

✆ 08 99 19 98 79

www.easyvols.fr

Pour voyager malin, il faut faire ses recherches en toute efficacité, sans perdre trop de temps à jongler d'un site à un autre. Pour trouver le bon vol au bon prix, l'idéal est la plateforme comparatrice de vols. Easyvols permet de comparer en temps réel les prix des billets d'avion chez plus de 700 compagnies aériennes et pas seulement des compagnies *low cost*. Vous pouvez économiser jusqu'à 70 % du prix si vous êtes prêts à saisir au vol les meilleures offres. Des avis avisés de clients sont aussi consultables sur le site Internet.

MISTERFLY

www.misterfly.com
Ouvert du lundi au vendredi de 9h à 21h.
Le samedi de 10h à 20h.

MisterFly.com est le nouveau-né de la toile pour la réservation de billets d'avion. Son concept innovant repose sur un credo : transparence tarifaire ! Cela se concrétise par un prix affiché dès la première page de la recherche, c'est-à-dire qu'aucun frais de dossier ou frais bancaire ne viendront alourdir la facture finale. Idem pour le prix des bagages ! L'accès à cette information se fait dès l'affichage des vols correspondant à la recherche. La possibilité d'ajouter des bagages en supplément à l'aller, au retour ou aux deux... tout est flexible !

LA MERIDIONALE

4, place Henri Verneuil -
MARSEILLE (2e) ✆ 09 70 83 20 20
www.lameridionale.fr
Du lundi au vendredi de 9h à 17h à l'agence.
Par téléphone du lundi au vendredi de 8h à 18h.

Compagnie historique pour les traversées entre Marseille et la Corse, La Méridionale propose désormais une liaison régulière entre Marseille et Tanger pour la découverte du Maroc. À bord l'accueil est chaleureux, les cabines confortables et les aménagements multiples (restaurant, espace ludique). On y voyage sous le signe de la convivialité. Les traversées s'effectuent à bord d'un navire à taille humaine. La Méridionale bénéficie d'une excellente notoriété de convivialité et d'un sens du service et de l'accueil largement plébiscités par les avis de ces voyageurs.

LA CENTRALE DES FERRIES

991, Avenue de la Mer / 991 Avenue Raymond Dugrand – Le Prism Bât.C.
MONTPELLIER ✆ 01 84 80 06 12

La centrale de réservations française propose quantités de traversées maritimes. Pour l'Istrie, elle représente la compagnie Jadrolinija. Le trajet Venise–Pula se fait à bord de confortables ferries en moins de 2 h. Les bateaux embarquent les passagers avec ou sans véhicules à moteur (voiture, motos, camping-cars). Le plus, c'est le paysage marin, l'arrivée ou le départ dans de superbes villes côtières parfois au coucher du soleil. Possibilité de bénéficier de tarifs avantageux et promotions si la réservation se fait en avance sur le site Internet.

OPTION WAY

✆ 04 22 46 05 23
www.optionway.com

Option Way est l'agence de voyages en ligne au service des voyageurs. L'objectif est de rendre la réservation de billets d'avion facile en vous faisant économiser. 3 bonnes raisons de choisir Option Way :

- la transparence comme mot d'ordre. Finies les mauvaises surprises, les prix sont tout compris, sans frais cachés ;
- des solutions exclusives qui vous permettent d'acheter vos vols au meilleur prix ;
- le service client, basé en France, joignable gratuitement, composé de véritables experts de l'aérien. Ils sont là pour vous, n'hésitez pas à les contacter.

Dans les ruelles de Chefchaouen.

SÉJOURS ET CIRCUITS

Destination en vogue depuis quelques années, le Maroc est devenu l'un des principaux marchés récepteurs de touristes internationaux en Afrique. Pour le bonheur de nombreuses agences de voyages qui se sont spécialisées sur cette destination du Nord de l'Afrique. Il peut être intéressant de passer par l'une d'entre elles, si vous souhaitez partir l'esprit tranquille d'un voyage déjà tout organisé à l'avance. Circuits courts ou séjours longs, voyages à thème ou hors des sentiers battus, vous aurez le choix entre plusieurs prestations. A vous de voir quelle agence vous correspond le mieux dans ses offres, mais aussi ses prix. Sur place, vous trouverez de nombreuses agences réceptives, généralement tenues par des locaux qui connaissent très bien leur pays ou région. Attention toutefois à ne pas confondre agences réceptives et transports touristiques, pour lesquels ces derniers sont habilités seulement à vous accompagner d'un point à l'autre.

ALMA VOYAGES

573, route de Toulouse
VILLENAVE-D'ORNON
✆ 05 56 87 58 46
www.alma-voyages.com
Ouvert du lundi au vendredi de 8h à 19h et le samedi de 9h à 18h.

Chez Alma Voyages, les conseillers connaissent parfaitement les destinations proposées et chaque client est suivi par un agent attitré ! Une large offre de voyages, avec émission de devis pour les voyages sur mesure, vous sera alors proposée. Alma Voyages pratique les meilleurs prix du marché et travaille notamment avec Kuoni, Beachcombers, Jet Tour, Marmara, Look Voyages... Si vous trouvez moins cher ailleurs, l'agence s'alignera sur ce tarif et vous bénéficierez en plus, d'un bon d'achat sur votre prochain voyage... Catalogue sur le site Internet.

AMPLITUDES

60, rue Sainte-Anne
PARIS (2e)
✆ 01 44 50 18 58
www.amplitudes.com
Tous les jours sauf dimanche 10h-19h, samedi jusqu'à 18h.

Spécialiste des voyages sur mesure en solo, en couple ou en groupe, des voyages en famille et des circuits privatifs, l'agence toulousaine Amplitudes et son antenne parisienne proposent plusieurs séjours au Maroc : circuits avec chauffeur et guide, autotour, citybreak... Parmi eux, un itinéraire en pays berbère de 8 jours : au départ de Marrakech, vous passerez par Ouarzazate, Zagora, Merzouga, Tinghir et la vallée du Dadès, avant de rentrer à Marrakech. Les différentes propositions sont sur le site Internet. Informations pratiques et conseils d'experts en agence.

ARTS ET VIE

251, rue de Vaugirard
PARIS (15e)
✆ 01 40 43 20 21
www.artsetvie.com
Lundi au vendredi 9h-12h30 et 14h-17h. Autres agences à Grenoble, à Lyon, à Marseille et à Nice.

Depuis 60 ans, Arts et Vie, association culturelle de voyages et de loisirs, développe un tourisme tourné vers le savoir et la découverte. L'esprit des voyages culturels Arts et Vie s'inscrit dans une tradition associative et tous les séjours sont animés par des accompagnateurs passionnés et formés par l'association. Arts et Vie propose des conférences et ateliers thématiques portant sur la culture ou les différentes civilisations, animés par des universitaires. Plusieurs circuits au Maroc : balades dans le Sud berbère, escapade à Tanger, Fès, Marrakech...

ATALANTE

36, quai Arloing
LYON (9e)
✆ 04 72 53 24 80
www.atalante.fr
Ouvert du lundi au vendredi de 9h à 18h et le samedi de 10h à 13h et de 14h à 18h.

Atalante est spécialisée dans les voyages à pied. Entre trekking de haut niveau et simples promenades dans les campagnes, il y en a pour toutes les conditions physiques. Les professionnels s'attachent à faire découvrir à leurs clients des régions du monde aux modes de vie préservés, riches de traditions et de cultures uniques. L'agence Atalante propose de nombreux treks et circuits aux quatre coins du Maroc, en particulier dans le Sahara et le Haut-Atlas. Admirez la beauté du pays lors de marches intenses ou plus tranquilles.

CLUB FAUNE VOYAGES

50, rue de Passy
PARIS (16e)
✆ +33 1 42 88 06 21
www.club-faune.com
Ouvert du lundi au vendredi de 9h à 19h.

Depuis 1985, Club Faune crée des voyages sur mesure « cousus main » pour les individus en quête de dépaysement et de découvertes originales. Parmi les offres, un « dîner dans les écuries de pur-sang arabes » ou encore une « visite exclusive de la villa Oasis à Marrakech ». A deux pas de la tour Eiffel, l'équipe de spécialistes vous recevra sur rendez-vous dans son Espace Voyage : café ou thé servi dans le salon puis projection sur grand écran des sites incontournables de la destination et des possibilités d'hébergement. Consultez le site Web !

COMPTOIR DES VOYAGES

2-18, rue Saint-Victor - **PARIS** (5e)
✆ 01 53 10 30 15
www.comptoirdesvoyages.fr
Ouvert du lundi au samedi de 10h à 18h.
Egalement des agences à Marseille, Nice, Lyon, Toulouse, Bordeaux et Lille.

Comptoir des Voyages a comme concept de vendre une destination animée par de vrais spécialistes originaires ou ayant vécu dans le pays. Au Maroc, une vingtaine d'offres sont mises en ligne : itinérants et autotours (« Le Sud des vallées aux vagues »), week-ends et courts séjours (« Le chic de la Villa nomade »), voyage en famille (« Les petits bédouins »). Différents types d'hébergement sont sélectionnés tout au long du parcours, du riad aux villas, en passant par la tente caïdale. L'agence propose également des formules à la carte.

CROQ'NATURE

20, rue de l'Alaric
ORDIZAN
✆ 05 62 97 01 00
www.croqnature.com
Ouvert du lundi au vendredi de 9h30 à 18h.

Croq'Nature est une association dont la volonté est de faire découvrir des lieux hors du commun, de faire vivre une « expérience » en partageant au quotidien les réalités de la vie locale et également d'engendrer un véritable développement à l'initiative de ces hommes et femmes du désert ou des montagnes. Croq'Nature initie des circuits itinérants et des séjours à la rencontre des cultures et des peuples du Sahara et de l'Atlas ainsi que des séjours en liberté. Un séjour « cuisine marocaine au pays du safran et des arganiers » est également disponible.

ÉCHANGES-VOYAGES

✆ 05 61 41 03 97
www.echanges-voyages.com
Liste et modalités des séjours sur le site Internet.

Spécialiste de la randonnée et du trekking, Echanges-Voyages conçoit des séjours à la carte et hors des sentiers battus. Son équipe de spécialistes permet une approche spécifique de la destination, en toute sécurité et avec un désir de personnalisation. C'est d'ailleurs pour toutes ces raisons que l'agence privilégie les petits groupes. Travaillant aussi bien avec des individuels, que CE et groupes institutionnels, Echanges-Voyages s'engage localement dans les destinations couvertes, notamment à travers la mise en place de formations professionnalisantes.

ESCURSIA

8, rue Mayence - **NANTES**
✆ 02 53 35 40 29
www.escursia.fr
Ouvert du lundi au vendredi de 9h à 12h30 et de 14h à 18h.

Escursia propose des séjours rares et authentiques pour découvrir la nature et les hommes, en compagnie de personnages rares et passionnants. L'esprit commun à tous ces voyages est l'immersion, hors des sentiers battus, dans des sites naturels préservés, accompagnés de guides naturalistes. Au Maroc, une proposition : un voyage d'initiation à l'astronomie (d'une durée de 8 jours), qui combine deux jours de méharée (à M'Hamid et Chegaga), veillée aux étoiles et soirées conférence. Une belle marche entre les dunes et les astres, pour une expérience sublime.

FUN & FLY - SPORT AWAY

2, rue Louise-Weiss
TOULOUSE
✆ 05 67 31 16 11
www.fun-and-fly.com
Du lundi au vendredi de 8h30 à 18h30 et le samedi de 10h à 17h.

Amateur de glisse dans les embruns ? Associées depuis 2014, les enseignes toulousaines Fun & Fly et Sport Away unissent leurs talents pour vous proposer des séjours en version grand large ! Au Maroc, et notamment à Essaouira et Dakhla, surf, windsurf, kitesurf sont déclinés en diverses formules pour répondre à toutes vos envies. Débutant ou expert, en famille, en duo ou en bande de mordus, en quête de fiesta ou de découvertes insolites, vous trouverez ici le voyage qui vous convient, totalement organisé pour ne laisser place qu'au plaisir du sport.

HORIZONS NOMADES

4, rue des Pucelles - **STRASBOURG**
✆ 03 88 25 00 72
www.horizonsnomades.fr
Agence ouverte du lundi au vendredi de 9h30 à 12h30 et de 14h à 18h, le samedi de 10h à 12h.

Besoin d'évasion, désir de partir hors des sentiers battus... Poussez donc la porte d'Horizons Nomades, une agence de voyage pas comme les autres. Le cadre vous transporte déjà ailleurs, masques et bijoux africains posés ça et là donnent le ton, et réveille l'instinct du voyage si vous ne l'aviez pas ! Au Maroc, l'agence propose de nombreux circuits, de 8 à 15 jours, de niveau moyen. Des guides marocains, chauffeurs et muletiers vous accompagnent, l'hébergement se fait en hôtel, gîte ou bivouac sous tente et les moyens de locomotion varient (4x4 ou mulets de bât).

LES MATINS DU MONDE

24, rue Lalande
LYON (6e)
✆ 04 37 24 90 30
www.lesmatinsdumonde.com

Les Matins du Monde vous proposent des voyages pas comme les autres. Une petite équipe expérimentée est à votre écoute pour vous proposer un voyage adapté à toutes vos envies. Vous trouverez des conseils personnalisés, des voyages originaux et hors des sentiers battus. Spécialiste du Maroc, l'agence vous propose de nombreuses formules dans le pays, du Haut Atlas au Grand sud, en randonnée muletière ou des circuits mixtes (véhicule et marche). Authenticité et respect de l'environnement sont les garants d'une aventure vraie, en cohésion avec les partenaires locaux.

NOMADE AVENTURE

40, rue de la Montagne-Sainte-Geneviève
PARIS (5e)
✆ 01 46 33 71 71
www.nomade-aventure.com
Lundi-samedi 10h-18h30.

Nomade Aventure, comme son nom l'indique doublement, est une agence qui vous change de vos habitudes sédentaires. Avec ses voyages placés sous le thème de la nature, de la culture et de la rencontre, elle vous propulse vers de nouvelles aventures. Loin des meutes de touristes, vous mettrez à profit les bonnes connaissances des agents sur la région en profitant à la fois de circuits originaux et de spots incontournables. Nomade Aventure fait de votre voyage de véritables vacances en vous permettant de vous détendre, ils prévoient tout !

ROOTS TRAVEL

7, rue de la cerisaie
PARIS (4e)
✆ 01 42 74 07 07
www.rootstravel.net
Bureaux ouverts du lundi au samedi de 10h à 18h.

Tout commence en 1995, quand une bande de copains décide de former une association afin de promouvoir les manifestations culturelles franco-cubaines et d'épanouir la richesse infinie de cette île. Se consacrant exclusivement à Cuba, ces passionnés tissent des liens privilégiés avec ses habitants puis entreprennent d'étendre cette expérience originale à d'autres pays, notamment au Maroc. Parmi les offres : un séjour dans une ancienne ferme berbère, ou encore un autre dans une oasis proche de Marrakech. Promos, informations et conseils pratiques sur le site.

TSELANA TRAVEL

14, rue des Deux Ponts
PARIS (2e)
✆ 01 55 35 00 30
www.tselana.com
Du lundi au vendredi de 10h à 19h et le week-end sur rendez-vous.

Créée en 2003 par trois passionnés des paysages désertiques de l'Afrique australe, African Tselana est aujourd'hui devenue Tselana Travel et propose un très large choix de destinations sur tous les continents pour des voyages à l'écart des circuits touristiques habituels. Tselana Travel associe vos envies (aventure, insolite, romantique, famille, désert, voyage de noces, plongée, zen, safari...) à sa connaissance approfondie des destinations pour vous proposer un voyage sur mesure incomparable placé sous le signe du luxe et du raffinement.

TWINTOUR

68, rue Carnot
ANNECY
✆ 04 56 49 80 30
www.voyage-moto.com
Ouvert du lundi au vendredi de 9h30 à 12h30 et de 14h à 18h.

Ce spécialiste des voyages en moto propose plus de 50 destinations en Europe, en Afrique du Nord et aux États-Unis. À l'exception des États-Unis où Twintour vous loue des Harley, tous ces circuits se font avec votre propre moto ; il s'agit de circuits touristiques routiers, pas de pistes. Initiateur des formules FREE RIDE, Twintour reconnaît et valide tous les circuits, puis vous fournit les hôtels et ferries, ainsi que le road book. Vous partez en toute liberté, sans guide, aux dates que vous souhaitez. Trois circuits sont proposés au Maroc (10, 12 ou 15 jours).

PROMOVACANCES

✆ 01 55 33 44 44

www.promovacances.com

Promovacances est une agence de voyage en ligne qui propose de nombreux séjours touristiques, des week-ends, ainsi qu'un très large choix de billets d'avion à tarifs négociés sur vols charters et réguliers, des locations, des hôtels à prix réduits. En plus de cette importante offre, n'hésitez pas à guetter en ligne des promotions de dernière minute et les bons plans du jour. Enfin, des informations pratiques sont à consulter en ligne pour préparer votre voyage : santé, formalités, aéroports, voyagistes, compagnies aériennes.

ANANDA VOYAGES

29, rue Yougoslavie - **MARRAKECH**

✆ +212 5 24 43 00 20

www.ananda-voyages.com

Organisation de trek, circuit 4x4 dans tout le Maroc. Package trekking journée (2 personnes) à partir de 120 €.

Ananda Voyages s'est spécialisée dans les excursions trekking au départ de Marrakech. Son gérant, Mohamed, est un passionné de montagne et guide officiel depuis de nombreuses années. Autant vous dire que la région n'a plus de secret pour lui. Plusieurs excursions sont proposées, telles que la kasbah de Telouet et le ksar d'Aït Ben Haddou, les cascades d'Ouzoud, la découverte d'Essaouira, des circuits de marche dans le Haut Atlas, des périples dans le désert et dans la vallée de l'Ourika... Elle organise aussi des team building et des séminaires pour les sociétés.

ACACIA VOYAGES

Hay Draa

ZAGORA

✆ +212 6 72 73 24 62

www.desertmaroc.com

Ouvert tous les jours de 7h à 22h.

Agence familiale de nomades, natifs du désert, spécialisée sur le Sud marocain. Amine et Younès vous accompagnent dans des excursions d'exception, à la découverte de la culture et des valeurs marocaines. Ils proposent des circuits sur mesure, loin des sentiers battus dans le désert marocain et selon vos envies, qui s'adaptent au budget de chacun, de deux à sept nuits, avec randonnées à dos de dromadaire, trekking et circuits en 4x4 au départ de Marrakech, Ouarzazate, Zagora, Fès ou Agadir. Nuits en bivouac ou en riad. Un voyage authentique.

AUTHENTIQUE NOMADE MAROC

✆ + 212 6 96 34 65 55

www.authentiquenomade-maroc.com

Circuit Marrakech Zagora 2 jours : à partir de 180 € par personne selon la période.

Fanny et Hassan partagent la même passion pour le Maroc, pays d'adoption de l'une, pays natal de l'autre. Leur agence est née en 2009, et c'est un peu comme partir avec de bons amis ! Sauf que le duo connaît tous les bons plans pour vous faire découvrir ce pays aux multiples contrastes. Excursions et séjours à la carte selon vos envies, en 4x4 dans les environs de Marrakech et plus loin, dans le Sud, etc... Sur le site vous trouverez notamment des circuits 4 jours/3 nuits assez intéressants, tant sur le temps passé au désert que sur les étapes.

AGENCE IT'S 4 YOU TOURS

7 bloc A, complexe hôtel Le Tivoli,
Bd 20 août

AGADIR

✆ +212 5 28 84 03 47

www.its4youtours.com

Cette agence de voyages, basée à Agadir, propose des circuits au départ de plusieurs villes touristiques. Plusieurs façons de découvrir le Maroc : minibus, 4X4, trekking, VTT, quad ou encore à pied dans la nature et même à dos de dromadaire dans le désert. Egalement un florilège d'activités sur Agadir : bien-être, visite de l'oasis de Tiout, soirée Fantasia, artisanat, surf... Et des locations de voitures et 4x4 au départ de Marrakech et d'Agadir. L'équipe, dynamique et motivée, s'adapte facilement à vos envies pour vous concocter le programme de vos rêves.

AVENTURE BERBÈRE

Avenue Hassan II - **MARRAKECH**

✆ +212 5 24 42 07 36

www.aventure-berbere.com

Excursion 2 jours à partir de 80 € par personne sur la base de 4 participants.

Gérée par une équipe franco-marocaine et agréée par le ministère du Tourisme marocain, cette agence est spécialisée dans l'organisation de voyages sportifs et de voyages à la carte. Sa connaissance approfondie des massifs montagneux et des déserts, sa flotte de véhicules modernes, son équipe de guides professionnels spécialisés, et sa capacité à vous garantir une réponse rapidement font d'Aventure Berbère un contact privilégié pour les passionnés d'aventures. Basée à Marrakech, elle a aussi des antennes entre autres à Fès, Agadir, Ouarzazate, et dans le Grand Sud.

BIG BUS TRANSPORT

Bureau N° 1, immeuble n 1, Rue AbuBakr Al Siddik
MARRAKECH
✆ + 212 6 61 38 51 01
www.bigbus-marrakech.com
Exemple d'excursion : journée à l'Ourika à partir de 350 DH.

Agence de transport touristique et de location, on ne présente plus Big Bus comme acteur majeur et partenaire fiable en matière de déplacements. Najib et son équipe se plieront en quatre pour répondre de façon personnalisée à vos envies de visites et de découvertes. Que ce soit pour des séjours en montagne, un trekking dans le désert ou simplement une excursion à Ouarzazate, voire même un transfert de l'aéroport, forts d'une grande expérience et de professionnalisme auxquels s'ajoute une gentillesse spontanée, vous ne repartirez que satisfaits.

BIVOUAC SOUS LES ÉTOILES

Avenue Mohamed V
OUARZAZATE
✆ +212 5 24 84 61 75
www.bivouacsouslesetoiles.org
Nuit à M'Hamid dès 35 € ou à partir de 45 € à Chegaga.

Cette agence, qui a plus de 10 ans d'expérience, propose des bivouacs dans le désert. Originaire de M'Hamid, Hassan connaît par cœur la région et vous en parlera avec une vive passion. Vous aurez le choix entre deux campements au cœur de l'Erg Chegaga (un standard et un de luxe, avec une prestation de grande qualité) et l'un à M'Hamid (qui offre un très bon rapport qualité-prix). Bivouac sous les Étoiles vous propose aussi des randonnées dans le désert ou dans les montagnes, selon vos envies et votre budget. Une valeur sûre !

BO VOYAGES

Avenue Kéttani
AGADIR
✆ +212 5 28 82 92 30
www.bovoyages.com

Forte d'une trentaine d'années d'expérience, cette agence de voyages familiale, à l'accueil très sympathique, vous organise entièrement votre voyage, des billets d'avion aux réservations d'hôtels, en passant par les visites touristiques. Elle travaille dans tout le Maroc avec des guides locaux qui connaissent très bien leur région. L'agence dispose également de sa propre flotte de véhicules, que vous pourrez louer avec ou sans chauffeur. En passant par cette agence, vous obtiendrez de bons tarifs hôteliers dans plus de 1 400 établissements. Une agence fiable.

CARAVANE CIMES & DUNES

4 Avenue Allal Ben Abdellah B.P 266
ZAGORA
✆ +212 6 24 55 35 09
www.trekkingdaysmorocco.com

Issu d'une longue lignée de nomades Imazighen (berbères), Brahim Nait Hamou est un guide touristique certifié avec plus de 30 ans d'expérience à son actif. Ayant développé une connaissance accrue du désert en suivant des guides nomades à la recherche de ses racines, il propose des randonnées dans le désert et la vallée du Drâa sur plusieurs jours à la manière de ses ancêtres pour faire découvrir aux visiteurs l'histoire et la riche culture des nomades berbères. Les séjours sont personnalisables pour satisfaire toutes vos envies. Des aventures fantastiques !

DESERT DAY TOURS

FÈS
✆ +212 6 68 07 88 87
www.desertdaytours.com
Circuit dans le désert à partir de 150 € par personne (pour un groupe de 6 personnes).

Dirigé par des jeunes Berbères du sud-est du Maroc, Desert Day Tours est une agence réceptive de confiance, ayant plusieurs années d'expérience dans le tourisme. Des circuits vous sont proposés au départ de Fès, Marrakech et Casablanca pour découvrir les cités impériales et/ou passer quelques jours inoubliables dans le désert. De ces villes, on peut partir en excursion à la journée et découvrir les sites d'intérêt. L'agence s'adapte aussi aux envies de ses clients en concoctant des séjours sur-mesure et en les conseillant. Une agence sérieuse à recommander.

DÉSERT ET MONTAGNE

Douar Talmasla Tarmigt - **OUARZAZATE**
✆ +212 5 24 85 49 49
www.desert-montagne.ma
Consultez le site internet pour choisir votre excursion. Ouvert de 9h à 18h tous les jours de la semaine.

Zineb et Jean-Pierre, tombés amoureux des paysages variés du Maroc, sont les spécialistes des grandes expéditions : de plusieurs semaines à plusieurs mois, ils proposent différents parcours, randonnées à dos de mulet dans l'Atlas, méharées dans le désert de Chegaga. Des excursions à thèmes sont aussi développées, comme la découverte des gravures rupestres au sein de la vallée du Drâa. Chaque année au mois de mai, Jean-Pierre et son équipe accompagnent la transhumance d'une famille nomade du village de Aït Atta pour rejoindre le Haut Atlas à plus de 2 600 m.

ESCAPADE MAROC

MARRAKECH

✆ +33 6 16 02 25 32

www.escapade-maroc.com

Excursions en 4X4 privé. Formule journée ou de 3 à 15 jours personnalisables.

Spécialiste du Grand Sud Marocain, Escapade Maroc propose des excursions à la journée ou des circuits en 4x4 ou minivan, à la carte et accompagnés d'un chauffeur-guide francophone, au départ des grandes villes du Maroc pour un dépaysement et une immersion totale au contact de la population locale. À personnaliser selon vos envies : villes impériales, montagnes de l'Atlas, villages berbères, dunes du Sahara, séjours en riads, bivouac et hébergements traditionnels alliant charme et authenticité. Belles rencontres et bonne humeur en perspective.

EXCLUSIVE TRAVEL SERVICES MOROCCO

Rue Oued Ziz, Résidence Tifaouine - **AGADIR**

✆ +212 5 28 84 84 46

www.exclusive-morocco.com

Agence de voyage qui fournit des expériences de découverte du pays. Consulter le site Internet.

Pour les amateurs d'émotions, tout le personnel compétent de cette antenne est à votre écoute pour vous assister dans la préparation de votre voyage. Que ce soit pour un séjour court ou long, l'agence propose des programmes personnalisés, hors des sentiers battus pour vous faire découvrir les richesses authentiques du Maroc. Exclusive Travel œuvre efficacement à travers tout le pays. Préparez-vous à vivre une expérience authentique, pleine de découvertes inattendues et de dépaysement.

HABTI VOYAGE

159 Boulevard Mohamed 5, Guéliz

MARRAKECH

✆ +212661159067

www.habtivoyage.com

Présente depuis 1978 à Marrakech et disposant de bureaux dans différentes villes du Maroc, cette agence de voyages est une valeur sûre ! Spécialisée dans tous types de voyages, elle saura satisfaire toutes vos envies et vos besoins en matière de déplacements, réservations d'hôtels ou location de voitures. Son équipe de conseillers experts vous aidera à la conception de votre séjour, tout en vous garantissant le meilleur rapport qualité-prix. Les circuits sont adaptés en fonction de votre budget et vos goûts, afin que vos vacances soient mémorables !

JANATES RIAM AVENTURE

Ksar el Kabbaba, El kabbaba

SKOURA

✆ +212 6 61 98 04 49

www.janatesriam.com

Ouvert toute l'année. Excursion à dos de dromadaire dès 700 DH la demi-journée.

Si la palmeraie de Skoura est en elle-même une très belle attraction, vous pourrez rapidement en faire le tour. Viendra alors l'envie de changer le quotidien de vos vacances. Nuits en bivouac dans le désert, excursion en quad, balades à dos de dromadaire ou encore repas au cœur de l'oasis, Janates Riam propose des tours et excursions hors des sentiers battus qui vous permettent d'aborder la région d'un point de vue totalement différent. Autant dire qu'avec cette agence, c'est l'Aventure qui vous attend au coin de chaque... palmier !

MAROC EN LIBERTÉ

57 rue el Jahed - **MARRAKECH**

✆ +212 6 66 30 50 01

www.marocenliberte.com

Excursions à la journée dans les environs à partir de 25 €.

Si vous désirez sortir des sentiers battus, découvrir les alentours de Marrakech ou vous laisser tenter par les dunes ou un circuit dans les villes impériales, voici une équipe sérieuse et dynamique qui saura vous concocter un périple sur mesure en s'adaptant à vos envies. Ici, on vous propose séjours et circuits accompagnés à la carte, sur mesure, en voiture, 4x4 ou minibus. D'autres excursions dans la région sont proposées à des prix raisonnables. Pour toute question, demande de devis, contactez directement Dominique qui se fera un plaisir de vous aiguiller.

NOMAD' ATTITUDE

Lot II – Maison N°47 - **SKOURA**

✆ +212 5 24 85 22 81

www.nomadattitude.com

Ouvert de 8h à 17h30 du lundi au jeudi. Ouvert jusqu'à midi le vendredi. Fermé samedi et dimanche.

Cette agence de voyages agréée est dirigée par Xavier et Vanessa, un couple franco-belge qui connaît bien le Maroc. Amoureux de la région, ils ont tous les deux fait du Grand Sud leur spécialité. Au programme : des circuits à thème originaux dont des réveillons dans le désert ou des séjours plus classiques sur mesure dans le grand sud Marocain. Via cette agence, ce sont des circuits loin de la masse touristique qui vous attendent et qui s'adaptent à tous les budgets. Une adresse hors des sentiers battus pour un Maroc authentique, une adresse recommandée.

INTERVIEW

LE VOYAGE-SUR-MESURE

AVEC STEVEN LE CHEVALIER ET MATHIEU VALLY DE QUOTATRIP

Quel est le concept de l'agence QuotaTrip ?

Quotatrip est la première plateforme de mise en relation entre voyageurs et agences locales. Grâce à elle, les voyageurs peuvent enfin échanger en direct avec des agences qui sont sur place et concevoir un voyage unique, au meilleur prix et 100% personnalisé.

Pourquoi voyager avec des agences locales ?

À l'inverse des agences traditionnelles, les agences locales sont des expertes de la destination choisie. Ce sont aussi les mieux placées pour concevoir des séjours qui sortent des sentiers battus. Elles sont ainsi en mesure de répondre à l'ensemble des envies, le voyageur rentre dans l'univers de l'equi-tourisme = le tourisme sans intermédiaire.

Quels sont les autres avantages pour les voyageurs ?

Il y a une multitude d'avantages. Cela permet notamment de ne pas voyager comme tout le monde, d'organiser de manière simple et rapide un séjour sur mesure et au meilleur prix. Fini les mauvaises surprises, les voyageurs posent toutes les questions qu'ils souhaitent et bénéficient d'un accompagnement sur mesure, de la conception du projet jusqu'à sa réalisation en toute sécurité car les agences référencées sont sélectionnées et recommandées par les journalistes des guides du Petitfute en toute impartialité.

Les démarches sont-elle simples à effectuer ?

Les sites de voyage en ligne font perdre beaucoup de temps aux internautes sans pour autant répondre entièrement à leurs désirs. QuotaTrip propose un formulaire simple et rapide qui permet de décrire les souhaits, les envies et les besoins. L'internaute reçoit aussitôt gratuitement et sans engagement les offres de trois ou quatre agences locales avec qui il peut ensuite échanger afin de personnaliser son projet grâce à la messagerie mise en place.

Quelles sont les destinations proposées ?

Notre plateforme propose plus de 21 000 projets de voyage sur plus de 100 destinations à travers le monde. De l'Amérique latine en passant par l'Asie et l'Afrique, nos mille agences partenaires sont là pour répondre à vos projets de voyage.

Décrivez votre projet de voyage. Échangez en direct avec les agences locales et partez au meilleur prix.

Plus d'informations : *quotatrip.com*

© D.R

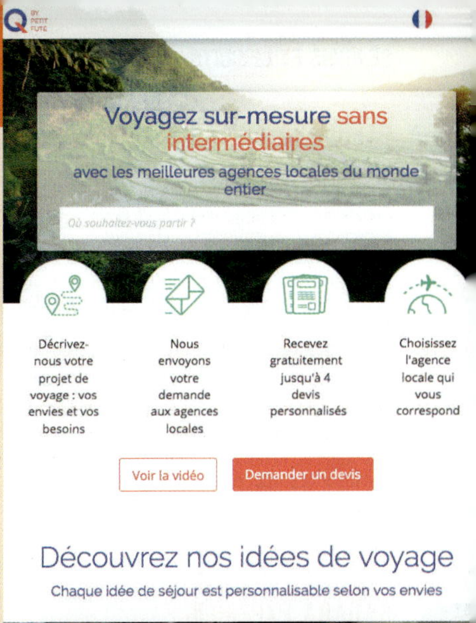

© D.R

© D.R

PAMPA VOYAGE

219 Bd Med V - Gueliz,
✆ +212 5 24 43 10 52
Excursions au Maroc à partir de 25 €. Excursions, circuits, location de voiture, réservation d'hôtels, billetterie...

Cette agence est dirigée par une équipe belgo-marocaine sympathique. Elle offre tous les services classiques et de bons conseils personnalisés pour découvrir le Maroc que ce soit en voiture de location, avec ou sans chauffeur, en 4x4, à dos de mulets ou de chameaux. Des plages de sable fin aux cimes enneigées de l'Atlas, des étendues désertiques sahariennes aux vallées luxuriantes du Drâa, en passant par les villes impériales, entre séjour et circuit court, vous trouverez à coup sûr le programme qui correspond à vos attentes.

SAHARA EXPERIENCE

Av. Hassan II, Koutoubia center II 1er Etage, Bureau n°5 - **MARRAKECH**
✆ +212 6 61 77 67 66
www.sahara-experience.com
Excursions au départ de Marrakech à partir de 65 € ; tour dans le désert à partir de 195 €.

Cette agence est spécialiste des circuits désert et montagne, son expérience vous permettra de découvrir les plus beaux sites du Maroc. Les excursions, bivouacs, trekkings vous sont proposés à la carte et s'adaptent parfaitement à vos désirs ainsi qu'à votre budget. Plusieurs parcours sont proposés sur tout le Maroc : Casablanca, villes impériales, découverte du Moyen-Atlas en mountain bike, bivouac à l'Agafay, randonnées au Toubkal, plus haute chaîne de montagnes d'Afrique du Nord, excursions dans le désert... Une multitude de choix s'offre à vous !

TAMOUNTE TREKKING

Avenue Yacoub El Mansour
MARRAKECH
✆ +212 6 61 33 22 86
www.guide-randonnee-maroc.com
Exemple de tarif : 25 €/personne la journée dans la vallée de l'Ourika.

Cette agence propose des circuits personnalisés, en famille ou entre amis. Grande diversité d'excursions authentiques, à la découverte des paysages marocains, à partir d'une journée, s'inscrivant dans une démarche éco-solidaire avec les populations locales et s'engageant dans la protection de l'environnement. Pour le désert, plusieurs formules au départ de Ouled Driss–M'Hamid. Des circuits adaptés aux familles sont aussi proposés. Plusieurs excursions à la journée et dans les environs également : vallée de l'Ourika, Toubkal, cascade d'Ouzoud...

TOUAREG EXPEDITION

1575 hay alwahada - **OUARZAZATE**
✆ +212 6 62 15 30 23
www.touareg-expedition.com
Excursions à la journée, 4x4 avec chauffeur, circuits à la carte. Tarif oscillant entre 80 et 130 € la demi-journée.

Partez à la découverte du grand Sud marocain authentique et de ses splendides paysages avec Touareg Expédition. Que vous soyez en groupe ou en individuel, Youssef, enfant de la vallée du Drâa, et son équipe de professionnels, vous conduira en 4x4 depuis Marrakech ou Ouarzazate, jusqu'aux fins fonds du désert. Envie d'aventure, de circuits sur mesure, de tourisme équitable, un large choix d'excursions vous est proposé, adaptées à vos envies d'évasion. Vous pouvez y associer du trekking, quelques nuits en bivouac dans le désert ou des balades à dos de dromadaires.

VISAGES DU MAROC

✆ +212 6 67 45 64 27
www.visagesdumaroc.com
Exemple 8 jours ascension du mont Toubkal à partir de 450 € sur une base de 2 personnes.

Partez à la découverte du Maroc hors des sentiers battus à travers des programmes conçus par Hassan, guide de montagne et désert – attesté par le Centre de formation aux métiers de montagnes – et passionné par son pays. Il propose d'aller au cœur de ses terres en immersion dans les villages berbères. Selon les saisons, vous pourrez être en bivouac sous tente ou en gîte chez l'habitant. Visages du Maroc offre une belle alternative pour découvrir le pays sous un jour nouveau ! En VTT ou en rando, Hassan saura trouver le programme parfait adapté pour chacun.

BILLETSDISCOUNT

✆ 01 40 15 15 12
www.billetsdiscount.com
Promotions toute l'année.

Le site Internet permet de comparer les tarifs de vol de nombreuses compagnies à destination de tous les continents. Outre la page principale avec la recherche générale, des onglets spécifiques (Antilles, océan Indien, Océanie, Afrique, Amérique du Nord et Asie) permettent de cibler davantage les recherches. À noter qu'un bagage supplémentaire en soute de 23 kg est inclus dans le prix du billet. Il est possible de payer son billet d'avion en 4 fois contre une somme modique. Un service pour les enfants non accompagnés (de 4 à 12 ans) est également proposé.

EASY ALIBA BUY

www.alibabuy.com

Comparateur de voyages.

Easy Aliba Buy est un site comparateur de prix de voyages permettant aux internautes d'avoir une vue d'ensemble sur les diverses offres de séjours proposées par des partenaires selon plusieurs critères (comme le nombre de nuits, les catégories d'hôtel, l'ordre de prix...). Les internautes souhaitant avoir plus d'informations ou réserver un produit sont ensuite mis en relation avec le site du partenaire commercialisant la prestation. Sur ce site, vous trouverez un choix de billets d'avion, d'hôtels et de circuits et séjours variés.

JETCOST

www.jetcost.com

Jetcost compare les prix des billets d'avion et trouve le vol le moins cher parmi les offres et les promotions des compagnies aériennes régulières et *low cost*. Le site est également un comparateur d'hébergements, de loueurs d'automobiles et de séjours, circuits et croisières. L'interface du site Internet est très simple d'utilisation. Après avoir lancé la recherche, on peut affiner les résultats en fonction de ses choix afin de trouver le vol le plus intéressant, la durée du trajet, les éventuelles escales ou encore l'aéroport d'arrivée.

EASYVOYAGE

✆ 01 84 20 09 84

www.easyvoyage.com

Le concept peut se résumer en trois mots : s'informer, comparer et réserver. Des infos pratiques sur plusieurs destinations en ligne (saisonnalité, visa, agenda...) vous permettent de penser plus efficacement votre voyage. Après avoir choisi votre destination selon votre profil (famille, budget...), le site vous offre la possibilité d'interroger plusieurs sites à la fois concernant les vols, les séjours ou les circuits. Grâce à ce moteur performant, vous pouvez réserver directement sur plusieurs bases de réservation (Lastminute, Go Voyages et bien d'autres).

LILIGO

www.liligo.com

Site comparateur de voyages qui propose d'étudier le prix de votre prochain séjour.

Liligo interroge les agences de voyages, compagnies aériennes (régulières et low cost), trains (TGV, Eurostar…), loueurs de voitures, mais aussi 250 000 hôtels à travers le monde pour proposer à ses clients les offres les plus intéressantes en temps réel. Les prix incluent les frais de dossier, d'agence… Une fois la recherche établie et l'offre sélectionnée par l'utilisateur, le comparateur le met directement en relation avec le site marchand. Quelques astuces sont délivrées en ligne pour bénéficier des offres les plus intéressantes.

EXPEDIA FRANCE

✆ 01 57 32 49 77

www.expedia.fr

Vous pouvez télécharger l'application mobile pour planifier votre séjour.

Expedia est le site n° 1 mondial du voyage en ligne. Un large choix de 300 compagnies aériennes, 240 000 hôtels, plus de 5 000 stations de prise en charge pour la location de voitures et la possibilité de réserver parmi 5 000 activités sur votre lieu de vacances. Cette approche sur mesure du voyage est enrichie par une offre très complète comprenant prix réduits, séjours tout compris, départs à la dernière minute… Son algorithme et sa base de données permettent en effet de proposer des formules vol et hôtel à peu près n'importe quand.

QUOTATRIP

www.quotatrip.com

Tarifs : devis sur demande en ligne.

QuotaTrip est une nouvelle plateforme de réservation de voyage en ligne qui met en relation des voyageurs à la recherche d'expériences authentiques et uniques, et des agences de voyages locales sélectionnées pour leurs compétences et leur sérieux. Le réseau de QuotaTrip couvre près de 200 destinations dans le monde entier. Le but de ce rapprochement est simple : proposer un séjour entièrement personnalisé aux utilisateurs. QuotaTrip promet ainsi l'assurance d'un voyage serein, sur mesure, sans intermédiaires et sans frais supplémentaires.

SE LOGER

Riad, maison d'hôtes, hôtel, camping : le choix d'établissement s'avère très large. Il y en a pour tous les goûts et aussi pour toutes les bourses. Les hôtels se déclinent selon une gamme très variée, des hôtels de luxe, chaînes internationales et petits hôtels locaux, où vous pourrez parfois trouver des chambres à 60 DH la nuit. Ces dernières années, les chambres d'hôtes ont aussi fleuri dans le pays. Certaines ne sont en fait « que » d'agréables riads, mais d'autres ont su en garder l'esprit et vous chouchoutent comme un invité. De même, l'ambiance ne sera pas la même si votre hôte est français ou marocain. Dans le premier cas, vous apprendrez beaucoup de la région. Dans le second, c'est une réelle découverte culturelle que vous vivrez et un accueil selon les règles de l'hospitalité marocaine… A noter que certaines chambres d'hôtes sont tenues par des couples franco-marocains, dans ce cas, vous aurez les deux avantages !

COUCHSURFING €€

www.couchsurfing.com

Adhésion : 15 € environ (ou 2,75 € par mois).

Couchsurfing est le service d'hébergement gratuit en ligne regroupant le plus d'adhérents. Il suffit de s'inscrire pour accéder aux profils des locaux ou faire sa demande d'hébergement pour quelques jours, voire quelques semaines. En échange, vous pouvez par exemple inviter votre hôte à manger, lui offrir un cadeau ou bien l'accueillir chez vous. Le site Internet met en place des systèmes de contrôle : notation des membres, numéro de passeport exigé à l'inscription, etc. Les participants ont accès à des hébergements volontaires dans plus de 200 pays.

HOSTELWORLD €

www.hostelworld.com

Depuis 2005, cette centrale de réservation en ligne permet de planifier son séjour à prix corrects dans le monde entier. Afrique, Asie, Europe, Amérique… Hostelworld est spécialisé dans les logements peu onéreux (auberges de jeunesse ou hostels…) mais proposant des services et un cadre plutôt soignés. Pour chaque grande ville, le site propose une sélection pointue d'enseignes partenaires et vous n'aurez plus qu'à choisir l'adresse la plus pratique, la mieux située, ou tout simplement la moins chère. Une plateforme bien pratique pour les baroudeurs.

ARRMH DE FÈS - MEKNÈS €€

9 Derb Sornass, Ziate

FÈS

✆ +212 600 59 11 63

www.armhfes.org

Association Régionale des Riads et Maisons d'Hôtes de Fès - Meknès.

L'Association Régionale des Riads et Maisons d'Hôtes de Fès-Meknès regroupe des riads et maisons d'hôtes officiellement classés par le ministère du Tourisme du Maroc. Les établissements membres de l'ARRMH s'engagent à respecter une charte établie par les professionnels, visant à garantir aux clients la qualité de l'accueil et des prestations délivrées. L'ARRMH organise deux fois par an l'événement « Fès Gourmet » qui permet aux visiteurs logeant dans l'un des établissements de l'ARRMH de Fès de découvrir la véritable gastronomie marocaine.

RIAD AIT BEN HADDOU « RABH » €

Centre Ait Benhaddou Ait Zineb 45000

AÏT BEN HADDOU

✆ +212 6 67 04 38 58

www.riadaitbenhaddou.com

A partir de 500 DH la nuitée.

A environ 10 minutes à pied de la kasbah, cette maison d'hôtes vous ouvre chaleureusement les portes de son riad, construit en respectant la tradition marocaine avec des matériaux locaux. Elle dispose de 10 chambres et suites élégantes, décorées avec le sens du détail. Le riad offre un espace spacieux préservant l'intimité de chaque hôte, dans un environnement paisible. La table d'hôtes invite à se délecter d'une cuisine locale délicieuse dans un salon marocain ou sur la terrasse.

SE DÉPLACER

Pour visiter le Maroc, l'idéal est de louer une voiture. C'est même quasi indispensable si vous souhaitez visiter le Sud du pays, car dans cette zone, contrairement au Nord, les voies de chemin de fer sont inexistantes. Louer une voiture changera du tout au tout la physionomie de votre voyage, vous pourrez ainsi quitter les sentiers battus et bénéficier d'une autonomie bien agréable. Cependant, il est assez cher de louer une voiture au Maroc. Ne vous aventurez pas sur des pistes caillouteuses si votre véhicule n'est pas adapté. Evitez de rouler après la tombée de la nuit. Les bus sont nombreux, mais vous laissent moins de liberté puisqu'ils ne s'arrêtent pas forcément où vous le souhaitez et ne vont pas partout. Pour les longues distances, c'est-à-dire surtout pour rejoindre Dakhla et Laâyoune, et si votre budget le permet, vous pourrez trouver des vols intérieurs ; les grandes villes sont toutes dotées d'aéroports.

AGACITY CAR

Rue de la Plage - **AGADIR**
✆ +212 642 280 049
www.agacitycar.net
Compter à partir de 25 € par jour pour un véhicule économique. Tarifs dégressifs selon la durée de location.

L'agence propose à la location des voitures et 4x4 de toutes catégories pour pratiquer le tout-terrain. Agacity Car, c'est avant tout Jamal, son dynamique gérant. Sa réputation n'est plus à faire, il compte parmi les loueurs incontournables de la ville avec un des meilleurs rapports qualité/prix/service. Inclus dans le tarif, la dépose-récupération de la voiture à Marrakech et Casablanca, assurance tous risques. Les véhicules peuvent être loués pour deux jours, une semaine voire un mois : dans ce cas, des tarifs dégressifs très avantageux sont appliqués.

AMINE CAR

43, boulevard Mohammed-V
TANGER
✆ +212 5 39 94 40 50
https://amincar.ma/
Ouvert de 8h à 19h. A partir de 250 DH par jour pour une voiture économique.

Depuis 1986 l'agence Amine Car située sur le boulevard Mohammed V est réputée pour son sérieux et son professionnalisme. Différentes catégories de véhicules sont proposées à la location, de l'économique, aux minibus 9 places en passant par les gros 4X4. Quelle que soit la catégorie que vous recherchez, les véhicules sont tous en très bon état. Prise en charge du véhicule rapide et état des lieux complet. Équipe compétente, sympathique, polyglotte et arrangeante sur le lieu de prise en charge de la voiture et le lieu de restitution.

ARGANIER CARS

8, rue Hamadani - **ESSAOUIRA**
✆ +212 6 67 01 57 36
www.arganier-rentacar.com
Location à partir de 25 € par jour selon le véhicule. Les prix sont dégressifs en fonction du nombre de jours.

Cette société familiale est tenue par deux frères, Kamal et Yassine. Elle propose un large choix de véhicules, récents et bien entretenus, à des prix compétitifs. Le service est de qualité, géré par un personnel qualifié dans la location de voitures. Contre participation financière, la voiture peut être apportée et/ou remise aux aéroports de Marrakech, d'Agadir, d'Essaouira, de Casablanca ou même directement à votre hôtel. L'agence s'adapte aussi facilement aux horaires des clients. Bon rapport qualité-prix, prestations sérieuses.

BSP AUTO

✆ 01 86 26 90 80
www.bsp-auto.com
Site comparatif accessible 24h/24.

Il s'agit là d'un prestataire qui vous assure les meilleurs tarifs de location aux conditions les plus avantageuses auprès des grands loueurs de véhicules dans les gares, aéroports et les centres-villes du monde entier. Le kilométrage illimité et les assurances sont souvent compris dans le prix. Avec BSP Auto, vous pouvez réserver dès maintenant et payer seulement cinq jours avant la prise de votre véhicule. Autre bonus du courtier BSP : pas de frais de dossier ni d'annulation (jusqu'à la veille). La moins chère des options zéro franchise.

LPS CAR

6, avenue des FAR - **AGADIR**
✆ +212 5 28 84 41 07
www.lps-car.com
Location de voitures à partir de 20 € par jour, de 65 € les 3 jours et de 128 € la semaine (Logan, Clio, Lodgy).

C'est une petite agence en retrait de celle que vous pourrez trouver sur l'avenue Mohamed V, mais c'est avec gentillesse, sourire et professionnalisme que vous serez accueilli. Ici, l'équipe, sérieuse et réactive, est à votre écoute pour une prestation sur mesure, adaptée à vos besoins. Les voitures sont toutes récentes et bien entretenues, avec des tarifs de location très compétitifs. Comme la plupart des agences, le kilométrage est illimité, l'assurance multirisque incluse et la livraison de la voiture à l'aller et au retour gratuite. Une très bonne adresse.

NAJM CAR

Angle de l'avenue Mohamed-V et rue Mohamed El Baqal
MARRAKECH
✆ +212 5 24 43 79 09
www.najmcar.com
A partir de 19 €/jour. Devis sur le site.

Située en plein Guéliz, cette agence vous accueille 7j/7 toute l'année. Vous pourrez louer toutes catégories de voiture, de la Hyundai en passant par le monospace, avec possibilité de sièges adaptés pour les enfants. Si votre location dépasse les 6 jours, Najm Car assure gratuitement la livraison ou le rapatriement de la voiture dans un rayon de 300 km autour de Marrakech. Extrêmement professionnel, tarifs raisonnables, Najm Car est une agence où l'on peut se rendre les yeux fermés. A noter que les véhicules sont livrés avec le plein.

M.L.B LOCATION

Avenue Mohammed VI
MARRAKECH
✆ +212 6 77 90 78 08
www.mlb-location.fr
Ouvert de 7h à 19h.

On dispose ici d'une large gamme de véhicules adaptés à toutes vos envies. De la berline au minibus en passant par les 4x4 pour une virée dans le désert, Farid et son équipe – disponibles 24h/24 – proposent des tarifs défiant toute concurrence avec kilométrage illimité, assurances tous risques ainsi qu'une option de rachat de la franchise qui vous évitera d'avoir à sortir votre carte bancaire au moment de régler la caution à la prise du véhicule. L'agence propose également des excursions pour vous accompagner durant votre séjour au Maroc.

SAMICAR

49 Lotissement El Waha « A7 »
CASABLANCA
✆ +212 6 61 15 48 49
www.samicar.com
Ouvert de 8h30 à 12h30 et de 14h30 à 19h. Location à partir de 19 € par jour.

Cette agence dynamique et professionnelle propose ses services de location de voitures sur tout le Royaume depuis plus de 15 ans. Elle dispose d'un large parc automobile, propre et bien entretenu. Les prix sont convenables et le service de qualité. Le personnel, sympathique et à l'écoute, est disponible pour répondre aux besoins de chacun de ses clients. L'agence a également mis en place un service de navettes entre l'aéroport et le centre-ville. Elle propose ce service dans trois villes : Marrakech, Casablanca et El Jadida.

MEXICANA TOURS

14, avenue des FAR - **AGADIR**
✆ +212 6 61 71 94 37
www.mexicana-tours.com
Location à partir de 30 € (2 jours minimum) pour une petite Sandero. Assurance tout risque et kilométrage illimité.

Sans doute l'une des meilleures agences sur Agadir ! Rien à redire, l'accueil de Momo est chaleureux et le professionnalisme à toute épreuve : disponibilité immédiate, assistance 7j/7, livraison et restitution possibles sans frais à l'aéroport d'Agadir et à Marrakech, parc bien fourni et entretenu. Une fiche d'état du véhicule se remplit à la remise des clés. Simplicité et grande prévenance de Mustapha et son équipe. Pas de pépin donc, et inutile de perdre son temps en négociations, les prix annoncés sont au plus bas toute l'année et défient toute concurrence.

MOROCCO EXPLORE EXCURSIONS

20 rue Abdelkrim Benjelloun
FÈS
✆ +212 6 50 70 30 24
https://moroccoexploreexcursion.com

Basée à Fès, cette agence de voyage et de transport propose un large choix de services à des prix tout à fait raisonnables. Vous pourrez demander à ce que l'on vienne vous chercher à l'aéroport, de vous organiser des visites dans la ville, des excursions au départ de Fès et même de vous accompagner là où vous le souhaitez. L'équipe est disponible et à l'écoute pour s'adapter au mieux à votre parcours. Agence sérieuse offrant de très bonnes prestations.

S'INFORMER

Avant votre voyage au Maroc, vous trouverez de nombreuses publications sur internet ou dans les librairies pour préparer votre séjour. Vous pouvez également faire un tour sur le site officiel de l'Office National Marocain du Tourisme (www.visitmorocco.com), très complet, pour mieux connaître ce pays d'Afrique du Nord, de son histoire à sa gastronomie, en passant par les diverses activités à faire et les informations pratiques. Sur place, dans les principales villes du Maroc, les Conseils Régionaux et Provinciaux du Tourisme vous seront d'une aide utile. Ils disposent en outre de nombreuses brochures en français qui pourront vous aiguiller sur le programme de votre séjour. Du côté des médias, la presse marocaine est riche et diversifiée. Pour vous tenir informé de l'actualité du pays, vous trouverez dans les kiosques et librairies de nombreuses publications en arabe, français ou tamazight.

LES ÉDITIONS DU CHAMEAU

✆ + 212 5 37 74 94 65
http://editionsduchameau.com

Depuis 2006, Les Editions du Chameau impriment de jolies cartes postales du pays, qui sont distribuées dans tout le Maroc. De Tanger à Dakhla, on les trouve dans les aéroports, les gares, les stations-service, les hôtels... La société est dirigée par Rodolphe Fumoux et Cécile Gayon, un couple français amoureux du Maroc. Plusieurs photographes travaillent pour la société, dont Cécile Treal et Jean-Michel Ruiz, un couple de Mohammedia qui exerce dans le pays depuis une trentaine d'années. Les cartes postales sont de bonne qualité et les couleurs éclatantes.

CARNETS DE VOYAGE

M° Bastille.
vivamedias.com

Publié par la société éditrice Vivamedias, qui compte plusieurs revues à son actif, ce trimestriel est consacré aux voyages avec des focus dédiés à la découverte d'une ville, d'une région, que ce soit en France, en Europe ou dans le monde. *Carnets de Voyage*, un magazine utile pour nous faire découvrir sur papier ou en format numérique la destination et nous faciliter le voyage. Pour de grandes ou petites escapades, des textes vivants, des reportages sur place complétés de conseils pratiques, d'un agenda, de bonnes adresses et de superbes photos.

107.5 - AFRICA RADIO

33, rue du Faubourg Saint-Antoine
PARIS (11e)
✆ 01 55 07 58 01
www.africaradio.com

Née au Gabon en 1981 et s'étant développée en Afrique grâce aux ondes courtes et à ses émetteurs FM, *Africa n°1*, devenu Africa Radio en 2019, est aujourd'hui la plus importante des radios francophones du continent. Les programmes spécifiques d'*Africa Radio Paris* sont composés d'information, de débats, de musique, de sport et d'interactivité. *Africa Radio* propose en outre, via son site internet, différentes radios musicales thématiques, et qui sont consacrées au coupé-décalé, au mandingue, rumba, etc. Le portail en ligne est également très riche.

RMC DÉCOUVERTE

✆ 01 71 19 11 91
www.rmcbfmplay.com

Média d'information thématique, cette chaîne – diffusée en HD – propose un florilège de programmes dédiés à la découverte, et plus particulièrement des documentaires liés aux thématiques suivantes : aventure, animaux, science et technologie, histoire et investigations, automobile et moto, mais également voyages, découverte et art de vivre. C'est une excellente source d'informations pour préparer un séjour, se tenir au courant des événements dans la région et même bien au-delà. Une chaîne dont l'audience, logiquement, augmente régulièrement !

RESTER

Le Maroc étant une destination soleil à portée de beaucoup et à proximité de la France, nombreux sont ceux qui, après l'avoir visité une fois puis plusieurs fois, sont tombés amoureux du pays et s'y sont installés. Ils sont aujourd'hui à la tête d'une agence de voyages, d'un restaurant ou d'un riad. Même si les procédures peuvent être parfois compliquées, il existe de nombres accords bilatéraux facilitant l'installation des Français au Maroc. C'est le cas notamment pour les retraités qui peuvent bénéficier de leur pension française et d'une couverture maladie. Trouver du travail à un salaire correct sera tâche dure, mais vous pourrez vous greffer ou vous engager dans de nombreuses institutions ou associations, ou même dans les services de l'ambassade de France, qui cherchent des VIE (Volontariats Internationaux en Entreprise) pour les moins de 30 ans. Ou pourquoi pas investir dans l'immobilier ou dans votre propre business ?

ACTION CONTRE LA FAIM

102, rue de Paris
MONTREUIL
✆ 01 70 84 70 84
www.actioncontrelafaim.org
Par téléphone de 9h à 13h et de 14h à 18h.

ONG internationale spécialisée dans la lutte contre la faim dans le monde, active dans les domaines de la nutrition, santé, sécurité alimentaire, de l'eau, de l'assainissement. L'association intervient dans des situations de crise. Le but étant de rendre les populations autonomes d'un point de vue de la nutrition, en apportant une aide concrète et en formant les intervenants locaux qui prendront le relais. Ses missions de volontariat durent de trois mois à un an en Afrique, Asie, Amérique, Europe centrale, dans le Caucase, au Moyen-Orient et dans les Caraïbes.

AEFE

23, place de Catalogne
PARIS (14e)
✆ 01 53 69 30 90
www.aefe.fr

Cette agence, sous tutelle du ministère des Affaires étrangères, anime et gère un réseau de près de 500 établissements d'enseignement français à l'étranger, dans près de 140 pays. Des centaines de milliers d'élèves, dont une forte proportion de Français, fréquentent ces établissements. Offres d'emploi à l'international pour les titulaires de la fonction publique et informations sur la politique pédagogique émaillent le site Internet, particulièrement bien fait, de cet organisme qui soutient également l'association Anciens des lycées français du monde.

CIDJ

www.cidj.com

Le Centre d'Information et de Documentation Jeunesse a été créé en 1969, sous la tutelle du ministère de la Jeunesse et des Sports. Le site Internet est bien fait et très complet. La rubrique « Partir à l'étranger » fournit des informations pratiques aux jeunes qui ont pour projet d'aller vivre à l'étranger. Il y a une rubrique spécifique dédiée à chacun des thèmes suivants : travail, étude, stage, volontariat international et séjours linguistiques. Pour vous aider dans vos démarches, vous pouvez avoir un entretien gratuit avec un conseiller du CIDJ.

ÉDUCATION NATIONALE

www.education.gouv.fr
Modalités sur www.france.diplomatie.fr/mfi.

Vous êtes enseignant ou fonctionnaire d'État, vous souhaitez travailler à l'étranger ? Consultez le site du ministère de l'Éducation nationale, il informe sur les conditions de mobilité dans le monde. Cette initiative peut s'inscrire dans un parcours professionnel. Elle permet d'exercer son métier dans des conditions spécifiques, ou un autre métier et diversifier ainsi son expérience en enrichissant ses compétences. Les personnels d'encadrement peuvent aussi postuler dans des organismes internationaux ou de l'Union européenne.

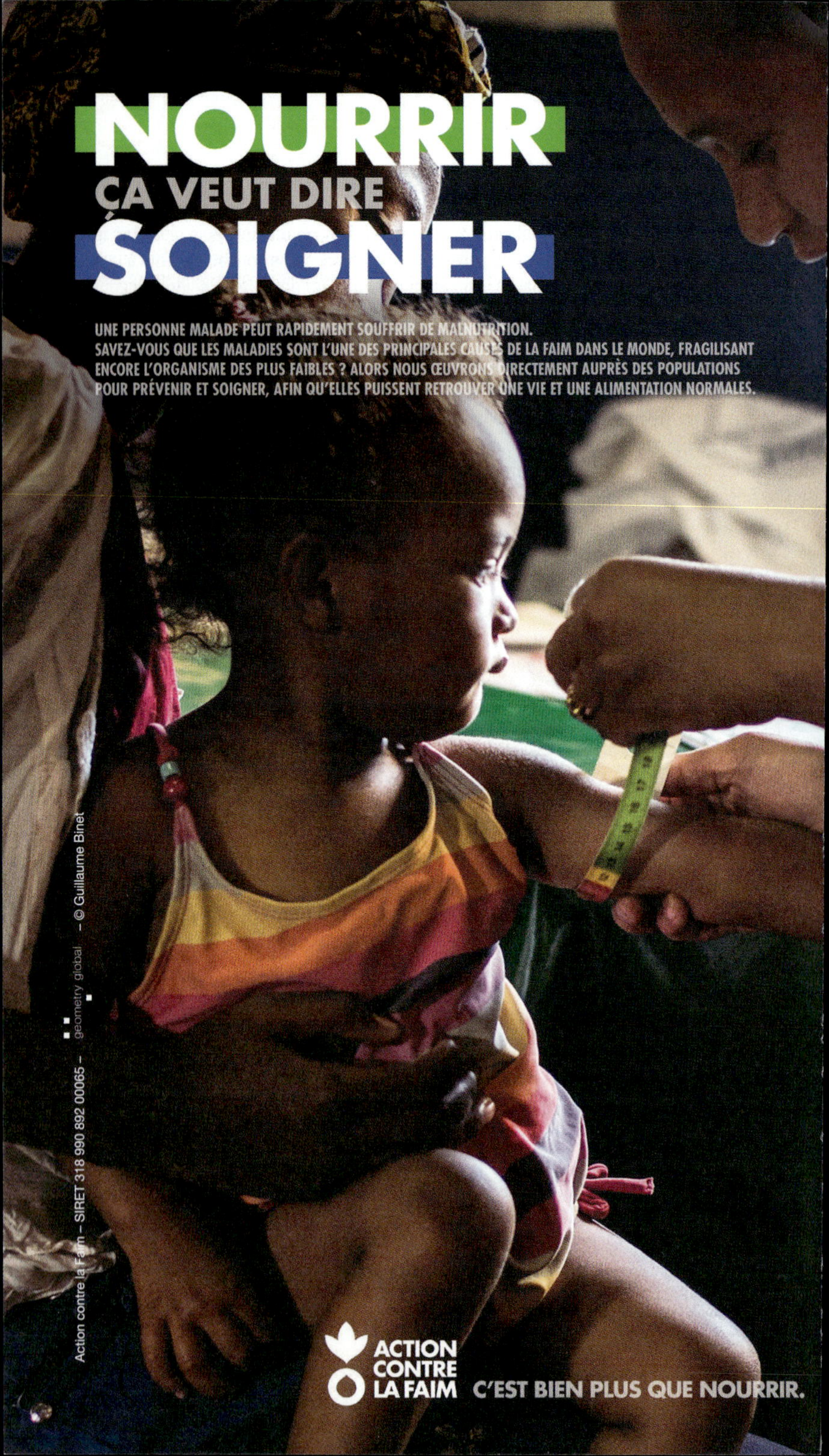
NOURRIR
ÇA VEUT DIRE
SOIGNER
UNE PERSONNE MALADE PEUT RAPIDEMENT SOUFFRIR DE MALNUTRITION.
SAVEZ-VOUS QUE LES MALADIES SONT L'UNE DES PRINCIPALES CAUSES DE LA FAIM DANS LE MONDE, FRAGILISANT ENCORE L'ORGANISME DES PLUS FAIBLES ? ALORS NOUS ŒUVRONS DIRECTEMENT AUPRÈS DES POPULATIONS POUR PRÉVENIR ET SOIGNER, AFIN QU'ELLES PUISSENT RETROUVER UNE VIE ET UNE ALIMENTATION NORMALES.
Action contre la Faim – SIRET 318 990 892 00065 – geometry global – © Guillaume Binet
ACTION CONTRE LA FAIM
C'EST BIEN PLUS QUE NOURRIR.

MINISTÈRE DE L'EUROPE ET DES AFFAIRES ÉTRANGÈRES

www.diplomatie.gouv.fr

Site Internet officiel pour connaître les formalités d'entrée et séjour dans le pays. Dans la rubrique « Services aux Français », vous trouverez un guide de l'expatriation, les modalités de demandes de documents officiels. Sur la page d'accueil en sélectionnant le pays, vous obtenez les contacts des ambassades. Dans l'espace Politique, Économie et Socio-culturel, quantité d'informations et de communications utiles pour qui s'intéresse aux réalités du pays.

CAPCAMPUS

www.capcampus.com

CapCampus fut l'un des premiers portails étudiants français en ligne, très utile pour trouver un logement étudiant à l'étranger. Dans la rubrique dédiée aux stages et aux premiers emplois, vous trouverez aussi des offres pour travailler à l'étranger, classées par pays. Celles pour la Belgique ne sont pas très nombreuses, consultez le site régulièrement pour ne pas passer à côté. Le site est également utile pour se familiariser avec la vie dans le pays, car il propose toutes les informations pratiques pour bien préparer son départ et son séjour à l'étranger.

WEP FRANCE

43, Rue Beaubourg
PARIS (3e)
✆ 01 48 06 26 26
www.wep.fr

WEP propose plus de 50 projets éducatifs et séjours linguistiques dans une trentaine de pays pour une durée allant de une semaine à 18 mois. Quel que soit votre projet d'études ou de volontariat à l'étranger, vous trouverez sur le site de WEP une rubrique qui y sera consacrée : étudier au lycée, dans une université, partir en séjour linguistique, faire une expérience professionnelle dans le cadre d'un stage ou vivre en immersion dans une famille. Possibilité également de planifier des programmes combinés (études et projet humanitaire par exemple).

CLUB TELI

Les Clarets
SAINT-PIERRE-D'ENTREMONT
✆ 04 79 85 24 63
www.teli.asso.fr
Adhésion d'un an : 45 €.

Le Club Teli est une association d'aide à la mobilité internationale créée voici bientôt 30 ans, forte de 4 000 adhérents en France et dans 65 pays. Si vous souhaitez séjourner à l'étranger, quel que soit votre projet, vous trouverez par le biais de ce club des infos et des offres de stages, de jobs d'été et de travail pour francophones. Si vous avez besoin d'aide pour envoyer des candidatures, le Club peut vous aider à mettre votre CV aux normes du pays où vous souhaitez partir. Pour bénéficier de ces aides et informations, il faut adhérer.

BUSINESS FRANCE

77, Boulevard Saint-Jacques
PARIS (14e)
✆ 01 40 73 30 00
www.businessfrance.fr
Ouvert en semaine de 8h30 à 18h30.

L'Agence pour le développement international des entreprises françaises travaille en étroite collaboration avec les missions économiques. Le site Internet recense toutes les actions menées, les ouvrages publiés, les événements programmés et renvoie sur la page du Volontariat International en Entreprise (VIE). Fondée en 2015, cette structure est née de la fusion entre Ubifrance et l'Agence française pour les investissements internationaux. Elle est affiliée au ministère de l'Europe et des Affaires étrangères et au ministère de l'Economie et des Finances.

INDEX

D

E

F

M

Q

R

S

T

ÉDITION

Directeurs de collection et auteurs : Dominique AUZIAS et Jean-Paul LABOURDETTE
Auteurs : Rozenn LE ROUX, Ligia LOPES, Martin FOUQUET, Elisa VALLON, Anne-Claire DUCHOSSOY, Baptiste THARREAU, Mathilde LEROY, Cléo VERSTREPEN, Romain RISSO, Mathias DESHOURS, Tanguy REVAULT, Priscilla PARARD, Yasmina ER RAFASS, Saliha HADJ-DJILANI, Tiphaine RETNANI-MOINE, Jean-Paul LABOURDETTE, Dominique AUZIAS et alter
Directeur Editorial : Stéphan SZEREMETA
Rédaction Monde : Laure CHATAIGNON, Morgane VESLIN, Pierre-Yves SOUCHET, Clémence HUBERT, Henri FRUNEAU
Rédaction France : Briséis TEMPLE-BOYER, Désirée DEBANT, Emilie SAINT-PASTOU, Nicolas WODARCZAK

FABRICATION

Maquette et Montage : Romain AUDREN, Julie BORDES, Delphine PAGANO
Iconographie et Cartographie : Anne DIOT, Julien DOUCET

WEB ET NUMÉRIQUE

Directeur Web : Louis GENEAU de LAMARLIERE
Technical Project Manager : Hervé MARION
Développeurs : Guillaume BARBET, Adeline CAUX, Bastien MOINET
Intégrateur Web : Mickael LATTES, Antoine DION
Webdesigner : Caroline LAFFAITEUR
Responsable Communication Digital WEB : Alice BARBIER
Community Traffic Manager : Shirley NDEMA-KINGUE, Liman DIEW et Camille LE PROVOST
Content Manager : Aliénor de PERIER assistée d'Emmanuel IJJOU

DIRECTION COMMERCIALE

Directeur commercial : Guillaume VORBURGER
Coordinatrice des Régies locale et nationale : Manon GUERIN
Responsable Régies locales : Michel GRANSEIGNE
Responsables Développement régie inter : Jean-Marc FARAGUET, Guillaume LABOUREUR et Camille ESMIEU
Assistante commerciale Régie internationale : Leila ANTRI-BOUZAR
Responsable commercial Régies et Formateur : Kévin FLAVIGNY
Chefs de Publicité Régie nationale : Caroline AUBRY, François BRIANCON-MARJOLLET, Perrine DE CARNE MARCEIN, Jonathan TOUTOUX, Fouzia CHAOUI
Régie MAROC : Victor LALLEMENT

DIFFUSION ET PROMOTION

Directrice des Ventes : Bénédicte MOULET assistée d'Aissatou DIOP
Responsable des ventes : Jean-Pierre GHEZ assisté de Nelly BRION

ADMINISTRATION

Président : Jean-Paul LABOURDETTE
Directeur général : Louis AUZIAS
Directrice des Ressources Humaines : Dina BOURDEAU assistée de Sandra DOS REIS et Eva BAELEN
Directrice Administrative et Financière : Valérie DECOTTIGNIES
Comptabilité : Guillaume PETIT, Aminata BAGAYOKO, Franck LAHADY et Touria ZENASNI
Recouvrement : Fabien BONNAN assisté de Sandra BRIJLALL
Responsable informatique : Elie NZUZI-LEBA

PETIT FUTÉ MAROC

LES NOUVELLES ÉDITIONS DE L'UNIVERSITÉ
18, rue des Volontaires - 75015 Paris.
✆ 01 53 69 70 00 - Fax 01 42 73 15 24
Internet : www.petitfute.com
SAS au capital de 1 293 680 €
RC PARIS B 309 769 966
Couverture : Riad marocain
© luisapuccini - stock.adobe.com
Impression : CORLET IMPRIMEUR
14110 Condé-en-Normandie
Achevé d'imprimer : Avril 2024
Dépôt légal : 22/05/2024
ISBN : 9782305107219

Pour nous contacter par email, indiquez le nom de famille en minuscule suivi de @petitfute.com
Pour le courrier des lecteurs : info@petitfute.com

FABRIQUÉ EN FRANCE

U

V

W

X

Y

Z